DIÁLOGOS COM O DIREITO DE FILIAÇÃO BRASILEIRO

ELIMAR SZANIAWSKI

Rodrigo Xavier Leonardo
Prefácio

DIÁLOGOS COM O DIREITO DE FILIAÇÃO BRASILEIRO

Belo Horizonte

2019

© 2019 Editora Fórum Ltda.

É proibida a reprodução total ou parcial desta obra, por qualquer meio eletrônico, inclusive por processos xerográficos, sem autorização expressa do Editor.

Conselho Editorial

Adilson Abreu Dallari
Alécia Paolucci Nogueira Bicalho
Alexandre Coutinho Pagliarini
André Ramos Tavares
Carlos Ayres Britto
Carlos Mário da Silva Velloso
Cármen Lúcia Antunes Rocha
Cesar Augusto Guimarães Pereira
Clovis Beznos
Cristiana Fortini
Dinorá Adelaide Musetti Grotti
Diogo de Figueiredo Moreira Neto
Egon Bockmann Moreira
Emerson Gabardo
Fabrício Motta
Fernando Rossi
Flávio Henrique Unes Pereira

Floriano de Azevedo Marques Neto
Gustavo Justino de Oliveira
Inês Virgínia Prado Soares
Jorge Ulisses Jacoby Fernandes
Juarez Freitas
Luciano Ferraz
Lúcio Delfino
Marcia Carla Pereira Ribeiro
Márcio Cammarosano
Marcos Ehrhardt Jr.
Maria Sylvia Zanella Di Pietro
Ney José de Freitas
Oswaldo Othon de Pontes Saraiva Filho
Paulo Modesto
Romeu Felipe Bacellar Filho
Sérgio Guerra
Walber de Moura Agra

Luís Cláudio Rodrigues Ferreira
Presidente e Editor

Coordenação editorial: Leonardo Eustáquio Siqueira Araújo

Av. Afonso Pena, 2770 – 15º andar – Savassi – CEP 30130-012
Belo Horizonte – Minas Gerais – Tel.: (31) 2121.4900 / 2121.4949
www.editoraforum.com.br – editoraforum@editoraforum.com.br

Dados Internacionais de Catalogação na Publicação (CIP) de acordo com a AACR2

S996d   Szaniawski, Elimar
        Diálogos com o direito de filiação brasileiro / Elimar Szaniawski.–
        Belo Horizonte : Fórum, 2019

        476p. ; 17x24 cm.

        ISBN: 978-85-450-0573-5

        1. Direito Civil. 2. Direito de Família. 3. Direito de Filiação. I. Título.

                                                    CDU: 347
                                                    CDU 342.16

Elaborado por Daniela Lopes Duarte - CRB-6/3500

Informação bibliográfica deste livro, conforme a NBR 6023:2002 da Associação Brasileira de Normas Técnicas (ABNT):

SZANIAWSKI, Elimar. *Diálogos com o direito de filiação brasileiro*. Belo Horizonte: Fórum, 2019. 476p. ISBN 978-85-450-0573-5.

Dedico o presente trabalho a duas pessoas que influenciaram profundamente minha vida. À memória de meu pai, Doutor MECESLAO SZANIAWSKI, a quem devo o gosto pela pesquisa e pelos debates polêmicos, e a minha mulher, Professora YVELISE DE ARAÚJO SZANIAWSKI, quem me despertou e conduziu à vida acadêmica.

AGRADECIMENTOS

Agradeço a todos aqueles que contribuíram direta ou indiretamente para a criação da presente obra, em especial ao Professor Doutor Augusto do Amaral Dergint, pela sua inestimável contribuição na pesquisa da jurisprudência nas Cortes Superiores de Justiça da Alemanha.

SUMÁRIO

PREFÁCIO
Rodrigo Xavier Leonardo..13

INTRODUÇÃO AO DIREITO DE FILIAÇÃO...17

1   A constituição da família como união necessária à sobrevivência da espécie humana e o surgimento da família patriarcal 17

2   O cientificismo europeu oitocentista 22

3   A constituição da família moderna segundo a concepção judaico-cristã.................23

4   A concepção transmoderna de *família*: núcleo necessário ao livre desenvolvimento da personalidade do ser humano 27

5   O esboço de um direito de família internacional...38

6   A evolução e a transformação da noção de *família* no direito brasileiro 41

O DIREITO DE FILIAÇÃO

TÍTULO I
O TRINÔMIO PATERNIDADE - MATERNIDADE - FILIAÇÃO 51

1   A noção de patrimônio genético...56

2   A evolução do direito de filiação no Brasil...60

TÍTULO II
A FILIAÇÃO BIOLÓGICA...69

1   A filiação biológica natural havida na constância do matrimônio............................70

1.1   A impugnação da paternidade na constância do casamento....................................74

2   A filiação biológica havida por reprodução humana assistida.................................79

2.1   Noção de reprodução humana assistida 79

2.2   Breve retrospectiva histórica da reprodução assistida..80

2.3   Modalidades de reprodução humana assistida 81

2.3.1   A criopreservação de sêmen próprio..82

2.3.2   A criopreservação de sêmen doado 82

2.3.3   A reprodução assistida *in vitro* 82

2.3.4   A reprodução humana por meio de clonagem 83

2.3.5   Os procedimentos da fertilização assistida...85

2.4   A natureza da reprodução humana assistida..86

2.5   O consentimento do marido ou companheiro como falso pressuposto da paternidade na fertilização artificial homóloga 95

3   A filiação havida fora do casamento...98

3.1	A perfilhação	101
3.2	O reconhecimento involuntário de filho	106
3.3	A averiguação oficiosa da paternidade	109
3.4	A investigação da paternidade	111
3.4.1	A investigação da paternidade e sua prova	113
3.4.1.1	Os meios de prova tradicionais	113
3.4.1.1.1	A *exceptio plurium concumbentium* – declínio de um meio de prova clássico de exclusão da paternidade	114
3.4.1.1.2	A posse de estado de filho	117
3.4.1.2	Os meios de prova técnicos	118
3.4.1.2.1	O método antropomórfico	119
3.4.1.2.2	Os exames comparativos de sangue	119
3.4.1.2.3	Crítica aos exames comparativos de sangue	121
3.4.1.2.4	A prova na investigação da paternidade com base em marcadores bioquímicos por detecção eletroforética	123
3.4.1.2.5	A técnica do exame do ADN	125
3.4.2	A investigação da paternidade em suposto pai falecido	131
3.4.3	A dessacrilização do exame ADN	141
3.4.4	A jurisprudência brasileira frente ao exame ADN	149
3.4.5	Os meios de prova técnicos da paternidade em face do direito à integridade psicofísica do investigado	156
3.4.6	Lei nº 12.004 de 29.07.2009: A presunção de paternidade diante da recusa do indigitado pai em se submeter ao exame ADN	165
3.4.7	A investigação da paternidade segundo o projeto do Estatuto das Famílias	166

TÍTULO III
A FILIAÇÃO NÃO BIOLÓGICA 171

1	A adoção	172
1.1	O conceito de adoção	172
1.2	Os antecedentes históricos da adoção	174
1.2.1	A origem e a evolução da adoção na Europa continental	174
1.2.2	A origem e a evolução da adoção no Brasil	179
1.3	A adoção e seus regimes jurídicos	184
1.3.1	O regime da adoção simples	185
1.3.2	O regime da adoção plena	187
1.3.2.1	O regime da adoção no Estatuto da Criança e do Adolescente	189
1.3.2.1.1	O cadastro de adotantes	192
1.3.2.1.2	Os pressupostos da adoção plena no ECA	194
1.3.2.1.3	Os limites legais à adoção	204
1.3.2.1.4	Os efeitos da sentença de adoção	206
1.4	A adoção internacional	214
1.4.1	Breve notícia histórica da adoção internacional	215
1.4.2	A adoção internacional por estrangeiros	216
1.4.2.1	O procedimento da adoção internacional	217
1.4.2.2	A intermediação de organismos internacionais na adoção	218
1.4.3	A adoção internacional por brasileiros	225
1.5	O regime da adoção na codificação civil de 2002	226
1.6	O regime da adoção no projeto de estatuto das famílias	229

1.8	A adoção por homossexuais e por casais homoafetivos	238
1.8	A adoção de embriões e de nascituros	255
1.9	O processo de adoção e o direito ao segredo que o envolve	258
2	A filiação havida por meio de reprodução humana assistida heteróloga	262
2.1	O dever ao sigilo da identidade do doador e do receptor de material genético na reprodução assistida	264
2.2	O consentimento do marido ou companheiro como pressuposto necessário para a constituição da paternidade socioafetiva na reprodução artificial heteróloga	270
2.3	O direito de procriar: Um direito relativo e limitado	277
2.3.1	A reprodução humana assistida e seus limites	278
2.3.2	O problema dos embriões excedentes e a utilização de suas células-tronco na embrioterapia	285
2.3.3	O problema das crianças "sem pai", "sem mãe", com "dois pais" ou com "duas mães"	295
2.4	O panorama da reprodução assistida no Brasil	300
2.4.1	O planejamento familiar e a reprodução assistida na Constituição brasileira	300
2.4.2	A grave omissão do Código Civil na questão do planejamento familiar e da reprodução assistida	302
2.4.3	Considerações ao Projeto de Lei do Senado Federal nº 90/1999	304
2.4.4	Considerações ao Projeto de Lei nº 4.665/2001	312
2.4.5	Considerações ao Projeto de Lei nº 1.184/2003	312
2.4.6	Considerações ao Projeto de Lei nº 2.285/2007	316
2.4.7	Considerações aos Projetos de Lei nº 4.892/2012 e 115/2015	317

TÍTULO IV
AS RELAÇÕES DE PARENTESCO E SEUS EFEITOS JURÍDICOS......319

1	O Poder-dever familiar	319
1.1	O Poder-dever patrimonial	322
1.1.1	O Poder-dever patrimonial no projeto de estatuto das famílias	329
1.2	O Poder-dever moral	335
1.3	A autoridade parental no código civil e no futuro direito estatutário	338

TÍTULO V
O DIREITO DAS ORIGENS......351

1	O direito ao *segredo das origens* no antigo Direito europeu	351
1.1	O direito ao *segredo das origens* no Direito francês	354
1.2	O *parto discreto* no Direito europeu atual	356
2	O direito ao conhecimento da própria origem genética e familiar	360
2.1	Direito ao conhecimento da própria origem genética e investigação da paternidade: duas categorias jurídicas diversas e inconfundíveis	364
2.2	O direito ao conhecimento da própria origem genética: Um direito fundamental à proteção do direito à vida e à saúde	369
2.3	O direito ao conhecimento da própria origem genética e familiar no Direito internacional	370
2.4	O direito ao conhecimento da própria origem genética e familiar no Direito francês	377

2.4.1	O aresto do Tribunal europeu dos direitos do homem de 13.02.2003 - *affaire odièvre x république française*	378
2.4.2	O direito ao conhecimento de informações extraídas de dossiês, documentos administrativos e de dados genéticos de pessoas adotadas	381
2.5	O direito ao conhecimento da própria origem genética e familiar no Direito alemão	384
2.5.1	A evolução da jurisprudência alemã pela admissibilidade do direito da pessoa ao conhecimento de sua própria origem genética e familiar	388
2.5.1.1	O aresto do *Amtsgericht* de Passau de 15 de julho de 1987	388
2.5.1.2	O aresto do Tribunal Constitucional federal de 31 de janeiro de 1989	389
2.5.1.3	O aresto do Tribunal Regional de Münster de 21 de fevereiro de 1990	391
2.5.1.4	O aresto do Tribunal Constitucional Federal de 06 maio de 1997	395
2.5.2	A reforma do Livro IV do Código Civil alemão pela Lei de Filiação, a *Kindschaftsrechtreform* de 1997	397
2.5.3	O aresto do Tribunal Europeu dos Direitos do Homem de 13 de fevereiro de 2003 e sua repercussão no Direito Interno Alemão	401
2.6	O direito ao conhecimento da própria origem genética e familiar no direito brasileiro	403
2.6.1	A obrigatoriedade do registro civil das pessoas naturais	403
2.6.2	Do abandono à adoção de criança	406
2.6.3	O direito ao conhecimento da própria origem genética na legislação brasileira	408
2.6.3.1	A ausência de tutela do direito ao conhecimento da própria origem genética e familiar no Código Civil de 1916	409
2.6.3.2	A tutela do *direito ao conhecimento da própria origem genética e familiar* na Constituição de 1988	410
2.6.3.3	A ausência de tutela do *direito ao conhecimento da própria origem genética e familiar* no Código Civil de 2002	415
2.6.3.4	A tutela do *direito ao conhecimento da própria origem genética e familiar* no Projeto de Lei nº 90/1999	416
2.6.3.5	A tutela do *direito ao conhecimento da própria origem genética e familiar* no Projeto de Lei nº 2.285/2007	422
2.6.3.6	A tutela do *direito ao conhecimento da própria origem genética e familiar* na Lei nº 8.069/1990. Estatuto da Criança e do Adolescente	424
2.6.4	O direito ao conhecimento da própria origem genética e familiar na jurisprudência brasileira	426
2.6.4.1	Os tribunais brasileiros: a jurisprudência em construção	429
3	O direito ao segredo das origens no Brasil	441
3.1	Os projetos de lei sobre o parto anônimo no Brasil	443
3.2	Crítica aos projetos de lei sobre o *parto anônimo* no Brasil	449
3.3	O parto anônimo; o parto discreto e o direito ao conhecimento da própria origem genética e familiar	453
3.4	O surpreendente destino dos projetos de lei sobre o parto anônimo no Brasil	460

REFERÊNCIAS 467

PREFÁCIO

O Professor Titular de Direito Civil da centenária Universidade Federal do Paraná, Elimar Szaniawski, presenteia a cultura jurídica com a primeira obra de fôlego nacional, no século XXI, que enfrenta com coragem e minudência o tema da filiação no Direito de Família contemporâneo.

Nada para estranhar, considerando o percurso invulgar de nosso autor, reconhecido por abrir caminhos inovadores no Direito Privado.

Elimar Szaniawski sempre foi um jurista de refinada elaboração teórica e de corajoso enfrentamento de ideias. Na década de 1980, nosso autor escreveu a sua primeira obra monográfica acerca dos direitos da personalidade e sua tutela, que veio a se tornar uma referência obrigatória para os estudos do tema.[1]

Nos anos 1990, muito antes dos movimentos sociais e da atenção hodiernamente conferida pelos meios de comunicação, Elimar Szaniawski defendeu tese acerca dos aspectos jurídicos da transexualidade, antevendo os problemas e as soluções que a doutrina e a jurisprudência conseguiriam compreender e enfrentar apenas décadas depois.[2]

Na sequência, vieram a lume os estudos monográficos do festejado autor a respeito da personalidade jurídica do embrião. Com esteio no Direito, na Filosofia e na Medicina, o autor concluiu, com elevada originalidade, pela identidade física e genética do embrião diversa daquela encontrada nos progenitores e, por consequência, defendeu a titularidade do direito à vida do embrião e o repúdio à manipulação genética.[3]

Permita-se sublinhar uma constante nessa trajetória de quatro décadas dedicadas ao Direito Civil: sempre que o Professor Elimar Szaniawski apresenta um novo escrito, acaba por trazer ao público problemas inovadores (e as linhas mestras das soluções!) a respeito de temas que só aterrissarão nos tribunais muito posteriormente.

O mesmo ocorre agora.

Neste livro, o atento leitor encontrará uma sofisticada reflexão acerca da família e da filiação, como situação social em mutação pelas afluências dos costumes, da tecnologia e da contemporânea vida social, que ora se aproxima e ora se distancia da "família" como categoria jurídica, numa instável relação entre o léxico jurídico e o léxico metajurídico.[4]

Nesse sentido, apenas por exemplo, o autor se posiciona enfaticamente contra a proposta metodológica de fundar a noção jurídica de família numa trivial concepção de afeto. Sublinhe-se, por exemplo, uma interessante reflexão haurida do livro ora prefaciado: "o contrário do que parte da doutrina vem sustentando, o afeto não constitui

---

[1] SZANIAWSKI, Elimar. *Direitos de personalidade e sua tutela*. São Paulo: Revista dos Tribunais, 1993 (posteriormente reeditado, pela mesma casa editorial, em 2005).

[2] SZANIAWSKI, Elimar. *Limites e possibilidades do direito de redesignação do estado sexual*. São Paulo: Revista dos Tribunais, 1999.

[3] SZANIAWSKI, Elimar. O embrião humano: sua personalidade e embrioterapia. *Revista da Faculdade de Direito da UFPR*, v. 46, 2007.

[4] LIPARI, Nicoló. *Le categorie del Diritto Civile*. Milano: Giuffrè, 2013, p. 94-95.

um elemento informador primordial na constituição da família. Existem inúmeros modelos de família que se constituíram e persistem sem que haja verdadeiramente amor entre as pessoas. O casamento oriundo de gravidez indesejada entre jovens, que acabam casando e constituindo família sem a presença do afeto. O casamento de pessoas idosas que buscam companhia e solidariedade, no qual, na grande maioria das vezes, não existe afeto. As uniões decorrentes de amizade entre pessoas. O afeto não se constitui em pressuposto da união familiar. O afeto será normalmente construído pela convivência, pela amizade e pela solidariedade, embora em muitos casos, exista amor entre as pessoas, caracterizando relações de afeto".

Essa premissa, por sua vez, não contraria o papel atribuído ao afeto na filiação socioafetiva, reconhecida doutrinária e jurisprudencialmente e enfrentada cuidadosamente neste livro. Apenas não se pode tomar a parte (o componente do suporte fático no fato jurídico filiação) pelo todo (o componente do suporte fático afeto no fato jurídico família).

O Professor Elimar Szaniawski aborda à exaustão as consequências do tratamento constitucional dos temas de direito de família e as transformações daí provenientes. Isso não o impede de reconhecer os lindes precisos do direito privado como *locus* adequado dos direitos da personalidade, do patrimônio genético e da família.[5]

Para além da Constituição Federal, o jurista verifica e explora o surgimento de um direito de família internacional, em perspectiva inovadora ante a comum abordagem territorial desses temas, e apresenta questões e respostas que já se verificam em projetos de Lei e, também, no atual movimento jurisprudencial de direito de família.

Após esquadrinhar a filiação biológica e a filiação não biológica, o livro enfrenta temas como o direito ao conhecimento (ou ao segredo) da origem genética, no direito brasileiro e no direito comparado, especialmente importante para as situações de procriação assistida, apontando insuficiências do tratamento legislativo e algumas vias de solução.

Ao olhar sob o retrovisor a obra do Professor Elimar Szaniawski, e tendo por panorama a contribuição que o novo livro representa para o Direito Civil, lembro-me de um escrito de Varlam Chalámov, de 1956, no qual aborda a singela questão: "Como é que se abre caminho pela terra virgem coberta de neve?".

Chalámov, escritor russo, conheceu o rigor do inverno em mais de dezessete anos de trabalhos forçados.

Em um primeiro momento, para se abrir o caminho sobre a neve, é necessário que alguém siga bem à frente, atolando os pés na neve profunda, determinando os pontos de orientação na imensidão. Posteriormente, esse rastro será seguido, com longa distância, por cinco ou seis outras pessoas, que ombro a ombro, pisam perto das pegadas, mas não sobre elas.

Ao chegar ao local determinado pelo desbravador, o grupo pode virar e voltar pelo mesmo caminho, pisoteando a terra virgem que até então estava repleta de neve, por onde ninguém antes passara.

---

[5] Sobre o tema, em direito de família, OPPO, Giorgio. La parità dei coniugi. Il regime patrimoniale della famiglia. In. OPPO, Giorgio. *Scritti Giuridici*: persona e familia. v. V. Padova: Cedam, 1992, p. 118. Mais recentemente, sublinhamos a tese de livre docência que propõe, e demonstra, a redescoberta dos marcos distintivos entre o direito público e o direito privado de RODRIGUES JUNIOR, Otavio Luiz. *Distinção sistemática e autonomia epistemológica do Direito Civil contemporâneo em face da Constituição e dos direitos fundamentais*. Tese de Livre Docência. Universidade de São Paulo, 2017.

O Professor Elimar Szaniawski, em seu profícuo caminho pelo Direito Civil, assemelha-se ao desbravador original de caminhos pela neve, imortalizado no conto de Chalámov. Este caminho não é fácil. A coragem e originalidade tem um preço, pois, conforme se esclarece no conto de Kolimá: "O primeiro cansa mais do que os outros e, quando as suas forças se esgotam, um dos cinco restantes passa à frente. Dos que abrem caminho, todos, até o menor, o mais fraco, em algum momento tem de pisotear um pedaço de terra virgem coberta de neve e não a pegada alheia. *Quem vai de trator e a cavalo não são os escritores, mas sim os leitores*".[6]

Menos por estas singelas linhas, e mais pelo que o leitor por si descobrirá, o livro "Diálogos com o Direito de Filiação" foi forjado e maturado pelos anos de experiência, estudo e reflexão do Professor Elimar Szaniawski, que abre caminhos para todos que estudam e trabalham o Direito de Família Contemporâneo.

Curitiba, setembro de 2018.

Rodrigo Xavier Leonardo
Advogado. Professor Associado de Direito
Civil nos cursos de graduação e pós-graduação
da Universidade Federal do Paraná.

---

[6] CHALÁMOV, Varlam. Pela neve. In: *Contos de Kolimá*. Trad. Denise Sales e Elena Vasilevich. São Paulo: Editora 34, 2016. v. 1, p. 24.

INTRODUÇÃO AO DIREITO DE FILIAÇÃO

1 A constituição da família como união necessária à sobrevivência da espécie humana e o surgimento da família patriarcal

Antes de dialogarmos com o Direito de Filiação brasileiro, devemos lembrar que a união familiar tornou-se necessária à sobrevivência da espécie humana.

A reunião de indivíduos em grupos corresponde a um atavismo natural, oposto ao isolamento e à solidão, dentro do qual a família se manifesta como o primeiro e o mais abrangente grupo social. A família é, pois, uma realidade sociológica intimamente vinculada às transformações operadas nos fenômenos sociais. [1] Por essas razões, a história da família é a própria história da humanidade, confundindo-se a evolução histórica da família com a evolução histórica do ser humano. Sendo o grupo familiar basicamente constituído pelo homem, pela mulher e por seus filhos, não se constitui, somente, em um fenômeno social, decorrendo, também, de força atávica.

A união de seres humanos data de tempos primórdios da humanidade. Dois grandes fatores conduziram o indivíduo a unir-se com outros, dando origem às famílias. De um lado, o instinto da conservação do indivíduo exigiu a união de seres humanos na luta pela sobrevivência em um meio ambiente extremamente hostil das eras passadas, respondendo à lei biológica da *conservação do indivíduo*. De outro, o instinto da reprodução para a *conservação da espécie*. A família humana primitivamente surgiu como um estímulo em resposta às duas leis biológicas fundamentais, a da lei biológica da *conservação do indivíduo* e a da *conservação da espécie*. A lei da conservação da espécie é informada pela atração sexual entre macho e fêmea e pelo instinto do amor que aproxima o homem da mulher e de ambos em relação aos filhos. Desse modo, podemos afirmar que a família tem origem em fatores biológicos, psíquicos e sociológicos. Mas a consolidação do grupo familiar teria vindo, de acordo com o pensamento predominante, somente, com a produção e o desenvolvimento da cultura, penetrada por fundamentos religiosos, e da necessidade de uma organização social.

Pereira e Silva[2] ensina que o conhecimento do fenômeno da procriação, como resultado da relação sexual entre macho e fêmea, não se constitui em um dado imediato da consciência humana. O nascimento e a maternidade seriam uma descoberta experimental. Por essa razão, salienta o autor, apoiado em Jacques Dupuis, as primeiras sociedades humanas constituíram o parentesco unicamente pela linha materna. Isso significa que a descendência era associada exclusivamente ao vínculo materno, em virtude de não ser conhecida a paternidade biológica pelo homem primitivo.[3]

---

[1] FACHIN, Luiz Edson. *Elementos Críticos do Direito de Família*, p. 11.

[2] SILVA, Reinaldo Pereira e. O exame de DNA e a sua influência na investigação da paternidade biológica. *Revista dos Tribunais* v. 783, p. 65. 2001.

[3] Pereira e Silva, citando Jacques Dupuis, afirma que o desconhecimento da paternidade biológica pelas primeiras sociedades humanas pode ser verificado em documentos históricos, relatos mitológicos e mediante testemunhos

O homem paleolítico[4] já era socialmente organizado. O objetivo principal da união daqueles homens do passado era obter seu alimento nas caçadas a animais ferozes e na luta pela sobrevivência. Naqueles tempos, a comunidade desempenhava suas atividades em uma vida nômade deslocando-se no espaço de acordo com as necessidades na obtenção do sustento. À medida que as populações nômades foram se desenvolvendo e aprimorando a confecção de armas e aprendendo a superar as agruras do meio ambiente, o ser humano passou, paulatinamente, a se tornar mais sedentário. Essa mudança no *modus vivendi* proporcionou o surgimento de clãs, formados pelo conjunto das famílias cujos membros descendiam de ancestrais comuns.[5] Segundo Pereira e Silva, as relações sexuais dos integrantes de um mesmo clã eram, originalmente, relações endogâmicas, uma vez que a organização matrilinear não impedia as relações consanguíneas. Na medida em que os clãs cresciam e se confrontavam territorialmente, a endogamia deixou de ser considerada um fator de integração se transformando em fator de desintegração.[6] A prática da exogamia teria sido socialmente convencionada antes da descoberta da paternidade biológica nas sociedades matrilineares do período paleolítico. Explica o autor que, em virtude da promiscuidade sexual, a exogamia de então possuía um caráter global, as relações sexuais, somente, deveriam ser praticadas com estranhos ao clã. A exogamia envolvia todos os integrantes de um mesmo clã que eram considerados parentes sob a forma classificatória.[7]

Luiz Edson Fachin[8] traz duas vertentes de interpretação no tocante à consolidação e a linha de parentesco da família primitiva. Uma corrente afirma que a família primitiva não teria conhecido o Direito como instrumento para regulamentá-la. Na realidade, é impossível o efetivo conhecimento das relações "familiares" desses agrupamentos humanos primitivos pela falta de documentos e dados históricos sobre eles. A segunda vertente sustenta não ter existido nesses agrupamentos humanos a presença da figura paterna como marco do estabelecimento do parentesco, sendo que o parentesco, naquela época, decorria exclusivamente da linhagem feminina.

Embora se afirme que por um longo período da civilização humana tenha imperado uma sociedade matriarcal, não se tratava o matriarcado de uma sociedade

---

lingüísticos. Segundo o autor, as palavras gregas *adelphos* e *adelphé*, que se traduz por *irmão* e *irmã*, significam, etimologicamente, *couterino*. Em latim, as palavras *irmão* é *frater* e primo é *fratuelis* que significa etimologicamente, *coirmão materno*. Esses termos constituiriam indício de que o significado inicial de *fraternidade* se referiria à mãe. O vocábulo árabe *batn*, que quer dizer *ventre*, é utilizado para designar a linhagem de uma família. A partir desses indícios, afirma o autor, pode-se concluir que nas primeiras sociedades humanas, a descendência era associada exclusivamente ao vínculo materno, em virtude de não ser conhecida a paternidade biológica. Ressalta Pereira e Silva que, no âmbito do sistema matrilinear vigente na pré-história, as relações entre homens e mulheres devem ser definidas com maior rigor, devendo ser considerado o grupo social e não familiar. Ainda segundo o autor, a sexualidade humana de nossos ancestrais remotos não possuía qualquer vínculo com a procriação. A evolução da noção de *família* e de *paternidade biológica* ocorreu com os povos que habitavam a Europa e a Ásia Menor. No entanto, a teogonia e as lendas de alguns dos povos da África e da América nos levam à conclusão de que a ideia de a sexualidade possuir ligação íntima com a procriação data de períodos anteriores aos mencionados no estudo.

4 Para a ciência dita oficial, o homem paleolítico corresponde ao ancestral conhecido mais antigo até o ano 10.000 a.C., período denominado de Idade da Pedra Lascada.

5 Essa modalidade de organização familiar ampla deu origem à *gens* romana; à *genos* grega e à *parentela* germânica.

6 SILVA, Reinaldo Pereira e. Ob. cit., p. 66.

7 SILVA, Reinaldo Pereira e. Ob. cit., p. 67, afirma que embora tenha o homem descoberto a existência da paternidade biológica, o parentesco continuou por muitos séculos sendo reconhecido sob a forma classificatória, por força da promiscuidade sexual, pelo fato de as mulheres não possuírem parceiros exclusivos.

8 FACHIN, Luiz Edson. Ob. cit., p. 21.

ginecocrática, uma vez que, na sociedade matriarcal, a mulher não possuía hegemonia política, dando-se, somente a designação da parentela por intermédio da mãe, constituindo-se a mãe a figura central da família.[9] No entanto, a manutenção e a proteção das mulheres, de seus filhos e dos irmãos mais novos das mesmas cabiam ao homem, na pessoa do irmão mais velho, que era o chefe do clã. Contudo, pertencendo a chefia do clã ao homem, devido às características físicas dele, mais forte do que a mulher, o clã possuía por ponto nuclear a figura materna, pelas razões já expostas.[10] Existem, no entanto, em todas essas afirmativas, muitas suposições diante da ausência de documentos que possam afirmar a realidade dos fatos com alguma segurança.

A família patriarcal, acredita-se, teria surgido apenas no período neolítico,[11] ciclo da civilização humana em que a maior parte das populações deixou de ser totalmente nômade, passando os animais a serem domados e mantidos em cativeiro. A prática da manutenção de animais em cativeiro revelou que não se podiam matar preferencialmente os machos e conservar as fêmeas, porque sem a presença de machos elas se tornavam estéreis, surgindo, a partir dessa constatação, a ideia da paternidade biológica.[12]

Segundo a doutrina predominante, a família patrilinear teria se firmado como instituição social logo após o homem ter se fixado na terra, abandonando, totalmente, a vida nômade, valorizando a propriedade individual e passando a expandir seus domínios. Atribui-se à sociedade patrilinear a organização da instituição propriamente familiar, constituída pelas figuras do pai, da mãe e dos filhos, separando os filhos dos sobrinhos, que integrariam outra família, segundo a noção estrita de família. O fato histórico-social mais marcante consistiu na transformação da propriedade coletiva em propriedade privada, a qual, por morte do pai, seria transmitida aos filhos do sexo masculino, que seriam os futuros chefes de clã. De início, a paternidade cumpria uma função procriadora de índole predominantemente sociológica sobre a biológica, vindo a dimensão biológica da paternidade a tornar-se regra geral em matéria de parentesco e de sucessão hereditária, a partir da afirmação da monogamia.[13]

Cumpre esclarecer que todas as ideias aqui colacionadas, que dizem respeito a uma sucessão de fases de civilização, pelas quais o ser humano teria passado da horda ao matriarcado e desta, ao patriarcado, da fase nômade à fase sedentária e a tese da fase da promiscuidade sexual do ser humano, não são noções pacíficas, sendo carentes de comprovação final.[14]

Maine sustentou que o sistema social do matriarcado sequer teria existido, tendo sempre imperado o patriarcado pela natural força física, pelo instinto guerreiro, protetor e caçador do indivíduo macho, característica do reino animal.[15] A ideia de promiscuidade sexual, também, não possuiria valor científico, tendo em vista que muitos animais,

---

[9] VECCHIO, Giorgio Del. *Ob. cit.*, p. 518.

[10] VECCHIO, Giorgio Del. *Ob. cit.*, p. 518. SILVA, Reinaldo Pereira e. *Ob. cit.*, p. 67. Esclarece o autor que a sociedade matrilinear não distinguia os integrantes do clã, que constituíam uma mesma categoria parental, indistintamente considerados e sujeitos à exogamia, compreendida em caráter global.

[11] O homem *Australopithecus* data de 2.000.000 anos; o *Homo erectus* possui a idade de 1.400.000 anos; o *Homo sapiens* de 1.200.000 anos e o *Homo faber* atual possui a idade de 100.000 anos, segundo revelam os testes do carbono-14. O Período Neolítico se estende de 10.000 a.C. a 4.000 a. C.

[12] SILVA, Reinaldo Pereira e. *Ob. cit.*, p. 65.

[13] SILVA, Reinaldo Pereira e. *Ob. cit.*, p. 70.

[14] MIRANDA. Fancisco Cavalcanti Pontes de. *Tratado de Direito Privado*. Tomo VII, p. 176.

[15] VECCHIO, Giorgio Del. *Lições de Filosofia do Direito*, p. 519.

(evidentemente não todos), possuem uma companheira a cada ciclo reprodutivo; e outros, uma companheira por toda a vida. No ser humano, a ideia de promiscuidade sexual absoluta contraria seu perfil psicológico e os arraigados sentimentos de amor e de ciúme.[16] A ideia primária e atávica de posse e de exclusividade, que todo o ser humano possui, contraria aquela afirmativa. Outrossim, o homem, como ser espiritual, estaria sempre acima do reino animal constituindo-se na razão que afastaria do ser humano a ideia de uma fase de sua evolução em que haveria promiscuidade sexual.

É evidente que a humanidade e as civilizações que se desenvolveram na Terra são muito mais antigas e de evolução bem mais diversificada do que tradicionalmente se afirma, daí ser perigosa qualquer conclusão sobre a concepção de *família* pelo homem do passado. Não é, porém, objeto do presente trabalho ingressar neste árduo campo de pesquisas sociológica e arqueológica, tendo o próprio Del Vecchio optado por não enfrentar, em sua mencionada obra, esta contenda de opiniões.[17]

Da exposição, conclui-se que a evolução e a civilização de um grupo humano que se localiza em um lugar, em um determinado período, não coincidem obrigatoriamente com o de outra região. Além do mais, não se pode afirmar que todos os seres humanos que habitaram a Terra tenham, obrigatoriamente, passado pelas mesmas fases evolutivas. Em virtude desses fatos, tornam-se desaconselháveis quaisquer afirmações definitivas sobre o passado remoto do homem, dos seus costumes e de sua família.

Analisando a família da Antiguidade mais próxima, verificamos que algumas sociedades primitivas organizadas constituíam os clãs, dentro dos quais, além das pessoas ligadas por laços de sangue, se juntavam outras, como os agregados, os servos e os escravos, todos submetidos à autoridade de um chefe que liderava o clã.

No período em que surgiram os povoados e o *"poder público"* veio a se organizar, o denominado matriarcado e o parentesco da linhagem feminina entraram em colapso, passando a autoridade do homem a cuidar da ordem, das ideias, da administração do grupo humano e da família. Desse modo, a família passou a ter suas atribuições distribuídas para cada membro espelhando-se na organização do poder público.[18] Cada família, singularmente considerada, possuía um chefe, representado pelo homem, cabendo à mulher zelar pela unidade da família e pelas atividades domésticas, que se constituíam em fiar, tecer e cuidar da prole. Cada casa possuía no centro um altar para o culto doméstico, reunindo-se a família ao seu redor para invocar suas preces, realizando-se, nesse mesmo local as refeições, competindo ao pai repartir o alimento entre os familiares e demais pessoas.[19] Entre os povos antigos, a exemplo da Grécia, a mulher era inteiramente subordinada ao marido, ocupando um papel um pouco acima das escravas ou, sendo, praticamente, a primeira das escravas. Recebia pouquíssima instrução, permanecendo confinada nos gineceus, somente aparecendo aos visitantes quando chamada pelo marido. Os filhos ficavam totalmente sob o domínio do pai, cabendo, somente, ao filho primogênito o direito à herança dos bens do pai, assumindo, normalmente, o lugar de chefia no grupo familiar. Essa prática favorecia a acumulação de riquezas pelas famílias proporcionando destaque na vida social, em todos seus segmentos, como no administrativo, militar e religioso.

---

[16] VECCHIO, Giorgio Del. *Ob. cit.*, p. 519. MIRANDA. Fancisco Cavalcanti Pontes de. *Ob. cit.*, p. 178.

[17] VECCHIO, Giorgio Del. *Ob. cit.*, p. 519.

[18] FACHIN, Luiz Edson. *Ob. cit.*, p. 22.

[19] COULANGES, Fustel de. *Cidade Antiga*. I, p. 139-141.

Não objetivamos, no presente trabalho, dissertar sobre as diversas modalidades de família, que se organizava de modo monogâmico ou poligâmico, nem trazer distinções entre o modelo de família patriarcal e matriarcal.

Passaremos a desenvolver o tema em estudo a partir da ótica da família monogâmica patriarcal ocidental, não só em virtude de a família romana ter se organizado de modo patriarcal e que influenciou a constituição da família europeia e brasileira, mas também, e principalmente, por ser a família monogâmica patrilinear aquela que apresenta, em princípio, uma paternidade certa e incontestada.

A) A família romana assentou-se na figura do *pater-familias* que constituía um poder central de comando e de administração. A família era vista como o patrimônio do *pater-familias*, no qual tudo era feito em torno do pai, sendo que a sucessão de sua chefia era feita sempre pelos descendentes masculinos. O *pater-familias* era o sacerdote, o administrador, o líder e o magistrado, estando confiado a ele o *domus*, a casa patriarcal. Cada membro da família tinha seu lugar e seu papel bem delimitados. A família romana não era apenas formada pelo marido, pela mulher e pelos filhos, a exemplo da família atual. O poder patriarcal era exercido pelo *pater-familias* sobre todo o "patrimônio familiar," constituído pela mulher sob o poder do marido, *cum manus*; pela mulher sob o poder do *pater*, quando casada *sine manus*; pelos *filius familias*; pelas *filias familia*, podendo estes ser nascidos do matrimônio ou por adoção; os descendentes dos *filius familias* e a mulher destes, nos casos do casamento destes *cum manus*; as pessoas em *mancipio* e os *servus*.

A religião introduziu o poder do *pater-familias* de maneira extremamente elevada no seio da família romana, devendo-lhe todos maior obediência e respeito. Possuía o pai o poder de vida e de morte sobre a mulher e seus filhos e sobre todos os que estavam sob seu poder.[20]

B) A família medieval não perdeu as características básicas da família romana tendo, porém, sofrido profunda influência do Direito Canônico. A família na Idade Média, edificada a partir das regras do Direito Canônico, estava fundada no matrimônio, modalidade única e exclusiva de instituir-se a família, constituindo uma unidade perfeita e indissolúvel. O casamento cristão é considerado, segundo a concepção Católica, o símbolo da perfeita união entre Cristo e a Igreja. Em virtude desse pensamento, assim como Cristo é a cabeça da Igreja, o homem é a cabeça da mulher; assim como não se pode separar Cristo da Igreja, assim os esposos não se podem separar um do outro. A família como unidade, oriunda do casamento, considerada um *sacramento* da Igreja, provocou o banimento definitivo do divórcio no Séc. XII, pois, segundo o catolicismo, Jesus Cristo teria dotado sua Igreja com uma organização jurídica eterna e imutável nos seus princípios fundamentais,[21] perdurando esta situação até a Reforma Protestante, ocorrida no Séc. XVI. O protestantismo de Lutero impugnou essas ideias afirmando que Jesus jamais teria prescrito nem proscrito determinada organização jurídica a respeito da Igreja.[22] Assim, revelou-se o protestantismo como uma Igreja mais liberal do que a Católica. Embora tenha a Europa evoluído segundo essas duas concepções divergentes, o Catolicismo, vislumbrando na Igreja um valor religioso e uma organização transpessoal

---

[20] COULANGES, Fustel de. *A Cidade Antiga*, p. 86 e seg.

[21] RADBRUCH, Gustav. *Filosofia do Direito*, p. 363.

[22] FACHIN, Luiz Edson. *Ob. cit.*, p. 28.

e autoritária, e o Protestantismo, concebendo a Igreja como uma instituição humana, organizada para cumprir os fins religiosos do ser humano, consistindo, porém, em uma organização individualista tendendo para uma forma corporativa, o modelo de família permaneceu nos mesmos moldes, patriarcal, matrimonializado e hierarquizado. Ao acostar-se o séc. XIX, esse mesmo modelo familiar ingressa nas grandes codificações europeias, instituindo-se um modelo jurídico em que impera a desigualdade de direitos e deveres entre o marido e a mulher, conferindo ao marido e pai a direção unitária e autoritária da família.

2 O cientificismo europeu oitocentista

O cientificismo europeu do séc. XIX provocou um notável desenvolvimento da biologia, transferindo a milenar concepção ético-religiosa sobre a vida, a fertilidade e a reprodução, para o âmbito das Ciências Naturais.

Em 1859, Charles Darwin anunciou a lei fundamental que rege a vida e a evolução das espécies, denominada *lei da seleção natural*. A *seleção natural* é informada por duas leis biológicas fundamentais, a lei da *conservação do indivíduo* e a *lei da conservação da espécie*.

Em sua viagem ao redor do mundo, o naturalista inglês constatou que todos os seres viventes estão em constante "luta" pela sua preservação individual e da própria espécie. Os que possuem maior capacidade de adaptação para enfrentar as agruras do meio ambiente e contam com maior número de variações favoráveis às condições ambientais onde vivem têm maior chance de sobreviver do que aqueles que não possuem tão grande capacidade de adaptação e dispõem de número menor de variações favoráveis às condições ambientais. Os seres que possuem essas variações vantajosas têm maior possibilidade de deixar um maior número de descendentes. Esses organismos possuem alta capacidade de reprodução, produzindo muitos descendentes. Todavia, somente alguns desses descendentes alcançam a idade adulta. Ao longo das gerações, a atuação da lei da *seleção natural* sobre os indivíduos aperfeiçoou o grau de adaptação do *tipo* ao meio ambiente.[23] Daí que todo o ser vivo obedece às leis biológicas, lutando por sua sobrevivência e cumprindo seu instinto reprodutivo para conservar sua espécie.

Todo o ser vivo, animal ou vegetal, se reproduz, obedecendo às leis biológicas que determinam a conservação do próprio indivíduo e da espécie. Assim, o ser humano, também, se reproduz objetivando salvaguardar a espécie humana, dando continuidade à vida, cumprindo o instinto informado pela lei biológica da preservação da espécie, constituindo-se no acasalamento e no nascimento de filhos, como manifestação natural e fisiológica, destinada à sua perpetuação.

Podemos vislumbrar que a noção de fertilidade e da reprodução humana está profundamente enraizada no *inconsciente coletivo* e como instinto individual que obedece às leis biológicas. Como *inconsciente coletivo* revela-se na teogonia dos povos da antiguidade e nas culturas mais primitivas. Como instinto em cada indivíduo, refletido pelo instinto genesíaco, o amor que une o homem à mulher e do amor maternal e paternal pelos filhos.

---

[23] Verbete: *Evolution: Compton's Interative Encyclopedia*. 1996.

No século XX, Carl G. Jung revelou ao mundo, mediante a psicologia, o moderno conceito do *inconsciente* humano como guia e conselheiro do *consciente* e dos arquétipos e símbolos que constituem sua linguagem.

Carl G. Jung e sua Escola de Psicologia Analítica reavaliaram a simbologia do homem primitivo, demonstrando que ela é eterna, eliminando, dessa maneira, a "distinção arbitrária entre o homem primitivo, para quem os símbolos são parte natural do cotidiano, e o homem moderno que, aparentemente, não lhes encontra nenhum sentido ou aplicação." [24] Assim, facilmente se pode afastar a falsa ideia de "repudiar os ritos de fecundidade do homem neolítico como simples superstições arcaicas."[25] Os símbolos constituem-se, segundo Jung, "na linguagem e as 'pessoas' do inconsciente..."[26] O *inconsciente*, no conceito do psicólogo, se traduz em um "mundo que é parte tão vital e real da vida de um indivíduo quanto o é o mundo consciente e 'meditador' do ego. E infinitamente mais rico."[27]

Os mitos e os símbolos do homem antigo revelam sua história e a evolução de toda a humanidade. Muitos desses símbolos derivam do "*inconsciente coletivo*, que consiste na parte da psique que retém e transmite a herança psicológica comum da humanidade".[28]

As noções de fertilidade, de procriação, de maternidade e o arraigado instinto da conservação da própria espécie impressionaram profundamente o inconsciente coletivo do ser humano, colocando a reprodução humana, a paternidade e a maternidade como ponto central de todo processo cultural dos povos e da própria realização do indivíduo como ser humano.

3 A constituição da família moderna segundo a concepção judaico-cristã

Vimos acima que durante séculos o direito de família ocidental foi regido por regras oriundas do direito canônico, amalgamadas aos princípios hauridos do direito romano, segundo a concepção de família patriarcal, que foram absorvidas pelas grandes codificações do direito civil moderno.

O direito de família romano visualizava a união sexual do homem e da mulher, a procriação e a educação dos filhos, nascidos desse consórcio, como um direito natural, em que a *natureza das coisas* se sobrepunha às normas criadas pelo homem, revelado pelo brocardo: *hinc descendit maris et feminae coniunctio, quam nos matrimonium apellamus; hinc liberorum procreatio; hinc educatio.*[29] A visão romana de *matrimônio* nos foi transmitida por Modestino, para quem "*nuptiae sunt conjuctio maris et feminae ad consortium omnis vitae, divini et humani juris communicatio.*" [30]

---

[24] HENDERSON, Joseph L. Os mitos antigos e o homem moderno. *O Homem e seus Símbolos – CARL G. JUNG*, p. 106.

[25] HENDERSON, Joseph L. *Ob. cit.*, p. 106.

[26] FREEMAN, John. Introdução. *O Homem e seus Símbolos – CARL G. JUNG*, p. 12.

[27] FREEMAN, John. *Ob. cit.*, p. 12.

[28] HENDERSON, Joseph L. *Ob. cit.*, p. 107.

[29] RADBRUCH, Gustav. *Filosofia do Direito*, p. 292.

[30] MODESTINO, *in De rito nuptiarum, Digesto, 23,2, fr. 1.* Cf. CORREIA, Alexandre; SCIASCIA, Gaetano. *Direito Romano*, v. 1, p. 124 e 440.

A organização social romana e, posteriormente, a medieval tinham por suporte a vida econômica agrária e artesanal das tribos, mediante a associação do marido com a mulher e os filhos. Essa associação constituiu a *família* como célula originária do corpo social, conduzindo à afirmação de que "a família é a base da sociedade". A *família*, segundo concepção da época, destinava-se a exercer duas funções substanciais: garantir a reprodução da espécie humana e desenvolver a atividade econômica e de produção. A atividade econômica de produção era exercida mediante o concurso dos diversos membros da família, notadamente pelo trabalho da mulher e dos filhos. Essa família estava fundada sobre relações econômicas que tinham por escopo final a constituição e a preservação do patrimônio familiar. De outro lado, a reprodução garantia a continuidade da família que se realizava dentro dos contornos matrimoniais.

Esta situação manteve-se, por longo tempo, inalterada até o advento do capitalismo e da revolução industrial, que subverteu a ordem anteriormente constituída, extinguindo de vez a denominada *produção em comum do lar e da família*, que veio a ser substituída por outras formações sociais.[31] Surgiram empresas que se tornaram as novas e poderosas unidades econômicas, dando origem ao consumismo tornando-se os membros da família consumidores, transformando, desse modo, a tradicional base social e econômica da sociedade. Demonstra Thomas S. Kuhn[32] que cada revolução científica altera a perspectiva histórica de uma comunidade. A revolução industrial, entre outras transformações sociais, provocou uma ruptura total com as bases, com a estrutura e com o direito da sociedade medieval, contribuindo para a formação da modernidade.

Deixando a família de ser o grupo social realizador da produção econômica, transformou-se ela em um conjunto complexo de relações entre as pessoas que a constituem, denominando-se as regras reguladoras destas relações de *direito parental*.

O direito do séc. XIX, inspirado no pensamento jusracionalista e pandectista, traduz-se como a melhor criação de um direito sistematizado, com o escopo de ser sempiterno, "cristalizou todas as categorias jurídicas destinadas a tutelar a vida e as relações humanas, o que permitiria sua perpetuidade." [33] Dentro da visão jusnaturalista, os codificadores conceberam o direito como um grande sistema jurídico que rompeu com "a política do direito em relação ao direito romano. [...]". Para o jusnaturalismo, desde Hobbes e Pufendorf, a demonstração lógica de um sistema fechado tornou-se, em contrapartida, na pedra de toque da plausibilidade dos seus axiomas metodológicos.[34]

O direito de família codificado tem sido conceituado como a parte do direito civil que trata dos vínculos das pessoas dentro de um organismo unificado e das relações patrimoniais dos membros que a compõem. Seu objeto consiste na "exposição dos princípios jurídicos que regem as relações de família, quer quanto à influência dessas relações sobre as pessoas, quer sobre os bens."[35]

O denominado de direito civil clássico, codificado nos sécs. XIX e XX, construído a partir da ideologia racionalista burguesa, afirmava que a *família* constitui-se pelo

---

[31] RADBRUCH, Gustav. *Ob. cit.*, p. 293. O autor demonstra que a família deixou de trabalhar em conjunto para integrar-se aos novos grupos sociais com funções próprias de produção.

[32] KUHN, Thomas S. *A estrutura das revoluções científicas*, p. 14.

[33] SZANIAWSKI, Elimar. *Limites e possibilidades do direito de redesignação do estado sexual*, p. 21.

[34] WIEACKER, Franz. *História do Direito Privado Moderno*, p. 309.

[35] MIRANDA. Fancisco Cavalcanti Pontes de. *Ob. cit.*, p. 188.

casamento, consistindo na reunião de pessoas colocadas sob o poder pátrio ou sob o comando de um chefe único, denominado *cabeça de casal*.[36] O direito civil codificado reconhecia apenas como *família* o agrupamento de pessoas constituído pelo casamento civil. O matrimônio, sob esta ótica, consiste em uma união sexual, destinado a regular socialmente o instinto da reprodução humana. Mediante o casamento é que duas pessoas, de sexo diverso, adquirem o *estado de cônjuges*, que é fonte de direitos e obrigações recíprocas, representado pela comunhão de vida moral, espiritual, afetiva e material.[37]

O direito canônico valorizando o consentimento dos esponsais concebeu o matrimônio como um *contrato*,[38] vindo esta concepção a inspirar o legislador francês que construiu a regulamentação de toda a matéria matrimonial no *Code* de 1808, segundo os moldes de um contrato civil de natureza especial.[39]

Esse quadro serviu de modelo às demais codificações dos sécs. XIX e XX, que trataram do direito matrimonial. As grandes codificações, no entanto, impregnaram o direito de família de uma visão extremamente *individualista e patrimonialista*, principalmente o Código Civil brasileiro de 1916, que não se afastou do modelo da família patriarcal colonialista, centrada no marido, chefe todo poderoso, devendo-lhe a mulher, os filhos e agregados a mais absoluta obediência.

Com a promulgação da Encíclica papal *Casti Conubii*, em 1930, procurou a Igreja Católica Apostólica Romana dar alento à concepção *supraindividualista*, que predominava, até então, no direito de família. De acordo com a mencionada Encíclica, principal finalidade do matrimônio é a procriação e a educação dos filhos. Seus fins secundários são o mútuo auxílio, a realização do amor conjugal e a regulamentação das relações sexuais.[40]

Radbruch[41] sustenta que a concepção *supraindividualista* do matrimônio e a própria noção de *família* têm por objetivo colocar esta categoria jurídica em uma situação acima da vontade contratual das partes retirando-lhes, em parte, o *livre consentimento* que se constitui no principal princípio informador da relação contratual. Os nubentes teriam o direito de decidir somente no que diz respeito a contrair, ou não, o matrimônio e na escolha da pessoa de seu cônjuge, os demais requisitos independiam da vontade dos nubentes "sujeitos às leis que promanam de Deus". Assim, o grupo familiar constituído pelo casamento legítimo entre o homem e a mulher, erigido segundo o modelo patriarcal e hierarquizado, deve receber proteção do Direito.

---

[36]   MIRANDA, Fancisco Cavalcanti Pontes de. *Ob. cit.*, p. 172. Código Civil Brasileiro/1916, art. 229.

[37]   CAHALI, Yussef S. *Divórcio e Separação*, p.1. LABRUSSE-RIOU, Catherine. *Droit de la famille 1. les personnes*, p. 32.

[38]   GOMES, Orlando. *Direito de Família*, p. 68. Santo Agostinho e Santo Tomás de Aquino utilizavam a expressão *matrimolialis contractus*. Cânon 1.012.

[39]   MIRANDA. Fancisco Cavalcanti Pontes de. *Ob. cit.* Tomo VII, p. 209. De acordo com a ideologia Canônica, Pontes de Miranda define o *casamento* como um "contrato solene, pelo qual duas pessoas de sexo diferente e capazes, conforme a lei, se unem com o intuito de conviver toda a existência, legalizando por ele, a título de indissolubilidade do vínculo, as suas relações sexuais, estabelecendo para seus bens, à sua escolha ou por imposição legal, um dos regimes regulados pelo Código Civil, e comprometendo-se a criar e educar a prole que de ambos nascer".

[40]   Disponível em: <http://portuguese.godsplanforlife.org/encyclicals/casticonnubiipo.html>.

[41]   RADBRUCH, Gustav. *Ob. cit.*, p. 296. A concepção supraindividualista da Igreja Católica, no que tange às relações de familiares, principalmente no que tange ao matrimônio e a suas consequências, acha-se em posição superior ao próprio *Estado*, constituindo-se em um *sacramento*.

O casamento, segundo o ponto de vista ético-religioso, tem, por principal finalidade, a promoção de relações sexuais entre os cônjuges e a consequente procriação. Como função secundária, constitui-se em um remédio à concupiscência e de ajuda mútua, *remedium concupiscentiae e mutuum aiotorium*.[42]

A teoria do matrimônio concebida pela Igreja Católica impõe alguns pressupostos que informam o contrato de casamento. Todo o matrimônio exige o requisito da *obrigatória diferença de sexo* entre os nubentes, na *indissolubilidade do vínculo matrimonial*; na *capacidade sexual* que permita a existência legalizada de relações sexuais e a consequente procriação humana.

A doutrina jurídica da família romano-germânica por sua vez, caminhando ao lado do direito canônico, concebe o casamento como um contrato bilateral e solene, pelo qual um homem e uma mulher se unem legalizando por ele suas relações sexuais, estabelecendo uma estreita comunhão de vida e de interesses patrimoniais, obrigando-se a criar e educar a prole, que de ambos vier a nascer.[43] Nesse sentido, o casamento consiste em uma união sexual, em que pessoas de sexo diferente fundam uma família legítima. Pelo matrimônio, regula-se socialmente o instinto de reprodução, adquirindo duas pessoas de sexo diverso o *estado de cônjuges*, que é fonte de direitos e obrigações recíprocas, representado pela comunhão de vida moral, espiritual, afetiva e material.[44]

Orlando Gomes arrola como condições essenciais à existência de um casamento a *diversidade de sexo*;[45] o *consentimento* e a *celebração por autoridade competente*. Entende o autor ser inconcebível o casamento de pessoas do mesmo sexo, uma vez que a *diversidade do sexo* constitui condição natural para o matrimônio.

Diante desse quadro, a doutrina tem adotado uma definição mais sucinta, conceituando-se o casamento como "o contrato de direito de família que regula a vida em comum entre o varão e a mulher", com a legalização das relações sexuais, se as houver.[46]

Na atualidade, abandonou-se o conceito contratualista do matrimônio de origem germânica. Predomina a concepção de consistir o matrimônio em um negócio jurídico *sui generis* que cria um vínculo entre o homem e a mulher, destinado à constituição de uma família. Considerou-se, portanto, o matrimônio por séculos como o único meio de poder se constituir uma família. As demais uniões entre o homem e a mulher, até pouco tempo, não eram consideradas uniões familiares, nem reconhecidas pelo direito.

Essa tradicional postura do direito canônico, sistematizada nas codificações oitocentistas, sofreu profundos estremecimentos em meados do séc. XX, alterando-se completamente seu panorama após o término da Segunda Guerra Mundial, que se solidificou a partir dos anos sessenta do séc. XX, consoante examinaremos no capítulo seguinte.

---

[42]   GOMES, Orlando. *Direito de Família*, p. 69. *Codex Iuri Canonici*, cânone 1.082.

[43]   BEVILAQUA, Clóvis. *Direito de Família*, p. 34.

[44]   CAHALI, Yussef S. *Divórcio e Separação*, p. 1. GOMES, Orlando. *Direito de Família*, p. 56

[45]   GOMES, Orlando. *Ult. Ob. cit.*, p. 119. Neste sentido advogam OLIVEIRA, José Lamartine Corrêa de. e MUNIZ, Francisco José Ferreira. *Direito de família: direito matrimonial*, p. 215 e FACHIN, Luiz Edson. Aspectos Jurídicos da União de Pessoas do Mesmo Sexo, *Revista dos Tribunais*, 732/47, ss., em cujos trabalhos defendem com pioneirismo a relevância jurídica das uniões estáveis de pessoas de mesmo sexo.

[46]   MIRANDA. Francisco Cavalcanti Pontes de. *Ob. cit.* Tomo VII, p. 209.

4 A concepção transmoderna de *família*: núcleo necessário ao livre desenvolvimento da personalidade do ser humano

O direito civil clássico construiu a noção de família a partir da realização do matrimônio, destinado a regular a vida em comum entre o marido e a mulher, a legalização das relações sexuais, seus interesses patrimoniais e a legalização dos filhos que desta união viessem a nascer, pela noção de filhos legítimos. O direito civil do séc. XIX construiu a teoria da filiação tomando por base a *verdade biológica*. Influenciado pelo direito canônico, o direito civil codificado determinava que a atribuição da filiação realizava-se a partir da ideia de um matrimônio monogâmico, patrilinear, no qual impera o dever de fidelidade entre os cônjuges. Segundo essa concepção, toda criança nascida de uma relação matrimonial era considerada, mediante presunção, como sendo filho do marido da mãe. Esta ideia predominou até meados do séc. XX, quando ocorreu uma grande revolução nos costumes sociais e na concepção do que é uma família.

O término da Segunda Guerra Mundial deflagrou a liberalização dos costumes, nascendo uma nova perspectiva pela qual se passa a vislumbrar a noção de *família*.

A vitória da democracia sobre os regimes políticos totalitários, a partir da Segunda Guerra Mundial, estabeleceu uma nova ordem econômica e social na grande maioria dos povos. Assim, o sistema jurídico vigente, representado pelo direito civil clássico, não mais respondia aos anseios sociais nem às necessidades do homem. Por essas razões, deixou o direito civil de ser o ponto nuclear da ordem jurídica dos povos, vindo a ocupar seu lugar a *Constituição*, que passou a ditar princípios e regras que instituem e regulam as relações sociais.[47]

A esse tempo, a *família* não mais se amoldava a um modelo único de família constituída pelo matrimônio. Passaram a ser reconhecidos diversos modelos de *família*, como a família oriunda da união permanente de pessoas independentemente de sua vinculação pelo matrimônio, denominada *união estável*, o *concubinato* e a *família monoparental*. A forte e outrora "inabalável" concepção de *família*, concebida pelo direito de família, fundamentada na união matrimonial entre um homem e uma mulher e dos filhos, nascidos dessa união, que atravessou séculos e que, segundo os pensadores do séc. XIX seria *sempiterna*, veio a sofrer abalos nos anos sessenta do séc. XX, surgindo pequenas fissuras, até a ruína de todo o sistema. A falência das concepções individualistas do séc. XIX e a superação das grandes codificações do direito, edificadas segundo um sistema racional e fechado, exigiram uma revisão paulatina do direito de família do tronco romano-germânico para, após o advento dos anos setenta, sofrer uma reforma profunda que se processa até os presentes dias no ordenamento jurídico da maioria dos povos que constituem a grande família jurídica romano-germano-canônica.

As Constituições que foram promulgadas nos países europeus no Pós-Guerra, inclusive as do Brasil,[48] passaram a regulamentar as instituições fundamentais do direito que, tradicionalmente, pertenciam ao âmbito do "direito privado,"[49] não se limitando,

---

[47] SZANIAWSKI, Elimar. *Ob. cit.*, p. 56.

[48] Referimo-nos, especialmente, à Lei Fundamental de Bonn, de 23.05.1949 e à Constituição da Itália, de 27.12.1947, incluindo nossa Constituição de 1988.

[49] As Constituições passaram a dispor sobre *direito de propriedade, direito de família, direito contratual* e *direito do consumidor*. Esse fenômeno vem sendo denominado *"constitucionalização do direito civil"*. No entanto, cumpre assinalar que o direito civil clássico vinha sofrendo paulatina mutação em relação à concepção das instituições,

somente, em dispor sobre a organização e o funcionamento do Estado e de seus Poderes, da proteção dos cidadãos, por intermédio das liberdades públicas e das garantias individuais e sociais.

A denominada "crise do direito civil" ou "ruptura do direito civil" em relação ao modelo clássico oitocentista desencadeou um fenômeno chamado "*repersonalização do direito civil*".[50] Na realidade, todos os ramos do direito vêm, aos poucos, se *repersonalizando*, uma vez que o direito é um sistema ético, devendo ter como núcleo central o ser humano, como primeiro de seus valores, repousando os fundamentos do ordenamento jurídico dentro da noção de *dignidade da pessoa humana*.[51]

Orlando de Carvalho[52] ensina que o *direito* constitui-se em um *sistema axiológico*, um *sistema ético*, no qual o homem representa o primeiro e mais imprescrítível dos valores. A *repersonalização* de suas relações revitaliza a união familiar em todas as suas manifestações sociais e não apenas a família oficial, que renasce com outros fundamentos.

De outro lado, o avanço das ciências naturais e da tecnologia, mormente da genética, influenciam profundamente a ordem jurídica, servindo para identificação de pessoas, de criminosos, contribuindo substancialmente para dirimir os conflitos entre o homem que impugna a paternidade de uma criança nascida de sua mulher, para a reprodução humana assistida, para a atribuição da paternidade de filho nascido fora do casamento, para a utilização de embriões em tratamentos médicos, etc. A grande influência que a medicina, a biologia e a tecnologia exercem na sociedade e, consequentemente, sobre o *direito*, provocou o fenômeno da *biologização do direito* e o nascimento de novas disciplinas jurídicas, o *biodireito* e a *bioética*. A *bioética* traduz a dimensão moral da medicina. O *biodireito* consiste no aspecto jurídico das fontes imediatas da *bioética*. Ou, em outras palavras, quando emanam da *bioética* princípios e regras que produzem efeitos jurídicos, essa ciência se transforma em *biodireito*. Tanto o *biodireito* quanto a biogenética têm a vida por objeto principal.[53] Assim, a partir do desenvolvimento dos exames hematológicos e do *ADN*, destinados ao estudo dos grupos sanguíneos e à verificação da paternidade biológica, a exigência dos exames pré-nupciais, destinados a evitar casamentos desaconselháveis sob o ponto de vista eugênico, o surgimento das técnicas de reprodução humana artificial assistida, o reconhecimento das uniões livres de pessoas do mesmo sexo, como produtoras de efeitos jurídicos, o desenvolvimento da técnica da clonagem e a descodificação do código genético da humanidade, mediante o sucesso alcançado pelo "Projeto Genoma Humano", demonstram que o direito de família clássico, que vislumbrava a *família* como produto de um contrato, ou como um instituto regulador das relações da família-instituição, encontrou seu crepúsculo na sociedade ocidental da atualidade. Dessa maneira, a concepção do matrimônio e da família como um *sacramento*, em que praticamente não existia lugar para a expressão voluntarista dos nubentes, não tem mais lugar na sociedade atual, nem traz respostas ou soluções para as necessidades humanas hodiernas. O direito matrimonial e o direito

---

a exemplo da evolução do *direito de propriedade*, do *princípio da autonomia privada dos contratos*, estratificados, durante muito tempo, pelo conceitualismo do séc. XIX, que constitui o fenômeno chamado "crise do direito civil".

[50] SZANIAWSKI, Elimar. *Ob. cit.*, p. 22-24.

[51] CARVALHO, Orlando. *Para uma teoria da relação jurídica civil*, p. 34, ss.

[52] CARVALHO, Orlando. *Ob. cit.*, p. 90.

[53] SÉGUIN, Elida. *Biodireito*, p. 43.

de filiação necessitam de uma profunda reflexão e de reconstrução que vem sendo paulatinamente realizada.

Contribuíram para essa nova ordem, além das razões apontadas, outros fatores, tais como a transformação do Estado liberal em Estado social, o decréscimo da taxa de natalidade, a diminuição da taxa de fecundidade de homens e de mulheres e a retração do matrimônio, com o aumento considerável das uniões estáveis e dos divórcios. A nova ordem social que nasce em torno da família exige do legislador e do magistrado a reforma do direito de família e a adoção de uma renovadora política familiar. Por tais razões, a *família* da atualidade não é apenas aquela constituída pelo casamento, havendo, também, o reconhecimento jurídico da família constituída a partir da *união estável* entre o homem e a mulher, que consiste na convivência pública, contínua e duradoura, estabelecida com o objetivo de constituição de família,[54] do *concubinato*, que consiste nas relações não eventuais entre o homem e a mulher, impedidos de casar,[55] da família *monoparental* e, mais recentemente, a *união estável homoafetiva*, estabelecida entre dois homens ou entre duas mulheres que vem, aos poucos, sendo reconhecida pela jurisprudência como modalidade de família.

Grande parte da doutrina brasileira interpreta o art. 226, da Constituição, no sentido de ele instituir a família plural no Brasil, não tendo a Constituição se limitado em reconhecer, tão somente, as categorias expressas no texto constitucional, que são exemplificativas, indo além, abarcando, também, outras relações afetivas como a *união homoafetiva* e o *concubinato* (adulterino).[56]

Com efeito, os princípios da dignidade da pessoa humana, da liberdade, da igualdade e o afeto que une duas pessoas que querem conviver, constituem os princípios informadores de núcleos familiares diversos do casamento e da união estável, que merecem ampla proteção pelo direito de família. Todavia, ainda, predomina entre nós o modelo da família matrimonializada, havendo incentivos expressos do legislador em possibilitar a conversão da *união estável* em *casamento*, mediante processo próprio, pelo qual os companheiros requerem ao juiz a conversão da *união estável* em *casamento* e assento no Registro Civil.[57]

Ao contrário do que parte da doutrina vem sustentando, o afeto não constitui um elemento informador primordial na constituição da família. Existem inúmeros modelos de família que se constituíram e persistem sem que haja verdadeiramente amor entre as pessoas. O casamento oriundo de gravidez indesejada entre jovens, que acabam casando e constituindo família sem a presença do afeto. O casamento de pessoas idosas que buscam companhia e solidariedade, no qual, na grande maioria das vezes, não existe afeto. As uniões decorrentes de amizade entre pessoas. O afeto não se constitui em pressuposto da união familiar. O afeto será normalmente construído pela convivência, pela amizade e pela solidariedade, embora em muitos casos, exista amor entre as pessoas, caracterizando relações de afeto.

---

[54]   CCB. Art. 1.723.

[55]   CCB. Art. 1.727.

[56]   FACHIN, Luiz Edson. RUZYK, Carlos Eduardo Pianovski. Um projeto de Código Civil na contramão da Constituição. *RTDC* v. 4, p. 250. 2000. ALBUQUERQUE FILHO, Carlos Cavalcanti de. Famílias simultâneas e concubinato adulterino. *Jus Navegandi* n. 56, p. 2 e seg. 2002.

[57]   CF. Art. 226, §3º CCB Art. 1726.

Devido à complexidade do negócio jurídico matrimonial se faz mister trazer, a seguir, algumas considerações.

A realização e a validade do matrimônio têm exigido a presença de alguns pressupostos que outrora eram muito rígidos, que dizem respeito à diferença de sexo entre os nubentes, da indissolubilidade do matrimônio, do consentimento expresso dos esponsais para validar o casamento e da consumação do casamento mediante a prática de atos sexuais.

a) Grande parte da doutrina e algumas legislações comparadas estabelecem a necessária diferença de sexo entre os nubentes, como pressuposto fundamental para a existência do casamento,[58] considerando o casamento entre pessoas do mesmo sexo como um negócio jurídico inexistente, formulando a partir desse fato o clássico exemplo da teoria dos atos jurídicos inexistentes.

Outras legislações, a exemplo a da Grã-Bretanha, da Suécia e da Holanda, entre outras, admitem uniões matrimoniais de pessoas do mesmo sexo, tendo abolido a exigência da diversidade de sexos entre duas pessoas que queiram constituir uma família matrimonializada. Essas legislações afastam a exigência da diversidade de sexos, como requisito substancial, para reconhecer-se a existência e a validade do vínculo matrimonial constituído.

O direito positivo brasileiro não contém disposições expressas que definam o *sexo*, nem o inserem como requisito para a existência do casamento ou como causa de impedimento dirimente para a realização do matrimônio.[59] No entanto, outorga a lei civil a proteção aos filhos nascidos de casamento nulo, não sendo a filiação atingida pela nulidade. A jurisprudência e parte majoritária da doutrina, embora vislumbrando o casamento entre pessoas do mesmo sexo como sendo um negócio jurídico nulo, que não produz efeitos em tempo algum, reconhece a existência de efeitos jurídicos decorrentes da *união estável de natureza homoafetiva*, estendendo a esta a necessária tutela e a salvaguarda de direitos semelhantes aos que protegem a *união estável heteroafetiva*.

Na doutrina brasileira, Corrêa de Oliveira e Ferreira Muniz[60] reconhecem a relevância jurídica da união estável homoafetiva, atribuindo a estas uniões consequências jurídicas. Os citados autores distinguem a instituição *casamento* da categoria *união estável de natureza homossexual*, posicionando cada uma dessas categorias em plano próprio merecendo, cada qual, regulamentação legislativa própria e exclusiva.

Luiz Edson Fachin,[61] na mesma esteira, entende constituir-se um equívoco considerar-se a diversidade de sexos como um pressuposto do casamento, condenando a ideia de configurar a união de pessoas do mesmo sexo como casamento inexistente, cujas raízes, segundo o autor, residem no preconceito e na rigidez da tradição patriarcal. Entende o autor, a exemplo de Corrêa de Oliveira e Ferreira Muniz, que a *teoria da inexistência* do casamento "não pode ser subterfúgio para negar, num outro plano,

---

[58] CCB/1916, casamento inexistente e ainda art. 194.

[59] Nosso direito apenas cuida do sexo por ocasião do registro do nascimento da pessoa, na alínea do art. 54, da Lei nº 6.015/73, impondo a obrigação ao oficial do Registro de Pessoas Naturais de assentar o sexo da criança, como pertencente ao sexo masculino ou feminino.

[60] OLIVEIRA, José Lamartine Corrêa de; MUNIZ, Francisco José Ferreira. *Direito de Família – Direito Matrimonial*, p. 253.

[61] FACHIN, Luiz Edson. *Elementos Críticos de Direito de Família*, p. 101.

efeitos jurídicos às uniões estáveis de pessoas do mesmo sexo, concluindo que "é dever de todos reaprender o significado de projeto de vida em comum, em um processo sacudido pelos fatos e pela velocidade das transformações." O Direito não pode fechar-se para repudiar ou discriminar, devendo considerar os diversos aspectos jurídicos que emergem das parcerias de convívio.

Acompanhamos a proposição para atribuir efeitos jurídicos às *uniões estáveis de natureza homoafetiva* no Brasil e de regulamentá-las, por meio do Projeto de Lei nº 1.151/1995, da Câmara dos Deputados, de autoria da deputada Marta Suplicy, mediante o qual se procede ao reconhecimento da união de caráter permanente entre pessoas do mesmo sexo, atribuindo equivalência de direitos e obrigações do casamento civil, disciplina a vida patrimonial, se reconhece o direito à pensão do companheiro e aos benefícios previdenciários e outorga direitos sucessórios.[62]

A equiparação da *união estável homoafetiva* como entidade familiar idêntica à *união estável* heterossexual vinha sendo reconhecida há algum tempo no Brasil, existindo julgados, segundo os quais a união homoafetiva é considerada uma entidade familiar, com as mesmas características e tratamento legal que é dado às uniões estáveis heterossexuais.[63]

Os fundamentos dos mencionados julgados partem da aplicação direta dos princípios constitucionais da *dignidade da pessoa humana* e da *vedação de qualquer modalidade de discriminação* entre as pessoas, inclusive quanto ao sexo.

Os princípios hauridos da Constituição de 1988 permitem ao juiz brasileiro suprir a lacuna existente na legislação sobre os direitos e as obrigações oriundos da união estável homoafetiva e seu reconhecimento como verdadeira entidade familiar, em cujo núcleo seus membros poderão desenvolver sua personalidade, sendo as varas de família o juízo competente para o julgamento de causas que envolvam relações de natureza familiar, mesmo as formadas por pessoas do mesmo sexo.

O Supremo Tribunal Federal, por unanimidade de votos, reconheceu no julgamento da ADI nº 4277-7/2009 e Arguição de Descumprimento de Preceito Fundamental (ADPF) nº 132, ocorrido em 05.05.2011, às uniões estáveis homoafetivas públicas e duradouras, o *status* de entidade familiar. Veja-se o resumo do aresto:

> Obrigatório o reconhecimento, no Brasil, da união entre pessoas do mesmo sexo, como entidade familiar, desde que atendidos os requisitos exigidos para a constituição da união estável entre homem e mulher; que os mesmos direitos e deveres dos companheiros nas uniões estáveis estendem-se aos companheiros nas uniões entre pessoas do mesmo sexo. [64]

---

[62] A jurisprudência brasileira, há algum tempo, vem admitindo a união estável entre pessoas do mesmo sexo, reconhecendo o direito à pensão, aos benefícios previdenciários e aos direitos sucessórios ao companheiro. STJ Rec. Esp. n. 148897 – M.G. - Ac. 4a. T. - unân. - Rel: Min. Ruy Rosado de Aguiar - j.: 10.02.98 - Fonte: DJU I, 06.04.1998, p. 13. BONIJURIS 34.345.

[63] Sentença proferida pela juíza de direito, Sirlei Martins da Costa, da 3ª Vara de Família, Sucessões e Cível, da Comarca de Goiânia. A sentença proferida pela juíza Sirlei Martins da Costa, em ação declaratória de sociedade de fato, reconhece a união homoafetiva de duas pessoas como uma entidade familiar, com as mesmas características e consequências legais, próprias das uniões estáveis heterossexuais. Fonte: TJGO Disponível em: <http://www.tj.go.gov.br/Noticias>. Acesso em: 07 fev. 2007.

[64] STF. ADI nº 4277-7/2009 e Arguição de Descumprimento de Preceito Fundamental (ADPF) nº 132. Rel. Min. Ayres Brito. Jul. em 05.05.2011. Disponível em: <http://www.stf.jus.br/portal/peticaoInicial/>. Acesso em: 25 maio 2014.

Em 14.05.2013, o Conselho Nacional de Justiça (CNJ) aprovou a Resolução nº 175, que dispõe sobre a habilitação, celebração de casamento civil, ou de conversão de união estável em casamento, entre pessoas de mesmo sexo.[65] Desta maneira, ficam todos os cartórios brasileiros obrigados a celebrar casamentos entre pessoas do mesmo sexo, visando à mencionada resolução a efetivar a decisão de 2011, do Supremo Tribunal Federal.

As uniões homoafetivas, além de serem reconhecidas como modalidade de entidade familiar, poderão ser convertidas em casamento, garantindo aos conviventes o *status* de casados e todos os direitos e obrigações decorrentes da união matrimonial.

No presente tema, não se enquadra a situação jurídica dos transexuais, cirurgicamente redesignados que tenham adequado seu assento de nascimento e demais documentos, ao seu verdadeiro estado sexual e que pretendam casar e constituir família.

Transexual, segundo definição da Associação Paulista de Medicina,[66] é o "indivíduo com identificação psicossexual oposta aos seus órgãos genitais externos com o desejo compulsivo de mudança dos mesmos." J. Penneau[67] afirma ser a *transexualidade* o "sentimento experimentado por um indivíduo de pertencer ao sexo oposto, com o desejo intenso e obsedante de mudar de estado sexual, inclusive anatomicamente, para viver sob aparência conforme a ideia que lhe faz de si mesmo."

Em trabalho de nossa autoria, denominado de *Limites e Possibilidades do Direito de Redesignação do Estado Sexual*,[68] estudamos exaustivamente o tema da transexualidade sob seus aspectos médico e jurídico. Nessa oportunidade, demonstramos que a transexualidade e a homossexualidade não se confundem, constituindo-se em conceitos e sintomas totalmente diversos. Seguindo essa esteira, concluímos que um transexual masculino não é um homem, nem um transexual feminino é uma mulher. Assim, a terapia cirúrgica de adequação do sexo morfológico do indivíduo ao seu sexo psíquico consiste em mera adequação da parte física da pessoa, sua genitália externa, à sua psique. Muitos *transexuais* solteiros, viúvos, ou divorciados, que queiram casar com uma pessoa do sexo oposto ao seu sexo psíquico estarão sujeitos a duas situações.

A primeira diz respeito aos *transexuais* que se não redesignaram sexualmente por meio cirúrgico ou, embora tenham se submetido à intervenção cirúrgica transgenital, não obtiveram o reconhecimento judicial da mudança de seu estado sexual. Em ambas as hipóteses permanecerá no registro civil o sexo originário do *transexual*; haverá, neste caso, *impedimento* para casar, por tratar-se, segundo a legislação vigente no Brasil, de casamento de pessoas do mesmo sexo.

A segunda hipótese trata do indivíduo sexualmente redesignado que obteve, além da conversão sexual, a alteração judicial de seu *status* sexual e de seu prenome, perante o assento de nascimento no registro civil. Este indivíduo não possui impedimento algum para casar com pessoa do sexo oposto ao seu sexo de redesignação, não se tratando, a

---

[65] Resolução nº 175/2013. DJE/CNJ nº 89/2013, de 15.05.2013, p. 2. Disponível em: <http://www.cnj.jus.br/// images/atos_normativos/resolucao/resolucao_175_14052013_16052013105518.pdf>. Acesso em: 25 maio 2014.

[66] Conceito elaborado pela Comissão especial da Associação Paulista de Medicina.

[67] PENNEAU, J., *Le Transsexualisme*, p. 113. *Apud* PETIT, Jacqueline L' Ambiguité du Droit Face an Syndrome Transsexuel, *Rev. Trim. de Droit Civ.*, l976, nº 2; p. 263.

[68] SZANIAWSKI, Elimar. *Limites e possibilidades de direito de redesignação do estado sexual*. São Paulo: Revista dos Tribunais, 1999.

espécie, de união homossexual. Existe entendimento na doutrina e na jurisprudência no sentido de que, em relação à aptidão para o matrimônio, o *sexo psíquico* prepondera sobre o *sexo biológico*. Dessa maneira, possui o portador de disforia de gênero *capacidade para casar*, sendo seus pressupostos a realização da cirurgia de transgenitalização e a redesignação de seu assento de nascimento, alterando seu estado sexual e o prenome.

A espécie não comporta discussões sobre casamento ou vínculo entre pessoas do mesmo sexo. Quando o transexual se submete à terapia hormonal e cirúrgica, redesignando seu estado sexual e seu assento de nascimento e casar com pessoa de sexo oposto ao seu sexo psíquico ou de redesignação, estar-se-á diante da hipótese de celebração de matrimônio de pessoas de sexos opostos. Sendo o matrimônio plenamente válido e eficaz.

b) Outro pressuposto de substancial importância, exigido para a existência e validade do casamento, é o necessário *consentimento* dos nubentes.

Em matéria matrimonial, que possui peculiaridades próprias, o *consentimento* não deve ser encarado sob o mesmo prisma em que é tratado nos negócios jurídicos patrimoniais. Essa diferenciação no tratamento da matéria resulta em uma teoria específica dos *vícios do consentimento* para o matrimônio. Segundo Orlando Gomes,[69] como vícios do consentimento, passíveis de anular o casamento além da falta de capacidade para casar, devem ser considerados, tão somente, o *erro* e a *coação*. As demais modalidades de vícios não se manifestam no direito matrimonial.[70]

O tema do *consentimento* para casar está vinculado aos impedimentos matrimoniais e o não cumprimento aos mandamentos legais resulta na invalidade do casamento. Os impedimentos para casar são regulados pelos arts. 1548 a 1564, do Código Civil. O art. 1548 trata da nulidade do matrimônio. O dispositivo legal foi reformado pela Lei nº 13.146, de 06.07.2015, que institui a *inclusão da pessoa com deficiência* no espaço público, revogou o inciso I, do presente artigo, não vindo a deficiência da pessoa a se constituir em pressuposto de nulidade do casamento. O art. 1550 arrola as causas de anulabilidade do casamento. A Lei nº 13.146/2015 ao derrogar o inciso I, do art. 1548, acrescentou mais um parágrafo ao art. 1550, do Código Civil. Esse novo parágrafo, (§2º) permite a declaração do consentimento da pessoa deficiente para contrair matrimônio, expressando sua vontade diretamente ou por meio de seu responsável ou curador.

c) O terceiro pressuposto exigido para a validade do casamento tradicional diz respeito à existência obrigatória de *relações sexuais* entre os cônjuges. A não consumação do casamento pelo ato sexual entre os cônjuges tem servido de fundamento para a anulação do matrimônio.

O Cardeal Karol Wojtila, que se tornou no Papa João Paulo II, renovou, embora com timidez, o pensamento da Igreja Católica Apostólica Romana, ao tratar de temas ligados ao sexo e ao matrimônio, afirmando que o sexo no casamento não possui, somente, o significado de *procriação*. O *sexo* entre os cônjuges possui um sentido muito mais abrangente, profundo e filosófico, significando um relacionamento mais amplo

---

[69]   GOMES, Orlando. *Direito de Família*, p. 80.

[70]   Cumpre esclarecer que as nulidades em matéria matrimonial se afastam totalmente das nulidades dos negócios jurídicos patrimoniais. Enquanto nos negócios jurídicos patrimoniais podemos encontrar negócios jurídicos nulos, que não produzem efeitos jurídicos de modo algum. Em relação ao matrimônio, mesmo sendo este nulo, poderão surgir efeitos. O direito matrimonial admite que algumas nulidades sejam convalidadas. Existe o interesse público de salvaguardar o casamento e proteger a prole que advier da relação.

no âmbito familiar, social e afetivo.[71] Em sua homilia de 01.07.1980, no Rio de Janeiro, o Papa João Paulo II, exaltando a família brasileira, afirma que "aqui, com especial vigor, se manifesta o sentido de família e se configuram as dimensões essenciais da realidade familiar: o respeito impregnado de amor e ternura, a generosidade e o espírito de solidariedade, e o apreço por uma certa intimidade do lar, temperada por um desejo de abertura."[72] A Igreja Católica Apostólica Romana concebe o matrimônio não só como símbolo da perfeita união entre *Cristo e a Igreja*, mediante inseparável união entre o homem e a mulher, cujo vínculo se destina a conservar e a promover a reprodução da espécie humana, mas como uma comunhão de vida afetiva e sexual, entre o homem e a mulher, que deve ser determinada pela ideia precípua de dedicação exclusiva, sincera e leal entre os cônjuges e entre os filhos destes.

Muito embora se espere sempre a consumação do casamento, na atualidade predomina a opinião da desnecessidade da ocorrência obrigatória de relações sexuais para constituir sua validade, pois o casamento pode ser celebrado entre pessoas idosas, que não mais possuem aptidão para praticar relações sexuais. No casamento *in extremis*, igualmente, não há qualquer possibilidade de haver contatos sexuais entre os nubentes.

Por tais argumentos, não se deve inserir a ideia de necessidade de relações sexuais e da diversidade de sexo entre os nubentes como pressupostos ou causa de impedimentos matrimoniais.

A indissolubilidade do vínculo matrimonial, também, deixou de ser característica do casamento em países cristãos e não cristãos. A desconstituição do vínculo matrimonial pelo divórcio caracteriza o casamento como uma opção de vida em comum entre um homem e uma mulher, com a possibilidade de dissolver o vínculo a partir daí constituído, quando da ruptura definitiva desta vida em comum.

Assim, o casamento sob o ponto de vista técnico-jurídico possui natureza de um negócio jurídico especial de direito de família, não devendo mais ser vislumbrado como um *contrato* que objetiva, tão somente, criar um vínculo matrimonial entre os cônjuges, legalizar as relações sexuais, constituir a legitimidade da prole e regular o regime de bens à escolha dos esponsais ou por imposição legal. No Brasil, a Lei nº 6.515/1977 instituiu a possibilidade da desconstituição do vínculo matrimonial pelo divórcio e reformulou o conceito de casamento que passou a ser um negócio jurídico especial de direito de família. Todas as alterações ocorridas com o *casamento* trazem uma nova concepção da categoria, como sendo um negócio jurídico *sui generis* ou de natureza especial, em que *matrimônio* significa *vida em comum* ou *cumplicidade* entre duas pessoas. A exigência do dever de *vida em comum* constitui-se em requisito fundamental ao casamento e em um dos deveres mais importantes dos cônjuges. A *vida em comum* consiste na "leal dedicação de vida, tanto na dimensão física quanto na espiritual. Conceituada a noção de fidelidade colhe o sentido ético da relação matrimonial e se insere no eixo mesmo da noção básica de comunhão de vida."[73] A necessidade da promoção e da proteção da *família*, pelo poder público, não deriva diretamente das relações de sangue, mas, sobretudo, das relações afetivas que se traduzem em uma comunhão espiritual e de

---

[71] WOJTILA, Karol. *Amor e Responsabilidade*, 1980.

[72] Papa JOÃO PAULO II. *A família brasileira*. Homilia proferida em 01.07.1980, no Rio de Janeiro, p. 49.

[73] SCHWAB, Dieter. *Familienrechts*, p. 48. No mesmo sentido, OLIVEIRA, José Lamartine Corrêa de. MUNIZ, Francisco José Ferreira. *Ob. cit.*, p.

vida em comum.[74] O matrimônio consiste na união sedimentada da *affectio maritalis*. Os cônjuges e os filhos, biológicos, adotivos, ou nascidos por meio da reprodução assistida, mediante sêmen de doador, estão unidos estritamente por relações afetivas, sendo que os filhos não havidos da conjunção carnal entre marido e mulher, nascidos através de inseminação artificial heteróloga, ou adotivos, possuem o mesmo patamar de igualdade em dignidade e direitos aos dos filhos *iure sangüinis*. De acordo com esta concepção, duas pessoas de sexo diferente fundam uma família sedimentada na *affectio maritalis*. Afirma Perlingieri que "o sangue e os afetos são razões autônomas de justificação para o momento constitutivo da família, mas o perfil consensual e a *affectio* constante e espontânea exercem cada vez mais o papel de denominador comum de qualquer núcleo familiar".[75]

Do conceito tradicional de *matrimônio*, como sendo o instituto destinado a legitimar a vida em comum entre o homem e a mulher, com a legalização das relações sexuais e dos filhos nascidos desta união, se extrai o conceito de *debitum conjugale*, que é definido como "um dos elementos que constituem um contexto global que é a comunhão de vida toda". A comunhão de vida sexual se revela num dos aspectos da comunhão de vida, sendo denominada pela ideia diretriz de dedicação exclusiva, sincera e leal entre os cônjuges. Por essa razão, existe uma íntima conexão entre *dever de fidelidade* e *dever de vida em comum*, que se traduz na *comunidade de vida sexual*. A *comunidade de vida sexual* pode, também, ser vista como integrante do momento positivo de fidelidade enquanto o momento negativo é dominado pela ideia de "exclusividade".

Qualquer ato que venha a atentar contra os preceitos que informam a noção de *vida em comum* caracterizarão uma *conduta desonrosa*, praticada por um cônjuge ao outro.

O fenômeno da *repersonalização* do direito civil contribui substancialmente na mudança do perfil da *família* e, consequentemente, o valor e a função do matrimônio na sociedade atual. A pessoa humana, assumindo o ponto nuclear nas relações familiares, o interesse a ser tutelado deixa de ser o agrupamento familiar como base do Estado, da sociedade e das relações de produção, transferindo-se para as condições que desenvolvam a realização íntima e afetiva da pessoa dentro desse grupo.[76]

Cohen-Jonathan,[77] partindo da análise da Convenção Europeia dos Direitos do Homem, defende a existência do *direito de casar* e de *constituir família*.[78] Afirma o autor que toda a pessoa tem o direito de possuir uma família e dentro dela desenvolver sua personalidade. A família, mesmo a não fundada no casamento, possui, identicamente à família matrimonializada, a mesma formação social potencialmente idônea para o desenvolvimento da personalidade de seus membros.[79] Nesse sentido, o *matrimônio* passa a consistir no instrumento destinado a formalizar a união entre as pessoas para

---

[74] PERLINGIERI, Pietro. *Ob. cit.*, p. 244.

[75] PERLINGIERI, Pietro. *Ob. cit.*, p. 244.

[76] LÔBO, Paulo Luiz Netto. *A Repersonalização das Relações de Família*, p. 74. Para o autor a *família* da atualidade é muito mais do que antes, o espaço da realização pessoal afetiva, despatrimonializada.

[77] COHEN-JONATHAN, Gérard. *La Convention européenne des droits de l'homme*, p. 354.

[78] Convenção Europeia dos Direitos do Homem/1950: "ART. 12º Direito ao casamento: A partir da idade núbil, o homem e a mulher têm o direito de se casar e de constituir família, segundo as leis nacionais que regem o exercício deste direito." Disponível em:<http://www.echr.coe.int/>.

[79] PERLINGIERI, Pietro. *Ob. cit.*, p. 254.

o estabelecimento de uma comunhão de vida. Surge, consequentemente, o *direito* para todas as pessoas de casar e de constituir família.

Para Cohen-Jonathan, o *direito* de toda a pessoa de casar e de constituir família se enquadra dentro do conceito de *direito ao respeito à vida privada e familiar*. O *direito ao respeito à vida privada e familiar* consiste no conjunto "de regras jurídicas que têm por finalidade proteger a vida pessoal e familiar" da pessoa humana.[80] O conceito de *direito ao respeito à vida privada e familiar* está expresso na Resolução nº 428, da Assembleia Consultiva do Conselho da Europa, promulgada em 23.01.1970. Para formular sua tese de que o direito de casar e de fundar uma família constitui-se em um direito de personalidade, parte o autor do estudo das sentenças proferidas pelo Tribunal Europeu dos Direitos Humanos (TEDH) e das Comissões da Convenção Europeia, em questões de proteção da vida familiar.[81] Desse estudo, conclui o autor que a família constitui-se no pequeno núcleo em que a pessoa encontra proteção, amparo e os meios para desenvolver suas aptidões afetivas, espirituais, profissionais e materiais. É o primeiro âmbito no qual cada indivíduo poderá desenvolver livremente sua personalidade, razão pela qual a constituição de uma família está alojada em um direito inerente a toda pessoa, qualificando-se como um direito especial de personalidade.

A doutrina desenvolvida por Cohen-Jonathan tem sido objeto de crítica por parte de alguns autores europeus, sob a alegação de que o TEDH e as Comissões da Convenção Europeia, até o presente momento, não teriam proferido nenhuma sentença em que se pudesse enquadrar perfeitamente a visão do autor. Acrescentando que Cohen-Jonathan não explica satisfatoriamente a natureza do casamento como um *direito ao respeito à vida privada e familiar,* diante da dicção dos arts. 8º e 12, da Convenção Europeia dos Direitos do Homem.[82]

O art. 8º, da Convenção Europeia dos Direitos do Homem, constitui-se no principal dispositivo convencional que cuida da *família,* e o art. 12 tutela o direito de todo o indivíduo poder casar e constituir uma família.[83]

Não nos parece acertada a crítica à postura de Cohen-Jonathan diante dos pronunciamentos das Comissões da Convenção Europeia em matéria de direito de família,

---

[80] SZANIAWSKI, Elimar. *Direitos de Personalidade ...*, p. 289.

[81] COHEN-JONATHAN, Gérard. *Ob. cit.*, p. 355-359.

[82] MIGUEL, Carlos Ruiz. *El derecho a la protección de la vida privada en la jurisprudencia del Tribunal Europeo de Derechos Humanos*, p. 63.

[83] Convenção Europeia dos Direitos do Homem. (Version portugaise), Disponível em: <http://www.echr.coe.int/NR/>:

"Art. 8º: Direito ao respeito pela vida privada e familiar:

1. Qualquer pessoa tem direito ao respeito da sua vida privada e familiar, do seu domicílio e da sua correspondência.

2. Não pode haver ingerência da autoridade pública no exercício deste direito senão quando esta ingerência estiver prevista na lei e constituir uma providência que, numa sociedade democrática, seja necessária para a segurança nacional, para a segurança pública, para o bem-estar económico do país, a defesa da ordem e a prevenção das infracções penais, a protecção da saúde ou da moral, ou a protecção dos direitos e das liberdades de terceiros.

Art. 12: Direito ao casamento:

A partir da idade núbil, o homem e a mulher têm o direito de se casar e de constituir família, segundo as leis nacionais que regem o exercício deste direito."

trazida à sua apreciação.[84] As Comissões da Convenção Europeia reconheceram em suas decisões o envolvimento da matéria relativa ao *respeito à vida privada e familiar* no relacionamento entre pessoas, nas relações entre os membros de uma família, mormente entre pais e filhos, garantindo o direito de o pai ou de a mãe, quando separados, terem junto a si seus filhos e de livremente exercerem seu *direito de visita* ou *direito de contato*. Da mesma maneira, tem os filhos o direito de ver e de permanecer com o genitor que não estiver com a sua guarda. Verifica-se que as decisões das Reclamações dirigidas por cidadãos europeus ao TEDH têm procurado promover a união familiar o tanto quanto possível, permitindo o contato permanente entre pais e filhos, quando o matrimônio dos genitores tenha sido desconstituído, procurando, mesmo assim, a manutenção de uma união familiar a partir da aplicação do art. 8º, da Convenção Europeia dos Direitos do Homem.

Todo o Estado-membro signatário da Convenção Europeia tem o dever de proteger em sentido amplo a *saúde* e a *moral* não só do conjunto de sua comunidade, mas também dos membros dessa comunidade, individualmente considerados. Assim, a *saúde* de toda criança, compreendida pelo bem-estar físico e por seu equilíbrio mental, é amplamente tutelada pelas Comissões do Conselho da Europa, atendendo às reclamações de particulares que lhes são dirigidas, diante da omissão por parte da administração pública ou do Judiciário de qualquer Estado-membro signatário em garantir os mencionados direitos.[85]

O direito brasileiro absorveu a evolução social e, em especial, a da família, que se acelerou após o término da Segunda Guerra Mundial, passando a Constituição a tutelar a relação de coexistência concreta dos membros da família em seu seio, abandonando o critério de tutela dos interesses meramente abstratos do núcleo familiar. A Constituição de 1988 substitui o sistema institucional individualista e patrimonialista, albergado pela codificação civil de 1916, pelo critério eudemonista, o qual procura encontrar para cada membro da família o caminho para sua realização pessoal, espiritual, afetiva, intelectual e material, no âmbito de seu círculo familiar, com colaboração direta e imediata dos demais membros da família.[86] O critério eudemonista ao tutelar a família tutela, também, cada membro da família, colocando a pessoa como destinatário primeiro da nova ordem jurídica, inserida em um núcleo familiar dinâmico que se interliga, como bem demonstra o §8º, do art. 226, da Constituição, ao determinar que cumpre ao Estado assegurar "a assistência à família na pessoa de cada um de seus componentes que a integram".

O Estatuto das Famílias, Projeto de Lei nº 2.285/2007, em consonância com a Constituição da República virá, finalmente, atender aos reclamos da sociedade brasileira, declarando, expressamente, no art. 2º existir um *direito à família*, como um direito fundamental de todos. O *direito à família* se enquadra no *direito geral de personalidade*,

---

[84] SZANIAWSKI, Elimar. *Ult. ob. cit.,* p. 126. Embora exista diversidade de argumentos, é unânime o pensamento da doutrina pela aplicação do art. 8º, da Convenção Europeia nas relações entre particulares relativas ao *respeito à vida privada e familiar.*

[85] KAYSER, Pierre. *La Protection de la Vie Privée*, p. 37. Decisões das Comissões da Convenção Europeia dos Direitos do Homem: *in Annuaire de la Convention des droits de l'homme*: Requerimento nº 172/56, *décision de la Commission du 20.12.1957, Annuaire*: 1957, p. 211; Requerimento nº 911/60, Suéde, *décision de la Commission du 10.04.1961, Annuaire*: 1961, p. 199; Requerimento nº 1.329/62, Dannemark, *décision de la Commission du 07.05.1962, Annuaire*: 1962, p. 201.

[86] RUZYK, Carlos Eduardo Pianovski. *Famílias simultâneas:* da unidade codificada à pluralidade constitucional, p. 25-26.

tendo em vista que todo o direito de personalidade é um direito fundamental. No art. 3º, é reconhecida e protegida como *família* toda a comunhão de vida instituída com a finalidade de convivência familiar, em qualquer de suas modalidades.[87]

Na entidade familiar, seus membros terão assegurados o direito à vida, à saúde, à alimentação, à educação, ao lazer, à profissionalização, à cultura, à dignidade, ao respeito, à liberdade e à convivência familiar e comunitária, além de permanecerem a salvo de toda forma de negligência, discriminação, exploração, violência, crueldade e opressão. Esses direitos terão absoluta prioridade em relação à criança, ao adolescente e ao idoso, que integram o núcleo familiar. Os integrantes da entidade familiar têm a obrigação recíproca de assistência, de amparo material e moral, sendo obrigados a concorrer, na proporção de suas condições financeiras e econômicas, para a manutenção da família.[88]

Podemos concluir que a categoria *matrimônio*, na atualidade e as demais modalidades de *família*, promovem o *direito à vida familiar*, inserido no conteúdo de um *direito geral de personalidade*, em cujo núcleo o indivíduo poderá desenvolver sua personalidade, uma vez que é o matrimônio a categoria jurídica tradicional destinada à construção de uma família. Os cônjuges, os conviventes e seus filhos e o genitor com seu filho, unidos estritamente por relações afetivas, garantirão o pleno exercício de uma *vida familiar* e o desenvolvimento da personalidade de cada um de seus membros.

5 O esboço de um direito de família internacional

Vimos acima que o comportamento social e a família considerada em seus moldes tradicionais sofreram mudanças a partir da Segunda Guerra Mundial, acentuando-se esta mutação a partir dos anos 60 do séc. XX. Este fenômeno ocorreu em quase todo o mundo, principalmente no Ocidente, onde o direito de família se desvinculou da religião.

As grandes modificações que se procederam nos costumes e na *família* dos povos europeus se concentraram, principalmente, nos países da região norte, ocidental e meridional do continente.

Diversos fatores, conforme afirmamos anteriormente, tais como o decréscimo da taxa de natalidade, da taxa de fecundidade, o aumento considerável das uniões estáveis e o aumento do número de divórcios, remodelaram a família burguesa matrimonializada, que era, até então, concebida como a única e ideal modalidade familiar. A fragilidade das uniões matrimoniais a partir da segunda metade do séc. XX levou a sociedade europeia a reconhecer como entidade familiar as variadas modalidades de união de pessoas, diversas das fundadas na relação matrimonial. Essa nova sociedade emergente exigiu dos governantes dos estados europeus a realização de reformas na legislação sobre o direito de família.[89]

---

[87] Estatuto das Famílias, Projeto de Lei nº 2.285/2007, assim propõe:
"Art. 2º O direito à família é direito fundamental de todos.
Art. 3º É protegida como família toda comunhão de vida instituída com a finalidade de convivência familiar, em qualquer de suas modalidades."

[88] Estatuto das Famílias, Projeto de Lei nº 2.285/2007, arts. 15 e 16.

[89] A grande reforma legislativa do direito de família, ocorrida na maior parte dos países europeus, coincidiu com o término da 2ª Guerra Mundial, devido ao surgimento de uma nova classe dominante que emergia na sociedade e a mudança de costumes imprimida pela mesma.

O término da Segunda Guerra Mundial reacendeu a antiga ideia da constituição de uma Europa unida, julgando alguns governantes que chegara o momento oportuno para a concretização europeia, fundada em valores comuns. Dessa maneira, agruparam-se alguns Estados, constituindo as organizações do *Conselho da Europa* e da *Comunidade Europeia*, ocorrendo a formalização do Estatuto do Conselho da Europa em 05.05.1949, em Londres.

Ao mesmo tempo, esta nova sociedade postulava a construção de uma organização supranacional que promovesse a união dos países da Europa, coincidindo a formação da União Europeia com a realização das reformas legislativas almejadas.[90] Essa exigência social constitui-se no primeiro empuxo para levar adiante a proposta da construção de um direito de família europeu único, com vigência internacional.

Contudo, essas organizações internacionais não se destinam, propriamente, a elaborar regras comuns aos Estados europeus. Sua missão consiste em facilitar as relações entre os povos da Terra e garantir a proteção dos direitos fundamentais de cada indivíduo.[91] O principal objeto do Conselho da Europa se resume em assegurar o direito de manifestação dos povos europeus e garantir a paz entre as nações, segundo os princípios emanados da Declaração Universal dos Direitos do Homem e da Convenção Europeia dos Direitos do Homem. A Convenção Europeia exerce uma jurisdição internacional mediante dois órgãos, a Comissão Europeia dos Direitos do Homem e a Corte Europeia dos Direitos do Homem, ou Tribunal Europeu dos Direitos do Homem (TEDH), cujo fim precípuo é a realização da tutela jurisdicional dos direitos humanos.

Para Grataloup,[92] dois instrumentos normativos internacionais contribuíram consideravelmente para a modernização do direito de família, a Carta das Nações Unidas, promulgada pela ONU e assinada em São Francisco, Califórnia, em 26.06.1945 e o Protocolo da Comissão Internacional do Estado Civil, assinado em Berna, Suíça, em 25.09. 1950.

A denominada Carta de São Francisco proclama os direitos fundamentais do homem, segundo as noções de *dignidade* e de *valor* da pessoa humana, reconhecendo, expressamente, a igualdade de direitos do homem e da mulher.[93]

A Comissão Internacional do Estado Civil tem por objeto primeiro remodelar o direito de família no continente europeu, mediante a elaboração de nova legislação e a construção de jurisprudência internacional que diga respeito às matérias relativas ao estado das pessoas, à família e à nacionalidade, que deverá ser recepcionada pelo direito interno dos países membros signatários. A Comissão Internacional do Estado Civil vem se dedicando à tarefa de harmonizar as disposições legais vigentes dos diferentes sistemas jurídicos dos países membros, aparando as eventuais diferenças.[94]

Destaca-se no tema a Convenção de Haia de Direito Internacional Privado, que se ocupa com a construção de um direito internacional relativo às pessoas e à família. A referida Convenção Internacional está produzindo uma autêntica "união jurídica"

---

[90]   ARNAUD, A. J.. *Pour une pensée juridique européenne*, p. 3.

[91]   GRATALOUP, Sylvain. *L' Enfant et sa Famille dans les Normes Européennes*, p. 8.

[92]   GRATALOUP, Sylvain. *Ob. cit.*, p. 13.

[93]   Carta das Nações Unidas, art. 55.

[94]   GRATALOUP, Sylvain. *Ult. ob. cit.*, p. 13.

dos povos em matéria de direito de família e de filiação, dentro da qual cada relação jurídica deverá ser submetida a uma só e idêntica regra. As Conferências tetra anuais da Convenção de Haia desenvolvem seus trabalhos na busca de uma união progressiva das regras de direito internacional privado.[95] A Conferência da Convenção de Haia de 29.05.1993, relativa à Proteção das Crianças e à Cooperação em Matéria de Adoção Internacional, trabalhando com a legislação aplicável em matéria de tutela de menores, conduziu um grande número de países europeus a introduzir uma profunda reforma e harmonização em sua legislação interna, em relação à proteção e à salvaguarda dos direitos das crianças e dos adolescentes, preparando a construção paulatina de um "direito de família europeu".[96]

A união legislativa dos países da América do Sul que constituem o MERCOSUL ainda tem um longo e árduo caminho a trilhar, embora tal unificação pareça, à primeira vista, de fácil sucesso, diante da origem comum do direito dos países da América do Sul. O direito da América Latina possui origens no direito romano-germânico vigente na Península Ibérica. Além do mais, as codificações dos países da América do Sul produziram influências recíprocas, em relação ao Brasil, à Argentina, ao Paraguai e Uruguai, a exemplo do *Esboço* de Teixeira de Freitas e do projeto de Vélez Sarsfield, da Argentina.

Entretanto, o Tratado de Assunção que instituiu o MERCOSUL não deu condições imediatas para a integração do *direito* da América do Sul, tal qual anuncia, entendendo Paulo Luiz Netto Lobo,[97] ser muito difícil uma unificação do direito civil, uma vez que a unificação do direito privado interno de cada país, membro do MERCOSUL, ainda não se realizou integralmente.

Concordamos com o autor na medida em que ainda não foram criados os mecanismos internacionais destinados à *harmonização* do direito vigente nesses países. Para nós, o primeiro e talvez o único passo que poderá ter sucesso no MERCOSUL seria, em médio prazo, a unificação do direito das obrigações, do direito contratual e do direito do consumidor. Em relação à criação de um direito de família e de filiação latino-americano, parece-nos muito distante esta possibilidade, acreditando que, somente em longo prazo haverá vistas para uma *harmonização* dos diversos ramos de direitos internos.[98]

É tendência dos países ocidentais, que possuem direito vigente de origem romano-germânica, buscar uma *harmonização* dos diversos direitos nacionais, para uma convivência harmônica, segundo princípios comuns que deverão informar cada direito interno.

---

[95] A Conferência da Convenção de Haia, realizada em 05.10.1961, declarou a lei aplicável em matéria de proteção de menores e fixou a competência e os limites de atuação das autoridades que aplicarão essa lei. A Conferência da Convenção de Haia, de 29.05.1993, estabeleceu regras à Proteção das Crianças e à Cooperação em Matéria de Adoção Internacional. A Conferência da Convenção de Haia, realizada em 19.10.1996, tratou, especificamente, sobre o "Direito e a Proteção dos Menores". Disponível em: <http://www.tjpe.gov.br/coordvinf/arquivos/convencao_haia.pdf>. Acesso em: 27 jul. 2007.

[96] GRATALOUP, Sylvain, *ob. cit.*, p. 14-15.

[97] LÔBO, Paulo Luiz Netto. As relações de direito civil nos processos de integração. *Temas de Integração*, nº 4, 2. v., p. 115-116.

[98] *Harmonização*, segundo LÔBO, Paulo Luiz Netto. *Ob. cit.*, p. 117, consiste em "um processo diferenciado e mais limitado que a unidicação jurídica." A harmonização visa buscar a convivência de variados direitos nacionais vigentes em zonas de mercado comum e nas zonas de livre comércio.

6   A evolução e a transformação da noção de *família* no direito brasileiro

Vamos encontrar a origem do direito brasileiro no direito português, disposto nas Ordenações Filipinas, que vigeram do ano de 1603 até 31.12.1916, quando passou a vigorar nosso primeiro Código Civil. As Ordenações Filipinas, embora um tanto alteradas através dos tempos, mantiveram-se fiéis ao direito romano até sua derrogação.[99] Cumpre observar que na construção do direito de família romano predominaram os princípios religiosos sobre os jurídicos que o consolidaram, dificultando que a evolução social o interpenetrasse e modificasse. A predominante influência religiosa revela-se no núcleo familiar patriarcal, no qual o *pater famílias*, além de ser o chefe supremo da família, era seu sacerdote, possuindo o direito e o poder de decidir por todos os membros, detendo o poder de vida e morte sobre os que lhe eram subordinados. O núcleo familiar era impenetrável, fechado para aqueles que a ele não pertenciam, bem como ao próprio poder público, representado pelo príncipe e pelos pretores que não intervinham na esfera familiar. Dessa maneira, a tradição familiar do direito romano, embora amalgamada pelo direito canônico, permaneceu viva e vigente durante séculos, ultrapassando a Idade Média, o Renascimento e a modernidade, vindo a encontrar sua decadência e total desencontro com os anseios sociais e familiares a partir de meados do séc. XX.

No Brasil predominou a sociedade rural desde o início da colonização até 1960, organizando-se a família brasileira no período colonial segundo o modelo patriarcal do direito romano-canônico, vigente durante séculos em Portugal e Espanha, estruturando-se as grandes famílias como um verdadeiro feudo, tendo o *pater famílias* tudo e todos sob o seu poder, sua mulher, os filhos, os parentes próximos, os agregados e os escravos.

O Código Civil de 1916, fruto da República então recentemente instalada, constitui-se em um marco de ruptura com a sociedade ruralista patriarcal, passando a prestigiar a ideologia burguesa urbana, segundo um modelo econômico liberal, profundamente influenciado pela cultura dominante dos povos europeus do séc. XIX. O código de 1916 foi, em quase todos os sentidos, renovador, considerado um código burguês e urbano, menos no que tange ao direito de família. A primeira codificação civil brasileira manteve o direito de família atrelado à reacionária concepção de família do modelo patriarcal, matrimonializado e colonialista, consagrando apenas a *família* constituída a partir do casamento civil e religioso e reconhecendo, tão somente, como filhos, os nascidos na constância do casamento, aos quais denominava de *filhos legítimos*, e os filhos que eram legitimados. As uniões não matrimonializadas entre duas pessoas não eram reconhecidas e os filhos nascidos fora do casamento e que não fossem legitimados eram considerados filhos ilegais.

No direito brasileiro, a transformação do direito de família só ocorreu verdadeiramente a partir da segunda metade do século passado e de maneira paulatina, mediante promulgação de legislação extravagante, sempre atrás das exigências sociais, embora haja, ainda hoje, setores extremamente conservadores que resistem às mudanças, retardando a adequação do direito à realidade social. Um dos exemplos mais

---

[99]   DANTAS, Santiago. *Programa de Direito Civil*. v. I, p. 55. As ordenações Filipinas foram sendo aos poucos derrogadas por novas normas que vinham sendo editadas. O Livro IV, todavia, vigeu até fins de 1916, derrogado pelo Código Civil.

marcantes dessa resistência, não só do clero em geral, mas também de grupos leigos tradicionalistas, foi a oposição à adoção do divórcio no Brasil e o reconhecimento dos filhos havidos fora do matrimônio como sendo filhos legais e iguais em direitos aos filhos nascidos do matrimônio.

Algumas leis extravagantes contribuíram para o aprimoramento do direito de família brasileiro resgatando, em parte, o direito das mulheres, tratadas como relativamente capazes até o ano de 1962 e dependentes da autorização marital para a prática de qualquer ato jurídico. Em relação aos filhos, eram estes classificados em verdadeiras castas, entre as quais havia os *filhos espúrios*, em que se inseriam os filhos adulterinos e incestuosos, aos quais eram negados o direito de filiação e o direito sucessório, verdadeiros párias da hipócrita sociedade burguesa em ascensão.[100]

Das mais importantes leis que contribuíram para o aperfeiçoamento do direito de família no Brasil, destacamos a Lei nº 765, de 14.06.1949, que dispõem sobre o registro civil de nascimento; a Lei nº 883, de 21.10.1949, que trata do reconhecimento de filhos ilegítimos; a Lei nº 1.110, de 23.05.1950, que regula o reconhecimento dos efeitos civis do casamento religioso; a Lei nº 3.133, de 08.05.1957, que atualizou o instituto da Adoção, prescrita no Código Civil; a Lei nº 4.121, de 27.08.1962, que diz respeito à situação jurídica da mulher casada; a Lei nº 5.478, de 25.07.1968, que dispõe sobre alimentos e dá outras providências; a Lei nº 8.069, de 13.07.1990, que dispõe sobre o Estatuto da Criança e do Adolescente e dá outras providências; a Lei nº 8.560, de 29.12.1992, que regula a investigação da paternidade dos filhos havidos fora do casamento e dá outras providências, a Lei nº 8.971, de 29.12.1994, regulando o direito dos companheiros a alimentos e à sucessão e a Lei nº 11.340, de 07.08.2006, mais conhecida por *Lei Maria da Penha*, a qual regulamenta o §8º, do art. 226, da Constituição. Dentre as normas de direito internacional, mencionamos a Convenção sobre a Eliminação de Todas as Formas de Discriminação contra as Mulheres e a Convenção Interamericana para Prevenir, Punir e Erradicar a Violência contra a Mulher. A norma cria mecanismos para coibir a violência doméstica e familiar contra a mulher, dispõe sobre a criação dos Juizados de Violência Doméstica e Familiar contra a Mulher e altera o Código de Processo Penal, o Código Penal e a Lei de Execução Penal e dá outras providências. Outras importantes leis serão analisadas oportunamente, em capítulos próprios.

Das mencionadas leis, mais da metade trata sobre direito parental e de filiação, tal a importância que a matéria vem adquirindo nos últimos anos.

O direito brasileiro vem sofrendo o fenômeno da constitucionalização e da repersonalização, tal qual vem ocorrendo nos demais países ocidentais do ramo romano-germânico, provocando uma profunda reflexão e revisão do direito de família pela comunidade jurídica. O advento do capitalismo, da revolução industrial e a modificação dos costumes provocaram a decadência da família patriarcal brasileira. A desintegração do matrimônio, como instituição fundamental na constituição da *família*, exigiu do legislador e do operador do direito a tomada de nova postura perante a realidade social e uma profunda reflexão renovadora em relação ao direito de família vigente. A Assembleia Nacional Constituinte, que elaborou a Constituição

---

[100] O art. 358, do Código Civil de 1916, vigeu até outubro de 1988. Embora este dispositivo legal, verdadeiramente odioso, deixasse de vigorar com o advento da Constituição de 1988, a Lei nº 7.841/1989 acabou por revogá-lo expressamente.

de 1988, imprimiu importantes e profundas alterações no direito de família brasileiro. Rompeu com a ordem anterior, calcada na estreita visão racional e burguesa de *família*, instituiu diversas modalidades de *família*, reconhecendo como núcleo familiar a família não matrimonializada, a família monoparental e modernizou o conceito de família matrimonializada. As citadas categorias são reconhecidas e tuteladas pelo direito, constituindo um núcleo familiar no qual seus membros estão aptos a desenvolver livremente sua personalidade.

A Constituição de 1988 adotou, entre os Princípios Fundamentais que a informam, o exercício pleno da *cidadania* e a salvaguarda da *dignidade* da pessoa humana, que envolvem o conceito do *livre desenvolvimento da personalidade* do indivíduo e da ampla proteção de sua *dignidade* como ser humano.

A noção de *cidadania* expressa a condição da pessoa humana como participante do Estado, como sujeito de direitos e obrigações dentro da ordem jurídica. Ser *cidadão* significa ser o indivíduo um homem livre, titular de direitos e obrigações a título individual, garantidos por lei. O exercício da *cidadania* vai ao encontro da efetivação de um direito mínimo, de bem-estar social e econômico e da segurança do direito de participar, totalmente, da herança social e levar a vida de ser humano civilizado, dentro dos padrões que prevalecem na sociedade, integrando-se como membro participante desta sociedade, inserido no *espaço público,* cujo desfecho será o livre desenvolvimento da personalidade do indivíduo e no respeito absoluto de sua dignidade.[101] Ao lado da *cidadania*, a *dignidade* da pessoa humana constitui-se no elemento indicador do ser humano como indivíduo no Universo, o qual, em virtude de sua natureza espiritual, é dotado da possibilidade de executar determinadas tarefas de criatividade cultural, de realização de valores éticos e de se autoedificar.[102] A noção de *dignidade* da pessoa humana, sob o ponto de vista jurídico, vem sendo considerada um atributo da pessoa, o "fundamento primeiro e a finalidade última, de toda a atuação estatal e mesmo particular".[103]

Dos mencionados princípios adotados pela Constituição, decorre que a pessoa humana representa o bem supremo da ordem jurídica, o seu fundamento e o seu fim. Por essas razões, a Constituição determina que todos os cidadãos possuem a mesma *dignidade social*, sendo iguais perante a lei. Extrai-se, dessas afirmações, que a estrutura e a ação do poder público, a organização da vida econômica, cultural e social, estão subordinadas ao respeito e ao desenvolvimento da pessoa humana. Em razão disso, garante a Carta Magna, mediante aplicação direta, tanto por parte do poder público como por particulares, e pela impossibilidade de revogação ou limitação genérica pela norma legal inferior, o *direito geral de personalidade*.

Ao contrário da doutrina e da jurisprudência brasileiras predominantes, que continuam voltadas para a teoria tipificadora e fracionária dos direitos de personalidade, hoje em parte superada,[104] vimos sustentando que o direito brasileiro recepcionou o *direito geral de personalidade*, mediante o princípio da dignidade da pessoa humana,

---

[101] SZANIAWSKI, Elimar. *Limites e Possibilidades* ..., p. 248.

[102] SZANIAWSKI, Elimar. *Direitos de Personalidade e sua Tutela*, p. 137, ss. *Limites e Possibilidades...*, p. 248.

[103] SAMPAIO, Danilo Fontenelle. A Intervenção do Estado na economia e o princípio da dignidade da pessoa humana ante a nova lei ambiental. *C.E.J.* nº 10, p. 30.

[104] SZANIAWSKI, Elimar. *Direitos de Personalidade* ..., p. 137 e seg..

como princípio mãe, previsto no inciso III, do art. 1º, da Constituição de 1988,[105] e na legislação infraconstitucional, no art. 12, do Código Civil.[106]

A *individualidade* do ser humano inicia e se processa no âmbito do núcleo familiar pelo constante e permanente desenvolvimento da personalidade. A *individualidade* é abarcada pelas características pessoais do indivíduo, por seu caráter, por seus dons, os adquiridos pela natureza e os recebidos por meio da educação e do autodesenvolvimento. O *direito geral de personalidade* visa a atuar na tutela da *existência* da pessoa, constituída pelo bem jurídico *vida*; pelos meios de *conservação da vida*, em relação ao *espírito*, ao *corpo*; à *saúde*; à *liberdade* e aos demais bens personalíssimos, constituídos pela criação cultural, englobados à criação literária, artística, científica, industrial etc., a *vontade*, como força anímica que permita ao indivíduo promover sua autodeterminação e desenvolver-se plenamente como pessoa humana.[107]

O cuidado dispensado pela Constituição brasileira ao valorizar o sujeito como ser humano e ao salvaguardar sua dignidade, colocando a pessoa como núcleo do ordenamento jurídico, como principal destinatário da ordem jurídica, *repersonaliza* o direito brasileiro como um todo. A Constituição Federal, embora dê preponderância à família constituída pelo matrimônio, não descuida das uniões familiares entre o homem e a mulher que não se circunscrevem ao casamento tradicional, da família monoparental, constituída por um dos genitores e sua prole, uma vez que estas modalidades de uniões familiares são reconhecidas e protegidas nos §§3º e 4º, do art. 226, da Constituição,[108] como categorias jurídicas autônomas, compreendendo-as como entidade familiar e atribuindo a esta efeitos e proteção jurídica. Exegese mais ampla e liberal do §3º, do art. 226, da Constituição, tem levado os tribunais brasileiros a reconhecer como entidade familiar as uniões estáveis homoafetivas, vislumbrando essas uniões como núcleo familiar dentro do qual cada membro do casal homoafetivo desenvolve sua personalidade, tema examinado no capítulo 5, supra.[109]

A Constituição do Brasil, no Capítulo VII, do Título VIII, que dispõe sobre a proteção da *família, da criança, do adolescente, da mulher e do idoso*, alberga o conceito de *direito à vida familiar*, fundada no princípio da *dignidade* da pessoa humana, que se constitui em uma das pilastras mestras do direito geral de personalidade, previsto no inciso III, do art. 1º da Constituição.

A Constituição de 1988, ao reconhecer a relação *não fundada no casamento* como entidade familiar, substituiu a noção clássica de *família instituição*, disciplinada pelo Código Civil Brasileiro de 1916, que se preocupava em tutelar as relações de

---

[105] Algumas tipificações de direitos de personalidade estão esparçamente dispostas no art. 5º, da Constituição e nos arts. 13 a 21, do Código Civil, constituindo os denominados *direitos especiais de personalidade*, que ao lado da cláusula geral, contida no art. 12 e no inciso III, do art. 1º, da Constituição, constituem um sistema misto de tutela da personalidade humana no nosso ordenamento jurídico. (Cf. SZANIAWSKI, Elimar. *Direitos de Personalidade* ..., p. 144, ss.)

[106] CC, art. 12: "Pode-se exigir que cesse a ameaça, ou a lesão, a direito da personalidade, e reclamar perdas e danos, sem prejuízo de outras sanções previstas em lei."

[107] HUBMANN, Heinrich. *Das Persönlichkeitsrecht*, p. 60, ss.

[108] O §3º, do art. 226, da Constituição, é regulamentado pela Lei nº 9.278 de 10.05.1996.

[109] Resolução nº 175/2013. DJE/CNJ nº 89/2013, de 15.05.2013, p. 2. Disponível em: <http://www.cnj.jus.br/// images/atos_normativos/resolucao/resolucao_175_14052013_16052013105518.pdf>. Acesso em: 25 maio 2014.

dependência econômica, pela ideia de *família instrumento*, voltada a proporcionar o livre desenvolvimento da personalidade de seus membros.[110]

A nova ótica da *família*, outorgada pela Constituição, tornou superado o sistema de atribuição da paternidade do Código Civil revogado. Este diploma na sua concepção original determinava que a paternidade adviria, somente, da constância do casamento legítimo. Conquanto o Código Civil tivesse por base a filiação de sangue, o mesmo não possibilitava a verificação da filiação biológica dentro da chamada *teoria do verdadeiro pai biológico*, (*Theorie der wirklicher biologicher Vater*). Do mesmo modo, a paternidade socioafetiva não era alcançada pelo direito civil clássico que se atinha, somente, à paternidade e filiação ditas legítimas, não atendendo à categoria denominada *posse de estado de filho*.

O Código Civil de 2002, seguindo a esteira desenrolada pela Constituição, admite a prova da filiação por qualquer modo em direito admissível. Mediante o reconhecimento da categoria da *posse de estado de filho*, poder-se-á restabelecer a justiça, a igualdade e a tutela das relações de família, dentro da noção de afetividade e de auxílio recíproco no âmago do núcleo familiar.

A Carta Magna, ao trazer para seu campo a regulamentação do direito de família, filiou-se à teoria da *repersonalização* das relações familiares, cujo fundamento encontra-se nos princípios da dignidade do ser humano e da liberdade, os quais permitem ao indivíduo realizar-se íntima e afetivamente nesse pequeno grupo social. Consoante já afirmamos, a Constituição tem por escopo a proteção do grupo familiar possibilitando, desse modo, o livre desenvolvimento da personalidade de cada membro que compõe este núcleo familiar.[111]

Semelhante à família oriunda do matrimônio, a família não fundada no casamento constitui-se em uma formação social potencialmente idônea para o desenvolvimento da personalidade de seus membros e como tal, orientada pelo ordenamento a perseguir esta função.[112] A família *não fundada no matrimônio* constitui relações internas e externas, caracterizadas por obrigações genéricas e específicas de comportamento e por poderes. Desse modo, reputamos ser incorreta a denominação ainda utilizada por alguns de "família de fato", uma vez que a união estável é protegida pelo direito, constituindo-se, segundo Perlingieri, em um "fenômeno de liberdade que não se põe em contraste com precedentes e oficiais assunções de responsabilidade e que não pode certamente colorir-se com as qualificações de ilegitimidade ou de ilicitude."[113]

Das ideias colacionadas, verifica-se que é quase unânime o posicionamento da doutrina no sentido de que o matrimônio e a união estável constituem-se em um núcleo familiar, no caminho condutor à procriação da espécie humana.

---

[110] GUSTAVO TEPEDINO, *A Tutela Jurídica da Filiação*. Aspectos Constitucionais e Estatutários – Estatuto da Criança e do Adolescente – Estudos Sócio-Jurídicos, p 273, ss.

[111] P. L. NETO LÔBO. *A Repersonalização das Relações de Família – O Direito de Família e a Constituição de 1988*, p. 74 .

[112] PERLINGIERI, Pietro. *Ob. cit.*, p. 254

[113] PERLINGIERI, Pietro. *Ob. cit.*, p. 253. SCHWAB, Dieter. *Ob. cit.*, p. 48. A família informal vinha merecendo proteção parcial pela legislação extravagante, denominada concubinato, vindo a ampliar-se a tutela da companheira, considerando-a em idêntico grau a de cônjuge a partir da promulgação da legislação previdenciária. A Consolidação das Leis de Previdência Social permitia que a companheira que vivesse com o segurado, sob sua dependência, pelo lapso de cinco anos, figurasse como beneficiária da previdência ou, na hipótese em que o companheiro, anteriormente casado, estivesse separado de fato, concorresse na percepção dos benefícios, juntamente com a esposa do companheiro segurado.

Do casamento, da união estável, do concubinato e da família monoparental deriva a relação parental. *Parentesco* é o "vínculo entre pessoas que têm ancestral comum."[114] "É a relação que vincula entre si pessoas que descendem umas das outras, ou de autor comum (*consanguinidade*), que aproxima cada um dos cônjuges dos parentes do outro (*afinidade*), ou que estabelece, por *fictio iuris*, entre o adotado e o adotante."[115] O parentesco entre os *afins* e entre o adotado e o adotante se estabelecia, segundo o direito tradicional, por força de lei. Na atualidade, porém, este efeito legal é suplantado pela afeição, surgindo o parentesco socioafetivo ou social, a partir da existência da *affectio*, que informa a categoria. Deste modo, divide-se o parentesco em: parentesco *biológico* e parentesco *civil* e parentesco *social*.

A Constituição de 1988 extinguiu as distinções odiosas entre os filhos mantidas pela legislação civil tradicional, qualificados em filhos legítimos, adotivos, ilegítimos ou naturais e espúrios, alçando todos os filhos, independentemente de sua origem, um mesmo grau, sem preconceitos, nem diferenciação. A Constituição em vigor substitui o rigor legalista pela noção do afeto nas relações parentais. A *affectio iuris* deu lugar a simples *affectio*. Extinguiu a Constituição o modelo anterior de família, que repousava no matrimônio, na origem biológica e na legalidade dos filhos que nasciam de sua constância. A Constituição, além de criar uma pluralidade de modalidades de família, igualou os filhos independentemente de terem nascido da relação matrimonial ou não, ou terem sido adotados. A família matrimonializada, a família constituída por uniões livres, a família monoparental e a família adotiva devem possuir um ponto nuclear comum, que é a afeição, a qual vincula as pessoas que constituem o grupo familiar.[116] Este deverá se caracterizar por relações afetivas entre um homem e uma mulher e ambos com os filhos, embora não sejam, em muitas famílias, os verdadeiros filhos biológicos do casal. Mostrava-se obsoleta a classificação da filiação do Código Civil de 1916, tardiamente extinta no Brasil.

O Código Civil de 2002 pouco contribuiu para a evolução e o aperfeiçoamento das instituições de direito de família no Brasil. Por essa razão, está a sociedade brasileira novamente à espera da promulgação de uma nova legislação, destinada a regular o direito de família, o denominado de *Estatuto das Famílias*, o qual deverá derrogar o Livro IV, do Código Civil integralmente.[117]

O projeto de Estatuto das Famílias é dividido em duas grandes partes. A primeira, constituída por seis Títulos, disciplina o direito material. A outra parte, constituída por apenas um título, o Título VII, cuida de matéria processual. O último título, Título VIII, trata das disposições finais e transitórias.

Na parte dedicada ao direito processual, foram sistematizados os processos e os procedimentos dispersos no Código Civil, no Código de Processo Civil e em leis extravagantes, que são derrogados pelo Estatuto. A proposição da nova legislação sobre direito de família concretiza os princípios da oralidade, da celeridade, da simplicidade,

---

[114] GOMES, Orlando. *Ob. cit.*, p. 311.

[115] MIRANDA, Fancisco Cavalcanti Pontes de. *Ob. cit.* Tomo IX, p. 3.

[116] CARBONERA, Silvana Maria. O Papel jurídico do afeto nas relações de família. Repensando Fundamentos do Direito Civil Brasileiro Contemporâneo, p. 287.

[117] *Estatuto das Famílias* – Projeto de Lei nº 2.285/2007. Disponível em: <http://www.camara.gov.br/proposicoesWeb/fichadetramitacao?idProposicao=373935>.

da informalidade e da economia processual, dando preferência na ordem do julgamento dos tribunais. O Estatuto das Famílias estimula a conciliação entre as partes, à ampla utilização de equipes multidisciplinares e à mediação extrajudicial.[118]

Embora o Estatuto das Famílias não tenha sido, ainda, convertido em lei, constituindo-se, até o presente momento, apenas em um Projeto de Lei, sua importância requer lhe sejam dedicadas algumas considerações.

O Estatuto das Famílias consiste na reestruturação do direito de família brasileiro, na forma de um corpo legislativo autônomo, de natureza estatutária, contendo todas as regras, materiais e processuais, pertinentes à matéria de família, em consonância com a Constituição e a criação jurisprudencial.

O Estatuto das Famílias consiste no mais cristalino exemplo do fracasso da codificação civil brasileira de 2002, um código que nasceu obsoleto, com inúmeras janelas para o séc. XIX, sendo que, em matéria de *família*, o Código Civil de 2002 não se libertou inteiramente do paradigma utilizado pelo codificador de 1916, adaptado, apenas, aos ditames da Constituição. Um código que nasceu na contramão da grande via aberta pela Constituição de 1988, sendo que para possibilitar sua promulgação foi necessário adaptá-lo ao paradigma constitucional e, dessa maneira, perdeu, ainda mais, sua pouca qualidade legislativa. Melhor teria sido o abandono definitivo da ideia de uma nova codificação civil e partir para o caminho dos microssistemas, tal qual poderá ocorrer brevemente entre nós, com a criação de um microssistema de direito de família a partir da promulgação do Estatuto das Famílias.

O direito de filiação tratado no Estatuto das Famílias será objeto de análise no decorrer deste estudo.

Para o nosso trabalho, necessitando a imposição de limites, interessará o estudo do parentesco em linha reta de primeiro grau, que envolve a paternidade, a maternidade e a filiação, as quais constituem um trinômio, cuja análise será realizada no próximo título.

---

[118] CARNEIRO, Sérgio Barradas. *Estatuto das Famílias:* Justificativa, p. 17.

O DIREITO DE FILIAÇÃO

TÍTULO I

O TRINÔMIO
PATERNIDADE - MATERNIDADE - FILIAÇÃO

Paternidade é a qualidade de ser pai. Consiste na relação que vincula o homem aos seus filhos. Idêntico é o conceito de *maternidade,* que se traduz na relação que vincula a mãe aos filhos. O pai e a mãe são os ascendentes diretos de primeiro grau em linha reta, de um indivíduo. Analisando esse mesmo vínculo por outro lado, teremos a relação jurídica que liga a pessoa do filho aos pais, denominada de *filiação.* A paternidade, a maternidade e a filiação constituem um trinômio inseparável do qual decorrem efeitos de natureza biológica, afetiva e jurídica.

No dia a dia, costuma-se utilizar as expressões *pais* e *genitores* como se fossem sinônimas. Na acepção jurídica, porém, trata-se de significados totalmente diversos.

Enquanto o termo *genitor* significa "aquele que gera,"[119] ou seja, aquele que constitui a relação de filiação biológica com seu descendente, a expressão *pai* e *mãe,* além de referir-se aos genitores, concerne, também àquelas pessoas que estabelecem um vínculo de filiação afetivo com uma criança, independentemente da existência ou não de vínculo biológico.

A filiação pode ser biológica ou genética, socioafetiva e civil. A primeira decorre diretamente do vínculo biológico. Por *paternidade social,* também chamada de *paternidade afetiva* ou *socioafetiva,* tem-se denominado a relação de paternidade e filiação decorrente do afeto que se estabelece entre pessoas (pais e filhos), na qual poderá estar ausente o vínculo biológico, dominando, porém, o amor, o afeto, os cuidados. O estado de filiação, uma categoria jurídica tipicamente de direito de família, decorre da estabilidade dos liames afetivos construídos diariamente entre pais e filho, constituindo, segundo Netto Lobo,[120] no fundamento essencial da atribuição de paternidade ou maternidade.[121]

---

[119] FERREIRA, Aurelio Buarque de Holanda. *Pequeno Dicionário Brasileiro da Língua Portuguesa.* Verbete: "genitor".

[120] LÔBO, Paulo Luiz Netto. Direito ao Estado de Filiação e Direito à Origem Genética: Uma distinção necessária. *RBDF,* nº 19, p. 151.

[121] Empregamos a expressão *paternidade* em sentido amplo, referindo-nos à paternidade propriamente dita e à maternidade.

A terceira modalidade de filiação, a filiação meramente civil, é a que se constitui a partir do registro civil do nascimento da criança, independentemente de qualquer afetividade, na qual, geralmente, está ausente o afeto e, raras vezes, o vínculo biológico.

Das relações jurídicas que nascem a partir da relação parental, as que mais de perto interessam ao presente estudo constituem objeto do direito de filiação, sendo o pai, a mãe e cada filho seus sujeitos, possuindo o direito de filiação por objeto regulamentar todas as relações entre pais e filhos, a partir da constituição do vínculo oriundo da concepção, sua modificação, até a extinção do mesmo, incluindo o poder-dever que os pais têm com os filhos menores, denominado *poder familiar*, que consiste em um poder-dever protetivo e assistencial, quanto a eles.

As legislações pertencentes à família jurídica romano-germânica basearam a formação da relação de paternidade, maternidade e filiação a partir do vínculo biológico, restrito aos filhos nascidos da constância do casamento, conservando, até recentemente, uma discriminação odiosa entre as diversas categorias de filhos, somente vencendo o preconceito a partir da decadência do direito civil clássico e da ruptura dos laços que o *direito* mantinha com os conceitos tradicionais de família e de filiação, concebidos pela doutrina racionalista burguesa do séc. XIX, inspirada em preceitos do direito canônico, consoante mencionamos no Título anterior.

O direito civil clássico construiu o direito de filiação a partir do brocardo *Pater is est quem iustae nuptiae demonstrat* e consolidou, através dos séculos, a noção de *filiação legítima* que integrava a família matrimonializada, inserindo ao lado, em outra margem, os outros filhos, nascidos fora do casamento e os adotivos. O direito civil, de origem romano-germânico-canônica, reconhecia apenas a legitimidade da filiação biológica oriunda do casamento, denominada, por esta razão, *filiação legítima*. Ao lado desta, havia, também, a filiação adotiva; todavia, a adoção para este direito não rompia os vínculos do adotado com sua família biológica, formando, por essa razão, uma categoria de filhos diversa da legítima. A *filiação legítima* foi edificada sobre uma presunção, a presunção de ser o pai da criança o marido da mãe.

O desenvolvimento da medicina, da biologia e as técnicas de manipulação genética que ocorreram na segunda metade do séc. XX enfraqueceram o tradicional critério da *presunção* de existência de um vínculo biológico na atribuição da paternidade para os filhos nascidos na constância do casamento. Da mera presunção de paternidade passou-se a pensar em certeza da paternidade.[122] Por outro lado, o critério de atribuição da paternidade, baseado no efetivo exercício da autoridade parental, independentemente da existência de vínculo de parentesco consanguíneo entre pais e filhos, ficou fortalecido. Vincula-se, dessa maneira, a paternidade de um homem à *affectio* e ao efetivo exercício da autoridade parental, denominado *posse do estado de filho*.[123] Nesse passo, a atribuição da paternidade passou a vincular-se diretamente ao exercício da autoridade parental e não somente sobre a presunção de existência de um vínculo biológico entre o pressuposto pai e a criança. Em assim sendo, perde importância a afirmativa de que a autoridade parental teria por substrato o vínculo biológico entre o marido da mãe e a criança. E, anote-se, ainda, que muitos pais biológicos não assumem a paternidade, procurando

---

[122] O exame de ADN aponta para uma exclusão de paternidade em 100% de certeza e revela uma probabilidade positiva de paternidade biológica em torno de 99,999%.

[123] Sugerimos ser consultado SILVA, Marcos Alves da. *O Rompimento dos Laços de Autoridade Parental*, p. 60.

fugir das responsabilidades pela manutenção e pela educação do filho gerado. Dessa maneira, tem-se procurado dar maior relevância ao critério sociológico da filiação, que possui por fundamento a simples *affectio*, do que ao critério exclusivamente biológico, pois, muitas vezes, encontramos a rejeição da criança por seu genitor.

Não se deve entender, todavia, que o critério biológico, na atribuição da paternidade, deva ceder ao critério sociológico. Ao contrário, nos últimos trinta anos do séc. XX, o critério da atribuição da paternidade, a partir da verificação do vínculo biológico, passou a ter fundamental importância com o incremento da investigação da paternidade fundada nos exames *ADN*.[124] Observamos que nos países em cujas legislações predomina o critério biológico na atribuição da filiação, admite-se que o filho nascido mediante reprodução assistida heteróloga ou adotivo conheça sua própria origem genética, buscando conhecer seu genitor biológico, embora possua, muitas vezes, um pai socioafetivo, ocorrendo, em contrapartida, maior resistência na admissibilidade do exercício do direito ao conhecimento do genitor biológico pelo filho, nos países em cuja legislação predomina o critério sociológico na atribuição da filiação.

Consoante vimos acima, o trinômio paternidade, maternidade e filiação se assentava no direito civil tradicional sobre dois pontos fundamentais. De um lado, havia a *filiação legítima*, decorrente da relação matrimonial e, de outro, *a filiação ilegítima* que, embora biológica, pelo fato de ocorrer fora do casamento, não poderia ser reconhecida tal filiação pelo pai, em virtude de impedimento legal ou por sua própria vontade. A filiação ilegítima, quando não reconhecida espontaneamente pelo pai nas hipóteses de possibilidade legal de reconhecimento, dava origem à investigação da paternidade pelo filho, pela qual pretendia ver-se reconhecido como filho, por determinado homem. Por isso, o trinômio paternidade, maternidade e filiação compreendia a filiação legítima e a ilegítima reconhecida espontaneamente ou compulsoriamente, mediante a investigação da paternidade. O desenvolvimento das técnicas dos exames hematológicos e de ADN foi de importância fundamental para o descobrimento da verdadeira paternidade biológica, constituindo-se no mais importante instrumento para a averiguação do binômio paternidade/filiação e na atribuição na filiação nascida fora do casamento. A busca da verdade biológica passou a constituir-se no critério determinador na atribuição da paternidade de uma criança, cujo pai não fosse o marido da mãe.

Todavia, ao mesmo tempo em que as ciências médicas e biológicas deflagraram um prestígio inigualável ao *princípio da verdade biológica* na filiação, este mesmo desenvolvimento científico veio originar outras modalidades de conflitos que limitaram a aplicação da *verdade biológica* em grau absoluto no direito de filiação. O desenvolvimento da procriação humana assistida, a fertilização *in vitro,* com gametas de outra pessoa, que não os do cônjuge e a gestação por substituição conduzem a uma verdadeira dissociação da relação entre a concepção de uma criança e a filiação. Assim, na hipótese em que determinado casal, cujo marido portador de infertilidade absoluta autoriza sua mulher a deixar-se inseminar artificialmente, mediante sêmen de terceiro, o doador, não poderá contestar a paternidade da criança que vier a nascer. Embora não seja o marido o verdadeiro pai biológico desta criança, cria-se um vínculo paternal entre o marido da mãe e seu filho, passando aquele a ser reconhecido como sendo o pai.

---

[124] Insistimos em utilizar a terminologia brasileira, ADN, Ácido Desoxirribonucleico, ao invés da sigla americana DNA, empregada por muitos autores nacionais.

A permanente evolução da medicina e da biologia provocou no direito civil da atualidade a ampliação do prisma da filiação a partir do advento da procriação humana assistida, mediante o emprego de técnicas de fertilização de mulher com sêmen de terceiro doador, vindo, dessa maneira, a constituírem-se laços de paternidade civil entre a criança, originada da inseminação artificial, e o marido da mulher inseminada, mantendo-se desconhecida a identidade do pai biológico do filho, o doador de esperma. Assim, ao lado da paternidade biológica reconhecida e da paternidade biológica não assumida, que necessita da investigação de paternidade para ser reconhecida, surge mais um elemento que integra o tripé que sustenta o trinômio paternidade, maternidade e filiação, a chamada *paternidade/filiação socioafetiva*. O trinômio paternidade, maternidade e filiação é, pois, constituído pela *paternidade biológica oriunda do matrimônio*, pela *paternidade biológica fora do casamento reconhecida espontaneamente*, pela *paternidade biológica fora do casamento reconhecida compulsoriamente* pelo processo de investigação da paternidade; pela *paternidade social*, oriunda de processo de procriação humana assistida mediante doação de gametas de terceiros e pela adoção, que cria um parentesco civil com um dos cônjuges ou com ambos, dependendo do caso. A consolidação da categoria da *adoção plena*, pelas diversas legislações, por meio da qual a criança adotada, ao integrar-se à família do adotante, passa a adquirir o *status* de filho da família adotiva, integrando direitos e obrigações, como um verdadeiro filho biológico, passando, inclusive, a portar o nome e a qualidade de filho, desligando-se, consequentemente, da família biológica originária. A adoção plena constitui uma nova categoria, a de filho social, nas mesmas condições dos filhos ditos "legítimos," consoante antiga nomenclatura. A diferença entre a categoria da *adoção plena* e da antiga *adoção simples* reside no fato de que, nesta última, não havendo ruptura de vínculo entre o adotando e sua família originária, não se estabelecia uma verdadeira paternidade/maternidade, tal qual se constitui a partir do advento da *adoção plena*. A ideia do surgimento de uma paternidade por meio de adoção só pôde ter êxito a partir do reconhecimento da categoria *adoção plena*, cujos efeitos principais constituem-se na ruptura dos laços de parentesco entre o adotando e seus verdadeiros pais biológicos e a criação do vínculo paterno socioafetivo. O critério ou princípio informador da paternidade e da filiação sociais denomina-se critério da *verdade sociológica* da filiação.

Os debates em torno dos critérios biológico e sociológico da filiação passaram a ter grande importância a partir do desenvolvimento das técnicas de reprodução humana assistida e do advento da adoção plena. O critério biológico da filiação permite a todo o indivíduo nascido de inseminação artificial por intermédio de gameta doado por terceiro ou nascido mediante técnicas que dispensam o emprego de espermatozoides e aos filhos adotivos, de exercerem diante de determinadas situações fáticas o *direito ao conhecimento de sua origem genética*, ou seja, de conhecerem seus ascendentes biológicos. Assim, temos que as legislações dos países que se filiam ao critério da atribuição da paternidade segundo o critério sociológico não admitem, em princípio, ao filho concebido e nascido nas condições mencionadas, conhecer sua própria origem genética e familiar. Ao passo que nas legislações dos países em que predomina o critério biológico de atribuição da filiação, admite-se que o filho, nascido mediante reprodução assistida heteróloga ou adotivo, conheça sua própria origem biológica.

Constatamos o acréscimo de mais uma categoria jurídica que se integra às demais, que gravitam em torno do trinômio paternidade, maternidade e filiação, além da *investigação da paternidade* e da *procriação humana assistida,* que consiste no *direito ao conhecimento da própria origem genética e familiar,* aos filhos possuidores de filiação meramente civil, com o objetivo de conhecer sua verdadeira ascendência biológica ou genética.

Retornaremos a este tema no Título V, infra, oportunidade em que desenvolveremos o estudo do *direito ao conhecimento da própria origem genética e familiar* de uma pessoa.

Parte da doutrina brasileira, referindo-se ao binômio *maternidade/filiação,* defende a ideia de ser esta um direito social garantido na Constituição. O direito à tutela da maternidade, segundo dispõem o art. 6º e o §7º, do art. 226, da Constituição,[125] salvaguarda o direito a uma vida digna e a garantia dos direitos fundamentais da mulher, tutelando a maternidade em sua forma integral, compreendida desde o teste do ADN à gestação, desta ao parto e, finalmente, do parto à fase da amamentação.

Gischkow Pereira[126] demonstra que a paternidade, a maternidade e a filiação são categorias que não podem ser reduzidas a um simples conceito genético ou biológico, possuindo, também, conotações de natureza psicológica, moral e sociocultural. Comungamos com as lições do autor, uma vez que não é incomum que o vínculo biológico não ultrapasse a ele mesmo quando fracassa, a exemplo da paternidade biológica não desejada ou negada. De outro lado, constata-se que, em inúmeras paternidades sociais, nas quais não existem vínculos biológicos, predomina o afeto, o amor, gerando relações de paternidade-filiação extremamente saudáveis, produtivas e responsáveis.

Em virtude desses aspectos, predomina, na atualidade, a ideia de constituir-se o dever precípuo dos pais biológicos e civis, de prover a assistência e a educação dos filhos, sob o ponto de vista de um *direito natural,* cabendo à sociedade velar por seu exercício.[127] Não se deve analisar a *paternidade* e a *maternidade,* exclusivamente, sob o ponto de vista de uma categoria jurídica de direito de família ou de direito social, como vem sendo estudado tradicionalmente pelos juristas mais conservadores.

Sob nossa ótica, a paternidade, a maternidade e a filiação constituem-se no trinômio que une o indivíduo a um descendente e vice-versa, revela-se, por esta razão, no núcleo fundamental que origina direitos que se agregam ao patrimônio do filho, dentro do qual o principal bem jurídico é a *vida.* Como ponto gerador do *direito geral de personalidade* do filho, a paternidade não poderá deixar de ser conhecida da forma mais ampla possível, respeitados os princípios fundamentais da bioética. A paternidade, a maternidade e a filiação constituem, igualmente, o núcleo fundamental que origina uma série de direitos, além do *direito geral de personalidade,* como os direitos creditícios, reais e sucessórios, que se agregam ao patrimônio do filho.[128] A paternidade e a maternidade também dão origem ao bem jurídico da *identidade pessoal* do indivíduo, de necessidade

---

[125] A Constituição de 1988 prevê a proteção da maternidade, como *direito social,* no inciso XVIII, do art. 7º; inciso II, do art. 201; inciso I, do art. 203 e §8º, do art. 226. A paternidade, também, é protegida na Constituição, como um direito social, no inciso XIX, do art. 7º.

[126] PEREIRA, Sérgio Gischkow. Algumas considerações sobre a nova adoção. *Revista dos Tribunais* 682/65, p. 65.

[127] A Lei Fundamental de Bonn, também, chamada de Constituição da Alemanha, determina na alínea 2, do art. 6º, que: "A assistência e a educação dos filhos constituem direito natural e dever primordial dos pais. A sociedade vela por seu exercício."

[128] A expressão *patrimônio* por nós empregada não se identifica com a conotação utilizada por alguns, que o confundem com bens e direitos de natureza econômica. O acervo patrimonial do filho é constituído por inúmeros bens econômicos e não econômicos, como a *vida,* a *liberdade,* a *identidade pessoal* e o próprio *patrimônio genético,* tutelados pelo *direito geral de personalidade.*

iniludível, que se constitui em um *direito especial de personalidade*.[129] Nesse sentido, professa José Gastan Tobeñas[130] afirmando que *"el sujeto de derecho, como unidad de la vida jurídica y social, ha de ser individualizado para que pueda tener la consideración de una persona cierta no confundible con las demás."* O filho recebe do pai e da mãe seu patrimônio genético, sua identidade genética e pessoal, o nome e todos os elementos que constituem o acervo da identidade familiar da família da qual é descendente.

Na filiação social, o indivíduo recebe de sua família socioafetiva, à qual pertencerá, sua identidade pessoal, o nome de família que o identificará permanentemente no corpo social e todos os elementos que constituem o acervo da identidade familiar, da família na qual ingressa como filho; porém, seu patrimônio genético e sua identidade genética advêm de seus pais biológicos aos quais ficará vinculado por laços de sangue para sempre.[131] O patrimônio genético da pessoa e o vínculo genético que ela possui com as pessoas que a geraram, seja por meio de reprodução natural, seja pela assistida, assume importância fundamental no estudo do biodireito e no direito de a pessoa poder *conhecer sua própria origem genética e familiar*. Por razões de método, deixaremos a abordagem deste último tema para o momento oportuno, atendo-nos, somente, à verificação da necessidade da constituição e existência de um núcleo *familiar*, como principal instrumento para o livre desenvolvimento da personalidade da pessoa humana.

Em virtude dessa nova concepção, o direito de família da pós-modernidade, cujos fundamentos primeiros se encontram nas Constituições e nas Convenções Internacionais,[132] reconhece diversas modalidades de família, não obrigatoriamente fundadas no casamento, constituindo-se o *núcleo familiar* no elemento principal, dentro do qual a pessoa desenvolve sua personalidade. Por isso é que todo o indivíduo possui o direito de constituir e de pertencer a uma família, dentro da qual irá desenvolver livremente sua personalidade.

Para melhor compreensão do tema ora estudado, principalmente quando formos abordar a questão do direito que a pessoa possui de conhecer sua própria origem genética, julgamos de bom alvitre abrir um tópico para um exame, embora sucinto, sobre as noções de patrimônio genético e de identidade genética.

1 A noção de patrimônio genético

No direito brasileiro o *patrimônio genético* possui proteção constitucional, estabelecendo a Constituição de 1988, no inciso II, do §1º, do art. 225,[133] as linhas mestras

---

[129] SZANIAWSKI, Elimar. *Direitos de Personalidade ...* , p. 165

[130] TOBEÑAS, José Gastan. *Los Derechos de la Personalidad*, p. 33.

[131] OLIVEIRA, José Lamartine Corrêa de; MUNIZ, Francisco José Ferreira. *Direito de Família*, p. 55. Embora a *adoção plena* e a *reprodução assistida heteróloga*, segundo veremos em capítulo próprio, procurem desvincular, sob o ponto de vista jurídico, a filiação e a identidade pessoal do indivíduo de sua família biológica, vinculando-a, exclusivamente, à família adotiva ou socioafetiva, o patrimônio genético e a identidade genética do indivíduo não podem ser transferidos à família social, permanecendo a pessoa geneticamente ligada aos seus genitores biológicos. O vínculo genético é, também, denominado vínculo de sangue.

[132] Referimo-nos, especialmente, à Declaração Universal dos Direitos do Homem e do Cidadão de 1789; à Convenção Europeia dos Direitos do Homem de 1950; à Carta das Nações Unidas, 1945; ao Protocolo da Comissão Internacional do Estado Civil, de 1950 e à Conferência da Convenção de Haia, realizada em 19.10.1996.

[133] CF/1988: Art. 225. "Todos têm direito ao meio ambiente ecologicamente equilibrado, bem de uso comum do povo e essencial à sadia qualidade de vida, impondo-se ao poder público e à coletividade o dever de defendê-lo e preservá-lo para as presentes e futuras gerações.

TÍTULO I
O TRINÔMIO PATERNIDADE - MATERNIDADE - FILIAÇÃO | 57

relativas à proteção e à manipulação do *patrimônio genético*. O §1º, incisos II e V, do art. 225 foi inicialmente regulamentado pela Lei nº 8.974, de 05.01.1995, pela Medida Provisória nº 2.186-16/2001, que regulamentava o inciso II, do §1º e o §4º, do citado art. 225, da Carta Magna e a Medida Provisória nº 2.191-9/2001, normas revogadas pelo art. 42, da Lei nº 11.105 de 24.03.2005.[134]

A Lei nº 11.105/2005, denominada Lei da Biossegurança, passou a regulamentar os incisos II, IV e V, do §1º, do art. 225, da Constituição Federal, estabelecendo normas de segurança e mecanismos de fiscalização sobre a construção, o cultivo, a produção, a manipulação, o transporte, a transferência, a importação, a exportação, o armazenamento, a pesquisa, a comercialização, o consumo, a liberação no meio ambiente e o descarte de organismos geneticamente modificados (OGM) e seus derivados. Destaca-se o art. 5º, da citada lei, que autoriza a pesquisa, a terapia e a utilização de células-tronco embrionárias, obtidas de embriões humanos produzidos por fertilização *in vitro* e não utilizados no respectivo procedimento.[135]

O patrimônio genético, em sentido amplo, pode ser conceituado como o conjunto de seres vivos que habitam o planeta Terra, compreendendo os seres humanos, os animais, os vegetais e os micro-organismos. Essas variedades de organismos vivos, formados por elementos bióticos e abióticos, interagem entre si, contribuindo decisivamente para a continuidade da vida em nosso Planeta, constituindo aquilo que denominamos meio ambiente ecologicamente equilibrado. Resumindo, o *patrimônio genético* é o conjunto de todos os organismos vivos encontrados na natureza, os quais constituem a biodiversidade.[136]

Interessa para nosso estudo o conceito de *patrimônio genético humano*, que pode ser analisado sob dois aspectos: o aspecto individual e o aspecto universal ou coletivo. O aspecto individual consiste no intercâmbio e na influência mútua entre os genes herdados dos ascendentes do indivíduo, constituindo um ser único e originário. O perfil universal diz respeito ao fato de que o patrimônio genético da humanidade possui estrutura idêntica para todos os seres que constituem a espécie humana.

O patrimônio genético humano em seu aspecto individual é conceituado como sendo "direito da personalidade, de titularidade individual, sem cunho patrimonial, e compreende o conjunto de informações genéticas de cada indivíduo (identidade genética), passível de transmissão hereditária para os seus descendentes, e que representa a própria identidade do indivíduo como ser humano."[137]

---

§1º Para assegurar a efetividade desse direito, incumbe ao poder público:
I - ...;
II - preservar a diversidade e a integridade do patrimônio genético do País e fiscalizar as entidades dedicadas à pesquisa e manipulação de material genético;

[134] A Medida Provisória nº 2.186-16/2.001 estabelecia as regras de acesso ao patrimônio genético do Brasil.

[135] SZANIAWSKI, Elimar. *O embrião humano: sua personalidade e a embrioterapia...*, ps. 154 e ss.

[136] A manipulação genética e a liberação de organismos geneticamente modificados na natureza podem ser extremamente perniciosa ao *meio ambiente ecologicamente equilibrado*, pelo risco de produzir efeitos nocivos ainda desconhecidos, aos seres humanos e aos demais seres vivos. Os efeitos nocivos podem ser resumidos na possibilidade do aparecimento de patogenias desconhecidas para os seres humanos, para animais e plantas, alterações nos ecossistemas; transposição de novos traços genéticos para outras espécies, pela ausência de variação genética, entre outras mutações; daí a importância do controle minucioso, pelo poder público, das manipulações genéticas feitas em laboratório.

[137] ENDLICH, Kassiane Menchon Moura. *Direito à proteção do patrimônio genético humano e à investigação científica*: aspectos conceituais e situações de conflito, p. 31.

Sob o ponto de vista universal, o patrimônio genético humano é definido como bem comum da humanidade. A Declaração Universal do Genoma Humano e dos Direitos Humanos, em seu artigo 1º, considera o genoma humano como *"unidade fundamental"* de todos os indivíduos, sendo considerada "herança da humanidade".

A mais importante das pesquisas desenvolvidas pela *engenharia genética* é o *Projeto Genoma*. O Projeto Genoma tem por escopo cadastrar e estudar todos os genes da espécie humana, com objetivo de erradicar determinadas doenças, detectando os defeitos nos genes e a possibilidade de sua reparação ou modificação. O Projeto Genoma envolve outras pesquisas, entre elas, a detecção da resistência dos genes para evitar futuras doenças que o feto, após o nascimento, possa desenvolver, assim como o câncer, a Síndrome de Down etc. As normas infraconstitucionais acima referidas, combinadas com os princípios emanados da Constituição, estabelecem a titularidade do patrimônio genético brasileiro, classificando-o como *bem de uso comum do povo. Os bens de uso comum do povo* são, segundo o art. 99 do Código Civil, classificados como bens públicos, cujo titular é a União e o acesso ao patrimônio genético existente no País somente será obtido mediante autorização da União.

O patrimônio genético humano, por sua vez, pode ser entendido como o conjunto de características genéticas que cada indivíduo traz consigo e que o identificam, permitindo diferenciá-lo de outros indivíduos da mesma espécie. As células germinativas dos seres vivos contêm as informações determinantes dos caracteres hereditários transmissíveis à descendência, que se localizam no núcleo das moléculas de ADN, o Ácido Desoxirribonucleico e no ARN, o Ácido Ribonucleico. No ADN é encontrado o *cromossomo*, uma molécula longa e única, que se apresenta como um segmento do filamento cromático, que se destaca por ocasião da divisão celular indireta, constituindo unidades definidas na formação do novo ser. O cromossomo contém diversos genes, sendo que estes armazenam todas as informações genéticas de determinado indivíduo, que constituem o fenótipo e o genótipo. Esses genes transmitem a informação genética dos ascendentes aos seus descendentes, constituindo uma completa e perfeita identidade genética da pessoa. Assim, o *patrimônio genético dos seres humanos* não pode ser classificado como o patrimônio genético em sentido amplo, como *bem de uso comum do povo*, nem como *bem público*, uma vez que as informações genéticas de determinado indivíduo e suas características genéticas como identificadoras da pessoa e de sua origem familiar se inserem no seu *direito geral de personalidade.*[138] Em virtude desse fato, tipifica a lei como crime passível de pena de reclusão de 1 (um) a 4 (quatro) anos e multa, a *manipulação genética* das células germinais humanas, zigoto ou embrião humano, nos termos do art. 25, da Lei nº 11.105/2005. A *manipulação genética* consiste em técnicas que visam a modificar o gene que se inserem no âmbito da *engenharia genética*, consistindo na "totalidade das técnicas dirigidas a alterar ou modificar o caudal hereditário de alguma espécie, seja com o fim de superar enfermidades de origem genética (terapia genética) seja com o objetivo de produzir modificações ou transformações com finalidade experimental, isto é, de conseguir um indivíduo com características até então inexistentes na espécie (manipulação genética)".[139]

---

[138] GROTE, Rainer. Aspects juridiques de la bioéthique dans la législation allemande, *RIDC*. 1-1999, ps. 87-88.

[139] MARTINEZ, Stela Maris. *Manipulación genética y derecho penal. Apud* FRANCO, Alberto Silva. *Ob. cit.*, p. 2.

Somente será admissível a intervenção em material genético humano *in vivo* nos casos de tratamento de defeitos genéticos, respeitando-se os *princípios éticos*, tais como o *princípio da autonomia* e o *princípio da beneficência*. Os *princípios éticos*, convém esclarecer, são os princípios contidos no Código de Ética Médica. O *princípio da autonomia* e o *princípio da beneficência* constituem fundamentos informadores dos princípios éticos. O *princípio da autonomia* é regido pelo livre arbítrio humano e o *princípio da beneficência* diz respeito à vedação a qualquer indivíduo que intervenha em material genético humano, de causar qualquer espécie de dano à coletividade.

Conforme mencionamos acima, o *patrimônio genético humano*, em sentido estrito, integra o *direito à identidade pessoal* de toda pessoa, destacando-se como elemento de identificação da pessoa, por meio da *identidade genética* da mesma.

A *identidade genética* consiste em um bem jurídico constitucional.[140] A espécie exclui qualquer valor econômico, possuindo um conteúdo muito diverso da noção de *patrimônio genético em sentido amplo* o qual, ao contrário, possui conotação econômica, representado pelo conjunto de seres vivos que habitam a Terra, excluído o ser humano, embora seja o mesmo parte integrante do meio ambiente.[141]

A importância do estudo da identidade genética de uma pessoa revela seu ápice quando se indaga sobre a existência de um direito de personalidade da pessoa, que consiste em conhecer sua própria identidade ou sua origem genética e familiar. A eventual necessidade de alguém vir a conhecer sua própria origem genética decorre do fato de o ascendente biológico transmitir necessariamente ao descendente todas as informações genéticas que constituem as características fenotípicas e genotípicas da família ou do conjunto dos ascendentes que irão integrar o patrimônio genético do descendente.

O ser humano é um ser em si mesmo, portador de uma unidade originária imutável. Como ser único e exclusivo, possui a necessidade de ser identificado.[142] Assim, toda pessoa possui uma identidade que a caracterizará para si mesma e para os outros. A identificação humana consiste em um direito que todos os indivíduos possuem de exigir de terceiros o reconhecimento de sua individualidade distinta das demais individualidades, uma vez que a individualidade constitui-se como um meio de ligação da unidade psicossomática e a unidade do *ego mundis* da personalidade.[143] Constituindo-se o direito à identidade pessoal a partir de sua aparência física, de sua voz, de sua história pessoal, de sua reputação ou retrato moral, de seu nome familiar, de seu pseudônimo, de sua identidade sexual, de sua identidade genética, de sua caligrafia, de seu estado civil, entre outros, qualquer um destes interesses jurídicos sendo atingidos por atentados não só pela prática de usurpação alheia de elementos da identidade, de falsificação e de contrafação, mas também na hipótese de falsa representação da pessoa, omissão ou insuficiência nos elementos ou sinais retratados, constituirá em atentado

---

[140]   BARACHO, José Alfredo de Oliveira. *Teoria geral da bioética e do biodireito. Biomédica*, p. 96.

[141]   A Lei de Propriedade Industrial veda, expressamente, o patenteamento dos seres vivos no todo ou em parte, à exceção do patenteamento de organismos geneticamente modificados (OGMs) e processos biotecnológicos oriundos de plantas e de animais, sem qualquer contraprestação financeira ou tecnológica aos detentores do conhecimento tradicional, ou aos fornecedores da matéria-prima. O art. 26, da Lei n. 11.105/2005, imputa como crime a realização da clonagem humana reprodutiva, mediante pena de reclusão de 2 (dois) a 5 (cinco) anos.

[142]   SZANIAWSKI, Elimar. *Direitos de personalidade...*, p. 165.

[143]   PERREAU, E. H. Des droits de la personnalité. *RTDC.*, p. 124. Idem, SOUZA, R. V. A. Capelo de. Ob. cit., p. 245.

contra a identidade pessoal do indivíduo e de sua personalidade, que merecerá ampla tutela pelo direito.[144]

A Constituição do Brasil e as normas infraconstitucionais não trazem nenhuma referência expressa sobre o direito à *identidade genética*, a exemplo da Constituição da República Portuguesa, a qual, na alínea 3, do art. 26º, expressamente prevê a categoria e determina ao legislador infraconstitucional que estabeleça garantias "à dignidade pessoal e à *identidade genética* do ser humano, nomeadamente na criação, desenvolvimento e utilização das tecnologias e na experimentação científica." Como norma de direito fundamental, o dispositivo constitucional, acima mencionado, é de aplicação direta e imediata, dispensado a obrigatoriedade de regulamentação para atuar.

Embora haja omissão na Constituição brasileira, não havendo menção expressa de tutela específica do direito à *identidade genética*, a presente categoria se insere no âmbito do *direito geral de personalidade*, tutelado no inciso III, do art. 1º, da Carta Magna.[145]

No caso brasileiro, tratou o constituinte de cuidar da tutela da personalidade humana mediante uma cláusula geral, consubstanciada no princípio da dignidade da pessoa humana, expressa no inciso III, do art. 1º, como princípio informador matriz, tutelando o ser humano em todas as suas dimensões.[146]

O tema da identidade genética da pessoa será objeto de outras considerações em Título próprio, passando-se, a seguir, ao exame do direito de filiação no Brasil.

2 A evolução do direito de filiação no Brasil

Antes de adentrarmos propriamente no estudo das categorias jurídicas que gravitam em torno do direito de filiação, faz-se mister examinarmos a evolução dele no Brasil e alguns de seus aspectos peculiares.

A primeira codificação civil brasileira, o Código Civil de 1916, instituído pela Lei nº 3.071, de 01.01.1917, tendo por modelos inspiradores o Código Civil francês de 1808 e o Código Civil alemão de 1900, fiéis às concepções hauridas do direito romano e canônico, edificou o direito de família pátrio a partir da ótica de uma família matrimonializada, patriarcal e patrimonialista. O legislador de 1916 manteve-se fiel à concepção de *família*, do direito canônico, da ideologia burguesa e do pandectismo alemão, inserindo o homem na qualidade de chefe da família, detentor do poder patriarcal sobre os demais membros que lhe deviam obediência. A mulher solteira, maior de idade, era considerada civilmente capaz. No entanto, se vivesse no lar paterno, continuava dependente de autorização do pai para aquilo que pretendesse realizar. Após o casamento, a mulher sofria uma *capitis diminutio* tornando-se relativamente incapaz, ficando subordinada à vontade do marido para realizar qualquer ato na vida civil, mesmo para trabalhar fora de casa ou realizar algum empreendimento. Optando pelo regime da comunhão universal de bens como regime oficial da vida patrimonial dos cônjuges, o Código Civil exigia a autorização do marido para a alienação de bens imóveis.

---

[144] SOUZA, R. V. A. Capelo de. Ob. cit., p. 245-246.

[145] A Declaração Universal sobre o Genoma Humano e os Direitos Humanos, declarada pela UNESCO, em sua 29ª Sessão, em 1997, traz, implicitamente, referências à *identidade genética* da pessoa humana, reconhecendo-a como direito de personalidade.

[146] SZANIAWSKI, Elimar. *Direitos de personalidade...*, p. 139 e ss.

No tocante à filiação, somente era lícito e possível o reconhecimento pelo pai de filhos havidos fora do casamento quando não fossem nascidos de relação considerada espúria. A mulher viúva, que tivesse filhos ao convolar novas núpcias, perdia o pátrio poder sobre seus filhos, nascidos do casamento anterior. A realização de adoção, por mulher, mostrava-se, na prática, verdadeiramente impossível, diante dos obstáculos que a legislação vigente na época impunha.

Deteve-se o Código Civil de 1916 em estabelecer regras destinadas a equilibrar os conflitos oriundos entre as pretensões do homem, como pai, de garantir a efetiva transmissão do seu sangue e de seu nome aos descendentes, e entre as pretensões da mulher, em garantir os direitos de mãe, geradora e gestadora da criança. Fiel a esse pensar, o direito civil brasileiro codificado cuidou com muito detalhe os direitos do homem, pouco se preocupando com os direitos da mulher e dos filhos, transformados, praticamente, em objetos de direito. Nesse trinômio da codificação derrogada, foi sempre a criança a parte mais vulnerável e desprotegida de todos os membros que constituem a família, muitas vezes, reduzida a um mero objeto de disputa ou mesmo de verdadeira coação de seus pais ao se separarem.

Em relação à filiação, em consonância com os modelos de codificação europeus, o Código Civil de 1916 fundamentou a presunção da paternidade na máxima *pater is est quem justae nuptiae demonstrat,* atribuindo o parentesco legítimo a partir do matrimônio. Desse modo, presumia a lei que o marido é o pai dos filhos nascidos de sua mulher.

Disciplinando as relações jurídicas entre pai e filho, como matéria de direito de família, no Título V, o Código Civil de 1916, trazia regras sobre a *filiação legítima,* sobre a *legitimação,* sobre o *reconhecimento dos filhos ilegítimos,* sobre a *adoção,* sobre o *pátrio poder* e sobre os *alimentos.* O primeiro Código Civil do Brasil reconhecia apenas a filiação biológica oriunda do casamento, denominado-a *filiação legítima,* ordenando o tema da filiação de acordo com a espécie de relação jurídica corrente entre o pai e a mãe da criança. Ao lado desta, havia, também, a filiação adotiva, embora o filho adotivo, no regime de Adoção do Código Civil de 1916, mantivesse vínculos com sua família biológica, jamais se desligando da mesma.

Os filhos havidos do casamento eram sempre classificados como *filhos legítimos* e os filhos nascidos fora do casamento eram tidos como *filhos ilegítimos* ou *naturais,* restando, ainda, à margem do direito, os filhos espúrios. Denominavam-se *filhos ilegítimos* os indivíduos nascidos fora do casamento, independentemente de haver ou não impedimento matrimonial de seus pais. Por *espúrios,* eram denominados os filhos nascidos de relações adulterinas e incestuosas. Tomando por base a máxima "a família é a base da sociedade", concebeu o legislador civil de 1916 uma sociedade que tinha por base uma estrutura familiar constituída pelo matrimônio do homem com a mulher e pelos filhos, que deste vínculo viessem a nascer. Em virtude disso, o grupo familiar constituído pelo "casamento legítimo" veio a receber proteção do direito. As demais pessoas, como a companheira de um homem separado e os filhos advindos desta relação de fato, foram, inicialmente, excluídos do direito. Não havia lugar para estes, nem necessidade de proteção, na visão do direito civil clássico oitocentista.[147] O Código Civil brasileiro adotou largamente esta concepção em seu art. 337, posteriormente revogado pela

---

[147] SZANIAWSKI, Elimar. *Limites e possibilidades ...,* p. 24.

Lei nº 8.560 de 29.12.1992.[148] Os próprios filhos naturais, nascidos de pessoas não casadas e que não possuíam impedimentos para casar foram, igualmente, discriminados pelo Código Civil, havendo tratamento diversificado em relação à disciplina dos filhos legítimos, tanto nos aspectos pessoais como patrimoniais. E o posicionamento mais radical e injusto, tomado pelo legislador de 1916, foi a proibição expressa do reconhecimento de filhos adulterinos e incestuosos pelo pai, previsto no art. 358.[149]

Como se pode constatar, ao contrário do que afirmam alguns manuais de direito civil, de que o Código de 1916 retratava uma época e espelhava a classe social dominante, o primeiro codificador do Brasil, em matéria de direito de família, afastou-se totalmente da realidade brasileira. Fortemente inspirado no modelo europeu e no protótipo socioeconômico da Europa Ocidental, concebeu um direito de família brasileiro para o cidadão francês ou alemão e não para o homem comum brasileiro. Para este, o simples casamento perante o padre tinha um valor muito superior ao casamento civil, bem como o batizado era mais importante do que o registro de nascimento dos filhos, só para exemplificar.

Esse panorama legislativo irreal, odioso, de discriminação e de injustiças em relação à *família*, oriundo da concepção canônica e burguesa oitocentista europeia, mudou radicalmente com a promulgação da Constituição de 1988 e com o advento do Estatuto da Criança e do Adolescente em 1990, que inovaram profundamente o direito em matéria de filiação, embora algumas leis extravagantes anteriores tenham melhorado a situação jurídica da mulher casada e da filiação, cujos efeitos práticos, na realidade, foram, somente, paliativos. Lamentavelmente não se pode incluir entre os diplomas inovadores do direito de família brasileiro o Código Civil de 2002, que deixou muito a desejar, por não acompanhar a evolução social, econômica e biomédica, a partir da segunda metade do séc. XX. O Código Civil em vigor procurou adequar o direito civil de 1916 às inovações trazidas pela Constituição, deixando, porém, muitas janelas abertas para o séc. XIX.[150]

O caminho trilhado para vencer-se a discriminação e alçar-se à igualdade entre todos os filhos, exigida por um autêntico e democrático Estado de Direito, foi longo e cheio de percalços. O primeiro e tímido passo dirigido contra a preconceituosa e discriminatória disciplina do direito de filiação do Código Civil brasileiro de 1916 deu-se mediante a promulgação da Carta Constitucional de 1937. O tratamento dado pela Magna Carta de 1937 à matéria de filiação, no Título dedicado à *Família*, não traz discriminações, nem estabelece distinções entre filhos naturais, nascidos de pessoas não impedidas de casar e filhos legítimos. [151] Essa nova concepção em relação à filiação,

---

[148] A Constituição de 1988 extinguiu essa classificação odiosa e discriminatória, estabelecendo no §6º, do art. 227, a proibição de quaisquer designações discriminatórias relativas à filiação, estabelecendo entre todos uma igualdade em grau. O Código Civil de 2002 disciplina a matéria no art. 1.596.

[149] O art. 358, do CCB/1916, foi expressamente revogado pela Lei nº 7.841/1989.

[150] Destaca-se, entre poucos, o art. 1.597, do Livro IV, do Código Civil, o qual pretende regulamentar um direito de família comprometido com a modernidade, embora ainda se valha do antigo critério das presunções de paternidade, inclui os filhos oriundos das técnicas de reprodução assistida, como presumidamente nascidos na constância do matrimônio.

[151] O art. 126, da Carta Constitucional de 1937, assim determinava: "Aos filhos naturais, facilitando-lhes o reconhecimento, a lei assegurará igualdade com os legítimos, extensivos àqueles os direitos e deveres que em relação a estes incumbem aos pais." Os demais dispositivos constitucionais referem-se à infância e à juventude sem valer-se de disposições discriminatórias.

albergada na referida Carta Constitucional, permitiu aos tribunais, paulatinamente, a interpretação da lei infraconstitucional codificada, à luz do texto constitucional, no sentido de que os filhos naturais de pessoas não impedidas de casar, de pessoas viúvas, ou solteiras, fossem equiparados aos filhos legítimos.[152] Dessa maneira, afastou-se, em parte, a concepção de ilegalidade aos filhos nascidos de pessoas não casadas.

O Brasil, assim como os demais povos, principalmente os países associados ao Conselho da Europa, firmou a noção de ser a *família* a base da sociedade,[153] abandonando, no final do séc. XX, a concepção de família do molde oitocentista, para conceber a noção de uma família nuclear, centrada no aspecto individual de seus membros, dentro da qual cada um exerce o desenvolvimento de sua personalidade, segundo a noção de *dignidade da pessoa humana*, assentada no afeto que envolve todos os membros que constituem o núcleo familiar. Somente no seio de uma família é que a criança poderá desenvolver plenamente sua personalidade.

A jurisprudência brasileira, em consonância com a doutrina albergada pela Constituição de 1988, vinha renovando o conceito de *família* e a noção do trinômio *paternidade, maternidade e filiação* contribuindo, de modo decisivo, na construção de um novo direito de família, apartado do modelo oitocentista.

Merece especial destaque o Tribunal de Justiça do Estado de Santa Catarina, o qual por meio da 2ª Câmara Cível proferiu memorável decisão em recurso de agravo de instrumento, interposto em ação de investigação da paternidade, relatado pelo Desembargador Napoleão Amarante, cujos fundamentos refletem a visão renovadora do direito brasileiro, abandonando conceitos tradicionais de família, segundo a concepção burguesa oitocentista, tratando da matéria sob a ótica dos interesses do filho e, principalmente, vislumbra a relação paternidade/filiação como sendo o núcleo fundamental da origem de todos os direitos que se agregarem ao patrimônio do filho, principalmente o *direito de personalidade*, além de outros direitos de natureza patrimonial.[154]

---

[152] GOMES, Orlando. *Direito de Família*, p. 339.

[153] O princípio constitucional de a *família* constituir-se a base da sociedade tem por fundamento a Declaração Universal dos Direitos do Homem a qual, no art. 16, 3, diz: "*La famille est l'élément naturel et fondamental de la société et a droit à la protection de la société et de l' Etat.*"

[154] Diz a ementa do acórdão: " INVESTIGAÇÃO DE PATERNIDADE – Necessidade do exame de DNA – Direito da personalidade – Investigação mais ampla possível – EXCEPTIO PLURIUM CONCUBENTIUM – Irrelevância. Ação de investigação de paternidade. Teste de impressões digitais de DNA indeferido. Decisão de saneamento reformada nesta parte. Agravo de instrumento provido. A paternidade, como laço de parentesco que une imediatamente a pessoa a um ascendente, constitui, sem sombra de dúvida, núcleo fundamental da origem de direitos a se agregarem ao patrimônio do filho, sejam eles direitos da personalidade ou até mesmo direitos de natureza real ou obrigacional. Como direito da personalidade, a paternidade não pode deixar de ser investigada da forma mais ampla possível, respeitados os princípios fundamentais da bioética. A defesa dos direitos da personalidade, sendo objetivo da permanente preocupação do Estado, através de seus órgãos próprios, visualizados em suas três funções, não pode ser concebida como princípio absoluto. Deve ser flexibilizado o individualismo extremado se o exercício da prática científica segura e confiável não atentar contra a saúde, a vida ou a debilidade de órgão, sentido ou função da pessoa natural, para dar lugar, excepcionalmente, aos avanços da ciência, quando estes, sem qualquer degradação moral ou física, puderem ser úteis ao homem também na área da Justiça. Não se pode mais, em certos casos, mormente na investigação de paternidade, quando existe o choque de dois interesses, ambos situados na esfera dos direitos da personalidade - direito à inviolabilidade do próprio corpo e direito à identificação paterna - propender-se no sentido da corrente que erige como dogma a não obrigatoriedade da submissão do investigado a teste de Impressões Digitais de DNA. A tendência internacional na esfera da jurisdição é o recurso a essa perícia, para a indicação correta da verdade biológica, desatendendo-se, inclusive, a solução preconizada largamente na doutrina e na jurisprudência da

A família como instrumento necessário para o exercício do desenvolvimento pleno da personalidade do indivíduo, de acordo com a noção de *dignidade da pessoa humana*, assentado no afeto que envolve todos os membros que constituem o núcleo familiar se torna mais visível no núcleo da família socioafetiva. Os efeitos de natureza meramente afetiva se destacam com maior evidência quando ocorrem a paternidade, a maternidade e a filiação não biológica. Essa modalidade de filiação é decorrente da adoção, da reprodução humana assistida, mediante o emprego de sêmen ou óvulo doado[155] e na posse de estado de filho, na qual, pelo menos, em relação a um dos cônjuges ou companheiros, surgem vínculos meramente afetivos.

A cultura ocidental de origem romano-germânica e a concepção de família do modelo judaico-cristão impuseram a regulamentação da procriação e das relações parentais, objetivando perdurar a convivência perpétua e monogâmica dos consortes, para afastar as relações incestuosas e disciplinar a esfera econômica resultante dos vínculos entre os cônjuges e os filhos, vindo, dessa maneira, o direito a organizar e regulamentar essas relações.

Entre nós, a promulgação da Constituição de 1988 e o advento da Lei n° 8.069/1990 abriram as portas para a construção de um direito de família e de filiação que regulassem as relações jurídicas das famílias da pós-modernidade, rompendo com a tradição burguesa e patriarcal de origem romano-canônica. Surgiu, dessa maneira, um novo perfil à categoria *filiação* dentro dos contornos da relação *paternidade, maternidade e filiação*, abandonando a tradição antiquíssima de todo pai possuir um poder quase absoluto sobre os filhos. A partir da Constituição de 1988, o *filho* deixa de ser tratado como objeto de direitos vindo a constituir-se, verdadeiramente, em um sujeito de direitos principal. Segundo Carossi, a partir da promulgação da Constituição de 1988, o filho deixa de ser "mero espectador da relação no sentido de aceitá-la, mesmo porque nada poderia fazer, devendo aceitar os desígnios da lei ou do julgador, ou submeter-se às condições desejadas pelos seus pais,...", adquirindo a qualidade de sujeito de direitos constitucionais fundamentais, não mais sendo objeto passivo de seu desenvolvimento e de seu futuro, mas alçando o estado de titular de direitos.[156]

A Constituição de 1988, também, aboliu a figura do *pátrio poder* dos pais em relação aos filhos. De acordo com a concepção originária do codificador de 1916, o simples fato de um homem ser pai de uma criança, fosse filho legítimo, legitimado, legalmente reconhecido, ou adotivo (arts. 379 e 380), surgia, para o mesmo, um poder especial denominado de *pátrio poder*. O *pátrio poder* consistia no conjunto de poderes legalmente outorgados ao pai, sobre a pessoa e os bens do filho, somente cabendo à mulher exercê-lo, com exclusividade, na ausência ou impedimento do marido.

---

improcedência da ação em caso da exceptio plurium concumbentium, porque os avanços da ciência permitem até nessa hipótese indicar a relação paterna." TJSC - Ag. de Instrumento n. 8.137 - Comarca de Chapecó - Ac. maioria - 2ª Câm. Cív. - Rel: Des. Napoleão Amarante - Fonte: DJSC, 30.08.95, p. 05. BONIJURIS 25635. RT 720/220.

[155] Estamos nos referindo à modalidade da inseminação artificial heteróloga, cuja técnica emprega sêmen de terceiro, que não o do marido ou convivente. A inseminação heteróloga utiliza para fecundação de sêmen e óvulo próprios ou alheios ou sêmen próprio e óvulo alheio ou, ainda, sêmen alheio e óvulo próprio, para a produção de embriões que deverão ser implantados em útero alheio ou em útero próprio, sêmen ou óvulo alheios.

[156] CAROSSI, Eliane Goulart Martins. *O Direito do Filho à Visita dos Pais*. Dissertação de Mestrado UFPR, ps. 2 e 90.

Bevilaqua[157] definia o *pátrio poder* como o "conjunto dos direitos que a lei confere ao pai sobre a pessoa e os bens de filhos legítimos, legitimados, naturais reconhecidos ou adotivos".[158] O poder do pai, o *patria potestas,* sobre a pessoa e os bens dos filhos, originou-se da tradição romana, ultrapassando os séculos até a modernidade, tendo origem na procriação oriunda da *iustae nuptiae* e na adoção. No período do Baixo Império, também advinha da legitimação.[159]

O *pátrio poder*, segundo concepção anterior à promulgação do Código Civil de 1916, conferia, somente, poderes ao pai sobre os filhos e nenhum poder à mãe, que mesmo viúva não poderia exercer os poderes inerentes ao *poder patriarcal.* O *pátrio poder* outorgava ao pai apenas poderes, mas nenhum dever em relação aos filhos, à exceção do dever de prover pelo seu sustento e educação.[160] A arcaica noção romana de *pátrio poder* veio a ser substituída por nova concepção, unindo aos poderes relativos dos pais a noção de dever deles em relação aos filhos, vindo este poder-dever a ser denominado *pátrio-dever,* de *poder-dever parental,* de *autoridade parental* ou de *poder familiar*, sendo esta última designação a adotada pelo Código Civil de 2002.

A partir da promulgação do Estatuto da Mulher Casada em 1962, a categoria do *pátrio poder* que competia somente ao pai passou por uma gradativa evolução vindo a ser exercido, também, pela mãe da criança, na qualidade de colaboradora do marido. Com a promulgação da Constituição de 1988, que impôs a igualdade plena entre o homem e a mulher, passou a mãe a exercer a autoridade parental em relação aos filhos no mesmo grau que o pai, cabendo o exercício da autoridade parental a ambos os genitores em conjunto. Nesse novo paradigma, a noção de *pátrio poder* não mais se adequava ao direito vigente, substituída pela noção de *poder familiar* ou de *autoridade parental*, que consiste no conjunto de prerrogativas e de deveres que os pais possuem em relação aos filhos, conferidas pela Constituição, pelo Estatuto da Criança e do Adolescente e pelo Código Civil.[161]

Corrêa de Oliveira e Francisco Muniz[162] criticam a expressão *pátrio dever* que vem sendo empregada por alguns doutrinadores, por não traduzir corretamente as prerrogativas dos pais em relação aos filhos. A autoridade parental extrapola a simples noção de dever ou de poder, constituindo-se em um universo amplo e de grande significado, uma vez que os pais nas suas relações com seus filhos são obrigados a cuidar e zelar deles em todos os aspectos e respeitá-los.

O Código Civil regula no art. 1634 o exercício do *poder familiar* sem, no entanto, conseguir traduzir o verdadeiro significado e a extensão do termo. Segundo o Código Civil, o exercício do *poder familiar* consiste, em relação aos filhos, no dever de os pais de

---

[157] BEVILAQUA, Clóvis. *Ob. cit.,* p. 363.

[158] Deve ser observado que BEVILAQUA não insere entre os filhos, sujeitos ao *pátrio poder*, os filhos incestuosos e adulterinos, pois a estes não lhes era dado o direito de serem reconhecidos como filhos e se a mãe fosse casada, não lhes era outorgado o direito de revelar quem era sua mãe ficando seu estado familiar na absurda situação de filhos sem pais.

[159] CHAMOUN, Ebert. *Instituições de Direito Romano*, p. 181.

[160] BEVILAQUA, Clóvis. *Ob. cit.,* p. 363.

[161] A Constituição de 1988 ampliou a relação jurídica entre pais e filhos, atribuindo ao lado dos *poderes*, uma série de deveres dos pais em relação aos filhos, vindo a nova categoria a ser denominada *pátrio dever, poder-dever parental* ou *poder-dever familiar.*

[162] OLIVEIRA, José Lamartine Corrêa de. MUNIZ, Francisco José Ferreira. *Ult.* ob. *cit.*, p. 33.

dirigir-lhes a criação e a educação, de tê-los em sua companhia e guarda, de conceder-lhes ou negar-lhes o consentimento para casar, quando lhes faltar capacidade plena, de representá-los até aos dezesseis anos nos atos da vida civil e assisti-los, após essa idade, até completarem 18 anos, nos atos em que forem partes, suprindo-lhes o consentimento, de reclamá-los de quem ilegalmente os detenha e de exigir que lhes prestem obediência, respeito e os serviços próprios de sua idade e condição.

A noção de *autoridade parental* se mostra mais adequada para denominar a categoria, uma vez que envolve outros deveres dos pais, sendo o principal o dar aos filhos condições plenas ao livre desenvolvimento de sua personalidade no âmbito familiar, a fim de que possam atingir o aperfeiçoamento de sua personalidade em sentido amplo, ou seja, o aperfeiçoamento moral, intelectual, afetivo, profissional, religioso, etc.

A opção de o legislador do Código Civil adotar a expressão *poder familiar* ao regular a matéria nos arts. 1630 a 1638 sofreu inúmeras críticas, tendo em vista que o termo *poder familiar* traduziria um poder-dever inerente a toda família em sentido amplo, fato que, na realidade, não acontece, constituindo-se a categoria em uma autoridade inerente aos pais. Preferimos a expressão *autoridade parental*, que melhor traduz o significado e a verdadeira dimensão das relações entre pais e filhos, circunscrevendo-as, exclusivamente, aos pais da criança, retratando a relação paterno ou materno-filial como um verdadeiro *munus* a ser exercido pelos pais. Tendo em vista a utilização pelo Código Civil da expressão *poder familiar*, como um poder dever, usaremos, no presente trabalho, ambos os termos, *autoridade parental* e *poder familiar* com o mesmo significado.

A Constituição de 1988 ao estabelecer a igualdade entre os cônjuges e ter proscrito as distinções entre os filhos, atribuindo a todos, independentemente de sua origem, o mesmo grau de filiação, extinguiu, em definitivo, a figura do pátrio poder.[163] Desse modo, não há mais que se falar no direito brasileiro da atualidade em pátrio poder, em chefia do casal, nem em cabeça de casal, constituindo-se em denominações obsoletas e sem sentido. A Constituição de 1988 ao determinar que marido e mulher são juridicamente iguais aboliu a noção de *cabeça de casal* e, em relação aos filhos, a noção de *pátrio poder*, substituindo-a pela noção de *autoridade parental*, pela qual ambos os pais, em iguais condições, exercem autoridade em relação aos seus filhos, enquanto forem menores e incapazes. A *autoridade parental* preconiza ao pai e à mãe, em conjunto, zelarem pela formação moral, ética e profissional dos filhos, ou mesmo, isoladamente, não sendo mais admitida a supremacia da vontade do pai, em relação à da mãe, no tocante à educação e formação da prole. O filho não reconhecido pelo pai ficará sob o *poder familiar* exclusivo da mãe. Sendo a mãe desconhecida ou incapaz de exercer a *autoridade parental*, o menor será posto sob tutela, consoante determina o art. 1633 do Código Civil.[164]

O projeto de Estatuto das Famílias, por sua vez, procura transformar, em definitivo, a noção de *poder familiar* como um conjunto de prerrogativas que se revelam como um *munus*, dentro daquilo que melhor atenda aos interesses dos filhos, adotando corretamente a expressão *autoridade parental*. O Estatuto estimula os sentimentos de solidariedade que devem presidir as relações entre pais e filhos.[165]

---

[163] A igualdade entre os filhos não é absoluta, mas relativa, conforme veremos infra, em capítulo próprio.

[164] Sobre o tema da *autoridade parental* deve ser consultada a obra de Marcos Alves da Silva, intitulada *Do pátrio poder à autoridade parental*. Renovar 2002.

[165] O Estatuto das Famílias dispõe sobre a *autoridade parental* nos arts. 87 a 95.

O estágio atual do desenvolvimento do direito de filiação no Brasil impõe o estudo das categorias *paternidade* e *maternidade* sob dois enfoques.

Sob o primeiro enfoque, examinam-se a *paternidade* e a *maternidade* sob o ponto de vista reprodutivo do homem e da mulher, indagando-se da existência, ou não, de um direito de alguém ser pai ou mãe.

O segundo aspecto consiste em se verificar da existência de um direito à paternidade ou à maternidade, sob o ponto de vista do filho, no sentido de o filho possuir o direito de atribuir a paternidade ao seu genitor, defendendo seu direito de possuir um pai e uma mãe, bem como o direito de conhecer seus ascendentes biológicos.

Dessa maneira, não se pode mais vislumbrar o tema da paternidade, da maternidade e da filiação sob o ponto de vista único e exclusivo como sendo um direito ou, mesmo, um poder do homem ou da mulher, tal qual era, até pouco tempo, egoisticamente considerado. A matéria deve, também, ser analisada e compreendida sob o aspecto do filho, o sujeito mais frágil da relação parental, decorrendo, a partir desse novo enfoque, a consagração do *direito de filiação*.

A filiação, segundo Hauser e Huet-Weiller, consiste em um liame que liga uma criança à sua mãe e ao seu pai e, além disso, à sua respectiva linhagem.[166] Esse conceito vai se apresentar como sendo de fundamental importância quando da aplicabilidade da *teoria do verdadeiro pai biológico* na atribuição da paternidade e do *direito ao conhecimento da origem genética e familiar* do indivíduo, quando se tratar de filiação socioafetiva. São problemas atuais que o projeto de Estatuto das Famílias procura solucionar.

"CAPÍTULO III
DA AUTORIDADE PARENTAL
Art. 87. A autoridade parental deve ser exercida no melhor interesse dos filhos.
§1º Compete a autoridade parental aos pais; na falta ou impedimento de um deles, o outro a exerce com exclusividade.
§2º O filho tem o direito de ser ouvido, nos limites de seu discernimento e na medida de seu processo educacional.
§3º Aos pais incumbe o dever de assistência moral e material, guarda, educação e formação dos filhos menores.
Art. 88. A dissolução da entidade familiar não altera as relações entre pais e filhos.
Art. 89. Compete aos pais:
I – representar os filhos até dezesseis anos e assisti-los, após essa idade, até atingirem a maioridade;
II – nomear-lhes tutor por testamento ou documento particular.
Art. 90. Extingue-se a autoridade parental:
I – pela morte dos pais ou do filho;
II – pela emancipação;
III – pela maioridade;
IV – pela adoção;
V – por decisão judicial.
Art. 91. Constituindo os pais nova entidade familiar, os direitos e deveres decorrentes da autoridade parental são exercidos com a colaboração do novo cônjuge ou convivente ou parceiro.
§único. Cada cônjuge, convivente ou parceiro deve colaborar de modo apropriado no exercício da autoridade parental, em relação aos filhos do outro, e representá-lo quando as circunstâncias o exigirem. [...]."

[166] HAUSER, J. e HUET-WEILLER, D. *Traité de Droit Civil – La famille, Fondation et vie de la famille*, p. 199. Definem os autores a filiação: "*La filiation est le lien qui unit un enfant à sa mère (filiation maternelle ou maternité) et à son père (filiation paternelle ou paternité) et, par-delà, à leur ligne respective.*"

TÍTULO II

A FILIAÇÃO BIOLÓGICA

Conforme anunciamos em título anterior, sob o ponto de vista biológico, a *paternidade*, a *maternidade* e a *filiação* constituem um vínculo que se estabelece entre geradores e gerado a partir da concepção e do desenvolvimento do *zigoto*. Consiste na relação genética que vincula os pais aos filhos. Esse vínculo permanente que se estabelece entre pais e filhos, decorrente de um fato biológico, denomina-se relação de paternidade, de maternidade e de filiação.

A *filiação biológica* decorre, normalmente, do intercurso sexual do homem com a mulher que engravida e gera a criança. Segundo esclarece Labrusse-Riou, em princípio, *"toute filiation résulte d' un fait de nature – la procréation – et engendre en général un lien human durable entre parents et enfant."*[167]

Nem sempre, porém, a filiação biológica decorre da prática de relações sexuais entre um homem e uma mulher, podendo ocorrer o nascimento de filhos independentemente de relações sexuais, a partir da reprodução humana assistida.[168] A reprodução humana assistida consiste na fertilização do óvulo da mulher pelo sêmen do homem mediante o emprego de técnicas médicas em que a concepção e o início da gestação ocorrem fora do corpo humano, consoante será estudado em Título próprio. Recentemente vem sendo desenvolvida a técnica que permite a fecundação do óvulo de mulher sem a presença de espermatozoide, modalidade de procedimento médico que também caracterizará a criança como filho biológico da mãe. Todavia, esta modalidade de fertilização artificial constitui-se, pelo menos por enquanto, em mera especulação científica.

Diante dessas diversas modalidades de concepção, podemos afirmar que a *filiação biológica* pode ser constituída mediante a *concepção natural*, em que há a prática de relações sexuais entre o homem e a mulher, das quais resulta a fecundação com a

---

[167] LABRUSSE-RIOU, Catherine. *Droit de la famille. 1. Les personnes.* Paris. Masson. 1984, p. 86.

[168] *Folha – Ciência*, de 21.01.2001, informa que, no início do ano de 2001, uma Comissão da Câmara dos Lordes, na Grã-Bretanha, autorizou a realização de clonagem de embriões humanos, para fins de pesquisa constituindo-se, essa permissão, no primeiro passo para a realização da clonagem humana reprodutiva. A clonagem humana reprodutiva constitui uma modalidade de reprodução humana sem intervenção sexual. Procedimento médico que vem sendo proibido na maioria dos países ocidentais. Disponível em: <http://www.uol.com.br/folha/ciencia/>. Acesso em: dez. 2004.

formação de zigoto, e a *concepção artificial*, oriunda da reprodução assistida, onde existe fecundação independentemente da prática de relações sexuais entre homem e mulher. Essa modalidade resulta em filiação biológica em relação a ambos os pais, como se eles tivessem produzido a fecundação mediante concepção natural. Os efeitos jurídicos resultantes são idênticos.

Outra hipótese que resulta na filiação biológica, em relação a pelo menos um dos genitores, decorre da reprodução assistida, na qual a concepção resulta da fertilização de gameta de um dos cônjuges ou companheiros sendo o outro gameta oriundo de terceira pessoa, o doador. Assim, a fertilização artificial pode decorrer da fecundação do óvulo da mulher por espermatozoide pertencente a outro homem, que não o marido ou companheiro, que será o doador do sêmen. A fertilização artificial pode, também, decorrer da fecundação do óvulo da mulher doadora pelo sêmen do marido ou companheiro. Nesses dois últimos casos, a criança que irá nascer será unilateralmente filho biológico do homem ou da mulher e filho socioafetivo ou civil do cônjuge ou convivente daquele.

Em vista da complexidade e da extensão do tema da *filiação biológica*, passaremos a estudar no presente Título a filiação biológica natural, oriunda do matrimônio, a filiação biológica oriunda de reprodução humana assistida e a filiação biológica natural havida fora do matrimônio.

1 A filiação biológica natural havida na constância do matrimônio

Por *filiação biológica natural* deve ser entendida a relação biológica e jurídica que une os pais aos filhos, concebidos mediante a prática do intercurso sexual entre o homem e a mulher, gestados e paridos pela mãe. O termo filiação natural não possui a mesma conotação que possuía a expressão "filhos naturais," no antigo direito, como sinônimo de "filhos ilegítimos", classificação tardiamente expurgada do direito brasileiro.

O casamento é o meio tradicional e mais comum de o ser humano constituir família, dentro da qual homem e mulher se reproduzem, constituindo a filiação em um liame que liga os pais ao filho. A filiação biológica consiste na reprodução natural, pressupondo um nexo biológico entre genitores e gerado, sendo certa quando este nexo for determinado. Deve ser observado que, em princípio, a determinação do vínculo paternal mostra maiores dificuldades do que o vínculo maternal. Enquanto a filiação maternal era, de um modo geral, estabelecida entre a criança e a mulher que a concebe, gera e dá à luz, aplicando-se a regra *mater semper certa est*, o vínculo paternal era sempre fundado em uma presunção, pelo fato de ser mais difícil a demonstração de qual homem procede o filho.[169] Por essas razões, estabelecia a legislação civil derrogada um tratamento jurídico diverso no que tange à constituição dos laços filiares paternos e maternos. No entanto, a atribuição do vínculo maternal, mediante aplicação da tradicional regra *mater semper certa est*, não se mostra mais confiável na atualidade, ante a evolução das técnicas de reprodução assistida mediante doação de célula germinativa feminina ou mesmo da maternidade de substituição, que vêm sendo praticadas cada vez com maior frequência entre pessoas que tenham dificuldade ou impossibilidade de procriar. Este

---

[169] MIRANDA, Francisco C. Pontes de. *Tratado de Direito Privado*. Tomo IX, p. 31.

tema será objeto de estudo em capítulo especial, valendo, para o momento, apenas o registro deste fato.

De acordo com o direito de família clássico, o vínculo paternidade/filiação constitui-se a partir do adágio *pater is est quem nuptiae demonstrant*,[170] cuja origem remonta ao Digesto, firmando a presunção de ser o pai o marido da mãe da criança. Razão pela qual se estabelecem direta e imediatamente os laços de filiação entre o marido e o filho nascido de sua mulher. Não estando presentes os elementos que constituem a presunção ou o suposto pai entendendo não ser a criança nascida de sua mulher seu filho, caberá a ele rejeitar o filho nascido de sua mulher, intentando a ação de contestação da paternidade.

Nascendo a criança fora do casamento, não se estabelecem automaticamente os laços de filiação entre o pai e o filho. Enquanto o vínculo de filiação se constitui imediatamente, por força do vínculo matrimonial, entre o marido da mãe e a criança desta nascida, para os filhos nascidos fora do casamento a formação dos laços de paternidade e filiação requer um processo especial, constituído pelo reconhecimento voluntário ou pela atribuição da paternidade e da filiação mediante sentença judicial.

A presunção de paternidade do filho, atribuída ao marido da mãe, repousa sobre a presença de determinados requisitos, como a existência de matrimônio entre o pai e a mãe da criança, a obrigação de coabitação e de fidelidade recíprocas.[171] No que tange à filiação havida fora do casamento, o cumprimento desses requisitos não será considerado devido à ausência do vínculo matrimonial. A atribuição da paternidade ao filho nascido de companheira não se dá diretamente, mediante presunção, sendo exigido um *plus*, o reconhecimento da filiação pelo companheiro da mãe da criança.

Nascendo a criança na constância do casamento, impera a presunção legal de paternidade contida no art. 1.597 do Código Civil.[172]

O referido artigo do Código Civil dispõe:

"Art. 1.597. Presumem-se concebidos na constância do casamento os filhos:

I - nascidos cento e oitenta dias, pelo menos, depois de estabelecida a convivência conjugal;

II - nascidos nos trezentos dias subsequentes à dissolução da sociedade conjugal, por morte, separação judicial, nulidade e anulação do casamento;

III - havidos por fecundação artificial homóloga, mesmo que falecido o marido;

IV - havidos, a qualquer tempo, quando se tratar de embriões excedentários, decorrentes de concepção artificial homóloga;

V - havidos por inseminação artificial heteróloga, desde que tenha prévia autorização do marido."

O art. 1.597 do Código Civil estabelece que sendo a criança concebida e nascendo na constância do casamento, será ela considerada presumidamente filha do marido da mãe. O presente artigo tem por substrato o adágio, *pater is est quem justae nuptiae demonstrant*, ou seja, *será pai o marido da mãe da criança*. Esse dispositivo visa a reafirmar a

---

[170] *Digesto*: 2, 4, 5.

[171] Código Civil/1916, arts: 229; 231 e 338. Código Civil/2002, arts. 1.566 e 1.597.

[172] Código Civil/1916, art. 338.

noção de matrimônio que origina a presunção de paternidade biológica, envolvendo o dever de coabitação e de exclusividade das relações sexuais da mulher com seu marido.[173]

O inciso I, do art. 1.597, dispõe que a criança nascida cento e oitenta dias, pelo menos, depois de estabelecida a convivência conjugal, será considerada, por presunção, havida na constância do casamento. Essa hipótese envolve normalmente o casamento dos pais da criança podendo, todavia, o casamento ser celebrado entre a mãe e outro homem que não o pai biológico da criança, que não saiba da gravidez da mulher por ocasião do matrimônio ou, mesmo sabendo, não contesta a paternidade, aceitando o filho como sendo seu. Nessa hipótese, a lei atribui a paternidade por presunção ao marido da mãe da criança, mesmo não sendo o pai biológico.

O segundo inciso do artigo em comento trata de filho que for concebido na constância do casamento, ocorrendo, porém, seu nascimento depois do término da sociedade conjugal ou do próprio matrimônio.[174] Nesse caso, embora tenham cessados os efeitos do casamento por morte de um dos cônjuges, nulidade ou anulação do casamento ou dissolução da sociedade conjugal, o nascimento da criança nos trezentos dias subsequentes a um desses eventos gera a presunção de ter ocorrido sua concepção na constância do casamento.

A Emenda Constitucional nº 66, de 13.07.2.010, alterou a matéria, dando nova redação ao §6º, do art. 226, da Constituição Federal, que dispõe sobre a dissolubilidade do casamento civil pelo divórcio, suprimindo o requisito de prévia separação judicial por mais de 1 (um) ano ou de comprovada separação de fato por mais de 2 (dois) anos.

Desse modo, entendemos não dever mais existir no ordenamento jurídico brasileiro a categoria da separação judicial, permanecendo, apenas, a situação jurídica de casais que se separaram judicialmente antes da promulgação da Emenda nº 66/2.010 e que não converteram a separação judicial em divórcio. Tendo em vista o fato de que não houve alteração da redação dos dispositivos legais pertinentes à matéria na Lei nº 6.515/1977 nem no Código Civil, em respeito à coerência ao sistema legal, empregaremos, neste trabalho, a expressão separação judicial. No entanto, existe entendimento no sentido de que a categoria da separação permaneceria no ordenamento jurídico civil, permitindo aos cônjuges que não têm interesse na manutenção da sociedade conjugal, mas que, por qualquer razão, queiram manter o vínculo matrimonial de se separarem judicialmente.

O inciso II, do citado art. 1.597, tem sido objeto de ferrenhas críticas pela comunidade jurídica com diversas propostas para sua eliminação. Com efeito, antecede sempre à dissolução da sociedade conjugal pelo divórcio, nulidade e anulação do casamento ou separação de fato, um período em que dificilmente existem contatos sexuais entre os cônjuges. Até a dissolução da sociedade conjugal por morte de um dos cônjuges pode ser precedida por longa ou média enfermidade que impeça a realização de atos sexuais entre marido e mulher. Por tais razões, não há como se poder afirmar que as crianças, nascidas 300 dias após a prolação da sentença que decreta o divórcio, a nulidade ou a anulação do casamento, possam ser presumivelmente filhos do ex-marido

---

[173] OLIVEIRA, José Lamartine Corrêa de. MUNIZ, Francisco José Ferreira. Ob. cit., p. 296 e ss. SCHWAB, Dieter. Ob. cit., p. 49

[174] A Emenda Constitucional nº 66/2.010, ao alterar o §6º, do art. 226 da Constituição extinguiu a separação judicial como pressuposto obrigatório para a deflagração do pedido de divórcio no Brasil.

da mãe. Há total incongruência lógica no referido dispositivo legal. É bastante frequente a hipótese de a mulher separada de fato, do marido, possuir um novo relacionamento amoroso ou, mesmo, ter reconstruído sua vida familiar, mantendo união estável com outro homem, sendo este, na realidade, o pai biológico da criança. O inciso II, do art. 1.597, na sua redação atual, conduz à situação absurda de se atribuir a paternidade por presunção ao marido da mãe, quando, na realidade, será o companheiro da mãe o verdadeiro pai biológico da criança.

Atento à perplexidade e às críticas da comunidade jurídica brasileira diante de tal incongruência legislativa, o Deputado Ricardo Fiúza propõe no Projeto de Lei de Reforma do Código Civil, sob nº 6.960/2002, a inserção de um parágrafo único ao art. 1.597, determinando que "cessa a presunção de paternidade, no caso do inciso II, se, à época da concepção, os cônjuges estavam separados de fato." Dessa maneira, a lei civil somente manterá a presunção de paternidade do marido, em relação aos filhos nascidos de sua mulher, nos 300 dias subsequentes à dissolução da sociedade conjugal se na época da concepção os cônjuges ainda mantivessem convívio.

A presunção de paternidade do marido em relação aos filhos nascidos de sua mulher, nos 300 dias subsequentes à dissolução da sociedade conjugal, considerando-se a convivência dos cônjuges à época da concepção nos parece insatisfatória tendo em vista a dificuldade de se provar a efetiva convivência sexual do casal e a exclusividade das relações sexuais da mulher com seu ex-marido. Nessa hipótese, os interessados se depararão, frequentemente, com dúvida sobre quem possa ser o pai da criança, tendo de recorrer-se ao exame genético para a verificação da verdadeira paternidade biológica, procedimento lógico, correto e atual.

Por essa razão, será mais saudável o legislador que vier a proceder à necessária reforma do Código Civil abandonar os critérios arcaicos de atribuição da paternidade mediante presunção, voltando-se aos meios científicos para a verificação e atribuição da verdadeira paternidade. Por esse motivo, entendemos ser recomendável a expurgação total do inciso II, do art. 1.597, do Código Civil.

O Código Civil vigente repete, em parte, o vetusto sistema das "presunções de paternidade" adotado pelo Código Civil de 1916, que pouca utilidade possui na atualidade, diante dos métodos técnicos de averiguação da paternidade biológica. Com efeito, o sistema de atribuição de paternidade consagrado pelo direito civil brasileiro se mostra de longa data, anacrônico. As técnicas de investigação da paternidade, por meio de exames hematológicos complexos e o exame ADN, podem comprovar, dentro de uma margem de certeza extremamente elevada, a paternidade ou não da criança. A rápida evolução da biologia e da medicina em relação à reprodução humana e à verificação da paternidade a partir do término da Segunda Guerra Mundial não vem sendo acompanhada a contento pelo legislador civil brasileiro que não consegue abandonar o ultrapassado sistema presuntivo.

De outro lado, o Código Civil de 2002 inovou a matéria referente à presunção legal da paternidade em relação ao Código Civil derrogado, tratando nos incisos III, IV e V, do art. 1.597, a atribuição da paternidade mediante presunção ao marido da mãe, nos casos de crianças nascidas por meio de processos de reprodução humana assistida. A matéria envolve certa complexidade, merecendo capítulo próprio para sua análise, que será desenvolvida oportunamente.

O Projeto de Lei nº 2.285/2007, Projeto Estatuto das Famílias, regula o tema da filiação no Título IV, arts. 70 a 103.

O art. 73, do Estatuto, cuida de regular a presunção da paternidade, assim dispondo:

> "Art. 73. Presumem-se filhos:
>
> I – os nascidos durante a convivência dos genitores à época da concepção;
>
> II – os havidos por fecundação artificial homóloga, desde que a implantação do embrião tenha ocorrido antes do falecimento do genitor;
>
> III – os havidos por inseminação artificial heteróloga, desde que realizada com prévio consentimento livre e informado do marido ou do convivente, manifestado por escrito, e desde que a implantação tenha ocorrido antes do seu falecimento."

Embora o projeto de Estatuto das Famílias mantenha o sistema das presunções, algumas alterações da matéria devem ser destacadas. A presunção da paternidade e da maternidade, fundada no direito atual, reside na necessidade de se apurar o fato de o nascimento da criança ter ocorrido na constância do casamento ou no intervalo de 180 dias depois de estabelecida a convivência conjugal ou no termo de 300 dias subsequentes à dissolução da sociedade conjugal, por morte, divórcio, nulidade e anulação do casamento. A criança concebida e nascendo na constância do casamento, ou dentro dos períodos apontados, será considerada, por presunção legal, filha do marido da mãe, segundo o adágio, "é pai, o marido da mãe da criança."

No Estatuto das Famílias, o critério da presunção da paternidade legal fundada no casamento e na "legitimidade", previsto nos incisos I e II, do art. 1597, do Código Civil, foi definitivamente abandonado, passando a ser radicado na efetiva convivência do homem e da mulher durante o período da concepção, sejam eles casados ou não.

1.1 A impugnação da paternidade na constância do casamento

Consoante examinamos no capítulo anterior, o vínculo paternal é tradicionalmente fundado sobre uma presunção que reside na afirmação de que é pai o marido da mãe da criança gerada e parida. No entanto, em algumas ocasiões, pode o marido contestar a paternidade da criança nascida de sua mulher. A impugnação da paternidade da criança, manifestada pelo marido da mãe da mesma, deve ser realizada judicialmente mediante ação específica, denominada de *ação de contestação de paternidade*, prevista no art. 1601, do Código Civil, sendo o direito de ação imprescritível.

O motivo mais comum de um homem impugnar a paternidade de filho nascido de sua mulher dá-se mediante a alegação de adultério ou de ausência de exclusividade de relações sexuais, ao constatar a ocorrência de gravidez da mulher.

O regime jurídico da contestação da paternidade do Código Civil de 1916 previa a contestação da *legitimidade* do filho nascido no prazo de 3 (três) meses, se o contestante se achava ausente, ou lhe ocultaram o nascimento, contados do dia da volta à casa conjugal, ou da data do conhecimento do fato (inciso I, do §42, do art. 178). No prazo exíguo de dois meses, contados do nascimento, decaía o direito de contestar a legitimidade do filho havido da mulher, se era presente o marido (§32, do art. 178). Podia, ainda, aquele que pretendia contestar a legitimidade do filho de sua mulher provar que estava impossibilitado de procriar na época da concepção da criança ou, então, demonstrar que se achava fisicamente impossibilitado de coabitar com a mulher nos primeiros cento e vinte e um dias ou mais, dos trezentos que houveram precedido o nascimento da criança e que, a esse tempo, estavam os cônjuges legalmente separados, não valendo, porém, este motivo se os cônjuges houverem convivido algum dia sob o teto conjugal (arts. 476, 340 e 341). Sendo, porém, absoluta a impotência do marido, valia sua alegação contra a legitimidade do filho, não bastando o adultério da mulher, com quem o marido vivia sob o mesmo teto, para ilidir a presunção legal de legitimidade da prole, cabendo ao marido, privativamente, o direito de contestar a legitimidade dos filhos nascidos de sua mulher.

Olhando para o passado, o legislador do Código Civil de 2002 voltou as costas para o progresso da tecnologia e das ciências, atendo-se às vetustas presunções e suposições no tocante à matéria, consoante se infere da redação dos arts. 1.598 e 1.600. O sistema das presunções legais na atribuição da paternidade ao marido da mãe da criança melhor se prestava ao regime da paternidade legal adotado pelo Código Civil de 1916. O legislador civil de 2002 ao invés de valer-se do exame ADN ou deste combinado com o exame sanguíneo HLA, para a verificação e atribuição da verdadeira paternidade biológica, a exemplo dos tribunais europeus [175] e, dessa maneira, verificar a procedência ou não da impugnação da paternidade, prestigiando-se a verdade real, manteve-se fiel ao sistema pretérito das presunções. O legislador prescrevendo no art. 1.599 tal qual previa o Código Civil derrogado, que a prova de estar o marido impossibilitado de procriar, em razão de impotência *generandi*, na época da concepção da criança, ilidiria a presunção da paternidade da criança, não tirou seus pés do passado. Tal dispositivo legal mostra-se anacrônico diante das atuais técnicas de reprodução humana assistida, da maternidade substituta e das técnicas de investigação da paternidade, sendo inaceitável um dispositivo desta natureza em um Código Civil, pretensiosamente promulgado para o Séc. XXI.

Em obra de nossa autoria, *Direitos de Personalidade e sua Tutela*,[176] noticiamos os estudos desenvolvidos pelo Professor Eurípedes Ferreira, da Universidade Federal do Paraná, que periciou um caso no qual um indivíduo que produzia um diminuto número de espermatozoides, sendo considerado pelos médicos impotente para gerar, constatou que sua mulher engravidara, sem que ele tivesse se submetido a qualquer tratamento específico. Em virtude de sua suposta *impotência generandi*, baseada em equivocados laudos médicos, repudiou seu filho e propôs pretensão de separação judicial litigiosa contra sua mulher, alegando prática de adultério. Quando a criança contava com dois anos de idade, foi realizado um estudo do caso pelo mencionado Professor, que concluiu pela paternidade do filho nascido de sua mulher, injustamente acusada de adultério. A prova apresentada pelo autor da ação judicial ilidia falsamente a presunção de paternidade adotada pelo Código Civil de 1916.

Mediante a análise desse singelo caso, verifica-se o perigo das presunções e suposições adotadas pelo legislador do Código Civil de 2002, devendo este método ser definitivamente abandonado por não trazer nenhuma conclusão confiável sobre a paternidade biológica. Os laudos médicos são, muitas vezes, discutíveis, podendo-

---

[175] SCHLÜTER, Wilfried. *Direito de Família*, p. 355. Segundo o autor, os tribunais alemães vêm utilizando largamente a conjugação dos exames ADN e HLA, a fim de encontrar a certeza biológica da paternidade/filiação.

[176] SZANIAWSKI, Elimar. *Direitos de personalidade* ..., p. 494. Nota 53. Deve ser alertado que o presente caso ocorreu na década de 1980, do séc. XX, época em que o exame ADN ainda se encontrava em fase experimental.

se confiar, somente, na conjugação dos métodos ADN e HLA na investigação da paternidade os quais, aplicados isoladamente ou em conjunto, revelam-se como o melhor meio de atribuição da paternidade biológica da atualidade.

O art. 1.600, do Código Civil, determina que "não basta o adultério da mulher, ainda que confessado, para ilidir a presunção legal da paternidade". O presente dispositivo legal consiste na transmutação do art. 343, do Código Civil de 1916, em cuja época possuía sentido o sistema das presunções legais de paternidade que objetivava salvaguardar a legalidade da filiação e a manutenção da denominada *família legítima*, constituída pelo casamento, sendo o único núcleo familiar reconhecido e tutelado pelo direito brasileiro.

O citado art. 1.600, do Código Civil, constitui-se em outra janela aberta para o passado, um retorno ao direito destinados aos cidadãos do séc. XIX, que o legislador civil teima em não querer abandonar.

É totalmente desprovida de lógica a manutenção da figura da presunção legal de paternidade do marido ante a confissão de adultério pela mulher em nossa legislação civil. Na atualidade não há razão plausível na manutenção deste dispositivo que conflita com o disposto no art. 1.601, que tornou imprescritível o direito de ação do marido em contestar a paternidade dos filhos nascidos de sua mulher. Como pretende o legislador brasileiro manter a paternidade legal do marido mediante presunção, diante do adultério confessado da mulher, se lhe outorga o direito de contestar esta paternidade a qualquer tempo?

Trata-se de uma incongruência incontornável. A verdade biológica da filiação pode ser verificável a qualquer tempo, teria sido preferível o legislador abandonar o critério das presunções legais deixando para a prova técnica da filiação a tarefa de determinar a verdadeira paternidade biológica.[177]

O direito brasileiro admite duas modalidades de ações destinadas a impugnar a paternidade. A ação *contestatória da presunção de paternidade* e a ação *contestatória de paternidade*.[178] Ambas as espécies de ação se destinam à impugnação da paternidade atribuída ao marido da mãe.

A *contestação da presunção de paternidade* visa a ilidir a presunção de paternidade, cabendo nas hipóteses do art. 1.597 do Código Civil, em que o filho nascido da mulher não possa ser presumido como concebido na constância do casamento. São os casos de filhos nascido até o 179º dia após o estabelecimento da convivência conjugal e os nascidos após o 300º dia da dissolução da sociedade conjugal, podendo o marido da mãe contestar a presunção de paternidade em relação a estes filhos.[179] A *contestação de paternidade* expressa no art. 1.601 do Código Civil outorgaria ao marido o direito de contestar diretamente a paternidade do filho, nascido de sua mulher ou contestá-la

---

[177] WALD, Arnoldo. Ob. cit., p. 180. Arnoldo Wald, em sua obra *Direito de Família*, p. 151, condiciona a admissibilidade do deferimento da ação contestatória de paternidade à ocorrência da dissolução da sociedade conjugal entre marido e mulher, provando que na época de sua concepção o presumido pai se encontrava separado de fato de sua mãe, retificando seu assento de nascimento no tocante a sua filiação, após ser julgado procedente o pedido.

[178] FRANCESCHINELLI, Edmilson V. *Direito de Paternidade*, p. 67. CC/1916, arts. 338; art. 344 e art. 340.

[179] MIRANDA, Francisco C. Pontes de. Ult. ob. cit., p. 31. A contestação de presunção da paternidade será inoponível quando o pretenso pai sabia da gravidez da mulher, quando se casou, ou na hipótese em que, ao assinar o termo do assento de nascimento da criança, não impugna a paternidade.

indiretamente, mediante prova da inexistência da filiação ou desconstituição da presunção de paternidade.

Contestada a filiação interposta pelo marido, os herdeiros do mesmo, quando falecido, têm direito de prosseguir na ação.[180]

Os dispositivos legais acima mencionados, diante da noção de família desenhada pela Constituição da República e da prova científica da filiação, segundo já afirmamos, tornaram-se obsoletos, não havendo mais razão na atualidade da manutenção destas distinções doutrinárias. Deve, ainda, ser destacado que o Código Civil de 2002 retira a exclusividade da titularidade da ação de *contestação de presunção da paternidade* do marido, em relação aos filhos nascidos de sua mulher, tal qual previa o Código Civil derrogado, possibilitando ao filho demandar contra o marido de sua mãe, impugnando-lhe a qualidade de pai, segundo se depreende da leitura do art. 1.601, combinado com o art.1.606 do referido Código.

O Código Civil estabelece no art. 1.606 o direito de ação de *prova de filiação* cuja titularidade pertence ao filho, enquanto este viver, passando o direito aos herdeiros, se ele vier a morrer menor ou incapaz.[181] Trata-se de medida judicial destinada ao filho que possui o legítimo interesse na verificação de sua verdadeira paternidade e de buscá-la, podendo investigá-la quando necessário.

A ação *negatória de paternidade* proposta pelo filho contra o marido de sua mãe terá por fundamento os arts. 1.604 e 1.606, do Código Civil, na qual deverá demonstrar ter sido o registro de nascimento lavrado mediante erro.[182] O art. 1.606 poderá ser lido em conjunto com os demais dispositivos legais pertinentes à espécie, complementando o mandamento contido no art. 1.601.

A jurisprudência brasileira, mesmo a anterior à vigência do atual Código Civil, admite o pedido de retificação de registro civil, requerido pelo filho após ter contestado sua filiação em relação ao marido de sua mãe, cabendo a este a titularidade da ação negatória de paternidade e de retificação do assento de nascimento contra o marido de sua mãe.[183]

---

[180] Código Civil/2002, art. 1.601. O art. 1.602 dispõe que: "Não basta a confissão materna para excluir a paternidade."

[181] Art. 1.606/CC. A ação de prova de filiação compete ao filho, enquanto viver, passando aos herdeiros, se ele morrer menor ou incapaz.
Parágrafo único. - Se iniciada a ação pelo filho, os herdeiros poderão continuá-la, salvo se julgado extinto o processo."

[182] Código Civil/2002, art. 1.605: "Na falta, ou defeito, do termo de nascimento, poderá provar-se a filiação por qualquer modo admissível em direito:
I - quando houver começo de prova por escrito, proveniente dos pais, conjunta ou separadamente;
II - quando existirem veementes presunções resultantes de fatos já certos."

[183] Mencionamos dois arestos que mostram a tendência da jurisprudência brasileira sobre a matéria:
STJ. Rec. Esp. n. 2.353-0, 4.ª Turma, julgado em 21.11.1994. Rel. Min. Antônio Torreão Braz. Lex, 68/72.
"Filiação ilegítima. Investigação de paternidade. I – Embora registradas como filhas legítimas do marido de sua mãe, era lícito às autoras promoverem ação visando ao reconhecimento de outra paternidade (ilegítima), desde que cumulada a investigatória com a ação declaratória incidental de nulidade dos registros de nascimento. II – As duas ações, outorgadas pelos arts. 348 e 363 do CC, são imprescritíveis, porque dizem com o *status familiae* das pessoas. III – Contrariedade aos arts. 178, §9º, inc. IV, e 348 do CC. Dissídio interpretativo comprovado. IV – Recurso conhecido e provido."
TJRGS. AI nº 596013516, 8ª Câm. Civ. julgado em 13.06.1996. Rel. Des. Eliseu Gomes Torres. RJTJRGS, 180/396. Diz a ementa:
"Investigação de paternidade. Desnecessidade de anterior anulação do registro de nascimento. É contraproducente e vai de encontro à economia processual exigir-se primeiramente a desconstituição do registro de nascimento, para possibilitar a investigatória, se o autor está registrado em nome de outrem. A procedência desta

O projeto de Estatuto das Famílias veio a regular a matéria nos arts. 74 e 76. No art. 74, outorga ao filho registrado ou reconhecido, a possibilidade de impugnar a paternidade da pessoa, cujo nome figura como pai no seu assento de nascimento. Soa o referido dispositivo estatutário:

> "Art. 74. O filho registrado ou reconhecido pode impugnar a paternidade, desde que não caracterizada a posse do estado de filho em relação àquele que o registrou ou o reconheceu. Parágrafo único. O filho maior não pode ser registrado ou reconhecido voluntariamente sem o seu consentimento."

O art. 76 regula a impugnação da paternidade e da maternidade pelo marido, convivente ou pela mulher que forem apontados como genitores da pessoa, no registro civil. O mencionado artigo assim dispõe:

> "Art. 76. Cabe ao marido, ao convivente ou à mulher o direito de impugnar a paternidade ou a maternidade que lhe for atribuída no registro civil.
> §1º Impugnada a filiação, se sobrevier a morte do autor, os herdeiros podem prosseguir na ação.
> §2º Não cabe a impugnação da paternidade ou maternidade:
> I – em se tratando de inseminação artificial heteróloga, salvo alegação de dolo ou fraude;
> II – caso fique caracterizada a posse do estado de filho."

É importante frisar que o Estatuto das Famílias valoriza a categoria da *posse do estado de filho*, vedando a utilização da respectiva ação de impugnação da paternidade pelo filho registrado ou reconhecido em relação àquele que o registrou ou o reconheceu. Da mesma maneira, caracterizada a posse do estado de filho, não poderá o marido, o convivente, nem a mulher exercer o direito de impugnar a paternidade ou a maternidade que lhe for atribuída no registro civil.

Também ficará excluído o direito de impugnar a paternidade ou maternidade do marido, da mulher, ou de convivente, que lhe for atribuída no registro civil, na hipótese de inseminação artificial heteróloga, salvo alegação de dolo ou fraude.

Essas exceções visam à proteção do filho contra eventual arrependimento do marido ou do convivente em consentir sua mulher ou companheira em se deixar inseminar artificialmente, mediante sêmen de terceira pessoa, o doador. Ou da utilização de sêmen do marido ou companheiro na inseminação de outra mulher, na hipótese de maternidade de substituição. Desse modo, ficará a criança assegurada de sua relação paterno-filial socioafetiva, em relação a um dos cônjuges ou convivente que não for seu genitor biológico.

O tema da filiação, decorrente da reprodução assistida, será abordado no capítulo seguinte.

última ação implica, logicamente, anulação do registro anterior, seja pela natureza da sentença, seja pela presunção relativa imanente dos registros públicos, conforme ensina o mestre Galeno Lacerda. Não há a necessidade de cumulação das ações tampouco de pedido expresso de anulação de registro. Agravo desprovido, unânime."

2 A filiação biológica havida por reprodução humana assistida

2.1 Noção de reprodução humana assistida

A reprodução humana assistida pertence ao campo de conhecimento da *Genética* humana, que se dedica ao estudo e a pesquisas sobre o material genético, especificamente da célula germinativa. A genética, em sentido amplo, possui dois significados. O primeiro significado tem origem na palavra *gerare*, ligado diretamente à procriação e o de *genus*, no sentido espécie, patrimônio, sua investigação e alteração.[184] Por *célula germinativa*, em um sentido, se compreendem as *células haploides*, ou seja, o espermatozoide e o óvulo e, em outro, significa células embrionárias ainda não especializadas que podem, cada qual, dar origem a um novo ser. Existe muita confusão entre os leigos no enquadramento do tema, pertencendo, porém, a reprodução assistida ao ramo da *manipulação ginecológica*, que consiste no estudo e no desenvolvimento de técnicas destinadas à obtenção da reprodução humana por meios "não naturais". Não se confunde a *manipulação ginecológica* com a *manipulação genética*, que objetiva realizar experiências com vistas a criar novas formas de vida ou alterar o patrimônio genético de seres vivos.[185]

A expressão *procriação* origina-se do termo latino *procreo, procreatio*, que significa *produzir, criar, gerar, procriar, dar à luz*.[186] A locução em seu sentido próprio designa o fato biológico da multiplicação de uma espécie viva, seja ela humana, animal ou vegetal.

LITTRÉ [187] define a *procriação* como sendo:

> l "action d 'engendrer. – *Théories de la procréation*. Celles qui, avant que l'on connût exactement les lois dáprés lesquelles apparait la substance organisée, et par suite comment naissent les êtres vivents, admettaient tantôt que dans la mère ils *préexistent* à leur développement, tantôt que leur apparition est le resultat d'une création consécutive à l'acte dit procréateur."

A partir do século XVIII, o termo *procriação* passou a ser utilizado para designar-se a reprodução humana; todavia, modernamente, a expressão *procriação* vem, paulatinamente, retomando seu significado originário, denominando todo e qualquer fenômeno de reprodução de seres vivos, daí resultando a preferência pela utilização do termo *reprodução* para designar a procriação humana.[188]

A reprodução humana assistida consiste em um procedimento médico, destinado a possibilitar aos casais que possuam o problema da infertilidade física ou psíquica de fecundação de forma artificial da mulher e, desse modo, obter o nascimento de filhos.

Villaça de Azevedo [189] define a *reprodução humana assistida* como sendo a modalidade de "fecundação com artificialidade médica, informada e consentida por escrito, por meio de inseminação de gametas humanos, com probabilidade de sucesso e sem

---

[184] FRANCO, Alberto Silva. *Genética Humana e Direito*, p. 2.

[185] MARTINEZ, Stela Maris. *Apud* FRANCO. Alberto Silva. *Ob. cit.*, p. 2.

[186] FIRMINO, Nicolau. *Dicionário Latino Português*, p. 459.

[187] LITTRÉ, E. *Dictionnaire de Médicine*, p. 1.356.

[188] GORASSINI, *Procreazione*, p. 945.

[189] AZEVEDO, Álvaro Villaça de. "Ética, Direito e Reprodução Humana Assistida". *Revista dos Tribunais*. 729/44.

risco grave de vida ou de saúde para a paciente e para o futuro filho." Para Oliveira Leite,[190] a procriação artificial assistida se circunscreve em um contexto médico, científico e sociocultural, próprios das sociedades industriais.

As técnicas da reprodução humana assistida podem ser resumidas em duas modalidades.

A primeira, que consiste na introdução do sêmen do homem na genitália interna da mulher, procedimento médico denominado *inseminação artificial*. A outra se realiza mediante reunião do sêmen e do óvulo em um tubo de ensaio, a proveta, para a obtenção da fecundação, com a posterior introdução de alguns embriões no aparelho reprodutor da mulher para a gestação. Essa técnica é denominada *fertilização in vitro*.[191]

A reprodução humana assistida surgiu a partir da possibilidade do armazenamento de espermatozoides humanos a uma temperatura de aproximadamente -196º C. (cento e noventa e seis graus Celsius negativos). Na utilização das técnicas de inseminação artificial, em especial, no procedimento da fertilização *in vitro*, a mulher é submetida, em média, a quatro tentativas de fertilização, na proporção de uma fertilização por mês, até obter a gravidez. Os dados sobre a efetividade da utilização das técnicas de fertilização artificial apresentam, na atualidade, taxas de sucesso na percentagem de 50%, ou superior.[192] No entanto, esses índices de sucesso ainda são reputados muito baixos, ao se considerar o sofrimento físico e psicológico pelo qual passam os usuários das técnicas de fertilização assistida.

2.2 Breve retrospectiva histórica da reprodução assistida

A história registra que a primeira reprodução humana por meios artificiais teria ocorrido na Idade Média europeia, mediante a inseminação artificial da esposa de Henrique IV de Castela, com o sêmen do próprio marido, pelo famoso médico Arnaud de Villeneuve. A primeira fertilização de mulher, realizada com esperma doado por terceira pessoa, *heteróloga,* é atribuída a John Huntes, em fins do século XIX, realizada por Pancoast, na Filadélfia, em 1884.[193]

A ideia de inseminar artificialmente uma mulher, mediante espermatozoides humanos preservados por processo de congelamento, é bastante antiga, atribuindo-se a Spalanzani a ideia de congelar espermatozoides. As primeiras experiências científicas de congelamento de sêmen datam de 1776. Em 1866, Mantezza propôs a criação de um banco de sêmen humano para a sua preservação e utilização posterior. Os bancos de sêmen, porém, só puderam se desenvolver com sucesso absoluto em meados do séc. XX, a partir do desenvolvimento de tecnologia especializada, na obtenção de temperaturas extremamente baixas, mediante o emprego do nitrogênio líquido. A descoberta do glicerol, contudo, permitiu o desenvolvimento de um eficaz crio protetor, destinado a proteger os gametas armazenados, técnica denominada *Criopreservação* ou *Crioarmazenamento* de sêmen humano.

---

[190] LEITE, Eduardo de Oliveira. *Procriações Artificiais e o Direito*, p. 26.

[191] A *inseminação artificial* é conhecida pela sigla, *IA* e a *fertilização in vitro* por *FIV*.

[192] O sucesso de fertilização na percentagem de 50% se apresenta muito acima do sucesso de 20% a 35%, alcançado há alguns anos, resultado que correspondia a um êxito de quatro a sete vezes maior do que a taxa de 5%, obtida no início das fertilizações artificiais, nos anos de 1980. Todavia, a percentagem maior ou menor do sucesso das fertilizações artificiais depende da idade da mulher, da técnica e do procedimento empregados na fertilização.

[193] LEITE, Eduardo de Oliveira. *Procriações Artificiais e o Direito*, p. 31.

Sherman, em 1954, revelou pela primeira vez nos Estados Unidos, a ocorrência do nascimento de uma criança pela fecundação de um óvulo por um espermatozoide oriundo de um banco de sêmen.[194] A partir desse evento, a técnica de fecundação artificial foi se desenvolvendo, se aperfeiçoando, sendo empregada em larga escala na atualidade, como nova especialidade médica.

2.3 Modalidades de reprodução humana assistida

A reprodução humana artificial se apresenta sob duas modalidades, a *reprodução artificial homóloga* e a *reprodução artificial heteróloga*.

A primeira modalidade consiste na fecundação do óvulo da esposa ou da companheira, realizada pelo espermatozoide do marido ou do companheiro, no próprio ventre da mulher, denominada, também, *inseminação artificial intraconjugal. A inseminação artificial intraconjugal* pode ser realizada empregando-se três técnicas diferentes: mediante a introdução artificial direta do sêmen no útero da mulher, denominada *inseminação intrauterina,* cuja sigla é *IIU;* pela introdução do esperma nas trompas de falópio, técnica denominada *transferência intrafalopiana de gametas*, conhecida por *IFTG;* e mediante *inseminação intraperitoneal* conhecida por *IIP,* cujo procedimento se dá mediante injeção do preparado de espermatozoides no interior da cavidade peritoneal por meio de uma agulha que é introduzida por via vaginal.

A reprodução humana artificial heteróloga vem sendo empregada nas hipóteses de fracasso da intervenção da Medicina e da Biologia no tratamento da impossibilidade do exercício da procriação de um dos cônjuges ou companheiros. Essa técnica, contudo, não vem sendo recebida com entusiasmo por um grande número de pensadores, por razões éticas, tendo em vista que esta utiliza gametas de terceira pessoa, estranha ao núcleo familiar, o doador de gametas, fato que poderá apresentar uma série de problemas no futuro, como o da pretensão da descoberta da verdade biológica pelo filho gerado ou da fixação da responsabilidade do genitor biológico, na hipótese de a criança se tornar órfã, entre outros inconvenientes. Os defensores do emprego da reprodução artificial heteróloga utilizam como principal argumento favorável o fato de tratar-se do melhor caminho médico-cirúrgico para solucionar um problema *jurídico-social*.

A *reprodução assistida heteróloga* é definida como a modalidade de inseminação artificial que se realiza com o emprego de gametas de terceiros, que não o do marido ou companheiro, nem da mulher ou companheira.[195]

Como se pode verificar, a técnica de reprodução humana artificial utiliza sêmen e óvulo próprio ou alheio, ou sêmen próprio e óvulo alheio ou, ainda, sêmen alheio e óvulo próprio, para a produção de embriões, que deverão ser implantados em útero próprio ou alheio, sêmen ou óvulo alheio.

Em virtude da existência de diversas técnicas verifica-se que, em um banco de sêmen, teremos a crioconservação de sêmen e óvulos próprios e a crioconservação de sêmen e óvulos doados.

---

[194] MONTES, José Maria. Banco de Sêmen Humano en el Uruguay. *Rev. Uruguaya de Derecho de Familia.* 1994, nº 9, p. 149.

[195] BARBOZA, Heloísa Helena. *A filiação em face da inseminação artificial e da fertilização "in vitro".* p. 55.

2.3.1 A criopreservação de sêmen próprio

A crioconservação de sêmen próprio destina-se aos pacientes normalmente jovens, os quais, em consequência de uma enfermidade maligna, submeteram-se à terapia farmacológica ou cirúrgica, que resultou na esterilização deles.

Esses pacientes, ainda no início do tratamento, antes de se tornarem estéreis, podem crioarmazenar diversas amostras de seu próprio sêmen, para poderem ser utilizados muito tempo depois e inseminados em seus respectivos cônjuges, obtendo, assim, a gravidez.

Na Europa e nos Estados Unidos é bastante comum homens férteis que tenham se submetido à vasectomia, como método anticoncepcional, buscarem os bancos de sêmen para ali depositar algumas amostras de seu sêmen. Nesses casos, podem estes doadores, na hipótese de, posteriormente, quererem ter algum filho, utilizar para a concepção dele o sêmen depositado.

O banco de gametas e o depositante firmam um contrato de depósito de material genético, pelo qual o banco, na qualidade de depositário, se obriga a conservar, por determinado tempo, amostras de sêmen depositadas, inserindo no contrato o necessário consentimento informado.

2.3.2 A criopreservação de sêmen doado

Esse tipo de armazenamento é próprio para o caso de pessoas cujo cônjuge é estéril de causa masculina atual, absoluta e irreversível. Trata-se da impossibilidade absoluta de procriar por parte do marido ou companheiro.

As pessoas que sofrem de esterilidade têm à sua disposição diversas espécies de terapias para obter a possibilidade de reverter esse quadro. Mas, se todos os tratamentos realizados forem inúteis e o indivíduo permanecer na ideia de vencer sua esterilidade, poderá lançar mão do método da reprodução artificial heteróloga ou da fertilização heteróloga *in vitro* e das técnicas de manipulação gamética em que são utilizados gametas de terceiras pessoas, que estão depositados no respectivo banco.

2.3.3 A reprodução assistida *in vitro*

A fertilização *in vitro* (FIV) consiste de "técnica mediante a qual se reúnem *in vitro* os gametas masculinos e femininos em meio artificial adequado, propiciando a fecundação e a formação de ovo e, uma vez iniciada a reprodução celular, será o mesmo implantado no útero materno".[196]

Essa espécie de inseminação se caracteriza pelo fato de a fertilização dar-se fora do corpo humano, em um meio artificialmente criado em um tipo de tubo de ensaio para se alcançar a concepção.

A reprodução artificial *in vitro* pode ser homóloga ou heteróloga. A primeira diz respeito à inseminação *in vitro*, na qual é utilizado o espermatozoide do marido, que fecunda o óvulo da mulher, sendo o embrião oriundo desta fecundação, implantado no útero da própria mãe. É o método usado para a reprodução em pessoas casadas ou que mantenham união estável e que não tenham capacidade de procriar naturalmente.

---

[196] BARBOZA, Heloísa Helena. Ob. cit., p. 73.

A reprodução heteróloga *in vitro* se destina aos pacientes do sexo masculino diagnosticados como inférteis. Assim, diante de sua infertilidade absoluta autorizam sua mulher, que é fértil, a inseminar seu próprio óvulo com sêmen doado por outro homem, cuja fecundação será realizada em meio adequado no interior de uma proveta.

A fecundação *in vitro* tem sido considerada um procedimento ético para solucionar o problema da infertilidade ou esterilidade de um casal. Este processo de reprodução assistida tem sido empregado nos casos em que o marido ou companheiro tenha sido diagnosticado como portador de aspermatismo, de azoospermia ou de anomalias do pênis, como transtornos da ereção e da ejaculação, ou no caso de recusa da mulher em ser fecundada pelo marido em virtude de doenças hereditárias graves, como as más-formações hereditárias do esqueleto relativas à coluna vertebral, das graves más-formações hereditárias relativas a outros órgãos, ou de ser portador do vírus HIV.[197]

Desse modo, o homem embora infértil ou impossibilitado de gerar um filho saudável poderá vivenciar a paternidade socioafetiva em relação à criança gerada, sendo ambos reconhecidos como pai e filho perante o direito. Assim, aquele que pretender se submeter ao procedimento de inseminação artificial *in vitro* deverá manifestar previamente seu expresso consentimento informado por escrito, autorizando o procedimento de fertilização. O procedimento para a fertilização do óvulo *in vitro* segue sete fases distintas, as quais serão examinadas logo adiante em capítulo próprio.

2.3.4 A reprodução humana por meio de clonagem

Em 1992 a imprensa internacional noticiou o surgimento de um novo método de reprodução assistida, desenvolvido na Bélgica pelo cientista italiano, Gianpiero D. Palermo, empregando a técnica de injeção intracitoplasmática de espermatozoides. Esta nova modalidade terapêutica vem sendo indicada nos casos de "fator masculino", nas hipóteses em que o espermograma esteja alterado, em que o homem tenha se submetido à vasectomia, ou na hipótese de indivíduo azoospérmico, ou com espermatozoides obtidos por punção do epidídimo ou biópsia testicular.[198] Essa modalidade técnica de reprodução artificial passou a ser denominada de reprodução humana mediante *clonagem*.

A origem etimológica da palavra clone deriva da expressão grega "klón", que significa broto, rebento. Assim sendo, temos por pressuposto o fato de que todo o *indivíduo clone* deriva de um indivíduo anterior gerador e de ocorrência de reprodução assexuada. O termo clone vem sendo utilizado tanto na denominação de meras células como de organismos, de modo que um grupo de células que procedem de uma célula única também possui essa mesma designação.[199] A nomenclatura utilizada pela ciência tem gerado confusão entre pessoas leigas. Os indivíduos gerados a partir de células de uma mesma célula matriz, por meio da clonagem, serão cópias geneticamente idênticas

---

[197] OLIVEIRA, Antônio de Pádua Leopoldo de. Aspectos Jurídicos da Inseminação Artificial. *Estudos Jurídicos em Homenagem ao Professor CAIO MÁRIO DA SILVA PEREIRA*, p. 581.

[198] Injeção intracitoplasmática de espermatozóide (icsi). Disponível em: <http://www.api.adm.br/> e <http://www.bebedeproveta.com.br/injecao.htm>. Acesso em: 12 dez. 2009.

[199] CERQUEIRA, C. *Clonagem Humana*. Disponível em: <http://www.ccerqueira.hpg.ig.com.br/clonagemhumana.htm>. Acesso em: 20 out. 2009.

da matriz e dos demais indivíduos gerados dela. Diversas técnicas de clonagem de células, com finalidade reprodutiva, vêm sendo desenvolvidas pelos pesquisadores.

Uma das principais modalidades de reprodução assistida consiste na retirada da espermatogônia do testículo do marido, que não possui aptidão de fecundar a mulher, transferindo-a para o interior do testículo de um homem fértil. A espermatogônia inoculada no testículo hospedeiro passa a desenvolver os espermatozoides do doador, que não conseguia amadurecê-los em seu próprio testículo. Após o amadurecimento dos espermatozoides do doador serão estes colhidos e inoculados no óvulo da mulher, os quais têm possibilidade de fertilizá-lo.[200]

Outra técnica que vem sendo desenvolvida destina-se à mulher que, devido à idade, não possui mais aptidão de ser fertilizada. A menopausa provoca a perda da capacidade de fertilização. A citada técnica emprega a transferência de parte do citoplasma do óvulo de uma mulher jovem para o citoplasma do óvulo de uma mulher que tenha entrado na menopausa, obtendo, dessa maneira, um maior potencial de fertilização de seus óvulos.[201]

A terceira modalidade técnica emprega a transferência do núcleo celular do óvulo por material genético de doador. Esta técnica consiste basicamente na retirada do núcleo do óvulo, inserindo, no seu lugar, material genético do doador, criando-se um óvulo geneticamente modificado. A fase seguinte consiste na provocação do desenvolvimento deste material genético para a formação de um embrião humano. O óvulo submetido a estímulos passa a se desenvolver como se tivesse sido fertilizado. Assim, o embrião criado teria as mesmas características genéticas do doador do material genético. Os pais biológicos do embrião clonado seriam, na realidade, os pais do doador.[202]

Em nosso país existem muitas restrições quanto à manipulação genética de células germinais humanas e na intervenção experimental em material genético humano vivo. As exceções dizem respeito aos diagnósticos genéticos e aos estudos e a pesquisas com células-tronco embrionárias. Os diagnósticos genéticos se destinam a diagnosticar desordens genéticas em células germinativas ou embriões. Por intermédio dos diagnósticos genéticos avalia-se a viabilidade embrionária ou a possibilidade da realização de tratamento de doenças genéticas e hereditárias de alta prevalência, objetivando o tratamento e a cura de defeitos genéticos. A outra exceção à proibição da manipulação genética foi introduzida pela Lei nº 11.105, de 24.03.2005, que regulamenta os incisos II, IV e V, do §1º, do art. 225, da Constituição Federal, estabelecendo normas de segurança e mecanismos de fiscalização sobre a construção, o cultivo, a produção, a manipulação, o transporte, a transferência, a importação, a exportação, o armazenamento, a pesquisa, a comercialização, o consumo, a liberação no meio ambiente e o descarte de organismos geneticamente modificados (OGM) e seus derivados. O art. 5º, da Lei nº 11.105/2005, autoriza, para fins de pesquisa e terapia, a utilização de células-tronco embrionárias obtidas a partir de embriões humanos produzidos por fertilização *in vitro*

---

[200] COELHO, Luiz Fernando. Clonagem Reprodutiva e Clonagem Terapêutica: Questões Jurídicas. *Revista Bonijuris*. 2002, nº 459, p. 31.

[201] COELHO, Luiz Fernando. Ob. cit., p. 31.

[202] CERQUEIRA, C. Ob. cit., Disponível em: <http://www.ccerqueira.hpg.ig.com.br/clonagemhumana.htm>. Acesso em: 20 out. 2009. LENTI, Leonardo. *La Procrazione artificiale. Genoma della Persona e attribuzione della paternità*, p. 367 e ss.

e não utilizados no procedimento reprodutivo, desde que sejam embriões inviáveis ou embriões congelados há três anos ou mais, na data da publicação da referida Lei, ou que, já congelados na data da publicação da Lei, depois de completarem três anos, contados a partir da data de congelamento.

Embora a Lei de Biossegurança brasileira autorize a utilização de células-tronco embrionárias humanas, obtidas a partir de embriões humanos produzidos por fertilização *in vitro*, em pesquisa e terapia, a clonagem humana com finalidade reprodutiva é vedada entre nós, considerada sua prática um ato delituoso, apenado com pena de reclusão e multa, consoante dispõe o art. 26, da referida Lei.

As restrições, de ordem religiosa, moral e, mesmo científica têm por principal escopo impedir a manipulação e a experimentação embrionária sem a necessária objetividade científica, procurando, dessa maneira, evitar desvios éticos e reprimir a especulação científica.

O tema é extremamente polêmico e merecedor de estudos específicos, que, pela sua abrangência, não podem ser realizados neste trabalho, limitando-nos nas informações acima trazidas.

2.3.5 Os procedimentos da fertilização assistida

O principal procedimento para a fertilização do óvulo fora do corpo humano segue sete fases. A primeira consiste na seleção e no preparo dos pacientes. A segunda, na indução da ovulação. As diversas técnicas de reprodução assistida exigem, para a obtenção de sucesso, o emprego de diversos embriões para cada tentativa de inseminação. Para tal feito, o médico estimula a produção de óvulos mediante aplicação diária de injeções de hormônios na mulher, durante dez dias. Essa terapia provocará um aumento da produção média de óvulos, de apenas um, para quinze. A seguir, os óvulos serão retirados do ovário e armazenados em estufa própria. Logo após, procede-se à coleta do ovócito. Na fase seguinte, realiza-se o preparo do sêmen do marido ou companheiro para a fecundação. Nos casais em que o homem apresenta problemas de produção de esperma, cada óvulo deverá receber um espermatozoide, sendo este injetado no óvulo previamente separado por meio de uma micro-agulha. Na quinta fase, ocorre a fecundação propriamente dita. De doze a dezoito horas após introdução dos espermatozoides nos óvulos, os médicos verificarão se ocorreu a fertilização. Dos quinze óvulos submetidos ao processo artificial de fertilização, cerca de dez se desenvolvem constituindo um embrião. Após o decurso de quarenta e oito horas, contadas da concepção, a célula-ovo já se multiplicou, tendo produzido de quatro a oito células, que constituem o embrião. Nessa fase, o embrião está pronto para ser introduzido no útero da mãe, uma vez que iniciada a reprodução celular os embriões são inseminados no útero da mãe. Normalmente são transferidos quatro embriões para o útero da mulher, sendo os demais congelados em nitrogênio líquido, permanecendo em depósito, para serem eventualmente utilizados no futuro, sendo denominados embriões excedentários.[203]

A sétima e última fase consiste no acompanhamento médico da gestação até o nascimento das crianças.

---

[203] Sobre o tema dos embriões excedentes e sua destinação, sugerimos ser consultado o trabalho do autor, O embrião execedente – O primado do direito à vida e de nascer. In *RTDC*, 8/83-107. 2001.

2.4 A natureza da reprodução humana assistida

As diversas técnicas de reprodução humana assistida que foram desenvolvidas para permitir que casais que estejam impossibilitados de reproduzir ou de lograr a concepção por meios naturais possam procriar, inclusive fora do corpo humano, têm provocado algumas indagações. A principal indagação consiste em se afirmar sobre a existência de um eventual direito à procriação ou se a procriação humana seria um mero fenômeno biológico?

A doutrina, de um modo geral, vem procurando apresentar respostas aos debates sobre a existência de um *direito à procriação* do ser humano diante do problema da impossibilidade absoluta de procriar, considerando-se a existência das técnicas de fecundação artificial.

Parte da doutrina tem-se posicionado pela existência de um *direito à procriação*, afirmando que toda pessoa possui, ao evidenciar-se a impossibilidade absoluta de procriar, por meios naturais, por parte de um dos cônjuges ou companheiro ou de ambos, o direito de valer-se de todos os meios médicos postos à disposição para exercer seu instinto reprodutor. O exercício da procriação assistida, sob esta ótica, consistiria no exercício de direito de personalidade. O *direito à procriação* integraria o conteúdo do direito geral de personalidade.[204]

Para os que se filiam à teoria tipificadora e fracionária dos direitos de personalidade, este alegado *direito à procriação* consistiria na projeção da personalidade humana, derivada de diversas tipificações dos direitos de personalidade, como o *direito à vida*, à *liberdade*, à *vida privada*, à *integridade psíquica*, à *integridade física* e à *saúde*.[205]

Uma terceira corrente de pensamento insere a *procriação humana* no âmbito do Direito de Família, como resultado de um fenômeno biológico que produz efeitos na esfera jurídica. Essa é a posição assumida pelos civilistas tradicionais, a qual vem sendo aos poucos abandonada.

Outros vislumbram a paternidade, a maternidade e a filiação como um direito natural, de acordo com as lições de Villaça de Azevedo e Lúcio Alcântara.[206] Lúcio Alcântara integra a paternidade, a maternidade e a filiação por meios naturais, no âmbito do direito natural. Segundo sua ótica, deve-se preservar a procriação natural em detrimento dos meios artificiais, tal qual se preserva a natureza, devendo, por essas razões, prevalecer a procriação natural sobre situações artificiais.

Villaça de Azevedo [207] também insere o trinômio paternidade, maternidade e filiação no âmbito do direito natural, uma vez que "o estado de filiação, como direito da personalidade, está vinculado à própria natureza do homem, que, descendendo, *ex iure sangüinis*, existe, nesse estado, desde sua concepção até sua morte, como um fato natural, independentemente de lei que há de respeitá-lo."

Em um passado recente, cujas ideias permanecem em voga, foi propalada a ideia de que a procriação humana consiste em um direito subjetivo exclusivo da mulher.

---

[204] STARCK, Christian. *Anmerkung des Urtails des BVerfG vom 31.01.89. Juristen Zeitung.* 1989, p. 338, ss..

[205] GORASSINI, Attilio. Procreazione. *Enc. Del Diritto Giuffrè.* 1987. Vol. XXXVI, p. 952. Em idêntico sentido, BARBOZA, Heloísa Helena. *A Filiação em Face da Inseminação Artificial e da Fertilização "IN VITRO",* p. 97.

[206] ALCÂNTARA, Lúcio. *Justificação ao Projeto de Lei do Senado Federal, nº 90/1999.* AZEVEDO, Álvaro Villaça de. Ética, Direito e Reprodução Humana Assistida. *Revista dos Tribunais 729/44*

[207] AZEVEDO, Álvaro Villaça de. *Ob. cit.,* p.44.

A assertiva de que existiria um suposto *direito à procriação*, cujo titular seria a mulher, desenvolveu-se com a solidificação dos movimentos feministas, deflagrados a partir dos anos sessenta do século passado, que defendem a arraigada postura de toda mulher possuir o direito sobre o próprio corpo, no sentido de vivenciar a maternidade, independentemente da constituição de vínculo familiar com um determinado homem, bem como possuir, em contrapartida, o direito de desfazer-se da gravidez por meio do aborto.

O principal argumento dessa postura ideológica consiste na afirmação da existência de um direito de gerar a vida ou, em outro sentido, de toda mulher possuir o poder de dar à luz a filhos, quando o desejar.

Esse pensar não encontrou, de imediato, ecos para a formulação de uma teoria jurídica, uma vez que a ideia da existência de um *direito à reprodução* seria contraditória, diante da própria natureza, que produz mulheres e homens estéreis, portadores de impotência *generandi*. Em virtude deste fato natural, a polêmica se concentrou sobre o direito de toda mulher, que tenha aptidão para a gestação, mas que fosse inópia para a fecundação, poder valer-se das técnicas de reprodução assistida. Neste círculo se enquadrariam as mulheres solteiras, as homossexuais que vivam em união estável homoafetiva com outra mulher e que se recusem a se relacionar sexualmente com um homem e as viúvas que queiram ser fertilizadas pelo sêmen do marido morto, que tenha sido previamente depositado em um banco de sêmen.

No ano de 1964 ocorreu a Conferência Internacional de Bucareste, Romênia, particularmente importante pela preocupação com a questão do aumento populacional na Terra, sendo declarado o fato da hiperpopulação um problema internacional, merecedor de urgentes estudos. No tocante à *família* e à *natalidade*, concluiu a mencionada Conferência que a mulher tem o direito de ser integrada ao processo de desenvolvimento pelo acesso à educação e à participação na vida social, econômica, cultural e política. Para viabilizar tal proposta, os países participantes do conclave teriam de tomar medidas para facilitar a integração da mulher com as responsabilidades familiares, as quais devem ser partilhadas entre o casal. A paternidade responsável deve ser a base do planejamento familiar, uma vez que todos os casais e indivíduos têm o direito de decidir livremente sobre o número de filhos e o espaçamento entre eles e de ter acesso à informação, à educação e aos meios para tanto.

Em 1995, realizou-se a Conferência de Pequim consagrada à mulher. A principal conclusão do encontro declara que os direitos da mulher são direitos humanos. Nessa Conferência desenvolveu-se o conceito de *família polimórfica*, que abrange a família monogâmica heterossexual tradicional, bem como outros tipos de uniões entre pessoas, como as uniões estáveis. Estabeleceu-se, ainda, que as mulheres têm o direito de controlar a sua própria fertilidade.

A Conferência de Beijing reconheceu expressamente que os direitos sexuais e reprodutivos constituem parte inalienável dos direitos humanos universais e indivisíveis e liberdades fundamentais, considerando na sua plataforma de ação que a capacidade das mulheres para controlar a fecundidade constitui uma base fundamental para o gozo e o exercício de outros direitos humanos.

Por ocasião das comemorações do quinquagésimo aniversário da Declaração Universal dos Direitos Humanos, em dezembro de 1998, foi elaborado um documento pelo CLADEM, Comitê Latino-americano e do Caribe, para a Defesa dos Direitos da Mulher, denominado "Declaração dos Direitos Humanos desde uma perspectiva de gênero. Contribuições ao 50º Aniversário da Declaração Universal dos Direitos Humanos. Documento nº E/CN. 4/1998/NGO/3. Comissão de Direitos Humanos das Nações Unidas – Genebra," cujas propostas seriam adotadas pelos Estados-membros das Nações Unidas.

O art. 1º, alíneas 1 e 2, do mencionado documento,[208] prevê que todas as mulheres e homens nascem livres e iguais em dignidade e direitos e que todos os seres humanos possuem o direito a desfrutar de todos os direitos humanos, sem distinção alguma baseada em raça, etnia, idade, sexo, orientação sexual, deficiência física ou mental, idioma, religião, opinião política, origem nacional ou social, posição econômica, nascimento ou qualquer outra condição específica. No Capítulo III, trata o documento dos "Direitos Sexuais e Reprodutivos" determinando que todos os seres humanos possuíssem direito à autonomia e à autodeterminação no exercício da sexualidade, no qual se insere o *direito à preservação da saúde sexual e reprodutiva*, entre outros direitos, destinados à manutenção do bem-estar físico, mental e social de cada indivíduo.[209]

O *direito à preservação da saúde sexual e reprodutiva*, previsto nos arts. 10 e 11, do E/CN. 4/1998/NGO/3, é qualificado como direito humano inalienável. Nesse mesmo contexto, a Declaração Universal dos Direitos Sexuais[210] é dirigida especialmente

---

[208] Declaração dos direitos humanos desde uma perspectiva de gênero. Contribuições ao 50º Aniversário da Declaração Universal dos Direitos Humanos. Comissão de Direitos Humanos das Nações Unidas – Genebra 1998:
"Art. 1º:
1. Todas as mulheres e homens nascem livres e iguais em dignidade e direitos.
2. Todos os seres humanos têm direito a desfrutar todos os direitos humanos, sem distinção alguma baseada em raça, etnia, idade, sexo, orientação sexual, deficiência física ou mental, idioma, religião, opinião política, origem nacional ou social, posição econômica, nascimento ou qualquer outra condição."

[209] Documento nº E/CN. 4/1998/NGO/3:
"Art. 10:
Todos os seres humanos têm direito à autonomia e à autodeterminação no exercício da sexualidade, que inclui o direito ao prazer físico, sexual e emocional, o direito à liberdade na orientação sexual, o direito à informação e educação sobre a sexualidade e o direito à atenção da saúde sexual e reprodutiva para a manutenção do bem-estar físico, mental e social.
Art.11:
1. Mulheres e homens têm o direito de decidir sobre sua vida de reprodutiva de maneira livre e de exercer o controle voluntário e seguro de sua fertilidade, livres de discriminação, coerção e/ou violência, assim como o direito de desfrutar dos níveis mais altos de saúde sexual e reprodutiva. 2. As mulheres têm direito à autonomia na decisão reprodutiva, a qual inclui o acesso ao aborto seguro e legal."

[210] " Declaração Universal dos Direitos Sexuais:
Sexualidade é uma parte integral da personalidade de todo ser humano. O desenvolvimento total depende da satisfação de necessidades humanas básicas tais quais desejo de contato, intimidade, expressão emocional, prazer, carinho e amor.
Sexualidade é construída através da interação entre o indivíduo e as estruturas sociais. O total desenvolvimento da sexualidade é essencial para o bem estar individual, interpessoal e social.
Os direitos sexuais são direitos humanos universais baseados na liberdade inerente, dignidade e igualdade para todos os seres humanos. Saúde sexual é um direito fundamental, então saúde sexual deve ser um direito humano básico. Para assegurarmos que os seres humanos e a sociedade desenvolvam uma sexualidade saudável, os seguintes direitos sexuais devem ser reconhecidos, promovidos, respeitados e defendidos por todas sociedades de todas as maneiras. Saúde sexual é o resultado de um ambiente que reconhece, respeita e exercita estes direitos sexuais.
O Direito à Liberdade Sexual – A liberdade sexual diz respeito à possibilidade dos indivíduos em expressar seu potencial sexual. No entanto, aqui se excluem todas as formas de coerção, exploração e abuso em qualquer época ou situações de vida.
O Direito à Autonomia Sexual, à Integridade Sexual e à Segurança do Corpo Sexual – Este direito envolve a habilidade de uma pessoa em tomar decisões autônomas sobre a própria vida sexual num contexto de ética

àquelas pessoas excluídas de tutela pelo direito privado clássico, construído pela família patriarcal ruralista e referendado pela moral burguesa oitocentista. Nessa nova perspectiva, vem se afastando, na atualidade, a ideia de mulher passiva, de mulher objeto de prazer do homem ou de mero aparelho de procriação, possuindo ela idêntico direito ao prazer físico, sexual e emocional. A alínea 1, do art. 11, do E/CN. 4/1998/NGO/3, prevê expressamente que mulheres e homens possuem o direito de decidir sobre sua vida reprodutiva de maneira livre e de exercer o controle voluntário e seguro de sua fertilidade, livres de discriminação, coerção e violência, assim como o direito de desfrutar dos níveis mais altos de saúde sexual e reprodutiva. A alínea 2, do mesmo dispositivo convencional, outorga à mulher o direito à autonomia na decisão reprodutiva, a qual inclui o acesso ao aborto seguro e legal.

Em virtude dos conclaves internacionais realizados em torno da Declaração Universal dos Direitos da Mulher e da Sexualidade Humana, realizados no findar do séc. XX,[211] a ideia de a *reprodução* humana constituir-se em um *direito da mulher* voltou a ser debatida com novo fôlego. Nesse sentido, toda mulher possuiria o direito subjetivo de procriar quando quisesse e se desfazer do embrião quando não quisesse ter filhos. Essas ideias propaladas por feministas extremadas acabam por pretender transformar o indivíduo concebido, que é uma pessoa, no sentido jurídico do termo, em meras vísceras da mulher, a qual poderá livremente dispor do mesmo e descartá-lo. Retorna-se, a partir desta postura, à antiga concepção romana sobre a natureza jurídica do feto.

Ghersi,[212] analisando a liberdade sexual outorgada à mulher nos últimos anos, declara estar surgindo um novo direito individual a favor da mulher, *el derecho individual de la mujer de alquiler su sexo*, como uma derivação do direito de disposição do próprio corpo vivo.

---

pessoal e social. Também inclui o controle e o prazer de nossos corpos livres de tortura, mutilação e violência de qualquer tipo.

O Direito à Privacidade Sexual – O direito às decisões individuais e aos comportamentos sobre intimidade desde que não interfiram nos direitos sexuais dos outros.

O Direito à Liberdade Sexual – Liberdade de todas as formas de amar sem discriminação, independentemente do sexo, gênero, orientação sexual, idade, raça, classe social, religião, deficiências mentais ou físicas.

O Direito ao Prazer Sexual – prazer sexual, incluindo autoerotismo, é uma fonte de bem estar físico, psicológico, intelectual e espiritual.

O Direito à Expressão Sexual – A expressão é mais que um prazer erótico ou atos sexuais. Cada indivíduo tem o direito de expressar a sexualidade através da comunicação, toques, expressão emocional e amor.

O Direito à Livre Associação Sexual – significa a possibilidade de casamento ou não, ao divórcio, e ao estabelecimento de outros tipos de associações sexuais responsáveis.

O Direito às Escolhas Reprodutivas Livres e Responsáveis – É o direito em decidir ter ou não ter filhos, o número e tempo entre cada um, e o direito total aos métodos de regulação da fertilidade.

O Direito à Informação Baseada no Conhecimento Científico – A informação sexual deve ser gerada através de um processo científico e ético e disseminado em formas apropriadas e a todos os níveis sociais.

O Direito à Educação Sexual Compreensiva – Este é um processo que dura a vida toda, desde o nascimento, pela vida afora e deveria envolver todas as instituições sociais.

O Direito à Saúde Sexual – O cuidado com a saúde sexual deveria estar disponível para a prevenção e tratamento de todos os problemas sexuais, precauções e desordens." Disponível em: <http:www.universodamulher.com.br>. Acesso em: 18 dez. 2003.

[211] Nos dias 23 a 27 de agosto de 2000, realizou-se o XV Congresso Mundial de Sexologia, em Hong Kong, (China). Nesse congresso internacional, a Assembleia Geral da *WAS – World Association for Sexology*, aprovou as emendas propostas para integrarem a Declaração de Direitos Sexuais, decidida em Valência, por ocasião do XIII Congresso Mundial de Sexologia, no ano de 1997.

[212] GHERSI, Carlos Alberto. *Manual de la Posmodernidad y Tercera Via – Los Derechos Individuales de La Posmodernidad*, p. 65, ss.

Os denominados "direitos sexuais da mulher", reconhecidos como direitos fundamentais pós-modernos, apresentam, consoante demonstra Ghersi, uma profunda contradição. De um lado, o poder público coibindo a prostituição que se desenvolve nas classes menos favorecidas e nas periferias, acaba perseguindo e amofinando as mulheres que alienam seu próprio corpo. Tolera, todavia, a atividade, quando praticada por mulher de classe social mais abastada. O poder público, de um modo geral, combate a sexualidade promíscua incentivando o uso de preservativos para o resguardo da saúde, diante da violência das infecções pelo vírus HIV. Mas, por outro lado, o mesmo Estado Social reconhece a mulher ser ela dona absoluta de seu corpo, possuidora do direito de autodeterminar sua própria sexualidade e fertilidade. O direito à autodeterminação de sua sexualidade e fertilidade se estende, inclusive, ao sexo de aluguel, se circunscrevendo às classes sociais alta e média alta.[213]

Não nos parece acertada a postura assumida por Ghersi, tendo em vista que o suposto *derecho individual de la mujer de alquiler su sexo* não se caracteriza como um "direito" exclusivo da mulher, uma vez que a prostituição masculina, em todas as modalidades, revela-se tão intensa quanto à da mulher. Os michês, os garotos de programa alugam seu sexo em atividades hetero, homo e bissexuais, razão pela qual não deve este suposto direito ser considerado um direito exclusivo da mulher.

O tema é extremamente polêmico, merecendo estudo próprio, não cabendo nos limites deste trabalho outras considerações.

Em nossa cultura ocidental tem prevalecido a ideia da onipotência dos desejos individuais, cada dia mais exacerbados por influência sensacionalista da mídia e da vontade de sobrepor os desejos mais egoístas da pessoa sem atentar para a existência do direto de outras pessoas, direta ou indiretamente envolvidas. Entre esses desejos está o de ter um filho, a qualquer custo e sob qualquer condição, sem que outra pessoa possa interferir. É um desejo muito forte a ponto de prevalecer sobre a lei e sobre o respeito à criança que irá nascer.[214] Deve ser observado que todas as teorias defensoras da existência de um direito à procriação assistida apoiam o eventual direito de procriar, segundo a noção da família do modelo tradicional, matrimonializada, exercido por pessoas saudáveis, que constituíram o núcleo familiar, que desejam ter filhos por meios naturais, mas não alcançam a fecundação. Poucos se detêm na análise de esse eventual "direito" ser exercido por pessoas que não estão enquadradas nesses requisitos. Sob esse aspecto, poder-se-ia afirmar que o tema da procriação assistida estaria diretamente ligado ao direito à *liberdade individual* de cada pessoa.

A ideia da existência de um *direito de procriar*, no entanto, pode gerar perplexidades, incentivando à paternidade ou maternidade irresponsável. Se todo o ser humano for titular do *direito de procriar*, como pretendem muitos pensadores, as pessoas portadoras de anomalias genéticas irreversíveis, os possuidores de doenças infectocontagiosas graves, as pessoas idosas senis, os menores púberes, a mulher casada, contra a oposição do marido, os viúvos e os homossexuais poderão exercer este direito e valer-se das

---

[213] GHERSI, Carlos Alberto. *Ob. cit.*, p. 65.

[214] ALCÂNTARA, Lúcio. *Justificação ao Projeto de Lei do Senado Federal, nº 90/1999*. Disponível em: <http:www. camara2.gov.br>. Acesso em: ago. 2001.

técnicas da reprodução humana assistida,[215] tendo, semelhante direito por fundamento no princípio informador da *igualdade* entre as pessoas.

Diante desse quadro, indaga-se: seria aceitável a ideia da existência de um direito à procriação?

A doutrina jurídica mostra-se controvertida em relação a este tema.

Nos Estados Unidos da América, a *Sociedade Americana de Fertilidade* procurou trazer normas éticas para serem seguidas por todas as instituições dedicadas à fertilização humana e por cientistas que se dedicam ao estudo e ao desenvolvimento da reprodução artificial elaborando, em 1984, um relatório sobre a eticidade da fecundação artificial *in vitro*, na tentativa de *legitimar* a prática da inseminação artificial. O principal objetivo desse relatório foi ligar a reprodução humana artificial à obediência a um mínimo de normas éticas às quais se deve submeter uma equipe médica para proceder a um programa de fertilização, diante da resistência oposta por diversos segmentos da sociedade, avessos ao progresso científico, representados, principalmente, pelo pensamento da Igreja Católica Apostólica Romana.[216] O mencionado relatório considera a FIV, para as hipóteses de infertilidade e de esterilidade, um mero procedimento ético-médico.

Existem, contudo, nos Estados Unidos, vedações deontológicas no sentido de excluir o direito à reprodução humana assistida às mulheres núbeis, divorciadas ou viúvas. O fundamento invocado pela norma é a da necessidade de proteção da criança que vai nascer diante das eventuais dificuldades materiais e morais que poderão surgir pela ausência de um pai. As crianças nascidas de inseminação artificial deverão encontrar à sua espera um lar e uma família perfeitamente constituída.

Esse pensamento não é, todavia, unânime nos Estados Unidos. J. P. Revillard se posiciona em sentido oposto, afirmando que deverá preponderar a liberdade de todas as pessoas de exercerem a paternidade ou a maternidade, podendo qualquer mulher, inclusive a casada, escolher livremente em relação à sua própria descendência.[217] Poderá, portanto, utilizar dos bancos de sêmen e dos métodos de reprodução artificial para poder gerar filhos. Nesses casos, o médico deverá ser, segundo o autor, tão somente, o *"judge the future parents sustable to educate and keep the child."* [218] [219] Dentro desta corrente estão incluídas as mulheres homossexuais, que não queiram se relacionar sexualmente com um homem para engravidar, que podem valer-se dos procedimentos da inseminação artificial para alcançar a desejada maternidade.

Alberto Trabucchi [220] critica a ideia da existência de um *direito de procriar*, inserido na noção de *liberdade de procriar*. Para o autor, o fato de alguém se reproduzir, por meio de técnicas de procriação artificial, não implica por si a existência de um direito subjetivo de procriar. Sustenta o autor que o fato mais importante da sociedade humana se coloca por fora do círculo das normais relações de *direito* e *obrigação*.

---

[215] ARAÚJO, Fernando. *A Procriação Assistida e o Problema da Santidade da Vida*, p. 19.

[216] LEITE. Eduardo de Oliveira. *Ob. cit.*, p. 20, ss..

[217] REVILLARD, J. P. Disponível em: <http://www.ncbi.nlm.nih.gov/sites/>. Acesso em: 26 abr. 2003.

[218] GORASSINI, Attilio. *Ob. cit.*, p. 964, nota 89.

[219] SZANIAWSKI, Elimar. *Limites e possibilidades...* , ps. 150-151.

[220] TRABUCCHI, Alberto. La Procreazione e il Concetto Giuridico di Paternità e Maternità. *Riv. di Diritto Civile.* 1982. Nº 6. I, p. 599.

Na Itália e nos países pertencentes à Comunidade Europeia a tendência legislativa se inclina a excluir das mulheres núbeis, viúvas e homossexuais a possibilidade do emprego da reprodução assistida para procriar.[221]

A Comissão Europeia de Direitos do Homem procurou pôr fim à polêmica sobre os limites da reprodução humana assistida e sua natureza ao responder às diversas consultas formuladas pelos países membros do Conselho da Europa, indagando sobre a extensão da tutela à procriação artificial. Em suas respostas, a Comissão Europeia dos Direitos do Homem manifestou-se no sentido de que, considerando-se o disposto no artigo 8º, da Convenção Europeia, a proteção à vida humana limita-se, tão somente, aos casos em que exista a prática de atentados contra a vida privada e familiar, estando excluído desta proteção um suposto *direito de procriar* por processos artificiais, diante da impossibilidade de fecundação natural. Dessa maneira, acaba a referida Comissão internacional por excluir a procriação humana assistida da categoria de um direito subjetivo.[222]

Nessa esteira, afirma Gorassini,[223] que o problema trazido à discussão não seria propriamente o de existir um direito de procriar, mas de a pessoa poder ter um filho para exercer a função de pai, ou mãe, mesmo não sendo os verdadeiros pais biológicos.

Oliveira Ascensão[224] vislumbra a procriação assistida como um "mero acontecimento", um fenômeno que produz efeitos jurídicos. O autor enfrenta o problema a partir de uma colocação maximalista. Nesse sentido, a procriação assistida tangeria a esfera da liberdade natural do indivíduo, dentro da qual cada um dispõe de seu próprio corpo como quiser. Tal solução, contudo, esbarraria em outro direito, o qual limitaria a liberdade natural de toda pessoa de dispor de seu próprio corpo livremente, que consiste no direito de o novo ser, que irá nascer, de encontrar um meio familiar equilibrado e solidamente constituído. Em outras palavras, todo nascituro deverá ter uma mãe, um pai e um lar, onde poderá desenvolver livremente sua personalidade.

Lledó Yagüe,[225] em idêntico sentido, manifesta-se asseverando que "o filho que virá a nascer tem legítimo interesse de vir ao mundo no seio de uma união familiar integralmente constituída por um homem e uma mulher."

Sérgio Ferraz [226] nega a existência de um eventual direito à procriação. O autor parte da análise dos princípios constitucionais de proteção da criança que determinam a necessidade de ser o nascimento precedido de cuidados assecuratórios de uma infância sadia e feliz. Na procriação assistida, segundo o autor, o importante não é o simples e eventual direito à vida, mas o *direito à vida saudável*. Ressalta a predominância do interesse da criança que será gerada, diante da eventual satisfação pessoal dos pais em gerarem um filho.

---

[221] TRABUCCHI, Alberto. *Ob. cit.*, p. 620.

[222] SZANIAWSKI, Elimar. *Limites e possibilidades ...*, p. 141.

[223] GORASSINI, *ob. cit.*, p. 964.

[224] ASCENSÃO, José de Oliveira. Problemas Jurídicos da procriação assistida. *Forense*. V. 328, ps. 70-72.

[225] YAGÜE, Lledó. *Exposição de Motivos da Lei nº 35, de 22/05/1988*, da Espanha.

[226] FERRAZ, Sérgio. *Manipulações Biológicas e Princípios Constitucionais: uma Introdução*, p. 45. O autor nega a existência de um direito à procriação, principalmente, "quando o emissor do sêmen sabe que sua célula germinativa é altamente suscetível de engendrar um filho com deformidades ou doenças graves".

Fernando Araújo,[227] no entanto, observa que, na realidade, a procriação assistida acaba sendo elevada a um direito individual de maneira indireta ao ser vedada a esterilização do ser humano, impondo, inclusive, sanção penal pela sua realização ou como sanção pela realização por terceiro, de esterilização não consentida. Por essas razões, insere o autor a *procriação humana* dentro do âmbito do direito à *liberdade individual* que cada indivíduo possui.

A tendência da doutrina civilista atual, no entanto, pende no sentido de considerar a *procriação artificial* um direito subjetivo, pertencente à classe dos *direitos de personalidade*.

Consoante afirmamos anteriormente, parte da doutrina brasileira inspirada no texto constitucional vislumbra o binômio *maternidade/filiação* como sendo um *direito social* garantido na Constituição. Com efeito, o direito a uma maternidade sadia vem consagrado no art. 6º e, principalmente, no art. 226, §7º, da Lei maior.[228] A Constituição brasileira tutela amplamente a maternidade, cuidando que ela seja exercida segundo os postulados do direito a uma vida digna e da garantia dos direitos fundamentais da mulher.

Toda mulher possui o poder de decidir, juntamente com seu marido ou companheiro, pela formação de sua família e de sua própria descendência. Esse direito consiste no direito *ao planejamento familiar*, constitucionalmente protegido por meio do direito à *dignidade da pessoa humana* e do princípio da *paternidade responsável*, sendo vedada qualquer forma coercitiva, quer por instituições públicas, quer por instituições privadas, em relação ao exercício desse direito.[229] O direito *ao planejamento familiar*, cuja titularidade pertence ao casal, que consiste no direito de decidir pelo planejamento de sua própria descendência, possui por corolário o direito de o filho, que vier dela nascer, encontrar uma família bem constituída, estável, para no seio dela se desenvolver e, desta maneira, poder realizar o livre desenvolvimento de sua personalidade. Sobre essas noções repousa a razão da exigência constitucional de a mulher, ao exercer o direito ao planejamento familiar e de sua prole, realizá-lo juntamente com seu consorte, a fim de que a criança que irá nascer encontre um lar solidamente constituído. O legítimo interesse de o filho vir a nascer no seio de uma família, aqui compreendendo, também, a união estável, encontra seu fundamento no direito à igualdade. O mesmo direito que a mulher possui de querer ser mãe e pretender gerar um filho, possui o filho de nascer e de desenvolver-se no seio de uma família e de um lar bem constituído. Tanto o filho que será concebido como a mãe que irá dar-lhe à luz devem possuir direitos idênticos, com respeito e valoração de ambos os direitos de maneira preponderante em relação à parte mais frágil que será sempre a criança. Não pode uma criança ficar sujeita aos caprichos de uma mulher que possui, tão somente, um desejo individual, irresponsável ou egoísta de maternidade.

Para aplicar corretamente o direito nestas hipóteses, utilizamos o *princípio da proporcionalidade-igualdade*, entendendo que, na pesagem dos bens e interesses postos em causa, devem prevalecer o direito e o interesse da futura criança, a qual não

---

[227] ARAÚJO, Fernando. *Ob. cit.*, p. 20.

[228] A Constituição de 1988 prevê a proteção da maternidade como categoria do direito social, no inciso XVIII, do art. 7º; inciso II, do art. 201; inciso I, do art. 203 e §8º, do art. 226. A paternidade, também, é protegida na Constituição, como um direito social, no inciso XIX, do art. 7º.

[229] C F/1988. O §7º, do art. 226, foi regulamentado pela Lei nº 9.263, de 12.01.1996.

participou da vontade, nem do contrato estipulado por aqueles que querem provocar sua concepção, cedendo, em favor do interesse da futura criança, o eventual direito e interesse da mulher em vivenciar a maternidade.[230]

Reconhecemos que o *afeto* constitui-se no ponto nuclear da família da atualidade, que concentra as forças das pessoas de quererem ficar juntas, constituindo uma micro-comunidade afetiva. Por essa razão, discordamos da ideia de constituir-se a *reprodução humana artificial* em um direito subjetivo, pertencente à classe dos *direitos de personalidade*. A procriação se insere no conceito de liberdade, apresentando-se esta como positiva e como negativa. A procriação humana não pode consistir em um direito que a mulher possuiria sobre seu próprio corpo, pois, segundo este pensar, o objeto do direito seria a criança que deverá nascer.

Nesse sentido, Leonardo Lenti[231] conclui, segundo uma interpretação lógica, que o filho, nascido de inseminação artificial, se enquadraria como objeto de uma situação qualquer de aparência, da qual o genitor seria o titular. Se alguém puder ser considerado titular de um direito de ser genitor, chegar-se-ia à conclusão de ser o próprio filho o objeto de direito deste genitor, o que seria juridicamente impossível.

Em relação a esse fato não podemos comungar com a doutrina que procura vislumbrar a procriação humana como um direito individual ou como um direito subjetivo. A procriação é um fenômeno biológico, que se traduz em uma faculdade que toda mulher possui em dar à luz a uma criança, não podendo ser traduzida em um eventual direito de procriar. A reprodução assistida consiste, segundo nosso ponto de vista, em uma terapia médica, posta à disposição daqueles que não possuem a possibilidade de gerar uma criança por meios naturais, de resolverem o problema da infertilidade e obter o nascimento de filhos, respeitando e salvaguardando o direito de o filho concebido por procedimentos de fecundação artificial vir ao mundo no seio de uma união familiar constituída, preferencialmente, por um homem e uma mulher.

A procriação humana assistida não possui características, nem apresenta os pressupostos de um direito subjetivo, e a criança que vai nascer não é o objeto do direito e, sim, o sujeito principal da relação *paternidade, maternidade* e *filiação*. O fato de procriar consiste, somente, na satisfação da vontade de uma pessoa poder ter um filho para realizar o exercício da função de pai, ou mãe, mesmo não sendo os verdadeiros pais biológicos.

Alberto Silva Franco[232] chama a atenção para a defasagem do Direito, diante do desenvolvimento da Biologia, da Genética e das técnicas de sua manipulação. Razão assiste ao autor, uma vez que a inseminação artificial, a fecundação *in vitro* e a engenharia genética envolvem problemas sociais de extremada atualidade, sendo que o Direito, construído sobre conceitos dogmáticos e aprisionado em um sistema fechado e saudosista do direito romano não tem condições de responder, nem tutelar, a proteção da pessoa ou da sociedade, em toda sua dimensão. Efetivamente, o direito brasileiro está atrasado em matéria legislativa que envolva questões de biodireito e de direito de filiação. Não possuímos leis que regulem matéria relativa à reprodução humana

---

[230] SZANIAWSKI, Elimar. *Limites e possibilidades* ..., p. 152.

[231] LENTI, Leonardo. Procreazione Artificiale. *Riv. di Diritto Civile*, 1994, nº 4, p. 387.

[232] FRANCO, Alberto Silva. *Ob. cit.*, p. 6.

assistida existindo, até o momento, apenas regras expedidas pelo Conselho Federal de Medicina, mediante a Resolução CFM nº 2.121/2015, a qual derrogou a Resolução nº 2.013/2013-CFM e que regulava a atividade biomédica na reprodução humana assistida.[233] O Conselho Federal de Medicina, no tocante às técnicas de reprodução assistida, limita a utilização dessas técnicas, dispondo, mediante Resolução, que a doação de gametas ou de embriões preimplantacionais não tenha caráter lucrativo ou comercial, que os doadores não devam conhecer a identidade dos receptores e estes, dos doadores; que a doação temporária de útero (maternidade substituta) não poderá ter caráter lucrativo ou comercial e que as doadoras temporárias de útero devam obrigatoriamente pertencer à família da doadora genética.

Existem, todavia, vários projetos de lei que procuram regulamentar o assunto, tramitando pelas casas do Congresso Nacional, à espera de aprovação, os quais deverão ser analisados em capítulo próprio.

2.5 O consentimento do marido ou companheiro como falso pressuposto da paternidade na fertilização artificial homóloga

A medicina apresenta diversas modalidades e procedimentos destinados à reprodução humana assistida. Diante dos diversos procedimentos e técnicas de reprodução assistida, a grande questão surge em relação às consequências que a reprodução assistida traz para o estado de filiação da criança, merecendo, por estas razões, uma criteriosa análise crítica.

Vimos que procriação humana natural consiste em um fenômeno biológico, resultado do intercurso sexual entre um homem e uma mulher, no qual ocorre a fecundação do óvulo pelo espermatozoide, vindo resultar a gravidez. De acordo com esta regra biológica, a lei civil tradicional assentou suas bases no princípio de que toda a filiação jurídica decorre, consequentemente, de uma filiação biológica. Desse modo, a paternidade jurídica coincidia com a paternidade biológica, por certeza ou por presunção.[234] A recíproca, porém, nem sempre se mostrava verdadeira, tendo em vista que diversas proibições legais impediam o reconhecimento da filiação, embora existisse a verdadeira paternidade biológica entre um homem e uma criança. Como bem explica Oliveira Ascensão,[235] existe "um *nexo muito estreito entre sexualidade e reprodução*. A reprodução resultava sempre do relacionamento sexual, e o relacionamento sexual era regulado atendendo à sua potencialidade natural para ocasionar a reprodução".

De acordo com essa ideologia, o Código Civil brasileiro de 1916 estabeleceu no art. 337[236] que os filhos concebidos na constância do casamento são legítimos, ainda que o matrimônio fosse nulo ou anulado, desde que contraído de boa-fé. No inciso I, do art. 340, estabelecia o referido Código que a contestação da paternidade só poderia ser

---

[233] Resolução nº 2.121/2015, CFM. Disponível em: <http://www.portalmedico.org.br/resolucoes/CFM/2.121/2015>. A presente resolução revogou a Resolução nº 2.013/2013, a qual revogou a Resolução nº 1.957/2010, que revogou a Resolução nº 1.358/1992, CFM, as quais, sucessivamente, regulavam a matéria.

[234] A paternidade adotiva era uma exceção à regra, onde havia laços de parentesco meramente civis, não se desligando, todavia, o adotado de sua família biológica.

[235] ASCENSÃO, José de Oliveira. *Ult. ob. cit.*, p. 70.

[236] O art. 337, do CCb, foi revogado pela Lei nº 8.560/1992.

oposta na hipótese de o marido achar-se fisicamente impossibilitado de coabitar com a mulher nos primeiros cento e vinte e um dias, ou mais, dos trezentos que houverem precedido ao nascimento do filho.

O *caput* do art. 1.597, do Código Civil de 2002, ainda atrelado ao sistema das presunções, consoante falamos supra, estabelece a presunção da paternidade do marido em relação aos filhos concebidos na constância do casamento, mesmo anulado ou nulo, preservando-lhes todos os direitos, independentemente da boa ou da má-fé de seus pais. O art. 1.597 repete, quase textualmente, as disposições contidas nos incisos I e II, do art. 338, do Código Civil de 1916. Nos incisos III, IV e V, o art. 1597 amplia as hipóteses de paternidade do marido em relação aos filhos havidos por intermédio de reprodução assistida. Mesmo que o marido tenha falecido, os filhos nascidos, a qualquer tempo, quando se tratar de embriões excedentários, decorrentes de concepção artificial homóloga e os filhos havidos por inseminação artificial heteróloga, desde que haja prévia autorização do marido, serão considerados filhos do marido da mãe.[237]

O Código Civil de 2002 procura inovar a matéria com reprovável timidez, não disciplinando a reprodução humana assistida, fazendo apenas menção de que se presumem terem nascidos na constância do casamento os filhos havidos por meios de reprodução assistida homóloga, mesmo que falecido o marido, deixando a disciplina da matéria para futura legislação extravagante.

O fato de uma mulher utilizar-se das técnicas de procriação assistida, que consiste, segundo já afirmamos, em uma mera faculdade, por meio da qual um casal satisfaz sua vontade de ter um filho, mesmo não sendo o verdadeiro filho biológico, altera, profundamente, os tradicionais postulados sobre a filiação. Em assim sendo, será necessário que passemos a analisar algumas consequências jurídicas que surgem a partir da procriação artificial por meio da doação de gametas.

Devemos recordar que o art. 342, do Código Civil de 1916, determinava que só em casos de impotência absoluta do marido vale a alegação de ilegitimidade do filho gerado por sua mulher. Esse dispositivo legal, contudo, desatualizou-se a partir do desenvolvimento das técnicas de reprodução humana assistida, não havendo mais nenhuma possibilidade de, na atualidade, um marido adotar esta postura, alegando impotência. Nem pode merecer atenção a alegação de o mesmo não produzir sêmen, diante do desenvolvimento da biologia molecular e das técnicas de clonagem de células que permitem a criação de um novo indivíduo a partir de células vivas de uma pessoa, mediante o emprego das técnicas da reprodução assexuada.[238] Na maioria das vezes, o impotente *coendi* tem condições de produzir esperma para fecundar uma mulher estando, tão somente, impossibilitado de ereção peniana para produzir o coito. Em outros casos, embora o homem seja impotente para a prática sexual, possui produção de sêmen, muitas vezes abaixo da quantia necessária ou, outras vezes, a velocidade

---

[237] Art. 1.597: "Presumem-se concebidos na constância do casamento os filhos:

I - nascidos 180 (cento e oitenta) dias, pelo menos, depois de estabelecida a convivência conjugal;

II - nascidos nos 300 (trezentos) dias subsequentes à dissolução da sociedade conjugal, por morte, separação judicial, nulidade e anulação do casamento;

III - havidos por fecundação artificial homóloga, mesmo que falecido o marido;

IV - havidos, a qualquer tempo, quando se tratar de embriões excedentários, decorrentes de concepção artificial homóloga;

IV - havidos por inseminação artificial heteróloga, desde que tenha prévia autorização do marido.

[238] COELHO, Luiz Fernando. *Ob. cit.*, p. 32.

destes não é suficiente para obter a fecundação, os espermas produzidos, que são inaptos para uma fecundação normal, podem obter êxito na fecundação por meios artificiais, possibilitando a fecundação da mulher com o sêmen do próprio marido.

O Código Civil procura atualizar a matéria, sem muito sucesso, disciplinando no art. 1.599, que: " a prova da impotência do cônjuge para gerar, à época da concepção, ilide a presunção de paternidade." Essa regra exige como pressuposto para um homem contestar a paternidade de uma criança, nascida de sua mulher ou companheira, a prova da impossibilidade absoluta de ele poder gerar uma criança. A impotência *coendi*, a baixa produção de sêmen, ou a pouca mobilidade dos espermatozoides não é, atualmente, causa suficiente para elidir a presunção de paternidade. A criança que nascerá será sempre filho biológico e, também, jurídico do casal, equiparando-se, nessa hipótese, a reprodução artificial à natural. E mais, mesmo sendo o marido ou companheiro portador de impotência absoluta para gerar, e a mulher tenha se submetido à fecundação artificial heteróloga, desde que precedida de consentimento do cônjuge ou companheiro, ficará vedada a contestação da paternidade. O consentimento expresso do marido ou convivente, autorizando sua mulher a utilizar-se da reprodução assistida heteróloga, afastará a possibilidade de o marido contestar a paternidade do filho que nascer de sua mulher, surgindo entre o marido da mãe e a criança, que dela nascer, a paternidade socioafetiva, considerando-se o marido da mãe pai de seu filho.

Diante desse quadro que revolucionou o direito de filiação, convém repetir, o obsoleto sistema das presunções de paternidade adotadas pelo Código Civil de 2002 consiste em uma janela que o legislador deixou aberta para o séc. XIX.

Consoante afirmamos acima, a ausência do consentimento do marido na hipótese de inseminação artificial homóloga é irrelevante. O filho que nascerá da modalidade de fecundação homóloga será sempre filho biológico do marido ou do companheiro da mulher, não podendo a falta de seu consentimento afastar esta verdade científica, equiparando-se a reprodução por meios artificiais à natural, nada podendo afastar a verdadeira paternidade do marido. O consentimento do marido, nesses casos, não se presta para servir de pressuposto de presunção da paternidade. A paternidade não será presumida, mas verdadeiramente biológica.

Descabe, assim, qualquer impugnação da paternidade na espécie, nem há que se falar em consentimento do marido para estabelecer-se presunção da paternidade na reprodução artificial homóloga.

Ciente de que o direito de família regulado pelo Código Civil de 2002 é insatisfatório, voltado para uma organização social do séc. XX, a sociedade brasileira exigiu a imediata renovação da matéria familiar que está sendo procedida por leis extravagantes e pelo futuro Estatuto das Famílias. No presente tema, o Projeto de Estatuto cuida de regular a presunção da paternidade a partir das técnicas de reprodução assistida, nos incisos II e III, do art. 73, assim dispondo:

"Art. 73". Presumem-se filhos:
I – [...];
II – os havidos por fecundação artificial homóloga, desde que a implantação do embrião tenha ocorrido antes do falecimento do genitor;
III – os havidos por inseminação artificial heteróloga, desde que realizado prévio consentimento livre e informado do marido ou do convivente, manifestado por escrito, e desde que a implantação tenha ocorrido antes do seu falecimento."

O projeto de Estatuto das Famílias procura desfazer as graves lacunas deixadas pelo codificador de 2002, limitando a implantação do embrião obtido mediante fertilização artificial homóloga ou heteróloga somente aos casos em que o genitor esteja vivo. Veda, dessa maneira, a implantação do embrião cujo genitor já seja falecido por ocasião do procedimento médico implantatório. Evita, assim, o futuro Estatuto, que sejam desenvolvidos embriões, fetos e crianças previamente órfãos de pai.

No entanto, vem se fortalecendo o entendimento oposto no sentido da admissibilidade da utilização pela viúva do material biológico criopreservado do marido ou companheiro falecido, com a finalidade de se realizar a inseminação *post mortem*, desde que aquele tenha se manifestado por escrito, no sentido de autorizar a fertilização póstuma da mulher com seu material genético, segundo os ditames do direito ao planejamento familiar do casal.[239]

O Projeto de Lei nº 7.701/2010, de autoria da Deputada Dalva Figueiredo, dispõe sobre a utilização do sêmen criopreservado do marido ou companheiro falecido, com a finalidade de se realizar a inseminação *post mortem*. O Projeto de Lei propõe acrescentar uma alínea (A), ao artigo 1.597, do Código Civil.[240] A alínea A determina ser imprescindível para a realização da inseminação póstuma a anuência expressa do marido ou companheiro declarada em vida, estabelecendo que o procedimento médico deva ser realizado em até trezentos dias posterior a sua morte.

O projeto de Estatuto das Famílias rejeita o pressuposto do prévio consentimento do marido ou do convivente na reprodução assistida homóloga, sendo tal vênia desnecessária, uma vez que a criança, advinda desta fertilização, será sempre filho biológico do casal. O consentimento prévio do marido ou convivente para autorizar a mulher a valer-se das técnicas da reprodução assistida para a obtenção de fertilização só será relevante quando se tratar de reprodução assistida heteróloga.

Sabiamente deixa o legislador do Estatuto das Famílias de reproduzir os vetustos dispositivos legais consubstanciados nos arts. 1.598, 1.599 e 1.600, do Código Civil, por serem normas obsoletas e sem a menor utilidade prática, consoante observamos anteriormente.

3 A filiação havida fora do casamento

A Constituição em vigor sufragou a ideia de paridade entre os filhos, extinguindo as modalidades discriminatórias e odiosas da filiação, instituídas pelo Código Civil Brasileiro de 1916, fortemente impregnado pelo direito canônico e elaborado segundo a ideologia burguesa, predominante na época de sua promulgação, ávida em prestigiar e preservar exclusivamente a família matrimonializada.

---

[239] CFM. RESOLUÇÃO nº 2.121/2015. "NORMAS ÉTICAS PARA A UTILIZAÇÃO DAS TÉCNICAS DE REPRODUÇÃO ASSISTIDA". Inciso VIII – "REPRODUÇÃO ASSISTIDA POST MORTEM. É permitida a reprodução assistida post mortem desde que haja autorização prévia específica do(a) falecido(a) para o uso do material biológico criopreservado, de acordo com a legislação vigente." Disponível em: <http://www.portalmedico.org.br/resolucoes/CFM/2.121/2015.pdf>. Acesso em: 04 nov. 2015.

[240] Projeto de Lei nº 7.701 de 03.08.2010, apenso ao Projeto de Lei nº 1.184/2003, propõe a seguinte reforma ao Código Civil:
"Art. 1.597 -Presumem-se concebidos na constância do casamento os filhos: [...].
Art. 1.597-A. A utilização de sêmen, depositado em banco de esperma, para a inseminação artificial após a morte do marido ou companheiro falecido, somente poderá ser feita pela viúva ou ex-companheira com a expressa anuência do marido ou companheiro quando em vida, e até trezentos dias após o óbito."

Embora enunciada no §6º, do art. 227, da Constituição e no art. 1.596, do Código Civil, a existência de uma igualdade absoluta entre todos os filhos, não importando sua origem, não corresponde à realidade.

Os filhos nascidos *fora do casamento,* ao contrário dos filhos advindos de uma relação matrimonial, não possuem a seu favor a presunção de paternidade, ocorrendo em relação a eles uma gama de desigualdade.

Na filiação advinda do casamento, a paternidade se presume automaticamente, bastando conhecer-se a mãe. Aplica-se, à espécie, a regra: *pater is est quem iustae nuptiae demonstrant.* Em relação aos filhos nascidos fora do casamento, será necessária a declaração de filiação por parte do pai, diante da ausência da referida presunção de paternidade, segundo se infere do exame dos arts. 1.607 e 1.609, do Código Civil.

A situação em que sucede uma efetiva quebra da isonomia entre os filhos nascidos na constância do casamento dos nascidos fora da relação matrimonial não ocorre só no Brasil. A permanência de uma igualdade não absoluta entre os filhos decorre do sistema da família matrimonializada, surgindo, igualmente, em outras legislações, a exemplo da legislação sobre filiação da Alemanha, na qual encontramos semelhante discrepância. Furkel critica o legislador pela manutenção da desigualdade entre os filhos nascidos fora do casamento em relação aos filhos advindos de uma relação matrimonial, afirmando que, "embora louvável a iniciativa de suprimir a tradicional distinção entre filiação legítima e natural, tal postura seria discutível, tendo em vista que enquanto existir o instituto do matrimônio e que a filiação ilegítima seja divisível, certas diferenças permanecerão irredutíveis."[241]

Razão assiste à autora, uma vez que, enquanto o direito permanecer atrelado aos antigos postulados canônicos e da aplicabilidade da norma, *pater is est quem iustae nuptiae demonstrant*, dificilmente será possível o estabelecimento de uma igualdade plena entre os filhos, permanecendo sempre algum resquício de desigualdade.[242]

A nova legislação de filiação alemã, a *Bundeskinderschutzgesetz,* (*BKiSchG*), ou "Lei Federal de Proteção das Crianças", destinada a "fortalecer uma ativa proteção das crianças e adolescentes" que deverá vigorar a partir de 01.01.2012, procura efetivar a igualdade entre elas, embora as crianças advindas de uma relação matrimonial mantenham vantagens em relação às nascidas fora do casamento.

A doutrina brasileira, desenvolvida a partir da exegese do Código Civil de 1916, tem sustentado que a presunção de paternidade possui natureza relativa, assumindo, porém, em relação a terceiros, caráter de presunção absoluta, diante do fato de ser a titularidade da ação *contestatória de paternidade* privativa do marido, mesmo perante um casamento nulo.[243] Essa presunção de paternidade possuía, segundo os ditames dos arts. 338 a 343, do Código Civil de 1916, força absoluta, vedando ao marido negar a paternidade sob alegação de prática de adultério por sua mulher, ou mesmo, diante da confissão espontânea da mesma, alegando não ser a criança filha do marido. A presunção

---

[241] FURKEL, Françoise. Chronique de Droit Civil Allemand: *Le nouveau droit de l'enfance en République Fédérale d'Allemagne.* - Rev. Trim. de Droit Civil. 1998, nº 3, p. 813.

[242] A jurisprudência alemã vem se valendo da aplicação direta das normas da Convenção Internacional dos Direitos da Criança, aprovada pela Assembleia Geral das Nações Unidas, em 20.11.1989. Disponível em: <http://www.richtig-wichtig.org/>. Acesso em: 21 mar. 2014.

[243] PEREIRA, Caio Mário da Silva. *Instituições de Direito Civil – Direito de Família.* Vol. V, p.174.

absoluta de paternidade somente poderia ser ilidida mediante ajuizamento de ação judicial própria, a *negatória de paternidade*, por meio da qual o marido impugnaria a paternidade da criança, obedecendo ao prazo decadencial previsto no §3º, e inciso I, do §4º, do art. 178, do Código Civil derrogado. Decorrido o prazo decadencial, perdia o marido a possibilidade de impugnar a paternidade do filho nascido de sua mulher, tornando-se a relação paternidade/filiação imutável.

Esse entendimento rígido sofreu alterações consideráveis pela jurisprudência, tendo o atual Código Civil eliminado o condicionamento ao prévio desfazimento da sociedade conjugal com a mãe do filho, sendo a respectiva ação imprescritível. Assim, tanto o marido da mãe como aquele cujo nome constar no assento de nascimento como pai, cada qual possui direito à *contestação da paternidade* tendo por fundamento o princípio da verdade real nas relações de filiação.

O art. 1.601, do Código Civil, outorga ao marido a titularidade do direito de contestar a paternidade dos filhos nascidos de sua mulher, sendo a ação contestatória de paternidade imprescritível. O presente dispositivo legal é objeto de severas críticas por parte da comunidade jurídica brasileira devido à imprescritibilidade da ação. A imprescritibilidade permite ao homem utilizar-se da contestação da paternidade do filho nascido de sua mulher, mesmo após muitos anos de convivência familiar, muitas vezes, como mero meio de vingança contra a mulher ou contra o filho, ou outros motivos levianos, resultando em profundos traumas sofridos pelo filho, que é sempre a parte inocente.[244] A imprescritibilidade da ação *contestatória de paternidade* contraria os princípios constitucionais informadores do direito de família brasileiro, construídos sobre a afetividade e na figura da paternidade socioafetiva. A imprescritibilidade da ação contestatória de paternidade prevista no art. 1.601, do Código Civil somente se presta para estabelecer insegurança jurídica e ao vínculo familiar. Melhor teria sido que o legislador mantivesse a disciplina da matéria, tal como estabelecia o Código Civil de 1916, cujo prazo decadencial para o exercício da ação de contestação da paternidade era de apenas dois ou três meses, conforme se achasse presente ou não o marido da mãe.

Na filiação advinda de uma relação extramatrimonial tem-se aplicado a fórmula: *pater semper incertus*. Mesmo conhecida a mãe, a identidade do pai poderá ficar incógnita.

Assim, o filho nascido na constância do casamento possui a seu favor a presunção de paternidade, advindo a paternidade por força de lei, enquanto para o filho nascido *fora do casamento* será necessário, para a atribuição da paternidade, o prévio *reconhecimento*, por parte do pai. Ocorrendo o nascimento da criança sem que os genitores estejam vinculados pelo matrimônio, estará a hipótese excluída dos casos preceituados no art. 1.597, do Código Civil. Não existindo presunção legal de paternidade do companheiro da mulher que gerou a criança, não caberá a interposição de ação de contestação da paternidade, por ausência de objeto.

O *reconhecimento* do filho poderá ser *voluntário* quando ambos os genitores ou, apenas um deles, declara espontaneamente, a existência da relação de paternidade ou de maternidade em relação à determinada criança. O reconhecimento voluntário de filho é denominado de *perfilhação*.

Quando o pai ou a mãe deixarem de reconhecer a pessoa como seu filho, poderá ocorrer o reconhecimento *involuntário* da paternidade ou maternidade. Dá-se o

---

[244] HIRONAKA, Giselda Maria Fernandes. *Responsabilidade Civil na Relação Paterno-filial*. III Congresso Brasileiro de Direito de Família. 2001. IBDFAM. Disponível em: <http://www.ibdfam.org.br/>. Acesso em: 30 out. 2005.

reconhecimento *involuntário* de filho nos casos em que o reconhecimento da paternidade é emanado de sentença judicial, decorrente de uma investigação de paternidade que se desenvolve judicialmente. Passaremos, a seguir, a traçar algumas considerações sobre o reconhecimento de filhos.

3.1 A perfilhação

A *perfilhação* ou *reconhecimento voluntário* de filho havido fora do casamento consiste em ato pessoal unilateral, realizado pelo pai, pela mãe, ou por ambos, conjuntamente, pelo qual declaram que geraram o filho, dando origem à relação paternidade-maternidade-filiação.

A Constituição de 1988 ao extinguir as diferenças havidas entre filhos, equiparando-os em direitos e qualificações, proibidas quaisquer designações discriminatórias, exigiu a expedição de uma lei específica que viesse a regulamentar o reconhecimento voluntário de filhos havidos fora do casamento. A Lei nº 8.560, de 29.12. 1992, passou a regular reconhecimento voluntário de filhos havidos fora do casamento, derrogando os dispositivos legais do Código Civil de 1916, incompatíveis com a nova ordem no tocante à filiação, inaugurada pela Constituição. O Código Civil de 2002 não se distanciou da legislação extravagante, vigendo ambas as normas que se complementam. Admite a citada lei que os filhos havidos fora do casamento possam ser reconhecidos pelos pais, conjunta ou separadamente, no próprio *termo de nascimento*; por *escritura pública* ou *escrito particular*, a ser arquivado em cartório; por *testamento*, ainda que incidentalmente manifestado; por *manifestação direta e expressa perante o juiz*, ainda que o reconhecimento não haja sido o objeto único e principal do ato que o contém, sendo o mesmo irrevogável.[245] O reconhecimento pode preceder o nascimento do filho ou ser posterior ao seu falecimento, se o mesmo deixar descendentes. A *perfilhação* consistirá de declaração pura e simples, sendo ineficaz a inserção de condição ou termo ao ato de reconhecimento do filho.

O reconhecimento do estado de filiação constitui-se em direito personalíssimo do filho, indisponível e imprescritível, exercitado contra os pais ou herdeiros deles, sem qualquer restrição. O direito brasileiro regula o reconhecimento dos filhos havidos fora do casamento no art. 1.609 do Código Civil. O Código Civil, além de repetir as disposições contidas na Lei nº 8.560/1992, não se afastou das regras contidas no Estatuto da Criança e do Adolescente, que trazem nos arts. 26 e 27 as mesmas modalidades de reconhecimento da norma codificada.[246 247]

---

[245] A Lei nº 8.560/1992, art. 1º, incisos I a IV. O reconhecimento voluntário de filho, nascido fora do casamento, era regulado pelos arts. 355 a 362 do Código Civil de 1916, derrogados pela Lei nº 8.560/1992.

[246] Art. 1609: "O reconhecimento dos filhos havidos fora do casamento é irrevogável e será feito:
I - no registro do nascimento;
II - por escritura pública ou escrito particular, a ser arquivado em cartório;
III - por testamento, ainda que incidentalmente manifestado;
V - por manifestação direta e expressa perante o juiz, ainda que o reconhecimento não haja sido o objeto único e principal do ato que o contém.
§único - O reconhecimento pode preceder o nascimento do filho ou ser posterior ao seu falecimento, se ele deixar descendentes."

[247] Lei nº 8.069/1990, art. 26 e Lei nº 6.015/1973, art. 59. O Estatuto da Criança e do Adolescente prevê as modalidades de reconhecimento voluntário de filhos pelos pais, havidos fora do casamento, conjunta ou separadamente, no

a) O reconhecimento da paternidade no próprio assento de nascimento

Esta modalidade de reconhecimento da paternidade realiza-se perante o ofício do registro civil, mediante declaração de vontade pessoal do pai ou realizada por procurador devidamente habilitado para tal ato. Exige a lei dos registros públicos que o pai, pessoalmente, [248] ou o procurador especial, compareça perante o oficial do registro civil e ali expresse declaração, reconhecendo a paternidade em relação ao registrando e assinando o termo ou a rogo, perante duas testemunhas.

b) O reconhecimento da paternidade por meio de testamento

O reconhecimento da paternidade pode ser realizado mediante testamento público, obedecidos aos requisitos legais. Os efeitos se produzem como os de uma escritura pública de perfilhação, tanto que a revogação do testamento pelo testador não atinge o reconhecimento, permanecendo este válido e imutável. No caso em que o testador declara o reconhecimento de paternidade mediante utilização de testamento particular ou cerrado, [249] a perfilhação ali declarada não será atingida, mesmo sendo o testamento declarado judicialmente nulo. O reconhecimento de paternidade voluntário é sempre irrevogável, a exceção do caso de ser a declaração do consentimento em si nula ou viciada. A perfilhação realizada em testamento particular ou cerrado que tenha sido posteriormente revogada, poderá servir como meio de prova em ação de investigação de paternidade, quando requerida pelo perfilhado contra seu pai ou seus herdeiros.

c) O reconhecimento da paternidade mediante escrito público

O Direito brasileiro admite o reconhecimento da paternidade mediante lavratura de instrumento público por tabelião, no qual conste a declaração da pessoa reconhecendo ser pai de alguém, desde que estejam presentes os requisitos previstos em lei. Nesta modalidade de reconhecimento não há a exigência obrigatória de lavratura de escritura pública específica para o reconhecimento, admitindo-se realizar a declaração de paternidade incidentemente, em qualquer ato notarial.

d) O reconhecimento da paternidade mediante escrito particular

O testamento particular, o testamento cerrado e outros escritos particulares consistem em instrumentos hábeis para constituir a perfilhação. Declaração em escrito particular, no qual se verifica a intenção de seu autor perfilhar um filho, presta-se para constituir o reconhecimento da filiação, mesmo tratando-se de declarações revogadas. Os instrumentos particulares de perfilhação revogados eram comumente empregados como meio de prova, em ação de investigação de paternidade, com intuito de se provar a paternidade de alguém. O Código Civil de 2002 sufragou a exegese mais

---

próprio termo de nascimento, por testamento, mediante escritura ou outro documento público, qualquer que seja a origem da filiação. O reconhecimento pode preceder o nascimento do filho ou suceder-lhe ao falecimento, se deixar descendentes.

[248] Lei nº 6.015/1973, art. 59. Na hipótese em que a mãe registra o nascimento do filho, indicando o nome do suposto pai, o oficial do registro civil não poderá apor o nome do pai no respectivo assento, pois exige a lei que o pai compareça ao ofício de registro de nascimento e ali declare o reconhecimento da paternidade e assine o respectivo termo pessoalmente ou por procurador especial.

[249] Parágrafo 1º, do art. 1º, da Lei nº 883/1949, de acordo com alterações pela Lei nº 6.515/1977 e pela Lei nº 7.250/1984.

justa da doutrina no sentido de vedar a revogabilidade do reconhecimento voluntário de filho em instrumento particular. Assim, segundo dispõe o art. 1.610, do Código Civil, o reconhecimento de filho havido fora do casamento, devidamente expresso em instrumento particular, não poderá ser revogado, nem mesmo quando feito em testamento, tornando imutável a perfilhação mediante escrito particular.

A Constituição de 1988[250] determina que qualquer filho, oriundo de relação não matrimonial, pode ser reconhecido sem qualquer restrição, tendo desaparecido o antigo pressuposto que exigia o prévio desquite ou separação judicial do pai casado para poder realizar a perfilhação.

Os filhos, anteriormente denominados de adulterinos, passaram a ser reconhecidos, mesmo na constância do matrimônio do genitor adúltero, consoante previsão do §6º, do art. 227, da Constituição.[251] Antes mesmo da promulgação da Constituição de 1988, a jurisprudência brasileira, interpretando o disposto no art. 357, do Código Civil de 1916, com maior abertura, prestigiando os interesses superiores da criança,[252] vinha, aos poucos, outorgando aos filhos nascidos fora do casamento, embora adulterinos, a possibilidade de terem reconhecida sua filiação, mediante retificação do seu assento de nascimento formulada pelo pai.

No âmbito do direito comparado, verifica-se que muitas legislações subordinam o reconhecimento voluntário de filho, nascido fora do casamento, ao *consentimento*

---

[250] CF, §6º, art. 227: "Os filhos, havidos ou não da relação do casamento, ou por adoção, terão os mesmos direitos e qualificações, proibidas quaisquer designações discriminatórias relativas à filiação." Debates surgiram em torno da possibilidade do reconhecimento de filhos incestuosos, tendo em vista que estes não têm nenhuma relação com o casamento. A Constituição brasileira, embora não excluísse a categoria dos filhos incestuosos do reconhecimento, não se referiu, expressamente, a eles, permitindo interpretações conservadoras, no sentido de que em consonância com a longa tradição discriminatória do direito brasileiro, os filhos incestuosos estariam excluídos da perfilhação. Todavia, o advento da Lei n.º 7.841 de 17.10.1989, que derrogou o art. 358, do Código Civil, pôs fim à polêmica, possuindo tanto filhos incestuosos como adulterinos o direito à perfilhação, independentemente de prévia separação judicial do genitor. Tendo a categoria do desquite desaparecido do direito brasileiro e da separação judicial perdido sua importância, esta discussão não tem mais nenhum sentido, possuindo os filhos incestuosos direito à perfilhação.

[251] A Lei nº 7.841, de 17.10.1989, fundada no §6º, do art. 227, da Constituição derrogou o art. 358, do Código Civil de 1916.

[252] TJMG. Ap. cív. nº 60.174. Rel. Des. PAULO TINOCO. Voto vencido Des. VALLE DA FONSECA. RT 574/208. 1983. Soa o aresto :
"Investigação de paternidade – Reconhecimento de filho através de retificação de registro civil – Viabilidade. Ementa: Paternidade. Reconhecimento. Retificação de registro civil. O reconhecimento da paternidade pode perfeitamente ser viabilizado por meio da retificação do registro civil formulado pelo pai, não sendo razoável se impeça tal reconhecimento sob o fundamento de que, com base no art. 357 do CC, só por escritura pública ou por testamento pode-se fazê-lo, pois isto importa, em última análise, a firmar que tais atos notariais são válidos para efeito do reconhecimento de que se cogita, não o sendo atos praticados perante uma autoridade judiciária para o mesmo fim.
Voto vencido: O filho adulterino somente pode ser reconhecido após a dissolução da sociedade conjugal ou por testamento cerrado."
TJSP. Ap. 211.760-1/5. 2.ª C. – J. 25/08/1994 – Rel. Des. LUIZ CARLOS DE BARROS. RT 721/89. 1995. Diz a ementa :
"LEGITIMIDADE "AD CAUSAM " – Negatória de filiação cumulada com investigação de paternidade e retificação de registros civis – Ação proposta por menores impúberes, representados pela mãe, e também por esta – Admissibilidade – Legitimação do reconhecimento do filho havido fora do casamento – Inteligência do art. 51 da Lei 6.515/1977; art. 26 da Lei 8.069/1990 e art. 227, §6.º, da Constituição Federal.
A sistemática legal em vigor ao admitir o reconhecimento do filho havido fora do casamento, por qualquer dos cônjuges, não distinguiu, e assim não afastou de seu âmbito de incidência, os filhos reconhecidos pelo marido, na constância do matrimônio, mas em realidade gerados pela mulher com outro homem. Daí, a viabilidade de vir a mulher declarar o seu adultério e pleitear em relação ao filho adulterino, o correto estado de filiação."

expresso do próprio filho, como requisito fundamental para poder ser deferida a perfilhação.

O direito alemão anterior à reforma legislativa de 1997,[253] que modificou substancialmente o direito de filiação, exigia o *consentimento* do próprio filho nos casos de legitimação de filhos havidos fora do matrimônio, quando ele fosse maior de idade ou de seu representante legal, quando menor.

Sensível aos sérios problemas que muitas mães de crianças, nascidas fora do casamento, traziam para elas, ao utilizá-las como instrumento de vingança, de chantagem ou de ataques contra o pai, o legislador alemão subtraiu da mãe a legitimidade de demandar contra o genitor da criança, em ações de filiação, nem mesmo na qualidade de seu representante legal. A legitimidade para pleitear direitos e emitir consentimento, em nome e por conta de infante, em matéria de reconhecimento de paternidade, cabia, na legislação anterior, ao *Jugentamt* (juizado de menores), que atuava como representante legal na salvaguarda de interesses de menores e adolescentes.[254]

A reforma legislativa do direito de filiação alemão, de 1997, devolveu à mãe o direito ao *consentimento* em casos de reconhecimento da paternidade, sendo este indispensável e insubstituível. O consentimento simultâneo do filho só será exigido em casos excepcionais, como na hipótese em que a mãe não for detentora da guarda do reconhecendo. O consentimento da mãe do reconhecendo é indispensável, mesmo vindo o filho a completar a maioridade.[255]

Constatamos que no Direito alemão é totalmente dispensável o consentimento do filho, sendo, tão somente, pressuposto para o reconhecimento da paternidade o consentimento da mãe do reconhecendo. Esta, porém, recusando-se a outorgar o consentimento, declinará o reconhecimento da paternidade para as vias judiciais contenciosas, mediante a instauração de ação de constatação da paternidade.

A legislação portuguesa exige, para a eficácia do reconhecimento voluntário de filho, maior de idade, emancipado ou pré-morto, de quem vivam descendentes, maiores ou emancipados, o *consentimento* expresso dos mesmos. Sendo interditos, valerá o consentimento do representante legal.[256]

A legislação da Bélgica, dos Países Baixos e da Espanha exige o consentimento expresso da mãe ou desta, em conjunto com o do próprio filho, para possibilitar a constituição da filiação paterna.

O direito italiano, igualmente, impõe como requisito de eficácia da perfilhação o consentimento do filho, maior de 16 anos de idade e, em relação aos menores de 16 anos, o assentimento do outro genitor.[257]

Consoante se observa, o reconhecimento voluntário de filho havido fora do casamento, no direito comparado, exige o cumprimento do requisito *consentimento* do próprio filho, de sua mãe ou de seu representante legal, não se constituindo a *perfilhação* em um *direito* incondicionado do pai.

---

[253] Lei de Reforma do Direito de Filiação, a *Kindschaftsrechtsreformgesetz* (KindRG). Esta Lei revogou os Títulos Sexto e Oitavo do Livro Quatro, do BGB, o Código Civil.

[254] SZANIAWSKI, Elimar. *Direitos de Personalidade ...*, p. 516, nota 90.

[255] SCHLÜTER, Wilfried. *Código Civil Alemão - Direito de Família*, p. 347. BGB. §1.595, alinea 1.

[256] CC português, art. 1.857º.

[257] CC italiano, art. 250.

A doutrina comparada vem se rebelando contra a exigência, para a eficácia da *perfilhação*, do consentimento da mãe ou do representante legal da criança. A doutrina europeia, a partir das conclusões da Conferência de Haia, realizada em 19.10.1996, que tratou especificamente *do direito e da proteção dos menores*, vem se opondo ao condicionamento da *perfilhação* de filho, havido fora do casamento, pretendida pelo pai, ao consentimento da mãe da criança e, em alguns casos, do consentimento do seu representante legal.[258] A imposição de condições que exigem o consentimento expresso da mãe do perfilhando ou do seu representante legal, tem levado à prática de abusos por parte dessas mães, que procuram, por meio deste requisito, chantagear o pai e, dessa maneira, obter vantagens à custa de seu próprio filho, em detrimento dos muitos benefícios que este poderia obter de seu pai, principalmente no que diz respeito ao livre desenvolvimento de sua personalidade mediante guarda compartilhada com os genitores.

A doutrina comparada europeia[259] vem denunciando que a proteção excessiva concedida à mulher, em face ao homem, em matéria de filiação, traz, muitas vezes, graves prejuízos à criança. Por essas razões, esta corrente de pensamento vem estimulando a reflexão e a interpretação dos diversos Estatutos da Criança e do Adolescente dos países membros do Conselho da Europa, no sentido de garantir à criança o ingresso em uma família e o direito de estabelecer seus vínculos familiares com seus pais, evitando, ao máximo, a imposição de requisitos e condições que favoreçam unilateralmente os caprichos pessoais de um dos pais da criança.

Neste ponto andou bem o legislador brasileiro, não impondo pré-condicionamentos para a realização do reconhecimento voluntário de filho havido fora do casamento por seu genitor, sendo, segundo dispõe o art. 1.613, do Código Civil, reputados ineficazes a condição e o termo apostos ao ato de reconhecimento de filho. A Lei Civil apenas outorga ao filho o direito de consentir, ou não, em ser perfilhado, uma vez que o filho maior não poderá ser reconhecido sem o seu consentimento e o menor poderá impugnar o reconhecimento nos quatro anos que se seguirem à sua maioridade, ou à sua emancipação. A matéria está regulada nos arts. 1.607, do Código Civil e torna a perfilhação declarada, irrevogável. O art. 1.609, repetindo quase literalmente as disposições do art. 26, da Lei nº 8.069/1990, consoante já foi afirmado, disciplina o reconhecimento dos filhos havidos fora do casamento. Uma vez reconhecido, por um dos cônjuges, o filho havido fora do casamento, enquanto menor, ficará sob a guarda do genitor que o reconheceu e, se ambos o perfilharam e não houver acordo, a guarda será deferida a quem melhor atender aos interesses do menor.[260] O filho nascido fora do casamento e perfilhado não poderá residir no lar conjugal sem o consentimento do outro cônjuge.

---

[258] GRATALOUP, Sylvain. *Ob. cit.*, p. 14-15.

[259] GRATALOUP, Sylvain. *Ob. cit.*, p. 14-15.

[260] Os arts. 1.583 e 1.584 do Código Civil sofreram alteração por meio da promulgação da Lei nº 11.698, de 13.06.2008, que regula a guarda compartilhada de menor. A *guarda compartilhada* consiste na responsabilização conjunta e no exercício de direitos e deveres do pai e da mãe que não vivam sob o mesmo teto, concernentes ao poder familiar dos filhos comuns. Distingue-se da *guarda unilateral* que é atribuída a um só dos genitores ou a alguém que o substitua. A *guarda unilateral* será atribuída ao genitor que revele melhores condições para exercê-la e, objetivamente, mais aptidão para propiciar aos filhos. Embora muito festejada a promulgação da Lei da Guarda Compartilhada, esta categoria não é nova entre nós, sendo utilizada a longo tempo, sufragada pela jurisprudência dos tribunais, não apresentando, por isso, novidades que mereçam consideração.

O filho que for reconhecido enquanto menor poderá impugnar a perfilhação, dentro do prazo de quatro anos que se seguirem à sua maioridade ou à emancipação. No tocante ao filho maior, nascido fora do casamento, este somente será reconhecido mediante seu expresso consentimento.

O projeto de Estatuto das Famílias praticamente repete nos arts 71 e 72 o disposto nos arts. 1.603; 1.609; 1.610 e 1.613, do Código Civil, assim determinando:

> "Art. 71. A filiação prova-se pelo registro de nascimento.
> §1º Os pais devem registrar os filhos no prazo de trinta dias do nascimento.
> §2º Também se prova a filiação por qualquer modo admissível em direito, quando houver posse de estado de filho."
>
> Art. 72. Os filhos não registrados podem ser reconhecidos pelos pais, conjunta ou separadamente.
> §1º O reconhecimento dos filhos é feito:
> I – por documento particular ou escritura pública;
> II – por testamento, ainda que incidentalmente manifestado;
> III – por manifestação direta e expressa perante o juiz, mesmo que o reconhecimento não haja sido o objeto único e principal do ato que o contém.
> §2º O ato de reconhecimento deve ser levado ao registro de nascimento.
> §3º O reconhecimento pode preceder o nascimento do filho ou ser posterior ao seu falecimento, se ele deixar descendentes.
> §4º O reconhecimento não pode ser revogado, nem mesmo quando feito em testamento.
> §5º São ineficazes a condição e o termo apostos ao ato de reconhecimento.

O Estatuto das Famílias procura dar à filiação efetivo tratamento de modo igualitário, desconsiderando a origem consanguínea ou socioafetiva do filho. [261] Esse Estatuto tem por objetivo afastar-se ao máximo dos ultrapassados paradigmas parentais, valorizando a família como realidade socioafetiva, coerente com a sociedade brasileira da atualidade.

3.2 O reconhecimento involuntário de filho

Vimos acima que os filhos nascidos na constância do casamento possuem, a seu favor, a *presunção de paternidade,* sendo o registro civil deles realizado em nome de ambos os cônjuges. Em relação aos filhos nascidos *fora do casamento*, será necessária, para a constituição da paternidade ou maternidade, a prévia *perfilhação* por parte do pai ou da mãe, sendo, portanto, indispensável a manifestação expressa do genitor em reconhecer a criança como filho, por ocasião da lavratura do assento de nascimento ou mesmo, mais tarde, mediante qualquer dos atos previstos no art. 1.609, do Código Civil.

A negativa da paternidade ou a simples omissão em reconhecer a paternidade, que ocorre comumente em relação ao pai, vai dar origem ao reconhecimento compulsório

---

[261] Para o Estatuto das Famílias, pautado pelo paradigma da igualdade dos filhos trazido na Constituição, é irrelevante a origem consanguínea ou socioafetiva do filho, se decorrente de adoção; da posse de estado de filho ou de reprodução artificial heteróloga.

que se procederá por meio de ação judicial própria, denominada ação de *investigação de paternidade*, a ser proposta pelo filho contra seu provável pai biológico, a fim de averiguar e atribuir a paternidade a este. Hipótese bem menos comum é a do reconhecimento compulsório da maternidade, que poderá ocorrer no caso de filho nascido de relação adulterina de mulher casada, sendo o filho somente reconhecido e registrado pelo pai ou, como é comum no Brasil, pelos avôs maternos. Nessas hipóteses, estará o filho legitimado a ingressar com ação de *investigação de maternidade*, a fim de estabelecer sua filiação biológica *a matre*. Segundo dispõe o art. 1.615, do Código Civil, qualquer pessoa que tenha interesse jurídico poderá contestar a ação de investigação de paternidade ou maternidade, com o objetivo de ilidir a constituição de um falso vínculo.

As ações de investigação, denominadas *ações de estado*, tendo por objetivo tutelar o estado de filiação, destinam-se, precipuamente, ao filho para encontrar seu verdadeiro pai ou mãe biológicos mediante investigação judicial, tramitando o processo em segredo de justiça.

As ações de investigação de paternidade ou de maternidade, na qualidade de *ações de estado*, são imprescritíveis, uma vez que, por meio dessas medidas judiciais, obtém o interessado o *status* de filho, devendo, consequentemente, ser o filho o único titular da ação investigatória.

O Código Civil de 1916 arrolava no art. 363 as hipóteses casuísticas de cabimento da ação de investigação de paternidade a ser requerida pelo filho.[262] O inciso I, do citado artigo, outorgava o direito ao filho de valer-se da ação de investigação da paternidade se, ao tempo da concepção, a mãe convivia, ou mantinha relações sexuais, com o pretendido pai; nos casos em que a concepção do investigante coincidiu com o rapto da mãe pelo suposto pai ou suas relações sexuais com ela, ou na existência de escrito do suposto pai reconhecendo a paternidade.

O Supremo Tribunal Federal interpretou o mencionado dispositivo legal no sentido de ampliar a noção de *vida em comum*, promulgando sua exegese mediante a Súmula nº 382, expressando o entendimento de que "a vida em comum sobre o mesmo teto, 'more uxório,' não é indispensável à caracterização do concubinato," ampliando o conceito de *vida em comum*, que se caracteriza independentemente de o suposto pai do investigante residir com a mãe, na mesma casa, a exemplo do homem casado que, vivendo com sua esposa, mantém famílias simultâneas.[263]

A Constituição de 1988 derrogou a classificação dos filhos nas diversas categorias, assegurando-lhes a igualdade nos limites já anteriormente apontados. Em razão dessa igualdade da prole, o *caput* do art. 363, do Código Civil de1916, passou a ser lido à luz da Constituição, não mais falando em "filhos ilegítimos" e sim, de *filhos havidos fora do casamento*, congregando todos os filhos, mesmo os nascidos fora da relação matrimonial independentemente de sua origem. Do mesmo modo, deixaram de ser consideradas as restrições dos incisos I a VI, do art. 183, do mesmo Código, em virtude

---

[262] Art. 363, CC/1916: Os filhos ilegítimos de pessoas que não caibam no art. 183, I a VI, têm ação contra os pais, ou herdeiros, para demandar o reconhecimento da filiação: " I - "se ao tempo da concepção a mãe estava concubinada com o pretendido pai; II - se a concepção do filho reclamante coincidiu com o rapto da mãe pelo suposto pai, ou suas relações sexuais com ela; III – se existir escrito daquele que se atribui a paternidade, reconhecendo-a expressamente."

[263] Sobre o tema das *famílias simultâneas*, consultar RUZYK, Carlos Eduardo Pianovski. *Famílias simultâneas: da unidade codificada à pluralidade constitucional*. 2005.

da possibilidade de qualquer filho, nascido fora do casamento, demandar, a qualquer tempo, pela verificação judicial de sua paternidade, sem qualquer restrição. Assim, qualquer filho, respeitada a exceção acima mencionada, terá legitimidade para requerer ação de investigação de paternidade com amplos efeitos contra o indigitado pai e não somente demandar por alimentos em segredo de justiça, tal qual impunha o art. 4º da Lei nº 883/1949, aos filhos espúrios, enquanto perdurasse o casamento do genitor.

O reconhecimento de filhos passou a ser regulado pela Lei nº 8.069, de 13.07.1990, que trata da matéria nos arts. 26 e 27, sendo a investigação da paternidade dos filhos havidos fora do casamento disciplinada pela Lei nº 8.560, de 29.12.1992, inaugurando esta norma o processo de *averiguação oficiosa da paternidade,* cuja análise será objeto do próximo capítulo.

O Código Civil de 2002 não regula a *investigação da paternidade* fazendo, apenas, menção a ela nos arts. 1.615 e 1.616, deixando para a legislação ordinária a regulamentação da matéria. O art. 1.615, do Código Civil, consoante mencionamos supra, legitima qualquer pessoa que possua justo interesse de contestar a ação de investigação de paternidade ou maternidade. O art. 1.616 atribui à sentença que julgar procedente a ação de investigação de paternidade a produção dos mesmos efeitos do reconhecimento voluntário de filiação, mas poderá ordenar que o filho seja criado e educado fora da companhia do pai ou daquele que lhe contestou essa qualidade. Tais cuidados do legislador destinam-se à proteção do filho reconhecido ou, mesmo, do genitor e da família deste, quando for casado e possuir outra família.

Não devemos, contudo, confundir a ação de *investigação de paternidade* com a ação de *prova de filiação,* prevista no art. 1.606, do Código Civil. Enquanto a ação de investigação de paternidade se destina à averiguação da paternidade biológica de uma pessoa em relação à outra, e declarar o estado de filiação quando o filho tiver nascido fora do casamento, a ação de *prova de filiação* possui por escopo outorgar ao filho a possibilidade de obter o estado de filiação quando este for negado pelos pais. A sentença de declaração de paternidade não cria o estado de filho, apenas declara um estado já existente, mas seus efeitos se operam *ex tunc.* Dispõe o art. 1.606, do Código Civil, que a ação de prova de filiação compete ao filho, enquanto este viver, passando aos herdeiros, se ele morrer menor ou incapaz. Iniciada a ação pelo filho, os herdeiros poderão continuá-la, salvo se for julgado extinto o processo. Em uma primeira análise superficial, a ação *de prova de filiação,* prevista no art. 1.606, do Código Civil, parece conflitar com o mandamento disposto no §6º, do art. 227, da Constituição, que impõe a igualdade entre os filhos oriundos ou não de vínculo matrimonial. No entanto, não se façam mais na atualidade distinções que digam respeito à origem da filiação; surgem interesses de natureza patrimonial, como os sucessórios, que podem dar origem ao interesse de uma pessoa provar sua filiação. Nessa modalidade de ação, além do filho, outras pessoas possuem legitimidade para demandar, tendo em vista que não será somente o filho o único titular do direito de ação, uma vez que terceiros terão interesse jurídico na prova de filiação, a exemplo do pai ou da mãe biológicos. O que não se pode admitir é que esta ação possa ser exercida por qualquer pessoa ilimitadamente, daí ser extremamente importante o juiz verificar a existência de efetivo interesse jurídico na causa. O herdeiro do requerido poderá ingressar na ação de prova de filiação para auxiliá-lo, na qualidade de *assistente.* Nesse caso, não haverá relação jurídica de direito material entre o assistente e o autor da ação. Consequentemente, não produzirá a sentença nenhum efeito direto em relação ao assistente. Todavia, poderá haver interesse jurídico que justifique o ingresso do assistente, pois sua esfera jurídica poderá ser atingida via reflexa pelo resultado da ação.[264]

3.3 A averiguação oficiosa da paternidade

A Lei nº 8.560/1992, ao inaugurar a categoria da *averiguação oficiosa da paternidade*, revogou os arts. 332, 337 e 347, do Código Civil de 1916, ainda vigente na época.

A *averiguação oficiosa da paternidade*, regulada pela Lei nº 8.560/1992, não foi reproduzida pelo Código Civil de 2002, permanecendo vigentes as disposições legais da mencionada lei.

O Projeto de Estatuto das Famílias propõe regular a *averiguação oficiosa da paternidade* no Capítulo VI, do Título VII, arts. 208 a 210, sob a denominação *da averiguação da filiação*. Se vier a ser aprovado, o Estatuto revogará a Lei nº 8.560/1992 na sua totalidade.

A *averiguação oficiosa da paternidade* ou *averiguação da filiação* se aplica aos casos em que no registro de nascimento de menor estiver apenas estabelecida a maternidade ou a paternidade do filho, sem haver atribuição da paternidade ou da maternidade do outro genitor. Nesse caso, o oficial do registro civil deverá remeter ao juiz a certidão integral do registro, informando o nome, o prenome, a profissão, a identidade, a residência e outros dados de identificação do indigitado pai, a fim de ser averiguada oficiosamente a procedência da alegação da mãe.[265]

Sempre que possível, o juiz ouvirá a mãe sobre a paternidade alegada, devendo alertá-la sobre as eventuais sanções civis e penais aplicáveis relativas às declarações de indigitação não corresponderem à verdade. O legislador brasileiro foi omisso em não estabelecer na citada lei quais as sanções aplicáveis para a hipótese de serem emitidas pela mãe falsas declarações contra o indigitado pai. Acusações falsas que atribuem a um homem determinada paternidade, quando, na realidade, o indigitado homem não é o pai, trazem, a ele sérios problemas e graves danos, devendo a lei sempre apresentar formas para coibir abusos. Em qualquer caso, o magistrado determinará a expedição de mandado de notificação ao suposto pai, independente de seu estado civil, designando dia e hora para sua oitiva que versará sobre a paternidade que lhe é atribuída. Quando necessário, o processo de *averiguação da paternidade* deverá ser realizado em segredo de justiça.

Confirmando o suposto pai expressamente a paternidade, será lavrado o termo de reconhecimento e remetida certidão ao oficial do registro para a devida averbação no assento civil do filho.

No caso de o suposto pai não atender à notificação judicial no prazo de trinta dias ou negar a paternidade que lhe é atribuída ou, ainda, atender à notificação, mas se mantiver em silêncio sobre o problema, o juiz deverá remeter os autos ao representante do Ministério Público, devendo este, se estiverem nos autos elementos suficientes para deflagrar a ação de investigação de paternidade, intentá-la contra o indigitado pai.

---

[264] BENICIO, Marcelo José Magalhães. O Litisconsórcio na Lei de Ação Civil Pública. In: *Revista da Procuradoria-Geral do Estado de São Paulo*. n. 51/52. 1999. p. 187.

[265] Lei nº 8.560/92, art. 2º: "Em registro de nascimento de menor apenas com a maternidade estabelecida, o oficial remeterá ao juiz certidão integral do registro e o nome e prenome, profissão, identidade e residência do suposto pai, a fim de ser averiguada oficiosamente a procedência da alegação."

A Lei nº 8.560/1992 legitimou o Ministério Público a ajuizar a investigatória da paternidade a favor de filhos tidos fora do casamento, (art. 20, §4º). Embora possua o Ministério Público legitimidade para requerer a citada ação de investigação de paternidade, nas causas de *averiguação oficiosa da paternidade*, tal atribuição não retira do filho o direito de requerer a referida ação, visando a obter o reconhecimento da paternidade do suposto pai. Tem-se, então, uma legitimidade processual concorrente, contudo subsidiária, uma vez que ajuizada a investigatória pelo representante do Ministério Público não poderá mais fazê-lo o filho, pois poderá o indigitado pai alegar a ocorrência de litispendência e o processo iniciado pelo interessado ser extinto, sem julgamento do mérito, segundo disposição do inciso V, do art. 267, do Código de Processo Civil.

Cumpre esclarecer que essa postura, sustentada por parte da doutrina brasileira,[266] não encontra ecos unânimes na jurisprudência, uma vez que alguns tribunais têm entendido de maneira diversa, vedando ao Ministério Público a representação judicial privada e, consequentemente, a legitimação para propositura de ação civil privada.

Segundo decidiu o Tribunal de Justiça do Estado de Minas Gerais, a Constituição brasileira veda ao Ministério Público a representação judicial nas ações de investigação de paternidade. Nessas, segundo o referido Tribunal, objetiva-se a defesa de interesse personalíssimo, atuando o Ministério Público como *"custos legis* e não como parte"*, uma vez que se trata de ação civil privada. A lei não autoriza o Ministério Público a patrocinar demandas de interesses exclusivos de particulares, ainda que se trate de pessoas carentes. A legitimidade para a substituição processual de terceiros é assegurada pela Constituição Federal ao Ministério Público para a propositura da ação civil pública, cingindo-se às hipóteses expressas no art. 129, da Constituição.[267]

O Projeto de Estatuto das Famílias determina, no art. 130, a modalidade de atuação do Ministério Público na ação de alimentos na qual desempenhará a função de fiscal da lei quando o processo versar sobre interesses de crianças, adolescentes e incapazes. Havendo acordo entre as partes litigantes sobre a prestação alimentar, o Ministério Público referendará o respectivo acordo, conforme dispõe o art. 194, do Projeto de Lei de Estatuto.

Segundo entendemos, possui o Ministério Público legitimidade para propor ação de alimentos em favor do alimentando, atuando não como representante da parte, mas como substituto processual, consoante dispõe o inciso III, do art. 201, da Lei nº 8.069/1990, tal qual vem decidindo reiteradamente o Superior Tribunal de Justiça.

---

[266] HUSSEIN, Zara; NALIN, Paulo; RAMOS, Liana Taborda. *Teoria e Prática do Direito de Família*, p. 146.

[267] TJ/MG - Ap. Cível n. 24.756/9 - Comarca de Esmeraldas - Ac. unân. - 5a. Câm. Cív. - Rel: Des. Campos Oliveira - Fonte: DJMG II, 28.06.1995, p. 01. Bonijuris ementa nº 24800. Soa o aresto:
"INVESTIGAÇÃO DE PATERNIDADE - Proposita pelo MINISTÉRIO PÚBLICO - Impossibilidade - INCONSTITUCIONALIDADE da LEI 8560/1992, art. 2º, §4º - ART. 129/CF- A Constituição veda ao MP a representação judicial e, por exclusão, a propositura de ação civil privada, sendo incompatível com o texto constitucional qualquer lei anterior que autorizasse o MP a propor a ação em nome de outrem. - A lei não autoriza o MP a patrocinar demandas de interesses exclusivos de particulares, ainda que se trate de pessoas carentes. Nas ações de investigação de paternidade, em que se objetiva a defesa de interesse personalíssimo, o MP atua como custos legis e não como parte; a legitimidade para a substituição processual de terceiros é assegurada pela Constituição Federal ao Ministério Público para a propositura da ação civil pública, nas hipóteses expressas e restritas elencadas no art. 129."
Em sentido contrário, julgando pela legitimidade do MP em propor ação de investigação de paternidade, aresto do TJ/DF - Ag. de Inst. nº. 20010020057786 - Ac.155814 - unân. - 3a. T. Cív. - Rel: Des. Vasquez Cruxên - j. em 07.03.2002 - Fonte: DJU III, 01.08.2002, p. 34 – BONIJURIS 51680.

Poderá ocorrer a hipótese de o Ministério Público não ingressar com a ação de investigação de paternidade, resultando no arquivamento dos autos. Tal comportamento não acarreta maiores efeitos em relação aos eventuais direitos do investigante uma vez que ele poderá ingressar com posterior pedido de investigação da paternidade. O próprio representante do Ministério Público, obtendo novos elementos, poderá propor a ação de investigação da paternidade na qualidade de substituto processual. Outra hipótese, não menos rara, é a de o Ministério Público ingressar em juízo com a investigação de paternidade e o processo resultar no indeferimento da inicial ou ser julgado improcedente por insuficiência de provas. [268] Nessas hipóteses a sentença será terminativa, cujos efeitos produzem apenas coisa julgada formal.

Tratando-se de averiguação de paternidade de filho maior, este não poderá ser reconhecido por seus pais biológicos sem o seu expresso consentimento.

Verificada a efetiva filiação biológica do investigando, em relação ao suposto pai, será julgado procedente o pedido, atribuindo a sentença a paternidade ao requerido e fixando alimentos provisórios ou definitivos a favor do reconhecido, na proporção que deles necessite e da possibilidade do devedor de prestá-los.

Recebida a certidão de reconhecimento da paternidade pelo oficial do registro, o mesmo procederá às necessárias alterações no assento de nascimento do filho reconhecido, sendo vedado ao oficial fazer qualquer referência quanto à natureza da filiação, à sua ordem em relação a outros irmãos do mesmo prenome, exceto gêmeos, ao lugar e cartório do casamento dos pais e ao estado civil destes, nem deverão constar indícios de a concepção haver sido decorrente de relação extraconjugal, nem em relação à natureza da filiação.[269] A sentença que atribui a paternidade outorga ao reconhecido o *status* de filho do investigado.

Diferentemente do que dispõe a Lei nº 8.560/1992, que determina ao Oficial do Registro Civil o envio das informações sobre o registro ao juiz, o Projeto de Estatuto das Famílias determina ao Oficial do Registro Civil a comunicação dos fatos ao Ministério Público, o qual terá a iniciativa de notificar o indicado como sendo genitor, para que, no prazo de dez dias, se manifeste sobre a paternidade ou maternidade que lhe é atribuída.[270]

Uma vez confirmada a paternidade ou a maternidade, será lavrado o termo, sendo, a seguir, expedido o mandado para o oficial proceder ao registro. Se for negada a paternidade ou a maternidade, ou deixando de manifestar-se o indiciado, caberá ao Ministério Público propor a ação investigatória. A iniciativa conferida ao Ministério Público não impedirá a quem tenha legítimo interesse de intentar a ação de investigação da paternidade, tema que será objeto de exame no próximo capítulo.

3.4 A investigação da paternidade

Vimos no capítulo anterior que não atendendo o indigitado genitor, no prazo legal, à notificação para a averiguação oficiosa da paternidade, ou negar expressamente a paternidade ou maternidade que lhe é atribuída, ou, ainda, mantiver-se em silêncio no

---

[268]   FACHIN, Luiz Edson. *Elementos Críticos* ..., p. 214-215.

[269]   Os registros de nascimento, anteriores à data da presente lei, poderão ser retificados por decisão judicial, ouvido o Ministério Público.

[270]   Projeto de Estatuto das Famílias, arts. 208 e 209.

tocante à indigitação, o juiz remeterá os autos ao representante do Ministério Público, o qual ajuizará a ação de investigação de paternidade contra o acusado, se estiverem presentes nos autos elementos suficientes que viabilizem a ação.

Segundo o Projeto de Estatuto das Famílias, caberá ao Ministério Público propor a ação investigatória diante do não atendimento pelo indiciado dos termos da notificação. Segundo vimos, o filho é, igualmente, titular do direito de ação de investigação de paternidade contra o suposto pai.

A investigação de paternidade consiste em o interessado descobrir quem é seu genitor biológico, necessitando, para atribuição da paternidade ao seu pai, a realização da prova desta paternidade. Essa prova de paternidade tanto se presta para averiguar a paternidade do marido da mãe, quando o mesmo contesta a paternidade do filho nascido de sua mulher,[271] quanto pelo filho não reconhecido, nascido fora do casamento. A investigação da paternidade também se aplica, no caso de união estável, mantida pelo pai do investigando com sua mãe, não havendo reconhecimento espontâneo da filiação por aquele.

A prova da paternidade pode ser realizada mediante os meios de prova comuns, que consistem na verificação da convivência dos pais ou da existência de relações sexuais entre eles, na época da concepção do filho, da existência de fotografias, missivas ou outros escritos, trocadas entre a mãe e o suposto pai, dos quais se pode inferir da existência de relações íntimas entre ambos, ou mesmo, a admissibilidade da paternidade pelo suposto pai. Incluem-se nos meios de prova comuns a prova testemunhal e os indícios. Ao lado dos meios de prova ditos tradicionais, evidenciam-se, na atualidade, os meios de prova técnicos, realizados em laboratório.

A lei civil, no art. 1.597,[272] presume como filhos havidos na constância do casamento os nascidos 180 dias, pelo menos, após o estabelecimento da sociedade conjugal; os nascidos até 300 dias subsequentes à dissolução da referida sociedade e os havidos mediante procedimentos de reprodução humana assistida. A justificativa do legislador pátrio em relação aos cuidados tomados pela lei decorre de situações excepcionais que no parto podem ocorrer, como, por exemplo, em período inferior ao da gestação normal, denominados partos prematuros, limitados ao período de até seis meses de gestação. O contrário também pode ocorrer, havendo casos excepcionais em que o parto se dá após o período normal de nove meses de gestação, vindo a criança a nascer dentro do período de dez meses após a concepção. Nesse prazo, presume-se sempre que a criança seja filho biológico do marido da mãe. Se, no entanto, o nascimento vier a ocorrer em um tempo inferior a seis meses, contados da concepção ou após o lapso

---

[271] Alguns autores advogam que a ação apropriada para o filho provar a paternidade do marido da mãe, quando este contesta a peternidade, seria a *ação de prova de filiação* e não de investigação da paternidade. Na prática, porém, ambas as ações se mostram idênticas, não havendo necessidade de tal distinção, segundo nosso ponto de vista.

[272] CC, art. 1.597: "Presumem-se concebidos na constância do casamento os filhos:
I - nascidos cento e oitenta dias, pelo menos, depois de estabelecida a convivência conjugal;
II - nascidos nos trezentos dias subsequentes à dissolução da sociedade conjugal, por morte, separação judicial, nulidade e anulação do casamento;
III - havidos por fecundação artificial homóloga, mesmo que falecido o marido;
IV - havidos, a qualquer tempo, quando se tratar de embriões excedentários, decorrentes de concepção artificial homóloga;
V - havidos por inseminação artificial heteróloga, desde que tenha prévia autorização do marido."

de dez meses da separação havida entre o marido e a mulher, decairá a presunção de o marido ser o pai biológico da criança. O presente dispositivo determina que o autor na ação investigatória de paternidade terá o ônus de provar a existência de relacionamento entre mãe e o indigitado pai ou a concepção coincidente com o rapto da mãe pelo suposto pai; ou suas relações sexuais com ela, ou, ainda, valer-se de escritos do investigado dos quais se possa extrair alguma referência da existência da alegada paternidade. Sobre o tema, reiteramos nossa manifestação anterior em relação ao sistema das presunções legais adotadas pelo legislador civil de 2002, que diante da evolução da biologia e das provas técnicas da paternidade se mostra obsoleto.

O Projeto de Estatuto das Famílias procura consertar os erros e equívocos do Código Civil no seu art. 73, atribuindo a presunção da paternidade aos filhos nascidos durante a convivência dos genitores à época da concepção e aos nascidos a partir das técnicas de reprodução humana assistida.[273]

Havendo robusta prova indiciária da paternidade biológica ou socioafetiva, será proposta a ação investigatória por menor de idade ou incapaz, devendo o juiz de imediato fixar alimentos provisórios, salvo se o autor declarar que deles não necessita.[274]

A seguir, será examinada a investigação da paternidade e sua prova.

3.4.1 A investigação da paternidade e sua prova

3.4.1.1 Os meios de prova tradicionais

Mencionamos no capítulo anterior que, tradicionalmente, a prova da paternidade se produz mediante verificação da convivência dos genitores, ou da existência de relações sexuais entre ambos à época da concepção do filho; da existência de cartas e bilhetes, fotografias e outros objetos que comprovem uma estreita ligação entre o suposto pai e a mãe da criança ou, mesmo, entre o investigado e a criança, da qual pode surgir a presunção de paternidade em relação a ela. É evidente que as cartas, os bilhetes ou outros escritos deverão conter indícios que indiquem ou presumam um relacionamento íntimo entre a mãe e o suposto pai da criança ou, ainda, existam referências por parte do investigado em relação a esta.

O mais importante dos meios de prova clássicos na defesa do investigado em ação de investigação da paternidade tem sido a arguição e comprovação da *exceptio plurium concubentium*, da qual trataremos em capítulo próprio. A investigação da paternidade tem admitido o meio de prova exclusivamente testemunhal, mediante depoimento de pessoas que conviveram com as partes durante o período em que o pai e a mãe da criança mantinham relacionamento íntimo.[275] A prova exclusivamente testemunhal deverá, porém, ser rejeitada pela sua fragilidade e pouca credibilidade.

---

[273] O Projeto de Estatuto das Famílias trata da ação de investigação da paternidade no Capítulo VII, do Título VII, arts. 211 ao 219.

[274] Projeto de Estatuto das Famílias, "art. 211. Proposta ação investigatória por menor de idade ou incapaz, havendo forte prova indiciária da paternidade, biológica ou socioafetiva, o juiz deve fixar alimentos provisórios, salvo se o autor declarar que deles não necessita."

[275] TJMG. Ap. cív. nº 54.909/1980. LEMI, 157/2115.

3.4.1.1.1 A *exceptio plurium concumbentium* – declínio de um meio de prova clássico de exclusão da paternidade

A arguição de exceção *plurium concubentium,* atribuída à mãe do investigando, constituiu-se por muito tempo na prática probatória mais comum na defesa do investigado na ação de investigação de paternidade e na ação negatória de paternidade.

A *exceptio plurium concubentium* consiste em um meio de prova exercido mediante interposição de exceção, na qual o réu investigado alega e prova que a mulher, mãe do investigando, tenha, ao tempo da concepção do mesmo, se relacionado sexualmente com diversos homens. O fato de o réu comprovar que a mãe do autor da ação de investigação da paternidade tenha se relacionado com outro ou outros homens, além do indigitado pai, à época da concepção do investigante, ilidia a presunção de paternidade do investigado, conduzindo o julgamento à declaração de improcedência da ação investigatória, por se entender ser incerta a paternidade da criança.

Embora não houvesse previsão legal expressa no ordenamento jurídico brasileiro, a *exceptio plurium concubentium* se adequava perfeitamente dentro da moldura do direito burguês e da família patriarcal matrimonializada, sendo admitida pela jurisprudência e muito empregada como meio de defesa do indigitado pai, visando à exclusão de sua paternidade e à improcedência da ação, constituindo-se em fato impeditivo à declaração de *paternidade certa.* Acolhida, pelo juiz, arguição de *exceptio plurium concubentium* da mãe, a ação de investigação da paternidade requerida pelo filho era julgada improcedente.

O advento do exame de ADN e seu sucesso na probabilidade de atribuir a paternidade certa, afastou, em parte, a prática da alegação da *exceptio plurium concubentium* como meio de prova de exclusão da paternidade. O exame de ADN permite a obtenção da verdade biológica com um grau de certeza absoluta em relação à exclusão da paternidade e, em contrapartida, a positivação na percentagem de até 99,999% de certeza,[276] transformando a *exceptio plurium concubentium* em um meio de prova obsoleto nas causas de investigação da paternidade, pois os avanços da ciência permitem indicar a relação paterno/filial segundo uma certeza quase absoluta, não importando o fato de a mãe do investigando ter-se relacionado sexualmente com outros homens à época de sua concepção.[277] Contribuiu decisivamente para o declínio da exceção *plurium concubentium* o fato de a Constituição de 1988 ter extinguido a classificação de filhos em diversas categorias, de acordo com sua origem, admitidas pelo Código Civil de 1916, igualando-os em direitos, e a promulgação do Estatuto da Criança e do Adolescente, que consagra a proteção ampla da criança e do adolescente, colocando-os como destinatários primeiros do ordenamento jurídico brasileiro.

Os tribunais brasileiros admitem em ação de investigação de paternidade a prevalência da prova técnica em relação às presunções albergadas pelas normas civis.

A fundamentação de voto do Desembargador Napoleão Amarante retrata o pensamento predominante dos tribunais sobre a matéria, cuja ideia é digna de ser aqui reproduzida.

---

[276] Embora se sustente que o exame ADN revelaria a paternidade biológica em um grau de certeza em torno de 99,999%, não se deve conferir aos resultados do laudo uma certeza absoluta, uma vez que poderão surgir, na realização do exame, diversas modalidades de incidentes que comprometam a verdade absoluta da prova, consoante será examinado em capítulo próprio.

[277] TJ/SC - Ag. de Instrumento n. 8.137 - Comarca de Chapecó - Ac. maioria - 2ª Câm. Cív. - Rel: Des. Napoleão Amarante - Fonte: DJSC, 30.08.1995, p. 05 - BONIJURIS 25635.

A *exceptio plurium concubentium* como uma das diretrizes para julgamento de demandas desta natureza, cumpriu a sua função enquanto a ciência não atingiu o grau de evolução que ostenta, atualmente, no tema específico da perfeita identificação da paternidade.

Hoje, apesar da vida desregrada da mulher, o filho por ela concebido pode buscar a identificação paterna através do sistema do DNA, cuja conclusão, quando positiva, passa a ser cientificamente incontestável.

A identificação digital genética do DNA constitui valiosíssimo recurso da distribuição da justiça, rápida e justa, possibilitada mediante considerável economia de tempo e dinheiro.[278]

O Ministro Carlos Alberto Menezes Direito, no mesmo sentido, conclui que "a ciência tornou acessível meios próprios, com elevado grau de confiabilidade, para a busca da verdade real, com o que o art. 145 do Código de Processo Civil está violado quando tais meios são desprezados com supedâneo em compreensão equivocada da prova científica." [279]

Embora a verdade biológica surja a partir dos laudos do exame ADN como uma atribuição de paternidade praticamente certa, a jurisprudência brasileira recente ainda examina e considera a *exceptio plurium concubentium* como meio de prova excludente de paternidade, principalmente nas hipóteses em que se evidencia a dificuldade em se obter do réu o fornecimento do material genético necessário à realização da prova técnica.[280]

O mais surpreendente julgamento conservador, resistente aos resultados trazidos pelas provas técnicas, se depreende de um aresto do Tribunal de Justiça do Estado de Minas Gerais,[281] o qual, mesmo diante das evidências da negativa de paternidade trazida pela prova pericial, relativa ao exame hematológico e impressões digitais de ADN, valeu-se o julgamento de meras evidências que conduziram à conclusão da existência de relações íntimas entre o indigitado pai e a mãe da autora. O fato de coincidirem as relações íntimas da mãe da criança com o investigado na época da concepção resultou no fato de o julgamento afastar o laudo pericial buscando a procedência da investigação da paternidade a partir das "evidências," sob fundamento de que embora deva a prova pericial ser considerada "altamente confiável", "não é infalível", razão pela qual prevaleceu a prova indiciária.

---

[278] AMARANTE, Napoleão. Fundamento de voto proferido na Ap. Cív. nº 33.643 e Ag. de Instrumento n. 8.137, ambos da 2ª Câm. Cív. do TJSC.

[279] STJ - Rec. Esp. n. 97.148 - M G - Ac. 3a. T. - maioria - Rel: Min. Carlos Alberto Menezes Direito - j. em 20.05.1997 - Fonte: DJU I, 08.09.1997, p. 42492 - BONIJURIS Cd-Rom - 32978.

[280] TJRS. Ap. cív. n.º 591.024.146. Ac. de 27.06.1991. Rel. Des. Clarindo Favreto. Rev. Jurídica, 175/68. Soa o aresto: "Não há censura à liberdade sexual da mulher e à livre disposição do próprio corpo, mas há que ser responsável pelos efeitos da postura que adota em sociedade. Dessa responsabilidade faz parte a geração de seus filhos, cujos pais não pode escolher por sorteio, preferências, simpatias: o parentesco do filho que nasce deve ser demonstrado com as provas da relação sexual mantida pelo investigado com a mãe do investigante ao tempo da concepção. Provada a *exceptio plurium concubentium*, surge a perplexidade como obstáculo impeditivo à declaração judicial da paternidade certa".
TJAC. Ap. 96.000228-6 - Segredo de Justiça - j. 24.03.1997 - Rel. Desa. Eva Evangelista. RT 746/297 – 1997. Diz a ementa: "INVESTIGAÇÃO DE PATERNIDADE - Prova - Recusa do investigado em submeter-se ao exame de DNA - Exceptio plurium concubentium não demonstrada - Presunção da veracidade dos fatos alegados - Inteligência dos arts. 136, V, do CC e 332 do CPC. Indemonstrada a exceptio plurium concubentium, a recusa do réu em submeter-se ao exame da pesquisa genética pelo sistema do DNA importa na veracidade dos fatos alegados, pela presunção, acolhida pelo sistema de provas, a teor dos arts. 136, V, do CC e 332 do CPC."

[281] TJ/MG - Ap. Cível n. 10.025/5 - Comarca de Raul Soares - Ac. unân. - 5ª Câm. Cív. - Rel: Des. José Loyola - Fonte: DJMG II, 10.03.1995, p. 01- Bonijuris nº 23.969.

Segundo o relator, Des. José Loyola, contudo,

> [...] as evidências, que apontam para a existência de inquestionável intimidade entre a mãe da autora e o investigado, em época coincidente com a da concepção da menor, não podem desaparecer em face de prova pericial, que, embora se pretenda altamente confiável, não é infalível, posto que é falível a ciência humana. Se a prova pericial decidisse, por si só, as demandas judiciais, a lei processual tornaria dispensável a atuação do Juiz nos processos em que aquela fosse produzida; ou daria à sentença judicial o caráter de decisão meramente homologatória da conclusão do laudo técnico. Se o exame hematológico, embora eficiente, não pode dar ao julgador a certeza necessária à exclusão ou ao reconhecimento de paternidade discutida, mesmo quando a ele não escape qualquer das pessoas diretamente ligadas ao objeto da investigação, com muito menos razão se lhe pode atribuir valor absoluto quando há impossibilidade de análise completa e fidedigna, como ocorre no caso dos autos.

Estamos, em parte, de acordo com o pensamento do ilustre Desembargador, no sentido de que, efetivamente, a prova pericial não deve vincular o juiz em sua função jurisdicional. Da mesma maneira, entendemos não se poder outorgar valor de certeza absoluta à prova técnica, quando existem outros meios de prova que compõem o acervo probatório da causa. Todavia, existe o outro lado da moeda, que consiste na imensa dificuldade em confiar e de ter certeza absoluta do comportamento humano. Bastam alguns segundos em um breve entusiasmo passageiro entre um homem e uma mulher para gerar um filho sem, no entanto, desmontar o arcabouço de uma convivência permanente, nem desfazer uma união estável, mantendo-se a intimidade entre a mãe da criança e o investigado, em época coincidente com a da concepção da criança e esta, na realidade, não ser filho biológico do investigado. Essa simples razão deve determinar o afastamento, pelo julgador, de certas supostas evidências, das vetustas presunções que devem ceder à verdade biológica revelada pelo laudo do exame ADN.

A manutenção da *exceptio plurium concubentium* com prova de filiação em processo investigativo de paternidade se mostra anacrônico, tendo em vista que a Constituição atribui a igualdade material entre o homem e a mulher, não podendo o operador do direito exigir da mulher um comportamento social diverso do exigido do homem. A manutenção da *exceptio plurium concubentium*, como prova de filiação em processo de investigação da paternidade, revela um "não raro resquício imprestável da diminuição da condição feminina, proceder estigmatizante e preconceituoso".[282]

Com efeito, não se pode olvidar do direito à liberdade sexual e do direito à livre disposição do próprio corpo da mulher, conquistados a duras penas em séculos de luta contra injusta opressão masculina. Contudo, reconheçamos a necessária responsabilidade da mulher perante a reprodução, muitas vezes, indesejável, não se deve atribuir a paternidade de uma criança a partir de indícios e presunções, tal qual se procedia no passado, quando possuímos, na atualidade, os meio técnicos e científicos para alcançar o pai biológico e atribuir a paternidade ao verdadeiro genitor.

---

[282] FACHIN, Luiz Edson. *Ob. cit.*, p. 208.

3.4.1.1.2 A posse de estado de filho

A filiação também pode ser provada mediante demonstração da *posse de estado de filho*. A *posse de estado de filho* é uma categoria jurídica antiga, conhecida nas Ordenações.[283] Era utilizada especialmente para obter-se o reconhecimento da filiação com o objetivo de auferir alimentos, não se tratando propriamente de meio de prova em ação de reconhecimento de filiação.

No Brasil, *a posse de estado* que se encontrava um tanto adormecida, ganhou um novo contorno, ressurgindo revigorada a partir da promulgação da Constituição de 1988, que unificou a filiação extinguindo as diversas classes de filhos. A Constituição outorgou uma nova feição à paternidade, destacando ao lado da paternidade biológica e da paternidade civil ou jurídica a paternidade socioafetiva, dentro da qual a *posse de estado de filho* se revela como elemento fundamental. A modalidade de paternidade socioafetiva caracteriza-se pelos laços de afeto que unem pais e filhos em sua convivência diária, independendo da existência de laços biológicos ou jurídicos. A posse de estado de filho consiste na máxima valorização do afeto entre as pessoas em sua convivência diária, reafirmando, dessa maneira, a paternidade social.

No entanto, a doutrina[284] e a jurisprudência[285] tradicionais não admitiam a *posse de estado de filho* como prova única e exclusiva do direito de filiação.

O Supremo Tribunal Federal, em um importante julgado, decidiu pela improcedência da ação de investigação de paternidade cumulada com petição de herança, na qual pretendia a autora o reconhecimento da paternidade a partir da caracterização da posse de estado de filho e de confissão não escrita. O Supremo Tribunal Federal, no entanto, entendeu ser insuficiente para a procedência da ação "mera aparência, da qual resulta simples presunção", quando os depoimentos das testemunhas se mostram contraditórios, não configurando na espécie, qualquer das hipóteses do art. 363 do CC/1916.[286]

Atualmente, a doutrina e a jurisprudência alinhadas aos novos paradigmas do direito de família e de filiação, inaugurados pela Constituição em vigor, vêm admitindo a possibilidade de provar-se a filiação, exclusivamente, pela *posse de estado de filho*.[287] Edmilson V. Franceschinelli analisando o art. 335, do CPC/73, (NCPC art. 375)[288] afirma que a existência da posse de estado de filho conduz à presunção da existência de filiação, não podendo ela ser por isso desprezada. O fato de o Código de Processo Civil de 2015 admitir, no art. 375, que o juiz decida a lide com base na presunção, automaticamente proíbe ao magistrado desprezar a letra da lei, afastando a presunção de paternidade gerada pela posse de estado, considerando-se, ainda, que o sistema processual brasileiro adota o princípio da livre convicção do juiz.[289]

---

[283] *Ordenções Filipinas*. III, 9,4. PASCOAL José de Melo, *Institutiones...*, II,VI, 21/2. GILLISEN, John. *Ob. cit.*, p. 624. Nota do Tradutor, nº 37.

[284] MONTEIRO, Washington de Barros. *Curso de Direito Civil – Direito de Família*, p. 258, considerava-a mera prova adminicular, da qual resulta mera presunção, não justificando, por si só, a ação investigatória.

[285] RT. 155/722.

[286] RE 102.732-1. GO. 1ª T. Julg. 05.08.1986. Rel. Min. Nery da Silveira. DJU 08.04.1988. RT 639/210-224.

[287] FACHIN, Luiz Edson. *Estabelecimento da filiação e paternidade presumida*, p. 149 e ss.

[288] Lei nº 13.105/2015, NCPC art. 375. O juiz aplicará as regras de experiência comum subministradas pela observação do que ordinariamente acontece e, ainda, as regras de experiência técnica, ressalvado, quanto a estas, o exame pericial.

[289] FRANCESCHINELLI, Edmilson Villaron. *Direito de Paternidade*, p. 78-79.

Comungamos com a opinião do autor citado, tendo em vista que a *posse de estado de filho*, efetivamente, origina a presunção de paternidade, tendo em vista que não só a lei processual civil admite como meio de prova a presunção, mas também o Código Civil de 2002. Mantendo o direito brasileiro o sistema jurídico baseado em presunções, não se poderá afastar a admissibilidade da *posse de estado de filho* como prova única e exclusiva da existência de filiação, quando outras provas não existirem. Reforça a tese ora esposada, a dicção do art. 1.605, do CC,[290] que permite provar-se a filiação por qualquer modo admissível em direito, na falta, ou defeito, do termo de nascimento.

Embora nosso pensamento esteja afinado com o de Franceschinelli diante das disposições dos diplomas legais brasileiros, sustentamos que o art. 1.605, do CC, está em descompasso com o princípio da verdade real do binômio paternidade/filiação, tendo em vista que nas ações de investigação de paternidade utilizamos das provas técnicas, nas quais não há que se falar em "começo de prova por escrito", nem da necessidade de "existirem veementes presunções resultantes de fatos já certos". Tais incisos do art. 1.605, do diploma civil, são anacrônicos e obsoletos.

O Estatuto das Famílias, na forma de projeto, vem consagrar, definitivamente, *a posse de estado de filho* como importante meio de prova da filiação, no §2º, do art. 71, ao determinar que "se prova a filiação por qualquer modo admissível em direito, quando houver *posse de estado de filho*".

Segundo disposição do art. 74, o Estatuto das Famílias impede que o filho registrado ou reconhecido venha a impugnar a paternidade, quando estiver caracterizada *a posse do estado de filho* em relação àquele que o registrou ou o reconheceu. Na mesma esteira veda o Estatuto, nos temos do §2º, do art. 76, ao marido, ao convivente ou à mulher o direito de impugnar a paternidade ou a maternidade que lhe for atribuída no registro civil, caso fique caracterizada a posse do estado de filho.

O Estatuto das Famílias dá especial ênfase ao instituto da *posse de estado de filho*, constituindo a categoria em um dos meios de considerável importância para se provar a filiação socioafetiva.

3.4.1.2 Os meios de prova técnicos

A doutrina inclui entre os meios de prova técnicos os exames periciais, os exames hematológicos e o exame genético.

A prova na investigação da paternidade da atualidade se dá, quase sempre, pela realização de provas técnicas, empregando-se os exames periciais, por meio dos quais se verifica a semelhança de determinados caracteres físicos, como o exame da cor dos olhos, da cor da pele, dos cabelos, do pavilhão auricular e de determinados sinais patológicos que possuem investigando e investigado. Os tribunais, no entanto, há longa data, têm preferido o exame hematológico, mediante o qual é realizada a comparação dos grupos sanguíneos do investigante e do indigitado pai, destacando-se os métodos *eritricitário* e *leucocitário*. Na atualidade predomina a prova genética, mediante exame do ADN das partes, cujos resultados, ainda, causam grande entusiasmo entre os operadores

---

[290] Art. 1.605, CC/2002. "Na falta, ou defeito, do termo de nascimento, poderá provar-se a filiação por qualquer modo admissível em direito:
I - quando houver começo de prova por escrito, proveniente dos pais, conjunta ou separadamente;
II - quando existirem veementes presunções resultantes de fatos já certos."

do direito. Quando o caso concreto apresentar maior complexidade na apuração da verdadeira paternidade, será aconselhável a conjugação do exame de ADN e do leucocitário para a obtenção de um grau de certeza confiável. Passaremos, a seguir, a estudar sucintamente os exames periciais antropomórficos e hematológicos, detendo-nos, mais demoradamente, no exame genético do *ADN*.

3.4.1.2.1 O método antropomórfico

Afirmamos que a verificação da paternidade pode ser realizada mediante comparação da semelhança de determinados caracteres físicos entre investigando e o indigitado pai, denominando-se esta técnica de *método antropomórfico de Bertillon*.[291]

Entre os vários métodos antropomórficos, destaca-se o *exame prosopográfico*. O *exame prosopográfico* utiliza a técnica da *prosopografia*, que consiste na descrição das feições do rosto de uma pessoa a partir do confronto de imagens faciais.[292] Segundo essa técnica, o perito tira diversas fotografias do rosto, da cabeça e de detalhes de determinadas feições do investigando e do investigado, que são ampliadas e depois justapostas, uma sobre a outra. Dessa maneira, procura-se comparar os traços fisionômicos do investigante e do indigitado pai. Esse exame pericial teve importância relativa como meio de prova no passado, tendo caído em desuso pela sua primariedade.

Outra modalidade de verificação antropomórfica de paternidade se dá mediante o exame comparativo das impressões digitais e das palmas das mãos do investigando e do investigado. Esse método, aplicado por cientistas da antiga República Socialista Federativa da Iugoslávia, se baseia em observações das características das impressões digitais e das linhas das mãos que são semelhantes em pessoas da mesma família. Apesar de as impressões digitais de uma pessoa serem exclusivas e únicas, seu ponto de identificação se baseia na correlação entre as impressões digitais e as palmas das mãos de pais e de filhos e, também, entre os irmãos. Os estudos revelam que a formação dos dermatógrifos das pontas dos dedos dos indivíduos decorre de transmissão genética e não se submetem às influências externas. Esse método propõe a substituição dos tradicionais exames de investigação da paternidade, a partir do método ABO, pela sua maior praticidade e rapidez. Embora o sistema de investigação da paternidade, mediante comparação das impressões digitais e das palmas das mãos, não tenha, na atualidade, o mesmo sucesso de outrora, sendo preferido o exame ADN, o método foi utilizado com sucesso para descobrir o paradeiro e reunir os membros das diversas famílias dispersas durante a Segunda Guerra Mundial.[293]

3.4.1.2.2 Os exames comparativos de sangue

Ao tempo em que se utilizavam apenas os exames sanguíneos para a investigação da paternidade, a quase unanimidade dos autores sustentava que a prova hematológica

---

[291] Alfonse Bertillon desenvolveu na França o método antropomórfico que consiste em um sistema de identificação de pessoas a partir de elementos antropológicos do ser humano.

[292] *Prosopografia* é entendida como a "descrição de uma pessoa," sendo definida como a ciência que realiza exames comparativos faciais, mediante confronto de imagens da face.

[293] "Famílias dispersas pela guerra." Disponível em: <http://www.icrc.org/>. Acesso em: 30 ago. 2009.

se destina à exclusão da paternidade do indigitado pai em uma certeza quase absoluta, não se destinando, todavia, para afirmá-la, uma vez que o exame sanguíneo nada pode evidenciar de positivo. [294]

Os tribunais proferiram seus arestos no mesmo sentido, em absoluta consonância com a doutrina, afirmando que os exames comparativos dos grupos sanguíneos das partes servem para excluir a paternidade e nunca para admiti-la. Oexamehematológico somente se prestaria como prova afirmativa da paternidade se o laudo, não excluindo a paternidade, viesse acompanhado de outros meios de prova que conduzissem, igualmente, à conclusão pela possível paternidade do investigado.

As modalidades de prova hematológica mais utilizadas na investigação da paternidade se apresentam em três grandes grupos:

a) O primeiro grupo, e mais antigo, o método eriticitário desenvolve a investigação mediante emprego do exame do sangue periférico das partes, utilizando seis marcadores genéticos eritricitários, são os sistemas : ABO; o Rh (C, c, D, E, e); o MNSs; o Duffy; o Kell e o Kidd.

b) O segundo, vale-se do exame comparativo dos *antígenos leucocitários humanos*, denominado de sistema HLA.

c) O terceiro grupo consiste no exame comparativo do ADN humano, no qual se destacam alguns métodos que utilizam marcadores genéticos diversos :

A)Exame do ADN segundo a metodologia RFLP, (*Restriction Fragment Lenght Polymorphism*), emprega seis marcadores genéticos SLPs, (*Single Locus Probes*), tais como o YNH24, o CMM101; o TBQ7; o PH30; o V1 e o LH1;

B) Exame do ADN, utilizando a metodologia PCR, (*Polimerase Chain Reaction*), usa o sistema STR (*Short Tandem Repeat*) com, no mínimo, doze marcadores genéticos, tais como: o CTTv Multiplex, (CSF1PO; TPOX; TH01; v WA), o FFFL Multiplex, (F13A01; FESFPS; F13B; LPL), e o GammaSTR™ Multiplex (D16; D7; D13; D5).

Como se pode constatar, existem diversas metodologias que podem ser utilizadas como prova técnica, mediante exame de sangue, na investigação da paternidade. A citação acima é meramente exemplificativa, não esgotando as técnicas usadas pelos diversos laboratórios. As técnicas diferenciadas, utilizadas pelos laboratórios que desenvolvem os testes ADN, especialmente no Brasil, e a ausência de uma legislação que regule e sistematize a metodologia e as técnicas a serem empregadas pelos laboratórios brasileiros, comprometem, sobremaneira, os resultados dos laudos apresentados. Devem, por isso, os laudos de exame ADN ser observados com a devida cautela, consoante veremos adiante.

O exame comparativo de sangue do investigando e do suposto pai pode ser apontado como o mais tradicional método técnico para a comprovação da paternidade de um indivíduo em relação a outro. O método mais comum e antigo de exame hematológico

---

[294] PEREIRA, Caio Mário da Silva. *Instituições de Direito Civil*. Vol. V, p. 204. MONTEIRO, Washington de Barros. *Curso de Direito Civil – Direito de Família*. v.2, p. 257-258. GOMES, Orlando. *Direito de Família*, p. 354. RODRIGUES, Silvio. *O divórcio e a lei que o regulamenta*, p. 374. MARLET, José Maria. Valorização das provas de investigação da paternidade. *RT* 569/250. AZEVEDO, Álvaro Villaça de. Investigação de Paternidade e alimentos. *Revista dos Tribunais*. 584/59.

na investigação da paternidade denomina-se sistema *ABO*, que consiste na determinação do *antígeno eritrocitário*. As demais modalidades de exames comparativos de sangue utilizam o sistema de verificação do fator *Rh* (Taylor-Race e Brewer), do método *M, N* e *MN* (Levin, Landsteiner), do método *Kell*, do método *Duffy* e do método *HLA* (*Human Leuchocytes Antigens*). Esses sistemas têm por finalidade constituir um tipo genético dos interessados na investigação, caracterizando o tipo genético do investigando, o de sua mãe e o do suposto pai, concluindo-se, ao final, pela possibilidade ou pela exclusão da paternidade.

O sistema HLA tem merecido preferência entre os métodos comparativos de sangue por trazer um resultado que pode excluir a paternidade de alguém em uma percentagem de 100%, ou de confirmá-la com um grau de probabilidade bastante confiável. O sistema HLA possui por base investigatória o antígeno de histocompatibilidade ou antígenos leucocitários humanos, encontrados nos leucócitos do sangue, sendo considerado como dos sistemas mais completos e complexos dos métodos de exame comparativo de sangue das partes, sendo os antígenos denominados *blank*. Esses antígenos oferecem uma margem de 98% de probabilidade de se identificar a paternidade ou de afastá-la em 100%, nas hipóteses de paternidade não assumida.

Outros antígenos existem em vias de desenvolvimento pela ciência. Pelas combinações do sistema, pode-se concluir se a pessoa, que não admite a paternidade, tem efetiva possibilidade de ser ou não ser o pai. O grande número de fatores de distinção possibilita inúmeras combinações, localizados nos cinco *loci* do cromossomo de número 6, banda 6p21.3, constituindo um complexo sistema de genes relacionados entre si. Eses *loci* são constituídos pelos *locus* HLA-A, HLA-B, HLA-C, HLA-D, HLA-DR, etc. Os genes clássicos HLA-A, HLA-B, HLA-Cw (classe I), HLA-DRB1, HLA-DPB1 e HLA-DQB1 (classe II), codominantes, são os mais polimórficos e mais estudados do sistema HLA. O *locus* HLA-B com 627 alelos, seguindo-se o HLA-DRB1 com 394, o HLA-A com 349, o HLA-Cw com 182 e o HLA-DPB1 com 116.[295] O sistema HLA é constituído por 224 genes, dos quais 128 são genes funcionais e 96 são pseudogenes.[296]

Embora esse sistema apresente extrema complexidade, seus resultados são bastante confiáveis.

3.4.1.2.3 Crítica aos exames comparativos de sangue

Todo o método de investigação da paternidade por comparação de tipos sanguíneos tem merecido inúmeras críticas.

Caio Mário da Silva Pereira[297] demonstra que os tipos sanguíneos A, B, AB e O, classificados pelo *Comité d'Hygiène de la Societe' des Nations*, do mesmo modo os sistemas M, N e MN e do fator Rh, transmitem-se hereditariamente; todavia, esses tipos sanguíneos são encontrados em milhões de indivíduos, dificultando, extremamente, a verificação da existência de laços biológicos entre duas pessoas. Assim, se um

---

[295] Sistema de HLAs. (*Human Leukocyte Antigens*). Publicação do Laboratório de Genética Humana da Universidade da Madeira. Funchal. Pt. Disponível em: <http://www3.uma.pt/lgh/investigacao_hlas.html>. Acesso em: 29 ago. 2010.

[296] Sistema de HLAs. *Ob. cit.*

[297] PEREIRA, Caio Mário da Silva. Instituições de Direito Civil. v. V, p. 204.

indivíduo possuir determinado tipo sanguíneo e seu tipo sanguíneo coincidir com o de um determinado investigando não significa que se deva acreditar de imediato serem ambos pai e filho. As conclusões do teste sanguíneo se prestarão para auxiliar o juiz na prolação da sentença, quando este for conjugado com outras provas, mas o exame comparativo de sangue isolado não levará à conclusão alguma, máxime de exclusão de suposta paternidade.[298]

Pelo fato de os exames hematológicos dos grupos sanguíneos serem considerados, tão somente, como métodos de exclusão de evidência da paternidade, o método HLA passou a ter grande aplicabilidade nas últimas décadas do séc. XX, por oferecer maior margem de segurança e probabilidade mais ampla de constatar-se de alguém ser, efetivamente, pai de outrem.

O sistema *leucocitário* em comparação com o método *eritrocitário* se mostra efetivamente superior, possuindo inúmeras vantagens sobre este. Estudos estatísticos comprovam que é preciso utilizar 20 sistemas eritrocitários para se conseguir excluir os falsos pais em 72% dos casos. A aplicação do método dos antígenos leucocitários resulta na exclusão dos falsos pais em 90%. Não restam dúvidas da superioridade do sistema HLA sobre o método eritrocitário. O ideal, porém, seria a associação de ambos os métodos. Combinando-se a aplicação do método *eritrocitário* com o método *leucocitário*, o resultado revelará a probabilidade de exclusão de falsos pais em uma percentagem de 99,7%, que vem sendo considerada como uma possibilidade de certeza plena de não paternidade. No entanto, os métodos de investigação hematológica, acima tratados, somente, se prestam para, com alguma certeza, excluir a paternidade e não para afirmá-la.[299]

João Lélio Peake de Mattos Filho[300] critica, com muita procedência, os métodos denominados de "série vermelha", (exames de sangue), afirmando que, mesmo utilizando-se, simultaneamente, todos os marcadores genéticos, não haverá qualquer possibilidade de se poder afirmar, com 100% de certeza, a confirmação da paternidade de alguém, em relação a outrem.

Mattos Filho demonstra a procedência de sua afirmação em não haver possibilidade de poder atribuir, com 100% de certeza, a paternidade de alguém, mediante o emprego de estatísticas norte-americanas em relação à matéria, em que se verifica que de 1.000 casos examinados, 25% resultaram em exclusão simples, ficando os casos remanescentes, de não exclusão, assim agrupados: 16% dos indivíduos examinados possuiriam mais de 99% de probabilidade de paternidade; 65% possuiriam mais de 95% de probabilidade de paternidade e 86% dos examinados possuiriam mais de 90% de probabilidade de paternidade. O laudo final de um exame HLA quando não excluir a paternidade e possuindo o suposto pai o haplótipo comum ao investigante, revelará uma elevada probabilidade, embora, mesmo com o uso simultâneo de todos os marcadores genéticos, não seja possível afirmar-se em 100% a probabilidade da paternidade.[301]

---

[298] PEREIRA, Caio Mário da Silva. Ult. ob. cit., p. 205. A coincidência dos tipos sanguíneos, por 51 50, não autoriza a decretação da procedência de uma ação de investigação de paternidade. Tal prova, somente, vale para excluir a paternidade e nunca para admiti-la como fato certo.

[299] MARLET, José Maria. Investigação das provas de investigação da paternidade. *Revista dos Tribunais 568/250.*

[300] MATTOS FILHO, João Lélio Peake de. Considerações sobre a aplicação da metodologia "HLA". *Revista dos Tribunais.* 607/252.

[301] MATTOS FILHO, João Lélio Peake de. *Ob. cit.*, p.252.

Os exames hematológicos clássicos, na investigação da paternidade, tiveram sua fase áurea até o final da década de oitenta, do século passado, quando foram sendo substituídos pelos exames de ADN, que se têm mostrado muito mais eficiente, resultando, segundo a unanimidade dos autores, em uma exclusão da paternidade biológica na proporção de 100% e na proporção de 99,999% de probabilidade de o examinado ser pai do investigando.

Dessa constatação resulta a afirmativa de grande parte da doutrina no sentido de que a prova hematológica não se destina, tão somente, para determinar, com grau absoluto, a exclusão da paternidade, mas considera os exames hematológicos nos "elementos constitutivos de convicção definitiva de hereditariedade biológica".[302]

Embora sejam otimistas os resultados apresentados pela perícia genética, Caio Mário da Silva Pereira[303] chama atenção para os cuidados com que o operador do direito deve tratar e ponderar a prova técnica, aconselhando pelo seu controle contínuo, a fim de serem evitados abusos e distorções.

Humberto Theodoro Jr.,[304] esposando tese diversa, em nota de atualização da obra de Orlando Gomes, atribui aos exames hematológicos, que analisam os caracteres genéticos, uma certeza em grau absoluto tanto para afirmar como para negar a paternidade de alguém. A assertiva e o entusiasmo do autor, entretanto, segundo nossa opinião, constituem-se, no momento científico atual, em um grande exagero, consoante verificaremos em outro capítulo, ao tratarmos das críticas aos resultados do exame de ADN.

3.4.1.2.4 A prova na investigação da paternidade com base em marcadores bioquímicos por detecção eletroforética

As peritagens biológicas ou genéticas têm sido empregadas na pesquisa da frequência genética que se revela nos indivíduos que compõem determinada população. Dessa maneira, pode-se realizar o levantamento da frequência com que determinado *gene* aparece entre os indivíduos pesquisados e constatar quais as características estáveis que se transmitem hereditariamente em determinado grupo humano. As peritagens biológicas são integradas pelas pesquisas realizadas por meio do estudo de características genéticas detectadas por via serológica;[305] pelo estudo de características genéticas detectadas por via eletroforética e mediante o estudo de antígenos de histocompatibilidade.

Na Alemanha, desenvolveram-se técnicas destinadas à investigação da paternidade mediante a verificação da frequência genética de determinadas características estáveis, que todas as pessoas possuem, as quais se transmitem hereditariamente, depositado-as em um banco de dados. Esses métodos são denominados métodos *genético-antropológico* e *bioestatístico*.

---

[302] PEREIRA, Caio Mario da Silva. *Instituições de Direito Civil*. Vol. V, p. 205. Em idêntico sentido, ALMEIDA, Maria Christina de. *Investigação de Paternidade e DNA*, p. 63-75.

[303] PEREIRA, Caio Mario da Silva. *Reconhecimento de paternidade e seus efeitos*, p. 126.

[304] THEODORO JR., Humberto. Nota de atualização da obra de Orlando Gomes, *Direito de Família*, p. 355.

[305] Polimorfismo de conformação de filamento único ou polimorfismo de conformação de fita simples (SSCP, do inglês *Single Strand Conformation Polymorphism*) é definida como uma técnica de diferenciação de filamentos únicos de DNA de comprimentos idênticos, como induzidos por diferenças nas sequências sob certas condições experimentais. Essa propriedade permite distinguir as sequências por meio de eletroforese em gel, que separa as diferentes conformações.

a) O primeiro método empregado na investigação da paternidade, mediante a constatação da frequência genética das pessoas, constitui-se dos métodos *genético-antropológico* e *bioestatístico*

Os métodos *genético-antropológico* e *bioestatístico* consistem na verificação e na sistematização, por um processo controlado, das características hereditárias estáveis das pessoas de determinada região que se transmitem hereditariamente. A hereditariedade e os caracteres distintivos dos indivíduos, devidamente analisados, podem ser comparados e valorados estatisticamente sendo, posteriormente, cadastrados em um banco de dados específico em órgão da saúde pública (*Gesundheitsamt*).

Os sistemas de investigação *genético-antropológico* e *bioestatístico* possibilitam ao pesquisador obter a prova positiva de paternidade com uma pequena margem de erro, mesmo que o investigado alegue existência de manifesta impossibilidade de procriar. Para a obtenção de tal resultado, será preciso que se conheça a frequência com que determinado *gene* aparece na população a qual pertençam as partes. Quanto mais frequente for determinado *gene* em uma mesma população, mais difícil se torna a constatação da relação de parentesco entre o investigando e o indigitado pai. O grande perigo que esses métodos apresentam é que podem surgir no grupo populacional, geneticamente cadastrado, diversos indivíduos que possuam o mesmo *gene*, sendo apenas um deles o verdadeiro pai biológico do investigando. O risco desses métodos consiste na possibilidade de se atribuir a paternidade a uma pessoa sem que a mesma seja o verdadeiro pai biológico da criança.

b) Outro método empregado na investigação da paternidade se dá pela determinação da frequência genética das características estáveis das pessoas, mediante marcadores bioquímicos.

Os resultados das pesquisas sobre a investigação biológica da filiação, com base em marcadores bioquímicos por detecção eletroforética, demonstraram que, em alguns casos, houve exclusão da pretensa paternidade.[306] Em outros, a conclusão demonstrou a possibilidade de determinados indivíduos poderem, assim como o pretenso pai, gerar com a mãe o filho investigando. No entanto, em relação a uma certeza de paternidade biológica, não será possível, por meio dessa técnica, afirmar com segurança a paternidade de alguém em relação a outrem. Logo, os presentes métodos de averiguação só se prestariam para excluir suposta paternidade.[307]

A principal crítica ao emprego das provas técnicas, aqui mencionadas, repousa na dificuldade de o operador do direito interpretar as conclusões do laudo técnico. O laudo pericial é constituído por um extenso relatório o qual, para ser compreendido, exige do intérprete conhecimentos de genética e dos procedimentos técnicos de investigação. As peritagens biológicas atrelam totalmente o magistrado e sua decisão ao laudo do perito, fato que é extremamente desaconselhável na árdua tarefa da distribuição da justiça.

Nas hipóteses em que o laudo pericial apontar em direção à probabilidade da paternidade do indigitado pai, em razão de coincidência do material genético das partes,

---

[306] CRUZ, J. Machado. Possibilidades atuais da investigação biológica da filiação em Portugal. *Boletim do Ministério da Justiça*, nº 198, p. 6. A *Eletroforese* consiste no fenômeno da migração de espécies carregadas eletricamente, que ocorre quando as mesmas são dissolvidas ou suspensas em um eletrólito, através do qual uma corrente elétrica é aplicada. Esta técnica de separação foi desenvolvida pelo químico Arne Tiselius para o estudo de proteínas em soro. In Wikipédia, http://pt.wikipedia.org/. Acesso em 23.02.2003.

[307] CRUZ, J. Machado. *Ob. cit.*, p. 6.

será necessária a *confirmação* da paternidade a partir da verificação da frequência com que determinado *gene* aparece na população à qual pertençam as partes.

Um minucioso estudo crítico sobre a utilização dos métodos de peritagens biológicas concluiu que estas técnicas, empregadas isoladamente, possuem o poder de exclusão de uma suposta paternidade, relativamente baixo. De outro lado, os exames realizados através da conjugação das técnicas *sereológica* e *eletroforética* resultaram em uma probabilidade de exclusão da paternidade bem mais segura, em uma percentagem aproximada de 90%.[308] As pesquisas realizadas com os *antígenos de histocompatibilidade* asseguram um resultado bastante seguro no tocante à exclusão da paternidade, sendo, porém, muito raro e discutível um resultado de confirmação de o examinando ser pai do investigante.[309] [310]

A investigação da paternidade mediante emprego das peritagens biológicas, embora tenha alcançado grande sucesso na Europa, nas décadas de setenta e oitenta do século passado, não permite uma conclusão afirmativa plenamente segura de uma dada filiação, mas, somente, a exclusão da possibilidade de o investigado ser o pai biológico do investigante, em uma proporção de até no máximo 98%.

Apesar do sucesso, essas técnicas, pela sua complexidade, acabaram por ser substituídas pela técnica de investigação via exame do ADN.

Entre nós, as peritagens biológicas por frequência genética são extremamente difíceis, se não, inviáveis. Não existem no Brasil bancos de dados genético-estatísticos da população brasileira, louvando-se algumas instituições dedicadas à pesquisa e investigação de paternidade de modelos e tabelas vindas de fora, que nem sempre podem ser aplicadas entre nós, devido às características e a peculiaridades da população brasileira, tão diversas da americana e da alemã.

Deixamos o exame da confirmação estatística para o próximo capítulo, ao abordarmos o exame ADN, no qual se aplicam os métodos estatísticos para a elaboração do cálculo da probabilidade de que o material pertença ao investigado e que a indigitada paternidade seja confirmada.

3.4.1.2.5 A técnica do exame do ADN

O ADN ou DNA, *ácido desoxirribonucléico*, consiste em material genético que contém informações determinantes dos caracteres hereditários transmissíveis à descendência. Apresenta-se como um composto orgânico, em cujas moléculas são encontradas as informações genéticas destinadas ao funcionamento e ao desenvolvimento de todos os seres vivos. [311] Sua principal função consiste em armazenar as informações necessárias para a construção das proteínas e dos ARNs.

As provas periciais realizadas com grupos sanguíneos eram praticadas na Alemanha desde o final da década de vinte, do século passado. Com o término da Segunda Guerra Mundial, voltaram-se os biólogos a pesquisar diversas metodologias destinadas

---

[308] CRUZ, J. Machado. *Ob. cit.* p. 9 e 10.

[309] CRUZ, J. Machado. *Ob. cit.* p. 9 e 10.

[310] Sereologia ou Sorologia é a ciência que estuda o soro sanguíneo. O termo tem sido empregado para designar o diagnóstico e a identificação de anticorpos e antígenos no soro.

[311] Definição legal do DNA, cf. inciso II, do art. 3º, da Lei nº 8.974 de 05.01.1995.

a investigar a paternidade, objetivando poder-se determinar a paternidade biológica de um suposto pai com um grau de certeza absoluta, tendo este campo de pesquisas se desenvolvido notavelmente até os dias atuais.

Na década de 1970, surgiram tecnologias que permitiram o isolamento e a purificação de genes específicos, mediante técnica denominada de *clonagem gênica*, a qual permitiu o desenvolvimento de um estudo amplo e profundo do ADN. Por meio dessa técnica, procede-se ao isolamento de regiões específicas da molécula do ADN, obtendo-as em grande quantidade e a possibilidade de determinar-se sua sequência em uma velocidade de milhares de nucleotídeos diários.[312] O desenvolvimento desse método de exame ADN possibilita identificar o parentesco entre diferentes espécies de plantas e de linhagens de animais.

A *clonagem gênica* aplicada na análise do ADN humano mostra resultados consideráveis na realização da investigação da paternidade, na identificação de criminosos, no rastreamento de doenças hereditárias, no diagnóstico de doenças genéticas e infecciosas e na determinação de compatibilidade na realização de transplantes. O progresso da biologia revelou a afirmação de que seria possível chegar-se a uma prova de paternidade que tangenciaria o grau de certeza absoluta da paternidade biológica, por meio de exames do ADN de duas pessoas. Desse modo, inovou-se a concepção anterior de que a prova hematológica, mediante o estudo comparativo dos grupos sanguíneos, se prestava, somente, para concluir-se com absoluta certeza pela exclusão da paternidade natural.

O exame do ADN, a partir dos estudos de Alec Jeffreys, iniciados em 1984, veio a revolucionar os meios de prova técnicos de investigação da paternidade, por permitir o esclarecimento e a verificação da paternidade em casos extremamente complexos, inclusive nas hipóteses em que o suposto pai já tivesse falecido. A principal vantagem do exame do ADN, sobre o sistema dos antígenos eritricitários e leucocitários, na investigação da paternidade, se apresenta nos casos em que os laudos dos exames convencionais as probabilidades de paternidade se mostrarem insuficientes. O resultado dos exames de ADN, propalado por cientistas, apresentaria uma exclusão em 100%, de falsos pais biológicos e revelaria uma probabilidade positiva de paternidade biológica em torno de 99,999%.[313]

Os testes de identificação mediante o emprego do perfil do ADN foi chamado por Jeffreys de *"DNA fingerprints"*, que significa *impressões digitais do DNA*. Preferimos, no entanto, neste trabalho, empregar a terminologia brasileira, que denomina *tipagem de ADN*, por nos parecer mais adequada do que a expressão alienígena *DNA fingerprints*.[314]

---

[312] ROSSI, Nilce Maria Martinez, (coord.); ESPREAFICO, Enilza Maria; LARSON, Maria Luisa Paçó; MONESI Nadia; RODRIGUES, Vanderlei; NASCIMENTO, Alessandra A C; GRAMINHA, Marcia A S. Tecnologia do DNA Recombinante. *Faculdade de Medicina de Ribeirão Preto.* USP. 2000/2001, p. 1-6. O ADN recombinante consiste em moléculas de ADN ou ARN manipuladas fora das células vivas, mediante modificação de segmentos de ADN ou ARN natural ou sintético que possam multiplicar-se em uma célula viva, ou, ainda, as moléculas de ADN ou ARN resultantes dessa multiplicação.

[313] MATTOS FILHO, João Lélio Peake de. Investigação de paternidade com suposto pai falecido – Atualização médico pericial – Descrição dos primeiros casos brasileiros empregando o exame do DNA – Possibilidades e limitações. *Revista dos Tribunais* 722/360.

[314] BOEIRA, Alfredo Gilberto. O Perfil do DNA como prova Judicial – uma revisão crítica. *Revista dos Tribunais*, 714/290. Alfredo Gilberto Boeira prefere a utilização da nomenclatura *perfil ou tipagem de DNA*, por ser mais apropriada do que *DNA fingerprints*, que consiste em um sistema de identificação de pessoas utilizado

Para o perfeito entendimento da prova técnica do ADN, devemos relembrar que a célula humana é constituída por 46 cromossomos, vinte e três oriundos do pai e vinte e três cromossomos advindos da mãe. Metade dos cromossomos é trazida pelo espermatozoide do homem e a outra provém da mulher, por meio do óvulo. Os cromossomos são constituídos por elementos definidores dos caracteres genéticos de cada pessoa, denominados *genes*. Os genes apresentam-se dois a dois, um de origem paterna e outro materna, recebendo o nome de *genes alelos*. Os *alelos* localizam-se em um ponto determinado do cromossomo denominado de *locus*.

O procedimento mais utilizado na identificação de uma pessoa, a partir de seu *perfil de ADN*, realiza-se mediante o emprego de sondas multi ou unilocais. Entende-se por *sondas* os elementos que servem para localizar nos cromossomos os alelos destinados à análise.[315] O método consiste em proceder-se à divisão da cadeia de *ácido desoxirribonucléico* existente nos cromossomos da célula e analisar os fragmentos resultantes dessa divisão mediante o emprego de sondas especiais. Os fragmentos resultantes da divisão do ADN representam sequências de *bases púricas* e *pirimídicas*, componentes da cadeia de ADN e correspondem aos genes incluídos no cromossomo.[316]

O procedimento de identificação do ADN de uma pessoa inicia-se mediante a coleta de material genético, que é depositado em frascos apropriados e devidamente identificado. O ADN localiza-se no interior do núcleo de todas as células do corpo humano, dando-se preferência ao exame mediante amostras de sangue do filho, da mãe e do indigitado pai. No entanto, qualquer produto biológico poderá ser usado para coleta de ADN, razão pela qual os laboratórios brasileiros vêm utilizando amostras coletadas da saliva dos examinandos. O segundo passo consiste na separação e na purificação do ADN por meios químicos. Após esta fase, inicia-se a fragmentação do ADN por enzimas de *restrição*,[317] que resultam em fragmentos de ADN de diversos tamanhos que são separados e classificados pelo processo de eletroforese, de acordo com a dimensão de cada fragmento. Depois, as partículas são cindidas ao meio e fixadas sobre uma película de *nylon*. Na fase seguinte, realiza-se a *hibridização*, que consiste em um banho específico no material preparado, contendo sondas radioativas que aderem aos fragmentos cindidos na fase anterior. A seguir, aplica-se sobre as lâminas de ADN marcadas pelas sondas um filme sensível à radiação destinado a exibir o tamanho e a localização de cada fragmento, denominados *bandas* ou *faixas*. Por último, realiza-se o exame comparativo das películas de Raio X, sobre as quais se desenham as *bandas*, visando à verificação da coincidência ou não entre elas. Esta procura de coincidência entre as bandas é denominada *match*. Nesta fase, comparam-se as bandas de ADN da criança com as de sua mãe e com as do suposto pai. Todas as bandas situadas em uma mesma posição, nos padrões da criança e de sua genitora, são marcadas. As bandas de ADN da criança

---

internacionalmente. Esclarece o autor que esta denominação, muito divulgada pela mídia internacional, tinha a vantagem de associar a descoberta a um método de identificação reconhecido como de confiança absoluta.

[315] MATTOS FILHO, João Lélio Peake de. Investigação de paternidade..., *ob. cit.*, p. 361. ROSSI, Nilce Maria Martinez, (coord.); ESPREAFICO, Enilza Maria; LARSON, Maria Luisa Paçó; MONESI Nadia; RODRIGUES, Vanderlei; NASCIMENTO, Alessandra A C; GRAMINHA, Márcia A S. Tecnologia do DNA Recombinante. *Faculdade de Medicina de Ribeirão Preto*. USP. 2000/2001, p. 1-6.

[316] BOEIRA, Alfredo Gilberto. *Ob. cit.*, p. 290.

[317] BOEIRA, Alfredo Gilberto. *Ob. cit.*, p. 292. A técnica de fragmentação do DNA por restrição é denominada de *RFLP – sigla de Restriction Fragment Length Polymorphism*.

remanescentes são as herdadas de seu pai biológico. Havendo na comparação das bandas de ADN remanescentes do investigante compatibilidade, harmonia, identidade, qualidade e mesma distribuição topográfica com as do investigado, conclui-se ser o indigitado pai o verdadeiro pai biológico da criança.[318]

A interpretação correta da coincidência das *bandas* revelará a existência de evidência científica de relação de parentesco entre os examinados, que poderá auxiliar o magistrado de decidir com maior segurança, a ação de investigação da paternidade.

João Lélio Peake de Mattos Filho,[319] Morad Ayush Amar e Marcelo J. Ayush Amar[320] explicam, com muita singeleza, o procedimento técnico do exame do ADN na investigação da paternidade, reconhecendo a "grande precisão na definição da paternidade biológica" na elucidação da paternidade em relação ao indigitado pai falecido.

A doutrina divide o procedimento da investigação de paternidade em duas modalidades: a) investigação da paternidade de suposto pai vivo e b) investigação da paternidade de suposto pai falecido.

a) No caso de estar vivo o suposto pai, inicia-se o procedimento investigatório mediante a coleta de sangue.[321] A partir do material colhido se realizará a identificação dos alelos da criança e da mãe, sendo separados os alelos maternos e os alelos da criança de origem materna. Os demais alelos do investigando são transmitidos pelo pai. Havendo coincidência entre os alelos de origem paterna da criança com os alelos do examinando, pode-se concluir pela paternidade biológica do indivíduo. Não havendo coincidência entre os alelos de origem paterna da criança, com os alelos do investigado, a conclusão indicará a exclusão da paternidade biológica do indivíduo em grau absoluto.

b) Sendo o suposto pai morto, o procedimento investigatório inicia-se de modo semelhante ao de suposto pai vivo, com a coleta do material, procedendo-se à separação e à identificação dos *alelos* da criança e da mãe, sendo separados e desconsiderados os *alelos* em comum, fixando-se o estudo nos alelos transmitidos pelo pai.[322]

O procedimento investigatório de pai falecido envolve dois caminhos.

1) O primeiro, mediante estudo genético da família original do indigitado pai. Esse estudo tem por base a análise da prole do falecido investigado e de sua viúva e, em alguns casos, dos ascendentes e colaterais, de maneira a tornar possível a reconstrução da estrutura genética do falecido, formando uma verdadeira "árvore genealógica genética." O estudo dos descendentes do investigante, na busca da investigação da paternidade, denomina-se *reconstrução reversa da árvore genealógica*. A *reconstrução reversa da árvore genealógica* consiste na comparação dos alelos dos descendentes do investigado com os

---

[318] AMAR, Ayush Morad; AMAR, Marcelo J. Ayush. *Investigação de Paternidade e Maternidade: Aplicações Médico-Legais do DNA*, p. 39-40.

[319] MATTOS FILHO, João Lélio Peake de. Investigação de paternidade com suposto pai falecido..., *ob. cit.*, p. 360.

[320] AMAR, Ayush Morad; AMAR, Marcelo J. Ayush. *Ult. Ob. cit.*, p. 43.

[321] MATTOS FILHO, João Lélio Peake de. *Investigação de paternidade com suposto pai falecido* ..., ob. cit., p. 361. O autor sugere o *sangue* como sendo o material ideal para ser examinado na investigação da paternidade por meio do exame do ADN. Ao contrário de outros autores, refuta o emprego de materiais diversos do sangue, como os fios de cabelo, unhas, etc., qualificando-os de imprestáveis para a realização do exame por serem tecidos desvitalizados e desprovidos de ADN. Em sentido oposto, PEREIRA, Caio Mário da Silva. *Direito de Família*, p. 205, para quem o ADN para exame, pode ser colhido de qualquer parte do corpo, inclusive da raiz dos cabelos. No Brasil, segundo já noticiamos, dá-se preferência à coleta do ADN da saliva dos examinandos.

[322] MATTOS FILHO, João Lélio Peake de. *Ob. cit.*, p. 360 e AMAR, Ayush Morad; AMAR, Marcelo J. Ayush. *Ob. cit.*, p. 43.

alelos de origem paterna do investigando. Os exames mais utilizados nesta modalidade de investigação são os realizados pelos métodos do HLA e do ADN combinados. Na doutrina tem se encontrado como modalidade preferida na investigação da paternidade *post mortem* o denominado "teste de irmandade" utilizável na hipótese em que o investigado tenha outro filho além do investigante. O "teste de irmandade" poderá revelar se os dois indivíduos são irmãos, filhos de um ascendente comum.

Essa modalidade de investigação, porém, apresenta inconvenientes em se tratando de exame conclusivo-exclusivo de irmandade, uma vez que, nessas hipóteses, a filiação biológica será uma presunção legal e não uma certeza científica. Sendo assim, existe a probabilidade de o "filho biológico" não o ser na realidade.

O exame é realizado mediante o emprego de *sondas unilocais* para localizar nos cromossomos os *alelos* destinados à análise. Quanto maior o número de descendentes do suposto pai que possam ser examinados maior será a probabilidade de se obter um resultado exato de vinculação genética entre as partes. Mattos Filho sugere, desde que possível, a realização do exame dos alelos dos ascendentes vivos do suposto pai falecido, cujos resultados conduzirão para uma certeza quase absoluta da paternidade. Mesmo sendo a constituição genética individual para cada pessoa, os indivíduos provenientes de um mesmo pai possuirão alelos paternos comuns, permitindo a conclusão de um laudo que aponte para uma probabilidade muito elevada de paternidade positiva. Os valores encontrados em relação à possibilidade de afirmação da paternidade são acima de 99%, revelando um altíssimo grau de probabilidade de o indigitado pai ser o verdadeiro genitor biológico do reclamante.

2) O segundo caminho que pode ser trilhado na investigação da paternidade de pai falecido se dá mediante a exumação do corpo do suposto pai e a procura de moléculas de ADN que possam fornecer elementos para a investigação da paternidade.

Mattos Filho[323] alerta para as dificuldades do isolamento do ADN em pessoa falecida, devido à decomposição do material biológico dela. Dependendo da temperatura, da umidade, das condições de luminosidade onde o corpo foi sepultado e do grau de contaminação dos despojos mortais por bactérias saprófitas, pode tornar-se impossível a obtenção do isolamento do ADN do cadáver. O autor desaconselha a utilização de fios de cabelo, de unhas, etc., para a investigação da paternidade de suposto pai falecido, pelo fato de serem tecidos desvitalizados e desprovidos de ADN. Por essas razões, Mattos Filho desestimula o emprego deste método na investigação da paternidade, devendo, somente, ser utilizado nos casos em que não for possível encontrar nenhum parente vivo do indigitado pai, para se realizar a *reconstrução reversa da árvore genealógica*.

Na realização do exame do ADN de suposto pai falecido, mediante o método da exumação do cadáver é indicada a utilização de ossos longos, tais como o fêmur, a tíbia e a ulna, pois o ADN a ser isolado encontra-se na medula óssea, rica em células que podem, dependendo das condições de conservação do corpo, fornecer o ADN necessário ao exame. Mattos Filho sugere o emprego do PCR (*Polymerase Chain Reaction*), que consiste na reação em cadeia da polimerase,[324] destinado a detectar fragmentos de

---

[323] MATTOS FILHO, João Lélio Peake de. Investigação de paternidade com suposto pai falecido ..., ob. cit., p. 361.

[324] A *polymerase* é uma enzima cuja função principal está associada aos ácidos nucleicos, o ADN e o ARN.

ADN em tecidos já degradados.[325] Essa técnica não difere substancialmente do método realizado mediante a utilização de sondas uni ou multilocais, empregando-se, porém, na espécie, resíduos muito pequenos que são *polimerizados* pela ação da polimerase. Essa técnica permite a formação de grande quantidade de material para fazer-se a comparação de uma banda unilocal. O PCR, no entanto, deve ser empregado, somente, nos casos em que ocorreu a exumação de cadáver, nunca em investigação de paternidade em suposto pai vivo. Revela-se um método típico para ser utilizado na investigação da paternidade quando as amostras forem escassas.[326]

Para Mattos Filho e Gilberto Boeira,[327] a técnica de investigação da paternidade a partir da exumação do cadáver do suposto pai falecido deve ser utilizada em casos de identificação médico-legal, consistindo em procedimento de exceção na investigação de vínculo genético, dando franca preferência ao método da *reconstrução reversa da árvore genealógica,* técnica que tem merecido preferência pela jurisprudência brasileira.[328]

Em sentido oposto, Luiz Fernando Jobim[329] defende a realização da investigação da paternidade a partir da exumação do cadáver do suposto pai falecido, mediante o exame dos marcadores do ADN do cromossomo Y (STRs), que podem ser encontrados nos despojos mortais. No cromossomo masculino Y existem locais que identificam um perfil familiar genético, específico para os membros do sexo masculino. Assim, o estudo desses marcadores do ADN do cromossomo Y (STRs) possibilita identificar um padrão que é transmitido por muitas gerações, razão pela qual os descendentes e ascendentes de um determinado indivíduo masculino possuem um padrão de cromossomo Y idêntico. O motivo dessa conservação do padrão genético do homem estaria relacionado com a baixa taxa de recombinações no cromossomo Y. Segundo Jobim, o conhecimento do padrão genético Y, imutável por muitas gerações, permite a investigação de paternidade por intermédio de descendentes afastados de pessoas já falecidas, tal como sobrinhos e primos, entre outros, desde que sejam da mesma linhagem masculina. A comparação do ADN da célula Y, do suposto filho com o de um primo ou de um neto do indigitado pai falecido, poderá trazer significativos esclarecimentos em uma ação de filiação. Cumpre, porém, lembrar que as amostras de material genético devem provir exclusivamente da linhagem masculina do suposto pai. A linhagem masculina não pode, de modo algum, ser interrompida por um membro do sexo feminino, ou seja, não se pode utilizar material genético de um sobrinho, filho de uma irmã do suposto pai falecido.[330]

---

[325] MATTOS FILHO, João Lélio Peake de. *Ob. cit.,* p. 362. O PCR é um amplificador do ADN viabilizando sua análise.

[326] BOEIRA, Alfredo Gilberto. *Ob. cit.,* p. 292.

[327] MATTOS FILHO, João Lélio Peake de. *Últ. ob. cit.,* p. 363. BOEIRA, Alfredo Gilberto. *Últ. ob. cit.,* p. 292. Mattos Filho, analisando a casuística brasileira da matéria, apresenta as seguintes estatísticas: de dezesseis casos analisados, a exumação de cadáver foi necessária em apenas um dos casos (6,25%). Esse caso revelou uma probabilidade de paternidade de 99,71%. Dos dezesseis casos, resultou uma exclusão de paternidade em três, que corresponde a 18,75%. Nos quinze casos restantes não se realizou a exumação do cadáver do suposto pai, preferindo os peritos analisar o material genético do irmão do indigitado pai. Os resultados obtidos mostraram a percentagem de 91,09% de probabilidade de paternidade. Em outro caso, não possuindo o investigando mãe, o teste foi realizado a partir de material genético de um suposto meio irmão que resultou em 85,7% de probabilidade de paternidade.

[328] MATTOS FILHO, João Lélio Peake de. *Tribuna da Magistratura.* Ano 5, nº 40, out./nov. de 1992, p. 14.

[329] JOBIM, Luiz Fernando. *Dna & Sexo.* Disponível em: <http://www.dnareference.com.br>. Acesso em: 30 jul. 2009.

[330] JOBIM, Luiz Fernando. *Ob. cit.* Disponível em: <http://www.dnareference.com.br>. Acesso em: 30 jul. 2009.

Jobim, também, defende o emprego do método que utiliza o exame do ADN mitocondrial extraído dos dentes molares do cadáver.[331] O ADN mitocondrial (mDNA) ou mADN), no entanto, só é transmitido para a geração seguinte por meio do óvulo e não do espermatozoide. Por essa razão, o exame do ADN mitocondrial se presta à identificação do perfil genético de herança materna, não servindo para a investigação da paternidade, mas, somente, para a da maternidade. Uma vez conhecida a sequência do mADN de uma mulher, é possível identificar todas as pessoas aparentadas com a mesma. O mADN possibilita a identificação de pessoas por comparação de sequências dessas moléculas extraídas de ossos, dentes ou qualquer outro tecido com sequências de possíveis membros da mesma família. Devido ao alto número de cópias por células do mADN, apresenta-se a possibilidade de realizar testes em ossos muito antigos e até em um fio de cabelo. Para a investigação da paternidade, o autor sugere o emprego da técnica de amplificação genética de regiões chamadas *microssatélites do cromossomo X*, extraído do sangue do suposto filho e da polpa dentária do suposto pai falecido. Para tanto, deve-se utilizar, simultaneamente, o exame dos marcadores do cromossomo Y, do sangue do suposto filho, comparando-o com o mesmo material extraído de um parente próximo da linha masculina do falecido. A exclusão da paternidade é facilmente determinada.

O método apresentado por Jobim, a partir da exumação do cadáver, apresenta certas dificuldades na investigação da paternidade, continuando valiosas as considerações de Mattos Filho sobre o tema. A técnica de investigação da paternidade, a partir da exumação do cadáver do suposto pai falecido, deve ser utilizada com cautela, em raras oportunidades, devendo sempre ser preferível o emprego do método da *reconstrução reversa da árvore genealógica*.

3.4.2 A investigação da paternidade em suposto pai falecido

A jurisprudência brasileira, embora venha admitindo em larga escala a utilização do exame do ADN na investigação da paternidade, age com bastante cautela ao deferir a realização de perícias genéticas mediante a exumação do corpo do investigado falecido. Os tribunais brasileiros, de um modo geral, têm refutado essa técnica, dando preferência ao estudo comparativo dos genes da família original do indigitado pai.

Nesse tema, destacam-se dois arestos os quais, segundo nosso juízo, são de grande importância para o tema em estudo, merecendo nossa análise criteriosa. O primeiro, oriundo do Tribunal de Justiça do Estado de Santa Catarina, e o outro proferido pelo Tribunal de Justiça do Estado de Goiás.

O aresto proferido pelo Tribunal de Justiça do Estado de Santa Catarina trata do julgamento de um interessante caso de investigação de paternidade em relação a suposto pai falecido, cumulada com petição de herança, movida por A C O, devidamente assistida por seu assistente, identificado por M O, contra os herdeiros de M L G e o respectivo espólio. A autora requereu a produção de diversas provas, entre estas, a produção de exames periciais de ADN para a verificação da paternidade. O pedido

---

[331] O ADN mitocondrial (mADN) é encontrado nos corpúsculos chamados mitocôndrias. Esses corpúsculos são encontrados, somente, no citoplasma das células, nunca no núcleo, onde residem os cromossomos, inclusive o cromossomo Y. Cada célula pode possuir até 10.000 cópias deste mADN.

de exame de ADN consistia em exames de material genético dos filhos menores do investigado, dos seus pais, se ainda vivos, empregando a técnica da *reconstrução reversa da árvore genealógica*, apresentando, porém, a interessada a alternativa de ser realizada perícia mediante exumação do cadáver do requerido, para coleta de material genético. O pedido de exame do ADN, mediante emprego de uma ou outra das técnicas, foi indeferido pelo juiz *a quo*, na fase procedimental própria, por entender o magistrado, segundo os fundamentos da decisão, que "tal pretensão seria indene, se o investigado fosse vivo, para que ele sofresse as consequências do exame do DNA, todavia, não seus filhos menores." Indeferiu, também, o magistrado de primeiro grau a exumação do cadáver para realização de exame do ADN para a determinação de paternidade, por julgar tratar-se o exame genético em cadáver uma "afronta a todos os princípios da lógica e do bom senso," além de dar origem a constrangimentos aos filhos menores do indigitado pai.[332]

Inconformada com o indeferimento de ambas as modalidades técnicas de investigação da paternidade de suposto genitor falecido, interpôs a autora contra a referida decisão recurso de agravo de instrumento com o objetivo de obter a reforma da decisão que indeferira a prova pericial genética.

No recurso de agravo, a autora insiste na realização da prova pericial, alegando não se poder afastar do contexto da investigação de paternidade o exame do ADN, sendo que, diante do falecimento do investigado, o exame poderia ser realizado nos pais, irmãos ou filhos do *de cujus*, esclarecendo ao juízo a técnica da *reconstrução reversa da árvore genealógica*.

Na ação de investigação de paternidade, a autora pretendia provar a paternidade do *de cujus* pela realização de perícia, mediante exame do ADN, utilizando, inicialmente e preferencialmente, o critério da *reconstrução reversa da árvore genealógica* do suposto pai falecido. Sendo impossível a realização de exame ADN de material genético dos parentes próximos do investigado, pretendia alternativamente a autora o exame de ADN diretamente do investigado, mediante exumação de seu cadáver e coleta de material genético a partir dos despojos mortais.

Mantida a decisão impugnada pelo *juízo de retratação*, subiram os autos ao Tribunal de Justiça do Estado de Santa Catarina, sendo dadas vistas à Procuradoria-Geral de Justiça. Em parecer semelhante ao do Representante do Ministério Público de primeiro grau, opinou o Procurador de Justiça designado, no sentido de ser dado provimento do recurso de agravo sob análise, devendo ser deferida a realização do exame ADN pretendido.

O relator do feito, Desembargador Napoleão Amarante, entendendo que diante de pedido expresso de realização de exame pericial do ADN da parte, mesmo quando o indigitado pai já seja falecido, merece total deferimento, principalmente pelo fato de a alegada paternidade ter sido negada e impugnada pelos herdeiros do falecido. Nesses casos, segundo relata o Desembargador Relator, não pode o Judiciário "fechar as portas" à realização do exame do ADN. A verificação e a declaração da paternidade conferem ao investigando outros direitos, como o direito ao patronímico paterno e o direito aos alimentos. Sendo, pois, o teste do ADN indispensável para tornar evidente

---

[332] Repertório de Jurisprudência. Revista dos Tribunais nº 720, p. 220. 1995.

a paternidade e a aquisição desses direitos, não podendo, consequentemente, sua realização ser negada, mesmo sendo o suposto pai já falecido.

Nessa orientação, votou o mencionado magistrado no sentido de ser provido o recurso interposto, reformando a decisão impugnada e deferindo a perícia mediante exame do ADN.[333]

O Desembargador Rubem Córdova,[334] autor do voto vencido na decisão *ad quem*, entendeu, em resumo, tratar-se a perícia técnica requerida de mero meio protelatório ao andamento da causa. Seu principal argumento na negativa em ser deferido o exame genético, a ser realizado nos filhos menores do investigado falecido, repousa na alegação de que a mãe dos referidos menores não teria poderes em consentir, em nome de seus filhos, a realização da perícia requerida pela autora, embora seja a mãe a exclusiva detentora do pátrio-poder de seus filhos. Valendo-se o ilustre julgador das lições de Morad Ayush Amar, sustenta que a paternidade ou a maternidade sendo determinada por meio do exame dos cromossomos de ambos os pais e, na espécie, sendo o indigitado pai falecido, a perícia, mediante reconstrução reversa da árvore genealógica, por meio de amostras de parentes próximos, no caso os filhos menores, atentaria contra o disposto no inciso III, do art. 420 do CPC, (NCPC, inciso III, do §1º, do art. 464),[335] o qual ordena que o juiz deva indeferir a perícia quando essa for impraticável. Segundo a ótica do magistrado, o fato da menoridade impúbere dos filhos do falecido investigado vedaria a realização da mencionada prova pericial. Atribuiu, ainda, à autora, a tarefa de instruir o processo no sentido de comprovar a ausência de *exceptio plurium concubentium* de sua mãe, à época de sua concepção. Valendo-se, ainda, de outras provas carreadas aos autos pelos réus e de outros argumentos, votou o desembargador no sentido do improvimento ao recurso, em franca oposição ao entendimento dos demais julgadores.

A corrente majoritária do julgado está perfilhada com a concepção de *família*, segundo o paradigma inaugurado pela Constituição de 1988, que outorga ao filho o direito de ver reconhecida sua relação paterna, através da qual provém sua *identidade pessoal* e o acesso a outros direitos, como o direito ao patronímico paterno, direito aos alimentos e aos direitos sucessórios. Ao contrário, vislumbra-se nos fundamentos que o voto divergente continua atrelado a uma exegese superada, que se direciona à tutela da "família legítima," construída segundo concepção da família burguesa matrimonializada típica do séc. XIX, que insere o casamento e a família originária em uma redoma que a impede de ser atingida por qualquer incidente. Essa concepção não atendia aos

---

[333] Repertório de Jurisprudência. Revista dos Tribunais nº 720, p. 223.1995.

[334] Repertório de Jurisprudência. Revista dos Tribunais nº 720, p. 227.1995.

[335] Lei nº 13.105/2015, NCPC:

Art. 464. A prova pericial consiste em exame, vistoria ou avaliação.

§1º O juiz indeferirá a perícia quando:

I – a prova do fato não depender de conhecimento especial de técnico

II – for desnecessária em vista de outras provas produzidas;

III – a verificação for impraticável.

§2º De ofício ou a requerimento das partes, o juiz poderá, em substituição à perícia, determinar a produção de prova técnica simplificada, quando o ponto controvertido for de menor complexidade.

§3º A prova técnica simplificada consistirá apenas na inquirição de especialista, pelo juiz, sobre ponto controvertido da causa que demande especial conhecimento científico ou técnico;

§4º Durante a arguição, o especialista, que deverá ter formação acadêmica específica na área objeto de seu depoimento, poderá valer-se de qualquer recurso tecnológico de transmissãode sons e imagens com o fim de esclarecer os pontos controvertidos da causa.

anseios do indivíduo como *pessoa* imbuída de *dignidade* nem tutelava seu *direito geral de personalidade*, reconhecendo ao filho nascido fora do casamento pouquíssimos direitos.

Segue a ementa do aresto em comento:

> INVESTIGAÇÃO DE PATERNIDADE – Prova Pericial – Exame consistente em impressões digitais de DNA – Incidência em caso de falecimento do investigando sobre tecidos do próprio cadáver, coletados em vida ou "post mortem", submetendo os próprios filhos menores do "de cujus" ao referido exame – Admissibilidade – Conquista da ciência que não pode ser desacolhida no contexto do processo – Exame que não chega a comprometer o princípio da inviolabilidade corporal que, aliás, evidencia outro direito da personalidade, que é o da paternidade, do qual resultam ainda entre outros direitos, o direito ao patronímico paterno e direito aos alimentos – Inadmissibilidade de se permitir o seu impedimento, ante a amplitude de provas admitidas na lei processual – Recurso provido para se viabilizar a perícia pretendida. Voto vencido.
>
> *Ementa Oficial*: A paternidade, como laço de parentesco que une imediatamente a pessoa a um ascendente, constitui, sem sombra de dúvida, núcleo fundamental da origem de direitos a se agregarem ao patrimônio do filho, sejam eles direitos da personalidade ou até mesmo direitos de natureza real ou obrigacional.
>
> Como direito da personalidade, a paternidade não pode deixar de ser investigada da forma mais ampla possível, respeitados os princípios fundamentais da bioética.
>
> A defesa dos direitos da personalidade, se é objetivo da permanente preocupação do Estado, através de seus órgãos próprios, visualizados em suas três funções, não pode ser concebida como princípio absoluto. Deve ser flexibilizado o individualismo extremado se o exercício da prática científica segura e confiável não atentar contra a saúde, a vida ou a debilidade de órgão, sentido ou função da pessoa natural, para dar lugar, excepcionalmente, aos avanços da ciência, quando estes, sem qualquer degradação moral ou física, puderem ser úteis ao homem também na área da Justiça. Não se pode mais, em certos casos, mormente na investigação de paternidade, quando existe o choque de dois interesses, ambos situados na esfera dos direitos da personalidade - direito à inviolabilidade do próprio corpo e direito à identificação paterna - propender-se no sentido da corrente que erige como dogma a não obrigatoriedade da submissão do investigado a teste de Impressões Digitais de DNA. A tendência internacional na esfera da jurisdição é o recurso a essa perícia, para a indicação correta da verdade biológica, desatendendo-se, inclusive, a solução preconizada largamente na doutrina e na jurisprudência da improcedência da ação em caso da *exceptio plurium concumbentium*, porque os avanços da ciência permitem até nessa hipótese indicar a relação paterna."[336]

O segundo aresto, proferido pelo Tribunal de Justiça do Estado de Goiás, julgou um recurso de agravo de instrumento por meio do qual a agravada pretendia um exame de ADN em material genético extraído de pessoa falecida há vários anos, com objetivo de investigação da paternidade. Diz a ementa do acórdão:

> PROVA - Perícia genética - Poder discricionário do Juiz para deliberar sobre sua necessidade na formação da convicção - Inteligência do art. 130 do CPC.
>
> Ementa Oficial: O art. 130, do CPC, confere ao Juiz, no exercício do seu poder de direção do processo, determinar, inclusive de ofício, as provas que entender necessárias à instrução da

---

[336] TJ/SC - Ag. de Instrumento nº 8.137 - Comarca de Chapecó - Ac. maioria - 2a. Câm. Cív. – Rel.: Des. Napoleão Amarante - Fonte: DJSC, 30.08.95, pág. 05. RT 720/220. 1995. Idem BONIJURIS 25635.

TÍTULO II
A FILIAÇÃO BIOLÓGICA | 135

causa, de modo a propiciar-lhes meios para completar a sua cabal convicção, cabendo-lhe deliberar sobre a conveniência ou a necessidade de perícia genética na busca da verdade real biológica.

PROVA - Investigação de paternidade que envolve suposto pai falecido - Utilização de exames pelo sistema HLA e DNA - Exumação de cadáver desaconselhável pelo comprometimento do exame e pelos gastos vultosos.

Nos casos onde a investigação de vínculo genético envolve suposto pai falecido, os exames mais utilizáveis hodiernamente são os do sistema HLA e DNA, não estando indicada a exumação do cadáver, mormente porque a qualidade da análise resultaria comprometida devido, principalmente, ao estado de conservação e aos cuidados reservados na obtenção do material *post mortem*, notadamente quando decorrido o óbito há mais de dois anos, além de implicar gastos vultosos face a sua complexidade."[337]

Trata a espécie de um interessante caso de recurso de Agravo de Instrumento intentado por N.A.G., que recorreu da decisão do juiz de primeiro grau que deferira exame pericial em despojos mortais de pessoa falecida há vários anos, em ação de investigação de paternidade *post mortem*, cumulada com petição de herança, ajuizada em desfavor de M.L.F., viúva-herdeira do falecido, J.M.F. Na fase instrutória, deferiu o juiz da causa o pedido formulado pela demandada, consubstanciado na realização de nova perícia genética para verificação da existência de *alelos* paternos comuns, de ADN, visando a obter a verdade real biológica. Deferido o recurso interposto, foi este contraminutado pela parte agravada, sustentando a viabilidade jurídica de seu pedido, visto não ter havido, ainda, encerramento da fase instrutória do processo. Além do mais, argumenta "ser irrelevante ter havido ou não pedido formulado pelas partes, quanto a complementação de provas, já que o Juiz pode, a qualquer tempo, determinar a realização de diligência e provas que julgar necessárias à busca da verdade". Alega, ainda, que a decisão agravada vem de encontro à decisão judicial anteriormente determinada em recurso interposto perante o mesmo juízo.[338]

Instado a falar, manifestou-se o representante do MP de primeiro grau pelo desprovimento do recurso interposto e pela manutenção da decisão recorrida. Manteve, pois, o juízo de retratação a decisão impugnada.

Subindo os autos do processo à instância superior, manifestou-se a Procuradoria-Geral da Justiça, emitindo parecer a favor do provimento parcial do agravo, no sentido de que o juízo de segundo grau determinasse a realização de nova perícia, combinando os métodos ADN e HLA. O relator, invocando as mais diversas e renomadas lições processuais sobre a preclusão, decidiu no sentido de que o Magistrado deverá ensejar a produção de provas, sempre que ela se apresentar imprescindível à boa realização da justiça, considerando, no caso em exame, ser injusto privar a investigada de utilizar de todos os meios possíveis na busca da verdade real biológica, simplesmente por frio apego a ritos e formas processuais.

---

[337] TJGO. Ag In. 10.180-9/180- 2a Câm. - j. 25.06.1996 - Rel. Des. Fenelon Teodoro Reis. RT 735/354.1997.

[338] TJGO. Ag. Inst. nº 7.921-8/180, mediante o qual a agravante pleiteia pela realização de perícia genética. RT 735/355.1997. Vide, também, TJGO. Ap. Cív. nº 37.681-3/188. 2ª Câm. Cível Rel. Des. Fenelon Teodoro Reis. DJ nº 12.228 de 16.01.1996. p. 13.

Por fugir do objeto do presente trabalho, deixaremos de abordar os aspectos processuais e das razões do cabimento ou não da prova pericial requerida, atendo-nos ao mérito e à metodologia pericial preferida pela parte requerente.

No mérito, pretende a agravada a exumação dos restos mortais do investigado para a realização da perícia deferida. No entanto, segundo se depreende do recurso de agravo, a interessada disporia de material genético do investigado colhido em vida, que se encontraria congelado no Banco de Genética do Laboratório Gene-MG, material este que forneceria todos os elementos destinados a realizar o exame de mapeamento da *tipagem* de ADN.

Reconhece o julgador que na investigação de vínculo genético se torna indispensável a prova científica na busca da verdade real biológica por meio dos exames do ADN e da comparação das impressões genéticas dos pais e dos filhos. Assim, manifestou-se o Relator no sentido de que, na espécie, seria aconselhável a realização de perícia, mediante o exame de ADN, tendo em vista o grau de confiabilidade absoluta, que se lhe credita desde que a investigada dispusesse de material genético advindo diretamente do suposto genitor.

O Desembargador Relator acatando o parecer da Procuradora de Justiça, que se opõe à exumação do cadáver de suposto pai, para a colheita de material genético *post mortem*, rejeita o pedido de exumação do cadáver e a retirada de material para exame genético, sob o fundamento de que em vista de o óbito ter ocorrido em 28.09.1990, nenhum resultado prático surtiria em razão do mau estado de conservação do material, dado o decurso do tempo. O exame de ADN em material genético colhido de cadáver exigiria, pela sua complexidade, o uso de testes importados, os quais tornariam o processo altamente dispendioso.[339] Entendemos oportuno trazer a estes comentários o parecer do ilustre geneticista e hematologista, Prof. Sérgio Danilo Pena,[340] segundo o qual somente será recomendável a identificação ou a determinação de paternidade por ADN de indivíduos após a morte, mediante estudos em ossadas ou material de exumação, quando o suposto pai falecido não tiver deixado ascendentes, descendentes ou colaterais vivos. Deve-se recorrer ao material exumado, somente, em casos extremos, depois de esgotadas todas as modalidades técnicas e os estudos genéticos comparativos com parentes vivos do suposto pai falecido.

Por outro lado, entende, ainda, o Desembargador Relator que a exumação do cadáver, destinado ao exame de material genético e exame do ADN, implicaria sacrifício insuportável à família do falecido, ante o consequente trauma e o constrangimento moral dos parentes. O laudo fornecido pelo Laboratório de Imunogenética e Biologia Molecular (LIB), que instrui o feito, corrobora com o parecer ministerial, questionando a eficácia da eventual perícia pelo mapeamento de ADN, na precisão da paternidade *post mortem*. Afirma o referido laudo que a qualidade do mencionado exame, em casos como o que ora se apresenta, restaria comprometida "devido, principalmente, ao estado de conservação e aos cuidados reservados na obtenção do material *post mortem*. Ademais, utilizando-se da caracterização de um só *locus*, o grau de certeza na determinação de paternidade fica algo aquém do ideal".

---

[339] Os estudos genéticos *post mortem* são complexos e dispendiosos, sendo o preço de uma extração de ADN, em material de exumação, na época em que tramitou o processo, (1996), no valor de R$ 13.500,00 (treze mil e quinhentos reais). Revista dos Tribunais 735/357.

[340] Parecer acostado aos autos de Ag Inst. nº 7.921-8/180, TJGO. Revista dos Tribunais 735/355.1997.

Tecendo considerações em relação aos diversos pareceres técnicos e louvando-se da melhor doutrina nacional sobre a matéria, inclinou-se o Des. Fenelon Teodoro Reis no sentido de recomendar que, na espécie, onde se questiona o vínculo genético de suposto pai falecido seja a perícia levada a efeito pelo sistema HLA. Isso por se constituir em uma eficaz prova hematológica embora reconheça que, não obstante, o alto índice de confiabilidade que se credita à perícia pelo sistema de histocompatibilidade deve vir o laudo acompanhado de outro elemento objetivo constante do acervo probatório que propiciará o esclarecimento da verdade real.

Permanecendo, contudo, a recorrente no ânimo de realizar a prova pericial, mediante exame de *tipagem* de ADN, não visualiza o julgador nenhuma razão de impedimento para tal meio de prova, desde que seja empregado o método de investigação pela *reconstrução reversa da árvore genealógica*, que se constrói, consoante visto, a partir da comparação dos alelos dos descendentes do investigado com os alelos de origem paterna do investigando, mediante coleta de material em parente colateral do falecido, desde que a recorrente esteja disposta a arcar com tais despesas. Nega, consequentemente, o relator do recurso, o pedido de exumação do cadáver do suposto pai falecido. Em assim sendo, não vislumbra o Des. Teodoro Reis nenhum obstáculo em ter sido deferida ao agravado, pelo juízo de 1º grau, a realização da prova pericial genética, devendo, porém, a mesma ser realizada mediante *reconstrução reversa da árvore genealógica*, vedada a perícia mediante exumação e coleta de material genético dos despojos mortais.

Por votação uniforme foi conhecido o agravo sendo, todavia, negado seu provimento.

Outro interessante caso em que se evitou a exumação do cadáver do indigitado pai, em averiguação oficiosa de paternidade *post mortem*, foi julgado pelo Tribunal de Justiça do Estado do Paraná, decidindo que, diante da ausência de controvérsias entre partes interessadas, há possibilidade de o juízo dos Registros Públicos homologar por instrumento particular o reconhecimento espontâneo de filiação pelos avós da criança, sendo, consequentemente, desnecessária a propositura da ação de investigação de paternidade, diante da ausência de conflito de interesses, louvando-se o julgado da aplicação da regra da economia processual.[341]

Trata-se de apelação cível interposta pelo Ministério Público do Estado do Paraná, na qualidade de substituto processual de T. M. e J. C. M. contra sentença proferida pelo Juízo da Vara dos Registros Públicos e Acidentes do Trabalho da Comarca de Curitiba, em pedido de *homologação de termo de reconhecimento de paternidade* que deixou de ser homologado e, consequentemente, negado o pedido de averbação da filiação paterna nas certidões de nascimento dos interessados. Alega o apelante, em resumo, que com o advento da Constituição Federal de 1988, passou a vigorar no Brasil a doutrina da proteção integral, bem como a igualdade entre os filhos havidos ou não da relação matrimonial. Em suas razões, argumenta que a criança e o adolescente devem ser considerados como sujeitos de direitos em condição peculiar de desenvolvimento, sendo que a identificação pessoal dos substituídos constitui fator primordial para os mesmos. A averiguação oficiosa de paternidade consiste em simples procedimento

---

[341] TJPr. Ap. Cív. nº 151.694.300, da 8ª Câm. Civ., j. 12.05.2004. Rel. Des. Rotoli de Macedo.

administrativo presidido pelo juiz, sendo possível, nessa fase procedimental, o reconhecimento da paternidade da criança pelos avós paternos. Na espécie, ocorreu o fato de a mãe do filho menor, juntamente com a filha e os (supostos) avós paternos, ter realizado voluntariamente um termo de reconhecimento de paternidade dos substituídos, de acordo com o permissivo constante na Lei nº 8.560/1992, que prevê a hipótese de reconhecimento de filhos havidos fora do casamento por meio de escrito particular, sendo, somente, exigível a determinação judicial para a expedição do mandado de averbação do patronímico paterno no assento de nascimento dos interessados. No presente caso, todos os interessados reconheceram espontaneamente a alegada paternidade, a qual constou inclusive na certidão de óbito do (suposto) pai, não havendo nenhum prejuízo nem impugnação em relação aos envolvidos. Por essas razões, afirma o Ministério Público apelante, que não é necessário recorrer-se às vias ordinárias, tal qual entende o magistrado de primeiro grau na sentença recorrida, uma vez que não há litígio entre as partes interessadas e, podendo, ainda, o *status* de filho ser reconhecido mediante presunção da paternidade, decorrente do reconhecimento voluntário expressamente manifestado.

Expostas as razões, requereu o apelante o provimento do recurso para que fosse reconhecida a paternidade atribuída ao *de cujus*, expedindo-se o competente mandado de averbação.

Subindo os autos ao Tribunal de Justiça, exarou a Procuradoria-Geral de Justiça parecer favorável pelo conhecimento e provimento do recurso, no sentido de ser averbada, nos respectivos assentos de nascimento de T. M. e J. C. M. a inclusão do patronímico do pai, bem como os nomes dos avós paternos. No mérito, entendeu o tribunal ser desnecessária a propositura da ação de investigação de paternidade, diante do reconhecimento voluntário da paternidade pela avó paterna dos interessados, referendado pelo Ministério Público, nos termos do inciso II, do art. 585, do CPC, (NCPC, art. 784)[342] caracterizando-se a comunhão de interesses no caso. Louvando-se o julgado do art. 3º, do Decreto nº 99.710/1990,[343] que ratifica a Convenção Internacional dos Direitos da Criança, da qual o Brasil é signatário, determina especial proteção às crianças e aos adolescentes em razão de serem pessoas em condição peculiar de desenvolvimento. Declarando nos fundamentos do acórdão que a paternidade constitui-se em um direito primordial da criança, entendeu o Tribunal de Justiça do Estado do Paraná em atender ao princípio da economia processual, abandonando o excesso de formalismo que tende a retardar o bem da vida pleiteado, provendo o recurso e determinando a baixa dos autos à vara de origem, a fim de que o juiz *a quo* determinasse o reconhecimento da paternidade. Soa a ementa do aresto:

> Acordam os integrantes da oitava câmara cível do tribunal de justiça do estado do Paraná, por unanimidade de votos, em dar provimento ao recurso. ementa: apelação cível -

---

[342] Lei nº 13.105/2015, NCPC:
Art. 784. São títulos executivos extrajudiciais:
I – [...];
II – a escritura pública ou outro documento público assinado pelo devedor;
III- [...];

[343] O art. 3º, do Decreto nº 99.710/90, determina que todo tribunal, autoridade administrativa ou órgão legislativo, deve considerar primordialmente o interesse maior da criança.

TÍTULO II
A FILIAÇÃO BIOLÓGICA | 139

averiguação oficiosa de paternidade - "post mortem" - possibilidade do juízo de registros públicos em homologar por instrumento particular - reconhecimento espontâneo dos avós - ausência de conflito de interesses - princípio da economia processual - desnecessidade da propositura da ação de investigação de paternidade - provimento ao recurso.[344]

Os presentes julgados demonstram que se no pedido formulado pelo autor surge a possibilidade de ser obtido o maior número de resultados positivos, decorrentes da atuação da lei, com um mínimo de atividades processuais a serem desenvolvidas, deve o magistrado aproveitar os atos estremes de dúvidas, acolhendo o que foi solicitado pela parte prestigiando, dessa maneira, o princípio da economia processual.[345]

Existem, todavia, julgados em sentido oposto, nos quais se vislumbra um certo desprezo pela utilização do princípio da economia processual. Além do mais, preferiu o julgador valer-se da técnica da exumação do cadáver do indigitado pai, em investigação de paternidade *post mortem*, consoante pode ser observado em um aresto oriundo do Superior Tribunal de Justiça.[346] Diz a ementa do aresto:

Investigação de paternidade. Transação havida em ação anterior pela mãe da autora. Ineficácia em relação a esta. Exumação de cadáver e lacre de jazigo para fins de realização do exame de DNA. Legalidade das medidas.
- Transação efetivada pela mãe da menor impúbere com o indigitado pai ineficaz em relação à autora incapaz. É inadmissível acordo acerca de direito relativo a estado das pessoas (AgRg no Ag n.º 28.080-3/MG).
- Exumação de cadáver e lacre do jazigo determinados pelo Juiz de Direito âmbito do que lhe faculta o art. 130 do CPC.
Recurso especial não conhecido.
Ementa: Possibilidade, renovação, ação de investigação de paternidade, independência, existência, homologação, desistência, anterioridade, ação judicial, decorrência, transação, mãe, menor impúbere, inadmissibilidade, transação, referencia, estado civil, caracterização, ato ineficaz, decorrência, direito personalíssimo, incapaz, falta, aceitação, curador especial.
Legalidade, magistrado, determinação, exumação de cadáver, objetivo, realização, exame de dna, âmbito, ação de investigação de paternidade, inexistência, violação, integridade física, dignidade, cujus.

Embora não sejam estes os únicos arestos sobre o tema da perícia médico-legal de ADN de pessoas falecidas, espelham os julgados o pensamento médico-jurídico

---

[344] Este não é o único caso de averiguação de paternidade de pai já falecido com reconhecimento da paternidade pelos avós paternos, julgados por essa mesma Câmara Cível. Seguem dois outros arestos:
TJPr. Ap. Cív. n.º 142.406-4, da 8ª Cam. Cív., rel. Des. Rotoli de Macedo.
"Procedimento administrativo de averiguação de paternidade *post mortem*. Exame de Dna que confirma a paternidade. Reconhecimento espontâneo dos avós. Ausência de conflito de interesses. Princípio da economia processual. Desnecessidade da propositura da ação de investigação de paternidade. Recurso Provido."
TJPr. Acórdão nº 2.392, da 8ª Câm. Cív., rel. Des. Campos Marques:
"Averiguação de paternidade. Pai já falecido. Pretendido reconhecimento pelos avós paternos. Possibilidade. Princípio da economia processual e interesse da criança que devem ser observados. Recurso provido."

[345] Conclusão extraída dos fundamentos de voto do Des. Fenelon Teodoro Reis na Ap. Cív. nº 37.681-3/188, da 2ª Câm. Cív. DJ nº 12.228 de 16.01.1996. p. 13.

[346] STJ. Rec. Esp. nº 138.366/PR. 4ª Turma, j. em 24.05.2000. Rel. Min. Barros Monteiro. Votaram c/ unan. os Min. Cesar Asfor Rocha, Ruy Rosado de Aguiar, Aldir Passarinho Júnior e Sálvio de Figueiredo Teixeira. DJ 21.08.2000, p. 137.

sobre a matéria no Brasil, autorizando-nos a afirmar que o Judiciário brasileiro dá preferência ao emprego do método da *reconstrução reversa da árvore genealógica* em casos de investigação da paternidade de pessoas falecidas, afastando a técnica que se utiliza de material genético colhido mediante a exumação de cadáver.

O mesmo pensamento está presente no direito alienígena. Os tribunais franceses, por sua vez, possuem, de longa data, inúmeras reservas quanto ao deferimento de pedidos de exumação de cadáver, predominando, na jurisprudência francesa, desde o final do séc. XIX o indeferimento dos pedidos de realização de exames nos despojos de pessoas falecidas, preservando o direito ao respeito à memória do morto.[347] O magistrado francês somente defere a exumação de cadáver em casos muito excepcionais, quando estiver presente uma "razão particularmente grave", uma necessidade absoluta, devendo os motivos que justifiquem a exumação serem muito bem fundamentados.[348] Segundo jurisprudência reiterada do Tribunal de Cognac, " ... *le principe du respect dû aux morts s'oppose à ce qu'une exhumation soit ordonnée sans raisons d'une particulière gravité*,"[349] razão pela qual é indeferida a maior parte das pretensões de exumação.

A perícia genética em suposto pai falecido, mediante o emprego do método da *reconstrução reversa da árvore genealógica*, pode, contudo, apresentar um inconveniente. Valendo-se o presente método da verificação da existência de *alelos* comuns de ADN do investigante, com os dos parentes próximos do investigado, visando mediante sua comparação a obter a verdade real biológica, podem os parentes do suposto pai falecido simplesmente se recusar à realização do exame genético. Nesse caso, a presunção de paternidade não poderá prosperar. Os herdeiros do investigado podem recusar-se à submissão aos exames periciais, não podendo ser obrigados a realizá-los, nem poderá ser aplicada a sanção de pena de confesso ou, meramente, a de presunção de paternidade, pelo fato de a presunção de paternidade não lhes alcançar.[350] Todavia, podem os parentes representar o investigado na vocação hereditária, quando, então, ocorrerá a transmissão da herança *intra vires hereditatis*, nos termos dos arts. 1.694 e 1.700 do Código Civil, limitando-se, porém, as obrigações dos herdeiros às forças da herança, consoante determina o art. 1.792, do mesmo Código. Na hipótese de recusa de os parentes do investigado se submeterem à realização do exame genético, o investigante deverá valer-se de outros meios de prova que possam apontar o investigado como sendo seu verdadeiro pai.[351]

---

[347] LINDON, Raymond. *Les droits de la personnalité. Dictionnaire juridique*, p. 89. SZANIAWSKI, Elimar. *Direitos de personalidade ...*, p. 503-506. O direito ao respeito à memória do morto possui duas exceções: a) atentados ao cadáver legitimados pela necessidade; e b) atentados ao cadáver legitimados pelo direito à prova, enquadrando-se, nesta última hipótese, o direito à exumação do cadáver para a produção da prova judiciária.

[348] LINDON, Raymond. *Últ. Ob. cit.*, p. 89.

[349] Tribunal de Cognac, na decisão de 10.01.1956. (D., 1956. Somm. 156).

[350] SZANIAWSKI, Elimar. *Direitos de personalidade ...*, p. 130-134.

[351] Muitos autores propõem a adoção de sanções pecuniárias aos que se recusam a se submeter à realização de exames médicos, corporais e genéticos, a exemplo do que se tem feito na Itália, alegando que a recusa constituiria em um atentado à dignidade da Justiça. Particularmente não nos convencemos de tratar-se de um sistema justo e coerente com os *direitos de personalidade* e das *liberdades fundamentais*, consoante nos manifestamos no Capítulo 6, de nosso livro, *Direitos de personalidade e sua tutela*. A parte interessada deverá prover, com a devida antecedência e cuidado, seu acervo probatório.

3.4.3 A dessacrilização do exame ADN

As inovações no âmbito da averiguação da paternidade trazidas pelo desenvolvimento das técnicas do exame ADN provocaram um entusiasmo contagiante aos cientistas, aos médicos, aos biólogos, aos agrônomos, aos empresários e, principalmente, aos operadores do direito, contaminando todos os ramos do conhecimento humano.

No que diz respeito à investigação da paternidade, surgiu uma corrente de pensamento que entende ser imprescindível a utilização da prova do ADN para a constatação da verdadeira paternidade, atribuindo ao laudo de um exame pericial de ADN o poder de provar a paternidade no percentual de 99,999999% de certeza de paternidade positiva. Advogam estes pensadores a obrigatoriedade do emprego do exame genético ADN em praticamente todos os processos de investigação de paternidade.

Nesse diapasão chegou-se ao exagero de "sacralizar" o exame pericial ADN [352] considerando-o como prova única na investigação da paternidade, atribuindo-lhe um valor absoluto que dispensaria qualquer outro meio de prova. Nesta trilha se inserem Ayush Morad Amar, para quem o advento do exame pericial ADN coloca os demais métodos de identificação como sistemas obsoletos,[353] e Belmiro Pedro Welter, que prega pela obrigatoriedade do exame genético ADN em todos os processos investigatórios.[354]

O exame genético ADN, como perícia médico genética, manipulado por seres humanos poderá, no entanto, apresentar erros que, dependendo do caso, podem ser desprezados pela mínima consequência que tal margem de erro possa produzir, razão pela qual os defensores ferrenhos do exame ADN atribuem ao laudo uma confiabilidade absoluta em torno de 100%.[355]

Tratando-se, todavia, de exame genético ADN empregado como meio de prova em casos forenses, a margem de erro eventualmente apresentada possui outro peso, devendo ser analisada sob prisma diverso, pelo fato de apresentar com frequência, "efeitos extremamente perversos e danosos podendo levar um inocente à prisão ou imputar-lhe filho que, na realidade, não é seu."[356]

Boeira critica o excessivo entusiasmo no emprego do exame genético ADN pelos juristas brasileiros, revelando que o emprego do exame ADN transformou-se, lamentavelmente, em um rendoso negócio, convertendo-se em um mercado de "mais de um bilhão de dólares,...".[357]

Nessa mesma esteira, Maria Christina de Almeida e Maria de Lourdes Vaz de Almeida,[358] embora reconheçam o grande valor do exame pericial ADN, veem,

---

[352] Expressão empregada por Rolf MADALENO, *A Sacralização da Presunção na Investigação de Paternidade*. Revista dos Tribunais 766.

[353] AMAR. Ayush Morad. *Investigação de Paternidade e Maternidade do ABO ao DNA*. Cone Editora, p. 169.

[354] WELTER, Belmiro Pedro. Investigação de Paternidade – Obrigatoriedade do Exame Genético DNA. *Juris Síntese* nº 13. Set.-Out./1998. P. 1-8.

[355] BOEIRA, Alfredo Gilberto. *Ob. cit.*, p. 291. O autor cita como exemplo o caso de transplante mal compatibilizado que não traria outras consequências a não ser a de deixar o paciente na mesma situação em que se encontrava antes da intervenção cirúrgica.

[356] BOEIRA, Alfredo Gilberto. *Ob. cit.*, p. 291.

[357] BOEIRA, Alfredo Gilberto. *Ob. cit.*, p. 290-292.

[358] ALMEIDA, Maria Christina de. *Investigação de Paternidade e DNA*, p. 95. ALMEIDA, Maria de Lourdes Vaz de. *O DNA e a prova na ação de investigação de paternidade*, p. 136.

com preocupação, os problemas que a mitificação do citado exame pode trazer à atribuição da paternidade. Reconhecendo o exame ADN como um meio de prova muito importante, Maria Christina de Almeida não descarta a possibilidade de ocorrerem erros, não devendo, por essa razão, transformar-se o magistrado "em prisioneiro de seus resultados," alertando dos perigos de se "substituir o juízo de valor do pretor por uma única prova de resultado objetivo".

Razão assiste aos citados autores. A grande preocupação no Brasil se resume nas indagações de como a técnica do ADN vem sendo utilizada na investigação da paternidade, diante da existência de mais de 100 modalidades de procedimentos técnicos diferentes e da ausência de legislação que estabeleça um sistema único e critérios uniformes que regulem a realização dos referidos testes.[359] No Brasil, não possuímos padronização de protocolos, sondas e análises de tipagem do ADN,[360] nem órgão fiscalizador, a exemplo do que ocorre nos Estados Unidos e no Canadá, onde existe uma intensa fiscalização realizada pelo FBI e pela Royal Canadion Mounted Police, respectivamente.[361]

Trachtenberg aponta as principais causas que podem comprometer a credibilidade de um laudo de exame ADN no Brasil. À ausência de um banco de dados com estatísticas, próprios da população brasileira a qual, constituída predominantemente de pessoas de raça miscigenada, possui características peculiares que não se coadunam com os levantamentos estatísticos efetuados dos povos europeus e norte-americano, cuja população, pelo menos por enquanto, teria frequência genética mais homogênea. As modalidades técnicas diferenciadas, utilizadas pelos laboratórios que desenvolvem os testes de ADN e a ausência de uma legislação que regule e sistematize a metodologia, as técnicas e os critérios, a serem utilizados pelos laboratórios brasileiros, consistem nos principais pontos negativos que apresenta o exame ADN no Brasil.[362] Ampla razão assiste a autora.

Um dos melhores exemplos das corretas ponderações de Trachtenberg são encontrados na experiência da Corte de Cassação da Itália que, ao recepcionar a prova genética na investigação da paternidade, procurando adaptar os critérios adotados pelo Tribunal Federal de Justiça alemão para a constituição de sua própria jurisprudência, encontrou ferrenha oposição na doutrina.[363] O Tribunal Federal de Justiça da Alemanha (BGH), baseado em estatísticas da frequência genética de um determinado grupo populacional em nível regional, decidiu que quanto mais evidente for a correspondência genética do investigando com a frequência existente na população à qual pertence, tanto mais perfeito será o resultado e mais segura poderá ser a atribuição da paternidade ao réu. Sendo, por essa razão, o critério da verificação da frequência genética de um grupo populacional, para a atribuição da paternidade, muito utilizado nas investigações de paternidade na Alemanha.

---

[359] TRACHTENBERG. Anete. O Poder e as Limitações dos Testes Sanguíneos na Determinação da Paternidade. *AJURIS*, nº 63, p. 327.

[360] Nos EUA, a padronização de protocolos, sondas e as análises de tipagem do ADN é realizada pela American Society of Crime Laboratory Directors, (ASCLD).

[361] BUCHABQUI, Margarete. DNA colocado em dúvida. *Revista ABC Domingo*, p. 12.

[362] TRACHTENBERG, Anete. *Ob. cit.*, p. 324.

[363] BENCIOLINI, Paolo. La svolta della cassazione nell'ammissione delle prove biolgiche per la ricerca della paternità. Rilievi medico legali. *Riv. di Dir. Civ.* 1981. II, p. 63. No mesmo sentido TRABUCCHI, Giuseppe. Cassazione, Bundesgerichtshof e il problema delle prove biologiche della paternità. *Riv. di Dir. Civ.* 1981. II, p. 453.

No entanto, as tentativas de adaptação direta dos sistemas alienígenas a um determinado país têm deixado muito a desejar. A experiência de adaptar o sistema alemão à problemática jurídica italiana tem trazido inúmeras e graves falhas devido às variações biogenéticas em algumas regiões da Itália, [364] demonstrando que as adaptações de técnicas desenvolvidas em determinado país não apresentam resultados confiáveis em outro, provocando inúmeros reflexos sobre os resultados finais do cálculo das probabilidades. A não existência de um banco de dados bioestatísticos da frequência genética das diversas regiões da Itália agrava a desconfiança que se deve ter ao interpretar um laudo pericial genético. [365]

A situação que encontramos no Brasil é muito parecida com a da Itália, acrescentando-se o fato de sermos uma população muito miscigenada. Não possuímos bancos de dados biogenéticos da nossa população, nem são levadas em consideração as diferenças regionais, nem as peculiaridades do povo brasileiro, tão diferentes dos povos europeus, fator que dificulta, consideravelmente, a adaptação dos critérios alienígenas ao direito brasileiro na atribuição da paternidade.

Diante do "fantástico modismo" desencadeado pelo emprego do ADN na investigação da paternidade e sua rápida comercialização, surgiram por toda parte laboratórios que desenvolveram sua própria metodologia de trabalho. Ante a mercantilização dos testes de ADN, biólogos americanos preocupados com a qualidade dos laudos e da credibilidade dos métodos empregados em seu país, passaram a investigar pormenorizadamente as diversas metodologias empregadas nos exames genéticos e as estatísticas concludentes dos exames ADN. Dos estudos efetuados concluíram que, embora fossem extremamente válidas as pesquisas de Jeffreys e de outros geneticistas, convenceram-se de que a técnica do ADN apresenta inúmeros pontos críticos que retiram o caráter absoluto da tipagem de ADN, recomendando aos operadores prudência na valoração dos laudos conclusivos desses exames genéticos. A partir desses estudos conclusivos, o *National Research Council*, da Academia Americana de Ciências, promulgou um relatório de *recomendações* no sentido de que o exame genético do ADN seria realizado mediante a concordância de ambas as partes; que a metodologia de coleta e análise das amostras fosse julgada de acordo com cada caso concreto; que a defesa tivesse acesso a todos os registros laboratoriais relativos ao exame realizado; que os laboratórios particulares não pudessem valer-se da alegação de segredo industrial, nem de sigilo profissional para ocultar informações sobre as conclusões obtidas e informações sobre a metodologia empregada. A partir da publicação das *recomendações* do *National Research Council*, os tribunais americanos passaram a recusar o exame genético ADN como elemento probatório único, ou aceitavam-no como mera evidência adicional, jamais como prova definitiva, submetendo-o ao contraditório. [366]

Não é o que ocorre no Brasil. Lugar onde o entusiasmo precipitado com as "grandes novidades" e a falta de bom senso conferem a um simples laudo de exame de ADN um valor absoluto, ou quase, de certeza absoluta da prova de paternidade. Esses tipos de laudos, interpretados com as devidas cautelas no direito comparado,

---

[364] BENCIOLINI, Paolo. *Ob. cit.*, p. 63, refere-se particularmente à região da Sardenha.

[365] BENCIOLINI, Paolo. *Ob. cit.*, p. 63

[366] BOEIRA, Alfredo Gilberto. *Ob. cit.*, p. 291.

conduzem tanto os representantes do Ministério Público como os magistrados brasileiros a emitir pareceres e a decidir sobre o destino de vidas, muitas vezes, sem se preocupar com a metodologia, com a modalidade técnica empregada, decidindo de acordo com o resultado do laudo, mesmo que imperfeito ou falho.

Boeira e Trachtenberg[367] apresentam alguns pontos críticos que podem comprometer seriamente o exame do ADN na investigação da paternidade, que merecem ser atentamente ponderados pelo operador do direito.

O primeiro ponto consiste no fato de que a tipagem do ADN pertence ao campo da Genética sendo nesta parte do conhecimento humano que se exerce precipuamente sua aplicabilidade. O estudo da tipagem do ADN destina-se ao conhecimento da transmissão de caracteres genéticos se manifestando em gerações sucessivas e permitem identificar indivíduos que apresentam determinadas características que se repetem em seus descendentes. Tais estudos, no âmbito da Genética e da Biologia, toleram um considerável elemento de erro que impede que se chegue a conclusões de certeza absoluta. No âmbito jurídico, ao contrário, será sempre inadmissível a presença de qualquer margem de erro que venha a comprometer a segurança jurídica e a lisura da atividade judicial.

A segunda observação levantada pelos citados autores considera o aspecto tecnológico. Nessa perspectiva, Boeira se preocupa com os cuidados relativos ao operador da análise, o qual nem sempre possui condições plenas de exercer um perfeito controle dos procedimentos. Todos os meios de identificação do ADN exigem múltiplos procedimentos nos quais, embora o técnico proceda com os maiores cuidados, poderá ocorrer a apresentação de alguma falha que venha a comprometer a exatidão dos resultados. É preciso muita atenção e cuidado para evitar a contaminação do material empregado; com a temperatura de processamento; com a utilização da placa de gelatina e com os reagentes que devem estar em perfeito estado de conservação e dentro das datas de validade, bem como de todo o material empregado na realização do exame. Qualquer defeito ou descuido poderá conduzir os resultados buscados em lamentável erro, cujas consequências serão sofridas pelas partes.

Boeira chama a necessária atenção para o exame comparativo das películas de Raio X, sobre as quais se desenham as *bandas* que visam a verificar a coincidência entre o material genético dos examinados. Os problemas enfrentados pelo perito, no exame das radiografias, residem em diversos fatores, como a apresentação das imagens, que são irregulares, parecendo, frequentemente, um borrão, que podem conduzir à errônea conclusão de *faixas* coincidentes quando, na realidade, isso não ocorre, provocando erros de interpretação.

Outro problema que pode ocorrer no exame ADN, apontado por Boeira, é o denominado "fenômeno *band shifting*". O *band shifting* consiste no deslocamento ou desvio das bandas, resultante de reações físico-químicas pelo gel utilizado no processo e pela corrente da eletroforese. O resultado desse desvio pode localizar uma faixa em um ponto diverso daquele que normalmente deveria se encontrar, provocando uma coincidência errada.

Alfredo Gilberto Boeira parte da análise de casos concretos objetivando demonstrar o perigo de o laudo incorrer em erro e a forte presença de subjetividade nos

---

[367] BOEIRA, Alfredo Gilberto. *Ob. cit.*, p. 291. TRACHTENBERG. Anete. *Ob. cit.*, p. 328.

resultados do exame de ADN na investigação da paternidade. Destaca o caso em que dois peritos diferentes, analisando dez bandas, supostamente coincidentes em uma mesma chapa, discordaram no tocante à interpretação em seis dessas bandas. Enquanto um dos peritos considerava a prova genética do ADN como uma prova indubitável de que o investigado seria o pai biológico do investigante, o outro perito concluía para o mesmo caso, a exclusão da paternidade. Este caso basta para ilustrar a pouca confiabilidade que as provas genéticas apresentam na investigação da paternidade.

Conforme falamos acima, é necessária muita prudência e o minucioso confronto do laudo do exame ADN com as demais provas trazidas aos autos, uma vez que o laudo técnico, oriundo do exame do ADN, não é infalível e pode, se for apressadamente considerado, resultar em injustiça irreparável àquele que não é o verdadeiro pai biológico.

A Revista Veja, de 19.07.2000, apresenta elucidativa reportagem sobre a investigação da paternidade e o exame do ADN intitulada "Quem é o pai?" A matéria traz importantes esclarecimentos aos leitores sobre a problemática do exame do ADN, desmitificando-o e denunciando os gravíssimos problemas que gravitam em torno dos laudos de exames do ADN, em ações de investigação de paternidade no Brasil. Narra a reportagem que, há alguns anos, o laboratório Timo Medicina Laboratorial, de Salvador, coletou material genético de determinada pessoa enviando-o aos Estados Unidos para a realização de um exame de paternidade. A partir do laudo pericial recebido do laboratório norte-americano, foi este interpretado pelos expertos brasileiros no sentido de ser positiva a paternidade do examinado. Com base na leitura do mencionado laudo, foi proferida sentença, atribuindo o magistrado a paternidade do investigado em relação ao investigando. No entanto, o referido laudo foi interpretado incorretamente pelo perito brasileiro, provocando a prolação de sentença equivocada e injusta, que concedia em processo de petição de herança, parte dos bens do espólio do indigitado pai, no valor de R$ 530.000,00, ao requerente, o qual, na realidade, não era filho dele. A errônea interpretação do laudo realizada pelo *experto* brasileiro apresentou um erro grave e grosseiro que alterou totalmente o resultado do laboratório americano, atribuindo positivamente a paternidade a uma pessoa que, na realidade, não é pai do investigante, sendo que o laudo originário expedido pelo laboratório americano excluía a paternidade do investigado na percentagem de 100%.[368]

Essa funesta história, que não é a única entre nós, demonstra que o exame pericial do ADN não merece confiabilidade absoluta em relação aos seus resultados. Por essa razão, deveremos encarar os laudos periciais com o devido distanciamento crítico, uma vez que essa modalidade de perícia técnica não se constitui em solução definitiva para os casos de investigação de paternidade.[369]

---

[368] BARBOSA, Bia. "Quem é o pai?" Revista Veja, ed. nº 1.658, de 19.07.2.000, ps. 108-109. Esclarece a autora que embora não existam dados estatísticos sobre a quantidade de laudos de paternidade com resultados errados entre os 10 000 realizados por ano no Brasil, a frequência de laudos que apresentam conclusões erradas é alarmante. Para se ter uma ideia, cerca de 15% dos 2000 testes feitos anualmente pelo Laboratório Gene, de Belo Horizonte, um dos mais bem equipados do país, destinam-se à contraprova.

[369] É conhecido o caso de um menino de Florianópolis que em 1995 ingressou em juízo, representado por sua mãe, com ação de investigação de paternidade contra JCR, indigitando-o como pai. O laudo do exame ADN, realizado em Florianópolis, concluiu ser JCR o genitor biológico do autor atribuindo-lhe a paternidade do menino. Inconformado com o resultado da prova, JCR foi autorizado pelo juiz a realizar novo exame com a finalidade de contraprova. O novo exame ADN revelou não ser JCR genitor do autor, excluindo a paternidade. JCR realizou outros exames ADN, cujos laudos excluíram a paternidade da criança. Um segundo exame

Afirmamos em capítulo anterior ser imprescindível que na investigação de paternidade seja *confirmado* o resultado apresentado pelo laudo do exame ADN, diante de eventual resultado positivo de uma determinada paternidade, mediante outros meios de prova, como, por exemplo, mediante cálculo estatístico da probabilidade, a fim de se evitar ao máximo a permanência de erros e o comprometimento da prova pericial e, principalmente, do Judiciário.

Apresentando o exame de ADN coincidência de *bandas*, deve ser verificada qual a probabilidade de *confirmação* da paternidade do examinado. Será necessário saber com que frequência determinado *gene* aparece na população à qual pertencem os examinados, pelas mesmas razões já anteriormente mencionadas. O procedimento confirmatório do laudo do exame do ADN é semelhante ao que se realiza no exame comparativo de sangue, HLA. Submete-se o laudo do exame ADN ao processo confirmatório, confrontando-se os resultados pelo método *bioestatístico*, obtendo-se, dessa maneira, a esperada confirmação.

Todavia em relação ao Brasil, é necessário reafirmar-se que não existem bancos de dados de frequência genética relativas à população das diversas regiões do país. É deveras difícil a formação de dados em relação à população brasileira em virtude da extensão continental do país e, principalmente, pela diversidade populacional brasileira. Na Região Norte, predomina a população de origem indígena e grupos oriundos da miscigenação de índios com brancos e negros. No Nordeste, a população predominante é mestiça de brancos, negros e índios. Na Bahia a população predominante é negra de origem dos mais diversos povos africanos, cada qual com suas características genéticas próprias, ocorrendo intensa miscigenação entre diferentes raças de negros. No Sul do Brasil, além de indivíduos representantes das etnias, índio e negro, conforma-se a população branca, além de descendentes de portugueses e espanhóis, de imigrantes e seus descendentes, formados por italianos, de diversas partes da Itália, de alemães, suíços, austríacos, poloneses, ucranianos e franceses (da França e da Argélia), que imigraram para nosso país, a partir da segunda metade do séc. XIX. Mais recentemente, até meados do séc. XX imigraram para o Brasil húngaros, russos, ciganos, japoneses, chineses, coreanos, libaneses, sírios, judeus, esses últimos, vindos de diversas partes do mundo, americanos, egípcios, iranianos e hindus, entre outros povos, que imigraram em menor escala. Desse modo, verifica-se que a população brasileira constitui-se em um caldeirão de raças e povos que estão em permanente miscigenação. Outro fenômeno que ocorre no Brasil é que os casamentos e as uniões deram-se primordialmente entre pessoas que constituem o mesmo grupo étnico ou entre membros pertencentes a uma mesma região. No entanto, os descendentes dos imigrantes, principalmente a partir da terceira geração nascida no Brasil, passaram a casar-se com pessoas de origem diversa da sua. Enquanto pais e avós tinham por costume casar-se, exclusivamente, com pessoas da mesma origem étnica e, muitas vezes, entre parentes próximos, os filhos, netos e bisnetos miscigenaram-se. As grandes migrações no Brasil entre Nordeste e Sul, entre Sul, Norte e Centro-Oeste, e entre outros estados, é relativamente recente. O sudoeste

---

realizado no laboratório originário, responsável pelo laudo afirmativo da paternidade, confirmou a exclusão da paternidade de JCR. O laboratório catarinense acabou reconhecendo ter ocorrido troca de laudos. Assim, no mês de dezembro de 1999, o judiciário catarinense julgou improcedente a investigação da paternidade movida contra JCR.

e o noroeste do Paraná, por exemplo, foi desbravado e colonizado por gaúchos e catarinenses de diversas origens, em meados do séc. XX, embora fossem todos brasileiros, permaneceu o costume de casamentos entre pessoas oriundas da mesma região e da mesma origem étnica.

Tal situação concreta traz, segundo análise criteriosa de Boeira, uma série de consequências que dificultam a constituição de dados de frequência genética da população brasileira.[370] Afirmamos, anteriormente que, quanto maior for a frequência de um determinado *gene* na mesma população, mais difícil será a constatação da relação de parentesco entre duas pessoas, uma vez que muitos indivíduos, que não sejam o verdadeiro pai biológico do investigando, podem apresentar o mencionado *gene*. Assim, quanto maior for número de casamentos ou de uniões entre pessoas pertencentes a uma mesma etnia, ou a uma mesma região geográfica, "o material cromossômico é repetitivo e as coincidências perdem seu significado".[371] Em consequência desse fenômeno, a população de cada região será constituída por pessoas que possuem tipagem de ADN semelhante, o que "não permite distinguir com segurança entre os indivíduos ou atribuir probabilidade maior ou menor às coincidências observadas".[372]

Quando ocorrer uma maior e mais variada miscigenação de etnias ou cruzamentos de pessoas oriundas de regiões diversas, resultará em maior variedade de tipagem genética encontrada na população, o que permitirá distinguir, com maior segurança, as eventuais coincidências verificadas no laudo.

Por essa razão será sempre mais fácil a verificação da frequência genética de determinado gene ou a tipagem de ADN nos grandes centros urbanos, do que no interior e em pequenos núcleos populacionais. Diante desse extenso problema que provoca insegurança ao intérprete dos resultados revelados pelo exame ADN, surgiram variadas técnicas, com o objetivo de afastar as dificuldades e dar maior segurança ao perito. Entre as técnicas desenvolvidas pelos geneticistas destacam-se o método *ceiling frequency*,[373] o método *binning*,[374] utilizado pelo FBI e a análise Bayesiana, esta última preferida pelos peritos na investigação da paternidade. O método que emprega a análise Bayesiana está fundamentado no Teorema de Bayes,[375] que utiliza dados a partir de "probabilidade prévia ao exame para calcular a probabilidade posterior ao exame e para calcular a probabilidade posterior ao resultado." A regra de Bayes mostra como alterar as probabilidades a *priori*, tendo em conta novas evidências de forma a obter

---

[370] BOEIRA, Alfredo Gilberto. *Ob. cit.*, p. 293.

[371] BOEIRA, Alfredo Gilberto. *Ob. cit.*, p. 293.

[372] BOEIRA, Alfredo Gilberto. *Ob. cit.*, p. 293.

[373] O método *ceiling frequency*, que significa frequência teto, consiste na verificação do limite máximo da ocorrência de um *alelo*, independente da origem étnica do indivíduo. Cf. BOEIRA, Alfredo Gilberto. *Ob. cit.*, p. 294.

[374] O método *binning*, que significa formação de caixotes, parte do *bin* que representa a frequência com que determinada *banda* aparece na população constante do banco de dados do FBI.

[375] O *Teorema de Bayes*, desenvolvido por Thomas Bayes, propõe demonstrar a relação entre uma probabilidade condicional e sua inversa, a saber: a probabilidade de uma hipótese dada a observação de uma evidência e a probabilidade da evidência dada pela hipótese. A análise Bayesiana, segundo descreve Boeira, inicia-se mediante a multiplicação de uma probabilidade *a priori*, de um determinado evento ser verdadeiro pela relação entre a sensibilidade e a especificidade do exame, objeto da perícia, obtendo a probabilidade posterior do mesmo evento ser verdadeiro. Disponível em: <http://pt.wikipedia.org/wiki/Teorema_de_Bayes>. Acesso em: 21 abr. 2007.

probabilidades a *posteriori*. [376] O teorema representa uma das primeiras tentativas de modelar de forma matemática a inferência estatística.

Consoante se verifica, o exame ADN não é tão simples como inicialmente nos faz acreditar, não devendo, portanto, ser considerado um método infalível ou uma solução definitiva na investigação da paternidade.

Ao finalizar o presente tópico, convém esclarecer que os laboratórios brasileiros vêm dando preferência aos métodos do STRs e das impressões digitais do ADN com sondas unilocais dos tipos MS31, MS43, MS205, G3, MS621, MS1 e YNH24, usando o método de PCR para amplificar os locos de microssatélites (STRs). Os marcadores genéticos são posteriormente identificados por sequenciadores automáticos de ADN.

Embora a tendência atual seja no sentido de se buscar uma metodologia única na investigação de paternidade, tal objetivo está longe de ser alcançado entre nós. Devemos, por isso, analisar, com muita atenção, as advertências de Trachtenberg que são aqui transcritas: "O que não pode mais continuar ocorrendo no Brasil, principalmente entre os juízes e advogados, é a confiabilidade cega no teste de DNA. Os Tribunais têm sido demasiadamente apressados em aceitar o DNA como prova absoluta, pela razão de os métodos serem geralmente aceitos pela comunidade científica".[377]

Rolf Madaleno,[378] com muita procedência, chama a atenção dos operadores do direito, afirmando ter chegado o "momento de evitar o endeusamento do resultado pericial, convertido o julgador num agente homologador da perícia genética, certo de ela possuir peso infinitamente superior a de qualquer outra modalidade de prova judicial". Critica o autor, com total propriedade, a taxação de provas, tal qual vem sendo proposto na investigação de paternidade. Qualificar-se uma modalidade de prova como sendo melhor do que outra ou, o mais grave, simplesmente excluir os demais meios de prova, como pretendem muitos operadores do direito, atribuindo presunção absoluta a uma prova técnica, constitui-se em uma postura demasiadamente perigosa, podendo o operador fugir totalmente da verdade biológica procurada, incidindo em um erro, muitas vezes, invencível. Tal comportamento compromete a imparcialidade e o senso de Justiça que todo o julgamento tem que possuir. A admissibilidade da prova taxada, diz Madaleno, significa "impregnar o Juiz do mais amplo arbítrio, pois fica comprometido o seu livre convencimento [...] e faz com que sua imparcialidade fique corroída por obra da própria lei".[379]

Concordamos com os citados autores, afirmando que o laudo pericial do ADN na investigação da paternidade não pode se constituir no único fundamento do juiz ao prolatar a sentença em ação de investigação de paternidade. Será necessária e obrigatória a concorrência de outras modalidades de prova no processo. "A prova de DNA não é prova essencial ao deslinde da questão, podendo a investigatória ser julgada

---

[376] BOEIRA, Alfredo Gilberto. *Ob. cit.*, p. 295.

[377] TRACHTENBERG, Anete. *Ob. cit.*, p. 331. Adverte a autora que os laboratórios brasileiros e a mídia são responsáveis pela distribuição de propagandas tendenciosas entre a população, formando a opinião pública no sentido de supor que o exame DNA resolveria definitivamente o problema da atribuição da paternidade ao verdadeiro pai biológico, e que a exclusão de um homem falsamente acusado poderia chegar à probabilidade de 100%.

[378] MADALENO, Rolf. A Sacralização da Presunção na Investigação de Paternidade. Revista dos Tribunais 766/83.

[379] MADALENO, Rolf. *Ob. cit.*, p. 83.

procedente independentemente de sua realização ou não. O exame do DNA é mais um meio probante complementar, não essencial".[380]

A grande maioria dos magistrados brasileiros da atualidade está ciente e consciente de que o teste do ADN possui valor relativo, constituindo-se, somente, em mais uma modalidade de prova técnica que deve ser ponderada juntamente com os demais meios de prova produzidos em um processo. O exame do ADN não pode se constituir em prova única, exclusiva e definitiva, consoante vimos acima. Detalharemos a visão da jurisprudência brasileira em relação à matéria no próximo tópico, infra.

3.4.4 A jurisprudência brasileira frente ao exame ADN

Consoante afirmamos, o emprego da prova técnica do ADN, na investigação da paternidade, tem provocado uma euforia exacerbada entre muitos operadores do direito.

Neste capítulo, vamos nos ater à resposta dos tribunais às indagações surgidas a partir do momento em que o exame do ADN se tornou a principal prova técnica na investigação da paternidade e os critérios empregados em sua valoração.

Os tribunais brasileiros têm acolhido a prova técnica do ADN, reconhecendo-a como perícia médica, considerando seus resultados como meio de exclusão da paternidade na percentagem de 100% e na afirmação da paternidade em grau praticamente absoluto.[381]

Esse entendimento não é, todavia, unânime, existindo julgados que reconheceram a paternidade biológica entre os demandantes, não obstante a prova pericial relativa aos exames hematológicos e à tipagem do ADN tenha apontado pela sua negativa.

---

[380] FORTUNA, Evandro Luiz. O Valor da Prova Pericial Biológica de DNA nas Ações de Investigação de Paternidade. *Justiça do Direito*. 1999. nº 3. v. 13, p. 104.

[381] TJ MG 2ª Cam. Ap. nº 11.223; Rel. Des. Bernardino Godinho. Ac. de 23.03.1994. *RF* 333/331.

TJ/DF - Ap. Cível nº 4873798 - Brasília - Ac. 112028 - unân. - 3ª T. Cív. - Rel.: Desa. Maria Beatriz Parrilha - j. em 28.09.1998 - Fonte: DJU III, 14.04.1999, p. 57 - BONIJURIS 36339.

"INVESTIGAÇÃO DE PATERNIDADE - EXAME de DNA - COMPROVAÇÃO - APRESENTAÇÃO DE DECLARAÇÃO MÉDICA DE REALIZAÇÃO DE VASECTOMIA - AUSÊNCIA DE COMPROVAÇÃO DA DATA - FIXAÇÃO DE ALIMENTOS - LITIGÂNCIA DE MÁ-FÉ – CONDENAÇÃO.

Ação de investigação de paternidade - Exame de DNA - Alimentos - Termo *a quo* - Litigância de má-fé. - O exame científico de DNA positivo é prova que atesta a paternidade de forma absoluta e não pode ser infirmado por declaração médica de vasectomia, desacompanhada de documento que comprove a data da realização da cirurgia. - Os alimentos devem ser estabelecidos em valor que não imponha sacrifícios ao obrigado, nem comprometa o sustento dos demais dependentes. O termo *a quo* da condenação é a data da sentença, por meio da qual restou juridicamente reconhecido e declarado o vínculo da filiação. - É litigante de má-fé e merece a penalidade prevista no art. 18 do CPC o réu que, por seis longos anos, usa de expedientes protelatórios e tenta alterar a verdade dos fatos com documentos que sabe não retratam a realidade. Apelação parcialmente provida para fixar o valor dos alimentos em vinte por cento sobre os ganhos do alimentante, sendo dez por cento para cada um dos beneficiários e determinar sejam devidos a partir da data da sentença. Unânime."

TJ/MS - Ap. Cível - Classe B - XV - nº 48.803-5/01 - Comarca de São Gabriel do Oeste - Ac. maioria - 2ª T. Cív. Rel.: Des. Joenildo de Sousa Chaves - Fonte: DJMS, 27.04.1998, p. 6 - BONIJURIS 33329. "INVESTIGAÇÃO DE PATERNIDADE - DESCONSTITUIÇÃO DE EXAME DE DNA NEGATIVO POR PROVA TESTEMUNHAL – INCABIMENTO.

Apelação cível - Exame do DNA que aponta pela impossibilidade biológica do investigado ser pai do menor - Prova que destoa do conjunto probatório dos autos, principalmente a prova testemunhal - Irrelevância - Impossibilidade de prova científica ser desconstituída através de prova testemunhal - Recurso provido - Ação improcedente. A desconstituição de exame do DNA, prova científica com margem de erro de menos de um por cento (1%), somente se admite com outra de igual natureza, não sendo suficiente a prova testemunhal."

O Tribunal de Justiça do Estado de Minas Gerais, em determinado julgado ocorrido em 1995,[382] desprezou a prova técnica do ADN, não obstante o laudo da prova pericial relativa ao exame da tipagem do ADN resultasse em negativa da paternidade do indigitado pai. Valendo-se das provas tradicionais, considerou o julgado estar devidamente provado o relacionamento sexual, com exclusividade, entre o investigado e a mãe do investigante, à época da concepção, reconhecendo, assim, a paternidade. Os fundamentos do aresto afirmam, acertadamente, que prova técnica não repousa sempre em uma certeza absoluta, não podendo a "prova pericial decidir, por si só, as demandas judiciais". Além disso, no sistema processual brasileiro, o Juiz não está adstrito ao laudo pericial para formar sua convicção, podendo decidir de modo contrário ao mesmo, baseando-se em outros elementos ou fatos provados nos autos. Soa a ementa do comentado aresto:

> INVESTIGAÇÃO DE PATERNIDADE - PROVA PERICIAL - EXAME HEMATOLÓGICO e de DNA - Convicção do juiz em sentido contrário - Possibilidade - Princípio do LIVRE CONVENCIMENTO DO JUIZ
>
> Provado o relacionamento sexual, com exclusividade, entre o investigado e a mãe do investigante, à época da concepção, deve a paternidade ser reconhecida, não obstante a prova pericial relativa aos exames hematológicos e impressões digitais de DNA dê pela sua negativa. É que, além de tal prova não repousar sempre numa certeza absoluta, não pode a prova pericial decidir, por si só, as demandas judiciais, pois, se possível, tornaria dispensável a atuação do Juiz nos processos onde ela fosse produzida, ou daria à sentença judicial caráter meramente homologatório da conclusão do técnico. Ademais, o Juiz não está adstrito ao laudo pericial para formar sua convicção, podendo decidir de modo contrário a ele, baseando-se em outros elementos ou fatos provados nos autos".

O juiz relator, Des. José Loyola, em seu fundamentado voto, entendeu que as evidências do caso conduziam a concluir-se para a existência de inquestionável intimidade entre a mãe da autora e o investigado, coincidente com a época em que ocorrera a concepção da investigante. A seu ver, o julgador não pode desprezar essas evidências e considerá-las inexistentes em face de prova pericial que, segundo sua ótica, se pretenda altamente confiável, não é, contudo, infalível. O exame hematológico, embora sendo eficiente, não pode dar ao julgador a certeza necessária à exclusão ou ao reconhecimento de paternidade discutida, mesmo quando a ele não escape qualquer das pessoas diretamente ligadas ao objeto da investigação, com muito menos razão se lhe pode atribuir valor absoluto quando há impossibilidade de análise completa como ocorreu na espécie. Criticando as provas periciais e valendo-se do princípio do livre convencimento do juiz, afirma o julgador: "Se a prova pericial decidisse, por si só, as demandas judiciais, a lei processual tornaria dispensável a atuação do Juiz nos processos em que aquela fosse produzida; ou daria à sentença judicial o caráter de decisão meramente homologatória da conclusão do laudo técnico".

Na apreciação da prova, nas ações de investigação de paternidade, dispõe o juiz de um grande arbítrio, uma vez que, em muitas hipóteses, a prova produzida não possui sempre a possibilidade de revelar uma certeza absoluta. Nesse caso, deverá socorrer-

---

[382] TJ/MG - Ap. Cível n. 10.025/5 - Comarca de Raul Soares - Ac. unân. - 5a. Câm. Cív. - Rel.: Des. José Loyola - Fonte: DJMG II, 10.03.1995, p. 01 - BONIJURIS 23969.

se o magistrado de indícios e presunções que possam gerar uma certeza relativa, que resulta de um estado subjetivo de convicção para proporcionar um julgamento seguro. Na espécie, porém, não possuindo a autora condições de realizar exame do ADN, nem manifestando o réu o intuito de realizá-lo, pode o magistrado valer-se, tão somente, do acervo probatório existente, produzido pelas partes. Diante da existência de prova convencional suficiente para demonstrar o relacionamento amoroso coincidente com o período da concepção, pode o juiz valer-se das provas convencionais produzidas e reconhecer a paternidade pretendida. [383] Concordamos com o pensamento do Des. José Loyola, uma vez que o exame do ADN não constitui prova imprescindível em investigação de paternidade, e verificada a presença de outras provas idôneas que tenham força necessária para formar o convencimento do magistrado, o exame do ADN será dispensável. Além do mais, o perito, embora seja um especialista no assunto, não é infalível, consoante vimos demonstrando no capítulo anterior, nem se pode atribuir ao trabalho por ele realizado a qualidade e os efeitos de uma decisão judicial. Isso porque, segundo adverte Latorraca,[384] o laudo de uma prova pericial pode ser retificado ou desqualificado por provas documentais, por uma jurisperícia indireta do juiz ou por outras modalidades de prova. A confiabilidade do exame pericial do ADN possuindo, tão somente, o grau de certeza relativa, importará em afastar-se a ideia de sua imprescindibilidade.

Em idêntico sentido, em outro julgado, o Tribunal de Justiça do Estado de Minas Gerais entendeu que sendo o principal pressuposto, para o reconhecimento da paternidade, a efetiva prova do relacionamento sexual entre a mãe do investigante e o investigado no período que abrange a concepção e a exclusividade deste relacionamento, não se pode admitir a prevalência do exame ADN sobre as demais provas, especialmente quando tais pressupostos não restarem suficientemente provados. O exame ADN, mesmo dando uma margem de segurança e certeza da paternidade acima de 99 % traz enormes riscos de erro, não devendo a prova técnica ser aceita, se não estiver em consonância com as demais provas dos autos. Pelo fato de o exame ADN constituir-se em uma modalidade de prova técnica, haverá necessidade da participação dos assistentes técnicos indicados pelas partes, nos termos do inciso II, do §1º, do art. 465, do NCPC. (CPC/73, inciso I, §1º, art. 421).[385] [386] Os assistentes técnicos teriam condição de acompanhar e fiscalizar a realização da perícia, verificando a metodologia escolhida, o procedimento técnico e os materiais empregados pelo perito, a fim de que, com maior segurança, possa ser aceito o resultado fornecido pelo laudo. Soa a ementa do aresto:

---

[383] TJSC – Ap. Cível nº 34.570, Joinville – Rel. Des. Wilson Guarany, pool. DJE n.º 8.241, 30.4.1991, p. 8.

[384] LATORRACA, Cláudio Zalona. *A Dimensão da Prova no Direito Processual Civil*, p. 50.

[385] Lei nº 13.105/2015, NCPC:
"Art. 465. O juiz nomeará perito especializado no objeto da perícia e fixará de imediato o prazo para a entrega do laudo.
§1º Incumbe às partes, dentro de 15 (quinze) dias contados da intimação do despacho de nomeação do perito:
I – arguir o impedimento ou a suspeição do perito, se for o caso;
II- indicar o assistente técnico;
III – apresentar quesitos;
§2º [...]".

[386] Embora seja facultativa a indicação de assistente técnico pelas partes, nos casos em que a lei exige perícia, esta deverá ser obrigatoriamente realizada com o acompanhamento das partes. (RSTJ 112/138).

INVESTIGAÇÃO DE PATERNIDADE - Relacionamento sexual com exclusividade no período da concepção - Ausência de PROVA - Reconhecimento do exame de DNA - Inadmissibilidade - Inconsonância com as demais provas dos autos.

Investigação de paternidade - Relacionamento sexual com exclusividade no período da concepção - Inexistência de prova - Exame de DNA - Incoerência com as demais provas dos autos - Prova técnica - Participação de assistentes técnicos - Acompanhamento pelas partes - Impossibilidade - Rejeição.

É condição para o reconhecimento da paternidade a prova do relacionamento sexual entre a mãe do investigante e o investigado, no período da concepção, e a exclusividade deste relacionamento, o DNA não pode prevalecer quando tais condições não restarem provadas, porquanto referido exame, por mínimo que seja, ainda traz riscos de erro; não pode tal prova ser aceita, se não estiver em consonância com as demais provas dos autos. E sendo o exame de DNA prova técnica, há necessidade de que seja possível a participação de assistentes técnicos indicados pelas partes, consoante determinação do art. 421, §1º, do CPC, os quais teriam condição de acompanhar toda a perícia, que passaria, assim, pelo crivo do contraditório, quando, então, fiscalizados seriam as técnicas e os materiais usados, a fim de que, com maior segurança, fosse aceita".[387]

O mesmo Tribunal em outro julgamento de investigação de paternidade decidiu, por maioria, rejeitar a prova pericial realizada por meio do exame técnico ADN, quando esta estiver isolada nos autos, sem ser corroborada com as demais provas colhidas.[388] Soa a ementa do aresto:

INVESTIGAÇÃO DE PATERNIDADE - PROVA PERICIAL - Exame de DNA - Rejeição - Incoerência com as demais provas do AUTOS - Participação de ASSISTENTE TÉCNICO indicado pelas partes - ART. 421/CPC, §1º - Necessidade.

É de se rejeitar a prova pericial realizada através do exame pelo método DNA, quando estiver isolada nos autos, sem ser corroborada com as demais provas colhidas, não podendo o Julgador ficar adstrito a ela para afirmar ou negar a paternidade, porque a probabilidade e/ou a confiabilidade não é certeza. Ademais, tratando-se de prova técnica, há necessidade que seja possível a participação de assistentes técnicos indicados pelas partes, a teor do art. 421, §1º, do CPC, os quais teriam condições de acompanhar toda a perícia, para que a prova passasse pelo crivo do contraditório, quando então fiscalizados seriam os materiais e as técnicas usados, a fim de que, com maior segurança, fosse aceita. Ressalta-se, ainda, que o sigilo do método e a não identificação das equipes que participam da perícia colaboram para que a prova não seja cercada de segurança.

Correto é, segundo nosso pensar, o entendimento dos Desembargadores julgadores que afirmam que, tratando-se o exame ADN de prova técnica, há necessidade da participação de assistentes técnicos, indicados pelas partes, segundo determinação do §1º, do art. 421, do CPC, atual inciso II, do §1º, do art. 465, do NCPC, os quais teriam condições de acompanhar toda a perícia, para que a prova passasse pelo crivo do contraditório. Afirma o relator, Desembargador Antônio Hélio Silva, nos fundamentos do voto:

---

[387] TJ/MG - Ap. Cível n. 29.442/1 - Comarca de Iturama - Ac. unân. - 1a. Câm. Cív. – Rel.: Des. Antônio Hélio Silva - Fonte: DJMG II, 11.11.1994, p. 1 – Idem BONIJURIS: verbete 21717 .

[388] TJ/MG - Ap. Cível n. 27.769/9 - Comarca de Governador Valadares - Ac. maioria - 1a. Câm. Cív. – Rel.: Des. Antônio Hélio Silva - desig. - Fonte: DJMG II, 12.11.1994, p. 01.

"Assim, ainda que seja mínima a possibilidade de erro desta perícia, ela não pode ser aceita se não estiver em consonância com as demais provas dos autos. (...) O que pode ser provado por indícios e presunções é a existência da relação sexual, que raramente pode ser presenciada; entretanto, os encontros e a aproximação do casal, na época da concepção, têm de ser provados por testemunhas ou documentos, o que não ocorreu no caso presente, sendo de se ressaltar que há dúvida a respeito de ter a mãe do investigante mantido relacionamento amoroso apenas com o apelante na época acima."

Em idêntico sentido, o voto do Des. Garcia Leão, que assim se manifesta:

É certo que não se pode negar a essa prova o estupendo valor científico que ela encerra, mas não é menos certo que, como laudo pericial que é, a ela não está adstrito o Julgador, que pode dela se valer ou não, conforme esteja ou não em coerência com as demais provas dos autos.

Em sentido oposto, o Des. Orlando Carvalho, em voto vencido, defende a admissibilidade do exame do ADN, mesmo diante da ausência de outros meios de prova que comprovem relacionamento sexual entre a mãe do investigante e o investigado, no período da concepção e a exclusividade deste relacionamento entre ambos. Assim se manifesta o julgador nos fundamentos de seu voto: "Os Tribunais pátrios, reiteradamente, vêm reconhecendo a força probante do exame de DNA, o qual apresenta índice de confiabilidade de 99,9999%; se foram realizados dois exames nas mesmas pessoas e obtidos resultados idênticos em ambos, deve a perícia ser aceita para se negar a paternidade alegada".

Embora a ciência considere que o exame do ADN pode fornecer ao magistrado uma certeza em 100% de exclusão da paternidade de um suposto pai e possa afirmá-la em uma percentagem acima de 99,9 %, tem o Judiciário brasileiro entendido não ser a prova técnica do ADN obrigatória, consistindo em um mero ônus da prova a cargo do investigado.[389]

---

[389] STJ - Rec. Especial n. 103517 - Mato Grosso do Sul - Ac. 4a. T. -96/0049878-4 - unân. - Rel.: Min. Bueno de Souza - j. em 10.11.1998 - Fonte: DJU I, 18.12.1998, p. 359 – BONIJURIS: verbete 35401
"PROVA - EXAME de DNA - Possibilidade de REQUISIÇÃO pelo JUIZ à expensa do ESTADO somente se colhidas todas as provas admissíveis.
1.De acordo com uníssono entendimento da Segunda Seção desta Corte pode o magistrado exigir o exame "finger print" - DNA, às expensas do Estado, tão somente naqueles casos em que após colher exaustivamente todas as provas admissíveis, não conseguir formar seu convencimento sobre a pretensão deduzida. 2. Recurso especial conhecido e provido em parte".
STJ - Rec. Especial n. 97.148 - Minas Gerais - Ac. 3a. T. - maioria - Rel.: Min. Carlos Alberto Menezes Direito - j. em 20.05.1997 - Fonte: DJU I, 08.09.1997, p. 42492 – BONIJURIS: verbete 32978.
"DNA - INVESTIGAÇÃO DE PATERNIDADE - PROVA PERICIAL - DISPENSA DESSE MEIO DE PROVA SEM MOTIVAÇÃO SUFICIENTE - ART. 131/CPC - ART. 145/CPC.
Ação de investigação de paternidade - Perícia técnica: exame de DNA. 1. A falibilidade humana não pode justificar o desprezo pela afirmação científica. A independência do juiz e a liberdade de apreciação da prova exigem que os motivos que apoiaram a decisão sejam compatíveis com a realidade dos autos, sendo impossível desqualificar esta ou aquela prova sem o devido lastro para tanto. Assim, se os motivos apresentados não estão compatíveis com a realidade dos autos há violação ao art. 131 do Código de Processo Civil. 2. Modernamente, a ciência tornou acessível meios próprios, com elevado grau de confiabilidade, para a busca da verdade real, com o que o art. 145 do Código de Processo Civil está violado quando tais meios são desprezados com supedâneo em compreensão equivocada da prova científica. 3. Recurso conhecido e provido, em parte".
Em sentido oposto, julgando pela absoluta necessidade do exame técnico pericial:
TJMS - Agravo - Classe B - XXII - n.º 56.481-4 - Comarca de Bataguaçu - Ac. unân. - 2a. T. Cív. - Rel.: Des. João Maria Lós - Fonte: DJMS, 22.04.1998, p. 5 – BONIJURIS: 33650.

Os tribunais brasileiros vêm se orientando acertadamente, tendo em vista que o exame de ADN pode apresentar uma certeza de exclusão da paternidade em torno de 100% e de afirmativa de paternidade em torno de 99,9999%. A noção de "afirmativa de paternidade" em torno da percentagem de 99,9999% não se confunde com a noção de "índice de confiabilidade de um laudo" em torno da percentagem de 99,9999%. Alguns operadores do direito se equivocam acreditando serem ambas as noções idênticas. O laudo depende de interpretação extremamente complexa, cuja confiabilidade pode ser discutível, quiçá equivocada.

O Tribunal de Justiça do Rio Grande do Sul seguindo a mesma linha de pensamento decidiu, em ação rescisória sobre a produção de prova mediante exame ADN, que esta modalidade de exame não se constitui em meio de prova obrigatório. Diz a ementa:

> INVESTIGAÇÃO DE PATERNIDADE - AÇÃO RESCISÓRIA - DATA da concepção não mencionada na INICIAL - Exame de DNA não realizado - Meios de PROVA irrelevantes - SENTENÇA rescindenda mantida.
>
> Ação rescisória. Investigação de paternidade. Procuração. Perícia. Alimentos. Divergência de nome, em inicial e procuração, que constitui evidente erro material, sem nenhum prejuízo às partes. Representante legal de menor impúbere pode outorgar procuração por instrumento particular, além do que é tema que preclui na demanda anterior e, outra vez, mesmo que falha houvesse, não teria havido nenhum prejuízo às partes, descabendo anulação. Simples visita da mãe do investigante aos pais do investigado não constitui simulação, ainda mais quando não feita qualquer descrição neste sentido. Falta da data de concepção, na inicial da investigatória, não é caso de nulidade ou destruição de um processo por violação de literal disposição de lei, pois, além de ser seduzível da data de nascimento, não prejudicou em nada a defesa do investigado e nem a prova, sendo outro assunto que manifestamente precluiu no processo precedente. Exame pericial pelo sistema DNA não é prova obrigatória, e sua realização deveria ser insistida pelo interessado, no processo respectivo, resultando o tema probatório alcançado pela preclusão. Descabe tal prova na ação rescisória, em princípio, e, sem dúvida, no caso presente. Alimentos podem ser concedidos em valor superior ao pedido inicial. Possibilidade de julgamento antecipado da rescisória. Equívoco na indicação, pelo autor da rescisória, de incisos do art. 485 do CPC, que dizem com prova falsa e erro de fato, pois ambos os aspectos não foram explicitados na inicial. Rescisória improcedente".[390]

Esses tribunais, ao contrário do que pensam os mais entusiastas defensores dos exames técnicos, não podem ser qualificados de reacionários ou partidários de meios de prova obsoletos. Os julgadores que não se deixam impressionar com as "maravilhas" das provas técnicas, afastando-as se não estiverem em consonância com as demais provas

---

"ASSISTÊNCIA JUDICIÁRIA - JUSTIÇA GRATUITA - HONORÁRIOS DE PERITO - EXTENSÃO A EXAME DE DNA EM INVESTIGAÇÃO DE PATERNIDADE - CABIMENTO - ART. 5/CF, LXXIV - LEI 1060/50.
Agravo - Ação de investigação de paternidade - Exame FINGER-PRINT/DNA, imprescindível para a solução da lide, requerido pelo Ministério Público - Autor beneficiário da assistência judiciária - Honorários do perito - Obrigação do Estado de suportar as despesas. A assistência judiciária é integral e gratuita aos necessitados e compreende a isenção dos honorários do perito (art. 5º, LXXIV, da CF e art. 3º, V, da Lei 1.060/50). Em sendo o exame de DNA requerido pelo Ministério Público e em sendo o autor beneficiário da justiça gratuita, o Estado deve arcar com as despesas dele decorrentes, antecipando-lhes o pagamento".

[390] TJRS - Ação Rescisória nº 596139725 - 2a. T. Cív. - Rel.: Des. Sérgio Gischkow Pereira- j. em 25.04.1997 - Fonte: DJRS, 13.06.1997, p. 26. *Idem* BONIJURIS: 32537.

dos autos, valorizando os meios probatórios tradicionais de prova da paternidade de alguém, estão agindo com cautela, cumprindo pela boa realização do Direito e da Justiça, fornecendo os melhores subsídios para uma legislação futura sobre o tema, que poderá advir, evitando assim, no dizer de Nerson, a "biologização do direito"[391] e da sociedade.

Alguns julgadores, ao contrário, atribuem precipitadamente uma exagerada confiabilidade técnica ao exame do ADN, entendendo que este pode ser produzido a qualquer tempo e grau de jurisdição, sob o equivocado fundamento de que o juiz, como participante da relação jurídica processual, deverá sempre realizar esta modalidade de prova técnica, imprescindível e inarredável à determinação da paternidade, a exemplo do que foi decidido pelo Tribunal de Justiça de Minas Gerais:

> INVESTIGAÇÃO DE PATERNIDADE - DNA - Peso probatório - LIVRE CONVENCIMENTO DO JUIZ - ART. 131/CPC.
> Na investigação de paternidade, a prova científica relativa à perícia médica feita pelo método DNA, direta que é, na medida em que seus resultados se mostrem categoricamente afirmativos, ou excludentes da paternidade, tem ela peso incontestável superior ao da prova indireta na formação do livre convencimento do Julgador, mormente quando vem completar farta prova indiciária. [392]

O Projeto de Lei nº 2.285/2007, Projeto de Estatuto das Famílias, procurando contornar as dificuldades de linguagem e de interpretação dos laudos, não entrega facilmente a declaração da existência de vínculo de paternidade/filiação ao simples resultado de um laudo técnico de exame de ADN, determinando, no §único, do art.214, que a declaração da filiação deverá ser apreciada em conjunto com outras provas, não se atendo o julgador somente ao resultado de um laudo técnico.[393]

Uma vez vencida a etapa em que realizamos um breve exame da tendência dos tribunais brasileiros no tocante à valoração e à confiabilidade técnica do exame do ADN na investigação da paternidade, passaremos a estudar os meios de prova técnica da paternidade em face do direito à integridade psicofísica do investigado.

---

[391] NERSON, Roger. L' influence de la biologie et de la médecine modernes sur le droit civil. *Rev. Trim. de Droit Civil.* 1970, p. 679.

[392] TJMG – Ap. Cível nº 11.223-5 - Comarca de Carlos Chagas - 2a. Câm. Civ. - Rel.: Des. Bernardino Godinho - Fonte: DJMG II, 16.12.1994, p. 2. Idem.
TJSC - Ap. Cível n.º 50.107 - Comarca de Concórdia - Ac. unân. - 2a. Câm. Cív. - Rel.: Des. Anselmo Cerello - Fonte: DJSC, 08.11.1995, p. 24 – BONIJURIS: verbete 26797. Eis a ementa:
"INVESTIGAÇÃO DE PATERNIDADE - COMPROVAÇÃO DO NAMORO - PROVA TESTEMUNHAL INSUFICIENTE - REALIZAÇÃO DE PROVA HEMATOLÓGICA DO DNA OU DE EXAME HEMATOLÓGICO. Ação de investigação de paternidade - Mera referência de testemunhas a um provável namoro entre a mãe do autor com o indigitado pai - Prova insuficiente para determinar a paternidade - Conversão do julgamento em diligência para que se realize a prova hematológica DNA, ou a atinente à análise dos grupos sanguíneos. Para a aferição da paternidade contestada, não basta a comprovação do recatamento da mãe do autor investigante, ou a mera referência oriunda desta última, de que a mesma tivera relacionamento íntimo com o indigitado pai do autor, resultando deste relacionamento, a gravidez, que desencadeou no seu nascimento. Imperioso se torna a existência do relacionamento exclusivo dos pais, à época concepcional para se ter como lastrear a paternidade. Sendo o Judiciário, partícipe da relação jurídica processual, através do juiz, pode o mesmo, e em qualquer grau de jurisdição, determinar a realização de prova, no caso imprescindível e inarredável à determinação da paternidade, como a investigação através do DNA, ou outros sistemas, mais acessíveis de que conta a ciência médica, mesmo que em comarcas do interior ou em Capital do Estado, não vanguardeiro, neste específico ramo científico".

[393] Projeto de Estatuto das Famílias. Art. 214. [...].
Parágrafo único. A declaração da filiação deve ser apreciada em conjunto com outras provas.

3.4.5 Os meios de prova técnicos da paternidade em face do direito à integridade psicofísica do investigado

O presente tema foi objeto de estudo em nossa obra, "Direitos de Personalidade e sua Tutela" [394] da qual transplantamos, para este trabalho, nosso pensamento e conclusões.

Grande parte da doutrina tem considerado serem ilícitos: o exame corporal, os exames clínicos e hematológicos, a aplicação de terapias médicas e cirúrgicas, contra a vontade do indivíduo, exigindo-se, sempre, o consentimento informado do paciente e, na impossibilidade de outorgá-lo, exige-se o consentimento informado do cônjuge, dos familiares ou do representante legal. Existem, todavia, exceções a esta norma, uma vez que o interesse público relevante, fundado principalmente em razões de preservação da vida, da saúde e razões sanitárias, justifica a realização de vistoria corporal, de exames e de tratamentos médicos em pacientes, mesmo contra sua expressa vontade, a exemplo da aplicação de vacinação obrigatória, de terapias de recuperação de toxicômanos, etc.

Segundo a regra geral, deve predominar a vontade da pessoa, titular do direito de personalidade, devendo ser respeitada a recusa em ser ela examinada, inspecionada e exibida, seja qual for a razão desta recusa, mesmo por possuir o indivíduo um alto conceito de sua autodeterminação.

A Constituição de 05.10.1988 adotou entre seus princípios fundamentais o princípio da proteção e da valorização da dignidade da pessoa humana, convertendo-o em norma de aplicação geral e imediata. Disciplina entre as garantias constitucionais, no inciso I, do art. 5º, o direito de todos à vida, a uma existência digna e à integridade física e mental. No art. 6º e art. 196 a Constituição outorga a todos os indivíduos o direito à saúde.[395]

A União, os Municípios e a iniciativa privada deverão promover a saúde e o bem-estar da coletividade. A integridade psicofísica dos indivíduos é garantida no Capítulo que trata dos Direitos Sociais, estando garantido o direito à saúde, ao lazer, à maternidade, à infância, ao salário que lhes assegure moradia, alimentação e educação, jornada de trabalho máxima por dia, repouso anual e semanal remunerado, redução dos riscos inerentes ao trabalho, por meio de normas de saúde, higiene e segurança, seguro contra acidentes do trabalho e direito à reparação de danos quando o empregador incorrer em dolo ou culpa, à previdência, à assistência social e à aposentadoria, previstos em capítulo específico destinado à Seguridade Social, Capítulo II, do Titulo III, cumprindo, ainda, proteção à integridade psicofísica da criança e do adolescente. É dever da família, da sociedade e do Estado assegurar a estes o direito à vida, à saúde, à alimentação e ao lazer, colocando-os a salvo de toda negligência, discriminação, exploração, violência, crueldade e opressão, conforme dispõe o art. 227. A Constituição de 1988 dá a necessária proteção à integridade psicofísica do indivíduo, procurando tutelar a pessoa desde seu nascimento até a morte. [396]

---

[394] SZANIAWSKI, Elimar. *Direitos de personalidade ...* , Capítulo 3.3, do Título II.

[395] A Constituição tutela, no art. 201 e seus incisos, a seguridade social, cobrindo os gastos de doenças, invalidez, acidentes de trabalho, velhice e morte. Ajuda a manutenção dos dependentes dos segurados de baixa renda e realiza a proteção da maternidade, especialmente a gestante. Deve, ainda, o poder público atender e proporcionar a saúde e o bem-estar físico, mental e social de todos os cidadãos, garantindo as perfeitas condições ambientais e de saneamento.

[396] SZANIAWSKI, Elimar. *Ob. cit.*, Idem.

O Código Civil Brasileiro de 1916 não tratou especificamente do direito à integridade psíquica ou física do homem, à exceção da interdição por demência.

O Código Civil em vigor prevê nos arts. 13 e 15 a proteção do corpo humano e da saúde da pessoa. Soa o art. 13, do Código Civil:

> Art. 13. Salvo por exigência médica, é defeso o ato de disposição do próprio corpo, quando importar diminuição permanente da integridade física, ou contrariar os bons costumes.
>
> §único. O ato previsto neste artigo será admitido para fins de transplante, na forma estabelecida em lei especial.

O presente dispositivo legal regula os atos de disposição do próprio corpo impedindo sua disposição quando o ato importar em diminuição permanente da integridade física ou contrariar os bons costumes.

O §único, do dispositivo legal em comento, a título de exceção à regra geral do *caput*, admite a prática de atos de disposição do próprio corpo para fins de transplante, de acordo com as disposições previstas em lei especial. Não havendo qualquer ofensa ao corpo humano que diminua permanentemente suas funções ou integridade, ou, ainda, não viole os bons costumes, poderá o indivíduo dispor das partes separadas do próprio corpo em vida, com finalidade terapêutica. A doação voluntária das partes separadas do próprio corpo poderá ser realizada mediante escrito, na presença de duas testemunhas idôneas.

A remoção de órgãos, tecidos e partes do corpo humano para fins de transplante e tratamento é regulada pela Lei nº 9.434 de 04.02.1997.[397] O §3º, do art. 9º, da mencionada Lei, estabelece os limites ao poder de disposição, pelo indivíduo, de partes do próprio corpo em vida. Permite a mencionada norma que o indivíduo doe, para fins de transplante:

> ... órgãos duplos, de partes de órgãos, tecidos ou partes do corpo cuja retirada não impeça o organismo do doador de continuar vivendo sem risco para sua integridade e não represente grave comprometimento de suas aptidões vitais e saúde mental e não cause mutilação ou deformação inaceitável e corresponda a uma necessidade terapêutica comprovadamente indispensável à pessoa receptora.

Excluem-se do âmbito desta Lei o sangue, o esperma e o óvulo, para fins de doação, que deverá ser regulamentado por outra lei.

Reza o art. 15, do Código Civil:

> Art. 15. Ninguém pode ser constrangido a submeter-se, com risco de vida, a tratamento médico ou a intervenção cirúrgica.

O art. 15, do Código Civil, dispõe sobre a proteção da vida, da integridade psico-física do indivíduo e de sua liberdade, determinando que ninguém poderá ser constrangido a se submeter, com risco de vida, a tratamento médico ou a intervenção cirúrgica.

---

[397] O art. 14, do Código Civil, admite a disposição gratuita do próprio corpo, no todo ou em parte, para depois da morte, desde que o objetivo seja científico ou altruístico. A matéria foi detalhada pela Lei nº 9.434/1997, arts. 1º a 8º.

Em nosso citado trabalho, *Direitos de Personalidade e sua Tutela*,[398] criticamos o legislador do Código Civil pelo fato de ter inserido em seu bojo matéria estritamente probatória, que constitui os arts. 212 a 232. Sustentamos que a regulamentação em matéria de provas deva ser localizada exclusivamente no Código de Processo Civil.

O art. 231, do Código Civil, dispositivo que mais se aproxima de nosso interesse no presente estudo, determina que:

> "Art. 231. Aquele que se nega a submeter-se a exame médico necessário não poderá aproveitar-se de sua recusa".

Embora tenhamos manifestado nossa franca preferência em colocar o dispositivo legal em comento no Título referente às provas, no Código de Processo Civil, concordamos com o legislador e com sua coerência, uma vez que aquele que se nega a submeter-se a exame médico necessário não poderá aproveitar-se de sua recusa.

Moacyr Amaral Santos, comentando o art. 340, do CPC derrogado, (NCPC, art. 379)[399] sustenta tratar-se o mandamento contido no referido artigo de um dever processual, que obriga as partes e a terceiros de se submeterem às inspeções ou aos exames quando necessário, a fim de colaborar com a Justiça na descoberta da verdade.[400]

A parte, contra quem se requereu ou que tenha sido determinado de ofício o exame médico pelo juiz, pode recusar-se a cumprir a determinação por motivos justificados. Se a parte não justificar sua recusa ou se sua justificativa for considerada mero meio protelatório, deverá o magistrado aplicar-lhe segundo entendimento de alguns a pena de confesso. Para outra corrente, a pena de confissão somente poderia ser aplicada se na espécie convergirem as demais provas para o mesmo sentido, uma vez que será o conjunto probatório que deverá determinar o convencimento do juiz e a consequente pena de confissão e não apenas uma modalidade de prova isolada.

O art. 232, do Código Civil, dispõe que:

> Art. 232. A recusa à perícia médica ordenada pelo juiz poderá suprir a prova que se pretendia obter com o exame.

O art. 232, do Código Civil, possui a função de evitar a prática de atos da parte que poderão se constituir em abuso de direito, como no caso em que sua recusa possa vir a prejudicar terceiros.[401] Embora seja louvável a preocupação do legislador com a lealdade das partes no processo, será, contudo, preferível, que a sanção pela recusa da parte em submeter-se ao exame pericial venha a se constituir em um indício e não em uma sanção, tal qual determina o Código Civil.

---

[398] SZANIAWSKI, Elimar. *Ob. cit.*, p. 339.

[399] Lei nº 13.105/2015, NCPC:
"Art. 379. Preservado o direito de não produzir prova contra si própria, incumbe à parte:
I – comparecer em juízo, respondendo ao que lhe for interrogado;
II – colaborar com o juízo na realização de inspeção judicial que for considerada necessária;
III - praticar o ato que lhe for determinado".

[400] SANTOS, Moacyr Amaral. *Comentários ao CPC*. v. IV, p. 74.

[401] A determinação do juiz para que a parte ou terceiros se submetam a qualquer tipo de exame corporal tem sua fonte no artigo 340, inciso II, do Código de Processo Civil. Soa o artigo: "Art. 340. Além dos deveres enumerados no art. 14, compete à parte: I - comparecer em juízo, respondendo ao que lhe for interrogado; II - submeter-se à inspeção judicial, que for julgada necessária; III - praticar o ato que lhe for determinado".

Surpreendentemente, o Projeto de Lei nº 2285/2007, Projeto de Estatuto das Famílias, segue a mesma orientação ideológica do codificador civil, ao dispor no art. 214, que:

> Art. 214. Deixando o réu de submeter-se à perícia ou de injustificadamente proceder ao pagamento do exame, opera em favor do autor a presunção de veracidade dos fatos alegados na inicial.
>
> §único. A declaração da filiação deve ser apreciada em conjunto com outras provas.

Não se submetendo o réu ao exame pericial ou deixando de injustificadamente proceder ao pagamento das custas referentes ao exame pericial deferido pelo magistrado, operará em favor do requerente a presunção de veracidade dos fatos alegados na petição inicial. O mencionado dispositivo legal destina-se a estimular e conduzir o requerido a se submeter à realização da prova pericial, mediante recolhimento de material para exame genético, atribuindo ao descumprimento da norma pelo investigado a sanção de presunção da veracidade dos fatos alegados na inicial pelo autor. Tais dispositivos, no entanto, são passíveis de crítica. Optaram os legisladores do Código Civil e do Projeto de Estatuto das Famílias em valorar excessivamente a prova pericial, atribuindo, a esta, um peso que ela não deve possuir. Tratam os referidos diplomas a recusa do requerido em submeter-se à realização do exame pericial, bem como o não pagamento das custas referentes à realização da prova pericial, como se fosse uma prova conclusiva de veracidade, única e de força absoluta.

Tivemos oportunidade de alertar anteriormente que os dispositivos legais acima transcritos[402] apresentam incoerência com a sistemática probatória brasileira, permitindo que o operador do direito possa realizar exegese extremada, a qual imporia à parte que se recusar a submeter-se à perícia médica ordenada pelo juiz e, mais grave, ainda, o não pagamento das custas referentes ao exame pericial, em uma sanção idêntica à pena de confesso, caracterizando, neste ato, o descumprimento de um dever processual.

A Justificação ao Projeto de Lei nº 2.285/2007, do Deputado Sérgio Barradas Carneiro, no tocante a esta matéria não nos convence, ao dizer que "[...] as regras de processo e de procedimentos nas relações de família, não podem ser as mesmas do processo que envolvem disputas patrimoniais, porque os conflitos familiares exigem resposta diferenciada, mais rápida e menos formalizada, [...]," entendendo, por isso, estar justificada a não submissão à perícia médica ordenada pelo juiz e, principalmente, o não pagamento das custas referentes ao exame pericial, em um meio de prova absoluto e em uma sanção idêntica à pena de confesso.[403]

Nossa discordância prende-se, ainda, ao fato de que o próprio Projeto de Estatuto das Famílias não eleva a prova técnica de natureza genética ou hematológica a um meio de prova único e exclusivo, uma vez que o §único, do art. 214, determina que a declaração da filiação deva ser apreciada pelo juiz em conjunto com outras provas. Isso significa que ao declarar a filiação deve o juiz ater-se a todo o acervo probatório e não

---

[402] SZANIAWSKI, Elimar. *Últ. Ob. cit.*, p. 339.

[403] CARNEIRO, Sérgio Barradas. *Estatuto das Famílias*: Justificativa, p. 17.

somente às conclusões do laudo da prova genética ou hematológica, fato que impede a aplicação da presunção absoluta de veracidade das alegações trazidas na inicial.

O Código de Processo Civil disciplina o *exame judicial* nos arts. 340, 420 e 440 ao 443. Os mencionados dispositivos legais devem ser sempre analisados em conjunto, como um sistema probatório, realizando sua leitura em coerência com os princípios adotados pelo Código processual. Pode o juiz de ofício, ou mediante requerimento da parte, em qualquer fase do processo, determinar o exame de pessoas ou coisas com o escopo de esclarecer o fato que interessa à decisão da causa. Os exames e as inspeções, mormente o exame médico-hematológico, incluindo-se o exame do ADN da parte, constitui-se, segundo nosso ponto de vista, em um meio complementar de prova, caracterizando-se em um ônus da prova e não em uma obrigação. Por essas razões, aquele que se recusar a se submeter à perícia médica deverá sofrer as sanções processuais aplicáveis aos que não cumprem o ônus que se lhe apresenta. Parece-nos, portanto, exagerada a exegese que determina a cominação de sanção específica à parte que se recusa a submeter-se ao exame técnico pericial determinado, considerando suprida a prova que se poderia obter com a realização do referido exame. A sanção mais grave que se poderia impor à parte que se recusa em submeter-se ao exame pericial ou que deixa de comparecer para realizá-lo seria a da constituição de um *indício* a ser integrado ao acervo probatório que deverá ser ponderado juntamente com as demais provas que instruem o processo.[404]

O Judiciário brasileiro vem utilizando as provas técnicas na investigação da paternidade, principalmente mediante exame do ADN, alicerçando a grande maioria dos julgados seus fundamentos nas disposições do art. 332, do Código de Processo Civil.

Não se encontra, porém, unanimidade na jurisprudência brasileira em relação aos limites que devem ser impostos na busca da verdade no processo, no tocante aos meios de prova empregados na investigação da paternidade. De um lado, encontram-se arestos que admitem o direito à recusa de uma pessoa se submeter, contra sua vontade, à realização de qualquer modalidade de exame técnico pericial em seu próprio corpo. Nesses casos, pode a parte constrangida impetrar *habeas corpus* na hipótese de um juiz determinar a expedição de mandado de condução e, simplesmente, recusar-se a realizar o exame médico pericial. É o que decidiu o Tribunal de Justiça do Rio de Janeiro em um antigo aresto, cuja ementa, pela sua repercussão, segue abaixo:

> Ofende os direitos fundamentais do homem e afronta as garantias constitucionais do cidadão a ordem de condução expedida contra o litigante que, em ação judicial, recusou-se a submeter-se, no próprio corpo, a exame pericial requerido pelo litigante adversário.[405]

Consoante se infere da análise do acórdão acima, não pode o magistrado obrigar a parte realizar exames por intermédio de coação. Reconheceu a Corte a salvaguarda do direito à liberdade e o direito à integridade psicofísica da parte, prevalecendo o direito da recusa do indivíduo de se submeter a exame técnico, contra sua vontade, requerido pelo investigante.

Por outro lado, o Tribunal de Justiça do Estado de São Paulo em recurso de Agravo, relatado pelo Desembargador Walter Moraes, em cuja decisão impugnada o

---

[404] TJMG. Ap. Cív. nº 9.770-9 - 28/10/1993. Rel. Des. CAMPOS DE OLIVEIRA – *Jur. Mineira* – 124/188. TJMG. AI nº 36.677-3 – 07/03/1995. Rel. Des. KELSEN CARNEIRO – *Jur. Mineira* - 131/127.

[405] TJRJ. *Habeas Corpus* nº 4.031 de 23.01.1979. Rel. Des. Olavo Tostes Filho. Ementário Forense, n. 370, set./1979.

magistrado *a quo* declarava que a recusa do investigado em submeter-se à realização de exame hematológico "obraria a risco do réu se nela persistisse," constituiu exegese em sentido oposto.

O fundamento do Agravo se resume na alegação do agravante de constituir-se o meio de prova mediante exame de sangue, em constrangimento contra sua pessoa e, consequentemente, não ser obrigado a submeter-se à realização da perícia por falta de permissivo legal explícito. O magistrado, porém, persistiu na ideia da realização da prova hematológica entendendo pela legalidade e pertinência desta. Ao final, declarou nos fundamentos de sua decisão que a recusa do réu em submeter-se à sua ordem redundaria em um risco ao mesmo. Agravou o investigado desta decisão, vindo o Tribunal de Justiça de São Paulo a conhecer o recurso interposto, negando-lhe, todavia, provimento, por unanimidade de votos. O juízo de segundo grau entendeu pela legalidade da ordem emanada pelo magistrado julgador *a quo*, declarando que a extração de sangue, para realização de exame hematológico, não causaria violação aos direitos de personalidade do recorrente, uma vez não ter sido determinada a *condução* do investigado. Diz a ementa do aresto:

> Em ação de investigação de paternidade, a lei confere ao Juiz o poder de determinar as provas necessárias à instrução do processo - art. 130 do CPC. Alude a lei todos os meios hábeis para provar a verdade dos fatos: os legais e, mais, os *moralmente legítimos* ainda que não especificados neste Código, diz o art. 332. A disposição consagra o primado das razões de justiça, as quais têm de ceder também os direitos pessoais supremos como são os de personalidade.[406]

Embora o bem fundamentado acórdão reconheça não haver previsão legal expressa em relação à matéria posta em causa, possui a lei cunho geral, conferindo ao juiz o poder de determinar as provas necessárias para instruir o processo, nos termos do art. 130, do Código de Processo Civil. (NCPC, art. 370).[407] O art. 369, do novo Código de Processo Civil, que corresponde ao art. 332, do Código de Processo Civil de 1973, determina que "as partes têm o direito de empregar todos os meios legais, bem como os moralmente legítimos, ainda que não especificados neste Código, para provar a verdade dos fatos em que se funda o pedido ou a defesa e influir eficazmente na convicção do juiz."

O art. 369, do novo Código de Processo Civil, assim com o Código de 1973, consagra *o primado das razões da justiça, a qual tem de ceder também direitos pessoais supremos como são os de personalidade.* Dessa maneira, a prova corporal determinada pelo juiz de primeiro grau, segundo a ótica do Tribunal, geraria um *dever* para a parte que precisa ser cumprido. Todavia, não se pode admitir, de um lado, que o poder do juiz vá até o ponto de fazer-se executar à força a prova pericial e, de outro, reconhece o julgado o direito à recusa, não admitindo que a negativa do investigado resulte em pena de confissão. A recusa da parte em se submeter a este *dever* não originará confissão, mas um indício, como componente do acervo probatório.[408]

---

[406] TJSP. - ac. un. da 2ª Câm. Cív., j. em 01.09.1987, Agr. 87.550 - rel. Des. Walter Moraes, ADCOAS 11.5973.

[407] Lei nº 13.105/2015, NCPC:
"Art. 370. Caberá ao juiz, de ofício ou a requerimento da parte, determinar as provas necessárias ao julgamento do mérito.
Parágrafo único. O juiz indeferirá, em decisão fundamentada, as diligências inúteis ou meramente protelatórias."

[408] TJSP. - ac. un. da 2ª Câm.Civ., j. em 01.09.1987, Agr. 87.550 - rel. Des. Walter Moraes, ADCOAS 11.5973.

Concordamos com o entendimento esposado pelos julgadores do recurso em comento ao afirmarem que a recusa do réu em submeter-se ao exame corporal e hematológico não impõe confissão tácita, consoante proclama corrente doutrinária e jurisprudencial considerável, uma vez que a prova pericial não deve ser considerada uma afirmação em grau absoluto, nem ser vislumbrada isoladamente, mas sempre em conjunto, com as demais provas que constituem o acervo probatório.

Deve ser destacado o interessante aresto proferido pelo Tribunal de Justiça do Estado do Rio de Janeiro, relatado pelo Desembargador Luiz Eduardo Rabello ao reconhecer legítima a recusa do indigitado pai em submeter-se ao exame do ADN, em face da preservação dos direitos fundamentais constantes da Constituição Federal. Segundo o entendimento do referido Tribunal, embora reconheça a existência do direito de recusa da parte em submeter-se ao exame pericial, a referida recusa tem por consequência a inversão do ônus da prova, transformando a possibilidade de paternidade em probabilidade. Soa a ementa do acórdão:

> INVESTIGAÇÃO DE PATERNIDADE - Recusa do PAI em fazer o EXAME de DNA - Transformação de possibilidade em probabilidade - Oitiva de TESTEMUNHA que aponta para a existência de relação amorosa entre o réu e a autora à época dos fatos.
>
> Ação de investigação de paternidade. Oitiva de testemunhas apontando no sentido de ter havido efetivamente relação amorosa entre o pai da investigante e sua mãe. A recusa do pai em submeter-se ao exame de DNA, embora legítima em face dos direitos fundamentais constantes da Constituição Federal, inverte todavia o ônus da prova, transformando a possibilidade de paternidade em probabilidade. A recusa injustificada ao exame, o malogro do investigado em provar sua inocência, em conjunto com os indícios extraídos das provas orais produzidas, são o bastante para que o pedido da investigante seja julgado procedente. Recurso improvido".[409]

Dos exemplos trazidos acima, podemos constatar que a jurisprudência brasileira até o final do ano de 2004, não possuía entendimento unânime sobre o tema, havendo, inclusive, julgados importantes propondo a aplicação da *confissão tácita* do investigado, na hipótese de sua recusa em submeter-se ao exame médico pericial, consoante se

---

[409] TJRJ - Ap. Cív. n. 7.807/1997 - Ac. unân. - 4a. Câm. Cív. - Rel.: Des. Luiz Eduardo Rabello - j. em 26.05.1998 - Fonte: DOERJ III, Seção I, 03.09.1998, p. 191. BONIJURIS 35.498. Em idêntico sentido o aresto abaixo transcrito: TJDF - Ap. Cív. nº 5009698 - Brasília - Ac. 11.1663 - unân. – 1ª. T. Cív. - Rel.: Des. Waldir Leôncio Júnior - j. em 26.10.1998 - Fonte: DJU III, 07.04.1999, p. 21. BONIJURIS 36.285.
"INVESTIGAÇÃO DE PATERNIDADE - NEGATIVA DE REALIZAÇÃO DO EXAME DE DNA - POSSIBILIDADE DE SE CONFIGURAR COMO INDÍCIO DE PATERNIDADE - AGRAVO RETIDO - ART. 523/CPC, §4º - PRELIMINAR DA APELAÇÃO.
Direito Civil e Processual Civil. Família. Ação de investigação de paternidade. Agravo retido interposto pela apelada. Não conhecimento. 1. O art. 523, parágrafo 4º, do CPC deve ser entendido no sentido de que o agravo retido será conhecido como preliminar da apelação já interposta, pois do contrário não haverá oportunidade para o seu conhecimento, uma vez que não é recurso autônomo. Não se conhece de agravo retido interposto pela apelada que não aparelhou apelação própria nem aderiu à da parte contrária. O recurso adequado contra interlocutória que recebe recurso em seu duplo efeito, nestas condições, é o agravo de instrumento. 2. Provado o relacionamento amoroso entre os genitores da menor, coevo com a concepção, acolhe-se pedido de declaração de paternidade, sobretudo quando há informações de que o investigando entregara contribuições em dinheiro e cheques à genitora da autora, visando às despesas da infante. A negativa da submissão ao exame de DNA é, ainda, indício a ser considerado dentro do contexto fático, podendo, inclusive, ser interpretado como demonstração de admissibilidade da paternidade ante a resistência em eliminar a alegada dúvida da parte do indigitado pai".

infere no julgado do Tribunal de Justiça do Estado de Santa Catarina, cuja ementa está abaixo transcrita:

> INVESTIGAÇÃO DE PATERNIDADE - PROVA INDICIÁRIA - Valor relativo - Recusa do investigado a submeter-se ao exame de DNA - CONFISSÃO FICTA caracterizada.
> Ação de investigação de paternidade. Prova indiciária e demais elementos que levam à conclusão favorável à pretensão declaratória positiva. Tocante à ação investigatória de paternidade, é atribuído ao juiz razoável arbítrio na avaliação da prova coligida ao seio do processo, sobretudo em se tratando de prova indiciária, visto que a produção de prova direta acerca do relacionamento sexual entre a genitora e o indigitado pai é tarefa dificílima, de regra quase impossível. Processual civil. Produção de prova pericial com utilização do DNA. Negativa do indigitado pai na colheita do material necessário ao exame. Impossibilidade de sua condução coercitiva. Efeitos da recusa. Em tema de ação de investigação de paternidade, se é certo ser inadmissível impor-se, ao investigado pai, de modo coercitivo, a submissão ao denominado EXAME DNA, em razão de garantias constitucionais que lhe asseguram esse direito, menos certo não será a constatação de que essa recusa trar-lhe-á consequências práticas no campo jurídico-processual, ou seja, no exame do caso concreto. Assim é que, na prática, essa recusa equivale a uma confissão ficta, sobretudo porque ninguém temeria submeter-se ao exame em tela se, a respeito, nada tivesse a esconder.[410]

O Supremo Tribunal Federal tem se manifestado pela impossibilidade de ser o investigado conduzido "manu militari" ao laboratório para realização de exame médico pericial, uma vez que tal ato iria ao desencontro das garantias constitucionais implícitas e explícitas, violando a dignidade da pessoa humana, a intimidade e a intangibilidade do seu corpo. A recusa do indigitado pai em realizar o exame do ADN, segundo jurisprudência do Supremo Tribunal Federal, resolve-se no plano jurídico-instrumental consideradas a dogmática, a doutrina e a jurisprudência, no que voltadas ao deslinde das questões ligadas à prova dos fatos e não mediante coerção.

> INVESTIGAÇÃO DE PATERNIDADE - Exame de DNA - Condução do réu "debaixo de vara" - Inadmissibilidade - Cabimento de HABEAS CORPUS.
> Investigação de Paternidade. Exame DNA. Condução do réu "debaixo de vara". Discrepa, a mais não poder, de garantias constitucionais implícitas e explícitas - preservação da dignidade humana, da intimidade, da intangibilidade do corpo humano, do império da lei e da inexecução específica e direta de obrigação de fazer - provimento judicial que, em ação civil de investigação de paternidade, implique determinação no sentido de o réu ser conduzido ao laboratório, "debaixo de vara", para coleta do material indispensável à feitura do exame DNA. A recusa resolve-se no plano jurídico-instrumental, consideradas a dogmática, a doutrina e a jurisprudência, no que voltadas ao deslinde das questões ligadas à prova dos fatos".[411]

---

[410] TJSC - Ap. Cível n. 88.063204-9 - Comarca de Capinzal - Ac. unân. – 1ª Câm. Cív. Especial - Rel.: Des. Eládio Torret Rocha - Fonte: DJSC, 06.06.1997, p. 44 - BONIJURIS 31854. No mesmo sentido: TJ/MG - Ap. Cível nº 18.751/8 - Comarca de Belo Horizonte - Ac. unân. – 2ª Câm. Cív. - Rel.: Des. Rubens Xavier Ferreira - Fonte: DJMG II, 17.11.1994, p. 01. Bonijuris nº 22.521. Em idêntico sentido: TJSP. Ap. nº 8.169. 2.ª C. Civ. 18.08.1981. RT 559/113.

[411] STF - *Habeas Corpus* nº 71373-4 - Rio Grande do Sul - Ac. T. Pleno - Rel. Min. Marco Aurélio - Fonte: DJU I, 22.11.1996, ps. 45686/7. - BONIJURIS .

A maior parte dos tribunais brasileiros, contudo, entendia que os magistrados podem apreciar e julgar as causas de investigação da paternidade considerando outros meios de prova, além do exame médico pericial, os quais certamente lhes trarão os elementos necessários ao seu livre convencimento para o julgamento do feito, não devendo o julgador depender, exclusivamente, de prova pericial.[412] O exame médico pericial do ADN deveria ser utilizado, somente, em casos excepcionais, diante da ausência de outros meios de prova ou de sua comprovada insuficiência para o deslinde do feito, sendo sua natureza a de meio de prova complementar.

A recusa do réu, ou da parte, em não se submeter ao exame médico pericial determinado pelo juiz poderia, no máximo, constituir-se em *indicio,* componente do acervo probatório a ser ponderado juntamente com as demais provas produzidas no processo. Este pensar constituía-se na tendência da jurisprudência brasileira.

No entanto, a partir da promulgação da Súmula nº 301, do STJ, em 2004,[413] a jurisprudência passou a se direcionar em sentido contrário, julgando que a negativa da parte investigada de submeter-se à realização de exame de ADN induz presunção *iuris tantum* de paternidade. Nesse sentido julgou o Tribunal de Justiça do Estado do Rio Grande do Sul, cuja ementa segue abaixo:

> INVESTIGAÇÃO DE PATERNIDADE - REALIZAÇÃO - EXAME de DNA - Negativa do HERDEIRO - PROVA da RELAÇÃO - FALECIDO e GENITORA - Aplicação da SÚMULA 301/STJ
>
> Ementa: apelação cível - investigatória de paternidade - negativa da herdeira à realização de exame de DNA. Merece provimento o recurso de apelação interposto contra a decisão que julgou improcedente ação de investigação de paternidade, uma vez que, pelas provas produzidas, demonstrada a ocorrência de relacionamento entre o falecido e a genitora do investigante, além do que, nos termos da Súmula 301, do STJ, a negativa da parte investigada a submeter-se à realização de exame de DNA induz presunção juris tantum de paternidade. Apelo provido.[414]

Outros julgados adotam o mesmo entendimento, seguindo-se as ementas:

> INVESTIGAÇÃO DE PATERNIDADE - SUCESSÃO - VIÚVA - REGIME de COMUNHÃO UNIVERSAL DE BENS - ILEGITIMIDADE - RECUSA ao EXAME de DNA - PROVA - PRESUNÇÃO DE PATERNIDADE
>
> Investigação de paternidade - Sucessão do falecido - Viúva - Regime de comunhão universal - Ilegitimidade - Acervo probatório indicando a paternidade - Alimentos devidos da citação. O cônjuge sobrevivente não é herdeiro, se casado sob o regime de comunhão universal (art. 1.829 do Código Civil). Assim, também não tem legitimidade para recorrer.

---

[412] STF. Recurso Extraordinário n.º 0099915, julgamento de 15.05.1984. Ac. de 17.08.1984. 2.ª Turma. Rel. Min. Francisco Rezek. Segue a ementa: "Investigação de paternidade. Teste HLA Exame de Fatos. - Hipótese em que não se negou validade a meios legais de prova, nem se subverteu a distribuição legal do ônus da prova. Se o alto índice de confiabilidade que se credita ao teste HLA não prevaleceu diante da Corte de origem, foi em razão de seu convencimento no sentido de que melhor valiam as evidencias negativas da paternidade. Juízo de valor em torno dos fatos, imune a crítica extraordinária. Recurso não conhecido". Fonte: Doc. de computação nº 0099915/1984.

[413] STJ Súmula nº 301 – 18.10.2004 - DJ 22.11.2004.
Ação Investigatória - Recusa do Suposto Pai - Exame de DNA - Presunção *juris tantum* de Paternidade.
"Em ação investigatória, a recusa do suposto pai a submeter-se ao exame de DNA induz presunção *juris tantum* de paternidade".

[414] TJRS. In BONIJURIS Jurisprudência - Cd-Rom – 76367.

A recusa de realização do exame de DNA, pelos descendentes do investigado, somada ao acervo probatório colhido nos autos, permite concluir pela paternidade. Nas ações de investigação de paternidade, os alimentos são devidos desde a citação".[415]

AGRAVO DE INSTRUMENTO - INVESTIGAÇÃO DE PATERNIDADE - RECUSA - FORNECIMENTO - Material genético - EXAME de DNA - PRESUNÇÃO DE PATERNIDADE - ART. 231/CC - ART. 232/CC - COAÇÃO - Não caracterização.
Agravo de instrumento - Investigação de paternidade - DNA - Preliminares - ausência de peça obrigatória - Falta de autenticação - Rejeição - Mérito - Recusa - Presunção ficta da paternidade - Coerção não caracterizada - Recurso desprovido - Unânime. A recusa em fornecimento de material genético para o exame de DNA leva à presunção ficta da paternidade, arcando a parte com as consequências processuais da mesma. (Arts. 231 e 232, do CCB).[416]

A prova médico pericial, para averiguação da paternidade, não deve ser considerada apenas um ônus a cargo do investigante. Esse meio de prova consiste, igualmente, em um direito do investigado que pretenda comprovar a não paternidade, mediante a exclusão de qualquer relação de parentesco com o investigante. Partindo, porém, o pedido para a realização de exame médico pericial do autor de uma ação negatória de paternidade, ou do réu de uma investigação de paternidade, invertem-se as situações. O investigante e sua mãe deverão se submeter ao exame técnico, possuindo, estes, idêntico direito de se recusar à realização da perícia técnica, sofrendo idênticas consequências às aplicadas ao investigado, quando este se recusar a submeter-se à realização do referido exame. A citada recusa do investigante ao exame, juntamente com os demais meios de prova que apontam para a exclusão da paternidade do requerente constituirá um indício favorável ao autor da ação negatória de paternidade ou, ao réu, na investigação da paternidade.

Conforme se verificou, os sistemas jurídicos de influência romanista consideram os princípios concernentes ao estado da pessoa: um julgamento sobre a filiação produz efeitos *erga omnes* e deve, por essa razão, ter em conta a verdade biológica.

3.4.6 Lei nº 12.004 de 29.07.2009: A presunção de paternidade diante da recusa do indigitado pai em se submeter ao exame ADN

Aos 29.07.2009 foi publicada a Lei nº 12.004[417] a qual altera a Lei nº 8.560, de 29.12.1992, que regula a investigação de paternidade dos filhos havidos fora do

---

[415] TJMG - Ap. Cív. n. 1.0180.02.006382-2/001 - Comarca de Congonhas/MG - Ac. unân. - 5a. Câm. Cív. - j. em 20.10.2005 - Rel.: Des. Cláudio Costa - Fonte: DJMG, 11.11.2005. In BONIJURIS Jurisprudência - Cd-Rom - 75213

[416] TJ/DF - Ag. de Instr. n. 20040020024615 - Ac. n. 197.347 - unân. - 3a. T. Cív. - Rel.: Des. Lécio Resende - Fonte: DJU, 02.09.2004, p. 49. In BONIJURIS Jurisprudência - Cd-Rom – 68288.

[417] A Lei nº 12.004, de 29.07.2009, altera a Lei nº 8.560, de 29.12.1992, que regula a investigação de paternidade dos filhos havidos fora do casamento e dá outras providências.
O PRESIDENTE DA REPÚBLICA
Faço saber que o Congresso Nacional decreta e eu sanciono a seguinte Lei:
Art. 1º Esta Lei estabelece a presunção de paternidade no caso de recusa do suposto pai em submeter-se ao exame de código genético - DNA.
Art. 2º A Lei nº 8.560, de 29 de dezembro de 1992, passa a vigorar acrescida do seguinte art. 2º-A:
"Art. 2º-A. Na ação de investigação de paternidade, todos os meios legais, bem como os moralmente legítimos, serão hábeis para provar a verdade dos fatos.

casamento. Institui a presente lei, por meio dos arts. 1º e 2º, a presunção da paternidade do indigitado pai decorrente de sua recusa em se submeter ao exame de seu código genético, o ADN. Soam os mencionados dispositivos:

> Art. 1º Esta Lei estabelece a presunção de paternidade no caso de recusa do suposto pai em submeter-se ao exame de código genético – DNA.
> Art. 2º. A Lei nº 8.560, de 29 de dezembro de 1992, passa a vigorar acrescida do seguinte art. 2º-A:
> Art. 2º-A. Na ação de investigação de paternidade, todos os meios legais, bem como os moralmente legítimos, serão hábeis para provar a verdade dos fatos.
> Parágrafo único. A recusa do réu em se submeter ao exame de código genético - DNA gerará a presunção da paternidade, a ser apreciada em conjunto com o contexto probatório.

A promulgação da citada lei reforça a possibilidade de a recusa do suposto pai em submeter-se ao exame genético gerar a presunção da paternidade, que será apreciada, pelo magistrado, em conjunto com as demais provas do acervo probatório. O legislador agiu acertadamente ao vincular a constituição da presunção de paternidade ao resultado apresentado pelas demais provas.

É importante ressaltar que a presunção de paternidade trazida na Lei nº 12.004/2009 não compromete nem desconstitui outras provas como elementos que demonstrem a existência de relacionamento entre a mãe e o suposto pai. De outro lado, não se poderá presumir a paternidade do indigitado pai se as demais provas do acervo comprovarem a inexistência de relacionamento entre a mãe da criança e o homem indigitado.

Agiu o legislador brasileiro com acerto e cautela ao determinar que se pondere o resultado do exame genético com as demais provas diante da variada metodologia utilizada pelos laboratórios brasileiros e dos eventuais erros, principalmente de interpretação que possam comprometer o laudo, consoante verificamos supra, justificando as cautelas a serem seguidas pelo juiz.

A presente lei dá preponderância ao direito à paternidade da criança em relação ao direito à prova e da regra de que ninguém é obrigado a produzir prova contra si mesmo, ambos direitos constitucionalmente consagrados.

3.4.7 A investigação da paternidade segundo o projeto do Estatuto das Famílias

O Estatuto das Famílias regula a ação de investigação de paternidade nos arts. 211 a 219, os quais serão, a seguir, objeto de breve análise.

O projeto de diploma estatutário determina no art. 211 que proposta a ação de investigação de paternidade por menor de idade ou incapaz, acompanhada de

---

Parágrafo único. A recusa do réu em se submeter ao exame de código genético - DNA gerará a presunção da paternidade a ser apreciada em conjunto com o contexto probatório."
Art. 3º Revoga-se a Lei nº 883, de 21 de outubro de 1949.
Art. 4º Esta Lei entra em vigor na data de sua publicação.
Brasília, 29 de julho de 2009; 188º da Independência e 121º da República.
Luiz Inácio Lula da Silva'

robusta prova indiciária da paternidade biológica ou socioafetiva do réu, fixará o juiz, de imediato, alimentos provisórios, salvo se o autor declarar que deles não necessita. Diz o artigo em comento:

> Art. 211. Proposta ação investigatória por menor de idade ou incapaz, havendo forte prova indiciária da paternidade, biológica ou socioafetiva, o juiz deve fixar alimentos provisórios, salvo se o autor declarar que deles não necessita.

A futura legislação, se aprovada, imporá ao réu a responsabilidade pelo pagamento de alimentos provisórios ao investigando, mesmo antes de apresentar sua resposta, diante de forte e convincente prova de vir a ser confirmada sua paternidade no decorrer do processo. Todavia, cumpre destacar que não basta o autor juntar aos autos documentos que apresentem meros indícios que, somente, possam ser considerados início de prova. Para o deferimento de alimentos provisórios, a prova deverá ser profusa e convincente.

Outra inovação, trazida no mesmo dispositivo, diz respeito à não distinção da paternidade biológica da socioafetiva pelo futuro Estatuto, servindo a mesma modalidade de processo para se investigar a paternidade biológica e a paternidade social.

O artigo seguinte, 212, determina que:

> Art. 212. Havendo registro civil é necessária a citação daqueles indicados no respectivo assento.

O art. 212, do Estatuto, não exige nenhuma consideração especial, sendo óbvia a obrigatoriedade da citação das pessoas cujos nomes figuram no respectivo assento de nascimento.

O art. 213 assim determina:

> Art. 213. Postulando o autor sob o benefício da assistência judiciária, é de responsabilidade do réu os encargos necessários para a produção das provas, se ele não gozar do mesmo benefício.

O art. 213, seguindo a esteira do art. 211, atribui ao requerido, quando o autor demandar sob o benefício da assistência judiciária, a responsabilidade pelo pagamento antecipado dos encargos necessários para a produção das provas, em especial das provas técnicas, que são meios de prova geralmente caros. Excetua o legislador a obrigação de o réu antecipar o pagamento dos encargos necessários para a produção das provas na hipótese se ele gozar do mesmo benefício.

O legislador do Estatuto, a fim de facilitar o acesso do investigando à Justiça, atribui ao requerido a responsabilidade pelo pagamento dos encargos necessários à produção das provas, mesmo antes de verificar a efetiva probabilidade da paternidade alegada. Cumpre destacar que o art. 213, diferentemente do art. 211, não exige a presença de prova indiciária forte da paternidade biológica ou socioafetiva do réu para que ele seja obrigado a suportar os encargos necessários para a produção das provas.

Esses dispositivos legais, e, principalmente, o art. 213, parecem-nos injustos em relação ao réu, cuja paternidade for descartada ao final da investigação. Mesmo não havendo vínculo de paternidade-filiação, será o réu obrigado a ter despesas com sua defesa, com seu advogado e, ainda, com as custas de um processo cujo autor não é, sequer, seu filho.

Lamentavelmente o legislador está, por meio dessas normas, a serviço do Governo e não da sociedade. Nessas hipóteses, a assistência judiciária tem de ser ampla e gratuita, bem como os exames periciais, mesmo os genéticos devem ser realizados gratuitamente pelo Estado, a cargo da seguridade social. O legislador não deve dar seu aval à nefasta prática que vem assolando o país nestes últimos anos, mediante privatizações discutíveis e a permanente transferência para o particular das atribuições e obrigações que são tipicamente estatais e que deveriam ser custeadas exclusivamente pelo poder público, o qual cobra elevados impostos dos contribuintes e muito pouco retribui ao cidadão, sendo péssima a prestação do serviço público brasileiro.

O art. 214, abaixo transcrito, já foi devidamente comentado no item 3.4.5, supra, nada mais havendo a ser acrescentado.

> Art. 214. Deixando o réu de submeter-se à perícia ou de injustificadamente proceder ao pagamento do exame, opera em favor do autor a presunção de veracidade dos fatos alegados na inicial.
> Parágrafo único. A declaração da filiação deve ser apreciada em conjunto com outras provas.

Conforme manifestação anterior, causa perplexidade, foge ao bom senso e à boa doutrina o fato de o legislador atribuir os efeitos de pena de confesso ao mero inadimplemento de uma obrigação pecuniária *ex lege*. O art. 214, tal qual apresentado no Projeto de Lei, vai ao desencontro do disposto na Súmula nº 301, do STJ e, principalmente, do mandamento contido na Lei nº 12.004/2009. O referido artigo constitui-se, lamentavelmente, em um atentado contra as boas regras e desconsideração à boa doutrina processual. Certamente se convertido em lei, o art. 214, sofrerá a devida reforma.

O art. 215 trata da revelia na investigação da paternidade. Diz o dispositivo:

> Art. 215. A ausência de contestação enseja a aplicação dos efeitos da revelia.

O autor do Projeto de Lei em comento simplesmente repete no presente artigo a norma contida no art. 319, do Código de Processo Civil de 1973. Todavia, excepciona a regra do inciso II, do art. 320, do mesmo código, que determina expressamente que, versando o litígio sobre direitos indisponíveis, a revelia não induz o efeito de reputarem-se verdadeiros os fatos afirmados pelo autor na inicial.[418]

---

[418] CPC/15. "Art. 344 - Se o réu não contestar a ação, será considerado revel e presumir-se-ão verdadeiras as alegções de fato formuladas pelo autor".
"Art. 345 - A revelia não produz o efeito mencionado no artigo 344 se:
I - havendo pluralidade de réus, algum deles contestar a ação;
II - o litígio versar sobre direitos indisponíveis;
III - se a petição inicial não estiver acompanhada do instrumento que a lei considere indispensável à prova do ato.
IV - as alegações de fato formuladas pelo autor forem inverossímeis ou estiverem em contradição com prova constante dos autos".

Nesse sentido, ensina J.J. Calmon de Passos dizendo que,[419] "nessas situações, o não comparecimento ou a não atuação do réu nada influem sobre o ônus da prova. O autor continua com o ônus de provar os fatos constitutivos do seu pedido e da obrigação do réu. E se a sanção do art. 319, do código derrogado, não incide, como não encene a presunção do art. 302, subsiste para o revel, caso tempestivamente compareça, o direito à contraprova. [...]."

Tentando ser fiel à ideologia esposada pelo Estatuto, entende o legislador que as regras processuais atinentes ao direito de família devem ser diferentes das que regem o direito patrimonial. Assim, cria a exceção do art. 215, em relação aos efeitos da revelia, esquecendo-se, porém, que as relações de família envolvem e continuam envolvendo, em muito, interesses patrimoniais. Considerando-se, porém, admissível alguma exceção às regras gerais do direito processual, em se admitindo o fato de que regras processuais relativas ao direito de família devem ser diferentes das que regem as regras de direito patrimonial, dever-se-ia interpretar exatamente no sentido oposto. Isso porque não se pode levianamente atribuir uma falsa paternidade a alguém só porque o réu permaneceu silente ou seu advogado perdeu o prazo para a resposta. O silêncio do requerido, por si só, não deve produzir os efeitos da revelia na ação de investigação da paternidade, podendo o réu durante o trâmite processual, até antes da prolação da final sentença, intervir no processo como parte, a qual diante dos fatos e provas declarará ou não a paternidade do réu. A regra contida no art. 215 revela-se para nós como uma regra precipitada; se aprovada for, poderá atribuir falsas paternidades pela simples aplicação dos efeitos da revelia. Não deve ser esquecido que as ações investigatórias de paternidade são, quase sempre, movidas por iniciativa da mãe representando seu filho menor de idade. E, assim, quando o filho se tornar adulto, maior e capaz poderá novamente demandar na busca de seu verdadeiro pai biológico, em decorrência de uma norma legal absurda. O art. 215, se vier a ser aprovado pelo Legislativo, deverá ser devidamente interpretado, devendo sua atuação ser limitada pelos tribunais, de acordo com cada caso concreto.

Os arts. 216 e 217, do Projeto de Estatuto das Famílias, pela sua simplicidade dispensam maiores comentários. Apenas chama a atenção o disposto no parágrafo único, do art. 216, que condiciona a alteração do nome do requerente a partir da declaração de procedência do pedido e desconstituição da filiação estabelecida anteriormente no registro, devendo sempre atender ao melhor interesse do investigante.

> Art. 216. A procedência do pedido desconstitui a filiação estabelecida anteriormente no registro.
> §único. A alteração do nome deve atender ao melhor interesse do investigante.
>
> Art. 217. Transitada em julgado a sentença, deve ser expedido mandado de averbação ao registro civil.

O artigo seguinte, assim dispõe:

> Art. 218. A sentença de procedência dispõe de efeito declaratório desde a data do nascimento do investigado.

---

[419] PASSOS, J.J. Calmon de. *Comentários ao Código de Processo Civil*. Vol. III. item 200, p. 366.

O art. 218 atribui à sentença, que julga procedente a investigatória de paternidade, atribuindo a paternidade ao réu, efeito declaratório. Tal dispositivo tem por finalidade dirimir, previamente, qualquer controvérsia que pudesse surgir em torno da natureza jurídica da sentença. Assim, fixa o legislador, de antemão, que a sentença meramente declara uma situação jurídica preexistente, não havendo, com sua prolação, nenhum efeito constitutivo de paternidade. Esta já existia antes da investigação.

Segundo nossa apreciação, há um erro de redação ao final do art. 218, ao dizer que "o efeito declaratório da sentença que julga a procedência da investigatória da paternidade se produz desde a data do nascimento do investigado." Cabe indagar: O que está se investigando? Respondendo à indagação, está se investigando a paternidade, ou seja, está se investigando se o indigitado pai é realmente genitor do investigando. Assim, investigado é o réu, é o indigitado genitor, que se vê declarado pai do autor. Está, pois, errada a redação do art. 218.

O último dispositivo que trata da investigação da paternidade no Estatuto das Famílias consiste no art. 219, que assim dispõe:

> Art. 219. A improcedência do pedido de filiação não impede a propositura de nova ação diante do surgimento de outros meios probatórios.

Com efeito, a improcedência do pedido de filiação não impede a propositura de nova ação pelo requerente, uma vez que esta não faz *coisa julgada*. Não fazendo *coisa julgada*, está o filho autorizado a ingressar com nova ação de investigação de paternidade, desde que surjam novas provas, desconhecidas ou inacessíveis pelo autor por ocasião do ajuizamento da primeira ação.

Consoante se pode verificar, o Projeto de Estatuto das Famílias apresenta inúmeros defeitos que precisam ser sanados, carecendo, inclusive de alterações substanciais, conforme comentado acima, ao falarmos dos arts. 213, 214 e 215, que não devem permanecer tal qual estão dispostos.

A seguir, em novo Título, passaremos a tratar da filiação não biológica.

TÍTULO III

A FILIAÇÃO NÃO BIOLÓGICA

O presente título será dedicado à modalidade de filiação não biológica, também denominada *filiação social, filiação afetiva* ou *filiação socioafetiva*.

Nesta espécie de filiação, leva-se em consideração o vínculo afetivo que une determinadas pessoas em que se destacam sentimentos de paternidade, de maternidade e de filiação entre estas pessoas, independentemente da existência de um vínculo biológico, ou sanguíneo, predominando o afeto entre pais e filhos.

As relações de filiação afetiva ou social surgem dos laços que unem afetivamente o marido ou companheiro de uma mulher e o filho desta cujo pai é terceira pessoa ou entre a mulher ou convivente do homem com filho deste, havido com outra mulher. Todavia, a filiação afetiva toma especial vulto nos casos em que ocorre a adoção plena e a procriação humana assistida mediante a modalidade heteróloga, em que ambos ou, pelo menos, um dos genitores não possui vínculo biológico com a criança, existindo, porém, um profundo vínculo afetivo entre ambos.

Iniciaremos o estudo da filiação não biológica a partir da categoria da adoção e, a seguir, da reprodução humana assistida heteróloga, que constituem as categorias que originam a filiação socioafetiva, pelo fato de que, em muitas ocasiões, esta vinculação procede da impossibilidade de um ou de ambos os genitores de gerar naturalmente.

A impossibilidade física de procriar deve ser analisada sob dois aspectos. O primeiro, decorrente da impossibilidade de a mulher engravidar, resultante de algum acidente sofrido por um dos cônjuges como, por exemplo, a existência de impotência *coendi,* decorrente de deformações do pênis, do infantilismo absoluto do homem, das interceptações da vagina da mulher, ou dos defeitos resultantes de traumatismos e castrações. O termo *acidente* deve ser aqui entendido como a existência de uma lesão material no indivíduo, resultante de uma causa externa. A outra razão repousa na impossibilidade de procriação devido a alguma doença adquirida pelo indivíduo, que se constitui na impotência *generandi* ou *concipiendi,* decorrente de doenças ou infecções sofridas pela pessoa.[420] Esta modalidade de esterilidade é denominada pela medicina

---

[420] NERSON, *L'influence de la biologie...,* p. 666.

de *impossibilidade resultante de causa interna*. Diante da falta de êxito nos tratamentos médicos para obter a fertilização do cônjuge, restam, somente, três opções:[421]

a) A primeira alternativa do casal consistirá na renúncia destes, à descendência.

b) Na segunda, recomenda-se a adoção de uma criança sendo que, atualmente, o direito brasileiro apenas admite a adoção plena.

c) A terceira opção consiste na prática da reprodução artificial com sêmen ou óvulo de terceira pessoa, um doador.[422]

As ciências biomédicas têm desenvolvido diversas técnicas de reprodução humana assistida diante da absoluta impossibilidade de uma pessoa procriar. Segundo sensível observação de Gorassini,[423] o ponto nuclear do problema não seria exatamente o de não procriar, mas de a pessoa poder ter um filho para exercer a função de *pai*, mesmo não sendo este o verdadeiro pai biológico da criança.

Nosso trabalho versará, a seguir, sobre o estudo das categorias *adoção* e *reprodução humana assistida*, como principais categorias jurídicas que constituem o direito de filiação socioafetivo.

1 A adoção

A adoção, na sua concepção atual, constitui-se, sem sombra de dúvida, em um ato de amor e desprendimento. O fato de adotar consiste na atitude de cuidar e proteger uma criança a qual, embora não tenha sido gerada pelos adotantes, deverá receber o afeto, o carinho e os cuidados como se tivesse sido gerada por eles. Ao adotar, será necessário "sentir no coração o desejo de substituir o papel do pai na vida daquela criança, sentir-se realmente como seus pais, dedicando-se de corpo e alma a uma criança que não foi gerada por você".[424] Essa relação de amor e afeto constitui, além de um vínculo de afeto, um vínculo jurídico entre pais adotivos e adotado, uma modalidade de paternidade, maternidade e filiação denominada *filiação afetiva, social* ou *socioafetiva*.

Devido à importância do instituto da adoção, pela sua antiguidade e, ainda, pelas peculiaridades pelas quais a evolução desta categoria jurídica passou no decorrer dos séculos, optamos por analisar o tema desde o direito romano até os dias atuais fazendo breves digressões sobre os vários aspectos que a categoria apresentou até suas perspectivas atuais.

1.1 O conceito de adoção

A primeira e mais antiga modalidade de se constituir a filiação não biológica é a adoção. A categoria é conhecida e praticada desde a remota antiguidade em todo o mundo.

---

[421] MONTES, José Maria. *Ob. cit.*, p. 150.

[422] A última hipótese trata de *inseminação artificial heteróloga*. A *inseminação artificial heteróloga* é aplicável nos casos de infertilidade do homem. Nesse caso, o marido autoriza sua mulher fértil a inseminar seu próprio óvulo, com sêmen de outro homem, um doador.

[423] GORASSINI, Attilio. *Ob. cit.*, p. 964.

[424] SOUSA, Carmen Verônica Aguiar de. *A Tutela Internacional do Menor. Aspectos Jurídicos da Criança*, p. 35.

A *adoção* é uma categoria jurídica que tem por escopo criar laços de parentesco de 1º grau entre duas pessoas, por meio de ficção legal, independendo do fato biológico da procriação.

Para Orlando Gomes,[425] segundo a clássica concepção, a adoção consiste no "ato pelo qual se estabelece, independentemente do fato natural da procriação, o vínculo da filiação". Dessa maneira, o indivíduo que estiver, por qualquer motivo, impossibilitado de exercer a paternidade em relação a filhos nascidos por meios naturais, biológicos poderá, pela adoção, perpetuar seu nome e possuir descendentes.

Pontes de Miranda concebe a adoção como sendo "o ato solene pelo qual se cria entre o adotante e o adotado relação fictícia de paternidade e filiação".[426]

Antônio Chaves, com total procedência,[427] partindo do pensamento de Cícero, para quem "adotar é pedir à religião e à lei aquilo que da natureza não se pôde obter", alerta que, devido à variedade de definições formuladas pelos tratadistas e do tratamento legal dado à matéria, impossível se torna transcrevê-las ou classificá-las, tal a diversidade de conceitos e concepções.[428] Embora predomine na doutrina a diversidade de conceitos e de conteúdos da categoria, deve, contudo, toda a definição de adoção ser constituída pelos elementos que a caracterizam, como sendo um negócio bilateral, solene, vinculado aos mandamentos legais beneficiando pessoa estranha, através da constituição de um vínculo de paternidade e filiação legal.

O presente conceito, porém, se mostra obsoleto diante do advento da adoção plena. O surgimento da categoria jurídica da adoção plena mudou a clássica concepção de origem romana, constituindo-se a adoção, nos moldes atuais, em um instituto de ordem pública, cuja virtualidade jurídica depende, em cada caso concreto, de um ato jurídico individual, que origina uma paternidade por ficção legal, cujos efeitos se identificam com os da filiação biológica. O adotado passa mediante desta modalidade de adoção a ser, efetivamente, reconhecido como filho dos adotantes, de forma plena e de caráter irrevogável, desligando-se, em definitivo, de qualquer vínculo com os genitores e parentes biológicos, estabelecendo um vínculo de filiação socioafetivo.[429]

Diante da importância que ambas as modalidades de adoção apresentam na atualidade, permanecendo em algumas legislações, a adoção simples e a adoção plena, vigendo lado a lado, passaremos, nos próximos capítulos, a examinar ambas as modalidades de adoção e seus efeitos jurídicos.

---

[425] GOMES, Orlando. *Direito de Família*, p. 381.

[426] MIRANDA, Francisco Cavalcanti Pontes de. *Tratado de Direito Privado*. Tomo IX, p. 197.

[427] CHAVES, Antônio. *Adoção*, p. 23.

[428] MIRANDA, Francisco Cavalcanti Pontes de. *Tratado de Direito Privado*. Tomo IX, p. 197.

[429] Recentemente, a irrevogabilidade da adoção e o desligamento em definitivo, de qualquer vínculo do adotado com os genitores e parentes biológicos têm sofrido revisão por parte dos tribunais, perdendo seu caráter de regra absoluta, consoante veremos infra, ao final deste trabalho.

1.2 Os antecedentes históricos da adoção

1.2.1 A origem e a evolução da adoção na Europa continental

A história da origem e do desenvolvimento do instituto da *adoção*, através dos séculos, é contada por John Gilissen, Clóvis Beviláqua, Tarcísio José Martins Costa e Pontes de Miranda, cujos ensinamentos trazemos a este trabalho.[430]

A adoção é uma instituição muito antiga, conhecida no antigo Egito, na Babilônia, na Palestina e na Grécia, aventada pela Bíblia, pela Ilíada, tratada como categoria jurídica pelo Código de Hamurabi e pela compilação de Manu.[431]

A origem mais remota da adoção remonta à Índia onde todo o indivíduo possuía o dever de perpetuar o culto doméstico. A adoção, inicialmente vista como recurso de natureza religiosa para impedir que a família escapasse da extinção, permitia aos que não tinham prole biológica perpetuar o nome da família e dar continuidade ao culto doméstico. Da Índia, a religião e os costumes passaram para os povos vizinhos, notadamente para a Pérsia e para a Babilônia, e destes, para os povos que habitavam a Europa.[432]

Na Bíblia, são conhecidas as histórias da adoção de Moisés pela filha do Faraó, que o encontrou no interior de uma pequena arca de juncos às margens do rio Nilo, e da rainha Esther, que, sendo órfã de pai e de mãe, foi adotada como filha por seu tio, Mardoqueu, segundo narrativas do Velho Testamento.[433]

Na Ilíada, Homero conta a história de Félix, representante de Aquiles, filho de Peleu, rei da Tessália e de Thetis e neto de Zeus. O poeta épico, em sua narrativa, recorda que Aquiles, abandonado pelo pai, o tomou aos seus cuidados como filho.[434]

No passado menos distante, destaca-se o Código de Hamurabi, compreendido por uma coletânea de 282 "causas" (*case laws*), compiladas nos últimos tempos do reinado de Hamurabi. Os casos julgados, que constituíam o referido código, formavam jurisprudência a partir de decisões proferidas em matéria de família, de casamento e de divórcio. Entre estas causas havia, também, causas de adoção. Compunha, ainda, o referido código, jurisprudência sobre causas relativas às tarifas, ao comércio, aos preços e outros casos de direito penal e civil.[435]

---

[430] GILISSEN, John. *Introdução Histórica do Direito*, p. 337-363. BEVILÁQUA, Clóvis. *Ob. cit.*, p. 351. COSTA, Tarcísio José Martins. *Adoção*. Conferência proferida no Instituto dos Advogados de Minas Gerais, em outubro de 1994, p.1. MIRANDA, Francisco Cavalcanti Pontes de. *Ob. cit.*, ps. 177-181.

[431] O Código de Hamurabi consiste em uma compilação do direito vigente da Babilônia, realizada durante o reinado do rei Hamurabi, entre os anos de 1792 e 1750 AC. É atribuída a Manu a autoria da compilação de leis da antiga Índia, realizada, provavelmente, entre os anos 200 AC e 200 AD.

[432] CISNEROS, José Garces. *Apud* COSTA, Tarcísio José Martins. *Ob. cit.*, p. 1. Segundo o autor, as antigas codificações dos povos orientais conheceram o instituto da adoção, como o Código de Ur-Nammu, que surgiu na Suméria em 2050 AC, considerado um dos mais antigos de que se têm notícias. Descreve costumes antigos transformados em leis e a enfatização de penas pecuniárias para delitos diversos. Fonte: <http://pt.wikipedia. org/wiki/Ur-Nammu>. O Código de Eshnunna surgiu cerca de 1930 A.C. na Mesopotâmia. Constitui um corpo normativo contendo aproximadamente 60 artigos, o qual inspirou a elaboração do Código de Hamurabi. Fonte: <http://pt.wikipedia.org/wiki/>. Entre estes, destaca-se o Código de Hamurabi o qual dispõe sobre adoção em oito dispositivos legais, os *case law* de nº 185 a nº 193.

[433] Bíblia Sagrada, *Livro do Êxodo*, cap. 2, versículo 10 e *Livro de Esther*, cap. 2, versículo 7.

[434] HOMERO. Ilíada. Canto IX.

[435] Código de Hamurabi. Wikipedia. Disponível em: <http://pt.wikipedia.org/wiki/>. Acesso: 06 fev. 2006.

TÍTULO III
A FILIAÇÃO NÃO BIOLÓGICA | 175

A Grécia antiga absorveu os preceitos religiosos e jurídicos dos povos orientais e entre estes, o instituto da adoção, tratando-o como um mecanismo destinado a perpetuar o culto doméstico. Em Atenas, existiam regras precisas sobre os requisitos e as formalidades da categoria, porém, vinculadas a um sistema exclusivamente religioso.

Vamos encontrar a origem deste instituto no direito romano, cuja função principal era a de possibilitar ao *pater familias* que não tivesse descendência, de dar continuidade à família e de exercer o respectivo culto doméstico.

A fonte mais antiga é encontrada na Lei das XII Tábuas. A Lei das XII Tábuas dava à adoção um tratamento bastante simples, não exigindo a intervenção popular nem a dos pontífices. Tendo em vista que a adoção somente dizia respeito aos *alieni iuris*, esta não provocava o desaparecimento da família nem do culto doméstico, constituindo, tão somente, um novo pátrio poder. Bastava mera manifestação perante um magistrado, (*imperio magistratus*), para a produção de todos os seus efeitos.[436]

Para um indivíduo pertencer a uma determinada família romana era necessário que ele tivesse nascido no seio desta família ou se integrado a ela, mediante um ato jurídico próprio.[437] Esta última modalidade dava-se por meio de dois processos, a *adoptio*, a adoção, e a *adrogatio*, a ad-rogação.

Pela *adoptio*, uma pessoa estranha ingressava em uma nova família como um verdadeiro filho desta família, por vontade do *pater familias*. A adoção romana se caracterizava pela saída de uma pessoa *alieni iuris* de sua família originária, entrando, na mesma qualidade de *alieni iuris,* na nova família que o adotava, sujeitando-se ao *patria potestas* do *pater familias*. O adotando *alieni iuris*, ao passar para a nova família, mantinha essa mesma qualidade, havendo simples substituição da pessoa que detinha o pátrio poder que o pai biológico transmitia ao adotante. Na modalidade *adoptio* ou adoção simples, era permitida a adoção de indivíduos *alieni iuris*, podendo, consequentemente, serem adotados homens ou mulheres, indiferentemente.

A *adrogatio*, ao contrário, destinava-se a possibilitar a uma pessoa *sui iuris* ingressar em nova família, na qualidade de filho, deixando sua família de origem. Nesta modalidade de adoção, o ad-rogante deveria ser sempre um *pater famílias* sem herdeiro masculino e o ad-rogando tinha de ser sempre uma pessoa púbere e do sexo masculino, para poder participar ativamente dos comícios.[438] Pelo fato de a pessoa do ad-rogando ser um *pater famílias*, um indivíduo *sui iuris* em sua família originária, o procedimento utilizado era o da ad-rogação, que obedecia a um ritual próprio perante o *Comicio Curiato*, presidido pelo *Pontificex Maximus*, devendo o ad-rogante e o ad-rogado estar obrigatoriamente presentes.[439] O *Comicio Curiato* dava o consentimento final para a constituição da ad-rogação, passado o ad-rogante a exercer o *pátrio poder* sobre o

---

[436] MIRANDA, Francisco Cavalcanti Pontes de. *Ob. cit.*, p. 178.

[437] Para o direito romano só poderia alguém estar sob o *poder familiar* se fosse nascido no seio de determinada família ou se integrasse a ela pela *adoptio* ou por *conventio in manum*.

[438] CHAMOUN, Ebert. *Ob. cit.*, p. 172.

[439] O processo da adrogação era muito solene, ocorrendo perante o Colégio de Pontífices, presidido pelo *Pontificex Maximus*, o qual realizava um inquérito, cujo objetivo principal era verificar as reais intenções do adrogante, a fim de evitar que o mesmo se beneficiasse com os bens do adrogado, bem como da constatação da efetiva impossibilidade daquele poder vir a ter filhos biológicos. Encerrado o inquérito, o *Pontificex Maximus* convocava os *Comicios Curiatos*, que eram os comícios das cúrias, e tomava ciência da vontade do adrogante em ter o adrogado como filho e vice-versa.

ad-rogado. O novo *filius familias* ao entrar na família do ad-rogante passava da condição anterior de *sui iuris,* para a de *alieni iuris,* perdendo seus bens, seus deuses, lares, vindo a cultuar os ancestrais da nova família.[440]

A adoção e a ad-rogação sofreram profundas modificações através dos tempos, decorrentes do desenvolvimento do direito romano, que não serão objeto de abordagem pelo fato de fugirem do tema proposto neste trabalho. Merece, contudo, destaque o surgimento do elemento volitivo no direito justinianeu, que exigia o *consentimento* do *pater familias* em adotar o adotando e do pai deste, para dar seu filho em adoção, havendo a formalização de um acordo de vontades.

No período de Justiniano, tal como na atualidade, eram conhecidas duas modalidades de adoção, a *adoptio plena* e a *adoptio minus plena.*[441]

Na *adoptio plena,* a adoção plena, o adotado passava ao pátrio poder do *pater familias* ingressando na família do adotante, desligando-se de sua família biológica. Esta modalidade de adoção era sempre realizada por parentes do adotado.

A *adoptio minus plena,* a adoção menos plena, ou adoção simples, era utilizada quando o adotado era dado em adoção à pessoa com quem não possuía laços de parentesco, denominada de *extraneus.* Nesta modalidade de adoção, o adotando não se desligava da família originária, ficando sob o pátrio poder do pai biológico e conservando todos os direitos sucessórios. Era, porém, considerado *filius adoptivus* do adotante e, consequentemente, herdeiro dos bens deste, salvo se fosse, por alguma razão, deserdado.

Os germânicos, também, conheceram a adoção. A categoria da adoção entre os povos germânicos é dividida, pela maioria dos historiadores, em três períodos.[442] O primeiro período compreenderia o direito germânico primitivo, um segundo período do direito germânico seria coincidente com a época da recepção do direito romano e o terceiro período abarcaria o período da cristianização dos povos germânicos.[443]

Os Francos, Visigodos e Vândalos, entre outros, eram, sobremaneira, povos guerreiros. Consequentemente, seu direito buscava adequar às necessidades ao seu modo de vida. Por essa razão, no primeiro período em que o direito germânico vigeu, a *adoção* constituía-se em um meio de perpetuar o poder e a liderança do chefe de família

---

[440] MIRANDA, Francisco Cavalcanti Pontes de. *Tratado de Direito Privado.* Tomo IX, p. 177.

[441] CHAMOUN, Ebert. *Ob. cit.,* p. 177-178.

[442] COSTA, Tarcísio José Martins. *Ob. cit.,* p. 1-2.

[443] GILISSEN, John. *Ob. cit.,* p. 337-363. BEVILAQUA, Clóvis. *Ob. cit.,* p. 351. COSTA, Tarcísio José Martins. *Ob. cit.,* p.1. Os autores mencionados ensinam que o direito germânico se divide em três períodos. O primeiro, o direito germânico primitivo, o segundo a partir da recepção do direito romano até o Séc. XII e Séc. XIII, período em que o direito ensinado pela Escola de Bolonha passou a influenciar todo o direito vigente na Europa ocidental, restaurando o direito justinianeu e o terceiro período, sob a recepção o direito romano, é subdividido em duas fases distintas: a) um período anterior à influência da "Escola de Bolonha", b) o outro, a partir dessa influência, até a promulgação do Código Civil da Prússia. A "Escola de Bolonha" restaurou o direito compilado por Justiniano, vigente em sua época, que passou a partir de 1.475 a viger em todo o Império Germânico. Na Alemanha, a adoção passou a ser aplicada de modo idêntico às regras compiladas por Justianiano. O direito comum, fruto do amálgama do direito romano, do direito local e do direito canônico, provocou a necessidade da confecção de um corpo legislativo único para todo o reino, tendo Frederico II, da Prússia, promulgado o Código Civil da Prússia que vigorou de 1794 a 1900; o advento do Código de Processo Civil tornava o Poder Judiciário independente do Executivo. O Código Civil da Prússia regulava o direito civil e o direito comunal. Para alguns autores, o terceiro período se estende da época da promulgação do Código Civil da Prússia ao atual Código Civil Alemão de 1900. Embora a maioria dos historiadores concorde em dividir o direito germânico em três fases, não há coincidência dos autores em fixar os períodos dessas fases, sendo nossa preferência a divisão trazida no texto supra.

guerreiro, (o *mundium*), possuindo o adotado a missão de conduzir as campanhas empreendidas pelo pai adotivo. A adoção obedecia à determinada cerimônia em que o adotando, desprovido de suas vestimentas, apresentava-se diante do adotante, que o colocava sob seu gibão e o abraçava, protegendo-o contra seu peito desnudo. Logo em seguida, o adotado era revestido com o traje guerreiro e a ele se entregavam as armas do adotante. A cerimônia se processava perante uma assembleia de chefes guerreiros. Era condição indispensável para a realização da adoção que o adotado tivesse revelado em combate suas virtudes guerreiras. A adoção, no período do direito germânico primitivo, destinava-se, tão somente, possibilitar ao "senhor da guerra" que não tivesse descendentes biológicos dar continuidade aos seus feitos militares.

O segundo período do direito germânico se caracteriza por ser um direito muito mais elaborado, recepcionado pelo direito romano. No terceiro período, sob a influência da doutrina cristã que se opunha à existência de filhos havidos fora do casamento, denominando-os de bastardos e os excluindo de um estatuto jurídico, a adoção entrou em declínio até seu desaparecimento na Idade Média.

O direito canônico afastou o instituto da adoção de seus Cânones por entender a Igreja que a adoção poderia constituir-se em um instrumento perigoso para a família, mediante a qual se poderia desvirtuar a constituição da família legítima e burlar as normas que vedavam o reconhecimento de filhos ilegítimos e espúrios.

No direito medieval europeu, sob forte influência da doutrina da Igreja, a categoria jurídica da adoção havia desaparecido. Todavia, não foi propriamente a religiosidade dos povos medievais, nem sua preocupação com a manutenção da família matrimonializada e a pureza da prole legítima, que conduziu o direito medieval a expurgar a instituição da adoção dos seus costumes. Na realidade, duas razões de natureza econômica conduziram o instituto da adoção à decadência naquele período. De um lado, os interesses econômicos dos senhores feudais. A permanência da adoção viria a contrariar os eventuais direitos dos senhores feudais sobre os feudos, *(adoptivus in feudum non sucedit)*. Não se admitia mesclar em uma mesma família súditos com senhores feudais. De outro, a Igreja manifestava-se contrária à adoção. No período feudal a Igreja era totalmente contrária à adoção, uma vez que a constituição de um herdeiro, por meio de adoção, prejudicaria a *donatio post obitum* feita à Igreja por ricos senhores feudais, que morriam sem deixar descendentes.[444] Dessa maneira, por interesses meramente econômicos de ambos os segmentos, expurgou-se o instituto da adoção, que ficou relegado ao esquecimento durante toda a Idade Média.

No decorrer dos anos, o *direito comum* da Europa ocidental, de considerável influência romana, se fortaleceu, principalmente após o advento da "Escola dos Glosadores," nos séculos XII e XIII. A "Escola dos Glosadores", também denominada "Escola de Bolonha", estudava e interpretava as compilações de Justiniano que resultaram no renascimento e na imposição do direito justinianeu aos povos europeus.

No tocante à adoção, passou esta a ser conhecida tal qual era praticada nos tempos de Justiniano, nas modalidades da *adoptio plena* e da *adoptio minus plena*. No entanto, a adoção apesar de admitida era pouco praticada entre os povos que habitavam o sul da Europa, que constituem hodiernamente a Itália, a Espanha, Portugal e parte da França

---

[444] COSTA, Tarcísio José Martins. *Ob. cit.*, p. 1.

(pays de droit écrit), onde se firmou o renascimento do direito romano.[445] Na Europa central e do norte, onde o direito romano demorou a ser recepcionado, predominou a estrutura familiar medieval, cujo fundamento se encontrava nos laços de sangue e de linhagem, não se admitia a adoção, uma vez que o direito costumeiro vedava a introdução de um indivíduo estranho no seio familiar. "A adopção não é admitida, dizia o costume da Audiência de Lille, de 1565".[446]

O *direito comum* vigeu na Europa continental durante séculos, amalgamando os costumes do direito germânico primitivo, o direito romano e o direito canônico, o qual, com o passar do tempo, acabou por forçar a formalização das categorias jurídicas existentes em um único corpo legislativo, que se constituiu a partir de 1780, por iniciativa do Imperador Frederico II da Prússia, denominado Código Civil da Prússia.

O Código Civil da Prússia passou a vigorar em 1794, disciplinando o instituto da *adoção* na Parte II, Título II, Seção X. O referido Código determinava que a *adoção* se estabelecia mediante contrato escrito, devidamente homologado pelo tribunal superior do domicílio do adotante. O Código Civil da Prússia exigia o cumprimento de seis requisitos básicos pelos interessados, para o deferimento da homologação da adoção: a) que o adotante tivesse no mínimo 50 anos de idade; b) que o mesmo não tivesse descendência; c) que o adotante não estivesse obrigado ao celibato; d) que o adotando fosse mais jovem que o adotante;[447] e) sendo a adotante mulher e esta sendo casada, necessitava de expressa autorização marital para poder adotar; f) na adoção de uma pessoa maior de 14 anos era necessário, além do consentimento dos pais biológicos do adotando, o seu próprio assentimento.

Os efeitos da adoção transferiam o pátrio poder do pai biológico ao adotante, não se desligando, porém, o adotando de sua família originária, nem adquiria, ele, nenhum direito sucessório em relação aos bens dos pais adotivos, conservando todos os seus direitos de filiação em relação aos pais biológicos. Na realidade, tal qual ocorria na *adoptio* romana, o efeito da adoção do Código Civil prussiano consistia na mera transferência do pátrio poder do pai biológico ao adotante.

Ao findar o séc. XVIII ocorreu na Europa continental uma profunda ruptura em relação ao direito medieval e comum, nascendo o moderno direito privado, que vigeu do séc. XIX até o término da Segunda Guerra Mundial, no final da primeira metade do séc. XX, época em que ocorreu nova ruptura, surgindo o direito da transmodernidade, que se desenvolve no presente momento.[448]

A partir do séc. XIX criaram-se as grandes codificações que sistematizaram o direito civil em um sistema lógico de categorias jurídicas fechadas, preocupadas com a segurança jurídica e com o cientificismo, que seriam destinadas a reger permanentemente as relações jurídicas entre os cidadãos, sendo o primeiro diploma legal representante da época, o *Code Civil* francês.

---

[445] GILISSEN, John. *Ob. cit.*, p. 614.

[446] GILISSEN, John. *Ob. cit.*, p. 614. *Audiência de Lille de 1.565, (XIII, 4)*.

[447] COSTA, Tarcísio José Martins. *Ób. cit.*, p. 3. O Código Civil prussiano não estabelecia uma determinada diferença de idade obrigatória entre o adotante e o adotado.

[448] Segundo os historiadores citados na nota nº 460, supra, o terceiro período do direito germânico teria se estendido do advento do Código da Prússia até a data da promulgação do Código Civil alemão (o BGB), em 1900, quando desaparece definitivamente o direito germânico, para dar lugar ao direito alemão moderno.

Consoante falávamos acima, a *adoção* que se constituía de caracteres predominantes do direito romano amalgamado com os do direito germânico e que havia desaparecido na Idade Média, ressurgiu na Europa com a *Revolução Francesa* em 1789. O governo revolucionário ao assumir o poder na França determinou a inclusão do instituto da adoção em seu plano de leis civis; todavia, na prática, o intento não chegou a se concretizar. O instituto da adoção, somente, foi contemplado pelo *Code* de 1808.[449]

O Código Civil de Napoleão de 1808 restaurou a categoria da *adoção*, dando-lhe novos contornos. A codificação francesa dispunha da adoção nos arts. 343 a 370, vislumbrando a categoria como um contrato entre as partes, nos moldes das regras que disciplinam os contratos em geral.[450] A *adoção*, de acordo com a concepção originária do legislador francês, somente, poderia ser realizada por pessoas adultas, que contassem com mais de 50 anos de idade, exigindo para seu aperfeiçoamento o mero consentimento das partes. Além desses requisitos, os adotantes por ocasião da adoção, não deveriam possuir filhos biológicos, devendo ser, pelo menos, quinze anos mais velhos que o adotando.[451]

A adoção trazida ao direito moderno pelo legislador francês não obteve, porém, grande sucesso, devido à rigidez dos requisitos e dos prazos extremamente longos, exigidos para alguém poder adotar. A severidade com que o codificador francês tratou a adoção deixou-a impraticável, surgindo a necessidade da promulgação de leis extravagantes posteriores para viabilizá-la. A nova lei alterou a regulamentação da adoção, adaptando-a a nova sociedade que emergiu em meados do séc. XX, principalmente no que tange ao requisito da idade do adotante, reduzindo-a de 50 para 28 anos. Destaca-se, no tocante à matéria, a Lei nº 66-500, de 11.07.1966, denominada "Lei de Reforma da Adoção", que instituiu um novo perfil à adoção, e a Lei nº 96-604, de 05.07.1996, que alterou o período de duração do matrimônio em dois anos e a idade de 28 anos para os cônjuges poderem realizar a adoção.

O direito francês da atualidade admite duas modalidades de adoção, a *adoção plena*, regulada nos arts. 343 a 359 e a *adoção simples*, prevista nos arts. 360 a 370-2, do Código Civil.

Do histórico exposto, cumpre-nos destacar que o Código prussiano de 1794 foi o modelo legislativo inspirador das grandes codificações que surgiram nos séculos XIX e XX. Em matéria de *adoção* o Código Civil francês, na sua redação originária, recepcionou quase integralmente o sistema de disposições que regulamentavam *adoção* no Código Civil da Prússia de 1794.

A seguir, passaremos a analisar a categoria da adoção e seus regimes jurídicos no direito brasileiro.

1.2.2 A origem e a evolução da adoção no Brasil

No Brasil a adoção sofreu uma lenta e progressiva evolução, caminhando lado a lado com o desenvolvimento da própria entidade familiar brasileira. Inicialmente,

---

[449] O instituto da adoção foi contemplado nos cinco projetos de código civil, que antecederam o Código Civil francês sendo, ao final, a categoria regulada no Título XIII, do Livro I, arts. 343 a 370 do *Code*.

[450] BÉNABENT, Alain. *DROIT CIVIL – La Famille*, p. 402.

[451] Leis posteriores trouxeram novas alterações em matéria de adoção, como a Lei nº 76-1179, de 26.12.1976 e a Lei nº 96-604, de 05.07.1996.

a categoria apresentava-se como um contrato de direito de família destinado, tão somente, a permitir aos cônjuges que não possuíam descendentes dar continuidade ao nome familiar.

Consoante vimos acima, a Idade Média europeia abandonou ao esquecimento o instituto da adoção, a qual só ressurgiu plenamente no cenário jurídico europeu com a vitória da Revolução Francesa de 1789.[452]

Em Portugal, porém, ao contrário dos costumes dos povos que habitam o norte da Europa, a adoção não caiu em desuso, sendo praticada normalmente, principalmente entre os nobres.[453] Em virtude de tal fato, as Ordenações, que vigeram em Portugal e no Brasil, cuidaram de regular a *adoção*, todavia, sem sistematização e sem o necessário rigor científico.[454] Embora as Ordenações tivessem tomado por base a *adoptio* romana, esta não subsistiu na sua integridade e pureza.[455] Em virtude de as Ordenações Filipinas não terem regulado convenientemente a categoria da adoção, as omissões legislativas obrigavam os interessados em adotar a recorrer, muitas vezes, à aplicação do direito romano, utilizando-o como fonte subsidiária. Tal fato motivou o descrédito e o desuso da instituição, a ponto de diversos autores, a exemplo de Coelho da Rocha e Lafayette Rodrigues Pereira, classificar a *adoção* como um instituto obsoleto, afirmando ser uma inutilidade seu tratamento legislativo. [456] Clóvis Bevilaqua, por sua vez, tomando uma postura menos radical quanto à utilidade da adoção, proclamou que por "certo não era essa uma instituição em plena expansão de juvenilidade, mas não era também instituição obsoleta, pois que a víamos provocar, considerável número de vezes, a intervenção dos tribunais [...]".[457]

A adoção no Brasil somente mereceu tratamento jurídico sistemático, como uma instituição de larga utilização, a partir da promulgação do Código Civil de 1916, que tratou da matéria como um instituto de direito de família, inspirado na tradição romana da adoção simples e no tratamento dado pelo legislador do Código Civil francês. Tal qual seu modelo inspirador, o Código Civil de 1916 originariamente admitiu que somente pudessem adotar as pessoas que contassem com 50 anos de idade ou mais, as quais não possuíssem filhos ou que estes fossem pré-mortos, devendo, obrigatoriamente, o adotante ser 18 anos mais velho do que o adotando. A modalidade da *adoção simples* possuía natureza contratual, uma vez que a adoção era constituída mediante concurso de vontades expresso em escritura pública, constituindo-se em um contrato típico de direito de família.[458]

---

[452] Vimos no Capítulo presente que a adoção era admitida no direito dos povos que habitavam o sul da Europa, que constituem, na atualidade, a Itália, a Espanha, Portugal e parte da França, denominados *pays de droit écrit*, onde se consolidou o renascimento do direito romano.

[453] BEVILAQUA, Clóvis. *Ob. cit.*, p. 354.

[454] Deve-se ao legislador de 1916 a sistematização da matéria referente à *adoção* no Brasil. Contudo, tal reconhecimento não significa que não houvesse normas que contemplassem a mencionada categoria jurídica. As Ordenações do Reino tratavam da matéria esparsamente, sem sistematização, no Livro II; Título 35, §12 e no Livro III, Título 9.º, §2º.

[455] BEVILAQUA, Clóvis. *Ob. cit.*, p. 354

[456] COELHO DA ROCHA, Manuel António. *Instituições de direito civil portuguez*. 1848. *Apud*, MIRANDA, Francisco Cavalcanti Pontes de. Ob. cit., p. 179. PEREIRA, Lafayette Rodrigues. *Direitos de Família*. 1869. Ed. fac-sim. Brasília: Senado Federal, Superior Tribunal de Justiça, 2004.

[457] BEVILAQUA, Clóvis. *Ob. cit.*, p. 355.

[458] MAZEAUD et MAZEAUD. *Leçons de Droit Civil*. v. I, nº 1.023 e 1.043. ENNECCERUS, Ludwig. *Tratado de Derecho de Familia*, V. II. §§91-92. BENABENT, Alain. *Ob. cit.*, p. 402.

Embora tenha sido o Código Civil de 1916 a primeira legislação brasileira a disciplinar a *adoção* como um sistema normativo, deve-se a Teixeira de Freitas a primeira regulamentação minudente e de forma sistemática do instituto da *adoção* em seu *Esboço*, parcialmente publicado em 1860.[459] Cumpre assinalar que outros juristas brasileiros preocuparam-se de cuidar do instituto da *adoção* como categoria jurídica de direito de família, a exemplo de Carlos de Carvalho em sua *Nova Consolidação das Leis Civis*, de 1899, publicada em 1915, na qual regulamentou a categoria, nos arts. 1635 e 1640.

A adoção simples, realizada por meio de escritura pública que continha as declarações de vontade do adotante, dos pais do adotando ou do próprio adotando, foi objeto de muitas críticas pela doutrina, devido ao fato de não conseguir explicar satisfatoriamente que a adoção, considerada como um contrato solene, constituído pela justaposição de vontades das partes, teria por objeto a própria pessoa do adotando, o que se constituiria em um absurdo, pois pessoas não podem ser objeto de um contrato. Outro fato que a doutrina não conseguia explicar era a impossibilidade jurídica de se criarem relações de paternidade e de filiação, máxime fictícias, por meio de contrato, pois paternidade e filiação constituem-se em direitos indisponíveis.[460]

Diante da dificuldade de se poder explicar a natureza da adoção como um contrato especial, preferiu parte da doutrina vislumbrar a adoção como um negócio jurídico solene, embora não se possa negar que a categoria traz junto a si os pressupostos do contrato.[461]

Outros, ainda, qualificam a adoção como sendo uma instituição de ordem pública, cuja produção de efeitos dá-se de acordo com cada caso concreto, na dependência de um ato jurídico individual.[462]

Caio Mário da Silva Pereira,[463] analisando a adoção instituída pelo Código Civil de 1916, compara o ato constitutivo da adoção com o ato constitutivo do casamento, concluindo pela sua natureza jurídica dúplice. De um lado, ocorre um ato de vontade de direito de família que se submete às regras especiais. De outro, apresenta a adoção natureza institucional que lhe emprestaria solenidade e estrutura.

Finalmente, uma última corrente entende tratar-se a adoção de um instituto de ordem pública dependente de um ato jurídico individual.[464]

Essas últimas posições são devidas ao advento da legislação extravagante que sucedeu ao Código Civil de 1916, que deu maior ênfase ao interesse público que existe em matéria de adoção e afastou do instituto sua primitiva natureza contratual, constituindo-se a adoção, segundo uns, um negócio jurídico bilateral solene e, segundo outros, predomina sua natureza institucional.

No entanto, a adoção que inicialmente se destinava tão somente a possibilitar aos casais que não tinham filhos biológicos e que não podiam procriar a continuidade ao

---

[459] Teixeira de Freitas disciplinou a adoção em sua *Consolidação das Leis Civis*, de 1858, no Livro Primeiro da Parte Especial, Seção 1ª.

[460] CARVALHO, Antonino Virgílio de. *Direito de Família, Direito Matrimonial*, p. 258.

[461] BEVILAQUA, Clóvis Direito de Família, p. 351. MIRANDA, Francisco Cavalcanti Pontes de. Tratado..., v. IX, p. 177. WALD, Arnold. *O Novo Direito de Família*, p 197.

[462] CHAVES, Antonio. *Adoção*, p. 30;

[463] PEREIRA, Caio Mário da Silva. *Instituições de Direito Civil – Direito de Família*. vol. V, p. 214.

[464] Filiam-se a essa corrente, entre outros, De Ruggiero e Antonio Chaves.

nome e à família, na atualidade a adoção passou a ter outro feitio, destinado a exercer uma precípua função social.

O instituto da *adoção* no Brasil, segundo a concepção originária do Código Civil de 1916, tal qual ocorreu na França, mostrou-se inoperante na prática, devido ao pressuposto da idade mínima de 50 anos exigida para o adotante poder adotar e o rigor excessivo dos requisitos legais para a realização da adoção. Essas dificuldades de natureza prática culminaram com a necessária reforma da categoria mediante a promulgação da Lei nº 3.133, de 18.05.1957, a qual viabilizou a adoção no Brasil.

A Lei nº 3.133/57 alterou a redação originária do Código Civil, abrandou os pressupostos, mantendo, porém, o mesmo perfil contratual da adoção simples sem cogitar a importância da categoria no plano social, tal qual passaram a fazer as legislações extravagantes posteriormente promulgadas.

Seguiram-se no tratamento da matéria a Lei nº 4.655, de 02.06.1965, que instituiu a *legitimação adotiva* como modalidade de adoção especial,[465] exigindo para sua consecução a realização de ato de autoridade judiciária; a Lei nº 6.697. de 10.10.1979, o antigo Código de Menores, e a Lei nº 8.069, de 13.07.1990, o Estatuto da Criança e do Adolescente, cuja fundamental contribuição ao instituto da adoção no Brasil consistiu em tratá-la como uma categoria jurídica de extremada necessidade social. Segundo a nova ideologia trazida à adoção, inaugurada pela Constituição e regulada pela Lei

---

[465] A legitimação adotiva surgiu como forma diversa de adoção da prevista no Código Civil. Instituída pela Lei nº 4.655 de 02.06.1965, a legitimação adotiva, como modalidade de adoção especial, submetia-se a um processo judicial. A legitimação adotiva, uma vez produzida, tornava-se irrevogável, mesmo na hipótese de os legitimantes virem a possuir, posteriormente, filhos biológicos. Se a mencionada hipótese viesse a se concretizar, os filhos a, mediante esse processo, eram equiparados aos filhos legítimos, recaindo sobre os mesmos idênticos direitos e obrigações. Havia, somente, uma exceção no tocante à sucessão hereditária na qual, segundo o art. 9.º, se aplicava o disposto contido no §2.º, do art. 1.605, do Código Civil, que dispunha que o adotado teria, somente, direito à metade da herança que coubesse ao filho legítimo. O regime da legitimação adotiva constituiu-se, na época, em um grande avanço, em relação ao regime da adoção regulado pelo Código Civil, no sentido de proteger e equiparar parcialmente os direitos entre os filhos legítimos e os adotados. A legitimação adotiva além de outorgar aos pais adotivos o pátrio poder sobre o adotado rompia os laços de parentesco entre o adotado e os pais biológicos, cessando, consequentemente, os direitos e obrigações entre estes, passando o adotado a adquirir os patronímicos de família dos adotantes, podendo, inclusive, ser alterado seu prenome, desde que requerido pelos adotantes.

A Lei nº 4.655/1965, no art. 1º e seus parágrafos, exigia, para a admissibilidade e o deferimento do pedido de legitimação adotiva, os seguintes pressupostos específicos em relação à pessoa do adotado:

Que o infante estivesse exposto, cujos pais fossem desconhecidos ou houvessem declarado, por escrito, que poderia ser dado; b) do menor abandonado propriamente dito, de até 07 (sete) anos de idade, cujos pais tivessem sido destituídos do poder familiar; c) do órfão da mesma idade, não reclamado por qualquer parente por mais de 01 (hum) ano; d) do filho natural reconhecido apenas pela mãe, estando a mesma impossibilitada de prover sua criação; e) o menor com mais de 07 (sete) anos de idade, quando à época em que completou essa idade, já se achava sob a guarda dos legitimantes, mesmo que estes não preenchessem os requisitos exigidos pela lei.

Essa forma peculiar de adoção, somente, poderia ser deferida após o trânsito de um período mínimo de 03 (três) anos em que o menor estivesse sob a guarda dos interessados em adotá-lo, computando-se, para tal efeito, qualquer período de tempo, desde que a guarda tivesse iniciado antes de o menor completar 07 (sete) anos de idade.

No art. 2º e seguintes, arrolava a Lei nº 4.655/1965, os pressupostos legais exigidos em relação à pessoa do legitimante: a) Somente poderiam valer-se da legitimação adotiva pessoas casadas ou viúvas, desde que não possuíssem filhos legítimos, legitimados ou reconhecidos; b) Os viúvos poderiam, excepcionalmente, legitimar adotivamente, desde que contassem com idade superior a 35 anos e provando o legitimado encontrava-se integrado em seu lar há mais de 05 (cinco) anos. Aos casados, era exigido que eles não tivessem capacidade de procriar; que seu casamento tivesse sido celebrado há mais de 05 (cinco anos) e que, pelo menos, um dos cônjuges tivesse idade superior a 30 anos. O requisito, lapso temporal de cinco anos de celebração do matrimônio, pelos legitimantes, poderia ser dispensado, mediante prova, por meio de perícia médica, de que um dos cônjuges é estéril.

nº 8.069/1990, o principal escopo da categoria consiste no meio de se encontrar um lar, uma família substituta e a constituição de laços afetivos para as crianças e os adolescentes desassistidos ou abandonados, integrando-os a uma família e à sociedade.

Em virtude da evolução da categoria da adoção como um *contrato de direito de família* para a *adoção como um instrumento social*, autores há que dividem a adoção em duas modalidades. Uma adoção como reminiscência do direito romano, cujo escopo seria possibilitar os casais estéreis de terem filhos, "aproximando-se da instituição de herdeiro".[466] Essa noção foi albergada pelo Código Civil brasileiro de 1916.

A outra modalidade impõe à adoção o perfil de instituto de solidariedade social, permitindo às crianças órfãs, expostas ou filhas de casais de prole numerosa agregarem-se a uma nova família, como filhos desta, em igualdade de condições aos filhos biológicos e, assim, integradas em outro núcleo familiar, terem a oportunidade de melhor desenvolver sua personalidade. Esta última espécie foi adotada pelo Estatuto da Criança e do Adolescente, pelo Código Civil de 2002 e pelo Projeto do Estatuto das Famílias, que atrelam a categoria da adoção ao efetivo exercício de uma função social.[467] Diante da subordinação da adoção ao crivo do Judiciário, em cujo processo o magistrado deferirá a adoção pleiteada pelo adotante somente diante da demonstração das reais vantagens para o adotando e fundar-se a pretensão das partes em motivos legítimos, constituir-se-á o vínculo de adoção mediante prolação de respectiva sentença judicial.[468]

Na atualidade, a adoção apresenta um novo paradigma, constituindo, precipuamente, em uma categoria jurídica destinada a promover o bem-estar social e a situar os menores expostos em lares e famílias substitutas, além, é claro, de permitir aos que não possuem descendentes biológicos poder vivenciar a paternidade e a maternidade e dar continuidade ao seu nome e a sua família.

Antônio Chaves, inspirado em Saravia, faz a necessária advertência ao legislador e, em especial, aos operadores do direito, da tendência que vem se impondo no sentido de se chegar a um exagerado estatismo ao se tratar da matéria, que "poderia absorver o indivíduo, desconhecendo-lhe a atuação e o papel: existe e deve existir na base do instituto uma combinação da lei e da liberdade do indivíduo."[469]

Com efeito, não se pode esquecer que a liberdade do indivíduo não pode ser descurada uma vez que na adoção, mormente tratando-se de adoção cujos pais biológicos são conhecidos, não pode o Estado, nem o juiz, substituir a vontade deles em dar seus filhos em adoção ou recusar-se a praticar tal ato. O Estado não poderá substituir o lugar da parte no processo de adoção, declarando sua vontade no lugar daquela. O instituto da adoção, sob este novo paradigma, exige uma perfeita harmonização entre a lei, o processo e a liberdade do indivíduo. No entanto, segundo Antônio Chaves, esta liberdade do indivíduo reduz-se ao ato de aceitar ou penetrar no estado que exige a adoção. Sua essência localiza-se no âmbito externo da atuação do indivíduo e submetida à regulamentação legal.

---

[466] WALD, Arnoldo. *Últ. ob. cit.*, p. 200.

[467] Todo o Direito exercido deve ser direcionado a uma função social. O fato de, na atualidade, se atrelarem algumas categorias jurídicas a uma função social, como, por exemplo, a propriedade, o contrato e a adoção, objetiva reforçar e direcionar as instituições jurídicas a uma efetiva função social.

[468] ECA. Arts. 43 a 47.

[469] CHAVES, Antonio. *Ob. cit.*, p. 31.

A adoção no Brasil possui características peculiares em relação à adoção praticada em outros países. Constitui-se primordialmente em um mecanismo destinado a solucionar um de seus maiores problemas sociais, o abandono completo ou parcial de milhares de crianças, que perambulam sem destino pelas ruas, praças e lixões, sem possuir uma família devidamente estruturada que a prepare para enfrentar o futuro, para exercer a cidadania com dignidade e ocupar seu devido lugar no espaço público.

O Brasil possui, efetivamente, grandes contradições, destacadamente na área social, pois encontramos milhares de crianças desvalidas que nascem e vivem em um total estado de abandono. Vítimas de mães solitárias, de pais viciados, de uniões desajustadas são diariamente largadas nas ruas das grandes cidades vagando sem destino, perpetrando furtos, iniciando-se em toda sorte de vícios e caminhando para uma vida violenta e criminosa.

Mediante a adoção, segundo o projeto social preconizado pela Constituição de 1988, instrumentalizada pelo ECA, pelo Código Civil de 2002 e pela Lei Nacional da Adoção, Lei nº 12.010/2009, procura-se, não só trazer benefícios ao adotante impossibilitado de exercer a paternidade ou a maternidade devido à impossibilidade física de gerar, mas também o poder de perpetuar seu nome e possuir descendentes. A adoção, porém, visa primordialmente a beneficiar o adotado na constituição de relações familiares socioafetivas. O objeto principal da adoção consiste em outorgar-se ao adotado uma família estruturada para a consecução de uma vida sadia e promissora, em cujo seio possa crescer e desenvolver-se dentro de um espírito de solidariedade, compreensão, amizade e justiça entre os povos. Nesse sentido, devem ser transcritas as ponderações de Fernando Freire,[470] que afirma: "A adoção no Brasil de hoje vive esse corajoso esforço de construir uma ponte, um diálogo entre o Abandono e a Adoção".

A categoria jurídica da *adoção*, nos moldes atuais em que se configura, constitui-se, inegavelmente, em um instituto de ordem pública, um instituto que cumpre uma relevante função social, não deixando de ser, também, um ato jurídico individual, revestido de amor e de desprendimento.

1.3 A adoção e seus regimes jurídicos

O Direito brasileiro conheceu duas modalidades de adoção. A *adoção simples*, regulada pelo Código Civil de 1916, inspirada no modelo francês do séc. XIX, e a *adoção plena*, que surgiu muito mais tarde, decorrente da promulgação da Constituição de 1988, disciplinada pelo Estatuto da Criança e do Adolescente, o ECA. A *adoção plena* foi contemplada pelo Código Civil de 2002, sendo os dispositivos derrogados pela Lei Nacional de Adoção em 2009. Nesse longo espaço temporal, entre a promulgação do Código Civil de 1916 e o advento da Constituição em vigor, a categoria da adoção sofreu alterações, sendo cuidada por leis extravagantes, constituídas pelo regime da Legitimação Adotiva, revogada pela Lei nº 6.697/1979; pelo regime da adoção disciplinada pelo Código de Menores, revogado pela Lei nº 8.069/1990 e, finalmente, o regime da adoção plena, regulada pelo Estatuto da Criança e do Adolescente, o ECA, alterado pela Lei nº 12.010 de 03.08.2009.

---

[470] FREIRE, Fernando. *RECRIAR – Família e Adoção*. 2001, p. 3.

Ao contrário dos sistemas jurídicos de outros povos, como o francês, o português, o alemão e o suíço,[471] que mantêm dois regimes legais para a adoção, a *adoção simples* e a *adoção plena*, o legislador do Código Civil brasileiro de 2002 unificou o regime da adoção, instituindo apenas o regime da *adoção plena*, expurgando a modalidade da adoção simples do nosso sistema jurídico. A Lei nº 12.010, de 03.08.2009, Lei Nacional de Adoção, derrogou a totalidade dos dispositivos do Código Civil referentes à adoção, mantendo apenas os arts. 1.618 e 1.619 que remetem ao sistema da adoção plena do ECA, que regula matéria de adoção.

Tendo sobrevivido no Brasil a dicotomia dos regimes da adoção até o dia 10 de janeiro de 2003, extinto pelo advento do Código Civil em vigor e pelo fato de haver entre nós muitos filhos adotivos, adotados pelo regime da adoção simples, além do fato de a dicotonomia da adoção ser utilizada por diversas legislações comparadas, julgamos importante analisarmos resumidamente as principais características desta modalidade de adoção.

1.3.1 O regime da adoção simples

A adoção regulada pelo Código Civil de 1916, denominada *adoção civil* ou *adoção simples*, disciplinava a matéria nos arts. 368 a 378, destinando-se à adoção de pessoas maiores ou menores de idade. Realizava-se mediante lavratura de escritura pública, independentemente de intervenção judicial, não admitindo a inserção de cláusula condicional ou termo. Na adoção simples o adotado não rompe os laços com sua família biológica, conservando o parentesco natural, que lhe permitia reclamar alimentos de seu pai biológico, quando necessitasse, transferindo-se, tão somente, o *pátrio poder* para o adotante.[472] Nessa modalidade de adoção não há constituição de laços de parentesco entre o adotado e os parentes do adotante. O vínculo de parentesco se estabelece, somente, entre as pessoas do adotante e do adotado. Na adoção civil ou simples, sendo o adotado maior de idade, basta o simples consentimento expresso e pessoal do mesmo, salvo se interdito, valendo, neste caso, o consentimento expresso de seu curador, como requisito substancial para a adoção. Ao tempo em que vigia somente a adoção simples do Código Civil, esta abarcava a adoção de crianças e de pessoas menores de idade, sendo que, neste caso, era exigido o consentimento expresso do pai ou do tutor do incapaz.

Verifica-se que a modalidade de adoção inserida no Código Civil de 1916, refletia nitidamente a natureza de negócio jurídico da categoria, concepção própria do séc. XIX,

---

[471] O Código Civil francês regula a *adoção plena* nos arts. 343 a 359 e a *adoção simples* nos arts. 360 a 370-2. O Código Civil português regula a *adoção plena* nos arts. 1.979º ao 1.991º e a *adoção restrita* nos arts. 1.992º ao 2.002º-D. O Código Civil alemão estabelecia duas modalidades de adoção a adoção de crianças menores de idade, regulada no §1.741 ao §1.766 e a adoção de maiores de idade, no §1.767 ao §1.772. O regime da adoção suíço, reformado pela Lei Federal de 30.06.1973, admite duas modalidades de adoção. A *adoção de menores*, regulada a partir do art. 264, do Código Civil e a *adoção de maiores e interditos*, regulada nos arts. 266 e seguintes.

[472] Veja-se o seguinte acórdão: TJ/RJ - Ap. Cív. nº 3.786/1989 - Ac. por maioria da 6ª Câm. Cív. - j. em 24.04.1990 - pub. em 18.10.1990 - Rel: Des. Rui Octávio Domingues. BONIJURIS 7.189.
"ADOÇÃO - Morte do Adotante – Cancelamento.
Com a morte do adotante restabelece-se o pátrio poder. Não teria sentido a nomeação de tutor, estando vivo o pai. Atingindo a pessoa adotada a maioridade (Código Civil, art. 373), ainda assim pode subsistir o seu interesse no cancelamento da adoção tal a jurisprudência predominante. Reforma-se a sentença que indeferiu o pedido da adotada. Concede-se o cancelamento da adoção. Repele-se a orientação que, na ausência de proibição legal, indefere justa pretensão em tema de jurisdição voluntária (Código de Processo Civil, art. 1.109)".

inspirada no Direito Canônico, que atribuía a todas as categorias de direito de família uma conotação contratualista.

Com a adoção, perdem os pais biológicos o pátrio poder sobre o filho,[473] transferindo-se o poder familiar para os pais adotivos.

No regime da adoção simples é facultativo ao adotante a substituição dos patronímicos da família do adotando pelo seu patronímico, podendo, porém, o adotando manter seu patronímico de nascença, da família dos pais biológicos, ou optar pelo patronímico dos adotantes. A substituição do nome da família originária do adotando, pelo patronímico da família do adotante, exige que tal alteração conste no instrumento público de adoção.[474] No regime da adoção simples vigente no Brasil, era vedada a alteração do prenome do adotando, devendo permanecer o originário, escolhido pelos pais biológicos.

O Código derrogado admitia a extinção da adoção. A desconstituição da adoção poderia decorrer de simples vontade das partes ou por ato unilateral, por meio de revogação.

A primeira modalidade de extinção da adoção, por mútuo consentimento, vinha regulada no inciso I, do art. 374, do Código Civil derrogado. O dispositivo autorizava a dissolução da adoção quando esta conviesse a ambas as partes, tanto ao adotante como ao adotado. Mediante simples distrato, realizado mediante escritura pública, era desconstituída a adoção anteriormente existente.

A extinção unilateral da adoção poderia ser de iniciativa do próprio adotado ou por parte do adotante. Na primeira hipótese, realizava-se a ruptura unilateral do vínculo adotivo, desligando-se o adotado da adoção dentro do prazo de 1 (um) ano,

---

[473] Mantivemos a expressão *pátrio poder*, utilizada pelo antigo regime de filiação, de acordo com a previsão legal do Código Civil de 1916.

[474] Como exemplo, trazemos alguns acórdãos no sentido de verificarmos o tratamento dado ao tema pelos tribunais brasileiros, ao tempo em que vigia o Código Civil de 1916:
ADOÇÃO - Maior de 18 anos de IDADE - AVERBAÇÃO dos nomes dos pais do adotante como avós do adotado - Impossibilidade - ART. 336/CC - ART. 376/CC.
Adoção - Maior de 18 anos de idade - Averbação, no assento de nascimento, dos nomes dos pais do adotante como avós do adotado - Impossibilidade (Código Civil, arts. 336 e 376). A adoção cria um vínculo de paternidade e filiação entre adotado e adotante, gerando o parentesco civil entre ambos, sem extensão à família deste. Não pode, por isso, o adotado, maior de 18 anos de idade, substituir o nome dos avós naturais pelos do adotante, pois com os ascendentes deste não tem vínculo parental. (TJ/PR - Ap. Cível n. 0053565-3 - Comarca de Terra Rica - Ac. 13118 - unân. - 3a. Câm. Cív. - Rel.: Des. Jesus Sarrão - j. em 08.10.1997 - Fonte: DJPR, 17.11.1997, p. 31- BONIJURIS 32207).
ADOÇÃO - Realização por CONCUBINA - Possibilidade - Adotado adulto - AVERBAÇÃO do NOME do PAI do adotante - Incabimento - ART. 226/CF, §3º - ART. 376/CC.
Registro civil - Inadmissibilidade de averbação dos nomes dos pais dos adotantes - Possibilidade de adoção de adulto por concubinos - Recurso parcialmente provido. 1. Na adoção civil de adultos, o parentesco limita-se ao adotado e aos adotantes, não se estendendo aos pais destes (CC art. 376). Daí a proibição de se averbarem os nomes dos pais dos adotantes no assento de nascimento do adotado. 2. O reconhecimento constitucional da união estável entre o homem e a mulher como entidade familiar (CF, art. 226, §3º) possibilita a adoção civil por concubinos, mitigando-se a regra do art. 370 do Código Civil. (TJ/PR - Ap. Cível n. 0053552-6 - Comarca de Terra Rica - Ac. 14117 - unân. - 2a. Câm. Cív. - Rel.: Des. Ronald Accioly - j. em 17.09.1997 - Fonte: DJPR, 10.11.1997, p. 21 - BONIJURIS 31945).
ADOÇÃO - REGISTRO CIVIL - Impossibilidade de inclusão dos nomes dos pais dos adotantes.
Registro civil - Averbação - Nomes dos pais dos adotantes - Inadmissibilidade. O parentesco estabelecido em razão de adoção civil limita-se ao adotado e aos adotantes, não se comunicando aos pais destes. Recurso provido. (TJ/PR - Ap. Cível n. 0056780-2 - Comarca de Terra Rica - Ac. 1836 - unân.- 6a. Câm. Cív.- Rel.: Des. Newton Luz - j. em 13.08.19 - Fonte: DJPR, 15.09.1997, p. 54 - BONIJURIS 31402.

contado da data em que cessasse sua menoridade, quando, ao tempo da realização da adoção, fosse o adotando menor.[475]

A adoção, também, podia ser dissolvida por *revogação,* nas mesmas hipóteses em que fosse admitida a *deserdação,* de acordo com o disposto no inciso II, do art. 374, podendo ser de iniciativa tanto do adotante como do adotado. As causas de *deserdação* por *indignidade* do sucessor eram previstas nos arts. 1.595, incisos I – III, e 1.744, do Código Civil de 1916, ocorrendo nas hipóteses em que o adotado houvesse sido autor ou cúmplice em crime de homicídio voluntário ou na tentativa de homicídio contra a pessoa do adotante; no caso de acusação caluniosa em juízo ou quando o adotado perpetrasse delito contra a honra do adotante; ou quando o adotado, por meio de violência ou fraude, inibisse o adotante de dispor livremente dos seus bens em testamento ou codicilo ou lhe obstassem os atos de última vontade. Também eram consideradas causas de rompimento do vínculo de adoção, segundo disposição do art. 1.744, do Código Civil, a prática de ofensas físicas pelo adotado contra o adotante, a injúria grave; a desonestidade da filha adotiva que vivesse na casa do adotante e no caso de existência de relações ilícitas com a adotante ou com o adotado.

O Código Civil brasileiro de 1916, embora não trouxesse previsão legal expressa, permitia o desfazimento da adoção civil em decorrência da morte do adotante, restabelecendo-se o pátrio poder do pai biológico, uma vez que a adoção simples só constituía vínculo com os adotantes e não com os parentes destes.[476]

A promulgação do Estatuto da Criança e do Adolescente em 1990[477] determinou ser a adoção civil um regime de adoção exclusivo de maiores de 18 anos de idade, vigendo essa modalidade até 2002, sendo derrogada pelo advento do atual Código Civil.

1.3.2 O regime da adoção plena

O advento da Constituição de 1988 trouxe profundas alterações em relação ao direito de família, mormente no tocante à filiação e, consequentemente, à adoção, estabelecendo no §6º, do art. 227, a igualdade material dos filhos, havidos ou não da relação de casamento ou por adoção, possuindo os mesmos idênticos direitos e qualificações, vedando a Constituição quaisquer designações discriminatórias relativas à filiação. Nessa esteira, foi promulgado o Estatuto da Criança e do Adolescente, o ECA, por meio da Lei nº 8.069, de 13.07.1990, o qual disciplina a adoção nos arts. 39 a 52.

---

[475] CC/1916, art. 373.

[476] TJ/RJ - Ap. Cív. nº 3.786/89 - Ac. por maioria da 6ª Câm. Cív. - j. em 24.04.1990 -pub. em 18.10.1990 - Rel.: Des. Rui Octávio Domingues - BONIJURIS 7189. Ouça-se a ementa de um aresto :
"ADOÇÃO - Morte do Adotante – Cancelamento.
Com a morte do adotante restabelece-se o pátrio poder. Não teria sentido a nomeação de tutor, estando vivo o pai. Atingindo a pessoa adotada a maioridade (Código Civil, art. 373), ainda assim pode subsistir o seu interesse no cancelamento da adoção tal a jurisprudência predominante. Reforma-se a sentença que indeferiu o pedido da adotada. Concede-se o cancelamento da adoção. Repele-se a orientação que, na ausência de proibição legal, indefere justa pretensão em tema de jurisdição voluntária (Código de Processo Civil, art. 1109)". (Art. 635 do CPC/2015).

[477] Com o advento do Estatuto da Criança e do Adolescente, a adoção dos menores de 18 anos passou a ser por este regida. Assim, muitos autores passaram a afirmar que a *adoção simples*, do Código Civil/1916, teria sido derrogada pelo ECA. Para nós, porém, estabeleceu-se uma dicotomia no direito brasileiro, vindo o ECA a disciplinar a *adoção plena* para menores de 18 anos e o Código Civil a *adoção simples* para adoção de maiores de 18 anos. Esta dicotomia vigeu até a derrogação do Código Civil de 1916 pelo Código Civil atual.

O ECA venceu preconceitos e discriminações, procurando trazer ao direito brasileiro uma adoção com finalidade protetiva, inserindo a criança e o adolescente desamparados, desassistidos e expostos em um núcleo familiar como se fossem filhos biológicos dos adotantes. Além de promover a igualdade dos filhos, havidos ou não da relação do casamento ou por adoção, outorgando-lhes idênticos direitos e qualificações, constitui-se uma das maiores virtudes do sistema o estabelecimento dos efeitos de uma filiação civil aos filhos adotivos, idêntica a uma filiação biológica. Nesse sentido, manifesta-se Humberto Theodoro Júnior,[478] afirmando ter o Estatuto da Criança e do Adolescente provocado uma autêntica "desbiologização da paternidade," pela equiparação legal dos filhos adotivos aos filhos biológicos.

Ao entrar em vigor o ECA, estabeleceu-se inicialmente, segundo nosso juízo, a dicotomia da adoção por meio das modalidades *adoção plena* e *adoção simples*, que permaneceu em nosso direito até a vigência do Código Civil de 2002, que unificou os regimes da adoção para um regime único, optando o legislador pelo exclusivo sistema da adoção plena.[479]

A adoção regulada pela Lei nº 8.069/1990, em sua versão originária, consoante já se anunciou, tem como principal objetivo ser um eficaz instrumento social para as crianças e os adolescentes desassistidos ou abandonados, integrando-os à sociedade. Em virtude desse objetivo, o ECA disciplina a adoção de crianças e adolescentes, estendendo, contudo, seu regime legal, também, para a adoção de pessoas que sejam maiores de 18 anos de idade.[480] Em virtude dessas inovações, alguns autores[481] passaram a sustentar que a adoção simples, regulada pelo Código Civil de 1916, teria sido ab-rogada pela Constituição de 1988, por ter se tornado um instituto jurídico inviável na prática, decorrente da nova sistemática constitucional vigente.

Não concordamos inteiramente com essa posição, uma vez que nem a Constituição nem o Estatuto da Criança e do Adolescente revogaram os dispositivos do Código Civil que disciplinavam a adoção simples, permanecendo vigentes ambas as modalidades, autorizando à legislação a adoção de pessoa maior de idade por meio de acordos de vontade materializados por escritura pública.[482] Não existia incompatibilidade de convivência entre ambos os regimes jurídicos. Muito embora tenha a adoção simples, regida pelo Código Civil de 1916, sofrido profundas alterações, principalmente no

---

[478] THEODORO JÚNIOR, Humberto. Alguns Impactos da Nova Ordem Constitucional sobre o Direito Civil. *Revista dos Tribunais*, v. 662/14. 1990.

[479] A Constituição dispõe no §5º, do art. 227, que "a adoção será assistida pelo Poder Público, na forma da lei, que estabelecerá casos e condições de sua efetivação por parte de estrangeiros." No parágrafo seguinte, do mesmo artigo, estabelece a Carta Magna que "os filhos, havidos ou não da relação do casamento, ou por adoção, terão os mesmos direitos e qualificações, proibidas quaisquer designações discriminatórias relativas à filiação".

[480] Segundo dispõe o art. 39, do ECA, a adoção das crianças e dos adolescentes, é regida por este estatuto. No art. 2º, o ECA, estabelece os critérios para diferenciar *criança* de *adolescente*, considerando *criança*, o indivíduo de até doze anos de idade incompletos, e *adolescente*, a pessoa que contar entre doze e dezoito anos de idade. O art. 40 determina que o adotando deva contar até, no máximo, dezoito anos de idade até data do pedido de adoção, para poder ser adotado pelo regime da adoção plena. Este último dispositivo citado tem levado o intérprete a afirmar que o ECA admite que o adotando possa contar com mais de dezoito anos à data da prolação da sentença que concede a adoção.

[481] SAMPAIO, Pedro. *Alterações constitucionais nos direitos de família e sucessões*, p. 42.

[482] TJ/RJ - Ap. Cív. nº 1732/1992 – Com. do Rio de Janeiro - Ac. unân. - 2ª Câm. Cív. - Rel.: Murillo Fabregas - Fonte: DOERJ, 15.04.1993, p. 199 - Bonijuris n. 16.482.

TÍTULO III
A FILIAÇÃO NÃO BIOLÓGICA | 189

tocante à extinção das restrições legais em relação ao adotado, tendo em vista que o Estatuto da Criança e do Adolescente tem por objetivo disciplinar a adoção de pessoas menores de 18 anos de idade, destinando-se o regime da adoção simples do Código Civil de 1916, posterior a promulgação da Constituição vigente, à adoção de maiores de 18 anos de idade, sem, no entanto, se desligar de sua família biológica. Uma boa e correta releitura da norma exarada no Código Civil de 1916, à luz da Constituição, permitiu a convivência dos regimes jurídicos da adoção plena e da adoção simples, até entrar em vigor o Código Civil atual no dia 10 de janeiro de 2003. O regime da adoção civil, bastante alterado pela legislação que lhe seguiu, não admitia mais as regras restritivas de direitos, passando todos os filhos, biológicos ou não, a possuírem idênticos direitos, inclusive os de natureza sucessória.

As alterações no âmbito do direito sucessório foram significativas, uma vez que não se poderia mais cogitar de adoção sem direito à herança ou com direitos sucessórios limitados. A Constituição de 1988 impôs a igualdade dos filhos, também, em matéria de direitos hereditários, incidindo, porém, sobre as sucessões abertas após o advento da referida Constituição, devido aos efeitos da tradicional regra que determina que a transmissão hereditária rege-se sempre pela lei da época da abertura da sucessão.[483]

Na realidade, somente a partir da vigência do Código Civil de 2002 é que pudemos conhecer verdadeiramente um regime único de adoção no Brasil, regulado no Capítulo IV, Subtítulo II, do Título I, Livro IV, que se coadunava com a ideologia esposada pela Constituição Federal. A regulamentação da matéria referente à adoção, pelo Código Civil de 2002, teve existência curta, revogada pela Lei nº 12.010/2009, a qual encerrou toda a matéria de adoção no âmbito do Estatuto da Criança e do Adolescente.

1.3.2.1 O regime da adoção no Estatuto da Criança e do Adolescente

A disciplina jurídica da adoção no Estatuto da Criança e do Adolescente, instituído pela Lei nº 8.069, de 13.07.1990, encontra-se substancialmente alterada pela Lei nº 12.010, de 03.08.2009, tendo esta última norma impregnado o Estatuto de um pouco mais de flexibilidade e praticidade.

O Estatuto da Criança e do Adolescente fundado nos princípios emanados da "Doutrina da Proteção Integral dos Direitos Humanos", propalada pelas Nações Unidas, abandona definitivamente a "Doutrina da Situação Irregular", adotada pelo derrogado Código de Menores.[484] A norma estatutária procura tratar da criança e do adolescente como efetivos *sujeitos de direito* e não mais como objetos passivos da tutela dos responsáveis legais ou do Estado, dispondo sobre a proteção à família e a seus direitos.[485]

Em sua concepção originária, o Estatuto da Criança e do Adolescente manteve, no tocante ao regime da adoção, traços semelhantes ao do antigo Código de Menores. O Estatuto da Criança e do Adolescente propõe facilitar as adoções nacionais, restringindo as internacionais, procurando, dessa maneira, beneficiar as famílias brasileiras. Cuida,

---

[483] THEODORO JÚNIOR, Humberto. *Últ. ob. cit.*, p.14.

[484] O Código de Menores foi revogado pela Lei nº 8.069/190.

[485] SILVA, Antonio Fernando do Amaral e. *Apresentação do Estatuto da Criança e do Adolescente*, p. 1-3.

ainda, da adoção por pessoas casadas ou não e exige a obrigatoriedade do consentimento do adotando adolescente, por ocasião da adoção, considerando e valorando a opinião do menor.[486]

O festejado Estatuto da Criança e do Adolescente, embora tenha contribuído para a instituição de uma adoção de natureza protetiva, pretendendo inserir a criança e o adolescente desamparados, desassistidos e expostos, em um núcleo familiar, na qualidade de filhos biológicos dos adotantes, na versão originária não passava de um diploma legal de encomenda, por intermédio do qual o governo brasileiro atestava sua negligência e a incapacidade de desenvolver e aplicar políticas sociais destinadas a resolver em definitivo o grave problema de crianças e adolescentes abandonados e expostos no Brasil. Tanto os governos de índole liberal como os de ideologia socialista não tiveram capacidade de resolver o grave problema das crianças e adolescentes brasileiros, preferindo, mediante diplomas legais de encomenda, transferir sua atribuição constitucional para a iniciativa privada que vem, aos poucos, minorando o gravíssimo problema social, procurando impedir que este se transforme em tragédia nacional.

A principal característica da modalidade de adoção trazida pelo ECA consiste no fato de ela criar uma paternidade por ficção legal, cujos efeitos se identificam com os da filiação biológica. O adotando passa, mediante a adoção, a ser, efetivamente, reconhecido como filho civil dos adotantes, de forma plena e de caráter irrevogável, desligando-se de qualquer vínculo dos pais e parentes biológicos, salvo no tocante aos impedimentos matrimoniais. Assim, o adotante passa a ser considerado o "verdadeiro" pai do adotado e o adotando como "verdadeiro filho" do adotante, surgindo uma nova categoria de paternidade/filiação, que vem a ser denominada *paternidade* e *filiação social* ou *afetiva* ou *filiação socioafetiva*.

O art. 49, do ECA, de acordo com a redação dada pela Lei nº 12.010/2009, expressamente determina que a morte dos adotantes não restabelece o poder familiar dos pais naturais. O adotado rompe todos os vínculos com a família de origem e integra-se na família do adotante, passando a assumir todos os direitos e as obrigações que possui um filho biológico. A adoção estabelece obrigações de natureza alimentar entre o adotado e o adotante, bem como se estende a favor dos descendentes do adotado e dos ascendentes do adotante.

Embora o ECA expressamente determine a ruptura de todos os vínculos do adotado com sua família biológica, vedando o restabelecimento de vínculos jurídicos com os genitores naturais, entendemos, ao contrário do que sustentam alguns, que na adoção plena o desligamento do vínculo do adotado com sua família biológica é relativo e não definitivo ou absoluto. O chamado "vínculo de sangue" permanece entre o adotando e seus pais biológicos, o qual informa os impedimentos matrimoniais

---

[486] SILVA, Antonio Fernando do Amaral e. *Ob. cit.*, p. 1-3. O ECA foi promulgado de acordo com os princípios e as regras internacionais relativas à proteção dos Direitos Humanos em todos seus níveis e aspectos. Serviram de fonte ao ECA as chamadas "Regras do RIAD" (Diretrizes das Nações Unidas para a Prevenção da Delinquência Juvenil), dizem respeito à prevenção da delinquência infantil e juvenil e as "Regras de Beijing" (Regras Mínimas das Nações Unidas para a Administração da Justiça da Infância e da Juventude) que consistem em normas relativas à organização da Justiça, que preconiza que a ordem jurídica deve dispor de normas que possam assegurar, com absoluta prioridade, todos os direitos de crianças e adolescentes, proporcionando-lhes proteção integral. Todavia, percebe-se no ECA uma forte tendência em transferir a responsabilidade pela inserção da criança e do adolescente em um núcleo familiar e a salvaguarda do seu bem-estar aos particulares, ao invés de o governo realizar políticas sociais eficientes.

entre aquele e seus parentes naturais, sendo que com estes não haverá possibilidade de contração de matrimônio. Essa exceção em relação aos efeitos da adoção plena autoriza ao adotado pedir, excepcionalmente, alimentos aos pais biológicos, diante da impossibilidade de os adotantes e seus parentes prestar sustento ao adotado ou na sua ausência destes, uma vez que permanece existente o dever de assistência entre o adotado e sua família biológica, já que o "vínculo de sangue" não se desfaz.[487] Neste tema, esclarecem Corrêa de Oliveira e Ferreira Muniz[488] "que a obrigação alimentar é título subsidiário" uma vez que o adotado pode pedir alimentos aos pais naturais e aos seus ascendentes quando os necessitar. Neste caso, somente, poderá exercer este direito quando os adotantes não puderem prestá-los.

Embora essa lição dos eminentes professores seja lógica, correta e de vanguarda, inclina-se a doutrina e jurisprudência brasileira a considerar rompido o vínculo existente entre pais biológicos e filhos dados em adoção, não constituindo para estes nenhuma obrigação alimentar em relação ao filho que ingressou na família social.

A noção da existência e da permanência do denominado "vínculo de sangue" entre o adotado e seus parentes biológicos foi recepcionada pelo ECA, que prestigia o "vínculo de sangue" ou "vínculo biológico" no art. 48 e seu §único. O citado art. 48 do Estatuto reconhece ao adotado o direito de conhecer sua *origem biológica* e de ter acesso irrestrito ao processo de adoção após completar 18 anos de idade. O acesso ao processo de adoção poderá ser, também, deferido ao adotado menor de 18 anos, em casos excepcionais, assegurada orientação e assistência jurídica e psicológica.

O Estatuto da Criança e do Adolescente, mediante a Lei nº 12.010/2009, inaugura no direito brasileiro o *direito ao conhecimento da própria origem genética e familiar* das pessoas adotadas, ao atingirem a maioridade civil, prestigiando, assim, o denominado "vínculo de sangue", embora não restabeleça, segundo uma exegese literal do art. 49, da mesma lei, o poder familiar dos pais biológicos, mantendo incólume a filiação socioafetiva e seus efeitos com os pais adotivos. O principal efeito consiste na ruptura do direito ao segredo familiar e profissional, que normalmente gravita em torno do procedimento sigiloso da adoção expondo todos os aspectos e fatos que se circunscrevem na adoção.

Nos últimos anos, a jurisprudência brasileira vem evoluindo no sentido de admitir a obrigação dos pais biológicos de prestar alimentos aos filhos dados em adoção, quando o adotado os necessitar e os adotantes estiverem impossibilitados de sustentar os filhos adotivos.

---

[487] TJ/DF - Ag. Instr. nº 20070020143329 - 5a. T. Cív. - Ac. unân. - Rel.: Des. Lecir Manoel da Luz - j. em 05.03.2008 - Fonte: DJU, 17.03.2008. Diz a ementa deste interessante aresto:
"DIREITO DE VISITA - Necessidade de resguardar o bem-estar do MENOR - ALIMENTOS - PATERNIDADE questionada - PAI registral - DIREITO concorrente com o pai biológico.
Agravo de instrumento - Direito de visita - Pai registral - Criança inserida nesse contexto familiar - Mudanças bruscas - Não recomendação - Necessidade de se resguardar o bem-estar do menor - Direito concorrente com o do pai biológico que visa regulamentação de visita e oferta de alimentos - Recurso parcialmente provido. I - Ainda que questionada a sua paternidade, o Agravante nunca desistiu de lutar por sua condição paterna, demonstrando, claramente, a intenção de permanecer ao lado do infante, tanto no momento em que manejou a Ação de Busca e Apreensão para valer o seu direito de visita à criança, garantido na Ação de Separação Consensual, como agora, em que a paternidade do primeiro Agravado revela-se como estreme de dúvida. II - Não pode o julgador ignorar essa situação fática que se descortina por detrás dos aspectos da lei, uma vez que acima de tudo está o bem maior que precisa ser tutelado: a criança. III - Contrapondo-se o direito de ambos os pais - biológico e registral, não há como afirmar que o direito do primeiro prevalece sobre o segundo, apenas porque os alelos obrigatórios paternos estão presentes no material genético do menor.

[488] OLIVEIRA, José Lamartine Corrêa de; MUNIZ, Francisco José Ferreira. *Direito de Família*, p. 55.

O Superior Tribunal de Justiça decidiu em 2007 pela admissibilidade de o filho adotado pedir alimentos ao pai biológico, não obstante uma exegese literal do art. 41, do ECA, conduza à conclusão da impossibilidade jurídica de o filho adotado poder pleitear alimentos devido à ruptura do vínculo familiar com seus pais biológicos. Na presente espécie, facilitou ao citado Tribunal contornar a frieza da norma contida no art. 41, do ECA, o fato de que constava no assento de nascimento do filho apenas o nome da mãe biológica e de a adoção ter sido realizada unilateralmente por uma mulher.[489]

Os *impedimentos matrimoniais* do adotado em relação aos parentes biológicos, previstos no art. 41, e o *direito ao conhecimento da origem genética e familiar* do adotado, em relação à sua família natural, previsto no art. 48, ambos do ECA, reconhecem o *vínculo de sangue* existente entre o adotado e seus genitores biológicos, relativizando, na adoção plena, os efeitos da ruptura dos vínculos entre o adotado e seus parentes naturais justificando o pedido de alimentos, se deles necessitar e outros interesses, como o conhecimento do patrimônio familiar e genético dos genitores, conforme será estudado no Título V.

1.3.2.1.1 O cadastro de adotantes

O ECA institui o cadastro de adotandos e de candidatos à adoção, ao determinar, em seu art. 50 que a autoridade judiciária manterá, em cada comarca ou foro regional, um registro de crianças e adolescentes em condições de serem adotados e outro de pessoas interessadas na adoção.

A inscrição de postulantes à adoção será precedida de um período de preparação psicossocial e jurídica, orientado pela equipe técnica da Justiça da Infância e da Juventude, preferencialmente com apoio dos técnicos responsáveis pela execução da política municipal de garantia do direito à convivência familiar. Sempre que possível e recomendável, a preparação psicossocial e jurídica dos postulantes à adoção incluirá o contato com crianças e adolescentes em acolhimento familiar ou institucional em condições de serem adotados, a ser realizado sob a orientação, supervisão e avaliação da equipe técnica da Justiça da Infância e da Juventude, com apoio dos técnicos responsáveis pelo programa de acolhimento e pela execução da política municipal de garantia do direito à convivência familiar.

O deferimento da inscrição dar-se-á após prévia consulta aos órgãos técnicos do juizado, ouvido o Ministério Público. Não será deferida a inscrição se o interessado não satisfizer os requisitos legais exigíveis ou verificada qualquer das hipóteses previstas no art. 29, do Estatuto.

É obrigatória a existência de um cadastro estadual em cada unidade da federação e de um cadastro nacional de crianças e adolescentes em condições de serem adotados e de pessoas ou casais habilitados à adoção. São distintos os cadastros de pessoas ou casais residentes fora do País que pleiteiem a adoção, os quais somente serão consultados diante da inexistência de postulantes nacionais habilitados nos cadastros gerais de adotandos e adotantes.

---

[489] STJ. RecEsp. nº 813.604. 3ª T. J. 16.08.2007. Rel. Min. Nancy Andrighi. DJU 17.09.2007. Em idêntico sentido, pelo reconhecimento da possibilidade jurídica do pedido, tem-se o aresto do STJ. RecEsp n.º 220.623. 4ª T. RDDP 80/152. SP. Dialética. 2009. "Ação de investigação de paternidade- autor adotado por parentes – possibilidade- direito personalíssimo –indisponível e imprescritível".

A autoridade judiciária providenciará no prazo de 48 (quarenta e oito) horas a inscrição das crianças e dos adolescentes em condições de serem adotados que não tiveram colocação familiar na comarca de origem, e das pessoas ou casais que tiveram deferida sua habilitação à adoção nos cadastros estadual e nacional, sob pena de responsabilidade. Compete à Autoridade Central Estadual zelar pela manutenção e correta alimentação dos cadastros, com posterior comunicação à Autoridade Central Federal Brasileira. A alimentação do cadastro e a convocação criteriosa dos postulantes à adoção serão fiscalizadas pelo Ministério Público.

Tratando-se de adoção internacional, esta será deferida somente se, após consulta ao cadastro de pessoas ou de casais habilitados à adoção, mantido pela Justiça da Infância e da Juventude na comarca, nos cadastros estadual e nacional e, em nenhum destes, for encontrado interessado em adotar com residência permanente no Brasil.

Enquanto não localizada pessoa ou casal interessado em sua adoção, a criança ou o adolescente, sempre que possível e recomendável, será colocado sob a guarda de uma família cadastrada em programa de acolhimento familiar.

Somente poderá ser deferida adoção em favor de candidato domiciliado no Brasil não cadastrado previamente nos oficiais quando: a) se tratar de pedido de adoção unilateral; b) for formulada por parente com o qual a criança ou adolescente mantenha vínculos de afinidade e afetividade; c) oriundo o pedido de quem detém a tutela ou guarda legal de criança maior de 3 (três) anos ou adolescente, desde que o lapso de tempo de convivência comprove a fixação de laços de afinidade e afetividade, e não seja constatada a ocorrência de má-fé ou qualquer das situações previstas nos arts. 237 ou 238, da Lei nº 8.069/1990.

A comunidade jurídica brasileira tem aplaudido o cadastro de adotandos e adotantes destacando, entre seus méritos, o fato de prevenir delongas injustificadas na adoção de crianças portadoras de situação legal definida. O cadastro, devidamente instalado, permitiria que se procedesse ao intercâmbio de informações entre comarcas e das diversas regiões do país no que diz respeito às pessoas dos adotandos e candidatos a adotantes.[490]

Maria Josefina Becker ressalta a importância da seleção prévia dos candidatos ao deferimento de sua inscrição. Segundo sua opinião, o processo de seleção pode ser vislumbrado como um processo de ajuda aos candidatos. Durante o período, os interessados em adotar poderão realizar uma avaliação de suas próprias motivações e seu firme propósito em adotar e dar um lar a uma criança.

O cadastro de adotantes e adotandos têm por escopo orientar os juízes da Infância e Juventude na árdua missão de presidir e deferir o processo de adoção. No entanto, paira a indagação: cumpre ao magistrado, responsável pelo deferimento da adoção, permanecer adstrito à ordem cronológica dos cadastros previstos pelo art. 50, do ECA, em especial, em relação ao cadastro de adotantes?

Grande parte dos operadores do direito tem se manifestado no sentido da obrigatoriedade de o magistrado obedecer estritamente à ordem cronológica do cadastro de adotantes. A corrente que defende a não obrigatoriedade de o juiz da Infância e Juventude de se ater à ordem cronológica dos cadastros vem crescendo,

---

[490] BECKER, Maria Josefina. Comentários ao Art. 50. *Estatuto da Criança e do Adolescente Comentado...* Coordenação: Munir Cury.

sob o fundamento de possuir o cadastro de adotantes função meramente orientadora e auxiliar do magistrado, não sendo, porém, de obediência obrigatória. Segundo vem sendo decidido pelos tribunais e sustentado pela doutrina, a ausência de consulta ou cumprimento da ordem cronológica dos interessados inscritos pelo juiz não gera nulidade processual, por não configurar o cadastro do art. 50, do ECA, pressuposto inerente aos pedidos de adoção.[491]

Cumpre ao magistrado mediante sua sensibilidade, do seu prudente arbítrio e considerando as reais vantagens ao adotando, atribuir a adoção ao adotante cujo perfil melhor se adequar ao perfil do adotando. É o juiz da Infância e Juventude quem melhor conhece os candidatos à adoção, os adotandos e dentro daquilo que for melhor para o adotando, deferir, desde logo, a guarda provisória ou a adoção, independentemente daquilo que o cadastro, devidamente atualizado ou não, vier a exibir. São vínculos de afetividade e afinidade que se constituíram entre adotante e adotando que devem prevalecer em todos os pedidos de adoção e não um mero rol de nomes em um cadastro.[492] O cadastro poderá ser útil quando estiverem ausentes pretendentes que tenham construído vínculo afetivo com a criança ou o adolescente a ser adotado.[493] Nessa hipótese, o juiz certamente valer-se-á do cadastro e obedecerá a ordem cronológica dos inscritos.

1.3.2.1.2 Os pressupostos da adoção plena no ECA

A adoção plena, para poder ser deferida, se sujeita ao cumprimento de determinados requisitos que lhe são específicos. Esses requisitos constituem-se em pressupostos quanto: a) à pessoa do adotante; b) à pessoa do adotando; c) ao estágio obrigatório de convivência; d) insere-se, ainda, entre os requisitos para a *adoção plena*, o consentimento obrigatório do próprio adotando, dos pais, ou do representante legal.

a) Os pressupostos da pessoa do adotante

Os principais pressupostos quanto à pessoa do adotante dizem respeito à idade mínima para exercer a adoção e à obrigatória diferença de idade que deverá existir entre o adotante e o adotando. O adotante deverá ser maior de 18 anos de idade e, pelo menos, 16 anos mais velho que o adotando.[494]

Desse modo, segundo previsão do art. 42, toda pessoa capaz, maior de 18 anos de idade, pode adotar independentemente de pertencer o adotante ao sexo masculino ou feminino, ser solteiro, casado ou divorciado, ser brasileiro ou estrangeiro, embora este último deva submeter-se a um procedimento específico para adotar. Preenchido o requisito idade, poderá o adotante requerer a adoção plena do adotando.

---

[491]   ATISANO, Roberta Alves. *A não obrigatoriedade da consulta ao cadastro de adotantes*. Artigos. Ferreira ⊕ Melo Adv. Associados. Disponível em: <http://www.ferreiraemelo.com.br>. Acesso em: 06 jun. 2010.

[492]   BOCHNIA, Simone Franzoni. *DA ADOÇÃO: Categorias, paradigmas e práticas do direito de família*, p. 145.

[493]   ATISANO, Roberta Alves. *Ob. cit*. Disponível em: <http://www.ferreiraemelo.com.br>. Último acesso em: 06 jun. 2010.

[494]   ECA, §3º, do art. 42.

O sistema jurídico do ECA procura vedar a adoção de uma criança ou adolescente por duas pessoas que não sejam marido e mulher ou conviventes em união estável. O §2º, do art. 42, determina que "para adoção conjunta, é indispensável que os adotantes sejam casados civilmente ou mantenham união estável, comprovada a estabilidade da família". Os divorciados, os judicialmente separados e os conviventes separados podem adotar conjuntamente, contanto que acordem sobre a guarda e o regime de visitas e desde que o estágio de convivência com o adotando tenha sido iniciado na constância do período de convivência e que seja comprovada a existência de vínculos de afinidade e afetividade com aquele não detentor da guarda, que justifiquem a excepcionalidade da concessão.

Ao que tudo indica, o principal objetivo do legislador, no presente dispositivo, teria sido vedar a adoção por pessoas que mantêm convivência homoafetiva. No entanto, a jurisprudência brasileira atual se inclina para outra exegese da lei no sentido de admitir-se a adoção de crianças e adolescentes por casais homoafetivos, consoante veremos em capítulo próprio.

Os §§2º e 5º, do art. 42, do ECA, permitem que pessoas que não mais constituam um vínculo conjugal ou união estável, devido ao divórcio ou à separação de fato, possam adotar uma criança conjuntamente.

Tratando-se de adoção por ambos os cônjuges ou por pessoas que mantenham união estável, poderá ser esta requerida desde que, pelo menos, um dos cônjuges ou companheiros tenha completado a idade de 18 anos. E a exigibilidade da diferença de 16 anos de idade entre adotante e adotando repousa na própria característica da categoria jurídica, que estabelece vínculos de paternidade, maternidade e filiação, devendo ser, como é natural, o filho mais jovem do que os pais. Trata-se de requisito tradicional do direito brasileiro, previsto no art. 369, do Código Civil de 1916, de acordo com a redação dada pela Lei nº 3.313/1957.

No tocante à idade mínima dos adotantes para adotar, cumpre trazermos aqui algumas ponderações.

O Código Civil em sua redação originária estabelecia no art. 1.618 o requisito da idade mínima do adotante para poder adotar, em 18 (dezoito) anos, podendo, no entanto, ocorrer a adoção por ambos os cônjuges ou conviventes, desde que, pelo menos, um deles tenha completado 18 anos de idade. Sempre fomos críticos deste dispositivo legal, uma vez que andou mal o legislador brasileiro ao permitir que pessoas tão jovens possam adotar. Embora tenha o Código Civil reduzido corretamente a idade mínima para alguém adotar em quase pela metade, uma vez que o Projeto de Código Civil previa a idade mínima de 30 anos, nos parece mais coerente com a realidade brasileira a idade mínima de 21 anos para adotar, tal qual previa o ECA, em sua redação originária, embora, pessoalmente, defendamos a idade mínima de 25 anos, como sendo a mais adequada para alguém poder adotar.

O Senador José Fragelli, por ocasião das discussões do Projeto de Código Civil, apresentou emendas ao Projeto de Lei nº 118/1984 propondo a idade mínima ideal de 25 anos para qualquer pessoa poder adotar alguém, refutando a tese que defendia a idade mínima de 18 anos para adotar. Sustentava o Senador Fragelli, coerentemente com a realidade brasileira, que o advento da maioridade legal não significa maturidade material ou espiritual para se realizar a adoção.

Qual é o casal nos dias atuais que tendo 18 anos de idade possui família regularmente constituída? Que já está estabelecido profissionalmente e é possuidor de idoneidade financeira para trazer junto de si e beneficiar uma criança que não é seu filho biológico?

Os jovens brasileiros que contam 18 anos de idade, na sua maioria, são apenas estudantes e, muitas vezes, ainda, dependentes financeiramente dos pais. Se os jovens possuem inúmeras dificuldades e problemas para educar seus filhos biológicos, diante de gravidez prematura, sendo obrigados a levar os filhos para serem criados e educados pelos avós ou, o que é mais grave, deixá-los para serem criados nas creches, como pode o legislador deferir o direito à adoção a pessoas de apenas 18 anos de idade?

O legislador da Lei nº 12.010/09, ao alterar o art. 42, do ECA, reduzindo a idade mínima de adotantes para adotar, de 21 anos para 18 anos de idade, revela certa irresponsabilidade ao legitimar pessoas tão jovens e inexperientes de vida de adotar uma criança.

A aparente coerência buscada pelo legislador, equiparando a idade mínima para alguém adotar à idade da aquisição da capacidade civil plena, torna-se uma incoerência na vida real. A norma de direito de família possui interesses peculiares e superiores em relação aos interesses patrimoniais gerais.

A criança ou o adolescente que ingressar em uma família mediante adoção deve encontrar um lar perfeitamente seguro e equilibrado, tanto nos aspectos psíquico, afetivo e material. Os adotantes devem ser pessoas maduras e com considerável dose de experiência de vida para que possam dar ao adotado, além do amor, a educação e todas as necessidades pessoais, psicológicas e materiais.

As estatísticas demonstram que, cada vez mais, vem aumentando no Brasil o número de adultos jovens, contando com mais de 18 anos de idade, que permanecem vivendo na casa paterna, como estudantes e, muitas vezes, ainda sob sua dependência econômica, não possuindo experiência familiar, nem vida econômica definida, pois estão cursando faculdade ou realizam cursos de pós-graduação no Brasil ou no exterior, ou se preparam para concursos públicos, normalmente casando ou procurando constituir família após os 25 anos de idade.

Da análise atenta dessas estatísticas nacionais, conclui-se que o legislador equivocou-se grosseiramente ao autorizar aos menores de 21 anos a possibilidade de adotar. A justificativa do legislador de dar estímulo à adoção a pessoas de tão pouca idade, pelo seu relevante valor social, não nos convence. Confiamos mais na sensibilidade e no prudente arbítrio do juiz que deverá aplicar a importante regra inaugurada pelo ECA no art. 43, por meio da qual o magistrado somente deferirá a adoção que constituir efetivo benefício para o adotando.

Pelas razões expostas, acreditamos que, na prática, dificilmente serão deferidas adoções a pessoas menores de 21 anos de idade.

No tocante à idade máxima para realizar uma adoção, não existe no direito brasileiro nenhum impedimento em relação às pessoas idosas de adotar. O ECA não determina a idade limite máxima para o adotante adotar. Dessa maneira, pessoas idosas, desde que apresentem condições morais e materiais, bem como estejam em plena saúde física e mental, poderão adotar não sendo a idade empecilho à adoção de uma criança.

A prática, no entanto, tem revelado comportamento diverso por parte das autoridades brasileiras, as quais têm procurado estabelecer limites e dificuldades para casais que não sejam jovens de poderem se inscrever no cadastro de pretendentes à adoção, atentando, dessa maneira, contra o direito à liberdade de constituir família, contra o bom senso, agindo de forma discriminatória.

São significativos, merecendo referência, dois arestos os quais decidiram no sentido de serem ilegais as vedações impostas pelas autoridades aos pretensos adotantes, por razões de idade avançada para adotar, entendendo que a idade avançada dos adotantes não constitui pressuposto negativo, nem impedimento objetivo para sua inscrição no cadastro de adotantes, nem à concessão de adoção.

O primeiro acórdão, já antigo, proferido em 1995, pelo Tribunal de Justiça do Estado de São Paulo, reformou sentença que indeferira o pedido de inscrição de casal no cadastro de pretendentes à adoção com base em parecer psicológico que considerou a idade avançada dos pretendentes como empecilho à concessão de adoção. Em grau recursal, entendeu o mencionado Tribunal que o "Estatuto da Criança e do Adolescente ao estabelecer os requisitos do adotante, o fez de um modo abrangente e amplo, a fim de facilitar a vinda ao aconchego de uma família filhos privados de arrimo, de forma que a idade máxima ficou ao prudente critério do juiz, não constituindo esta empecilho objetivo à concessão de adoção".[495]

Com esse entendimento reformou a citada Corte a decisão recorrida no sentido de reconhecer aos apelantes o direito de inscrever-se no cadastro de pretendentes à adoção.

O segundo aresto, da lavra do Tribunal de Justiça do Estado de Santa Catarina, reformou sentença proferida pelo juizado da Comarca de Meio-Oeste, assegurando a um casal de meia idade o direito de cadastrar-se na fila de adoção. A decisão de 1º grau que foi cassada havia negado aos autores recorrentes o direito ao cadastro na fila de adoção, sob a justificativa de que os pretensos adotantes tinham idade avançada para adotar uma criança, pelo fato de o adotante varão contar com 48 anos de idade e a mulher, 46. A decisão recorrida tomou por base o parecer do representante do Ministério Público, contrário ao pleito, por entender que o casal estaria muito velho para cuidar de uma criança. Os estudos sociais e psicológicos que instruíram a ação, ao contrário, não manifestaram qualquer óbice à adoção pretendida.

Os desembargadores constataram que os laudos sociais e psicológicos sobre o casal foram favoráveis à sua habilitação e que o ambiente familiar propiciado pelos requerentes se apresenta adequado ao desenvolvimento saudável de uma criança na idade pretendida. Considerando que a legislação sobre a matéria estabelece que a diferença mínima de idade entre adotante e adotado é de 16 anos, mas não determina diferença máxima, e a lei, também prevendo tão somente que os adotantes tenham idade mínima de 18 anos, julgaram os desembargadores por unanimidade no sentido do provimento da apelação, reconhecendo ao casal apelante o direito de cadastrarem-se no cadastro de pretendentes à adoção possibilitando-lhes adotar uma menina de até 2 anos de idade. Dos fundamentos do acórdão, merecem destaque os argumentos do Relator, Desembargador Monteiro Rocha, ao dizer que "a faixa etária dos pretendentes

---

[495] TJSP. Ap. 27.510-0/5- C. Esp. - j. 05.10.1995 – Rel. Des. Yussef Cahali. Revista dos Tribunais 723/306. 1996.
"ADOÇÃO - Decisão que indeferiu o pedido de inscrição do casal no cadastro de pretendentes à adoção, com base em parecer psicológico que considerou a idade avançada dos pretendentes – Inadmissibilidade – Instituto que se sujeita à análise de condições genéricas, como as condições morais e materiais; não constituindo a idade empecilho à concessão de adoção – Deferida, assim, a mencionada inscrição.
A aptidão à adoção sujeita-se apenas à análise das condições genéricas, tais como condições morais e materiais. O Estatuto da Criança e do Adolescente ao estabelecer os requisitos do adotante, o fez de um modo abrangente e amplo, a fim de facilitar a vinda ao aconchego de uma família, filhos privados de arrimo, de forma que a idade máxima ficou ao prudente critério do juiz, não constituindo esta empecilho objetivo à concessão de adoção. Provido o recurso para deferir a inscrição dos apelantes no cadastro de pretendentes à adoção".

à adoção não pode ser classificada como avançada, notadamente se considerado o aumento da expectativa de vida e a idade em que os casais, atualmente, decidem voluntariamente ter filhos, impulsionados pela busca da realização profissional e de estabilidade financeira".[496]

Diante do fato de não ter o ECA estabelecido pressuposto negativo, nem impedimento objetivo quanto à idade máxima de uma pessoa para adotar, entende-se que a idade máxima ficou vinculada ao prudente critério do juiz, não constituindo esta empecilho objetivo à concessão de adoção.

Vencido o tema dos pressupostos relativos à idade e dos benefícios trazidos ao adotando, qualquer pessoa, em princípio, poderá adotar desde que se apresentem as reais vantagens para o adotando.

Na adoção plena, podem os casados adotar livremente, independentemente de seu matrimônio ser recente ou de já possuírem filhos biológicos.[497] Os divorciados, os judicialmente separados e o ex-companheiros podem adotar em conjunto, desde que o estágio de convivência tenha sido iniciado, ainda, durante a vigência da sociedade conjugal ou de convivência. Devem, porém, os adotantes acordar sobre a guarda e o regime de visitas, bem como comprovar a existência de vínculos de afinidade e afetividade com o adotante não detentor da guarda, que justifique a excepcionalidade da concessão. Verificada a presença de efetivo benefício ao adotando, deferirá o juiz o regime da guarda compartilhada aos adotantes nos termos do art. 1.584, do Código Civil.[498] A adoção poderá ser, inclusive, deferida ao adotante que, após a inequívoca declaração de vontade, vier a falecer no curso do processo de adoção, antes, porém, de prolatada a sentença, consoante dispõe o §6º, do art. 42, do ECA.

Embora seja perfeitamente clara a lei neste tema, considerando as reais vantagens do adotando na efetivação da adoção, o Tribunal de Justiça do Estado do Rio Grande do Sul, estando sempre na vanguarda das grandes decisões, julgou, com muito acerto, no sentido de ser:

> Possível a convalidação da adoção após a morte dos adotantes, ainda que não iniciado o processo de adoção, porquanto evidenciado o elemento anímico, consubstanciada na posse do estado de filho amplamente retratada na prova dos autos.[499]

A adoção pode, também, ser requerida por apenas um dos cônjuges ou companheiro, a chamada "adoção unilateral", exigindo a lei, nestes casos, a anuência do outro cônjuge ou companheiro, segundo se depreende do inciso I, do art. 165, do ECA.[500]

---

[496] TJSC. Ap. Cív. em segredo de justiça. Comarca de Meio-Oeste. 5ª Câm. Cív. Rel. Des. Monteiro Rocha. Fonte: *Notícias ASSEJEPAR*. Disponível em: <http:// www.assejepar.com.br>. Acesso em: 19 out. 2012.

[497] O ECA não contemplou o requisito exigido pelo Código Civil de 1916 para adoção simples, que impunha aos adotantes casados o interstício de cinco anos, da data da celebração do casamento, para só então poder adotar.

[498] ECA, art. 42 e parágrafos.

[499] TJRS. Emb. Infring. nº 70025810441. In RBDFS 7/147.

[500] Dispõe o art. 165, I, do ECA, que: "são requisitos para a concessão de pedidos de colocação em família substituta:
I - a qualificação completa do requerente e de seu eventual cônjuge, ou companheiro, com expressa anuência deste".

A mãe poderá consentir na adoção de seu filho, pelo marido ou companheiro, que não seja genitor biológico do adotando. Essa permissão legal se encontra no §1º, do art. 41, do ECA, e repousa na ideia de proteção ao filho cujo genitor não reconheceu a filiação ou é desconhecido, considerando que a mãe não tenha sido casada com o pai biológico de seu filho. Nessa hipótese, não há qualquer alteração em relação ao liame de parentesco, nem ao poder familiar de seu ascendente biológico.[501]

Antônio Chaves em seus "Comentários ao art. 41," do ECA,[502] alerta que essa modalidade de adoção poderá apresentar certa dificuldade prática, quando o filho da mulher do adotante contiver no seu registro civil o nome do pai biológico, sendo este conhecido. Neste caso, para o mencionado autor, a adoção será apenas possível se o pai biológico do adotando for falecido.

Não concordamos com o posicionamento do referido autor nesse ponto, tendo em vista o fato de que na hipótese de adoção de filho de mãe viúva, por novo marido ou companheiro, tendo sido o filho reconhecido por seu pai biológico e convivido com ele, constando no seu assento de nascimento o nome do pai biológico, estabeleceram-se os laços afetivos entre o filho, o pai e os familiares deste, não podendo, pela simples vontade, a mãe romper com o vínculo familiar paterno constituído pela filiação biológica, mediante a modalidade da adoção plena. A morte do pai não extinguirá o vínculo paterno-filial, nem os vínculos com os demais parentes, como com os avós paternos, tios, primos etc.

Justificam os partidários dessa modalidade de adoção o fato de que sendo o filho adotado por seu padrasto estará, ele, exercendo seu direito protetivo, beneficiando-se, na maioria das vezes, do plano de saúde empresarial do qual goza o padrasto adotante, da previdência, etc. Efetivamente, poderá ocorrer, nesta hipótese, a satisfação de interesses materiais do adotado, ficando, porém, preteridos e totalmente aniquilados os interesses afetivos em relação aos avós paternos, aos tios, primos e outros parentes por parte do pai biológico, que repentinamente deixariam de ser involuntariamente parentes e membros da mesma família, por vontade exclusiva da mãe da criança, motivada, muitas vezes, por paixão ou outros valores egoístas e até de eventual vingança contra os familiares do marido ou companheiro falecido. Essa modalidade de adoção, pelo novo marido ou companheiro da mãe, poderá configurar-se como um atentado ao direito de personalidade do adotando, configurando violação ao seu direito ao *patrimônio familiar* e ao direito *à memória da família* paterna. Por *patrimônio familiar* entende-se o conjunto de bens e direitos de natureza moral que compõem o acervo familiar das pessoas, desde a memória ou recordação do ascendente mais remoto conhecido, que se constitui em direito de personalidade. Não se compreende aqui a expressão "patrimônio" no sentido material e tradicional do termo.

Assim, deverá o magistrado, ao examinar e deferir eventual pedido de adoção unilateral pelo marido ou companheiro da mãe do adotando, examinar cuidadosamente cada caso concreto, a fim de que a sentença que defere a adoção não se constitua em uma violação ao direito geral de personalidade do adotado, mediante violação do seu direito ao *patrimônio familiar* em relação ao seu pai biológico falecido e demais familiares dele.

---

[501] RODRIGUES, Sílvio. *Temas de Direito de Família*. O Direito na Década de 1990: Novos Aspectos, p. 103.

[502] CHAVES, Antônio. *Estatuto da Criança e do Adolescente Comentado*, p. 141.

Estando, porém, o pai biológico do adotando vivo, a adoção só poderá ser realizada mediante sua expressa anuência, favorável à adoção. Não havendo anuência do pai vivo, a adoção prevista no§1º, do art. 41, do ECA, não poderá se concretizar.

Assim, entendemos que a adoção prevista no §1º, do art. 41, do ECA, só deva ser concretizada diante do fato do desconhecimento de quem seja o genitor biológico da criança e no caso de ausência do eventual genitor, judicialmente declarada.

Excepcionalmente, poder-se-ia admitir uma hipótese na qual poderia ocorrer a possibilidade de adoção pelo marido ou companheiro da mãe de uma nova relação, diante da falta de consentimento do pai do adotando. Neste caso, poderá a genitora intentar ação de destituição do poder familiar do pai de seu filho, provando estar configurada uma das razões estabelecidas em lei, para a perda da autoridade parental, como, por exemplo, a prática de castigo imoderado, o abandono do infante ou a prática de atos contrários à moral e aos bons costumes, nos termos dos arts. 155 a 163, do ECA e arts. 1.635 a 1.638 do Código Civil.

Além da hipótese acima mencionada, não vislumbramos outra possibilidade de o atual marido ou companheiro da mãe poder adotar o filho desta, diante da recusa do pai biológico da criança conhecido em consentir na adoção.

O estudo das restrições ao direito de adotar será objeto de análise em capítulo próprio.

b) Os pressupostos da pessoa do adotando

Em princípio, qualquer pessoa pode ser adotada devendo, porém, preencher alguns requisitos legais.

O adotando deve contar com, no máximo, 18 anos de idade, ao tempo em que for requerida a adoção, podendo, porém, ser o adotando maior de 18 de idade se ele já se encontrava anteriormente sob a guarda ou tutela dos adotantes, consoante dispõe o art. 40, do ECA. A adoção de maiores de 18 anos de idade não está vedada, tendo sido expressamente prevista no art. 1.619, do Código Civil. A reforma do ECA pela Lei nº 12.010/2009 alterou o mencionado dispositivo do Código, o qual determina a aplicação, no que couber, das normas gerais da Lei nº 8.069/1990- ECA.

O antigo Código de Menores[503] incentivava, no art. 30, a adoção de criança que se encontrasse em situação irregular. Assim, o menor carente de amparo material e mesmo familiar deveria ser colocado em lar substituto e, posteriormente, adotado, objetivando-se dar-lhe uma vida digna.

O ECA, de maneira diversa da legislação revogada, limita a colocação de menores carentes em lares substitutos, ao dispor no art. 23 e seu §único que a falta ou a carência de recursos materiais não constitui motivo suficiente para a perda ou a suspensão do poder familiar. O legislador procurou manter a criança ou o adolescente em sua família de origem, mesmo diante de extremada pobreza, a qual deverá, obrigatoriamente, ser incluída em programas oficiais de auxílio. Verifica-se, pois, que o legislador impede que o poder público promova a perda do poder familiar de um menor carente e desassistido, dificultando sua adoção por terceiros, tal qual permitia o Código de Menores. Nessas

---

[503] Código de Menores: Lei nº 6.697, de 10.10.1979. (Revogada pelo ECA).

hipóteses, os menores carentes e desassistidos somente poderão ser adotados mediante consentimento expresso de seus pais biológicos, uma vez que, segundo a visão utópica do legislador, o Estado deve amparar a família carente fornecendo-lhe todos os meios de cuidarem de sua prole.

Entendemos que andou mal o legislador, abraçando o pieguismo e, segundo uma visão poética e idealista, afastou-se da realidade da vida que se leva nos cortiços, nas favelas, sob os viadutos e nos terrenos baldios, onde estão presentes a promiscuidade, a violência, o álcool, as drogas, o sexo com os próprios filhos menores, que resultam na condução dos menores à mendicância e à marginalização. O derrogado Código de Menores estava, neste ponto, mais próximo da realidade do que o ECA, que partiu para uma concepção da matéria por demais idealista e irreal.

Segundo nos mostrou a experiência de 41 anos de advocacia, nem sempre a convivência de uma criança ou adolescente com sua família biológica, em estado de penúria, representa as reais vantagens e benefícios para eles, nem que esta permanência seria a melhor solução para o futuro deles. Por essas razões, deverá o magistrado agir com muita cautela nos casos concretos que se apresentarem, aplicando o *princípio da proporcionalidade* ao ponderar a aplicação do art. 23 ou do art. 43, do ECA, devendo sempre ser dado preferência ao que efetivamente for melhor para a criança, deixando à margem as infundadas emoções.

c) O estágio obrigatório de convivência

Com o objetivo de proteger os interesses do adotando, determina o ECA, no art. 46, que a criança ou o adolescente, antes de ser adotado, deverá conviver com o adotante por determinado lapso de tempo fixado pelo juiz, de acordo com cada caso concreto, com o objetivo de adaptar ambos os interessados e, dessa maneira, melhor integrar o adotando na nova família.[504] O estágio de convivência é, também, denominado *período de prova* e destina-se a proporcionar aos candidatos à adoção e ao adotando uma breve convivência para manterem um contato amplo, para melhor conhecimento e integração entre ambos, permitindo que tanto adotantes como adotandos possam se conhecer melhor e manifestar conscientemente, distanciados de ligeiras emoções, sua efetiva vontade em adotar. Uma criança não é uma boneca que se brinca e depois se joga em um canto. É um ser humano que precisa de afeto, formação e educação, além de outras necessidades.

Cabe ao juiz, de acordo com cada caso concreto, decidir sobre a conveniência de dispensar o estágio de convivência do adotante com o adotando, que conte com menos

---

[504] Determina o Estatuto da Criança e do Adolescente no art. 46 que:

"A adoção será precedida de estágio de convivência com a criança ou adolescente, pelo prazo que a autoridade judiciária fixar, observadas as peculiaridades do caso.

§1º O estágio de convivência poderá ser dispensado se o adotando já estiver sob a tutela ou guarda legal do adotante durante tempo suficiente para que seja possível avaliar a conveniência da constituição do vínculo.

§2º A simples guarda de fato não autoriza, por si só, a dispensa do estágio de convivência.

§3º Em caso de adoção por pessoa ou casal residente ou domiciliado fora do País, o estágio de convivência, cumprido no território nacional, será de, no mínimo, trinta dias.

§4º O estágio de convivência será acompanhado pela equipe interprofissional a serviço da Justiça da \infância e da Juventude, preferencialmente com apoio dos técnicos responsáveis pela execução da política de garantia do direito à convivência familiar, que apresentarão relatório minucioso acerca da conveniência do deferimento da medida.

de um ano de idade. Tratando-se de adoção de nascituro, deverá ser dispensado aos adotantes o cumprimento do estágio de convivência, uma vez que não haverá fase de adaptações.[505] Cumpre, também, à autoridade judiciária fixar o lapso de tempo que julgar necessário para o estágio de convivência, quando o adotando tiver mais de um ano de idade. Na prática, costumam os juízes fixar o estágio de convivência com prazo de um mês; de três meses, ou até de seis meses, de acordo com seu prudente arbítrio, sempre apoiado em conclusões de um prévio estudo social ou de laudo pericial, emitido por equipe interprofissional e assessorado por psicólogos e sociólogos, de acordo com o mandamento contido no art. 167, e seu §único, da Lei nº 8.069/1990.

Entendendo o juiz que a pretensão de adotar funda-se em motivos legítimos e admite dispensa do período de prova ou, tendo o adotante cumprido o lapso de tempo designado para o cumprimento do estágio de convivência e permanecendo o interessado convicto em sua vontade de adotar, deferirá o juiz a adoção nos termos do art. 43, do Estatuto da Criança e do Adolescente, observando, ainda, que se apresentem reais vantagens para o adotando a adoção pretendida.

Mônaco da Silva sustenta que, mesmo quando a criança não tenha ainda ultrapassado a idade de um ano, é recomendável a verificação do estágio de convivência, pela razão de haver a possibilidade do surgimento de fatos novos. Menciona o autor como exemplo o fato de o adotando ser portador de alguma doença ou deficiência que venha a ser diagnosticada somente após já ter decorrida a adoção. Nessa hipótese, é possível que a criança seja posteriormente rejeitada pelos pais adotivos, diante dos fatos novos e das dificuldades pelas quais irão passar.[506]

Razão assiste ao autor, diante dos inúmeros casos que se apresentam no dia a dia das adoções, a exemplo de um caso ocorrido em Curitiba e bastante comentado, de uma criança que foi submetida à adoção por intermédio das adoções realizadas por "agenciadores", mediante remuneração. Logo após a adoção, a criança foi simplesmente devolvida aos que intermediaram a adoção pelo fato de aquela apresentar uma lesão cardíaca, verificada pelos adotantes após a adoção.

Embora concordemos com as preocupações do renomado autor, pode haver casos, e que são bastante comuns, de o adotando se encontrar, por ocasião em que for requerida

---

[505] TJ/SC - Ap. Cível n. 48.038 - Comarca de Sombrio - Ac. unân. - 1a. Câm. Cív. - Rel.: Des. Nilton Macedo Machado - Fonte: DJSC, 03.08.1995, ps. 06/07 - BONIJURIS 25343. Ouça-se a ementa do aresto:

"ADOÇÃO - RECÉM-NASCIDO entregue ao casal adotante - Não AUTORIZAÇÃO do PAI - Irrelevância - Pai desconhecido e ausente à época - PÁTRIO PODER pertencente à MÃE - LEI 8.069/90, art. 45.

Adoção - Recém-nascido entregue pela mãe para casal adotante - Pai biológico então desconhecido - Pátrio poder que competia à mãe - Possibilidade desta dar o consentimento necessário ao deferimento do pedido (art. 45 da Lei n. 8.069/90) - Deferimento - Sentença confirmada. Se o pai da criança não era conhecido ou estava desaparecido quando de seu nascimento em cujo dia foi entregue ao casal adotante, vindo ele a aparecer somente dez meses após, o exercício do pátrio poder competia à mãe que, assim, podia validamente dar o consentimento de que trata o art. 45, da Lei n. 8.069/90 (ECA). Comprovando-se que a criança, assim que nasceu, foi entregue ao casal adotante por deliberação da própria mãe, encontrando-se aquela perfeitamente integrada no lar substituto (único que conheceu), a circunstância de o pai biológico vir a reconhecê-la, posteriormente, com o fito de reivindicá-la para si, não pode alterar a situação existente. A criança deve permanecer na companhia de seus guardiães nomeados pelo Juiz competente, regularizada a situação com a destituição dos pais biológicos do pátrio poder e deferida a adoção ao casal que obteve a guarda. O reconhecimento tardio, quando o menor já se encontra abrigado e protegido, ambientado e cercado de afeto no único lar que conheceu, jamais poderá ter o alcance de retirá-lo dessa situação confortadora, para colocá-lo à mercê de pais retardatários no cumprimento, "já agora suspeito, do mais elementar dos seus deveres." (Antônio Chaves. Adoção...)."

[506] SILVA, José Luiz Mônaco da. Adoção por Estrangeiros. *Bonijuris* nº 114, p. 1248.

a adoção, sob a guarda de fato dos pretensos adotantes há longa data. Poderá ocorrer a hipótese em que o adotando tenha ficado sob a guarda de terceiros, ainda recém-nascido ou criança e, depois de muitos anos, queiram estes realizar a adoção. Neste caso, nos parece ser dispensável o estágio de convivência, merecendo, nestas hipóteses, ocorrer o abrandamento da norma contida no §2º, do art. 46, do ECA.

O estágio de convivência deve constituir-se em verdadeira guarda provisória do adotando pelo futuro adotante, segundo se depreende do disposto no art. 167, do Estatuto da Criança e do Adolescente, enquanto são realizados estudos sociais ou o laudo pericial interprofissional, para a constatação dos benefícios que aquela adoção poderá trazer ao adotando, pela família interessada em adotar.

Por maior segurança dos interesses da criança, devem os magistrados encarregados de conceder a guarda provisória ou o estágio de convivência do menor determinar a entrega da criança ou adolescente aos requerentes mediante lavratura de termo de responsabilidade, oficializando, dessa maneira, a posse legal do adotando até o registro definitivo da adoção, nos termos do §único, do art. 167, do ECA. Exigência legal que nos parece prudente e correta.

d) O consentimento obrigatório do próprio adotando, dos pais ou do representante legal

O regime da adoção plena exige, quando o adotando for maior de 12 anos de idade, seu consentimento expresso em ser adotado e de seus genitores, quando conhecidos ou do representante legal, na ausência destes, sob pena de a adoção não ser válida. Contando o adotando com menos de 12 anos de idade, será necessário apenas o consentimento expresso dos pais, desde que estes estejam no exercício do poder familiar ou do representante legal, para validar a adoção.[507] Sendo, porém, os pais biológicos da criança ou do adolescente desconhecidos ou na hipótese de terem sido destituídos do poder familiar, será dispensável o consentimento deles, nos termos do §1º, do art. 45, do ECA.[508] Sendo o menor a ser adotado um exposto ou cujos genitores tenham desaparecido sem haver a nomeação de tutor ou sendo órfão não reclamado por qualquer parente no período superior a um ano, é óbvio que não haverá a exigência do consentimento de um representante legal que sequer existe.

---

[507] A documentação necessária para instruir o pedido de adoção deve acompanhar a petição inicial, devendo, também, estar anexada a declaração expressa dos pais ou do titular do poder familiar, consentindo na adoção do menor. Por questão de cautela, deve ser ratificada a declaração de consentimento à adoção, pelo responsável legal, perante a autoridade judiciária, presente o representante do ministério Público, tomando-se por termo, a declaração de ratificação, de acordo com o disposto nos §§1º ao 6º, do art. 166, do ECA.

[508] O Código Civil no derrogado art. 1.621 repetia, em parte, o disposto no art. 45 e §§, do ECA, diferenciando-se apenas em relação à regulamentação da matéria trazida pelo Estatuto no §2.º, ao permitir a revogação do consentimento previsto no *caput* até a data da publicação da sentença constitutiva da adoção. Esta distinção dada ao tratamento do consentimento dos genitores ou representantes legais do adotando trouxe incongruência ao sistema jurídico da adoção, cuja consequência era da não aplicabilidade do §2º, do art. 1.621, do Código Civil, nas adoções realizadas pelo regime do ECA. O ECA prevê a irrevogabilidade absoluta da adoção da criança e do adolescente e o §2º, do art. 1.621, do Código Civil, trazia uma revogabilidade relativa, somente, aplicável na adoção de adotando maior de idade, cuja adoção não comporta consentimento dos pais, devido sua capacidade civil plena.

A incongruência do sistema foi solucionada mediante derrogação do art. 1.621, do Código Civil pela Lei nº 12.010/2009, persistindo a irrevogabilidade do consentimento declarado pelos genitores ou representantes legais na adoção da criança e do adolescente.

Embora não contemple o ECA o processo de adoção contraditória, entendemos ser viável que se processe a adoção contraditória sempre que houver discordância ou recusa de um dos genitores, em consentir na adoção do menor. Não havendo concordância dos genitores, a perda do poder familiar será decretada em processo próprio no qual se instaura o contraditório. Havendo concordância dos pais, a perda só será decretada como medida incidental no processo de adoção do interessado.[509]

1.3.2.1.3 Os limites legais à adoção

O legislador brasileiro com o objetivo de assegurar ao adotando segurança, bem-estar e impedir que pessoas movidas por mero interesse material se valham da adoção para alcançar vantagens pessoais ou estejam apenas movidas por impulsos emocionais passageiros inseriu no ECA alguns limites no tocante à possibilidade de adoção.

O mais importante instrumento outorgado pelo legislador ao juiz, para a salvaguarda dos benefícios e interesses do adotando, é encontrado no art. 43, do ECA. Dispõe o referido dispositivo que "a adoção será deferida quando apresentar reais vantagens para o adotando e fundar-se em motivos legítimos".

Trata-se de uma cláusula geral que outorga ampla liberdade ao magistrado para investigar e constatar se a adoção pretendida pelos adotantes candidatos à adoção trará efetivos benefícios ao adotando. O juiz deverá verificar os resultados do estágio de convivência entre adotando e adotantes e demais circunstâncias que envolvem os interessados e somente deferir a adoção que constituir efetivo benefício para o adotando.[510]

Existem excepcionais vedações à adoção em relação a determinadas pessoas que estão definitivamente impedidas de adotar.

Segundo dispõe o §1º, do art. 42, da Lei nº 8.069/1990, não podem adotar os ascendentes e os irmãos do adotando, qualquer que seja a modalidade de parentesco. Na hipótese de se tratar de filho havido fora de casamento, não há lugar para a adoção da criança pelo pai biológico. Este deverá na qualidade de ascendente realizar o *reconhecimento* do filho, não cabendo, em hipótese alguma, sua adoção pelo próprio pai biológico. Da leitura atenta do §1º, do art. 42, da Lei nº 8.069/1990, extrai-se a exegese de que avós não podem adotar seu próprio neto, diante da proibição de o ascendente adotar seu descendente e de alguém adotar um irmão.

No tocante à hipótese de alguém vir a ser adotado por seus próprios avós, Silvio Rodrigues não vislumbra na prática os motivos que levaram o legislador a inserir no

---

[509] TJSP. JTJ-LEX 169/11. Disponível em: <http://www.jusbrasil.com.br/busca?q=+JTJ-LEX+169%2F11+-+TJSP.&p=2>. Diz a ementa:
"Adoção - Destituição prévia do pátrio poder - Desnecessidade - Hipótese em que o deferimento do pedido de adoção implica a perda imediata do pátrio poder - Inteligência do art. 41 do Estatuto da Criança e do Adolescente - Recurso não provido. Desnecessária a prévia decretação de perda do pátrio poder para posterior deferimento de adoção, vez que esta última desliga o adotado de quaisquer vínculos anteriores, ressalvados os de ordem patrimonial."
TJSP - AR 19.823-0 - C.E. - Rel. Des. Dirceu de Mello - J. 09.03.1996. (RJTJESP 170/278):
"Adoção - Prévia destituição do pátrio poder. Desnecessidade. Vinculação implícita dos pedidos - O art. 169 do ECA não exige prévia destituição do pátrio poder, em processo autônomo, para o exercício da ação de adoção. Exige, apenas, no mesmo processo, a observância do princípio do contraditório, se a perda do pátrio poder constitui pressuposto lógico da adoção".

[510] Vide ECA, art. 165 e §único.

ECA a proibição de avós adotarem um neto. Para o autor, a única justificativa plausível para essa vedação residiria no fato de que a adoção poderia afetar a legítima de herdeiro necessário mais próximo, tal como o filho dos pretensos adotantes. Segundo ponderações do autor, o neto sendo adotado assumiria a condição de filho dos avós, concorrendo com seu próprio genitor na sucessão do avô, fato que poderia gerar desavenças entre o pai biológico e o filho.[511]

Justifica Silvio Rodrigues suas ponderações com a hipótese de determinada pessoa, (no caso o avô), pretendendo, por qualquer razão, prejudicar a herança de seu filho, adotaria o neto e testaria a favor dele toda sua quota disponível. Dessa maneira, o neto herdaria a quota disponível por força do testamento e a metade da legítima, na condição de filho adotivo.

No presente tema, cumpre assinalar que o Tribunal de Justiça do Estado do Rio de Janeiro admitia, em sua jurisprudência firmada antes do advento do Estatuto da Criança e do Adolescente, a adoção de neto pelos avós. A adoção realizada mediante escritura pública de descendente por ascendente, ou entre parentes, não encontrava proibitivo no Código Civil de 1916, estimulando o legislador o amparo e a oportunidade necessários de integração do adotando à família e à sociedade.[512] Pelo regime da adoção plena, no entanto, o rompimento dos laços de parentesco entre o adotando e seus pais biológicos conduz a situações diversas da adoção simples, nas quais podem surgir sérios conflitos na família em questão hereditária, razão pela qual impôs o legislador os presentes limites, no sentido de impedir a adoção por avós, irmãos e parentes do adotando.

Outro limite está expresso no art. 44, dirigido ao tutor ou ao curador do adotando. O ECA veda a eles a possibilidade de adotar o pupilo ou o curatelado enquanto não for dada conta de sua administração e saldar o seu alcance. Somente após a prestação e aprovação das contas da tutela ou da curatela, e estando eventuais débitos devidamente saldados, poderá o tutor ou o curador adotar seu pupilo ou curatelado. O presente dispositivo não traz nenhuma inovação, mantendo-se originária a redação do art. 44, do ECA.

Algumas legislações estabelecem dificuldades ou vedação a determinadas pessoas, além dos parentes próximos, de realizarem adoções. Entre as pessoas que encontram dificuldades em adotar, por imposição de rigorosas restrições à adoção, estão os estrangeiros residentes ou não no país. Quase todas as restrições ou vedações têm por base o fato de os pretensos adotantes não estarem inseridos no âmbito de uma *família* nos moldes classificados como "tradicionais", ou seja, constituída por um homem e uma mulher que vivam sob o mesmo teto, com ânimo definitivo, constituindo uma

---

[511] RODRIGUES, Sílvio. *Ob. cit.*, p. 105.

[512] TJ/RJ - Ap. Cív. nº 4244; Ac. unân. da 8ª Câm. Cív.; p. em 23.11.1989; Rel.: Des. Celso Guedes - Subst. BONIJURIS 4560. Diz a ementa do aresto :
"ADOÇÃO - Descendente por ascendente – Possibilidade.
O neto pode ser adotado pelos avós. Possibilidade da adoção, através de escritura pública, já admitida pela jurisprudência. A adoção de descendente por ascendente, ou entre parentes, em geral, embora incomum, não é vedada pela lei brasileira. O sistema brasileiro não subordina a validade da adoção à existência fato de justo motivo, o que ocorre em numerosa legislação que, inclusive, condicionam-na a uma convivência prévia, por certo número de anos entre o adotante e o adotado, dispensando aquele a este os cuidados de um pai. Amparo e oportunidade de integração do adotado à família e sociedade. É precisamente a causa econômica que, senão imediata, mas mediatamente, preside a adoção. Os efeitos de natureza patrimonial, produzidos pelo estado de filiação, resultam natural e licitamente deste. Pedido procedente. Sentença reformada. Recursos providos."

sociedade conjugal. Muitas legislações propõem a exclusão da possibilidade de adotar as pessoas que se inserem dentro de uma família monoparental, as constituídas através de união estável homoafetiva e as pessoas solitárias.

No Brasil não encontramos essas modalidades de limitações, podendo adotar os maiores de 18 anos de idade, independentemente do estado civil, ou da sexualidade, consoante já mencionamos acima. Verificando o juiz que a adoção pretendida trará reais vantagens para o adotando, deferirá a adoção, proferindo sentença a qual constituirá o vínculo da filiação socioafetiva entre adotantes e adotado.

No tocante aos estrangeiros, submetem-se estes ao cumprimento de requisitos específicos, que serão objeto de análise em capítulo próprio, infra.

1.3.2.1.4 Os efeitos da sentença de adoção

Deferida a adoção, constitui-se o vínculo familiar entre os adotantes, a família destes e o adotado, por força da sentença que será inscrita do registro civil, mediante mandado.[513] A inscrição deverá consignar o nome dos adotantes como pais do adotado e o nome dos ascendentes daqueles. A inscrição cancelará o registro originário do adotado, arquivando-se junto ao novo registro o mandado judicial. É vedada qualquer anotação sobre a origem do ato nas certidões expedidas podendo apenas, a critério do magistrado, ser fornecida certidão para a salvaguarda de direitos. A sentença atribuirá ao adotado o nome do adotante, bem como poderão os adotantes requerer no processo de adoção o deferimento da mudança do prenome original do adotando. Na hipótese de o adotante requerer modificação do prenome do adotado, deverá este ser obrigatoriamente ouvido, nos termos do §6º, do art. 47, combinado com os §§1º e 2º do art. 28, da Lei nº 8.069/1990, o ECA.

A possibilidade da modificação do prenome e a substituição do nome da família biológica do adotado pelo nome da família do adotante informam a relativização do princípio da imutabilidade absoluta do nome civil das pessoas naturais, previstas nos arts. 57 e 58, da Lei nº 6.015/1973, Lei dos Registros Públicos.[514]

---

[513] STJ. 3ª T.. RecEsp. nº 476.382. Julg. em 08.03.2007. Min. Castro Filho. DJU de 26.03.2007. Diz a ementa: "O deferimento da adoção plena, não implica, automaticamente, na destituição do pátrio poder, que deve ser decretada em procedimento próprio, autônomo, com a observância da legalidade estrita e da interpretação normativa restritiva. A cautela é imposta, não só pela gravidade da medida a ser tomada, uma vez que importa na perda do vínculo da criança com sua família natural, como também por força das relevantes repercussões em sua vida sócioafetiva."

[514] Lei dos Registros Públicos. Art. 57. "A alteração posterior de nome, somente por exceção e motivadamente, após audiência do Ministério Público, será permitida por sentença do juiz a que estiver sujeito o registro, arquivando-se o mandado e publicando-se a alteração pela imprensa, ressalvada a hipótese do art. 110 desta Lei.
§1º Poderá, também, ser averbado, nos mesmos termos, o nome abreviado, usado como firma comercial registrada ou em qualquer atividade profissional.
§2º A mulher solteira, desquitada ou viúva, que viva com homem solteiro, desquitado ou viúvo, excepcionalmente e havendo motivo ponderável, poderá requerer ao juiz competente que, no registro de nascimento, seja averbado o patronímico de seu companheiro, sem prejuízo dos apelidos próprios, de família, desde que haja impedimento legal para o casamento, decorrente do estado civil de qualquer das partes ou de ambas.
§3º O juiz competente somente processará o pedido se tiver expressa concordância do companheiro, e se da vida em comum houverem decorrido, no mínimo, 5 (cinco) anos ou existirem filhos da união.
§4º O pedido de averbação só terá curso, quando desquitado o companheiro, se a ex-esposa houver sido condenada ou tiver renunciado ao uso dos apelidos do marido, ainda que dele receba pensão alimentícia.
§5º O aditamento regulado nesta Lei será cancelado a requerimento de uma das partes, ouvida a outra.
§6º Tanto o aditamento quanto o cancelamento da averbação previstos neste artigo serão processados em segredo de justiça.

O art. 57, da Lei dos Registros Públicos, permite que qualquer alteração posterior de nome se dê por exceção motivada, após audiência do Ministério Público. A alteração de nome, pleiteada pela parte, será realizada por sentença judicial, proferida por juiz a que estiver sujeito o registro, arquivando-se o mandado e publicando-se a alteração pela imprensa. Arrola o legislador as exceções à regra geral da imutabilidade do nome da pessoa nos §§1º a 8º, do citado dispositivo. A alteração do patronímico e do nome do adotado deverá correr sempre em segredo de justiça, estando as pessoas envolvidas no processo sujeitas ao sigilo profissional. O art. 58, da Lei nº 6.015/1973, ao considerar definitivo o prenome atribuído à pessoa, no momento do seu registro civil, adotou a corrente que defende a imutabilidade do prenome. Todavia, o legislador adotou a regra da imutabilidade relativa do nome e do prenome das pessoas ao trazer no ECA mais uma exceção à regra contida no parágrafo único, do referido artigo.

A sentença será inscrita no registro civil mediante mandado, da qual não será extraída certidão, respeitando-se o segredo de justiça, tendo em vista que o adotado passará a ser filho do adotante, em igualdade com os filhos biológicos, nos termos do §6º, do art. 227, da Constituição, não devendo constar nenhuma informação ou ressalva sobre a adoção e sobre o processo na certidão do registro civil.

O processo relativo à adoção, porém, assim como outros a ele relacionados, serão mantidos em arquivo, admitindo-se seu armazenamento em microfilme ou por outros meios tecnológicos, garantida a sua conservação para eventual consulta, a qualquer tempo.

Os arts. 41 e 47 do ECA, em consonância com o mandamento expresso no §6º, do citado art. 227, da Constituição, promovem a igualdade da filiação, atribuindo ao adotado a situação jurídica de filho do adotante, estendendo-se o vínculo de parentesco aos parentes deste. Dessa maneira, o adotado desliga-se dos vínculos familiares que mantinha com os pais e parentes biológicos. Possui o adotado os mesmos direitos e obrigações do filho biológico, que são de natureza pessoal e patrimonial. Os efeitos

---

§7º Quando a alteração de nome for concedida em razão de fundada coação ou ameaça decorrente de colaboração com a apuração de crime, o juiz competente determinará que haja a averbação no registro de origem de menção da existência de sentença concessiva da alteração, sem a averbação do nome alterado, que somente poderá ser procedida mediante determinação posterior, que levará em consideração a cessação da coação ou ameaça que deu causa à alteração.

§8º O enteado ou a enteada, havendo motivo ponderável e na forma dos §§2o e 7o deste artigo, poderá requerer ao juiz competente que, no registro de nascimento, seja averbado o nome de família de seu padrasto ou de sua madrasta, desde que haja expressa concordância destes, sem prejuízo de seus apelidos de família".

"Art. 58. O prenome será definitivo, admitindo-se, todavia, a sua substituição por apelidos públicos notórios. Parágrafo único. A substituição do prenome será ainda admitida em razão de fundada coação ou ameaça decorrente da colaboração com a apuração de crime, por determinação, em sentença, de juiz competente, ouvido o Ministério Público."

"Art. 110. Os erros que não exijam qualquer indagação para a constatação imediata de necessidade de sua correção poderão ser corrigidos de ofício pelo oficial de registro no próprio cartório onde se encontrar o assentamento, mediante petição assinada pelo interessado, representante legal ou procurador, independentemente de pagamento de selos e taxas, após manifestação conclusiva do Ministério Público.

§1º Recebido o requerimento instruído com os documentos que comprovem o erro, o oficial submetê-lo-á ao órgão do Ministério Público que o despachará em 5 (cinco) dias.

§2º Quando a prova depender de dados existentes no próprio cartório, poderá o oficial certificá-lo nos autos.

§3º Entendendo o órgão do Ministério Público que o pedido exige maior indagação, requererá ao juiz a distribuição dos autos a um dos cartórios da circunscrição, caso em que se processará a retificação, com assistência de advogado, observado o rito sumaríssimo.

§4º Deferido o pedido, o oficial averbará a retificação à margem do registro, mencionando o número do protocolo e a data da sentença e seu trânsito em julgado, quando for o caso".

pessoais constituem-se pelo direito ao nome do adotando e o parentesco com a família adotiva. Os direitos patrimoniais abrangem os direitos a alimentos e à sucessão. Preserva, porém, a lei civil, os impedimentos matrimoniais em relação aos parentes biológicos, visando a impedir eventuais casamentos consanguíneos. A ressalva trazida pelo legislador, no sentido de preservar os impedimentos matrimoniais na adoção plena, nos parece ser de difícil execução prática, diante do segredo que envolve o processo de adoção, sendo que, muitas vezes, o adotado sequer sabe que é filho adotivo e não conhece seus parentes biológicos. Não havendo qualquer observação ou ressalva quanto à adoção no assento de nascimento, dificilmente o oficial dos registros públicos, mormente quando o casamento for realizado em comarca distante daquela da adoção, poderá constatar eventual parentesco biológico entre o adotado e sua noiva ou noivo.

O §2º, do art. 47, do Estatuto da Criança e do Adolescente, na redação dada pela Lei nº 12.010/2009, determina ao oficial do registro civil cancelar o registro originário lavrando um novo registro, mesmo sendo o adotando maior de idade ou conte com idade superior a 12 anos.

João Pedro Lamana Paiva[515] defende a ideia da averbação da sentença de adoção ao registro de nascimento originário em todas as adoções e não o cancelamento deste, como manda a lei. Para o autor, a averbação da sentença de adoção ao registro de nascimento originário constitui-se no meio mais eficaz de o oficial do registro civil e o Ministério Público efetuarem o controle dos impedimentos matrimoniais constantes no art. 1.521 do Código Civil. A previsão legal do ECA, determinando o cancelamento do registro originário, mediante mandado judicial, teria por escopo impedir que os adotados pelo processo da adoção plena conhecessem sua verdadeira situação jurídica. Tais preocupações do legislador, no entanto, mostram-se ultrapassadas na atualidade, diante do *direito ao conhecimento da origem genética e familiar* do adotado, categoria jurídica que o direito brasileiro consagrou no art. 48 do próprio ECA.

Essa cautela vem perdendo sua importância na atualidade, diante do surgimento da possibilidade de o adotado vir a conhecer sua origem biológica e familiar, estando assegurado o direito de acesso ao processo de adoção ao adotado, inclusive ao menor de 18 anos de idade, nos termos do §, do art. 48, do ECA. Assim, diante da obrigatória anuência dos adotandos maiores de 12 anos em relação à sua adoção e do direito dos maiores de 18 anos e dos menores, devidamente esteados por assistência judiciária e psicológica, de conhecerem sua própria origem genética e familiar, a determinação legal do cancelamento do registro originário prevista no §2º, do art. 47, do ECA, perde totalmente sua função. Acrescente-se, ainda, o fato da desnecessidade do cancelamento do registro civil quando a adoção for unilateral, realizada em relação ao filho biológico do cônjuge ou do convivente, tendo em vista que, nesta hipótese, não haverá alteração em relação a dois genitores.[516]

Razão assiste ao autor cujas ideias aqui trazemos e com elas comungamos, ao defender o fato de que a averbação do mandado judicial no assento de nascimento do adotando permitirá ao oficial do registro expedir novas certidões nas quais constarão as

---

[515] PAIVA, João Pedro Lamana. *Adoção – efeitos das alterações introduzidas pela lei nº 12.010, de 3 de agosto de 2009*. Disponível em: <http://www.mp.rs.gov.br/areas/infancia/arquivos/adoção>. Acesso em: 08 nov.2010.

[516] PAIVA, João Pedro Lamana. *Ob. cit.* Disponível em: <http://www.mp.rs.gov.br/areas/infancia/arquivos/adoção>.

informações contidas na averbação, que conterá o nome do adotando, a data e local do nascimento, sua filiação socioafetiva, os nomes dos avós paternos e os avós maternos, nos termos e limites do art. 1.596 do Código Civil.

A averbação do mandado judicial, no assento de nascimento do adotado, facilitará ao Oficial do Registro Civil e ao Ministério Público o necessário controle dos impedimentos matrimoniais eventualmente existentes para o casamento, colaborando, igualmente, com o fornecimento de informações relativas ao perfil hereditário do adotado, na verificação de possíveis doenças hereditárias, permitindo um melhor exercício do direito à saúde.[517]

A legislação trazida no art. 47, do ECA, embora tenha sofrido alterações consideráveis pela Lei nº 12.010/2009, ao determinar o cancelamento do registro de nascimento originário do adotado, com objetivo de preservar o *segredo familiar* e *profissional* em relação ao processo de adoção, mostra-se ultrapassada, anacrônica, varrendo simplesmente do universo real informações relevantes sobre pessoa do adotado e sua origem genética e familiar que poderiam ser facilmente obtidas junto ao ofício do registro civil quando a necessidade se apresentar.

A adoção produzirá seus efeitos a partir da data do trânsito em julgado da sentença do processo de adoção, a exceção da hipótese prevista no §6º, do art. 42, quando os efeitos da adoção retroagirão à data do óbito. As relações de parentesco se estabelecem não só entre o adotante e o adotado, como também entre aquele e os descendentes deste e com todos os parentes do adotante.

Mesmo tendo falecido o pretenso adotante durante o trâmite do processo de adoção, antes de ser prolatada a sentença que constitui o vínculo adotivo, a adoção se estabelece resultando todos os efeitos, inclusive os sucessórios, devendo predominar a vontade das partes para a formação do vínculo de filiação.[518]

---

[517] PAIVA, João Pedro Lamana. *Ob. cit.* Disponível em: <http://www.mp.rs.gov.br/areas/infancia/arquivos/adoção>.

[518] A jurisprudência brasileira tem decidido favoravelmente à constituição do vínculo de adoção, mesmo morto o adotante ou adotantes, antes de ser proferida a sentença, diante da inequívoca manifestação de vontade em adotar pelo requerente. Assim decidiram os tribunais:
- STJ. 3.ª T. RecEsp. 823.384. J. 28/06/2007. Rel. Min. NANCY ANDRIGHI. RBDFS 7/125. 2008. Soa a ementa:
"Direito civil e processual civil. Adoção póstuma. Manifestação inequívoca da vontade do adotante. Laço de afetividade. Demonstração. Vedado revolvimento de fatos e provas. Embargos de Declaração. Ausência de omissão, contradição ou obscuridade. Decisão fundamentada. Prequestionamento. Ausência. [...].
- O julgador não está adstrito às teses jurídicas manifestadas pelas partes, bastando-lhe analisar fundamentadamente as questões necessárias à resolução do embate jurídico.
- Impõe-se especial atenção à condição peculiar da criança como pessoa em desenvolvimento, devendo o julgador nortear-se pela prevalência dos interesses do menor sobre qualquer outro bem ou interesse juridicamente tutelado.
- A adoção póstuma pode ser deferida ao adotante que, após inequívoca manifestação de vontade, venha a falecer no curso do procedimento, antes de prolatada a sentença, (art. 42, §5º, do ECA).
- Na apreciação do pedido de adoção levar-se-á em consideração a relação de afetividade entre o adotante e o adotado, (art. 28, §2º, do ECA).
- Se o Tribunal de origem, ao analisar o acervo de fatos e provas existentes no processo, concluiu pela inequívoca ocorrência da manifestação de propósito de adotar, bem como pela preexistência de laço de afeto a envolver a adotada e o adotante, repousa sobre a questão o óbice do vedado revolvimento fático e probatório do processo em sede de recurso especial.
Recurso especial não conhecido."
- TJRS. Emb. Infring. 70025810441. RBDFS 7/147. 2008. Soa a ementa:
"Possível a convalidação da adoção após a morte dos adotantes, ainda que não iniciado o processo de adoção, porquanto evidenciado o elemento anímico, consubstanciada na posse do estado de filho amplamente retratado na prova dos autos."

A adoção plena é irrevogável, segundo dispõe o §1º, do art. 39, do ECA. Embora seja a adoção, em princípio, irrevogável, alguns tribunais têm admitido, em determinados casos concretos e excepcionalmente, sua revogação, principalmente quando a espécie apresentar a ausência de constituição de qualquer vínculo afetivo entre adotante e adotado; quando surgirem interesses superiores em relação à criança ou adolescente e quando na adoção não ocorrer o livre desenvolvimento da personalidade e a salvaguarda da dignidade humana do adotado ou terceiro menor e incapaz. Os fatos que tornam a adoção inócua têm rompido o vínculo da filiação adotiva.

Trazemos, a seguir, três arestos que julgaram no sentido da revogação da adoção plena, devido à existência de excepcionalidade que justificava seu desfazimento. Nos dois primeiros arestos a adoção foi desfeita pelo fato de não se ter constituído, após a adoção, nenhum vínculo de afeto entre adotante e adotado. O terceiro acórdão trata do caso em que o desfazimento do vínculo adotivo ocorreu pelo fato de a adoção deixar de atender ao melhor interesse do adotado e do surgimento de novo e superior interesse em relação a ele e a terceiro menor e incapaz.

O primeiro aresto, proferido pelo Tribunal de Justiça do Estado do Rio Grande do Sul, decidiu pela revogação da adoção plena, tendo por fundamento a existência de excepcionalidade que justificava o desfazimento da adoção. O referido tribunal acolheu os fundamentos deduzidos pela pretendente, no sentido de que a adoção não teria atingido sua finalidade de inserção da menor como filha da adotante, uma vez que aquela nunca deixou o convívio com seus genitores biológicos, não havendo, consequentemente, ruptura da filiação biológica. Assim, julgou o tribunal no sentido do provimento do recurso, deferindo o desfazimento do vínculo de filiação adotiva. Diz a ementa do aresto:

> Em relação à alegada excepcionalidade da irrevogabilidade da adoção tal excepcionalidade configura-se bem no caso concreto, onde o vínculo legal jamais se concretizou no plano fático e afetivo entre adotante e adotada, uma vez que esta nunca deixou a convivência de seus pais sanguíneos. Adoção que nunca atingiu sua finalidade de inserção da menor como filha da adotante. Recurso provido, por maioria.[519]

No mesmo sentido, o Tribunal de Justiça do Estado de Santa Catarina decidiu pela dissolução da adoção, diante da ausência de vínculo afetivo entre as partes envolvidas. Diz o aresto:

> Apelação cível - Ação ordinária visando à dissolução de adoção - Demanda ajuizada consensualmente pelo adotante e o adotado - Vínculo estabelecido entre o filho e o marido da mãe biológica que, após quatro anos da consolidação do processo adotivo, separou-se do adotante - Inexistência de qualquer vínculo afetivo entre os envolvidos - Situação mantida formalmente, que acabou gerando a instabilidade psicológica do adotado em face da obrigação de manter um sobrenome com o qual não se identifica. "Dever de observância do princípio da dignidade da pessoa humana." Inteligência do artigo 1º, III, da Constituição Federal- Decisão reformada para julgar procedente a pretensão dos apelantes - Recurso provido.[520]

---

[519]   TJRS- Ap. Civ. n.º 70003681699. 7ª Câm. Civ.Porto Alegre. Rel. Des. Luiz Felipe Brasil Santos, j. 27.02.2002. DJ 2312, 13.03.2002. Disponível em: <http://www1.tjrs.jus.br/busca/>. Acesso em: 25 nov. 2009.

[520]   TJSC- Ap. Cív. Nº 2005.032504-8. 3ª Câm. de Dir. Civil. Rel. Des. Sérgio Izidoro Heil. J7ul. 16.12.2005 In 2005.032504-8. Disponível em: <http://tjsc6.tj.sc.gov.br/cposg/pcpoSelecaoProcesso2Grau.jsp/>. Acesso em: 25 nov. 2009.

O terceiro acórdão diz respeito ao caso em que no decorrer da filiação adotiva constituída entre a sobrinha e seus tios, ocorreu um romance entre esta e seu irmão adotivo, (primo biológico), que residiam no mesmo lar, resultando do romance a gravidez da adotada e o nascimento de uma menina. O inusitado caso levou os adotantes a requerer a dissolução do vínculo de adoção mediante interposição de ação denominada de "Cancelamento de Adoção," objetivando proteger a criança que iria nascer que seria, fatalmente, fruto de um relacionamento incestuoso entre irmãos, embora adotivos.

A excepcional situação justifica a invalidação da adoção com o consequente desfazimento do vínculo socioafetivo entre adotantes e adotada que permitirá a realização do matrimônio entre o filho dos adotantes e a moça, descaracterizando, assim, a situação de incesto e, em última instância, proteger os superiores interesses da criança e seu direito geral de personalidade, evitando seja ela fruto de um relacionamento incestuoso. Diz a ementa do aresto:

> ELEMENTOS E CIRCUNSTÂNCIAS DOS AUTOS - DIREITO FUNDAMENTAL - DIGNIDADE DA PESSOA HUMANA - CANCELAMENTO DO ATO - POSSIBILIDADE JURÍDICA DO PEDIDO - EM ABSTRATO, NO CASO CONCRETO - INTERPRETAÇÃO TELEOLÓGICA/SOCIOLÓGICA - PRINCÍPIOS DA PROPORCIONALIDADE E DA RAZOABILIDADE - TEORIA DA CONCREÇÃO JURÍDICA - TÉCNICA DA PONDERAÇÃO - SITUAÇÃO FÁTICO-SOCIAL - CRIANÇA - PROTEÇÃO INTEGRAL, COM ABSOLUTA PRIORIDADE - SENTENÇA ANULADA - RECURSO PROVIDO. Tem-se o conflito das realidades fático-social e jurídica, ocasionado pela escolha indevida do instituto da adoção, ao invés de tutela. Não se olvida que a adoção é irrevogável, mas o caso sob exame revela-se singular e especialíssimo, cujas peculiaridades recomendam (ou melhor, exigem) sua análise sob a ótica dos direitos fundamentais, mediante interpretação teleológica (ou sociológica), com adstrição aos princípios da proporcionalidade e da razoabilidade, dando-se azo, com ponderação, à concreção jurídica, máxime por envolver atributo da personalidade de criança, advinda de relacionamento "aparentemente" incestuoso, até porque o infante tem proteção integral e prioritária, com absoluta prioridade assegurada por lei ou por outros meios. Inteligência dos arts. 5º da LICC; 3º e 4º, *caput* do ECA; e 226, *caput* e 227, *caput* da CF)". [521]

O juízo de primeiro grau extinguiu o processo, sem resolução de mérito, alegando haver, na espécie, impossibilidade jurídica do pedido.

Recorrendo ao Tribunal de Justiça, com pedido de reforma da sentença proferida pelo Juízo de Direito da Vara de Família e Sucessões da Comarca de Barbacena, argumenta a mãe da criança que sempre considerou o pai de seu filho como sendo seu primo e nunca um irmão; mas que "a realidade jurídica transformou-os em irmãos", surgindo com a adoção impedimento para uma união estável ou casamento entre ambos. Por essa razão, pleiteia o cancelamento da sua adoção para que possa contrair núpcias, pois juridicamente sua relação com o pai de seu filho é considerada "espúria, incestuosa". A reconstituição de sua filiação biológica, ora pleiteada, traduz a efetividade ao princípio constitucional da dignidade da pessoa humana, sendo que a manutenção do vínculo adotivo conduzirá sua filha, por ser fruto de uma relação ilegal aos olhos da lei, de ser discriminada, de ser apontada como filha de irmãos, de ser vítima de

---

[521] TJMG. Ap. Cív. Nº 1.0056.06.132269-1/001. 5ª Cam. Civ. Rel. Des. Nepomuceno Silva. J. em 06.12.2007. DJEMG 09.01.2008.

chacotas e zombaria, "fato que irá abalar de forma substancial sua estrutura psicológica e personalidade", além de que no registro de nascimento da menina os avós paternos e maternos são os mesmos.

Sensível a essa situação peculiar, em inteligente voto, decidiu o ilustre Desembargador Nepomuceno Silva pelo provimento do recurso, diante da excepcionalidade do caso, prestigiando, igualmente, a proteção integral e prioritária da criança nascida daquela união afetiva. Cabe-nos destacar as palavras do Desembargador Nepomuceno Silva, que assim argumenta:

> Não se trata, aqui, de revogação proposta pelo adotante decorrente, por exemplo, do nascimento posterior de filho; nem de tentativa de restabelecimento do poder familiar dos pais naturais. Tem-se caso outro - diferenciado e relevante - que envolve, inclusive, atributo atinente ao estado da pessoa. Refiro-me à criança recém-nascida (certidão, f. 44) que, de fato, é fruto do amor de seus pais (primos), mas, juridicamente, provinda de relação incestuosa, já que seus pais são irmãos adotivos.
>
> Incesto é a "união sexual ilícita entre parentes consanguíneos, afins ou adotivos", sendo o infante tido como "torpe, incasto, incestuoso", como se infere do Dicionário Aurélio Eletrônico (v. 3.0).
>
> Essa a pecha, mácula e nódoa que estigmatizarão a criança por toda a sua vida, pois estará marcada a ferrete por circunstância a que não deu causa, simplesmente porque o Judiciário se apegou exacerbadamente à interpretação meramente gramatical do dispositivo legal, reconhecendo, por via tergiversa, a aplicabilidade da parêmia latina *in claris cessat interpretatio*.
>
> A adoção - instituto escolhido para dar assistência à apelante, quando ainda criança - não era o ideal, porque "em se tratando de parentes, melhor será a aplicação da tutela, que também satisfaz plenamente a colocação do menor em lar substituto até que atinja a maioridade civil (Paulo Lúcio Nogueira, in Estatuto da Criança e do Adolescente Comentado, São Paulo: Saraiva, 1991, p. 54).
>
> A desconfortável situação vivenciada pela apelante e seu companheiro-primo-irmão, que agora têm uma filha de tenra idade, advinda dessa união, demonstra o acerto dessa preleção doutrinária.
>
> Não se trata de anulação do ato jurídico (adoção), porque não se apresenta inquinado por qualquer vício que a justifique; não se trata, também, propriamente, de revogação da adoção, porque o pedido não é formulado pela adotante.
>
> Trata-se de invalidação da adoção em decorrência de múltiplos fatores: preterição, àquela época, do instituto adequado (tutela); superveniência fático-social (relacionamento amoroso entre a adotada e seu primo-irmão adotivo); efetividade da dignidade da pessoa humana (criança advinda do relacionamento); prevalência da situação fática à jurídica (nunca houve entre os envolvidos sentimento fraternal); e união acolhida e reconhecida no meio sociofamiliar.
>
> O caso sob exame reclama a releitura do texto legal sob inspiração sociológica, pena de preterição do conteúdo pelo invólucro e de prevalência da literalidade do texto legal sobre a *mens legis*, porque a finalidade da norma não é ser dura, mas justa; daí o dever do magistrado de aplicar a lei ao caso concreto, sem desvirtuar-lhe as feições, arredondando as suas arestas, sem, contudo, torcer-lhe a direção, adaptando a rigidez de seu mandamento às anfractuosidades naturais de cada espécie. [...] É, indubitavelmente, o art. 5º da Lei de Introdução que permite corrigir a inadequação da norma à realidade fático-social e aos valores positivados, harmonizando o abstrato e rígido da norma com a realidade concreta, mitigando seu rigor, corrigindo-lhe os desacertos, ajustando-a do melhor modo possível ao caso emergente. [...] O sentido normativo requer a captação dos fins para os quais se

elaborou a norma, exigindo, para tanto, a concepção do direito como um sistema dinâmico, o apelo às regras da técnica lógica válidas para séries definidas de casos, e a presença de certos princípios que se aplicam para séries indefinidas de casos, como o de boa-fé, o da exigência de justiça, o do respeito aos direitos da personalidade, o da igualdade perante a lei etc. [...] Daí ser íntima a relação entre ideologia, ciência do direito e aplicação jurídica, pois o enfoque hermenêutico deverá ser feito sob a luz da teoria da concreção jurídica, caracterizada pela circunstância de estabelecer a correlação entre norma, fato e valor, visando a uma decisão judicial que, além das exigências legais, atenda aos fins sociais e axiológicos do direito. Por isso um sistema jurídico em dada situação concreta de decisão terá que proceder a uma simplificação, ou seja, neutralizar os valores através da ideologia.

Com esses fundamentos julgou a 5ª Câmara Cível, do Tribunal de Justiça do Estado de Minas Gerais, no sentido do provimento ao recurso para, anulando a sentença, reconhecer, abstratamente, a possibilidade jurídica do pedido no caso concreto, determinando o retorno dos autos à sua origem, a fim de ter o feito seu regular prosseguimento, no sentido de posterior deferimento da pretensão em relação ao desfazimento da adoção.

Podemos constatar pelos acórdãos, acima trazidos, que a jurisprudência brasileira vem, acertadamente e, excepcionalmente, admitindo a possibilidade de desfazimento da adoção ou revogação dela, diante do surgimento de interesses superiores da criança ou do adolescente em relação ao vínculo de adoção, predominando, nestes casos, a proteção integral da criança e do adolescente.

A grande maioria dos juristas, todavia, abraçando tese positivista, entende ser inadmissível a revogação de qualquer adoção após o advento da Constituição de 1988 porque, segundo este pensar, a revogabilidade, mesmo relativa, colidiria com o mandamento contido no §6º, do art. 227, que garante a isonomia de direitos e qualificações dos filhos biológicos e adotivos. Segundo esta corrente de pensamento, permitir-se a revogabilidade da adoção seria consagrar a existência de distinções entre a filiação biológica e a filiação socioafetiva.

No entanto, consoante se constata, com muito acerto, humanismo e justiça, os tribunais brasileiros têm procurado fundamentar a excepcionalidade da irrevogabilidade da adoção no princípio constitucional da dignidade da pessoa humana e na preservação ao melhor interesse da criança e do adolescente, ideologia que deverá sempre prevalecer em qualquer caso concreto informando sua exegese.

Ao finalizar o presente Capítulo, cumpre mencionarmos o mandamento contido no art. 49, do ECA, o qual determina que "a morte dos adotantes não restabelece o poder familiar dos pais naturais."

O presente dispositivo está coerente com a ordem emanada do §1º, do art. 39, do mesmo Estatuto, que dispõe sobre a irrevogabilidade da adoção, consoante vimos acima.

Com essas duas normas, pretende o legislador garantir a preservação permanente do vínculo socioafetivo da adoção, procurando impedir o desfazimento da adoção plena e a restauração do vínculo biológico da filiação que a adoção desconstituiu.

No entanto, cabe indagar: na hipótese de morte ou de extinção da família socioafetiva, sem deixar parentes vivos, como ficará a situação do adotado? Será considerado órfão de pai e mãe e, na qualidade de menor incapaz ou mesmo relativamente capaz, será internado em abrigo público ou de caridade?

Não seria melhor a legislação permitir, diante de certas circunstâncias concretas, a restauração da paternidade e maternidade biológicas, ficando os genitores ou os ascendentes genéticos responsáveis pela manutenção e educação do descendente biológico do que terceiros estranhos, funcionários de um abrigo de órfãos?

Cumpre lembrar que a categoria denominada *vínculo de sangue*, que une os descendentes aos ascendentes biológicos, mesmo estando extinto qualquer vínculo familiar, registral ou civil, se mantém vivo e o adotado retornando legalmente ao seio familiar originário e lá encontrando amor e abrigo evitaria os males dos orfanatos e outros graves prejuízos de natureza psíquica para sua formação.

Deverá, porém, o magistrado atender aos ditames do art. 43, do ECA, verificando se a desconstituição da adoção e a restauração da filiação biológica realmente apresentam reais vantagens à criança ou ao adolescente e só em caso positivo e excepcionalmente, deferir a medida.

A jurisprudência brasileira em parte ainda reconhece a preeminência legal do vínculo civil entre o adotado e os pais socioafetivos comparado ao vínculo biológico. No entanto, excepcionalmente, vem admitindo, no caso de o adotante perder a capacidade de sustentar o filho adotivo ou de seu falecimento precoce, diante da inexistência de parentes socioafetivos em linha reta e colaterais, a possibilidade de os genitores biológicos virem a suportar a obrigação alimentar em relação ao filho dado em adoção.

1.4 A adoção internacional

A *adoção internacional* é definida como sendo uma "instituição de proteção e integração familiar de crianças e adolescentes abandonados ou afastados de sua família de origem, pela qual se estabelece independentemente do fato natural da procriação um vínculo de paternidade e filiação entre pessoas radicadas em um país e a pessoa do adotado com residência habitual em outro." [522] Em outras palavras, trata a adoção internacional de uma modalidade de adoção na qual uma das partes, o adotante, possui domicílio ou residência fixa em um país e o adotando é domiciliado ou residente em outro. A adoção internacional não se limita na diversidade de nacionalidades das partes envolvidas na adoção, basta que elas residam em países diversos, embora possuam a mesma nacionalidade.[523]

O Código Civil de 1916, produto de uma sociedade que se firmou no final do séc. XIX, não regulou a adoção internacional de crianças e adolescentes. Na época em que foi promulgada a primeira codificação, o direito civil brasileiro desconhecia esta problemática.

O ECA inaugurou no Brasil a regulamentação da adoção plena de crianças e adolescentes por estrangeiros, trazendo normas sobre a adoção internacional nos art. 31; §3º, do art. 46; arts. 51, 52 e 52-A a 52-D.[524]

---

[522] COSTA, Tarcísio José Martins. *A adoção transnacional...*, p. 58.

[523] COSTA, Tarcísio José Martins. *Ob. cit.*, p. 56.

[524] Vide: Dec. Legislativo nº 63/1995, o qual aprova o texto da Convenção sobre Cooperação Internacional e Proteção de Crianças e Adolescente em Matéria de Adoção Internacional. Decreto nº 2.429/1997 o qual promulga a Convenção Interamericana sobre Conflito de Leis em Matéria de Adoção de Menores e Decreto nº 3.087/1999, que promulga a Convenção Relativa à Proteção das Crianças e à Cooperação em Matéria de Adoção Internacional.

O Código Civil de 2002, por opção do legislador, não disciplina a matéria, deixando sua regulamentação para lei especial.[525]

O Projeto de Estatuto das Famílias segue a mesma orientação do Código Civil, nada dispondo sobre adoção internacional. O futuro Estatuto consiste em um diploma que traz regras e princípios gerais, deixando a disciplina específica da *adoção* para o ECA, nos termos do §único, do art. 78. São as regras do ECA que regulam o processo de adoção internacional e estabelecem os limites legais.

O tema da adoção internacional é extremamente importante e complexo, merecedor de estudo específico. Por essa razão, traremos a seguir, tão somente, algumas considerações sobre a categoria da adoção internacional sem nos aprofundarmos no tema.

1.4.1 Breve notícia histórica da adoção internacional

A adoção de crianças por estrangeiros tomou vulto após o término da Segunda Guerra Mundial, quando surgiram, nos diversos países diretamente envolvidos no conflito, milhares de crianças e adolescentes órfãos e desgarrados de suas famílias de origem. A solução encontrada para a tentativa de resolver este grave problema foi a adoção dos órfãos de guerra por famílias que tinham condições de abrigar mais uma criança em seu seio e, dessa maneira, minorar o sofrimento do abandono, uma vez que os governos, por si só, não estavam capacitados a dar solução e este problema.

Diante do crescimento da prática da adoção por famílias de nacionalidade diversa das dos adotandos, as Nações Unidas, a partir de 1953, passaram a realizar estudos visando à criação de normas internacionais destinadas a regulamentar a adoção por estrangeiros, que culminou com a promulgação da Convenção Internacional sobre os Direitos da Criança, aprovada pela Assembleia Geral das Nações Unidas, em 20.11.1989, entrando em vigor em 02.09.1990.[526]

As intermináveis guerras, golpes de estado e revoluções, pelas quais o mundo passou no séc. XX e continua sofrendo no presente século, provocaram um crescente aumento das adoções internacionais, sendo transferida uma grande massa de crianças oriundas do sudoeste asiático, da Europa central e do Oriente Médio, todas órfãs de guerra, para os países da União Europeia, principalmente aos países ricos da Europa ocidental, Estados Unidos da América e Canadá. Acrescenta a este fenômeno a adoção de crianças em estado de miséria extrema, originárias de países subdesenvolvidos, com altos índices demográficos e com economia precária, a exemplo da América Latina e África.[527]

De outro lado, o desenvolvimento constante da civilização conduziu o ser humano a afastar-se dos seus instintos naturais. Em meados do séc. XX, o desenvolvimento da indústria, da tecnologia e, principalmente, do consumismo exacerbado, acentuou

---

[525]   O Código Civil determinava no art. 1.629 que "a adoção por estrangeiro obedecerá aos casos e condições que · forem estabelecidos em lei." O dispositivo foi derrogado pela Lei nº 12.010/2009.

[526]   Declaração dos Direitos da Criança: Assembleia das Nações Unidas de 20.11.1959. Ratificada pelo Brasil, através do art. 84, inciso XXI, da Constituição, e tendo em vista o disposto nos arts. 1º da Lei nº 91, de 28.08.1935, e 1º do Decreto nº 50.517, de 02.05.1961.

[527]   COSTA, Tarcísio José Martins. *Ob. cit.*, p. 56 e seg.

a agressão do ser humano contra a natureza e a vida natural, vindo, por essas razões, a humanidade a sofrer as consequências danosas resultantes do seu próprio desenvolvimento. A degradação ambiental, a alimentação industrializada criada em laboratório, geneticamente modificada, inadequada para a saúde, os vícios do tabaco, do álcool e de outras drogas, os conservantes alimentares, os maus hábitos em relação à saúde do corpo, o *stress* dos grandes centros urbanos contribuíram para enfraquecer o organismo e reduzir, consideravelmente, a fertilidade humana. Assim, a denominada "infertilidade de *causas desconhecidas*", que no passado era bastante rara, passou a ser muito frequente na atualidade,[528] aumentando, consideravelmente, as adoções pelos povos ditos "desenvolvidos".

Consoante vimos, além da enorme gama de órfãos de guerra espalhados pelo mundo, que necessitam de um lar e de uma família, os problemas de natureza psíquica e física que conduziram muitas pessoas à infertilidade, tanto do homem como da mulher, estimularam a adoção internacional de crianças, principalmente nos países que compõem a Europa ocidental, os Estados Unidos da América e Israel, entre outros. Dessa maneira, resultou que as pessoas que sofrem de infecundidade têm à sua disposição a adoção interna e a internacional de crianças e adolescentes, com o objetivo de ter filhos e perpetuar sua família.

1.4.2 A adoção internacional por estrangeiros

A *adoção internacional* é definida como sendo "aquela na qual a pessoa ou casal postulante é residente ou domiciliado fora do Brasil, conforme previsto no art. 2º, da Convenção de Haia, de 29.05.1993, relativa à Proteção das Crianças e à Cooperação em Matéria de Adoção Internacional, aprovada pelo Decreto Legislativo nº 1, de 14.01.1999 e promulgada pelo Decreto nº 3.087, de 21.06.1999.[529]

O Estatuto da Criança e do Adolescente, na sua versão originária de 1990, cuidava da adoção de crianças e adolescentes por estrangeiros, por meio de dispositivos legais esparsos, nos arts. 31, §2º, 46, 51 e 52. Essa regulamentação, no entanto, mostrava-se insuficiente para atender às reais necessidades das partes interessadas que desejavam a adoção, sendo o ECA objeto de inúmeras críticas.

O advento do Código Civil de 2002 em nada melhorou o problema da adoção internacional, uma vez que o legislador civil deixou de trazer no Código as necessárias normas que reformassem e ampliassem as normas do ECA na matéria, dispondo no art. 1.629 que "a adoção por estrangeiro obedecerá aos casos e condições que forem estabelecidos em lei."

Andou mal o legislador ao não inserir no Código Civil a regulamentação da adoção de criança ou adolescente brasileiros por estrangeiro. Essa injustificável lacuna manteve em vigor as precárias normas do ECA sobre a adoção internacional, permanecendo o Brasil e, principalmente, os operadores do direito em uma longa espera pela promulgação de lei específica que regulamentasse a adoção de crianças e adolescentes brasileiros por estrangeiros.

---

[528] SZANIAWSKI, Elimar. *Considerações sobre a responsabilidade civil dos profissionais da saúde na atividade de reprodução humana assistida*, p. 140-141.

[529] Definição segundo o art. 51, do ECA, de acordo com a redação da Lei nº 12.10.2009.

Finalmente, em 2009, foi publicada a Lei nº 12.010/2009, que reformou a matéria de adoção no ECA, o qual passou a disciplinar a adoção internacional.

A Lei nº 12.010/2009 disciplina a adoção internacional de crianças e adolescentes mediante reforma dos arts. 51 e 52, acrescentando a este último mais quatro artigos, os arts. 52-A; 52-B; 52-C e 52-D, os quais serão objeto de análise, logo a seguir.

1.4.2.1 O procedimento da adoção internacional

A adoção internacional se subordina ao procedimento e aos requisitos previstos nos arts. 51, 52 e 165 a 170 do ECA, com redação dada pela Lei nº 12.010/09.

O ECA autoriza a pessoa ou casal estrangeiro que queira adotar criança ou adolescente brasileiro, de habilitar-se à adoção perante a *Autoridade Central em Matéria de Adoção Internacional* no país onde está situada sua residência habitual.

Considerando a Autoridade Central do país de acolhida que os requerentes estão habilitados e aptos para adotar, emitirá um relatório que contenha informações sobre a identidade, a capacidade jurídica e a adequação dos solicitantes para adotar, sua situação pessoal, familiar e médica, seu meio social, os motivos que os animam e sua aptidão para assumir uma adoção internacional. O citado relatório será enviado à Autoridade Central Estadual, com cópia para a Autoridade Central Federal Brasileira. O relatório expedido pela Autoridade Central do país de acolhida será instruído com a documentação necessária para a adoção, incluindo o estudo psicossocial elaborado por equipe interprofissional habilitada e cópia autenticada da legislação pertinente, acompanhada da respectiva prova de vigência. Os documentos em língua estrangeira deverão ser autenticados pela autoridade consular, observados os tratados e as convenções internacionais, acompanhados da respectiva tradução por tradutor público juramentado.

A Autoridade Central Estadual brasileira poderá solicitar complementação do estudo psicossocial do postulante estrangeiro à adoção, realizado no país de acolhida e aprovado por sua Autoridade Central.

Verificada pela Autoridade Central Estadual, a compatibilidade da legislação estrangeira com a nacional e o cumprimento, por parte dos postulantes, dos requisitos objetivos e subjetivos necessários ao seu deferimento, tanto à luz do que dispõe o ECA como da legislação do país de acolhida, expedirá o laudo de habilitação à adoção internacional que, se tratando de postulante estrangeiro ou residente fora do país, terá validade por, no máximo, 1 (um) ano, podendo ser renovada.

De posse do laudo de habilitação, o interessado requererá pedido de adoção perante o Juízo da Infância e da Juventude do local em que se encontra a criança ou o adolescente, de acordo com a indicação efetuada pela Autoridade Central Estadual.

A legislação brasileira impõe, como requisito indispensável, a realização de estágio de convivência do adotante com a criança ou adolescente que será adotada. O art. 46, do ECA, trata do necessário estágio de convivência do adotante com a criança ou adolescente que deverá ser adotada, cujo prazo será fixado pelo juiz, observadas as peculiaridades de cada caso concreto. O §3º, do referido artigo, dispõe que na hipótese de o adotante ser estrangeiro, residente ou domiciliado fora do País, o estágio de convivência deverá ser obrigatoriamente cumprido no território nacional, pelo período mínimo de 30 dias.

O deferimento da adoção exige, inicialmente, o cumprimento do estágio de convivência que será acompanhado por equipe interprofissional a serviço da Justiça da Infância e da Juventude, preferencialmente com apoio dos técnicos responsáveis pela execução da política de garantia do direito à convivência familiar. Os técnicos responsáveis pela execução da política de garantia do direito à convivência familiar apresentarão relatório minucioso acerca da conveniência do deferimento da medida. Na adoção de criança brasileira por estrangeiro, além da realização de estudo prévio por equipe interprofissional a serviço da Justiça da Infância e da Juventude, deverá o juiz subordinar o deferimento da pretensão adotiva à intervenção das Autoridades Centrais Estaduais e Federal em matéria de adoção internacional.

Cumpridos todos os requisitos pelos adotantes estrangeiros e verificando o juiz que a adoção pleiteada apresenta reais vantagens para o adotando, deferirá o pedido proferindo sentença constitutiva de adoção. Antes de transitada em julgado a sentença que concede a adoção internacional, não será permitida a saída do adotando do território nacional. Após o trânsito em julgado da referida sentença, a autoridade judiciária determinará a expedição de alvará de autorização de viagem, bem como para obtenção de passaporte do adotado, constando, obrigatoriamente, as características da criança ou do adolescente e sua identificação (como idade, cor, sexo, eventuais sinais ou traços peculiares), assim como foto recente e a aposição da impressão digital do seu polegar direito, instruindo o documento com cópia autenticada da decisão e certidão de trânsito em julgado da sentença que concedeu a adoção internacional.

A Autoridade Central Federal Brasileira poderá, a qualquer momento, solicitar informações sobre a situação das crianças e dos adolescentes adotados, nos termos do §10, do art. 52, do ECA.

1.4.2.2 A intermediação de organismos internacionais na adoção

Tratamos nos itens supra da adoção internacional pleiteada e realizada diretamente por pessoas residentes e domiciliadas fora do Brasil, interessadas em adotar crianças brasileiras. No entanto, na maioria das vezes, diante da dificuldade e da burocracia a ser enfrentada por aqueles que querem adotar, a adoção internacional acaba sendo intermediada por organizações fora do Brasil, desde que a legislação do país de acolhida assim o autorizar e que sejam devidamente credenciadas pela Autoridade Central Federal Brasileira.

O organismo estrangeiro devidamente cadastrado pela Autoridade brasileira ficará encarregado de intermediar o pedido de adoção internacional de interessado estrangeiro ou domiciliado fora do Brasil, representando-o em todos os atos jurídicos e processuais que deverão ser realizados para a obtenção da adoção de criança ou adolescente brasileiros. Uma mesma pessoa ou seu cônjuge não podem ser representados por mais de uma entidade credenciada para atuar na cooperação em adoção internacional.

Objetivando salvaguardar a lisura do processo de adoção e, principalmente, os interesses do adotando, dispõe o ECA, no §14, do art. 52, que é vedado o contato direto de representantes de organismos de adoção, nacionais ou estrangeiros, com dirigentes de programas de acolhimento institucional ou familiar, assim como com crianças e adolescentes em condições de serem adotados, sem a devida autorização judicial.

O §3º, do art. 52, do ECA, arrola os pressupostos necessários para o deferimento do credenciamento de organismos nacionais e estrangeiros que se dediquem à intermediação dos pedidos de habilitação à adoção internacional.

1. DA CONSTITUIÇÃO. Os organismos candidatos ao credenciamento junto à Autoridade Central Federal Brasileira deverão ter forma de associação, com fins não lucrativos, nas condições e dentro dos limites fixados pelas autoridades competentes do país onde estiverem sediados, do país de acolhida e pela Autoridade Central Federal Brasileira. Deverão ser oriundos de países que ratificaram a Convenção de Haia[530] e estejam devidamente credenciados pela Autoridade Central do país onde estiverem sediados e no país de acolhida do adotando para atuar em adoção internacional no Brasil.

As organizações deverão satisfazer as condições de integridade moral, competência profissional, experiência e responsabilidade exigidas pelos países respectivos e pela Autoridade Central Federal Brasileira e que forem qualificados por seus padrões éticos e sua formação e experiência para atuar na área de adoção internacional, devendo cumprir os requisitos exigidos pelo ordenamento jurídico brasileiro e pelas normas estabelecidas pela Autoridade Central Federal Brasileira.

2. DA ADMINISTRAÇÃO. Os organismos a serem credenciados deverão ser dirigidos e administrados por pessoas qualificadas e de reconhecida idoneidade moral, com comprovada formação ou experiência para atuar na área de adoção internacional, cadastradas pelo Departamento de Polícia Federal e aprovadas pela Autoridade Central Federal Brasileira, mediante publicação de portaria do órgão federal competente.

3. DO CREDENCIAMENTO. Deferido o cadastramento de organismo nacional ou estrangeiro encarregado de intermediar pedidos de adoção internacional pela Autoridade Central Federal Brasileira, terá este validade de 2 (dois) anos. Uma vez cadastrada a organização, nacional ou estrangeira, deverá o credenciamento ser comunicado às Autoridades Centrais Estaduais e publicado nos órgãos oficiais de imprensa e em sítio próprio da internet.

A renovação do credenciamento poderá ser concedida mediante requerimento protocolado perante a Autoridade Central Federal Brasileira nos 60 (sessenta) dias anteriores ao término do respectivo prazo de validade.

4. DA FISCALIZAÇÃO. Os organismos se submetem à supervisão das autoridades competentes do país onde estiverem sediados e no país de acolhida, inclusive quanto a sua composição, funcionamento e situação financeira. Cumpre às organizações apresentar à Autoridade Central Federal Brasileira, a cada ano, relatório geral das atividades desenvolvidas, bem como relatório de acompanhamento das adoções internacionais efetuadas no período, cuja cópia será encaminhada ao Departamento de Polícia Federal. Deverão, ainda, enviar relatório semestral pós-adotivo para a Autoridade Central Estadual, com cópia para a Autoridade Central Federal Brasileira, pelo período mínimo de 2 (dois) anos. O envio do relatório será mantido até a juntada de cópia autenticada do registro civil, estabelecendo a cidadania do país de acolhida para o adotado. É obrigação do organismo credenciado garantir que os adotantes encaminhem à Autoridade Central Federal Brasileira cópia da certidão do registro de nascimento

---

[530] Convenção de Haia de 29.05.1993. Relativa à Proteção das Crianças e à Cooperação em Matéria de Adoção Internacional.

estrangeiro e do certificado de nacionalidade, tão logo lhes sejam concedidos, devendo tomar as medidas necessárias para o cumprimento desta exigência legal.

5. DAS SANÇÕES. O descumprimento das obrigações acima descritas, pelo organismo cadastrado perante a Autoridade Central Federal Brasileira, para a intermediação de pedidos de adoção internacional, importará na tomada de medidas sancionadoras que vão desde a suspensão do credenciamento até seu descredenciamento. A não apresentação dos relatórios referidos no §4º, do art. 52, do ECA, pelo organismo credenciado, poderá acarretar a suspensão de seu credenciamento. A cobrança de valores monetários por parte dos organismos credenciados, que sejam considerados abusivos pela Autoridade Central Federal Brasileira e que não estejam devidamente comprovados, constitui causa do seu descredenciamento. Também será causa de descredenciamento o repasse de recursos provenientes de organismos estrangeiros encarregados de intermediar pedidos de adoção internacional a organismos nacionais ou a pessoas físicas. Trata-se de sanção imposta à violação da proibição do repasse de verbas, estabelecida no art. 52-A, do ECA. O parágrafo único, do presente dispositivo, autoriza a realização de eventuais repasses, contanto que sejam efetuados via Fundo dos Direitos da Criança e do Adolescente, estando sujeitos às deliberações do respectivo Conselho de Direitos da Criança e do Adolescente.

A Autoridade Central Federal Brasileira poderá limitar ou suspender a concessão de novos credenciamentos sempre que julgar necessário, mediante ato administrativo fundamentado, consoante dispõe o §15, do art. 52, do ECA.

O ECA, tanto na sua versão originária de 1990 como na versão atual, dada pela Lei nº 12.010/2009, tem sido objeto de comentários e críticas, afirmando, muitos juristas, que este se caracteriza como um sistema legislativo rigoroso e extremamente burocrático que dificulta as adoções.

Tais críticas em relação à versão de 1990 são absolutamente procedentes, uma vez que o legislador da época distanciou-se da realidade social brasileira e dos problemas do dia a dia das crianças e dos adolescentes expostos, abandonados e descuidados promulgando uma legislação própria para países socialmente muito avançados.

Embora tenha o ECA, reformado pela Lei nº 12.010/2009, se aproximado da realidade social brasileira e da realidade vivida pelas crianças e pelos adolescentes, muitos dos resquícios burocráticos foram conservados, permanecendo as dificuldades e as necessárias doses de paciência dos que querem adotar. Principalmente em se tratando de adoção por estrangeiro ou pessoa domiciliada fora do Brasil, a burocracia brasileira atrapalha a adoção e a colocação de crianças e adolescentes no seio familiar.

O rigor legislativo e os cuidados do ECA em relação à adoção de crianças e adolescentes por estrangeiros ou pessoas residentes fora do Brasil, segundo justificação do legislador, decorre do fato de ter havido, em tempos passados, a remessa abusiva de crianças a países estrangeiros, mormente europeus, sem maiores cautelas, não se sabendo do real destino delas, ficando, dessa maneira, distorcido o verdadeiro espírito da categoria da adoção.

Os mais diversos tipos de abusos eram perpetrados, principalmente ao tempo em que vigorava o sistema da adoção simples, disciplinada pelo Código Civil de 1916. A adoção simples, realizada mediante mera Escritura Pública, continha a declaração de vontade dos pais os quais pelo baixo nível social, se contentavam em receber importâncias em dinheiro, para manifestar seu consentimento de adoção de seus filhos, como se fossem objeto de compra e venda. Na realidade, a adoção não passava de uma verdadeira compra e venda de crianças, tratadas como meros objetos de troca. Posteriormente, tendo os genitores gasto o dinheiro recebido e, algumas vezes, arrependidos, buscavam as autoridades públicas com o objetivo de obter a restituição do filho "vendido".[531]

A prática da adoção internacional e a intensificação crescente da procura de crianças brasileiras por estrangeiros provocaram o aumento das intermediações, quer individuais quer por intermédio de organismos de intermediação, fizeram surgir entidades visando, somente, ao lucro e a vantagens pessoais com a adoção. Formaram-se quadrilhas para o cometimento de crimes, como sequestro de recém-nascidos nas maternidades, o tráfico internacional de órgãos humanos retirados de crianças, a prostituição infantil, o estelionato, a compra e venda de crianças, etc.

Por outro lado, a legislação interna de muitos países de acolhida, tem-se mostrado perversa com os filhos adotivos.

São conhecidos diversos casos de adotados brasileiros por casais norte-americanos os quais por se envolverem em briga, cometerem violação de alguma lei ou praticarem algum delito, e condenados ao cumprimento de uma pena igual ou superior a um ano de prisão são, após o cumprimento da sentença, simplesmente deportados ao país de origem, embora sejam filhos adotivos de cidadãos americanos.[532] É que os Estados Unidos da América embora tenham assinado a Convenção de Haia de 1993, não a ratificaram, não se aplicando as normas convencionais naquele país, subordinando-se a adoção internacional às normas de direito interno americano.

A legislação americana sobre adoção determinava a obrigatoriedade de os adotantes requererem à autoridade competente a naturalização do adotado até a data em que ele completasse 18 anos, uma vez que o processo de adoção só constituía vínculo adotivo e não a nacionalidade norte-americana.

Muitos adotantes americanos, pelos mais variados motivos, deixaram de requerer a naturalização de seus filhos adotivos estrangeiros, razão pela qual estes não adquiriam a nacionalidade nem eram cidadãos americanos. A maioria dos adotantes deixava livre ao adotado a opção pela aquisição da cidadania americana, vindo esta, por ignorância e desconhecimento das leis, a jamais ser requerida.

IIRAIRA- *Illegal Immigration Reform and Immigrant Responsibility Act*, Ato Legislativo sobre a Reforma da Imigração e Responsabilidade do Imigrante e o AEDPA- *Antiterrorism and Effective Death Penalty Act of 1996*, Ato Legislativo sobre Antiterrorismo e Pena de Morte Efetiva, ambos promulgados em 1996. Essas normas aceleraram as deportações de estrangeiros de maneira drástica.

O Ato Legislativo sobre a Reforma da Imigração e Responsabilidade do Imigrante prevê que se um estrangeiro legal, residente no país, cometer um crime e for condenado a pena igual ou superior a um ano, ele terá seu visto de permanência cancelado e será deportado para o seu país de origem após o cumprimento da pena.

---

[531] LEITE. Eduardo de Oliveira. *Temas de Direito de Família*, p. 135-136.

[532] AITH, Marcio. *Sob protesto, EUA deportam brasileiro*. Jornal Folha de S. Paulo – Cotidiano. Edição de 15.09.2000. FERNANDES, Fernanda. *Brasileiro é adotado e abandonado nos EUA*. Jornal Folha de S. Paulo. Edição 01.08.2004. Revista Veja *On line. Adotado, preso e deportado. Levado criança por família americana, brasileiro que nem fala português é expulso dos Estados Unidos*. Edição n. 1.676, de 22.11.2000. Disponível em: <http://www.veja. com. br>. Acesso em: 02 mar. 2008.

Em 2001, sob a inspiração da Convenção de Haia, foi promulgada nova lei que concede automaticamente a nacionalidade americana às crianças estrangeiras adotadas por norte-americanos. A lei possui efeito retroativo aplicando-se, também, aos que foram adotados anteriormente à data de sua publicação, mas que, ainda, não completar

Embora seja justificável a preocupação do legislador com o panorama das adoções por estrangeiros no Brasil, o ECA, de início, exagerou em cuidados e acabou por dificultar ao extremo as adoções internacionais, prejudicando as boas e verdadeiras adoções de crianças por estrangeiros bem intencionados.

A esse respeito, pondera Georgette Nazo,[533] com muita lucidez, criticando o legislador brasileiro, em matéria de adoção internacional, por ter-se filiado à corrente doutrinária adversa à adoção por estrangeiros. Critica a autora a extremada burocracia e a injustificada lentidão do processo de adotivo, que dificultam, ao máximo, a adoção de crianças brasileiras por estrangeiros. Critica, outrossim, a exigência do estágio preliminar de aproximação do adotante com o adotando. Entendemos que as lições da mencionada autora devem aqui ser transcritas, pois espelham a realidade social brasileira e revelam o sonho utópico do legislador:

> [...] o estrangeiro deve permanecer no País, sem exercer atividade remunerada, o que fere seu direito fundamental ao trabalho; enquanto não transita em julgado a decisão, o tempo corre e o estrangeiro fica desocupado, arcando com os ônus de hospedagem, alimentação, etc. ...; o efeito suspensivo da decisão, agrava, ainda mais, a situação do adotante estrangeiro, pois, além dessas despesas, não pode deixar o País, nem providenciar os registros do menor e a obtenção do respectivo passaporte. Onde fica a celeridade na solução de um caso que se baseia no amor e na fraternidade, sem preconceitos?

Razão assiste à autora ao criticar o legislador do ECA em matéria de adoção, por não ter este vislumbrado o Brasil, a criança brasileira exposta e os abandonados, em geral, dentro da realidade, colocando-a em um Brasil *cor de rosa*, socialmente perfeito e as famílias brasileiras sempre maravilhosas, perante os adotantes estrangeiros, como se fossem o "cavaleiro negro" que vem raptar as crianças brasileiras. Com esse rigor excessivo, cria o legislador brasileiro uma verdadeira discriminação em relação aos adotantes estrangeiros, impedindo muitas e boas adoções.

Mais grave, ainda, se mostra o triste quadro quando a exagerada discriminação do legislador se mistura com a falta de preparo de alguns magistrados, como no exemplo citado anteriormente, cujo julgamento discriminatório deu prioridade à guarda provisória da criança à família brasileira em detrimento da guarda provisória de família estrangeira, segundo os ditames do art. 31, do ECA, resultando na infeliz ruptura e desmembramento do grupo de irmãos, deixando de ser preservados os vínculos fraternos.

O processo de adoção por estrangeiro, consoante já vimos acima, exige que o candidato a adotante, comprove mediante documento expedido pela autoridade competente do respectivo domicílio, estar devidamente habilitado à adoção, consoante as leis do seu país, bem como deverá apresentar entre os documentos exigíveis um

---

[533] NAZO, Georgette Nacarato. *Adoção Internacional* - Valor e Importância das Convenções Internacionais Vigentes no Brasil, p\. 14-15.

estudo psicossocial de sua situação, elaborado por organismo de intermediação e credenciado em seu país de origem e no Brasil. Dependendo do caso concreto, poderá a autoridade judiciária, que conhecerá do processo de adoção de ofício ou a requerimento do Ministério Público, determinar a apresentação do texto pertinente à legislação estrangeira, acompanhado de prova da respectiva vigência e devidamente traduzido, segundo se depreende do art. 51 do ECA.

Os países americanos, em matéria de adoção internacional de menores, se sujeitam ao cumprimento das disposições da "Convenção Interamericana sobre Conflito de Leis em Matéria de Adoção de Menores".[534] Portanto, deverá o juiz que preside o processo de adoção de criança brasileira, requerido por estrangeiro domiciliado em outro Estado, membro signatário da referida Convenção, verificar o cumprimento dos requisitos previstos para a adoção nos arts. 3º, 4º e 12 a 19, da Convenção, além dos previstos pela legislação brasileira.[535]

A jurisprudência brasileira, de um modo geral, tem procurado interpretar as normas Estatutárias, que dizem respeito à adoção de crianças ou adolescentes brasileiros por estrangeiros, dando preferência notória aos casais brasileiros que os queiram adotar, diante de candidatos estrangeiros inscritos como adotantes.[536]

Para melhor compreendermos a dimensão dos problemas da adoção internacional, trazemos, abaixo, um interessante aresto do Tribunal de Justiça do Estado de Santa Catarina, cujo julgado revela a verdadeira dimensão do problema social que as crianças abandonadas enfrentam no Brasil, o utópico otimismo do legislador do ECA em relação à adoção de crianças brasileiras por estrangeiros residentes fora do Brasil e a verdadeira missão do magistrado ao deferir a adoção. Diz a ementa do aresto:

ADOÇÃO por casal ESTRANGEIRO - Possibilidade - Interesse posterior demonstrado por família brasileira - ART. 227/CF, §5º - LEI 8.069/90, art. 31, 46, §2º, 51, 52.

Adoção internacional. Estrangeiros não residentes no Brasil. Constituição da República, artigo 227, parágrafo 5º. Estatuto da Criança e do Adolescente, artigos 31, 46, parágrafo

---

[534] Decreto de promulgação no Brasil, nº 2.429/1997.

[535] NAZO, Georgette Nacarato. *Ob. cit.*, ps. 17-18.

[536] TJ/SC - Ap. Cív. nº 36.124 – Com. de Florianópolis - Ac. unân. - 4a. Câm. Cív. - Rel.: Des. Anselmo Cerello - Fonte: DJSC, 22.11.1994, p. 06. In BONIJURIS n. 22740. Veja-se a ementa:
"ADOÇÃO - Casal ESTRANGEIRO - MENOR sob guarda de casal brasileiro até o trâmite do processo - ART. 6/ECA - Longo espaço de tempo - Menor integrado à FAMÍLIA e à SOCIEDADE - Pretensão de adoção prejudicada.
Adoção - Casal estrangeiro - Menor submetida à guarda de casal brasileiro durante o trâmite do processo de adoção requerida por casal estrangeiro - Solução que mais vem ao encontro dos interesses da menor - Inteligência do art. 5º da LICC e 6º do Estatuto da Infância e Juventude. Se menor recém-nascida que foi entregue por sua mãe biológica a casal estrangeiro para adoção desta, e durante o trâmite do processo fora retirada da guarda do aludido casal, por determinação judicial, sendo posteriormente entregue à guarda de casal brasileiro, com o qual encontra-se há 4 anos, perfeitamente integrada à família e à sociedade, prejudicada resta a primitiva pretensão de adoção, ao argumento de que a retirada da menor do casal com o qual se encontra, e que pretende adotá-la, poderia acarretar-lhe danos decorrentes da nova readaptação. Não se trata de priorizar este ou aquele casal, em razão da nacionalidade, mas sim resguardar os interesses da menor adotanda."
TJ/SC - Ap. Cív. n. 37.155 – Com. Balneário Camboriú - Ac. unân. - 1a. Câm. Cív. - Rel.: Des. Francisco Oliveira Filho - Fonte: DJSC, 19.03.1992, p. 12. In BONIJURIS n. 11947. Diz a ementa:
"ADOÇÃO - ESTRANGEIRO - Cadastramento inexistente – Impossibilidade.
O vínculo fictício da filiação não pode ser constituído se o pretendente a adotar não se encontra cadastrado e existem casais brasileiros interessados. A adoção internacional (*intercountry adoption*) deve ser recebida com cautela, enquanto não concluído texto de convenção internacional, a ser examinado de 3 a 14/03/92, em Haia, assegurando o controle de crianças brasileiras por famílias estrangeiras residentes no exterior."

2º, 51 e 52. Excepcionalidade. Interesse do casal brasileiro serodiamente demonstrado. Ação improcedente. Recurso provido. - É de todo lamentável que um País não tenha condições de abrigar, em seu próprio Território, inseridas na sua cultura e nas suas tradições, crianças abandonadas. Pior ainda é o título, nada honroso, que o Brasil ostenta, de campeão - o primeiro lugar - dentre todos os exportadores de crianças para adoção à frente da Colômbia, Sri Lanka e Turquia (Relatório da Conferência Internacional de Haia, 28 de maio de 1993). Isso, apesar da excepcionalidade dessa modalidade de colocação em família substituta (estrangeira), determinada no artigo 31 do E.C.A. - Nada obstante tal verdade, a adoção por estrangeiro é permitida, se atendidos os artigos 46, parágrafo 2º e 51 do Estatuto. - Entregue a criança, contando menos de dois meses de vida, ao casal adotante, posto inexistiam outros pretendentes nacionais, o aparecimento posterior de interessados, não cadastrados na Comarca, quando praticamente findo o processo, não pode obstaculizar a adoção por estrangeiros. - Ao decidir pedido de adoção, o juiz deve preocupar-se, antes de tudo, com o bem estar da criança, certificando-se da satisfação de suas necessidades psicológicas básicas de afeto e segurança, sem esquecer a doutrina perfilhada no Estatuto, da proteção integral, em conformidade, aliás, com a convenção sobre os direitos da criança, adotada pela ONU em 20 de dezembro de 1989." [537]

O sensível magistrado, Desembargador Xavier Vieira, ao afirmar que contando a criança com menos de dois meses de idade e não existindo candidatos brasileiros à adoção de criança, deve ser deferida a adoção a casal estrangeiro que cumpra os requisitos legais. Da mesma maneira, o aparecimento posterior de interessados na adoção, todavia não cadastrados na Comarca, quando praticamente findo o processo, não pode obstaculizar a adoção por estrangeiros, uma vez que, ao decidir o pedido de adoção, o juiz deve preocupar-se, antes de tudo, com o bem-estar da criança, certificando-se da satisfação de suas necessidades psicológicas básicas de afeto e segurança.

Concordamos com os fundamentos trazidos no aresto pelo ilustre julgador, principalmente ao dizer que "... o juiz deve preocupar-se, antes de tudo, com o bem-estar da criança, certificando-se da satisfação de suas necessidades psicológicas básicas de afeto e segurança, sem esquecer a doutrina perfilhada no Estatuto, da proteção integral...".

O mandamento disposto no art. 43, do ECA, constitui-se em uma cláusula geral de tutela da criança adotanda, permitindo ao magistrado uma ampla e profunda prospecção no caso concreto, investigando e verificando o que, na espécie, poderá se constituir em um "efetivo benefício para o adotando". A mencionada cláusula geral contida no ECA em matéria de adoção de crianças e adolescentes permite ao magistrado, conforme o caso, abrandar ou agravar os cuidados trazidos pelo legislador nos casos de adoção internacional.

Verificando o juiz que o casal estrangeiro está realmente com boas intenções e que a criança, a ser por eles adotada, encontrará a efetiva satisfação de suas necessidades psicológicas básicas de afeto e de segurança, segundo o conceito da proteção integral, poderá o magistrado se desapegar do excessivo rigor da lei, expresso nos arts. 51 e 52, do ECA e atenuar alguns percalços que dificultam a adoção internacional, a fim de possibilitar a um maior número de crianças e adolescentes abandonados de encontrar uma família e o aconchego de um lar, mesmo sendo estrangeira, residente fora do Brasil.

---

[537] TJ/SC - Ap. Cív. n. 42.514 – Com. de Guaramirim - Ac. unân. - 2a. Câm. Cív. - Rel.: Des. Xavier Vieira - Fonte: DJSC, 03.08.1993, p. 10. In BONIJURIS, verbete n. 16.865.

1.4.3 A adoção internacional por brasileiros

A adoção de crianças e adolescentes brasileiros por adotantes brasileiros que tenham por domicílio ou residência país diverso, igualmente se sujeitam às normas da adoção internacional.

O *caput* e o §1º, do art. 52-B, cuidam da adoção pretendida por brasileiro residentes no exterior, em país ratificante da Convenção de Haia de 1993 e o §2º, do mesmo artigo, disciplina sobre a adoção a ser realizada por brasileiro residente no exterior em país não ratificante da Convenção de Haia de 1993. O 52-C e 52-D, do ECA, introduzidos pela Lei nº 12.010/2009, cuidam da adoção de crianças ou adolescentes no caso em que o Brasil for o país de acolhida.

a) Dispõe o art. 52-B e seus parágrafos que a adoção por brasileiro residente no exterior em país ratificante da Convenção de Haia de 1993, cujo processo de adoção tenha sido processado em conformidade com a legislação vigente no país de residência e atendido o disposto na alínea "c", do art. 17, da referida Convenção de Haia, será automaticamente recepcionada com o reingresso no Brasil. A alínea "c", do art. 17, dispõe que "toda decisão de confiar uma criança aos futuros pais adotivos somente poderá ser tomada no Estado de origem se as Autoridades Centrais de ambos os Estados estiverem de acordo em que se prossiga com a adoção."[538] Na hipótese do não cumprimento do disposto na alínea "c", do art. 17, da Convenção de Haia, deverá a sentença ser homologada pelo Superior Tribunal de Justiça.

Sendo o pretendente brasileiro residente no exterior, em país não ratificante da Convenção de Haia, uma vez reingressado no Brasil, deverá requerer a homologação da sentença estrangeira pelo Superior Tribunal de Justiça.

b) Nas adoções internacionais, quando o Brasil for o país de acolhida, a decisão da autoridade competente do país de origem da criança ou do adolescente será conhecida pela Autoridade Central Estadual que tiver processado o pedido de habilitação dos pais adotivos, que comunicará o fato à Autoridade Central Federal e determinará as providências necessárias à expedição do Certificado de Naturalização Provisório. A Autoridade Central Estadual, ouvido o Ministério Público, somente deixará de reconhecer os efeitos daquela decisão se restar demonstrado que a adoção é manifestamente contrária à ordem pública ou não atende ao interesse superior da criança ou do adolescente.

Na hipótese de não reconhecimento da adoção, previsto no §1º, do art. 52-C, o Ministério Público deverá imediatamente requerer o que for de direito, para resguardar os interesses da criança ou do adolescente, comunicando-se as providências à Autoridade Central Estadual, que fará a comunicação à Autoridade Central Federal Brasileira e à Autoridade Central do país de origem.[539]

---

[538] Convenção de Haia/1993. Art. 17: "Toda decisão de confiar uma criança aos futuros pais adotivos somente poderá ser tomada no Estado de origem se:

a) a Autoridade Central do Estado de origem tiver-se assegurado de que os futuros pais adotivos manifestaram sua concordância;

b) a Autoridade Central do Estado de acolhida tiver aprovado tal decisão, quando esta aprovação for requerida pela lei do Estado de acolhida ou pela Autoridade Central do Estado de origem;

c) as Autoridades Centrais de ambos os Estados estiverem de acordo em que se prossiga com a adoção;

d) tiver sido verificado, de conformidade com o artigo 5º, que os futuros pais adotivos estão habilitados e aptos a adotar e que a criança está ou será autorizada a entrar e residir permanentemente no Estado de acolhida".

[539] ECA. Art. 52-C e §§1º e 2º.

Na hipótese de a adoção não ter sido deferida no país de origem por alguma razão, como, por exemplo, o fato de sua legislação a delegar ao país de acolhida, ou, ainda, na hipótese de, mesmo com decisão, a criança ou o adolescente ser oriundo de país que não tenha aderido à Convenção de Haia, o processo de adoção seguirá as regras da adoção nacional. Seja qual for o caso, deverá ser sempre atendido o princípio dos superiores interesses da criança ou do adolescente, na adoção internacional.

1.5 O regime da adoção na codificação civil de 2002

O Código Civil em vigor, Lei nº 10.406/2002, regulava o tema da *adoção* em doze artigos, do art. 1.618 ao 1.629, praticamente repetindo as disposições legais referentes à adoção contidas no ECA, antes da reforma perpetrada pela Lei Nacional de Adoção. O Código Civil trouxe alterações pouco significativas à norma Estatutária, sendo uma das principais a redução do requisito da idade mínima dos adotantes para poderem adotar, de 21 para 18 anos de idade, tema sobre o qual já tecemos nossas considerações.

O Advento da Lei nº 12.010, de 03.08.2009, revogou expressamente e, em boa hora, matéria de adoção contida nos arts. 1.620 ao 1.629, permanecendo vigentes apenas os arts. 1.618 e 1.619, os quais tiveram sua redação modificada pela referida lei e que será objeto de estudo logo mais abaixo.

O Código Civil de 2002, na realidade, somente se prestou para adaptar o regime da adoção plena, inaugurado pelo ECA, à boa exegese desenvolvida pelos tribunais durante a década em que o direito brasileiro experimentou o regime da adoção plena ao lado do regime da adoção civil, regulado pelo Código Civil de 1916.

O advento do Código Civil de 2002, consoante se falou, extinguiu de vez a dicotomia dos regimes de adoção no Brasil que passou a viger a partir da promulgação do ECA, abolindo o regime da adoção simples ou civil.

O festejado "Código Civil do Terceiro Milênio", tal qual vinha sendo pomposamente chamado por seus elaboradores, deixa a desejar. Distanciou-se, em muito, em brilho e modernidade em comparação ao Código Civil de 1916, considerado um "monumento jurídico exemplar" à época de sua promulgação. O Código Civil brasileiro de 2002 possui muitas janelas abertas para o séc. XIX, não tendo o legislador se libertado plenamente de conceitos e concepções que dominavam à época do surgimento das grandes codificações. Assim, resultou o "novo" Código Civil do Brasil, em grande parte, em legislação calcada em concepções ultrapassadas desde seu nascedouro, constituindo-se, na realidade, em um diploma que adapta a legislação civil anterior, (1916), aos ditames constitucionais de 1988. Deixando de tutelar inúmeras categorias jurídicas da atualidade, constitui-se em uma codificação extremamente imperfeita e lacunosa, cuja exegese provoca um condenável congestionamento dos nossos tribunais.

No Livro dedicado ao direito de família, o Código Civil adapta singelamente normas já existentes, oriundas das grandes inovações trazidas pela Constituição de 1988, interpretadas e consagradas pelos tribunais, em seus 22 anos de vigência e de legislação ordinária extravagante.

O Código Civil de 2002, no que tange ao direito de família, apresentava-se incompleto, lacunoso e desatualizado, mesmo antes de sua promulgação. Somente para exemplificar esta afirmação, mencionamos que o novo diploma civil, além da incoerência sobre o momento da *aquisição da personalidade da pessoa*, não trouxe disposições que regulassem o necessário *exame pré-nupcial* dos nubentes; não tratou do *direito das crianças e dos adolescentes*; não disciplinou as *uniões estáveis de natureza homoafetiva*; não tratou da *situação jurídica dos transexuais* cirurgicamente redesignados ou não; nada dispôs sobre a *reprodução humana assistida*; não disciplinou o *direito ao conhecimento da própria origem genética e familiar* das pessoas adotadas ou concebidas mediante reprodução assistida heteróloga; não disciplinou a categoria do *parto discreto*, não regulamentou a *clonagem humana terapêutica*, nem a *clonagem de células-tronco humanas* para sua utilização em *embrioterapia*; não trouxe disposições relativas ao *direito à saúde* no âmbito do direito geral de personalidade, sendo grande parte do Código, repita-se, extremamente lacunoso, incompleto e superado no seu nascedouro; fatos que motivam a proposta de revogação de todo o Livro IV, da sua parte Especial. Devem-se à sua grande imperfeição a permanente revogação de matéria por ele disciplinada e a enxurrada de leis extravagantes que assolam o sistema jurídico brasileiro.

Não é objeto do presente trabalho tecer críticas ou elogios ao diploma legal civil de 2002, lamentando, contudo, que após tão longa espera por um Código Civil novo, tenha o povo brasileiro recebido do seu Legislativo tamanha decepção. É o reflexo da crise pela qual atravessa, já há algum tempo, nosso Legislativo.

Passaremos, a seguir, a tecer considerações sobre o tratamento da *adoção* dado pelo Código Civil de 2002.

O Código Civil, consoante já foi mencionado, teve dez dos doze artigos, que regulavam a adoção, revogados e dois dos artigos, arts. 1.618 e 1.619, alterados pela Lei Nacional de Adoção, Lei nº 12.010/2009.

O diploma legal civil inicia o capítulo da *adoção* a partir do art. 1.618, apresentando os requisitos exigidos para o adotante poder realizar a adoção, nos seguintes termos:

> Art. 1.618. A adoção de crianças e adolescentes será deferida na forma prevista pela Lei nº 8.069, de 13 de julho de 1990 - Estatuto da Criança e do Adolescente.[540]

O artigo em comento foi substancialmente alterado pelo advento da Lei nº 12.010/2009, que remete a disciplina jurídica da adoção de crianças e adolescentes ao Estatuto da Criança e do Adolescente, Lei nº 8.069, de 13.07.1990.

O art. 1.618, do Código Civil, na sua versão originária, dispunha da idade mínima dos adotantes para adotar, fixando em 18 anos completos. A adoção por ambos os cônjuges ou companheiros poderia ser formalizada, desde que um deles tivesse completado 18 anos de idade, comprovada a estabilidade da família, consoante autorizava o §1º.

O fato de o Código Civil estabelecer a idade mínima do adotante para poder adotar em 18 anos foi objeto de muitas críticas por parte da comunidade jurídica, uma vez que se a idade de 18 anos já se revela inadequada para adotar, muito mais grave se tornava a adoção por adotante menor de 18 anos, tal qual previa o §1º, do citado artigo em sua versão originária, embora um dos cônjuges ou conviventes possuísse a idade mínima para adotar.

---

[540] Redação originária do art. 1.618, do Código Civil: "Só a pessoa maior de 18 (dezoito) anos pode adotar. §único- A adoção por ambos os cônjuges ou companheiros poderá ser formalizada, desde que um deles tenha completado dezoito anos de idade, comprovada a estabilidade da família."

A adoção por casais é a modalidade de adoção mais comum e preferível para a criança ou adolescente. A adoção por casais, consoante já se falou anteriormente, constitui-se na família ideal ao adotando, em comparação a adoção por adotantes solteiros ou que constituam uma família monoparental. Entendemos que a criança ou o adolescente deverá sempre encontrar um lar e uma família constituída por pessoas de ambos os sexos. A criação e a educação de uma criança, mormente de um adolescente, por duas pessoas de sexos diversos, que venham a ser o pai e a mãe afetivos, constituem-se no requisito ideal, uma vez que a criança deverá ter a satisfação completa das necessidades afetivas plenas.

Neste sentido, observa Robert Stoller[541] que as influências ambientais em que o indivíduo vive podem causar os riscos de sofrer, por falta de afeto, um desequilíbrio afetivo. O comportamento não adequado ou a ausência de afeto de um dos cônjuges ou companheiro poderá causar um desequilíbrio ou um déficit afetivo, pela falta do representante de um dos sexos e, consequentemente, desvios no desenvolvimento psicossexual normal da criança ou do adolescente, podendo resultar em desvios sexuais.[542] [543]

Por essas razões, identificamo-nos com a ideia de que a adoção deverá ser deferida preferencialmente aos casais constituídos pela diversidade de sexo, que vivam juntos em um mesmo lar e não a pessoas solteiras, viúvas, divorciadas ou homossexuais, pois não basta, somente, o afeto unilateral ou unissexual. Será necessária, para o bom desenvolvimento psíquico da criança e do adolescente, a existência do afeto materno e paterno que constituam, ao final, um só afeto, que é o interesse maior da criança.

Dispõe o art. 1.619, do Código Civil, de acordo com a redação dada pela Lei nº 12.010/2009:

> Art. 1.619 A adoção de maiores de 18 (dezoito) anos dependerá da assistência efetiva do poder público e de sentença constitutiva, aplicando-se, no que couber, as regras gerais da Lei nº 8.069, de 13 de julho de 1990 - Estatuto da Criança e do Adolescente.[544]

O ECA, no art. 39, dispõe que a adoção de criança e de adolescente reger-se-á pelas normas estatutárias, impondo no art. 40, o limite máximo de 18 anos a idade do adotando à data do pedido, salvo se já estiver sob a guarda ou tutela dos adotantes.

---

[541] STOLLER, Robert. *Masculinidade e Feminilidade* – Apresentações do gênero, p. 30 e ss.

[542] SZANIAWSKI, Elimar. *Limites e Possibilidades...*, ps. 59-60. Uma forte corrente da Psicologia que estuda a gênese das pessoas portadoras de desvios no desenvolvimento psicossexual normal, vem afirmando que todo o indivíduo masculino deseja ter familiaridade com outro indivíduo de seu sexo. Este desejo surge na infância e deve ser satisfeito primeiramente pelo pai e, mais tarde, por amigos e colegas, independentemente de qualquer aspiração sexual. O indivíduo que não tem o amor paterno, sentindo a rejeição do pai, procura outros indivíduos para completar essa sua necessidade, omitida durante seu desenvolvimento. Quando não houver déficit afetivo ou havendo deficiência e a mesma sendo satisfeita, o resultado será a heterossexualidade do indivíduo. Se o déficit afetivo inicial for pouco marcante, o indivíduo poderá não o superar resultando, então, na bissexualidade da pessoa. Se a falha de identificação sexual com a figura do pai for marcante, o resultado será o homossexualidade. Se esta falha for extremamente profunda, o resultado poderá ser a transexualidade que consiste na total desidentificação com o próprio sexo do indivíduo.

[543] Autor anônimo. *Homossexualismo, um testemunho, uma solução*, ed. Shalom, 1992, p. 15, ss.

[544] Redação originária do art. 1.619, do Código Civil: "O adotante há de ser pelo menos 16 (dezesseis) anos mais velho que o adotado".

A exegese do Estatuto da Criança e do Adolescente conduziu o intérprete a afirmar que a Lei nº 8.069/1990 destina-se, tão somente, para regular a adoção de crianças e adolescentes, não contemplando a adoção de pessoas adultas, maiores de idade.

A adoção de adultos, maiores de 18 anos, seria regulada pelo Código Civil, de acordo com o pensamento de grande parte da doutrina brasileira. Todavia, o Código Civil brasileiro teve revogada quase toda a parte que regulava a adoção pelo advento da Lei nº 12.010/2009, determinando, outrossim, o art. 1.619, em sua nova redação, que, no tocante à adoção de maiores de 18 anos, aplicam-se, no que couber, as regras gerais estatutárias, verificando-se que cabe ao Estatuto da Criança e do Adolescente disciplinar a adoção tanto de menores como de maiores de 18 anos.

A adoção, em qualquer hipótese, se submete ao devido processo judicial, com a intervenção obrigatória do Ministério Público, mesmo contando o adotando com mais de 18 anos de idade. Segundo pensamos, a derrogação parcial da *adoção* do Código Civil de 2.002, pela Lei nº 12.010/2009, foi acertada, permanecendo o Estatuto da Criança e do Adolescente como único corpo legislativo a disciplinar a matéria.

Efetivamente, a disciplina da adoção pelo Código Civil foi medíocre. O diploma civilista não minudenciou a matéria da *adoção* na mesma profundidade e extensão como o fez o Estatuto da Criança e do Adolescente, obrigando o operador do direito a combinar as regras codificadas com as constantes no Estatuto da Criança e do Adolescente, gerando confusão e interpretações dúbias. Sendo o tratamento dado ao tema pelo ECA, mesmo antes da reforma de 2009, superior em comparação ao Código Civil, só caberia ao legislador expurgar o regime da adoção codificada, aperfeiçoando o ECA, tal qual ocorreu com a promulgação da Lei Nacional de Adoção.

1.6 O regime da adoção no projeto de estatuto das famílias

O Projeto de Lei nº 2.285, de 2007, Projeto de Estatuto das Famílias, dispõe sobre a adoção em nove artigos, do art. 78 ao art. 86. O Projeto de Estatuto, porém, traz, tão somente, normas e princípios gerais, destinados a traçar a linha condutora mestra no tocante à adoção, visando a substituir as normas codificadas, tendo em vista que sua publicação é anterior ao advento da Lei nº 12.010/2009. Para o Estatuto das Famílias, caberá ao Estatuto da Criança e Adolescente disciplinar a categoria da adoção em relação aos menores, não se distanciando sua disciplina das normas trazidas pela Lei Nacional de Adoção.

O art. 78 dispõe o seguinte:

> Art. 78. A adoção deve atender sempre ao melhor interesse do adotado e é irrevogável.
> §único. A adoção de crianças e adolescentes é regida por lei especial, observadas as regras e princípios deste Estatuto."

O *caput* do dispositivo legal em comento repete as regras contidas nos arts. 43 e 48, respectivamente, do ECA e, em parte, o art. 1.625, do Código Civil. Revisando parcialmente a matéria, derroga a revogabilidade relativa da adoção de maiores, prevista no §2º, do art. 1621, do Código Civil, que criou uma exceção injustificável.

O §único, do art. 78, do Projeto de Estatuto das Famílias, remete a adoção de crianças e adolescentes para a regulamentação em lei especial, tendo em vista que o citado Estatuto somente traz normas e princípios gerais, consoante falamos acima. A lei especial reguladora da adoção de crianças e adolescentes que o Estatuto menciona é a Lei nº 8.069/1990 (ECA).

O Estatuto das Famílias, na forma de Projeto de Lei, não faz menção expressa à adoção de pessoas maiores de idade. Embora tenha a Lei nº 12.010/2009 revogado as mencionadas normas sobre a adoção do Código Civil, o Projeto de Estatuto das Famílias derroga todo o Livro IV, da Parte Especial, do Código Civil, que trata do direito de família. Dessa maneira, se vier a ser promulgado o Estatuto das Famílias tal qual se encontra no Projeto de Lei nº 2.285/2007, caberá a este diploma legal reger a adoção de acordo com as regras gerais contidas nos respectivos arts. 78 a 86 juntamente com as normas do ECA.

O art. 79, do Projeto de Estatuto, determina que a adoção constitui um vínculo de paternidade e filiação entre adotante e adotado, desligando-o de qualquer vínculo com os pais e demais parentes consanguíneos. Impõe uma única exceção a esta regra, mantendo impedimento matrimonial e a união estável entre o adotado e seus pais e parentes consanguíneos. Diz o art. 79:

> Art. 79. A adoção atribui a situação de filho ao adotado, desligando-o de qualquer vínculo com os pais e parentes consanguíneos, salvo quanto aos impedimentos para o casamento e a união estável.
>
> §único. Mantêm-se os vínculos de filiação entre o adotado e o cônjuge, companheiro ou parceiro do adotante e respectivos parentes.

O art. 79 do Projeto de Estatuto reproduz, em grande parte, a regra disposta no art. 41, do ECA.[545] A modalidade de adoção recepcionada pelo Estatuto da Criança e do Adolescente e pelo Projeto de Estatuto das Famílias é a da *adoção plena*, cujo principal efeito consiste em desconstituir o vínculo de parentesco civil com os pais e parentes biológicos, constituindo um novo vínculo paterno-filial com os pais socioafetivos e seus parentes. Assim, o adotado, na qualidade de filho dos adotantes, adquire todos os direitos e obrigações inerentes à filiação, bem como os adotantes são obrigados a prover o sustento, a assegurar a assistência necessária ao pleno desenvolvimento do adotado, no sentido de assistir, criar e educar o filho, nos termos do art. 229, da Constituição. No tocante às obrigações do adotado em relação aos adotantes terá ele as obrigações inerentes às de filho, como a obediência, o respeito e a prestação de pequenos serviços próprios para a sua idade e condição, pois se trata de uma autêntica filiação.

O §1º, do art. 79, do Projeto de Estatuto das Famílias praticamente reproduz o disposto no §1º, do art. 41, do ECA, determinando que os vínculos de filiação entre o adotado e o cônjuge, companheiro ou parceiro do adotante e respectivos parentes mantêm-se, na hipótese em que um dos cônjuges, companheiro ou parceiro adota o filho do outro.

---

[545] O art. 41 do ECA assim dispõe:
Art. 41. A adoção atribui a condição de filho ao adotado, com os mesmos direitos e deveres, inclusive sucessórios, desligando-o de qualquer vínculo com pais e parentes, salvo os impedimentos matrimoniais.
§1º Se um dos cônjuges ou concubinos adota o filho do outro, mantêm-se os vínculos de filiação entre o adotado e o cônjuge ou concubino do adotante e os respectivos parentes.
§2º É recíproco o direito sucessório entre o adotado, seus descendentes, o adotante, seus ascendentes, descendentes e colaterais até o 4º grau, observada a ordem de vocação hereditária.

A grande inovação do Projeto de Estatuto das Famílias reside no fato de que o inciso II, do §único, do art. 68, admite a adoção de crianças por casais homossexuais que mantenham convivência homoafetiva. O §único, do artigo em comento, estenderia os vínculos de filiação entre o adotado e o convivente ou parceiro do adotante e os respectivos parentes.

O §único do art. 79, do Projeto de Estatuto, apresenta um gravíssimo defeito que se constitui em grave imprecisão técnica, a qual poderá trazer muitos perigos para a adoção e à pessoa do adotado, ou se trata, somente, de uma imprecisão terminológica que deverá ser corrigida?

Consoante já falamos, o referido dispositivo legal determina a manutenção dos vínculos de filiação entre o adotado e o cônjuge, companheiro ou parceiro do adotante e respectivos parentes. Em relação ao cônjuge do adotante, nada há a ser acrescentado, nem comentado. Em relação à expressão "companheiro," esta indica a existência de união estável entre duas pessoas que mantenham convivência pública, contínua, duradoura, com objetivo de constituir família, podendo esta união ser entre duas pessoas heterossexuais ou homossexuais. Assim, são "companheiros" ou "conviventes" duas pessoas de sexo diverso ou duas pessoas do mesmo sexo, que queiram constituir família.

O §único do mencionado art. 79 ainda fala que os efeitos da filiação adotiva se estendem para o "parceiro" do adotante e os parentes deste. O que o legislador quer dizer com parceiro do adotante? Seria o parceiro sexual?

A adoção requer que a criança ou o adolescente encontre para seu pleno e sadio desenvolvimento uma família perfeitamente estruturada, que assegure a criação, a educação e o pleno desenvolvimento do adotado. Embora alguns entendam a expressão "parceiro" como um associado ou sócio em um empreendimento, no âmbito da família o termo "parceiro" possui outra conotação. O "parceiro" mantém uma relação superficial, não duradoura e descomprometida com a constituição de um núcleo familiar.

Residindo no dispositivo um gravíssimo equívoco do legislador, ao admitir a constituição de vínculo de filiação com o mero "parceiro" do adotante e "respectivos parentes", geralmente descomprometidos com os ditames superiores em relação à família, expressos na Constituição e na Convenção Internacional sobre os Direitos da Criança, da ONU, referendada pelo Brasil em 1990. O §único do art. 79 do Projeto de Estatuto das Famílias opõe-se frontalmente às reais vantagens e interesses do adotando. O §único, do art. 79, do Estatuto das Famílias, terá de ser objeto de reforma.

As considerações sobre a adoção por homossexuais e por casais homoafetivos serão abordadas em capítulo próprio.

O art. 80, do Estatuto das Famílias, trata da vedação de adoção por ascendentes e irmãos do adotando, assim dispondo:

Art. 80. Não podem adotar os ascendentes e os irmãos do adotando.

O presente artigo consiste em mera transcrição do disposto no §1º, do art. 42, do ECA. No entanto, o ECA traz uma regra geral sobre a adoção no *caput* do art. 42 e especifica a casuística em seus seis parágrafos, havendo perfeita harmonia no dispositivo legal. O legislador do Projeto de Estatuto das Famílias não teve a mesma felicidade no art. 80, ficando este dispositivo solto, sem nenhum vínculo com uma regra geral.

Tanto o Estatuto da Criança e do Adolescente como o Projeto de Estatuto das Famílias inovam o direito anterior, impondo limitações em relação às pessoas que podem adotar. O Código Civil de 1916 não impunha limites nem vedava a adoção por ascendentes e irmãos de adotando. Aliás, havia, sob o regime da adoção simples, quase uma tradição no sentido de avós adotarem netos como se fossem filhos, principalmente no meio rural brasileiro.

O §1º, do art. 42, do ECA, acabou com essa prática, vedando a adoção de crianças e de adolescentes por avós, por irmãos ou outros ascendentes, no regime da adoção plena, seguindo a mesma esteira o art. 80 do Projeto de Estatuto das Famílias.

O art. 81, do futuro Estatuto das Famílias, nos afigura como sendo um dos mais importantes dispositivos do Projeto de Estatuto, o qual, certamente, eliminará as perplexidades que podem ser constatadas no dia a dia nos processos de adoção. Diz o mencionado artigo:

> Art. 81. Tratando-se de grupo de irmãos, devem prioritariamente ser adotados por uma mesma família, preservados os vínculos fraternos.
> §único. Somente é admitido o desmembramento mediante parecer técnico indicativo da inexistência de laços afetivos entre os irmãos, ou se a medida atender aos seus interesses.

Com muito acerto, determina o art. 81 que, na hipótese de haver na adoção um grupo de irmãos, devem estes, prioritariamente, serem adotados por uma mesma família, preservando, dessa maneira, os vínculos fraternos. Excepcionalmente será admitido o desmembramento de grupo de irmãos, na hipótese de haver parecer técnico cujo laudo seja indicativo da inexistência de laços afetivos entre os irmãos ou se desmembramento do grupo atender aos seus interesses.

A inovadora regra trazida pelo Projeto de Estatuto das Famílias atende ao disposto no art. 43, do ECA, salvaguardando, efetivamente, as reais vantagens e interesses dos adotandos de, sendo parentes entre si, poderem conviver na mesma família adotiva, mantendo o vínculo afetivo entre os mesmos, membros originários da mesma família biológica.

Esse dispositivo impedirá que continuem sendo praticadas rupturas injustificadas de grupo de adotandos irmãos, pelo simples apego exacerbado do julgador à letra da lei, sem possuir a necessária abertura na interpretação das normas, que atenderia melhor às reais vantagens e aos interesses dos adotandos em sua adoção.

O aresto do Tribunal de Justiça do Estado de Santa Catarina, abaixo transcrito, revela a existência de algumas interpretações dos arts. 51 e 52, do ECA, com exacerbado rigor, de maneira absoluta, cujo prática nem sempre coincide com as reais vantagens e os interesses dos adotandos. Segue a ementa:

> Só é admissível a adoção internacional quando existirem os seguintes requisitos: cadastro da adotante estrangeira em juízo determinado e ausência de casais nacionais com idêntico interesse.[546]

Afirmamos acima a prevalência da adoção a favor de casal brasileiro em detrimento de casal estrangeiro, diante do conflito de interesses que se apresenta, nem sempre se

---

[546] TJSC. Apel. Cív. nº 37.155. 1ª Câm. Cív. Rel. Des. Francisco Oliveira Filho. Disponível em: <http://app.tjsc.jus.br/jurisprudencia/>. Acesso em: 30 set. 2004.

ajusta com as reais vantagens e os interesses do adotando. Poderá determinado caso concreto conter uma situação na qual as reais vantagens dos adotandos apontem para o casal estrangeiro, razão pela qual discordamos do aresto acima, que cria pressupostos rígidos para a adoção internacional, ao admitir o deferimento de adoção internacional, somente quando houver cadastro dos adotantes estrangeiros em juízo determinado e não houver casais brasileiros com interesse em adotar as mesmas crianças.

Muitos casos concretos demonstram que a regra não deve ser absoluta, sob pena de a prevalência do casal nacional vir a romper os laços afetivos entre irmãos adotandos, vindo ao desencontro dos reais e efetivos interesses da criança e do adolescente, decorrente do excessivo apego à letra fria e insensível da lei pelo magistrado, como ocorreu no julgamento realizado no Estado do Paraná.

Trata o caso de três crianças que foram colocadas em família substituta em decorrência de adoção internacional. Devido à idade das crianças, não foram encontradas famílias brasileiras interessadas em adotá-las, sendo, então, três das crianças colocadas em família substituta estrangeira.

Alguns anos depois, a mãe das crianças foi destituída do poder familiar em relação às duas filhas que não haviam sido adotadas. Esse fato foi comunicado oficialmente aos adotantes estrangeiros, que haviam adotado os irmãos das meninas, indagando se o casal teria vontade de, também, adotar as duas meninas, irmãs biológicas de seus filhos adotivos. O casal estrangeiro em resposta ao ofício manifestou expressamente a vontade de, também, adotar as duas meninas. Todavia, no processo de adoção, o magistrado ao invés de atender no caso concreto a regra do art. 43, do ECA, que permitiria as meninas serem criadas juntamente com seus irmãos e conviverem com eles no mesmo seio familiar, acabou por se ater à letra da lei e dar preferência ao cadastro de adoção, entregando as crianças, a título de guarda provisória, a uma família brasileira, respeitando o ordem do cadastro, segundo art. 50, do ECA.[547]

Inconformado com a decisão do juiz de primeiro grau, o casal de adotantes estrangeiros impetrou recurso de agravo de instrumento, demonstrando que o filho mais velho guardava boas lembranças das irmãs, sendo salutar para as crianças que todos os irmãos fossem unidos para serem criados juntos no seio de uma única família adotiva. Também argumentou o agravo que no momento de ser deferida a guarda provisória de crianças, tal qual o caso concreto apresentava, devem ser considerados outros critérios, diversos da ordem do cadastro de adoção, para a escolha da família que ficará com a guarda provisória e com a futura adoção.

As meninas, contando uma com quatro e outra dois anos de idade na época, foram colocadas sob a guarda provisória de um casal brasileiro em 30.09.2005. A delonga processual foi imensa, a ponto de ambas as meninas criarem laços de afeto com a família substituta brasileira.

O aresto do Tribunal de Justiça do Estado do Paraná julgou no sentido de que a guarda provisória deveria permanecer com a família brasileira, tendo em vista que o ECA dá prioridade a esta, ante a guarda provisória de família estrangeira, nos termos do art. 31, do Estatuto. A fundamentação do aresto sustenta que, em virtude do tempo decorrido, a permanência das meninas durante o curso da ação com a família

---

[547] BOCHNIA, Simone Franzoni. *Ob. cit.*, p. 192.

brasileira representaria menor risco a elas do que ser outorgada a guarda provisória à família estrangeira que só a deve possuir excepcionalmente.[548] Dessa maneira, foram separados os irmãos biológicos de suas irmãs, criados por famílias diversas, em países diferentes, impedidos de serem criados juntos como irmãos que são, devido a uma exegese equivocada da lei.

Não concordamos com a exegese do Tribunal de Justiça do Paraná sobre a matéria no presente julgamento. O Tribunal afastou-se significativamente do real espírito do art. 43, do ECA, prejudicando os irmãos de maneira imensurável. Diversos problemas de ordem material conduziram o caso a um julgamento tardio. Tal atraso na prestação jurisdicional contribuiu para a lenta diminuição da força originária dos laços afetivos, desatendendo, ao final, os reais interesses das crianças que era a manutenção do vínculo afetivo entre os irmãos e a manutenção do histórico familiar das crianças. Todavia cabe indagar: os irmãos que foram adotados pela família estrangeira, que tinham boas recordações afetivas das irmãs, teriam sido realmente ouvidos? O desejo dos irmãos de ter as irmãs junto a eles, no mesmo vínculo familiar, teria sido ponderado pelo julgador? Até que ponto pode o Estado interferir nas relações familiares e ditar o que é afeto e o que não é afeto? Se existe ou não existe afeto? Qual seria o grau da afetividade? Quem deverá ser o melhor pai ou mãe de outrem?

O Estado brasileiro tem sido por demais intervencionista na família brasileira, revelando-se, em diversos aspectos, um ditador. O exacerbado positivismo e a letra fria da lei preponderaram na espécie, priorizando a guarda das meninas por uma família brasileira, de acordo com os princípios intervencionistas do legislador, em detrimento da manutenção do vínculo familiar biológico com os irmãos. O julgador, atendendo de maneira descomedida aos ditames da lei, acabou por desconstituir os laços familiares do grupo de irmãos, rompendo o vínculo fraternal e destruindo o acervo familiar das crianças. O mandamento contido no ECA, no tocante aos verdadeiros e reais interesses e vantagens da criança, não foi devidamente ponderado, subsistindo a vontade da lei, e o princípio da prioridade absoluta da criança acabou sendo desatendido.

Por essas razões, parece-nos muito oportuna a inovação trazida no art. 81, do Projeto de Estatuto das Famílias, procurando o legislador preservar o grupo familiar biológico, devendo os irmãos ser prioritariamente adotados por uma mesma família. O julgador deverá preservar os vínculos fraternos, mesmo diante de uma suposta prevalência de guarda de crianças por casal brasileiro ante a guarda de crianças por casal estrangeiro, a exemplo do caso acima.

O artigo seguinte, art. 82, assim dispõe:

Art. 82. A morte dos adotantes não restabelece o parentesco anterior.

---

[548] BOCHNIA, Simone Franzoni. *Ob. cit.*, p. 192-194. Aresto do TJPR. Em segredo de justiça: "ECA – AGRAVO DE INSTRUMENTO – ESTÁGIO DE CONVIVÊNCIA – GUARDA PROVISÓRIA DEFERIDA A CASAL NACIONAL COM VISTAS À FUTURA ADOÇÃO – INSURGÊNCIA DE CASAL ESTRANGEIRO QUE ADOTOU IRMÃOS UNILATERAIS DAS ADOTANDAS – AUSÊNCIA DE VÍNCULO AFETIVO RELEVANTE ENTRE IRMÃOS – EXISTÊNCIA DE OUTROS IRMÃOS COM PARADEIRO IGNORADO – AUSÊNCIA DE COMPROMETIMENTO AO DESENVOLVIMENTO PSICO-AFETIVO DAS ADOTANDAS – ESTATUTO DA CRIANÇA E DO ADOLESCENTE QUE PRIORIZA DE FORMA EXPRESSA A COLOCAÇÃO EM FAMÍLIA SUBSTITUTA NACIONAL – RECURSO DESPROVIDO."

Tendo o ECA contemplado a modalidade da *adoção plena*, permanecendo a categoria como única forma de se adotar uma pessoa no Brasil, a adoção plena desconstitui o vínculo de paternidade/maternidade e filiação do adotando com a família biológica, constituindo um novo vínculo familiar socioafetivo com os adotantes e sua família.

O art. 82, aqui comentado, traz uma regra parecida com a contida no art. 49 do ECA, todavia aperfeiçoada, uma vez que o Estatuto da Criança e do Adolescente equivocadamente diz que a morte dos adotantes não restabelece o *poder familiar* dos pais naturais.

A redação imprecisa do art. 49, do ECA, atendo-se, tão somente, à figura do *poder familiar*, despertou discussão doutrinária no sentido da possibilidade de ser restaurada judicialmente a filiação natural, na hipótese em que o menor fosse colocado em família substituta ou adotado, vindo, posteriormente, os pais biológicos a se mostrarem aptos a cuidar da criança.[549] Segundo esta tese, morrendo os adotantes, não se restabeleceria o poder familiar dos pais biológicos, podendo, porém, pensar-se na possibilidade do restabelecimento do vínculo familiar que os pais biológicos haviam perdido com a adoção. Assim, diante da equivocada redação do art. 49, do ECA, teriam estes legitimidade para requerer o restabelecimento do vínculo paterno/materno filial originário.

Na realidade, diante da dicção do *caput*, do art. 41, do ECA, tal pretensão jamais poderia receber guarida pelos tribunais.

Embora determinem o *caput* do art. 41, do ECA, e o art. 79, do Projeto de Estatuto das Famílias, que adoção atribui a situação de filho ao adotado, desligando-o de qualquer vínculo com os pais e parentes consanguíneos, a ruptura do vínculo com a família biológica é relativa e não absoluta. O legislador impôs uma exceção à regra geral, considerando a permanência do vínculo biológico do filho dado em adoção e sua família natural originária, para a finalidade de impedimentos matrimoniais e constituição de união estável. Tal exceção tem por fundamento duas situações, uma de natureza biológica e outra de índole moral.

O impedimento matrimonial ou de constituição de união estável de pessoa adotada com parente consanguíneo visa a preservar a eugenia das famílias e da sociedade brasileira, evitando as nefastas uniões consanguíneas que tristemente desembocam no nascimento de descendestes com inúmeros problemas de saúde degenerativa e enfermidades genéticas.[550]

O aspecto moral cinge-se a impedir que irmãos, primos, sogro e nora, sogra e genro, padrasto e enteada, tio e sobrinha ou sobrinho e tia, ou outros parentes

---

[549] Sobre o tema, vide as interessantes observações: ELIAS, Roberto João. *Comentários ao Estatuto da Criança e do Adolescente. Art. 49*, p. 32. MORAES, Walter. *Programa de direito do menor*, p. 198.

[550] Para se ter uma ideia da consequência que as uniões consanguíneas entre parentes próximos podem trazer à eventual prole, sugerimos a leitura de uma antiga, mas atual matéria, publicada na revista "O Cruzeiro", edição de 15.04.1961. A revista "O Cruzeiro" traz uma reportagem sobre o incesto praticado entre irmãos de uma família residente na periferia de Brasília. Dessa união, nasceram onze filhos, sendo todos retardados mentais, vivendo completamente nus, não possuindo nenhuma vida de relação. Dos onze filhos, cinco deles morreram precocemente. Dois dos filhos, além de totalmente retardados, não andam, não falam, nem ouvem. Ora se arrastam pelo chão, ora se movem, andando de quatro, como bichos. Não possuem a menor noção do que são e do que e de quem os cerca.

consanguíneos, afins ou civis, casem-se entre si, considerando-se, além do ponto de vista moral e ético, o religioso.

Outra exceção à desvinculação absoluta do adotado com sua família biológica constitui-se a partir do mandamento contido no §único, do art. 77, do Projeto de Estatuto das Famílias, segundo o qual o ascendente genético pode responder por subsídios necessários à manutenção do descendente, salvo em caso de filiação obtida a partir de inseminação artificial heteróloga. [551] Embora o *caput* do art. 77 expressamente admita às pessoas, cuja filiação seja oriunda de adoção, de filiação socioafetiva, de posse de estado ou de inseminação artificial heteróloga, conhecerem sua própria origem genética, o dispositivo legal exclui a constituição de relação de parentesco entre o filho e seu genitor biológico, mesmo diante do fato morte dos adotantes ou dos pais socioafetivos.

Há evidente contradição entre o *caput* do art. 77 do Projeto de Estatuto das Famílias e seu §único, uma vez que a prestação alimentar possui por pressuposto a existência do vínculo de conjuncidade ou de vínculo de filiação. Não sendo reconhecido pela lei nenhum vínculo de parentesco entre o filho socioafetivo de terceira pessoa com seu genitor biológico, não poderia este ser obrigado a prestar os subsídios necessários à manutenção daquele, pela ausência de vínculo familiar. O presente tema será objeto de estudo mais detalhado no Título V, infra.

O art. 83, do Projeto de Estatuto das Famílias determina que:

Art. 83. O adotado pode optar pela substituição ou adição do sobrenome do adotante.

O presente dispositivo legal destina-se a regular o acréscimo ou a substituição do patronímico do adotante na adoção de pessoas maiores de 18 anos de idade que se submete às regras do Estatuto das Famílias. Na adoção de maiores e capazes, que se submetem às normas Estatutárias, faz-se mister o consentimento expresso do adotando para a validade da adoção. Nessa oportunidade poderá o adotado optar pela substituição ou adição do sobrenome do adotante.

Na adoção de crianças e adolescentes aplicam-se as regras do ECA, especificamente o disposto nos §§1º, e 5º, do art. 47.[552] Esses dispositivos determinam, respectivamente, que a inscrição da sentença que constitui o vínculo da adoção se fará mediante mandado, a qual consignará o nome dos adotantes como pais, bem como o nome de

---

[551] Soa o art. 77, do EF: "É admissível a qualquer pessoa, cuja filiação seja proveniente de adoção, filiação socioafetiva, posse de estado ou de inseminação artificial heteróloga, o conhecimento de seu vínculo genético sem gerar relação de parentesco.

Parágrafo único. O ascendente genético pode responder por subsídios necessários à manutenção do descendente, salvo em caso de inseminação artificial heteróloga."

[552] ECA, art. 47: "O vínculo da adoção constitui-se por sentença judicial, que será inscrita no registro civil mediante mandado do qual não se fornecerá certidão.

§1º *A inscrição consignará o nome dos adotantes como pais, bem como o nome de seus ascendentes.*

§2º O mandado judicial, que será arquivado, cancelará o registro original do adotado.

§3º [...].

§4º Nenhuma observação sobre a origem do ato poderá constar nas certidões do registro.

§5º *A sentença conferirá ao adotado o nome do adotante e, a pedido deste, poderá determinar a modificação do prenome.*

§6º [...].

§7º A adoção produz seus efeitos a partir do trânsito em julgado da sentença, exceto na hipótese prevista no §6º, do art. 42, caso em que terá força retroativa à data do óbito. [...]".

seus ascendentes; conferirá ao adotado o nome do adotante e, a pedido deste, poderá determinar a modificação do prenome. O §6º, do art. 47, ao permitir que o adotante modifique o prenome do adotando, está em consonância com o princípio de que cabe aos pais escolherem o nome dos filhos e oportuniza ao adotante um entrosamento mais perfeito com o filho que está ingressando em sua família.[553]

O art. 84, do Projeto de Estatuto das Famílias, assim prescreve:

Art. 84. As relações de parentesco se estabelecem entre o adotado e o adotante e entre os parentes deste.

Consoante falamos ao comentarmos o art. 82, supra, a *adoção plena*, instituída pelo ECA, desconstitui o vínculo familiar com a família biológica, constituindo um vínculo familiar socioafetivo com os adotantes e sua família. Ao ser proferida a sentença constitutiva da adoção, nos termos do art. 86, do Projeto de Estatuto das Famílias e do §6º, do art. 47, do ECA, os efeitos da adoção se produzem, estabelecendo-se as relações de parentesco entre o adotado e o adotante e entre os parentes deste.

O artigo seguinte dispõe que a adoção obedece a processo judicial, afastando qualquer outro tipo de adoção, excluindo, em especial, a modalidade realizada mediante escritura pública, adotada pelo Código Civil de 1916, derrogado pelo advento do Código de 2002. Diz o mencionado dispositivo:

Art. 85. A adoção obedece a processo judicial.
§1º A adoção pode ser motivadamente impugnada pelos pais.
§2º É indispensável a concordância do adotando.

O dispositivo em comento está vinculado ao art. 45, do ECA, que exige para a realização da adoção o consentimento dos pais ou do representante legal do adotando. Assim, desde que estejam em pleno gozo da autoridade parental, podem os pais biológicos da criança ou do adolescente consentir ou não na adoção. Caso um deles não concorde com a adoção, poderá esta ser motivadamente impugnada pelo genitor discordante. Impugnada a pretensão de adoção, caberá ao magistrado examinar se, no caso concreto, a impugnação da adoção se mostra legítima e se a eventual adoção representa as reais vantagens e os benefícios ao adotando, nos termos do art. 43, do mesmo Estatuto, para então decidir pelo que for efetivamente melhor para o adotando.

O §2º, do art. 85, do Projeto de Estatuto das Famílias, dispõe sobre a adoção de adolescentes e de maiores de idade.

Tratando-se de adoção de adolescente, a categoria continua regida pelo ECA, dispondo o §2º, do art. 45, que "em se tratando de adotando maior de 12 (doze) anos de idade, será também necessário o seu consentimento." Nesse caso, além do consentimento dos pais ou do representante legal, como pressuposto substancial da adoção, será indispensável a concordância expressa do adotando, sob pena de nulidade. Além da vontade dos pais e do próprio adotando, deverá o juiz, em atendimento ao disposto no art. 43, do ECA, verificar se a adoção representa efetivamente as reais vantagens e benefícios ao adotando.

---

[553] Vide arts. 57 e 58, da Lei nº 6.015/1973.

Apresentando-se, porém, a hipótese em que os pais biológicos assentem com a adoção e que ela epresente as reais vantagens e os benefícios ao adotando, todavia, recusa-se o mesmo a manifestar seu consentimento, deverá, assim mesmo, o magistrado deferir a adoção?

A resposta é controvertida havendo duas posturas diversas. A primeira no sentido de dever sempre ser atendida a vontade do adotando, uma vez que deverá haver uma grande afinidade e simpatia entre adotando e adotantes.

Outra corrente, também respeitável, se mostra contrária ao atendimento pleno à vontade do adolescente pelo magistrado, quando este dissentir em ser adotado por determinada pessoa. Sustentam seus defensores que se estiverem evidenciados as reais vantagens e os benefícios ao adotando, o juiz deverá deferir a adoção, de acordo com os ditames do art. 227 da Constituição, ao determinar que toda criança e adolescente tenha assegurado o direito de conviver no seio de uma família, devidamente constituída, mesmo contra sua vontade.[554]

A adoção de pessoas maiores e capazes será regida pelo Estatuto das Famílias, bastando o expresso consentimento do adotando e do adotante. Diz o art. 86 do Projeto de Estatuto:

> Art. 86. Os efeitos da adoção começam a partir do trânsito em julgado da sentença, exceto se o adotante vier a falecer no curso do procedimento,[555] caso em que terá força retroativa à data do óbito.

O art. 86, do Projeto de Estatuto das Famílias não traz novidades, sendo quase idêntico ao disposto no §7º, do art. 47, do ECA. Possuindo a sentença proferida no processo de adoção natureza constitutiva, extinguindo os efeitos da paternidade biológica e criando a paternidade socioafetiva entre adotando e adotante, os efeitos da adoção só poderiam se produzir a partir do trânsito em julgado da referida sentença. Todavia, ambos os Estatutos abrem exceção à regra geral, admitindo, excepcionalmente, a produção de efeitos antes do trânsito em julgado da sentença, no caso em que o adotante venha a falecer no curso do processo, após inequívoca manifestação de vontade, quando os efeitos da sentença retroagirão à data do óbito do adotante.

Verifica-se que a proposta trazida pelo Projeto de Estatuto das Famílias requer, ainda, um longo amadurecimento e reflexão para, então, poder contribuir, efetivamente, para o aperfeiçoamento das instituições da família brasileira, especialmente o direito de filiação.

1.8 A adoção por homossexuais e por casais homoafetivos

A adoção de crianças e adolescentes por homossexuais e por casais homoafetivos constitui-se em um tema delicado, de alta indagação e complexidade, merecedor de um

---

[554] ELIAS, Roberto João. *Ob. cit.*, p. 29.

[555] Tanto o art. 86, do Projeto de Estatuto das Famílias, quanto o §5º, do art. 42, do ECA, trazem em seu bojo um erro grosseiro de técnica processual, empregando a expressão "procedimento" ao invés de "processo", que seria o termo correto a ser empregado. A expressão "processo", designa 'a atividade com que, em concreto, se desenvolve a função jurisdicional.' Ou, ainda, 'a série de atos realizados pelo órgão judicial e pelas partes.' "Procedimento", diferente de "processo", diz respeito aos 'atos unicamente em sua sucessão e unidade formal.' (Cf. ROSA, Eliézer. Pequeno Vocabulário de Processo Civil, Vol. II. Ed. Rio.).

estudo detalhado e especial, não devendo ser limitado a um mero capítulo de livro, tal qual pretendemos aqui fazer. Justificamos a inserção deste capítulo no presente trabalho, por entendermos ser necessário trazermos algumas considerações sobre o tema, a fim de complementar o capítulo da adoção, ora em estudo.

Sendo a questão do matrimônio entre pessoas do mesmo sexo extremamente polêmica, arrebatadora dos mais acalorados debates, muito maior polêmica gravita em torno da adoção de crianças por homossexuais e por casais homoafetivos. Existem inúmeros argumentos contrários à adoção por homossexuais ao lado de outros a favor.

O Código Civil brasileiro absteve-se de enfrentar a matéria, nada disciplinando sobre a possibilidade de os homossexuais e de os casais homoafetivos adotarem, embora existam projetos de lei tramitando nas Casas do Congresso Nacional há longa data, os quais procuram estabelecer regras disciplinadoras desta modalidade de adoção e alguns direitos destas pessoas que, pela sua peculiaridade, necessitam de tratamento legislativo próprio. O legislador foi omisso, não trazendo nenhuma regra jurídica sobre a regulamentação das uniões estáveis homoafetivas e, muito menos, sobre a adoção de crianças e adolescentes por casais. Não encontramos nenhuma regra no Código Civil nem no ECA que, expressamente, autorize ou vede a adoção de crianças por homossexuais ou sobre a colocação delas em lar substituto, cujo titular seja homossexual, perdendo, dessa maneira, o legislador civil de 2002, a grande oportunidade de pôr fim a esta grande controvérsia.

O Projeto de Lei nº 1.151/1995, de autoria da Deputada Marta Suplicy, propõe regulamentar a união entre pessoas do mesmo sexo dispondo acerca da convivência e sobre os direitos patrimoniais decorrentes desta união, principalmente em matéria previdenciária e sucessória. O referido Projeto de Lei, porém, não se preocupa em regulamentar o núcleo familiar homoafetivo, propriamente dito, nem sobre a adoção de crianças.[556]

O art. 42, do Estatuto da Criança e do Adolescente e o derrogado art. 1.622, do Código Civil autorizavam a adoção em conjunto às pessoas casadas e conviventes, aos separados judicialmente ou divorciados, desde que o estágio de convivência tenha tido início no período em que o casal ainda convivia.

O art. 42, do ECA, foi reformado pela Lei Nacional de Adoção, mantendo a autorização da adoção conjunta aos adotantes casados ou mantenedores de união estável, aos divorciados, aos judicialmente separados e aos conviventes separados, contanto que acordem sobre a guarda e o regime de visitas e desde que o estágio de convivência tenha sido iniciado na constância do período de convivência e que seja comprovada a existência de vínculos de afinidade e afetividade com aquele, não detentor da guarda, que justifiquem a excepcionalidade da concessão.

O Projeto de Lei nº 2.285/2007, Estatuto das Famílias, procura instituir no Brasil a categoria jurídica da união estável homoafetiva no art. 68, sob a denominação de *união homoafetiva*, reconhecendo-a como entidade familiar.[557] Segundo a mencionada norma,

---

[556] A Comissão Especial da Câmara dos Deputados aprovou um Substitutivo de autoria do Relator, Deputado Roberto Jefferson, no sentido de incluir o §2º, ao art. 3º, do Projeto de Lei nº·1.151/1995, por meio do qual ficam vedadas "quaisquer disposições sobre adoção, tutela ou guarda de crianças ou adolescente em conjunto, mesmo que sejam filhos de um dos parceiros." (Cf. Diário da Câmara dos Deputados. Terça-feira. 21.01.1997, p. 01829).

[557] Estatuto das Famílias: "Art. 68. É reconhecida como entidade familiar a união entre duas pessoas de mesmo sexo, que mantenham convivência pública, contínua, duradoura, com objetivo de constituição de família,

a entidade familiar homoafetiva, para ser reconhecida como tal, exige a presença dos seguintes pressupostos: a união deverá ser entre duas pessoas de mesmo sexo, que mantenham convivência pública, contínua, duradoura, com objetivo de constituição de família. A união homoafetiva será regida pelas regras concernentes à união estável, no que couber.

O art. 226 da Constituição não fala em entidade familiar constituída por pessoas do mesmo sexo, fato que leva alguns a sustentar que a união homoafetiva proposta pelo Projeto de Lei nº 1.151/1995 e pelo Projeto de Lei nº 2.285/2007 seria inconstitucional, uma vez que só estariam contempladas na Constituição as uniões de homem e mulher, ou seja, de pessoas heterossexuais. Outros, louvando-se de uma exegese mais liberal, sustentam que a Constituição brasileira menciona as entidades familiares de modo enunciativo e não taxativo, o que permitiria incluir entre as entidades familiares as uniões homoafetivas.

O autor do Projeto de Lei nº 2.285/2007, em sua Justificação, afirma que a norma contida no art. 226, da Constituição seria de inclusão e não de exclusão. Em assim sendo, a Constituição de 1988 alberga todas as modalidades de convivência entre pessoas existentes na sociedade incluindo, além da união matrimonial, da união estável e da família monoparental, a comunhão de vida afetiva entre pessoas do mesmo sexo, que convivam de modo público e contínuo. Afirma, ainda, que a Constituição não veda a convivência familiar de pessoas do mesmo sexo.

Realmente, desconsiderar a convivência afetiva de duas pessoas do mesmo sexo é discriminar cidadãos que possuem o direito de ocupar, como as demais pessoas, seu lugar no espaço público. Excluir os conviventes homoafetivos do espaço público, ao qual pertencem, significa retirar-lhes o direito a uma vida digna e o direito de constituir uma união afetiva para o livre desenvolvimento de sua personalidade, independentemente de suas orientações sexuais. Por esta razão, entendemos, deve-se considerar a união estável homoafetiva como uma modalidade de relação familiar.

No tocante à adoção de crianças e adolescente por homossexuais, a matéria não se apresenta tão simples assim como pretende ver a maioria dos que se detêm em discutir o assunto. Além do direito de a pessoa que cumprir determinados pressupostos legais exigíveis à adoção poder adotar, existe, no outro extremo da relação jurídica, o direito de a criança e do adolescente de viver no seio de uma família regularmente constituída por um homem e uma mulher ou, em outras palavras, existe o direito do adotado de ter uma mãe e de ter um pai, como ocorre em quase todas as famílias.

Diante da complexidade do tema, faz-se mister analisar separadamente a situação da pessoa que possua orientação sexual direcionada a uma pessoa do mesmo sexo e que queira realizar a adoção de criança ou adolescente, da adoção pretendida conjuntamente por um casal homoafetivo. Trata-se de duas situações jurídicas diversas, devendo ambas ser analisadas e ponderadas.

---

aplicando-se, no que couber, as regras concernentes à união estável.

§único. Dentre os direitos assegurados, incluem-se:

I – guarda e convivência com os filhos;

II – a adoção de filhos;

III – direito previdenciário;

IV – direito à herança."

1. *Da adoção por pessoa homossexual.* A adoção por pessoa homossexual não enfrenta maiores dificuldades perante o direito brasileiro. Não há nenhuma restrição legal em relação a uma pessoa, por ser homossexual, de poder adotar uma criança ou adolescente, uma vez que tanto homens como mulheres homossexuais possuem capacidade física e biológica para gerar filhos e se tornarem pai ou mãe biológicos,[558] constituindo uma família monoparental. Desde que o pretenso adotante homossexual possa oferecer ao adotando um ambiente familiar moralmente sadio, não encontramos qualquer impedimento legal para ser-lhe deferida a adoção, devendo ser sempre respeitados os ditames dos arts. 42 e 43, do ECA. O ECA no art. 42 autoriza a qualquer pessoa a adotar desde que conte com mais de 18 anos de idade, independentemente do seu estado civil. O mencionado diploma legal não impõe restrições, nem faz menção à sexualidade do adotante. Existem, pois, exemplos de famílias monoparentais em que o jovem convive normalmente com seu pai ou mãe biológicos, homossexuais. A adoção não será deferida ao pretenso adotante quando este não apresentar as qualidades morais e psíquicas necessárias para criar e educar um filho ou quando a adoção não atender ao melhor interesse do adotando.

2. *Da adoção conjunta por casal homoafetivo.* Em relação à adoção conjunta de criança ou adolescente por casal homoafetivo, existem dificuldades perante o ordenamento jurídico brasileiro em vigor merecendo, a espécie, algumas considerações no tocante ao posicionamento doutrinário e jurisprudencial.[559]

a) *O entendimento doutrinário*: A adoção conjunta de criança ou de adolescente por duas pessoas homossexuais trata-se, na realidade, de um problema muito mais extrajurídico do que, propriamente, jurídico.

Inicialmente, cumpre assinalarmos que o ECA, no que diz respeito à filiação, à guarda, à colocação em família substituta e à adoção foi ideologicamente construído segundo a concepção de a família ser constituída por um homem e uma mulher, excetuada a hipótese da família monoparental. Nesse sentido, idealizou o legislador na adoção de crianças e adolescentes a ser realizada por um casal constituído por um homem, que será o pai e por uma mulher, que será a mãe do adotado.

O art. 43 do ECA, expressamente, condiciona o deferimento da adoção pelo juiz quando esta constituir efetivo benefício para o adotando. O mencionado dispositivo legal revela-se como cláusula geral, fundamental e sempre presente, que não pode ser esquecida em momento algum. A cláusula geral permite ao juiz profunda investigação no sentido de constatar as reais vantagens e os benefícios que o adotando poderá auferir, resultante de determinada adoção.

Esse é o ponto crucial em que se estabelece a controvérsia, defendendo muitos autores a ideia de que não seria aconselhável a adoção de crianças e adolescentes por casais homoafetivos, apresentando diversos argumentos e razões que devem ser

---

[558] FIGUEIRÊDO, Luiz Carlos de Barros. *Adoção para Homossexuais. Ob. cit.*, p. 71.

[559] A mídia vem explorando o tema, noticiando vários casos de adoção por casais homoafetivos, como o de uma menina adotada por um casal de homens em Catanduva, interior de São Paulo, que possui, segundo a notícia, os nomes dos dois pais no assento de nascimento, oriunda de uma decisão judicial inédita no País. Um casal de mulheres, de Bagé (RS) e outro do Rio de Janeiro teriam adotado uma criança. In *Adoção*: Redação Terra. Disponível em: <http://mulher.terra.com.br/>. Acesso em: 23 abr. 2007.

considerados.[560] Em primeiro lugar, o adotando necessita de um ambiente familiar adequado ao seu desenvolvimento psicológico, moral e social. Entende, esta corrente de pensamento que na adoção em núcleo familiar homoafetivo não haveria satisfação plena desses pressupostos exigíveis para a adoção. O adotado teria um referencial desvirtuado do papel de pai e de mãe. Desse fato, poderão surgir, certamente, problemas de ordem psíquica e social, decorrentes do preconceito, da condenação geral e de chistes, por parte de terceiros, comprometendo o equilíbrio emocional e o bem-estar psicológico do adotado.[561] Respeitáveis profissionais da área da psiquiatria e da psicanálise denunciam os perigos do ambiente em que se dá o desenvolvimento da criança e do adolescente e da identificação das crianças com o arquétipo dos pais, conduzindo-as por imitação, por acatarem os valores paternos, por mera afeição ou pelo ambiente em que são criados, de se tornarem, igualmente, homossexuais.

Roberto Farina ensina que a *homossexualidade* possui origem psicogênica e multifatorial. Sua gênese pode ser endócrina, psíquica, ambiental ou outra. O homossexual, de um modo geral, não possui grandes conflitos oriundos de sua condição, pois sua orientação erótica é precisa e seus órgãos sexuais são, para ele, uma fonte de prazer. Conclui o autor, dizendo que o *egopsíquico* do homossexual apresenta traços de feminilidade, mas seu *egofísico* é masculino.[562] A pessoa adotada por casal homoafetivo possuiria em sua razão psíquica dois pais e nenhuma mãe ou duas mães e nenhum pai.

De outro lado, os defensores da adoção de crianças e adolescentes por casais homoafetivos sustentam, segundo as atuais regras da psicologia, que, efetivamente, a criança na formação de sua personalidade identifica-se com seus pais, imita-os, agrega seus valores com os papéis de gênero que eles representam, masculino e feminino, porém não discernindo ou não se importando com o fenótipo que cada um dos papéis de gênero representa. O casal homoafetivo seria, segundo esta visão, o pai e a mãe dos adotandos.

A corrente favorável ao deferimento da adoção de crianças por casais homoafetivos baseando-se, principalmente, em conclusões de pesquisas alienígenas sobre a matéria,[563] defende a ideia de que seria melhor para a criança ser inserida em um lar onde encontre amor, carinho e assistência material, mesmo que não seja constituído tradicionalmente por um homem e uma mulher, do que continuar a ser uma criança abandonada, um menor de rua, sem a menor assistência. Argumentam, também, que não havendo proibição legal expressa de adoção por família constituída por união homoafetiva, deverá ser deferida a adoção pleiteada.

Do exame atento de todos os fundamentos apresentados por ambas as correntes doutrinárias, vislumbra-se que cada uma das correntes toma uma posição radical em relação aos argumentos que apresenta, faltando tanto a uma como à outra corrente, equilíbrio, bom senso e ponderação.

---

[560] MARMITT, Arnaldo. *Adoção*, p. 112/113. CARVALHO, Selma Drummond. Casais homossexuais: questões polêmicas em matérias civis, previdenciárias e constitucionais. *Revista Jurídica Consulex*, nº 47. 30.11. 2.000.

[561] BRITO, Fernanda de Almeida. *União afetiva entre homossexuais e seus aspectos jurídicos*, p. 46/47.

[562] FARINA, Roberto. *Transexualismo. Do homem à mulher normal através dos estados de intersexualidade e das parafilias*, p.182.

[563] Entre as pesquisas sobre o tema em estudo, principalmente de origem norte-americana, verifica-se que umas são de procedência duvidosa quanto à veracidade de suas conclusões, outras demonstram ser pesquisas feitas por encomenda, descomprometidas com a verdade científica, atendendo a lobbys e aos interesses de determinados segmentos da sociedade.

A corrente negadora da adoção de crianças por casais homossexuais tem por principal argumento as oposições de natureza moral-religiosa da doutrina Católica Apostólica Romana e da pregação Evangélica, no sentido de que o comportamento sexual dos adotantes, além de ser pecaminoso, influenciará o desenvolvimento psicológico e comportamental da criança, que tendo por paradigma o comportamento dos pais, espelhando-se neles, terá certamente afetada sua formação psicossexual.

Outra corrente que se mostra favorável à adoção por casais homoafetivos fundamenta seu parecer na mera ausência de vedação legal e no direito à liberdade para a constituição de família.[564] Sustenta, radicalmente, que o fato de casais homoafetivos poderem adotar consistiria em um direito, como se existisse um direito subjetivo ou, até, fundamental de casais homoafetivos poderem adotar. Estes, com arrebatador exagero, invertem os objetivos reais e verdadeiros da adoção, esquecendo que a categoria consiste em um direito de a criança abandonada ou exposta poder ser inserida em um seio familiar de ali ser criada e educada, dando prevalência aos interesses dos casais homoafetivos de adotar, como se tal fato fosse um direito fundamental destes.

A polêmica está aberta para discussões.

No nosso entender, o mais grave de toda esta discussão está no fato de se encontrar pululando na internet inúmeros artigos sobre adoção por casais homoafetivos de muito pouca qualidade e de conteúdo científico discutível, louvando-se seus autores de sentimentalidade afetada, construída a partir de chavões populares, a exemplo da assertiva, "melhor ser adotado por dois *gays* do que ficar abandonado na rua!" Lamentavelmente estes "trabalhos" acabam por influenciar negativamente a opinião pública, principalmente as classes menos favorecidas intelectualmente, que não possuem o necessário distanciamento crítico dos reais fatos que cercam a criança que vive em abrigo e a adoção por duas pessoas do mesmo sexo. Estes repetem o refrão, afirmando que, "existindo no Brasil tantas crianças abandonadas e expostas necessitando de uma família, seria muito melhor sua adoção por casais homoafetivos do que ficarem na situação de abandonados," devendo o magistrado, só por isso, deferir a adoção. Assim, teriam os casais homoafetivos o "direito" (subjetivo) de adotar crianças e adolescentes, sem se preocupar com os reais e verdadeiros interesses e benefícios do adotando.[565]

---

[564] PALMA, Rúbia. *Famílias Monoparentais*, p. 45. DIAS, Maria Berenice. *União homossexual*, p. 110.

[565] Por simples curiosidade traremos aqui algumas observações colhidas por ocasião da realização do nosso trabalho intitulado "Limites e Possibilidades do Direito de Redesignação do Estado Sexual," cuja pesquisa desenvolveu-se no ano de 1997. Nossa narrativa abaixo não se constitui em uma conclusão de pesquisa, nem de um laudo, pois, na realidade, não houve pesquisa com metodologia aplicada, mas, somente, uma constatação a partir de conversações descontraídas e sinceras, de bate-papo sobre problemas de gênero com transexuais e homossexuais. Conversando com diversos casais homoafetivos, constatou-se que muitos possuem a ideia de que a adoção constitui-se em um mecanismo que irá fatalmente suprir as inúmeras carências afetivas e os conflitos pessoais. A grande maioria com quem conversamos, principalmente das classes sociais B e C, manifestou-se favoravelmente pela adoção de crianças por casais homoafetivos, dizendo textualmente: "Ah! Eu quero que meu filho seja um principezinho lindo, loirinho de cabelinhos cacheados e de olhinhos azuis." Embora sejam estes homossexuais pessoas sofridas, que sempre suportaram discriminação e desprezo, acabam por, também, discriminar crianças negras, pardas e do sexo feminino, ao preferir para a adoção, meninos brancos e loiros, que se aproximam do arquétipo em torno do qual gravitam suas fantasias. Cumpre lembrar que, segundo José Cândido Bastos, na *homossexualidade* existe uma enormidade de fantasias destrutivas, dependendo da intensidade da forma em que a *homossexualidade* se apresenta, em ativa ou passiva. Os ativos se permitem lidar com seus impulsos agressivos de modo direto, toleram a potência, a atividade. Nos passivos, as fantasias são mais intensas, de tal modo que "se colocam sempre junto a um homem (pai) de modo a ser submetido, controlado, por um pênis potente". (Cf. BASTOS, José Cândido. Homossexualidade Masculina, *Jornal Brasileiro de Psiquiatria*. 1979. V. 28, nº 1-4, p. 10. SZANIAWSKI, Elimar. *Limites e possibilidades...*, p. 48.

Existem diversos trabalhos sobre o tema na seara da psicologia, defendendo alguns psicólogos a irrelevância da inclinação sexual dos "pais" para a boa e equilibrada educação da criança, afirmando que não ocorreria nenhuma influência decorrente do comportamento sexual dos "pais" na formação psicossexual da criança. Outros estudos, igualmente respeitáveis, manifestam exatamente a opinião oposta, no sentido de ocorrerem falhas de identificação sexual do adotado com a figura do pai ou da mãe, em relação aos adotantes homoafetivos.

Esses estudos demonstram que o sentimento maternal é instintivo, genético, inerente ao ser humano e aos animais superiores, a exemplo das macacas, das gatas, das cadelas e das galinhas, animais que possuem um senso de maternidade extremamente profundo, sendo que o tipo de afeto e a divisão das tarefas em relação aos cuidados da prole obedecem às características típicas do gênero.

Uma das mais expressivas e interessantes teorias da psicologia que mostra preocupações com o comportamento sexual dos pais e a influência sobre os filhos consiste nas denominadas *teoria psicossexual* e *teoria psicológica*.

Tivemos a oportunidade de desenvolver um breve estudo da *teoria psicossexual* em trabalho de nossa autoria intitulado *Limites e Possibilidades do Direito de Redesignação do Estado Sexual*,[566] ao qual nos ateremos em nossas considerações neste trabalho.

As *teorias psicossexual* e *psicológica* consideram de extremada relevância as influências ambientais em que o indivíduo vive. A teoria *psicossexual* parte da verificação de uma *regressão evolutiva do desenvolvimento libidinal em níveis pré-edipianos*, como consequência da identificação do indivíduo com a figura materna. A mãe dominante que, por muito tempo, mantém o filho preso a ela, acaba por constituir-se em um objeto único de identificação da criança. O pai, psicologicamente ausente ou fraco, não teria condições de romper a relação exacerbada entre mãe e filho, causando-lhe desvios no desenvolvimento *psicossexual* normal, resultando em desvios sexuais da heterossexualidade.[567]

A *teoria psicossexual*, ora apresentada, da mãe dominante e do pai fraco, para procurar justificar os desvios sexuais de uma pessoa, vem aos poucos sendo substituída pela *teoria psicológica*.

A *teoria psicológica* atribui às diversas modalidades dos desvios da heterossexualidade, principalmente a masculina, pela figura do pai prepotente e machista, centrando a identificação da criança na visão de um *pênis potente*. Nesse paço, ensina José Cândido Bastos que:

> "as defesas psicológicas para enfrentar ou diminuir a importância dos temores básicos a uma agressão masculina encontram expressão nas técnicas empregadas no ato sexual. Durante o mesmo são satisfeitas duas necessidades, a gratificação sexual e o alívio da ansiedade através de manobras defensivas de dominar ou submeter-se ao temido varão." [568]

Os psicólogos defensores da *teoria psicológica* afirmam que todo o indivíduo masculino deseja ter familiaridade e afetividade com outro, do seu próprio sexo. Essa

---

[566] SZANIAWSKI, Elimar. *Limites e possibilidades ...*, capítulo 2.2.8.1, p. 59, ss..

[567] STOLLER, Robert. *Masculinidade e Feminilidade – Apresentações do gênero*, p. 46. WEISS - ENGLISH. *Medicina Psicossomática*, p. 282, ss. e 481, ss.

[568] BASTOS, José Cândido. Homossexualidade Masculina, *Jornal Brasileiro de Psiquiatria*. 1979. v. 28, nº 1-4, p. 10.

necessidade surge na infância e deve ser satisfeita, primeiramente, pelo pai e, depois, por amigos e colegas, independentemente de aspirações sexuais. Esta afetividade independe e não se confunde com a sexualidade. O indivíduo que não tem o amor paterno, sentindo a rejeição do pai, procura outros indivíduos para completar essa sua necessidade omitida durante seu desenvolvimento.

Se o *déficit* afetivo inicial for marcante e o indivíduo não consegue, por si só, superar esta deficiência afetiva, o resultado poderá ser a *bissexualidade*. Se a falha de identificação sexual com a figura do pai for muito marcante e a pessoa não conseguir, por si só, superar esta deficiência afetiva, poderá resultar na *homossexualidade*. Quando a necessidade afetiva é satisfeita pelo pai ou por outras pessoas, ou o próprio indivíduo consegue superar a ausência de afeto masculino, o resultado será a *heterossexualidade*.[569]

A fixação do adotado nos "pais" do modelo casal homoafetivo, principalmente no masculino, poderá facilmente, segundo Stoller, causar-lhe alterações no desenvolvimento *psicossexual* e, certamente, em desvios sexuais.[570]

Uma das mais respeitadas autoridades sobre o tema no Brasil, a Desembargadora Maria Berenice Dias, é favorável à adoção de crianças e adolescentes por casais homoafetivos, para quem a adoção constitui-se em um ato de amor e de uma opção de vida, que permite a integração daqueles que estão vivendo em uma instituição, de se verem incluídos em uma família substituta. Vislumbra, a renomada jurista, a possibilidade jurídica de adoção por casais homoafetivos, diante da legislação vigente, a partir da exegese ampla da categoria, afirmando possuir a *adoção* a natureza de *ficção jurídica* ao constituir um vínculo de paternidade e filiação socioafetivo, distanciado da verdade biológica.[571] Segundo a autora, o ECA em seu art. 28, ao determinar a colocação da criança e do adolescente em *família substituta*, não especifica qual a modalidade de família na qual a criança ou o adolescente será colocado, o mesmo ocorrendo no art. 25, do mesmo diploma legal, ao conceituar a *família natural*.[572] Não vislumbra a autora, por essas razões, nenhum impedimento jurídico de casais homoafetivos poderem adotar crianças e adolescentes.

Consoante se verifica, o tema é polêmico, estando muito distante uma conclusão unânime sobre o tema. Cada autor, jurista, médico ou psicólogo exibe suas razões, as quais devem ser analisadas e ponderadas cuidadosamente.

b. *O entendimento jurisprudencial*. A ausência de legislação específica autorizando ou vedando a adoção de crianças e adolescentes por pessoas homossexuais e por casais homoafetivos também divide os tribunais brasileiros. Traremos abaixo, alguns arestos significativos que mostram a hesitação das cortes de nosso país sobre o tema.

O primeiro aresto, de lavra do Tribunal de Justiça do Rio de Janeiro, julgou no sentido da possibilidade de o adotante, embora homossexual, poder adotar individualmente uma criança ou adolescente menor. Argumenta o aresto que o fato de o adotante ser homossexual não pode servir de empecilho à adoção de menor, não

---

[569] Autor anônimo. *Homossexualismo, um testemunho, uma solução.* Ed. Shalom, 1992, p. 15, ss.

[570] STOLLER, Robert. *Ob. cit.,* p. 36, ss.

[571] DIAS, Maria Berenice. *União homossexual*, p. 111. No mesmo sentido, CZAJKOWKI, Reiner. *Reflexos jurídicas das uniões homossexuais*, p. 101.

[572] DIAS, Maria Berenice. *Ob. cit.* p. 112-113..

sendo demonstrada qualquer atitude ofensiva ao decoro e capaz de deformar o caráter do adotado. Diz a ementa do acórdão:

> Adoção cumulada com destituição do pátrio poder – Alegação de ser homossexual o adotante – Deferimento do pedido – Recurso do Ministério Público.
>
> 1. Havendo os pareceres de apoio (psicológico e de estudos sociais) considerado que o adotado, agora com dez anos, sente orgulho de ter um pai e uma família, já que abandonado pelos genitores com um ano de idade, atende a adoção aos objetivos preconizados pelo Estatuto da Criança e do Adolescente (ECA) e desejados por toda a sociedade.
>
> 2. Sendo o adotante professor de ciências de colégios religiosos, cujos padrões de conduta são rigidamente observados, e inexistindo óbice outro, também é a adoção, a ele entregue, fatos de formação moral, cultural e espiritual do adotado.
>
> 3. A afirmação de homossexualidade do adotante, preferência individual constitucionalmente garantida, não pode servir de empecilho à adoção de menor, se não demonstrada ou provada qualquer manifestação ofensiva ao decoro e capaz de deformar o caráter do adotado, por mestre a cuja atuação é também entregue a formação moral e cultural de muitos outros jovens. Apelo improvido. [573]

No mesmo sentido, julgou o juízo monocrático da 1ª Vara da Infância e da Juventude do Estado do Rio de Janeiro, entendendo que, a espécie, embora se trate de adoção de adolescente por homossexual, a referida adoção singular apresentava reais vantagens para o adotando, que vivia há 12 anos em estado de abandono familiar em instituição coletiva. Com a adoção terá o adotando a possibilidade de conviver em ambiente familiar, estudar em colégio religioso de conceituado nível de ensino e frequentar um psicanalista para melhor se adequar à nova realidade familiar. Diz a sentença:

> "Vistos etc..
>
> [...]
>
> O pedido inicial deve ser acolhido porque o Suplicante demonstrou reunir condições para o pleno exercício do encargo pleiteado, atestado esse fato pela emissão da Declaração de Idoneidade para Adoção que se encontra às fls. 34, com o parecer favorável do Ministério Público contra o qual não se insurgiu no prazo legal devido, fundando-se em motivos legítimos, de acordo com o Estudo Social (fls. 15/16 e 49/52) e Parecer Psicológico (fls. 39/41), e apresenta reais vantagens para o Adotando, que vivia há 12 anos em estado de abandono familiar em instituição coletiva e hoje tem a possibilidade de conviver em ambiente familiar (chama o Requerente de 'pai'), estuda em colégio de conceituado nível de ensino religioso, o Colégio S. M., e frequenta um psicanalista para que melhor possa se adequar à nova realidade de poder exercitar o direito do convívio familiar que a Constituição Federal assegura no art. 227.
>
> A Constituição da República assegura igualdade de todos perante a lei, sem distinção de qualquer natureza, não admite o texto constitucional qualquer tipo de preconceito ou discriminação na decisão judicial quando afirma que 'ninguém será privado de direitos por motivo de crença religiosa ou de convicção filosófica ou política', estando previsto ainda que 'a lei punirá qualquer discriminação atentatória dos direitos e liberdades fundamentais.' [...]

---

[573] TJRJ – AC 14.332/1998. Ac. Un. 9ª CC – Rel. Des. Jorge de Miranda Magalhães, j. 23.03.1999. DJ/RJ 26.08.1999, p. 269. (Ementa oficial)".

Qual será então o conceito de 'reais vantagens' dos Ilustres Fiscais? Deve ser muito diferente do que afirmam a Equipe Profissional e o próprio interessado, o adolescente, que prefere ver acolhido o pedido de permanecer em uma instituição sem qualquer nova chance de ter uma família, abandonado até que aos doze anos sofrerá nova rejeição, já que não poderá mais permanecer no Educandário R. M. D., onde se encontra desde que nasceu, e será transferido para outro estabelecimento de segregação e tratamento coletivo, sem qualquer chance de desenvolver sua individualidade e sua cidadania, até que por evasão forçada ou espontânea poderá transformar-se em mais um habitante das ruas e logradouros públicos com grandes chances de residir nas Escolas de Formação de 'marginais' em que se transformaram os atuais 'Presídios de menores' e, quem sabe, atingir ao posto máximo com o ingresso no sistema Penitenciário? Será esse critério de 'reais vantagens'???

A lei não acolhe razões que têm por fundamento o preconceito e a discriminação, portanto o que a lei proíbe não pode o intérprete inovar. (...)."[574]

Na mesma esteira, deferindo a adoção unilateral de criança por adotante homossexual, segue a ementa de um julgamento pelo Tribunal de Justiça do Estado de São Paulo:

"ADOÇÃO - Pedido efetuado por pessoa solteira com a concordância da mãe natural - Possibilidade - Hipótese onde os relatórios social e psicológico comprovam condições morais e materiais da requerente para assumir o mister, a despeito de ser *homossexual* - Circunstância que, por si só, não impede a adoção que, no caso presente, constitui medida que atende aos superiores interesses da criança, que já se encontra sob os cuidados da adotante - Recurso não provido." [575]

Em sentido oposto, defendendo primordialmente os interesses da criança, a decisão do Tribunal de Justiça do Estado de Minas Gerais afastou o direito de visitas do pai homossexual, depois de decretada a separação judicial dos genitores. Embora a espécie não trate de adoção por homossexual, trazemos, abaixo, a ementa do julgado, tendo em vista que os superiores interesses do filho em relação do pai biológico recomendam o afastamento do mesmo da convivência com o filho. Entendem os julgadores configurar, na espécie, desvio na conduta sexual do pai pelo fato de conviver maritalmente com outro homem. Mormente quando para visitar o pai, teria o menor de ser deslocado à cidade e residir pelo período da visita com seu pai, juntamente com outro homem, seu parceiro. Deverá sempre prevalecer o interesse do menor, que sobreleva aos interesses dos pais no que diz respeito ao direito de visita. Leia-se a ementa do acórdão:

"GUARDA de MENOR - Alteração do DIREITO DE VISITA - Admissibilidade - Desvio na conduta sexual do varão - PAI - HOMOSSEXUAL - Alegação do próprio apelante no curso do processo - ART. 70/ECA - Interesse na formação da personalidade da CRIANÇA. Guarda de filho - Desvio de conduta sexual do varão - Alteração do local de visita - Decretação de ofício - Ausência do contraditório e da amplitude de defesa. - Diante do interesse prevalecente do menor, as questões processuais e procedimentais perdem relevo, se qualquer adiamento da solução puder ser fatal à formação da personalidade da criança.

---

[574] Sentença da 1ª Vara da Infância e da Juventude do Rio de Janeiro. MM. Juiz Siro Darlan de Oliveira. Autos nº 97/1/03710-8. Data do julgamento: 20.07.98".

[575] TJ/SP. Câm. Esp. - Apelação Cível nº 51.111-0. Rel. Des. Oetterer Guedes - 11.11.1999 - V.U.

A modificação do sistema de visitas adotado quando da separação consensual não está vinculado ao Juízo da ação anterior, na qual foram estabelecidas as cláusulas cuja alteração ora se pleiteia, podendo tal modificação ser determinada de ofício, fundamentada em fatos posteriores, supervenientes, cujo conhecimento é imposto ao Magistrado, a bem do filho do casal desavindo. - O dever geral de prevenção, estabelecido no art. 70 do Estatuto da Criança e do Adolescente, deve ser com muito maior rigor observado pelo Magistrado nas situações que envolvam o interesse do menor.[576]

NOTA: Voto vencido dos Desembargadores Campos Oliveira e Cláudio Costa: "A fixação de condições para que o apelante possa visitar o filho não pode prevalecer, se a matéria já foi objeto de decisão da Justiça de outro Estado, a menos que as partes instaurem outro processo, com observância do contraditório e da amplitude de defesa."

NOTA: Extraímos do voto do Des. Bady Cury, a seguinte lição: "A sexualidade patológica do réu e seu desvio de conduta social - viver marital e ostensivamente com outra pessoa do mesmo sexo, somente no curso do processo foram exumados, por iniciativa do próprio apelante. Assim, impunha-se mesmo ao Magistrado tomar providências que acautelassem a formação moral do menor.

Enfatize-se que é pacificado tanto na jurisprudência quanto na doutrina o entendimento de que o interesse do menor sobreleva aos interesses dos pais.

Destarte, não seria possível continuar permitindo que o menor, no caso, por respeito ao sagrado direito de visita dos pais, continuasse sendo levado pelo seu genitor, que reside em cidade diferente daquela em que a criança mora com a sua mãe, para assistir, como se fosse a coisa mais natural do mundo, ao seu pai dormir na mesma cama com outro homem.

Passo ao largo da discussão se a homossexualidade é doença, física ou mental, vício, perversão, ou apenas desvio de conduta.

A verdade é que, patologia orgânica, psíquica ou social, a pederastia não pode e não deve ser estimulada, eis que indubitavelmente constitui um obstáculo a mais à felicidade do indivíduo.

Assim, andou bem o Magistrado na providência que tomou para evitar que o menor, quase sempre admirador inconsciente do pai até a puberdade - quando começa a desenvolver um senso crítico, não raro contestatório, se visse estimulado, pelo exemplo do pai, a práticas sexuais e afetivas contrárias à natureza."

Ouça-se, a seguir, a dicção do STJ, sobre o tema da adoção por solteiro:

"Julgamento no sentido de negar a inscrição no competente cadastro de pretensos adotantes a homem solteiro, por que 'é, antes de tudo, o interesse do adotando que se deve relevar, e não daquele que quer adotar,' e não seria vantagem para o adotando ser criado por pessoa solteira.'[577]

Esses importantes arestos dão especial ênfase aos cuidados que sempre devem merecer os interesses da criança e do adolescente.

O Tribunal de Justiça do Estado do Rio Grande do Sul vem julgando reiteradamente no sentido de ser admissível a adoção de crianças por casais constituídos por pessoas do mesmo sexo, consoante se infere na ementa:

---

[576] TJ/MG - Emb. Infringentes na Ap. Cív. nº 7.124/01 – Com. de Juiz de Fora - Ac. unân. – 5ª Câm. Cív. - Rel.: Des. Roney Oliveira - Fonte: DJMG II, 03.02.1996, p. 01. In BONIJURIS - Cd-Rom – 26496.

[577] STJ. RBDF 31/119.

"APELAÇÃO CÍVEL. ADOÇÃO. CASAL FORMADO POR DUAS PESSOAS DE MESMO SEXO. POSSIBILIDADE. Reconhecida como entidade familiar, merecedora da proteção estatal, a união formada por pessoas do mesmo sexo, com características de duração, publicidade, continuidade e intenção de constituir família, decorrência inafastável é a possibilidade de que seus componentes possam adotar. Os estudos especializados não apontam qualquer inconveniente em que crianças sejam adotadas por casais homossexuais, mais importando a qualidade do vínculo e do afeto que permeia o meio familiar em que serão inseridas e que as liga aos seus cuidadores. É hora de abandonar de vez preconceitos e atitudes hipócritas desprovidas de base científica, adotando-se uma postura de firme defesa da absoluta prioridade que constitucionalmente é assegurada aos direitos das crianças e dos adolescentes (art. 227 da Constituição Federal). Caso em que o laudo especializado comprova o saudável vínculo existente entre as crianças e as adotantes." [578]

A Lei Nacional da Adoção não disciplinou expressamente a adoção por casais homossexuais, mantendo coerência com os requisitos exigidos para a adoção conjunta, disciplinada no §2º, do art. 42, do ECA, a qual exige que os adotantes sejam casados entre si ou conviventes. Tendo em vista que no Brasil somente é admissível o casamento por pessoas de sexo diverso, a exegese conduz ao entendimento de que o legislador de 2009 pretendeu vedar a adoção por casais do mesmo sexo.

Em sentido contrário, aqueles que defendem a possibilidade ilimitada de adotar aos casais homoafetivos sustentam que, diante da ausência de dispositivo legal expresso que vede a prática da adoção por casais homoafetivos, a presente modalidade de adoção poderá ser realizada. Esta exegese tem servido de fundamento a alguns juízes e tribunais para deferir a adoção de crianças a favor de casais homoafetivos, desde que fique comprovada a existência de uma entidade familiar regular e que a adoção promova as reais vantagens e a proteção integral dos direitos e interesses do adotando.

O Superior Tribunal de Justiça, conhecendo a matéria sob análise, vem reconhecendo paulatinamente a admissibilidade de adoção por casais homoafetivos quando o caso concreto apresentar fortes vínculos afetivos entre adotando e adotantes e se configurar a prevalência dos interesses do menor, nos termos do art. 43, do ECA. Diz a ementa:

"Reconhecida como entidade familiar merecedora de proteção estatal, a união formada por pessoas do mesmo sexo, com características de duração, publicidade, continuidade e intenção de constituir família, decorrência inafastável é a possibilidade de que seus componentes possam adotar. Os estudos especializados não apontam qualquer inconveniente em que crianças sejam adotadas por casais homossexuais, mais importando a qualidade do vínculo e do afeto que permeia o meio familiar em que são inseridas e que as liga aos seus cuidadores. É hora de abandonar de vez preconceitos e atitudes hipócritas desprovidas de base científica, adotando-se uma postura de firme defesa de absoluta prioridade que constitucionalmente é assegurada aos direitos das crianças e adolescentes (art. 227 da CF)." [579]

---

[578] TJRS. Ap. Cív. nº 70013801592, 7ª Câm. Cív. Rel. Des. Luiz Felipe Brasil Santos. Jul. em 05.04.2006, por unanimidade. (Segredo de justiça).

[579] RT 849/165. 2.006.

Recente aresto do STJ, da lavra do Ministro Luis Felipe Salomão, segue a mesma direção no tema da adoção homoafetiva no direito brasileiro, deferindo a adoção aos casais homoafetivos, desde que estejam presentes fortes vínculos afetivos entre os menores e os adotantes e se evidencie a prevalência dos interesses dos menores sobre o interesse dos adotantes vencendo, assim, a resistência daqueles que entendem ser desaconselhável a adoção de crianças por casais homoafetivos. Diz a ementa do acórdão:

"DIREITO CIVIL. FAMÍLIA. ADOÇÃO DE MENORES POR CASAL HOMOSSEXUAL. Situação já consolidada. Estabilidade da família. Presença de fortes vínculos afetivos entre os menores e a requerente. Imprescindibilidade da prevalência dos interesses dos menores. Relatório da assistente social favorável ao pedido. Reais vantagens para os adotandos. Exegese no artigo 1º, da Lei nº 12.010/2.009 e artigo 43, do Estatuto da Criança e do Adolescente. Deferimento da medida." [580]

A questão julgada pelo Superior Tribunal de Justiça diz respeito ao pedido de adoção de duas crianças, sendo que a interessada vivencia união homoafetiva com

---

[580] STJ. RecEsp nº 889.852; Proc. 2006/0209137-4; RS; Quarta Turma; Rel. Min. Luis Felipe Salomão; Julg. 27.04.2010. DJE 10.08.2010. BONIJURIS – 477. Ouçam-se os fundamentos do aresto em comento:
"1. A questão diz respeito à possibilidade de adoção de crianças por parte de requerente que vive em união homoafetiva com companheira que antes já adotara os mesmos filhos, circunstância a particularizar o caso em julgamento. 2. Em um mundo pós-moderno de velocidade instantânea da informação, sem fronteiras ou barreiras, sobretudo as culturais e as relativas aos costumes, onde a sociedade transforma-se velozmente, a interpretação da Lei deve levar em conta, sempre que possível, os postulados maiores do direito universal. 3. O artigo 1º da Lei nº 12.010/09 prevê a "garantia do direito à convivência familiar a todas e crianças e adolescentes". Por sua vez, o artigo 43 do ECA estabelece que "a adoção será deferida quando apresentar reais vantagens para o adotando e fundar-se em motivos legítimos". 4. Mister observar a imprescindibilidade da prevalência dos interesses dos menores sobre quaisquer outros, até porque está em jogo o próprio direito de filiação, do qual decorrem as mais diversas consequências que refletem por toda a vida de qualquer indivíduo. 5. A matéria relativa à possibilidade de adoção de menores por casais homossexuais vincula-se obrigatoriamente à necessidade de verificar qual é a melhor solução a ser dada para a proteção dos direitos das crianças, pois são questões indissociáveis entre si. 6. Os diversos e respeitados estudos especializados sobre o tema, fundados em fortes bases científicas (realizados na Universidade de Virgínia, na Universidade de Valência, na Academia Americana de Pediatria), "não indicam qualquer inconveniente em que crianças sejam adotadas por casais homossexuais, mais importando a qualidade do vínculo e do afeto que permeia o meio familiar em que serão inseridas e que as liga a seus cuidadores". 7. Existência de consistente relatório social elaborado por assistente social favorável ao pedido da requerente, ante a constatação da estabilidade da família. Acórdão que se posiciona a favor do pedido, bem como parecer do Ministério Público Federal pelo acolhimento da tese autoral. 8. É incontroverso que existem fortes vínculos afetivos entre a recorrida e os menores - sendo a afetividade o aspecto preponderante a ser sopesado numa situação como a que ora se coloca em julgamento. 9. Se os estudos científicos não sinalizam qualquer prejuízo de qualquer natureza para as crianças, se elas vêm sendo criadas com amor e se cabe ao Estado, ao mesmo tempo, assegurar seus direitos, o deferimento da adoção é medida que se impõe. 10. O Judiciário não pode fechar os olhos para a realidade fenomênica. Vale dizer, no plano da "realidade", são ambas, a requerente e sua companheira, responsáveis pela criação e educação dos dois infantes, de modo que a elas, solidariamente, compete a responsabilidade. 11. Não se pode olvidar que se trata de situação fática consolidada, pois as crianças já chamam as duas mulheres de mães e são cuidadas por ambas como filhos. Existe dupla maternidade desde o nascimento das crianças, e não houve qualquer prejuízo em suas criações. 12. Com o deferimento da adoção, fica preservado o direito de convívio dos filhos com a requerente no caso de separação ou falecimento de sua companheira. Asseguram-se os direitos relativos a alimentos e sucessão, viabilizando-se, ainda, a inclusão dos adotandos em convênios de saúde da requerente e no ensino básico e superior, por ela ser professora universitária. 13. A adoção, antes de mais nada, representa um ato de amor, desprendimento. Quando efetivada com o objetivo de atender aos interesses do menor, é um gesto de humanidade. Hipótese em que ainda se foi além, pretendendo-se a adoção de dois menores, irmãos biológicos, quando, segundo dados do Conselho Nacional de Justiça, que criou, em 29 de abril de 2008, o Cadastro Nacional de Adoção, 86% das pessoas que desejavam adotar limitavam sua intenção a apenas uma criança. 14. Por qualquer ângulo que se analise a questão, seja em relação à situação fática consolidada, seja no tocante à expressa previsão legal de primazia à proteção integral das crianças, chega-se à conclusão de que, no caso dos autos, há mais do que reais vantagens para os adotandos, conforme preceitua o artigo 43 do ECA. Na verdade, ocorrerá verdadeiro prejuízo aos menores caso não deferida a medida. 15. Recurso Especial improvido."

companheira que antes já havia adotado as mesmas crianças. Mediante do feito, procura o casal homoafetivo estender a adoção unilateral já existente à outra companheira do consórcio. Ao analisar a pretensão da requerente o aresto leva em consideração os ditames do art. 1º da Lei nº 12.010/2009, o qual prevê a "garantia do direito à convivência familiar a todas e crianças e adolescentes" e do art. 43, do ECA, cujo mandamento estabelece que "a adoção será deferida quando apresentar reais vantagens para o adotando e fundar-se em motivos legítimos". Segundo o julgado, o tema da adoção de crianças e adolescentes por casais homoafetivos vincula-se obrigatoriamente à necessidade da verificação da melhor solução a ser dada para a proteção integral dos direitos das crianças e dos adolescentes. Neste sentido louvou-se a decisão do STJ de estudos alienígenas especializados em matéria de adoção por homossexuais, realizados na Universidade de Virgínia, na Universidade de Valência e na Academia Americana de Pediatria, cujos resultados apontam para a inexistência de inconvenientes em relação à adoção de crianças por casais homossexuais; de laudo social, elaborado por assistente social que constata a estabilidade da família homoafetiva da requerente e do parecer favorável do Ministério Público Federal pelo acolhimento do pedido de adoção. Provada, finalmente, a existência de fortes vínculos afetivos entre a recorrida, a pretensa adotante e os menores adotandos, julgou o Superior Tribunal de Justiça no sentido do deferimento da adoção, sob a alegação de que "o Judiciário não pode fechar os olhos para a realidade fenomênica". Trata a espécie de situação fática consolidada, pois as crianças chamam as duas mulheres de mães e são cuidadas por ambas como filhos. Existe na espécie dupla maternidade desde o nascimento das crianças, ficando garantido, mediante o deferimento da adoção, o direito de convívio dos filhos adotivos com a requerente no caso de separação ou falecimento de sua companheira. Asseguram-se, também, os direitos relativos a alimentos e sucessão, viabilizando-se, ainda, a inclusão dos adotandos em convênios de saúde da requerente. Entendeu o julgado atender a presente adoção aos interesses dos menores, que são irmãos biológicos e poderão ser criados juntos, como vem sendo, desde seu nascimento, e atender às exigências do art. 43, do ECA. Razão pela qual mereceu o pleito deferimento.

No julgado em comento, os ilustres Ministros deram especial ênfase às reais vantagens e à prevalência da proteção integral dos direitos e interesses das crianças adotandas e consideraram como fundamento substancial, para a admissibilidade da adoção, a existência de fortes vínculos afetivos entre a recorrida, pretensa adotante e os menores adotandos, deixando de lado o pieguismo e a superficialidade com que o tema é tratado nas novelas de televisão e os chavões populares que distorcem o instituto da adoção ao vislumbrar prevalentemente um suposto direito subjetivo de casal homoafetivo adotar, alegando haver um "projeto de família" e outras superficialidades. O fundamento na adoção só pode ser um: a defesa e a promoção das reais vantagens e da proteção integral dos direitos e interesses dos adotandos e não dos adotantes.

A criança adotada por um casal homoafetivo será registrada em nome dos dois adotantes, figurando na certidão de nascimento da criança ou do adolescente a existência de dois pais ou duas mães, conforme o caso.

Da atenta análise do problema, ante o ordenamento jurídico brasileiro, não existem impedimentos legais em ser deferida a adoção singular de criança ou adolescente a uma pessoa portadora de orientação homossexual. Deve ser ressaltado que o ponto nuclear sobre a possibilidade ou não do eventual deferimento da adoção de criança por homossexual reside no exame e na verificação de cada caso concreto, averiguando se está, efetivamente, presente o pressuposto contido no art. 43, do ECA, que constitui a cláusula geral de proteção integral ao adotando e que, expressamente, condiciona o deferimento da adoção, somente, quando esta constituir efetivo benefício para o adotando. Se, ao contrário, o caso concreto revelar ou indicar ao magistrado indícios da existência de incompatibilidade entre as partes ou suspeita de o adotante não oferecer ao adotando ambiente familiar moralmente sadio ou adequado para criar e educar uma criança ou adolescente ou não se consolidarem laços afetivos entre as partes, deverá a pretensão de adotar ser indeferida. Deve ser deixado em segundo plano o denominado "direito de adotar" prevalecendo sempre e em primeiro plano o "direito de ser adotado".

O pedido de adoção conjunta de uma mesma criança ou adolescente por casal homoafetivo, quando não se revestir de medida excepcional em determinado caso concreto, parece-nos inadequado e desaconselhável, por se afastar dos objetivos superiores da adoção, que consistem em oferecer uma mãe e um pai a uma criança ou a um adolescente e não, dois pais ou duas mães.

Embora tenhamos reservas no tocante à adoção de criança ou adolescente por um casal constituído por duas pessoas do mesmo sexo, não nos colocamos entre os opositores radicais entendendo que, excepcionalmente, poder-se-á admitir esta modalidade de adoção quando o caso concreto revelar a presença de sólidos vínculos afetivos pr eexistentes entre o adotante ou casal adotante e o adotando e que a adoção trará reais vantagens e promoverá a proteção integral dos interesses da criança, tal qual ocorre no Recurso Especial julgado pelo STJ em 27.04.2010.[581]

c) *O Projeto de Estatuto das Famílias* pretende inovar a matéria de forma abrupta, possibilitando a adoção de uma mesma criança ou de um adolescente por duas pessoas do mesmo sexo, autorizada no inciso II, do art. 68. O presente dispositivo procura assegurar a adoção como um *direito* subjetivo ao casal homoafetivo. Soa o mencionado artigo:

> "Art. 68. É reconhecida como entidade familiar a união entre duas pessoas de mesmo sexo, que mantenham convivência pública, contínua, duradoura, com objetivo de constituição de família, aplicando-se, no que couber, as regras concernentes à união estável.
> Parágrafo único. Dentre os direitos assegurados, incluem-se:
> I – guarda e convivência com os filhos;
> II – a adoção de filhos;
> III – direito previdenciário;
> IV – direito à herança."

O art. 68, do Projeto de Estatuto das Famílias, pretende, acertadamente, regular uma situação de fato, a convivência de pessoas do mesmo sexo de maneira pública, contínua, duradoura, reconhecendo-a como uma união afetiva de natureza familiar. Assim como qualquer outro casal, os conviventes homoafetivos trabalham, produzem, adquirem bens, compartilham, surgindo, portanto, para ambos os conviventes o *direito*

---

[581] STJ. REsp 889.852; Proc. 2006/0209137-4; RS; Quarta Turma; Rel. Min. Luis Felipe Salomão; Julg. 27.04.2010. DJE 10.08.2010. BONIJURIS – 477.

previdenciário e o *direito à herança,* como direitos patrimoniais, previstos nos incisos III e IV, do art. 68, em comento.

No tocante à adoção de filhos, manifestamo-nos supra, dizendo que não existe qualquer restrição legal em relação a uma pessoa pelo fato de ser homossexual poder adotar uma criança ou um adolescente. Afirmamos, ainda, que tanto homens como mulheres homossexuais possuem capacidade física e biológica para gerar filhos e se tornar um pai ou uma mãe biológicos. Oferecendo o adotante homossexual ao adotando um ambiente familiar moralmente sadio e reais vantagens aos interesses da criança ou do adolescente, não encontramos qualquer impedimento legal para ser-lhe deferida a adoção, nos termos do art. 43, do ECA.

O inciso II, do art. 68, do Estatuto das Famílias, segundo nos parece, vai ao desencontro da ideologia abarcada pela Constituição, uma vez que o constituinte ao tratar da adoção de uma mesma criança ou adolescente por duas pessoas previu a adoção por duas pessoas de sexo diverso e não igual, uma vez que dá prevalência ao adotando de ser inserido no âmbito de uma família e de possuir, consequentemente, uma mãe e um pai.

A Constituição brasileira não foi elaborada objetivando resolver os anseios específicos de eventual paternidade ou maternidade de pessoas do mesmo sexo que mantenham convivência, mas de oferecer ao órfão, ao abandonado ou ao exposto a possibilidade de constituir um vínculo de paternidade-maternidade e filiação socioafetivo. Logo, não tem cabimento a previsão legal, tal qual faz o Estatuto das Famílias, de um suposto direito de adotar. O que existe e deve ser privilegiado é o *direito em ser adotado,* segundo o melhor interesse do adotando. A adoção de criança ou adolescente por casal homoafetivo deve ser deferido somente como medida excepcional em determinados casos concretos.

Outorgar o direito a ambos os conviventes homoafetivos de serem o "pai" ou a "mãe" da mesma criança, segundo o referido inciso II, do art. 68, constituirá em violação ao direito de a mesma ter um pai e uma mãe, uma vez que a adoção atribui a situação de filho ao adotado, desligando-o de qualquer vínculo com os pais e parentes consanguíneos. Assim, tratando-se de casal homoafetivo masculino o adotando não terá mãe, caso contrário, constituindo-se, a espécie, em um casal homoafetivo feminino o adotando não terá pai. Além do mais, o direito de um casal homoafetivo adotar, sem mais nem menos, colidirá com os direitos da criança ou do adolescente previstos nos arts. 7º e 8º, da Convenção das Nações Unidas sobre os Direitos das Crianças, de 1989. Uma adoção desta natureza raramente atenderá ao melhor benefício e interesse da criança e do adolescente, consagrados no art. 227, da Constituição, no art. 43, do ECA e no art. 78, do próprio EF. A adoção de criança por casal homoafetivo poderá ser admitida somente em casos excepcionais, consoante já afirmamos acima. O inciso II, do art. 68, do Projeto do Estatuto das Famílias tal como foi posto, inverte e distorce os objetivos superiores da adoção não se coadunando com as normas expressas na Convenção Interamericana sobre Conflito de Leis em Matéria de Adoção de Menores e na Convenção Relativa à Proteção das Crianças e à Cooperação em Matéria de Adoção Internacional.[582] A adoção de crianças e adolescentes deverá atender sempre aos reais e melhores interesses do

---

[582] *Convenção Interamericana sobre Conflito de Leis em Matéria de Adoção de Menores,* concluída em La Paz, em 24.05.1984. Decreto nº 2.429, de 17.12.1997, que regulamenta a referida Convenção. Disponível em: <http://www2.mre.gov.br/dai/menores.htm/>. Último acesso em: 23 jan. 2009.

adotando, que é o titular do direito e não aos interesses dos adotantes e seus supostos direitos subjetivos sobre crianças e adolescentes.

Neste polêmico tema nos reportamos às considerações trazidas no encerramento do item *b*, supra, e, ao concluir, fazemos nossas as palavras de Luiz Carlos de Barros Figueirêdo,[583] ao dizer que "na adoção não se busca 'a melhor criança para o adotante' e sim, 'o melhor adotante para a criança', sobressaindo disso que é, salvo as exceções que confirmam a regra, melhor para o adotado que ele tenha pai e mãe (afinal de contas a adoção imita a família biológica) do que só o pai ou só a mãe."

Para nós, afigura-nos perniciosa a proposta contida no inciso II, do art. 68, do Projeto de Estatuto das Famílias, ao elevar a possibilidade da adoção de crianças e adolescentes por casais homoafetivos à qualidade de um direito subjetivo destes. O dispositivo tal qual se apresenta no referido Projeto de Lei corre o risco de preterir a prevalência dos superiores interesses do adotando, deixando-os para um segundo plano.

d) No tocante à *adoção internacional por casais homoafetivos*, a exegese predominante do art. 47, da Convenção Interamericana sobre Conflito de Leis em Matéria de Adoção de Menores [584] e do art. 4º, da Convenção Relativa à Proteção das Crianças e à Cooperação em Matéria de Adoção Internacional,[585] manifesta-se no sentido da vedação da referida modalidade de adoção.[586] Mesmo que houvesse autorização nas normas internacionais, em relação à adoção internacional por casais homoafetivos, não haveria possibilidade de aplicação no Brasil, segundo Luiz Carlos de Barros Figueirêdo,[587] tendo em vista os impedimentos constitucionais e legais.

Embora em que pese a igualdade das pessoas em todos os aspectos e a inexistência de vedação legal para o deferimento de adoção de criança ou adolescente a homossexual, no Brasil, quando esta realmente constituir efetivo benefício para o adotando e afastados quaisquer resquícios de discriminação, entendemos que o ideal da adoção será sempre a adoção em conjunto, a ser realizada por um homem que será o pai e por uma mulher que será a mãe. Neste caso, a criança e o adolescente melhor espelharão seu comportamento e seu desenvolvimento psicossexual.

---

[583] FIGUEIRÊDO, Luiz Carlos de Barros. *Adoção para Homossexuais. Ob. cit.*, p. 103.

[584] A Convenção Interamericana sobre Conflito de Leis em Matéria de Adoção de Menores, concluída em La Paz, em 24.05.1984 foi ratificada pelo Brasil em 08.07.1997. A referida Convenção é regulamentada no Brasil pelo Decreto nº 2.429, de 17.12.1997. Disponível em: <http://www2.mre.gov.br/dai/menores.htm/>. Último acesso em: 23 jan. 2009.

[585] Convenção Relativa à Proteção das Crianças e à Cooperação em Matéria de Adoção Internacional de Haia, de 29.05.1993. Disponível em: <http://jij.tj.rs.gov.br/jij_site/docs/LEGISLACAO/.../. Último acesso em: 23 jan. 2009.

[586] Convenção Interamericana sobre Conflito de Leis em Matéria de Adoção de Menores:
"Art. 4º. A lei do domicílio do adotante (ou adotantes) regulará:
a) a capacidade para ser adotante;
b) os requisitos de idade e estado civil do adotante;
c) o consentimento do cônjuge do adotante, se for o caso, e
d) os demais requisitos para ser adotante.
Quando os requisitos da lei do adotante (ou adotantes) forem manifestamente menos estritos do que os da lei da residência habitual do adotado, prevalecerá a lei do adotado."

[587] FIGUEIRÊDO, Luiz Carlos de Barros. *Ob. cit.*, p. 111.

1.8 A adoção de embriões e de nascituros

A popularização das técnicas de reprodução artificial conduziu a humanidade a produzir milhões de embriões que não são aproveitados na reprodução, permanecendo congelados nas clínicas de reprodução humana assistida, na maioria das vezes, sem nenhuma finalidade. O destino a ser dado a esses embriões criopreservados, abandonados e esquecidos por seus genitores, satisfeitos com os resultados da fertilização assistida e não querendo mais filhos, além daqueles que nasceram a partir da terapia de fertilização, tem provocado grandes debates, e as soluções propostas para o problema do excesso de embriões e seu armazenamento são radicais, não se vislumbrando a menor possibilidade de se alcançar um ponto de vista comum.

A multiplicidade de opiniões conflitantes, originadas de conceitos biomédicos, éticos, religiosos e filosóficos, cada qual defendendo uma maneira de solucionar o grave problema dos embriões excedentes, não encontrará jamais uma unidade ou um consenso.

Didaticamente podemos resumir as vertentes de opinião em três propostas básicas.

A primeira ideia propõe a destruição dos embriões excedentes mediante simples descarte. É a opinião predominante no Brasil dos usuários da fertilização *in vitro* (FIV).

A segunda corrente propõe a doação desses embriões excedentes para pesquisas científicas; para a utilização das células-tronco embrionárias no tratamento de moléstias mediante as técnicas de embrioterapia e para o emprego desses embriões na fabricação de medicamentos.

O terceiro grupo de pensadores propõe que os embriões crioarmazenados nos bancos de gametas sejam colocados em adoção para terceiros, cuja infertilidade os impossibilite de obter a reprodução por meios naturais.

No presente capítulo, limitaremos nossas considerações em torno da terceira proposta, para a qual devem os genitores biológicos que não queiram, ou não possam utilizar os embriões excedentes gerados, colocá-los para adoção para casais inférteis, para que estes possam gestá-los e criá-los como seus filhos.[588]

A adoção de embriões excedentes por terceiros possibilitaria à mulher, diante de sua absoluta impossibilidade de obter a fecundação por meios naturais, ser receptora desses embriões e vir a gestar a criança ou mesmo, diante da impossibilidade de ela gestar, utilizar-se de uma mãe substituta e, assim, vir o casal a satisfazer seus anseios de paternidade e maternidade.

A possibilidade de adotar ou de doar embriões é pouco conhecida no Brasil, carecendo de regulamentação legislativa.

Segundo Paulo Marcelo Perin,[589] os embriões excedentes criopreservados podem ser classificados em dois grupos: a) embriões de bom potencial reprodutivo; b) embriões de baixo potencial reprodutivo.

---

[588] Sobre o tema do descarte de embriões excedentes criopreservados; da doação de embriões excedentes criopreservados para pesquisas científicas em embrioterapia e da adoção de embriões excedentes criopreservados por casais inférteis vide trabalhos específicos de nossa autoria: O Embrião Excedente – O Primado do Direito à Vida e de Nascer - Análise do Art. 9º, do Projeto de Lei do Senado nº 90/99. *RTDC*. V 8, p. 83-107. Rio de Janeiro. 2001 e O embrião humano: sua personalidade e a embrioterapia. *Revista da Faculdade de Direito da UFPR*. Nº 46, p. 151-179. 2007.

[589] PERIN, Paulo Marcelo. Notícias – Direito Médico. Quarta-feira, 13.07.2005. Disponível em: <http//www.centraljuridica.com/>. Acesso em: 22 jan. 2011.

O primeiro grupo constitui-se por embriões excedentes que não foram utilizados pelas pacientes, por terem estas logrado êxito no tratamento mediante fertilização artificial, engravidando. São embriões saudáveis os quais, no entanto, sobraram uma vez que o casal está satisfeito com o êxito da terapia, não querendo outros filhos.

O segundo grupo de embriões, de baixo potencial reprodutivo, resulta de terapias em que a paciente não engravidou, sobrando embriões, os quais não serão utilizados.

Segundo Perin, os embriões que constituem o primeiro grupo têm boa chance de desenvolvimento, podendo ser doados para casais com dificuldades de reprodução e sem condições econômicas para arcar com os elevados custos das técnicas de reprodução assistida. [590] Para estes, seria vantajosa a doação de embrião excedente, tendo os futuros pais a possibilidade de vivenciar inteiramente uma gestação.[591]

A proposta mais aceita é a de que o casal "proprietário" dos embriões declare sua vontade de doá-los para terceiros, assinando a devida autorização para a Clínica de Reprodução Humana realizar a doação dos embriões excedentes. Realiza-se um negócio jurídico com a transferência da titularidade da propriedade dos embriões dos doadores para os donatários. Cuida, ainda, a proposta de impedir o contato do casal de doadores com os donatários dos embriões doados, preservando o direito ao segredo da identidade dos interessados envolvidos e do procedimento realizado.

A proposta de doar embriões excedentes para casais com impossibilidade de reprodução por meios naturais, porém, não é tão simples assim, merecendo a proposição uma reflexão mais cautelosa.

Há uma total confusão entre médicos, biólogos, operadores do direito, clérigos, religiosos e leigos.

Afinal a proposta é a de doação de embriões ou a de adoção de embriões excedentes?

Se falarmos em *doação de embriões* estaremos diante de um negócio jurídico translativo de propriedade e, neste caso, o embrião será mera *coisa*, isenta de personalidade e, consequentemente, não se constituindo em uma pessoa em desenvolvimento. É objeto de direito que poderá ser doado e negociado mediante contrato, como qualquer mercadoria. Se nos filiarmos à *teoria genético-desenvolvimentista* ou *natalista* da aquisição da personalidade, o embrião fora do corpo materno será considerado mero objeto de direito, uma *coisa* de *propriedade* dos genitores ou da clínica de fertilização, perfeitamente negociável e sujeito à doação. Segundo essa teoria, a personalidade só surge a partir do momento do nascimento do feto e com vida.

Ao contrário, de acordo com a *teoria concepcionista* da aquisição da personalidade, independentemente de o embrião se encontrar no ventre ou fora do corpo da mãe, ele

---

[590] Segundo Perin a biomedicina, até o presente momento, não conseguiu concluir qual seria o limite máximo de tempo em que um embrião pode ficar congelado mantendo todas as qualidades para desenvolver uma criança saudável. O relato mais antigo da literatura científica noticia que um embrião congelado por 18 anos desenvolveu uma criança saudável nos EUA. Para Perin, decorrido o período de 03 anos de congelamento haverá uma queda considerável na qualidade desses embriões. Razão assiste ao citado médico, não se aplicando ao tema da adoção de embriões e nascituros os mesmos critérios temporais aplicados para a pesquisa e tratamento com células-tronco embrionárias e o emprego da embrioterapia, adotados pela Lei de Biossegurança brasileira.

[591] Afirma Perin, que dos mais de mil casais tratados na Clínica de Reprodução Assistida Diagnóstico Sonográfico-Diason, em São Paulo, nenhum autorizou a doação de seus embriões para casais inférteis. A maioria dos casais (60%) optou pela destruição dos embriões e o restante (40%) preferiu a doação para pesquisa científica.

será sempre considerado uma pessoa, portador de personalidade desde a concepção. Segundo este entendimento, o embrião, mesmo *in vitro*, não poderá ser doado, por ser um ser humano em desenvolvimento, portador de personalidade e não uma mera coisa. Não poderá ser doado por não se configurar em um objeto de mercancia. Como pessoa em desenvolvimento será sujeito de direito.

De acordo com essa última teoria, o embrião será passível de adoção.[592]

E como se apresenta o problema perante o direito brasileiro?

O direito brasileiro, consoante afirmamos no Capítulo 2.3.1, infra, adotou a teoria concepcionista da aquisição da personalidade, constituindo-se o embrião, mesmo fora do corpo materno, um ser humano em desenvolvimento e possuidor de personalidade a partir da concepção.[593] Uma vez sendo o embrião, desde a fecundação, um ser distinto da mãe, possuidor de *autonomia genético-biológica* será ele uma *pessoa, sujeito de direito* e não *objeto de direito*. O ser humano ao adquirir a personalidade, a partir da concepção, adquire, juntamente, direitos morais e patrimoniais, consoante dispõe o §único, do art. 1609; art. 1779 e art. 1798, do Código Civil.[594]

Sendo o embrião humano portador de personalidade e sujeito de diretos morais e patrimoniais, conforme o sistema do Código Civil de 2002, não poderá este ser doado e sim, somente, colocado em adoção.

Portanto, razão assiste aos que propõem a adoção de embriões excedentes por terceiros que não tiveram sucesso na fertilização natural ou artificial ou, mesmo, não tenham condições econômicas para suportar os elevados custos de uma terapia de fertilização artificial. Não se aplica, consequentemente, a proposta simplista de declaração de vontade negocial de doação do embrião, com assinatura de autorização às Clínicas de Fertilização Humana.

O Estatuto da Criança e do Adolescente não traz previsão legal reguladora da matéria de adoção de embriões humanos. Foi uma falha do legislador, principalmente do legislador da Lei nº 12.010/2009, reformulador do ECA.

Diante desse quadro, cabe indagar; qual a legislação a ser aplicada em matéria de adoção de embriões? Ou somos carecedores de legislação específica?

A norma a ser aplicada para a adoção de embriões é a mesma que regula da adoção de crianças e adolescentes.

É evidente que o embrião e o nascituro não são crianças, todavia virão a sê-lo ao final do desenvolvimento.

Embora o art. 39, do ECA, determine, categoricamente, ser o Estatuto da Criança e do Adolescente a Lei que rege a adoção de criança e de adolescente, uma exegese mais ampla e liberal, tal qual a que vem conferindo direito de adotar aos casais homoafetivos, autoriza e normatiza a adoção de embriões humanos excedentários.

Os pressupostos legais para a adoção de embriões excedentários são, praticamente, os mesmos exigidos pelo ECA para a adoção de crianças e adolescentes, destacando-se o necessário consentimento dos genitores do embrião e dos adotantes no sentido

---

[592] A categoria da adoção de embriões deverá tornar obrigatória a realização de exames genéticos no embrião e a investigação de eventual defeito genético na família do doador, para que a criança seja saudável e se desenvolva isenta de moléstias genéticas.

[593] SZANIAWSKI, Elimar. *O Embrião excedente...*, p. 89-90.

[594] SZANIAWSKI, Elimar. *Direitos de Personalidade* ..., p. 66.

positivo da adoção.[595] Dispensa-se, evidentemente, o estágio de convivência na adoção de embriões e de nascituros.

Grande dúvida e polêmica se estabelece no tocante à exigência da aplicação do art. 43, do ECA.

Segundo o pensamento cristão dominante, a adoção de embrião excedentário sempre constituirá real vantagem a ele, uma vez que a adoção evitará seu descarte, ou sua utilização em experiências científicas que, igualmente, o levarão à morte. Outro ponto de vista, também cristão, mas não católico apostólico, indaga se não seria melhor o descarte do que permitir desenvolver e sofrer as agruras do mundo, um ser humano que não foi concebido pela graça de Deus, tendo sido "fabricado" em laboratório por outros seres humanos?

A resposta a essa indagação está na consciência de cada pessoa...

De nossa parte, embora tenhamos sempre manifestado certa simpatia pela adoção de embriões pré-implantacionais por casais inférteis, esta prática traz sérias desvantagens à sociedade brasileira e não se coaduna perfeitamente com a ideologia trazida pelos princípios informadores do ECA.

Consoante falamos no início do estudo da adoção, Capítulo 1.3.2.1, supra, a categoria brasileira da adoção tem por fundamento os princípios emanados da "Doutrina da Proteção Integral dos Direitos Humanos", das Nações Unidas, inserindo a adoção como um instrumento social destinado a amparar as crianças, os adolescentes e a família dentro da categoria denominada *paternidade* e *filiação sócioafetiva*.

Conforme a perspectiva do ECA, a adoção de embriões excedentários em um país como o Brasil, no qual existem milhões de crianças abandonadas, expostas, órfãs e sobreviventes de um submundo e que esperam muito tempo para encontrar uma família que as acolha, seria extremamente prejudicial o advento desta nova modalidade de adoção.

As crianças órfãs, abandonadas e as deixadas em abrigos ficarão imensamente prejudicadas quando a adoção de embriões vier a se tornar uma prática constante no Brasil. A grande maioria dos casais adotantes irá preferir adotar nascituros ou embriões e gestá-los, deixando para trás as crianças maiores, ficando, como sempre, a adoção de crianças em orfanatos como a última opção.[596]

1.9 O processo de adoção e o direito ao segredo que o envolve

Ao finalizar o estudo da adoção no Brasil, entendemos ser necessário abrir mais um Capítulo trazendo algumas considerações sobre o dever de *segredo* ou *sigilo* que envolve o processo de adoção. O tema proposto a seguir é extremamente importante, uma vez que vincula diretamente outra matéria, que será objeto de estudo no Título V, a qual diz respeito ao *direito ao conhecimento da própria origem genética e familiar* do adotado. A presente categoria, sendo um direito de personalidade, poderá, muitas vezes, conflitar com o *direito ao segredo familiar ou doméstico* e com o *direito ao segredo profissional*,

---

[595] São aplicáveis à adoção de embriões os requisitos previstos nos arts. 39; 40; 42; 45 e 47 do ECA, entre outros.

[596] GALVEZ, Martha Ramirez. Reprodução assistida, consumo de tecnologia, deslocamentos e exclusões. *Revista Ciência e Cultura*, V. 60. Nº 1. 2008, p. 39.

que, também, são direitos especiais de personalidade, podendo originar uma colisão de direitos fundamentais.[597]

O ECA, ao tratar do processo da adoção plena, no art. 47 e seus parágrafos,[598] estabelece o segredo de justiça naquilo que tange ao feito da adoção. Ao determinar no *caput* do dispositivo que não será fornecida certidão da inscrição da sentença que constitui a adoção no ofício civil e nos §§1º e 4º, que a inscrição no registro público deverá consignar o nome dos adotantes como pais, bem como o nome de seus ascendentes, vedando, expressamente, a inscrição de qualquer modalidade de observação sobre a origem do ato nas certidões do registro, estabelece o *direito ao segredo* a favor do adotando e dos adotantes, como um direito especial de personalidade, em relação à adoção realizada.

Neste ponto, faz-se mister abrirmos um parênteses a fim de trazermos algumas considerações sobre o *direito ao segredo* ou *sigilo,* que consiste, consoante já mencionamos, em um *direito especial de personalidade.* O *direito ao segredo* consiste na não divulgação de determinados fatos da vida de alguém, cujo conhecimento por terceiros foi obtido licitamente.[599]

Em relação à extensão da tutela do *direito ao segredo,* filiamo-nos à teoria de Heinrich Hubmann,[600] adotada pelo Tribunal Federal de Justiça da Alemanha, o *BGH,* em suas decisões.

---

[597] Lembramos que todos os direitos de personalidade são direitos fundamentais; ao passo que nem todos os direitos fundamentais são direitos de personalidade.

[598] Convenção Interamericana sobre Conflito de Leis em Matéria de Adoção de Menores:
"Art. 47. O vínculo da adoção constitui-se por sentença judicial, que será inscrita no registro civil mediante mandado do qual não se fornecerá certidão.
§1º A inscrição consignará o nome dos adotantes como pais, bem como o nome de seus ascendentes.
§2º
§4º Nenhuma observação sobre a origem do ato poderá constar nas certidões do registro."
Convenção Relativa à Proteção das Crianças e à Cooperação em Matéria de Adoção Internacional de 1993:
"Art. 4º: As adoções abrangidas por esta Convenção só poderão ocorrer quando as autoridades competentes do Estado de origem:
a) tiverem determinado que a criança é adotável;
b) tiverem verificado, depois de haver examinado adequadamente as possibilidades de colocação da criança em seu Estado de origem, que uma adoção internacional atende ao interesse superior da criança;
c) tiverem-se assegurado de:
1) que as pessoas, instituições e autoridades cujo consentimento se requeira para a adoção hajam sido convenientemente orientadas e devidamente informadas das consequências de seu consentimento, em particular em relação à manutenção ou à ruptura, em virtude da adoção, dos vínculos jurídicos entre a criança e sua família de origem;
2) que estas pessoas, instituições e autoridades tenham manifestado seu consentimento livremente, na forma legal prevista, e que este consentimento se tenha manifestado ou constatado por escrito;
3) que os consentimentos não tenham sido obtidos mediante pagamento ou compensação de qualquer espécie nem tenham sido revogados, e
4) que o consentimento da mãe, quando exigido, tenha sido manifestado após o nascimento da criança; e
d) tiverem-se assegurado, observada a idade e o grau de maturidade da criança, de:
1) que tenha sido a mesma convenientemente orientada e devidamente informada sobre as consequências de seu consentimento à adoção, quando este for exigido;
2) que tenham sido levadas em consideração a vontade e as opiniões da criança;
3) que o consentimento da criança à adoção, quando exigido, tenha sido dado livremente, na forma legal prevista, e que este consentimento tenha sido manifestado ou constatado por escrito;
4) que o consentimento não tenha sido induzido mediante pagamento ou compensação de qualquer espécie".

[599] SZANIAWSKI, Elimar. *Direitos de Personalidade...,* p. 305.

[600] HUBMANN, Heinrich. *Das Persönlichkeitsrecht,* p. 328, ss.

Hubmann, ao desenvolver a teoria da tutela do *direito geral de personalidade* de cada indivíduo, inseriu em sua esfera individual, dentro da qual o mesmo realiza sua atuação social, três esferas ou círculos concêntricos menores. A primeira e a mais íntima das esferas é a *intimsphäre*, a *esfera íntima*.[601] A *esfera íntima* consiste no mais elevado grau de proteção do indivíduo em relação à sua própria pessoa. Constitui o âmbito da vida no qual o indivíduo pode manter-se em total segredo diante de outras pessoas, mesmo das mais próximas. A esfera íntima protege a pessoa inteiramente, em grau absoluto, ficando ela intocável aos olhos e ouvidos alheios. A segunda, a *geheimsphäre*, a *esfera secreta*, se localiza no segundo círculo concêntrico e está sobreposta à esfera anterior, a *esfera íntima*.[602] O âmbito da *esfera secreta* é mais amplo do que o da esfera íntima, pois naquela participam as pessoas próximas, cônjuge, pais, irmãos ou algum parente, os quais conhecem determinados segredos da pessoa, obtidos licitamente. Familiares menos próximos, amigos e colegas, em geral, ficam fora dos limites dessa esfera, não participando do segredo. O último círculo concêntrico, onde se desenvolve a personalidade da pessoa e sobreposta à esfera anterior, é a *privatsphäre*, a *esfera privada*, que é bem mais ampla do que as esferas anteriores. Nesta esfera, localizam-se as proibições de divulgação de fatos cujo conhecimento pertence a um determinado círculo de pessoas que não participam direta e obrigatoriamente da vida do indivíduo, mas que conhecem alguns dos seus segredos. Além dos limites desta esfera, encontra-se a coletividade que permanece do lado de fora deste círculo privado.[603] Fora da esfera privada encontra-se a esfera pública do indivíduo, sendo que, neste âmbito, não existem segredos nem privacidade em relação à pessoa e sua personalidade.

No tocante aos segredos oriundos do processo de adoção, o adotante e seus familiares, o adotado e seus parentes próximos, se encontram no âmbito da segunda esfera, a *esfera secreta*. Existe, ainda, na teoria de Hubmann, uma esfera secundária denominada *berufsphäre*, a *esfera profissional*, onde estão localizados os profissionais de algumas áreas, como da assistência social, do Poder Judiciário, do Ministério Público, do Registro Civil, advogados, etc., os quais, por estarem envolvidos profissionalmente no processo de adoção, conhecem os segredos que envolvem a filiação adotiva, sendo obrigados a manter sigilo profissional em relação aos fatos que conheceram em virtude do exercício da profissão.[604] Familiares e outras pessoas ligadas diretamente aos adotantes e ao adotado participam de seus segredos, podendo conhecer aspectos da privacidade do indivíduo no que diz respeito à sua origem e à identidade pessoal, devendo guardar segredo, ficando fora desta esfera as demais pessoas que não estão próximas às partes. Aquelas pessoas não podem tomar conhecimento do que ocorre ou ocorreu dentro dos limites desta esfera.

O magistrado que preside o processo de adoção, o representante do Ministério Público, os serventuários da justiça, o assistente social ou outra pessoa que tenha

---

[601] SZANIAWSKI, Elimar. *Direitos de Personalidade* ..., p. 357.

[602] SZANIAWSKI, Elimar. *Últ. ob. cit.*, p. 360.

[603] SZANIAWSKI, Elimar. *Últ. ob. cit.*, p. 360-362.

[604] O ECA disciplina o processo de adoção do art. 39 ao 52-D, em que se verifica quais as pessoas que se envolvem no processo, além do adotando. Seus genitores, os adotantes e seus parentes próximos, o juiz e serventuários da justiça, sociólogos, irmãs de caridade, etc., o que leva a concluir que o sigilo em torno da adoção se circunscreve à esfera secreta do adotado.

participado, por razões profissionais, dos fatos que estão ligados à adoção, além de estarem inseridos na esfera secreta dos adotantes e do adotado, estão sujeitos à obediência do sigilo profissional, não podendo revelar para terceiros os segredos que vieram a conhecer devido a sua atividade profissional. O direito ao segredo ou sigilo profissional consiste no direito de a pessoa que, por razões de atividade profissional alheia, teve de revelar ao profissional algum segredo de sua esfera íntima ou secreta. Devido a essa revelação, possui a necessária tutela contra a divulgação não autorizada destes fatos sigilosos a terceiros. Não se trata, portanto, do direito da pessoa do profissional em ter protegidos segredos seus, mas da imposição ao profissional do dever de guardar segredos alheios, obtidos licitamente, em decorrência do exercício profissional. O direito ao segredo profissional pertence àquele que revelou ao profissional os segredos de sua vida secreta, privada ou íntima, tendo garantida a guarda desses segredos, sendo sua privacidade e intimidade protegidas.[605]

A eventual divulgação não autorizada de algum segredo da vida privada de alguém, obtido em razão de atividade profissional, constitui violação do direito ao segredo, sendo irrelevante que a revelação do segredo, obtido pelo profissional, seja realizada mediante divulgação pública ou a uma só pessoa, uma vez que o profissional tornou-se depositário dos segredos que lhe foram confiados não podendo revelá-los a ninguém.[606] A violação do dever de guarda do segredo da vida privada de alguém, em razão do exercício de função, ministério, ofício, ou profissão constitui-se em violação ao direito de personalidade do adotado e dos adotantes, consoante determina o art. 21, do Código Civil. Constitui-se a revelação não autorizada de segredo alheio um ato ilícito, devendo o agente que o praticou responder por perdas e danos morais e patrimoniais. O processo de adoção permanecerá envolvido pelo obrigatório segredo de justiça e cercado pelo direito ao segredo.

Tendo em vista que o adotando, mediante a adoção, passa a pertencer à família dos adotantes como verdadeiro filho, desligando-se sua família biológica, desconhece o fato de ser filho adotivo em um grande número de adoções, acreditando ser filho biológico dos adotantes. Nessa hipótese, o filho permanece alheio ao fato da adoção, ficando situado do lado externo da esfera secreta, permanecendo em segredo sua filiação adotiva.

O direito ao *segredo profissional*, todavia, não é absoluto. Em determinadas hipóteses excepcionais, poderá o direito ao segredo do adotante e do adotado ceder ao *direito ao conhecimento da própria origem genética* cujo titular será filho adotivo, ficando o profissional obrigado a revelar, sob certas condições, o segredo que detém sobre a adoção realizada.

Mencionamos no Capítulo 1.3.2.1 que o Estatuto da Criança e do Adolescente, a partir da reforma pela Lei nº 12.010/2009, reconhece a categoria denominada "vínculo de sangue" permitindo no §8º, do art. 47, seja "o processo relativo à adoção, assim como outros a ele relacionados, mantido em arquivo mediante armazenamento em microfilme ou por outros meios, para sua conservação e consulta a qualquer tempo".

---

[605] SZANIAWSKI, Elimar. *Direitos de personalidade ...*, p. 317.

[606] SZANIAWSKI, Elimar. *Últ. ob. cit.*, p. 317.

O objetivo final da norma é permitir ao adotado, se ele quiser vir a conhecer, posteriormente, sua própria origem genética e familiar em relação à sua família biológica. O *direito ao conhecimento da própria origem genética e familiar* está previsto no art. 48, do ECA, dispondo que o "adotado tem direito de conhecer sua origem biológica, bem como de obter acesso irrestrito ao processo no qual a medida foi aplicada e seus eventuais incidentes, após completar 18 (dezoito) anos."

Embora o Estatuto constitua uma nova e definitiva situação familiar para a criança ou adolescente mediante o processo de adoção plena, tornando irrevogável a adoção, [607] não admitindo, em princípio, o restabelecimento do poder familiar dos genitores biológicos, diante de eventual morte dos pais socioafetivos, permite o ECA ao adotado o direito de conhecer seus vínculos de sangue, rompendo os segredos que circundam a adoção.

O legislador da Lei nº 12.010/2009, partindo das conclusões hauridas de estudos de psicologia e de psiquiatria infantil, que defendem a revelação da verdade ao adotado, incluindo-o na esfera secreta de sua adoção, relativizou ao máximo o direito ao segredo que envolve o processo de adoção. Segundo afirmam os psicólogos e psiquiatras infantis, por mais forte que seja o vínculo socioafetivo que venha a se constituir entre adotando e adotantes, a adoção não teria o poder de romper a origem genética, o passado e a identidade familiar originária do adotado.

Conforme ensina a psicologia infantil, o adotado deverá saber da verdade sobre sua origem familiar desde o início, assim que possa compreender a vida. A existência de um silêncio ou mistério nas relações familiares poderá ser danosa para a estruturação da personalidade do adotado. Os segredos podem ser revelados sem querer, sem qualquer intenção de romper o sigilo, gerando ansiedade e temor aos adotantes de que alguém revele à criança ou ao adolescente sua origem adotiva. Afirmam os psicólogos que o vínculo familiar socioafetivo não deverá ser construído a partir da negação da verdade, pois segundo o ECA, possui o adotado o direito de conhecer sua origem genética e familiar ao atingir 18 anos de idade.

O estudo da obrigação do profissional de revelar segredo da vida privada de outrem, obtido em razão do exercício de função, ministério, ofício ou profissão e em que condições deverá fazê-lo, será objeto de estudo no Título V, infra, dedicado ao exame do *direito ao conhecimento da própria origem genética e familiar* do adotado.

2 A filiação havida por meio de reprodução humana assistida heteróloga

Mencionamos no Capítulo 2, do Título II supra, que na hipótese de a intervenção da medicina e da biologia não tornarem possível a fecundação da mulher, mediante técnicas artificiais, o caminho médico-cirúrgico utilizado para solucionar o problema da esterilidade tem sido o emprego das técnicas da reprodução humana assistida heteróloga, que consiste na utilização de gametas de terceira pessoa, o doador.

---

[607] O STJ vem reconhecendo a possibilidade de ser restabelecido o vínculo familiar do adotado com seus genitores biológicos em casos excepcionais, consoante se verá oportunamente.

Dissemos, anteriormente, que na reprodução assistida heteróloga são comumente utilizados para a fecundação da mulher gametas de doador quando houver manifesta impossibilidade de o marido ou companheiro fecundar sua mulher ou companheira, por razões de absoluta impotência *generandi*. Mediante emprego de técnica específica, são reunidos em laboratório os óvulos da mulher com sêmen de um doador para a formação de embriões que serão inseminados no útero da mulher ou companheira. Poderá, também, ocorrer a reprodução assistida heteróloga quando a mulher ou companheira for portadora de infertilidade absoluta e irreversível. Nesta hipótese, utilizam-se sêmen próprio, do marido ou do companheiro e óvulo alheio, de doadora, cujos embriões que vierem a ser concebidos, serão implantados em útero próprio, da mulher ou companheira, ou alheio, surgindo no último caso, a figura da *gestação substituta*.[608] A maternidade ou gestação de substituição pode ocorrer tanto por meio de inseminação artificial, caso em que o óvulo pertence à mulher gestadora (a qual, consequentemente, se torna a mãe genética e gestacional do bebê) quanto por fecundação *in vitro*, com óvulo ou sêmen do casal infértil e gametas de terceiros.

Na fertilização artificial heteróloga *in vitro*, emprega-se o mesmo processo de fecundação utilizado na reprodução assistida homóloga, usando-se, no entanto, espermatozoides de doador que fertilizam os óvulos da mulher, inseminando o embrião no útero desta ou em útero alheio, de terceira pessoa. Nesta espécie, a *mãe de substituição* deverá dar à luz a uma criança para outra mulher, constituindo-se, normalmente, a maternidade e a gestação de substituição por meio de contrato entre o casal que pretende exercer a paternidade/maternidade e a futura mãe substituta, que tem por único escopo gestar a criança, quase sempre mediante retribuição monetária.[609]

No Brasil a maternidade de substituição deve ser obrigatoriamente gratuita. As doadoras temporárias do útero devem pertencer à família de um dos parceiros num parentesco consanguíneo até o quarto grau, (primeiro grau – mãe; segundo grau – irmã/avó; terceiro grau – tia; quarto grau – prima), nos termos da alínea 1, do item VII, da Resolução nº 2.121/2015, do CFM. O ideal é que a gestadora substituta tenha, no máximo, a idade de 50 anos.

Na reprodução humana assistida heteróloga, na grande maioria das vezes, apenas um dos genitores será o pai ou a mãe biológicos da criança, podendo, no entanto, ambos os pais não serem os verdadeiros genitores biológicos do filho.

A reprodução assistida heteróloga, assim como a adoção, atribui a condição de filho à criança resultante de técnica conceptiva heteróloga ao adotado.

---

[608] Por força da alínea 7, do item I, Princípio Gerais, da Resolução nº 2.013/2013, do CFM, deverão ser transferidos, ao máximo, quatro oócitos ou embriões para a receptora. Quanto ao número de embriões a serem transferidos, recomenda a Resolução o seguinte: a) mulheres com até 35 anos: até 2 embriões; b) mulheres entre 36 e 39 anos: até 3 embriões; c) mulheres entre 40 e 50 anos: até 4 embriões; d) nas situações de doação de óvulos e embriões, é considerada a idade da doadora no momento da coleta dos óvulos. < O número máximo de oócitos e embriões a serem transferidos para a receptora não pode ser superior a quatro. Quanto ao número de embriões a serem transferidos, fazem-se as seguintes determinações de acordo com a idade: a) mulheres até 35 anos: até 2 embriões; b) mulheres entre 36 e 39 anos: até 3 embriões; c) mulheres com 40 anos ou mais: até 4 embriões. Nas situações de doação de óvulos e embriões, considera-se a idade da doadora no momento da coleta dos óvulos. .

[609] A maternidade ou a gestação de substituição, popularmente conhecida pelo termo: "barriga de aluguel", deverá ser gratuita, de acordo com a alínea 2, do item VII, da Resolução nº 2.121/2015, do CFM, a gestação de substituição é conhecida por doação temporária de "barriga" ou de "útero".

Na adoção haverá o desligamento dos vínculos entre o adotado e seus parentes consanguíneos, ao passo que na reprodução assistida heteróloga sequer deverá ser estabelecido o vínculo de parentesco entre a criança e o doador do material genético.[610]

Podemos observar, a partir do que já foi exposto, que a reprodução humana assistida constitui-se em um procedimento médico extremamente complexo, revelador de inúmeras peculiaridades. Pode-se dizer, em resumo que, em matéria de reprodução humana heteróloga, a polêmica se concentra sobre dois pontos fundamentais.

O primeiro, reside na ideia de todo o procedimento de fecundação artificial ser, obrigatoriamente, envolvido por uma relação sigilosa.[611]

O segundo ponto se direciona na exigência obrigatória do *consentimento* expresso do cônjuge ou do companheiro da receptora, na aplicação da técnica da reprodução humana assistida, no sentido de "biologizar" a criança que irá nascer da fecundação artificial da mulher.

Esses rígidos postulados que informavam a modalidade terápica da reprodução assistida vêm sendo relativizados nos últimos anos, vindo algumas legislações a criar mecanismos legais de rompimento do segredo familiar e profissional que envolve a técnica de reprodução artificial heteróloga. Da mesma maneira, a jurisprudência alienígena tem reconhecido, embora, ainda, timidamente, a existência do vínculo biológico entre a pessoa nascida mediante reprodução humana heteróloga e o doador de gametas, podendo este vir excepcionalmente, a responder por alimentos.

Os principais juízos e discussões referentes a esses temas serão abordadas nos capítulos que se seguem.

2.1 O dever ao sigilo da identidade do doador e do receptor de material genético na reprodução assistida

No presente tópico, passaremos a analisar duas ideias que se contrapõem. De um lado, a corrente que defende o obrigatório dever ao sigilo absoluto da identidade do doador e do receptor de material genético a ser utilizado na reprodução assistida, preservando ao máximo a filiação socioafetiva, o direito ao segredo das origens e o segredo familiar das partes envolvidas.

De outro lado, é defendido o direito ao conhecimento das origens, nas hipóteses de reprodução heteróloga, em face da ideia da existência de um *direito ao conhecimento da própria origem genética e familiar*, destinado a proporcionar ao filho, nascido a partir das técnicas de reprodução artificial, o direito de romper o segredo estabelecido no contrato de reprodução humana assistida e conhecer a identidade de seus genitores biológicos, seu patrimônio genético-familiar e sua origem familiar.

No direito brasileiro vigente não existe lei que regule matéria relativa à reprodução humana assistida, carecendo o Brasil de regramento pormenorizado sobre a extensão dos direitos e das obrigações das partes contratantes do procedimento reprodutivo. Vamos encontrar, somente, algumas regras, que dispõem sobre a matéria, expedidas

---

[610] Conforme Enunciado nº 111, do CEJ. *Conclusões da I Jornada de Direito Civil.* Coordenação Geral: Ministro Milton Luiz Pereira. Brasília, setembro de 2002. Disponível em: <http://daleth.cjf.jus.br/revista/enunciados/organizacao.pdf>. Acesso em: 29 jan. 2010.

[611] Resolução nº 2.121/2015, do CFM, item IV, alínea 2.

pelo Conselho Federal de Medicina, contidas na Resolução nº 2.121/2015.[612] Resolução emanada por um órgão de classe, tal qual é o Conselho Federal de Medicina, não possui força de lei, uma vez que tais normas não se originam de um processo legislativo, nem se submetem à sanção do chefe do Executivo. Produzem apenas efeitos em relação às pessoas que se enquadram na categoria de profissionais da saúde, não vinculando nem doador nem receptor de gametas.

A Resolução nº 2.121/2015, CFM, regula a reprodução assistida apenas em nível biomédico, optando em albergar a doutrina que obriga a todos os profissionais da saúde e demais pessoas envolvidas no procedimento de fecundação humana artificial, de manter sigilo profissional em relação a todo procedimento médico. Determina a citada Resolução, no item IV, alíneas 2 e 4, o obrigatório sigilo das identidades dos doadores e dos receptores de gametas, devendo os médicos, pesquisadores e demais profissionais da saúde, manter secretas as informações obtidas, decorrentes da atividade profissional desenvolvida, constituindo-se em *segredo profissional*. Segundo as normas resolucionais, somente em situações especiais e por motivação médica, as informações sobre doadores poderão ser fornecidas exclusivamente para médicos, resguardando-se a identidade civil do doador.

A regra geral constante na alínea 4 determina que, tão somente, o responsável pelo banco de sêmen fornecedor do material genético a ser empregado na fertilização de determinada paciente deverá conhecer a identidade e a vinculação entre as partes, uma vez que será sua a responsabilidade pela qualidade do material genético fornecido.[613]

A proposição normativa mais completa destinada a regulamentar a reprodução humana assistida, na qual convive harmonicamente o *direito ao segredo profissional* em relação aos profissionais da saúde envolvidos nos procedimentos de reprodução humana artificial e o direito de o filho, nascido desta modalidade reprodutiva, de conhecer sua verdadeira origem biológica e familiar, revela-se no Projeto de Lei nº 90/1999,[614] o qual,

---

[612] A Resolução nº 2.121/2015, CFM, está publicada no D.O.U. de 24.09.2015, Seção I, p. 117. A presente resolução revogou a Resolução nº 2.013/2013, a qual revogou a Resolução nº 1.957/2010, que revogou a Resolução nº 1.358/1992, CFM, as quais, sucessivamente, regulavam a matéria.

[613] SZANIAWSKI, Elimar. Considerações sobre a responsabilidade civil dos profissionais da saúde na atividade de reprodução humana assistida, p. 159 e 184.

[614] Art. 6º, do *Projeto de Lei nº 90/1999*, de autoria do Senador Lúcio Alcântara, dispõe:
"Art. 6º Será permitida a doação de gametas e embriões, sob a responsabilidade dos estabelecimentos que praticam a RA, vedada a remuneração dos doadores e a cobrança por esse material, a qualquer título.
§1º Os estabelecimentos que praticam a RA estarão obrigados a zelar pelo sigilo da doação, impedindo que doadores e usuários venham a conhecer reciprocamente suas identidades, e pelo sigilo absoluto das informações sobre a criança nascida a partir de material doado.
§2º Apenas a criança terá acesso, diretamente ou por meio de um representante legal, a todas as informações sobre o processo que a gerou, inclusive à identidade civil do doador, nos casos autorizados nesta Lei, obrigando-se o estabelecimento responsável pelo emprego da RA a fornecer as informações solicitadas.
§3º Quando razões médicas indicarem ser de interesse da criança obter informações genéticas necessárias para sua vida ou sua saúde, as informações relativas ao doador deverão ser fornecidas exclusivamente para o médico solicitante.
§4º No caso autorizado no parágrafo anterior, resguardar-se-á a identidade civil do doador, mesmo que o médico venha a entrevistá-lo para obter maiores informações sobre sua saúde.
§5º A escolha dos doadores será responsabilidade do estabelecimento que pratica a RA e deverá garantir, tanto quanto possível, semelhança fenotípica e compatibilidade imunológica entre doador e receptor.
§6º Com base no registro de gestações, o estabelecimento que pratica a RA deverá evitar que um mesmo doador venha a produzir mais de duas gestações de sexos diferentes numa área de um milhão de habitantes.
§7º Não poderão ser doadores os dirigentes, funcionários e membros de equipe do estabelecimento que pratica a RA ou seus parentes até quarto grau".

ainda, não foi aprovado pelo Legislativo brasileiro.[615] O art. 6º, do mencionado Projeto de Lei, determinando que os estabelecimentos que praticam a reprodução assistida são obrigados a zelar pelo sigilo da doação, impedindo que doadores e receptores venham a conhecer, reciprocamente, suas identidades e pelo sigilo absoluto das informações sobre a criança nascida a partir de material doado. No §2º, do mesmo artigo, o Projeto de Lei permite, somente, à criança o acesso direto, ou por meio de um representante legal, a todas as informações sobre o processo que a gerou, inclusive sobre a identidade civil do doador, nos casos autorizados no art. 12, obrigando-se o estabelecimento responsável pelo emprego da reprodução assistida de fornecer as informações solicitadas, cujo estudo específico será realizado no Capítulo 2.6.3.4, do Título V, infra.

Além dos profissionais vinculados ao banco de sêmen e óvulos, o médico e sua equipe e os demais profissionais da saúde envolvidos em determinado procedimento de reprodução artificial obrigam-se a manter *segredo profissional* em relação aos doadores e receptores do material genético fornecido, embora, na maioria das vezes, o próprio médico responsável pela reprodução artificial e sua equipe, desconheçam a identidade do doador dos gametas por ele utilizados.[616] O *direito ao segredo profissional* tem por objetivo proteger a esfera secreta das pessoas que tiveram de revelar aos profissionais da saúde, envolvidos no procedimento de reprodução artificial, aspectos de sua vida íntima, tornando-se esses profissionais depositários do conhecimento desses segredos dos pacientes contratantes.[617] O anonimato da identidade das partes envolvidas visa a facilitar a situação criada pela reprodução heteróloga, devido à existência de um genitor biológico e um pai social da criança que irá nascer.

A corrente de pensamento que até pouco tempo predominava defende a ideia da existência de um *direito ao segredo profissional* absoluto, em relação aos profissionais da saúde e cientistas que participaram do processo de fertilização artificial.

A existência de um direito ao *segredo profissional* absoluto, em relação à identidade do doador de sêmen, da futura mãe que será fertilizada com esse esperma e do marido desta, retira do filho que deverá nascer o direito de, posteriormente, poder conhecer seu ascendente biológico, mantendo em segredo sua origem genética.

Os segredos das partes envolvidas nos procedimentos de reprodução humana assistida, a exemplo do que se falou no capítulo que trata dos segredos que envolvem o processo da adoção, também se inserem na *esfera secreta,* dentro da qual se encontram o doador de gametas e os futuros pais socioafetivos, envolvidos pelo procedimento reprodutivo. Somente participam dos segredos sobre a concepção e a gestação da criança que vai nascer, que se inserem no círculo da esfera secreta, alguns poucos médicos e profissionais da saúde, ficando de fora do círculo secreto não somente a coletividade, mas os próprios parentes e familiares dos pacientes, que não deverão conhecer estes segredos. Deve ser destacado que o próprio filho, nascido da reprodução assistida,

---

[615] O Projeto de Lei nº 2.285/2005, Estatuto das Famílias, traz apenas uma norma geral no art. 73, com pouco detalhamento, sem dispor sobre a obrigação ao *segredo profissional* dos profissionais da saúde que se vincularam ao procedimento reprodutivo heterólogo.

[616] SZANIAWSKI, Elimar. *Últ. ob. cit.*, p. 160. A Resolução nº 2.121/2015, do CFM, alínea 2 e 4, item IV.

[617] SZANIAWSKI, Elimar. *Direitos de Personalidade ...*, p. 317. Aquele que revela ao profissional aspectos de sua vida íntima torna-se titular de um direito ao segredo, ficando o profissional obrigado a não revelar a terceiros os segredos dos quais tomou conhecimento, sob pena de praticar um atentado à vida privada de quem foi obrigado a lhe confiar o segredo, além de cometer um delito de violação de segredo profissional previsto no artigo 154, do Código Penal.

desconhece sua verdadeira origem biológica, localizando-se do lado externo da esfera secreta que envolve o procedimento ao qual se submeteram seus pais socioafetivos. O dever de segredo no procedimento de fecundação artificial se mostra tão restrito que tangencia a *esfera íntima* do casal contratante.

Na doutrina alienígena, Trabucchi e Gorassini [618] defendem um procedimento reprodutivo sigiloso em grau absoluto. Para os autores, o doador não deverá jamais ter contato pessoal com a mulher que será fecundada por seu sêmen, nem com o marido desta mulher, que será o futuro pai socioafetivo da criança que irá nascer.

Entre nós, destaca-se Caio Mário da Silva Pereira [619] o qual, também, defende o emprego do sigilo em grau absoluto, vedando à mulher solteira, separada ou divorciada, que se submeteu à reprodução artificial heteróloga, o direito de, posteriormente, intentar ação de investigação de paternidade a favor do filho nascido deste procedimento, com o objetivo de identificar no doador de gametas a paternidade de seu filho. Para o autor, "a prática inseminatória deve ser um risco exclusivo da mulher, não permitindo abrir pesquisa sobre a permanência do elemento procriador."

A tendência atual se posiciona em sentido contrário ao emprego do *direito ao segredo* e do *direito ao sigilo profissional* em grau absoluto, em relação aos procedimentos de reprodução artificial, vindo a se firmar a ideia da existência de um eventual direito de o filho, nascido de uma reprodução artificial heteróloga, conhecer sua própria origem genética e familiar, em face ao eventual direito ao anonimato do doador de gametas.

Essa corrente, liderada pela jurisprudência alemã, sustenta que o eventual direito de o filho, nascido de uma inseminação artificial heteróloga, conhecer sua verdadeira ascendência biológica e o *patrimônio familiar*,[620] é encontrado no exercício do *direito geral de personalidade*. Segundo a jurisprudência do Tribunal Federal Constitucional, (o BVerfG), o exercício do *direito ao conhecimento da própria origem genética* do filho promoveria o livre desenvolvimento de sua personalidade.[621]

O direito sueco não reconhece a existência de um direito ao sigilo da identidade dos doadores e receptores na fertilização assistida. Na Suécia, o filho nascido de reprodução artificial pode conhecer, sem maiores limites, sua origem genética e familiar possibilitando, inclusive, o exercício do direito aos alimentos contra seu genitor biológico, o doador de gametas, diante do desfazimento do vínculo familiar socioafetivo. A ausência de limites no tocante ao conhecimento da origem biológica da criança resultou em uma notável redução do número de doadores de gametas destinados à reprodução assistida, naquele país.[622] O exercício do *direito ao conhecimento da própria origem genética* pelos filhos nascidos de reprodução artificial, mediante emprego de gametas doados por terceiros, tem desestimulado a utilização da reprodução assistida heteróloga na Suécia. [623]

---

[618] TRABUCCHI. *Ob. cit.*, p. 623, ss. Em idêntico sentido GORASSINI. *Ob. cit.*, p. 964, ss.

[619] PEREIRA, Caio Mário da Silva. *Reconhecimento de Paternidade e Seus Efeitos*, p. 127.

[620] A expressão *"patrimônio familiar"* deve ser entendida como todos os bens e direitos de natureza moral que compõem o acervo familiar e não como "patrimônio" no sentido meramente material.

[621] STARCK, Christian. *Anmerkung des BVerfG, Urtails v. 31.01.89, J.Z. 1989*, nº 7, p. 338.

[622] BLYTH, Eric and FRITH, Lucy. *Donor-conceived people's access to genetic and biographical history: an analysis of provisions in different jurisdictions of donor identity*, p.175.

[623] SERHAL, Paul. *Sperm donors 'to lose anonymity'*, p. 9.

Lenti [624] defende a ideia de que em todo procedimento de reprodução artificial heteróloga existe um eventual direito de o filho conhecer sua própria origem genética, que se sobrepõe a um eventual direito ao anonimato do doador do sêmen que serviu para gerá-lo.

Santossuono,[625] por sua vez, entende que o doador do material genético deverá ser sempre considerado o *pai* da criança na reprodução heteróloga, não podendo atribuir-se ao *consentimento* do marido a força condutora para estabelecer uma paternidade que ele entenda desconhecer. Para o autor, a paternidade decorre do fato *vínculo biológico* que deverá prevalecer, desde que convenientemente provado, entendendo ser possível uma investigação visando à busca do genitor biológico nos casos de reprodução artificial.

Na doutrina brasileira, Eduardo de Oliveira Leite[626] apesar de exortar aos médicos e aos profissionais da saúde, envolvidos no procedimento de reprodução artificial, de adotarem medidas eficazes na proteção da esfera confidencial que estes casos exigem, omitindo toda sorte de informações que possam levar à identificação das pessoas participantes do contrato de procriação artificial assistida, objetivando a salvaguarda da família social, defende a ideia de não se constituir o direito ao *segredo profissional* em um direito absoluto. Para o autor, a violação dos segredos profissionais relativos à inseminação artificial e ao nascimento da criança sujeita todos os profissionais envolvidos a sofrerem sanções administrativas, penais e civis, inclusive por danos morais. Todavia, reconhece o autor possuir o filho, nascido mediante procedimentos de reprodução humana assistida, o direito de conhecer seu ascendente biológico, meio do exercício do *direito ao conhecimento da própria origem biológica*.

Álvaro Villaça de Azevedo[627] afirma que o sigilo em grau absoluto sobre a identidade genética do filho, nascido a partir de reprodução artificial heteróloga, viola o direito de personalidade deste, tendo em vista o fato de, o mesmo, não ter participado da relação jurídica contratual da qual resultou seu nascimento. A proibição de o indivíduo nascido de reprodução artificial heteróloga conhecer seu verdadeiro pai biológico consistiria em uma negativa ao exercício do seu *direito à identidade pessoal*. Para Villaça de Azevedo, "o estado de filiação, como direito da personalidade, está vinculado à própria natureza do homem que, descendendo, *ex iure sanguinis*, existe, nesse estado, desde sua concepção até sua morte como um fato natural, independentemente de lei que há de respeitá-lo, por inserir-se no âmbito do Direito Natural". Segundo o autor, a noção de *paternidade responsável*, adotada expressamente no art. 227, da Constituição de 1988, determina que a verdade jurídica não deve divergir da verdade moral, podendo o filho, a qualquer tempo, conhecer, por via judicial, sua verdadeira paternidade biológica.

Antônio Chaves,[628] igualmente, se posiciona entre os opositores ao anonimato em grau absoluto dos doadores de gametas para a procriação artificial de terceiros, criticando o fato de os bancos depositários de gametas ocultarem a identificação dos doadores ou vendedores do material genético utilizado, evitando-se, desse modo, o

---

[624] LENTI, *Ob. cit.*, p. 395.

[625] SANTOSSUONO. *Apud* BARBOZA, Heloísa Helena. *Ob. cit.*, p. 59.

[626] LEITE, Eduardo de Oliveira. *Ob. cit.*, p. 255.

[627] AZEVEDO, Álvaro Villaça de. *Ética, Direito e Reprodução Humana Assistida*, p. 48, ss.

[628] CHAVES, Antonio *Direito à Vida e ao Próprio Corpo*, p. 185.

direito ao conhecimento da paternidade biológica, impedindo-se, outrossim, a respectiva reivindicação de alimentos e de herança ao pai ou à mãe biológicos. Para Chaves, o sigilo absoluto nega o direito à nacionalidade paterna e, na prática, acaba por mascarar ou ocultar os impedimentos matrimoniais. Para o autor, vedar-se o direito ao conhecimento da identidade do doador ou da doadora de gametas pelo filho nascido da inseminação não salvaguardaria a união da família socioafetiva.

Comungamos com as opiniões dos autores acima trazidas defendendo a ideia de que o *direito ao segredo* que envolve a reprodução assistida heteróloga, em relação à titularidade da criança, não poderá jamais ser absoluto, cabendo o direito a favor do filho de obter a revelação de sua origem genética, identificando seu genitor biológico. Muito pouco adianta manter-se a ilusão de que o *direito ao segredo profissional* em grau absoluto conservaria o segredo dos pais em relação à sua própria esterilidade e aos fatos pertinentes ao procedimento reprodutivo heterólogo.

O programa de televisão denominado "Fantástico", levado ao ar em 11.12.2005, pela Rede Globo de Televisão,[629] apresentou interessante caso de reprodução artificial heteróloga no qual uma clínica norte-americana realizou diversos procedimentos de fertilização utilizando sêmen de um mesmo doador para mulheres receptoras diversas que viviam em cidades diferentes.

Das crianças nascidas das fertilizações artificiais, Justin é filho único de uma das mulheres pacientes. Erin e Rebecca são gêmeas, filhas de uma segunda paciente. Tyler e Mackenzie são filhos de uma terceira receptora. Os cinco são filhos que possuem três mães diferentes.

No ano de 2005, os cinco filhos se encontraram mediante um site da internet e descobriram que são irmãos, embora de mães diferentes, concebidos por meio de reprodução heteróloga, na qual as mães foram fertilizadas por sêmen de um mesmo doador anônimo, em uma clínica de fertilização artificial na cidade de Dever, catalogado sob nº 66. Embora morassem em locais totalmente diversos, seu encontro foi possível por meio da internet. A partir de algumas informações básicas do perfil do doador, os irmãos passaram a vasculhar pela internet, seu pai biológico, cruzando os seus ADNs, e descobrindo serem todos filhos do mesmo pai, o doador nº 66.

Outro caso é o do jovem Wendy, um rapaz de 15 anos que conseguiu localizar seu pai biológico, o doador anônimo do sêmen utilizado na fertilização de sua mãe. Por sites específicos da internet, Wendy informou seu ADN a um serviço de buscas de familiares que possui um banco de dados genéticos da população. Meses depois, o serviço de buscas de familiares localizou dois homens com características genéticas compatíveis com as do rapaz. Sendo os sobrenomes raros e utilizando as poucas informações que a mãe possuía do doador, o rapaz acessou outro site de buscas e localizou o endereço do pai biológico. O sucesso da investigação levou Wendy a criar um site na internet que utiliza os números das fichas médicas e outras informações para a localização dos doadores de gametas e na constatação de suas identidades. A página virtual criada por Wendy, segundo a reportagem, promoveu mais de mil encontros entre irmãos e entre filhos e seus pais biológicos.

---

[629] *"Fantástico"* Programa 11.12.2005. Rede Globo de Televisão. Reportagem intitulada: *Doação de Sêmen. Disponível em: <www.globo.com/fantástico>.* Acesso em: 24 nov. 2007.

Ao tornarem-se públicos os citados casos, acirrou-se a discussão tanto nos Estados Unidos como na Inglaterra, em ser o *direito ao segredo profissional* em relação ao anonimato da identidade do doador de gametas na reprodução assistida um direito relativo, perdendo, consideravelmente, terreno a corrente que defendia ser o *direito ao segredo* profissional e familiar um direito absoluto. Na Inglaterra, o direito ao conhecimento da origem biológica está legalmente regulamentado, podendo os filhos, gerados a partir de sêmen de um doador, ao completar 18 anos de idade, ter acesso às informações de seu pai biológico e conhecer sua origem genética e familiar.

O legislador brasileiro atento às ideias predominantes na doutrina, na jurisprudência e na legislação atual sobre o tema no direito comparado relativiza o *direito ao segredo* em relação às pessoas e profissionais envolvidos na adoção admitindo, aos filhos adotivos o conhecimento de seu vínculo genético sem, a princípio, gerar relação de parentesco jurídico com os genitores biológicos. O mesmo caminho será certamente trilhado pelo legislador brasileiro no tocante ao conhecimento da origem biológica do filho nascido mediante reprodução assistida o qual, igualmente, poderá conhecer a identidade do doador do material genético empregado para sua concepção e sua origem biológica, consoante será examinado oportunamente.

2.2 O consentimento do marido ou companheiro como pressuposto necessário para a constituição da paternidade socioafetiva na reprodução artificial heteróloga

Ao contrário do que ocorre na reprodução assistida homóloga, na qual não há a necessidade do consentimento do marido para sua mulher deixar-se fertilizar por meio de procedimentos artificiais, uma vez que a criança que irá nascer será sempre seu filho biológico, na reprodução heteróloga tal consentimento do marido ou companheiro é fundamental para a constituição do vínculo socioafetivo, devendo ser sempre expresso e por escrito.

A necessidade de vênia marital ou de convivente vem sendo justificada pela doutrina dominante, pelo fato de que o consentimento dado pelo marido, para a realização da reprodução artificial de sua mulher mediante o emprego de gameta de terceiro, legitima e cria o *status de filho* do marido da mãe à criança nascida desta inseminação.[630]

O *consentimento* do marido ou do companheiro nas hipóteses de reprodução artificial heteróloga vem se mostrando, na opinião dominante, a força condutora para a determinação da paternidade socioafetiva e para a fixação da responsabilidade do marido ou companheiro da mãe pelo sustento da criança que nascerá da fertilização artificial. A ausência desse consentimento do marido na fertilização heteróloga, legitima-o a ingressar com a ação de contestação da paternidade. No caso de convivência, a ausência do consentimento expresso do companheiro impedirá a criação de vínculo em relação à paternidade social da criança.

Para afastar, em parte, o perigo de ser invocada pelo marido ou companheiro a prática de injúria grave por parte da mulher e, também, em respeito à ética, tem-se

---

[630] BÉNABENT, Alain. DROIT CIVIL – La Famille, p. 361.

exigido o consentimento expresso do marido ou convivente na reprodução artificial, a obrigação de o doador de gametas manter-se anônimo, bem como ignorar para quais e para quantas mulheres seu sêmen foi utilizado. Dessa maneira, o *consentimento* expresso do marido ou do companheiro vem se revelando como fator decisivo para a determinação da paternidade socioafetiva em face da *reprodução heteróloga*.[631]

Alberto Trabucchi,[632] tratando da matéria em relação à família matrimonializada, parte da ideia de que se aplica ao marido o brocardo *pater is est quem nuptiae demonstrat*. Sustenta o autor que o filho, nascido de inseminação artificial heteróloga, diante do desconhecimento da identidade do doador do sêmen, "não teria, verdadeiramente, um pai biológico", uma vez que o terceiro, doando seu esperma ao banco de sêmen, não poderá saber para quais e para quantas mulheres será o mesmo empregado, impossibilitando a determinação da futura paternidade. Segundo afirmamos acima e veremos na parte referente ao estudo do *direito ao conhecimento da própria origem genética* da criança que irá nascer, a impossibilidade de esta vir a saber sobre a identidade do genitor biológico é relativa e cada vez se torna mais remota. Para Trabucchi, o *consentimento* dado pelo marido ou companheiro da futura mãe, para a realização de reprodução artificial heteróloga, constituirá no pressuposto fundamental que legitimará o *status* de filho à criança. O *consentimento* expresso informará a noção de *paternidade moral*, não fundada em fator biológico, mas no fator afetivo e social, tal qual ocorre no sistema da *adoção plena*.

Alguns autores entendem que a ausência do consentimento do marido ou companheiro de sua mulher ou companheira, ao se submeter ao procedimento de reprodução assistida heteróloga, constitui-se em adultério e não em injúria grave, opinião com a qual não concordamos.

Nos casos de reprodução artificial heteróloga, feita em mulher de marido ou companheiro impotente ou portador de azoospermia absoluta, a ausência de consentimento expresso em ver sua mulher artificialmente fecundada daria origem à possibilidade de impetrar a contestação da paternidade e de acusar a mulher da prática de adultério.[633]

Tal assertiva parece-nos carecedora de fundamento. O adultério, em sua conceituação clássica, se caracteriza pela "*cópula carnalis* com terceiro". Constitui-se a "materialidade da infração através da *copula perfecta* com a pessoa de sexo diferente". Desse modo, exclui-se da definição de adultério os casos de coito vestibular, de coito onanístico, de sodomia, de fecundação artificial ou de comissão de atos libidinosos, por não se dar, rigorosamente, a *divisio carnis*.[634]

Na reprodução humana assistida, seja qual for sua modalidade, não existe contato sexual. A fecundação dá-se, na maioria vezes, fora do corpo da mulher, com a inseminação posterior do embrião fecundado *in vitro*, em seu útero,[635] não havendo

---

[631] PEREIRA, Caio Mário da Silva. *Reconhecimento de Paternidade* ..., p. 128.

[632] TRABUCCHI, Alberto. *Ob. cit.*, p. 624.

[633] SÁ, Hilda Vieira de. *Os Filhos Perante a Lei,* p. 63.

[634] GOMES, Orlando. *Direito de Família* ..., p. 137.

[635] Na atualidade, a opção pelo emprego das técnicas FIV e ICSI tem sido preferidas pelo médicos, pelo fato de estas modalidades de fecundação artificial apresentarem percentagens de sucesso superiores em mais de 50% e de serem mais caras, gerando, consequentemente, maior lucro às clínicas, se comparadas às demais técnicas de fertilização.

a prática de relações sexuais com outro homem. Assim, não haveria violação ao dever de fidelidade, não podendo se falar em adultério.

Para outra corrente, representada por Leonardo Lenti,[636] Eduardo de Oliveira Leite,[637] Orlando Gomes[638] e Sérgio Ferraz,[639] a ausência do *consentimento* expresso do marido ou do companheiro na hipótese de inseminação artificial heteróloga de sua mulher caracteriza-se como prática de *injúria grave*, por parte dela contra seu cônjuge ou convivente e não de *adultério*.

Sérgio Ferraz considera o expresso consentimento do marido ou companheiro da donatária de gametas como pressuposto para a constituição da paternidade socioafetiva nas hipóteses de reprodução heteróloga. Para o autor, a autorização expressa do cônjuge ou convivente do doador dos gametas em relação à doação se faz necessária. Constitui-se, igualmente, em um requisito imprescindível para legitimar a filiação advinda da fertilização heteróloga. A ausência do consentimento do cônjuge ou convivente do doador de material genético possibilitará àquele de alegar a prática de violação grave ao *dever conjugal de exclusividade de procriação* no seio do casal, com a consequente possibilidade de decretação do divórcio destes. Posição com a qual concordamos inteiramente.

Deve ser destacada a tese oposta, a qual partindo da análise do vínculo matrimonial desconsidera o *consentimento* do marido ou companheiro como pressuposto fundamental para a realização da reprodução artificial na mulher. Segundo essa corrente,[640] o consentimento do marido seria irrelevante para estabelecer uma paternidade em relação aos filhos advindos desta fertilização devido à presunção de paternidade a todos os filhos nascidos do matrimônio. De outro lado, o *direito* de a mulher utilizar dos procedimentos da reprodução humana assistida repousaria na noção de que cada indivíduo possui o direito de dispor de seu próprio corpo, como quiser, dentro da esfera da liberdade natural.[641]

Nesse sentido, teria a mulher, mesmo a casada, o direito de dispor livremente do seu próprio corpo e procriar, independentemente do consentimento o marido.

Na vigência do Código Civil de 1916, os efeitos da reprodução artificial heteróloga, feita em mulher casada, independentemente do consentimento do marido, produzia, de imediato em relação ao filho, advindo desta fertilização, presunção de "legitimidade". O filho seria presumido "filho legítimo" do casal, em razão da rígida presunção estabelecida pela lei civil anterior.[642] Segundo o disposto no art. 342, do Código Civil de 1916, poderia ser invocada a ilegitimidade do filho quando o marido fosse portador de impotência em grau absoluto. Impotência em grau absoluto significa falta de ereção peniana, impossibilidade total de realizar o coito, não compreendendo, neste termo, o

---

[636] LENTI, Leonardo. *La Procreazione artificiale. Genoma della Persona e Attribuzione della Paternità*, p. 304.

[637] LEITE, Eduardo de Oliveira. *Ob. cit.*, p. 229.

[638] GOMES, Orlando. *Últ. ob. cit.*, p. 137.

[639] FERRAZ, Sérgio. *Ob. cit.*, p. 46.

[640] BARBOZA, Heloísa Helena. *Ob. cit.*, p. 59. ASCENÇÃO, José de Oliveira. *Ob. cit*, p. 75.

[641] ASCENÇÃO, José de Oliveira. *Últ. ob. cit*, p. 70.

[642] Código Civil Brasileiro, arts. 338; 339 e 340 e, especialmente, o art. 343; Código Civil Italiano, art. 231; Código Civil Francês, art. 313; B.G.B, §1.591; Código Civil Espanhol art. 108; Código Civil Português, art. 1.826º, alínea 1.

conceito de azoospermia ou impossibilidade de o sêmen penetrar no óvulo e fecundá-lo, por meio da relação sexual normal. Impotência não é sinônimo de esterilidade ou de agenesia.

É. Littrê[643] define a *impotência,* como sendo a *"impossibillité d'exercer l'acte vénérien, inaptitude à opérer une copulation, fécondante ou non, par suite d'un défaut quelconque qui s'oppose à la consommation régulière de l' acte; [...] les termes d'impuissance, anaphrodisie, stérilité, ne sont donc pas synonymes."*

Nessa situação de impotência absoluta, estava o marido autorizado a contestar a paternidade do filho nascido de sua mulher, não bastando, por si só, o adultério da mulher, com quem o marido vivia sob o mesmo teto, para ilidir a presunção legal de legitimidade dos filhos.[644]

A denominada *impotência generandi,* que consiste na impossibilidade da fecundação do óvulo pelo espermatozoide, por meio da relação sexual natural, fica cada vez mais afastada da família da atualidade, a partir do desenvolvimento das técnicas de fertilização assistida. Dessa maneira, a reprodução artificial possibilita a fertilização da mulher com sêmen do marido ou convivente, mesmo quando em seu líquido espermático houver reduzido número de espermatozoides. Sendo, porém, absolutamente impossível a fertilização da mulher com o sêmen do marido ou companheiro, devido à esterilidade absoluta dele, poderá ser empregada a técnica da reprodução heteróloga. As técnicas de reprodução humana assistida destinam-se, justamente, para suprir as eventuais impossibilidades de um homem fecundar a mulher por coito natural.

Assim, diante da impossibilidade física de alguém procriar, seja na falta da natural aptidão do homem para fecundar, seja por parte da mulher em ser fecundada, poderia o cônjuge ou convivente utilizar da faculdade de deixar-se inseminar através das técnicas da reprodução humana assistida.

O advento do Código Civil de 2002 alterou a exegese ora exposta. O inciso V, do art. 1.597,[645] ao determinar que a presunção da paternidade do marido em relação aos filhos nascidos na constância do casamento, havidos por inseminação artificial heteróloga de sua mulher, impõe a obrigatoriedade do consentimento marital, limita o direito de a mulher dispor de seu próprio corpo, de acordo com sua própria vontade, dentro da esfera de sua liberdade individual.

O Projeto de Estatuto das Famílias segue a mesma ideologia adotada pelo codificador civil de 2002, estabelecendo no inciso III, do art.73, a presunção de paternidade aos filhos havidos por inseminação artificial heteróloga, desde que realizada com prévio consentimento livre e informado do marido ou do convivente, manifestado por escrito.

A inserção desse pressuposto na legislação civil, para a determinação da presunção de paternidade, traz algumas consequências que devem ser analisadas.

A primeira consequência diz respeito à impossibilidade de o marido ou convivente contestar a paternidade da criança nascida de sua mulher, quando autorizada por ele a

---

[643] LITTRÊ, E. *Dictionnaire de Médecine.* Verbete: *impuissance,* p. 853.

[644] Vide, CC/1916, arts. 340-343.

[645] Art. 1.597: "Presumem-se concebidos na constância do casamento os filhos:
V - havidos por inseminação artificial heteróloga, desde que tenha prévia autorização do marido".

se submeter à reprodução assistida heteróloga, por carência de ação devido à ausência da possibilidade jurídica do pedido.[646]

Outra consequência relevante consiste no fato de a mulher se submeter aos procedimentos de reprodução artificial heteróloga, mesmo diante da recusa do marido ou convivente em dar seu consentimento. A hipótese de determinada mulher, louvando-se do direito ao exercício pleno de sua liberdade individual, insistir em ser fecundada por esperma de doador, diante da impossibilidade absoluta de o marido procriar, mantendo este, o firme propósito de não manifestar seu consentimento, como ficará a situação da atribuição da paternidade da criança que irá nascer da fecundação artificial?

Como vimos, a fecundação artificial heteróloga consiste em um procedimento médico informado e consentido pela mulher e pelo marido ou convivente, por escrito, em instrumento próprio. Não havendo autorização expressa do marido, ficaria a mulher, na situação acima descrita, proibida de deixar-se inseminar pelo sêmen de doador? Seria justo restringir sua possibilidade de ser mãe?

O direito brasileiro, fora as resoluções do Conselho Federal de Medicina, não possui legislação específica destinada a regulamentar a reprodução humana assistida.

A Lei nº 9.236, de 12.01.1996, que trata do *planejamento familiar*, foi omissa, não resolvendo o mencionado problema. Detém-se, a referida norma, tão somente, em definir o *planejamento familiar* de maneira estrita e regular o atendimento à saúde familiar. Segundo a Lei nº 9.236/1996, entende-se por "planejamento familiar o conjunto de ações de regulação da fecundidade que garanta direitos iguais de constituição, limitação ou aumento da prole pela mulher, pelo homem ou pelo casal. Proíbe a lei "a utilização das ações a que se refere o *caput* para qualquer tipo de controle demográfico. O planejamento familiar é parte integrante do conjunto de ações de atenção à mulher, ao homem ou ao casal, dentro de uma visão de atendimento global e integral à saúde."[647]

Para respondermos à indagação acima será necessário recorrermos às regras gerais que constituem o ordenamento jurídico do Brasil.

Uma proibição expressa de a mulher deixar-se fecundar artificialmente por gameta de doador violaria seu direito geral de personalidade, uma vez que a referida vedação atentaria contra sua liberdade de autodeterminar-se, de dispor de seu próprio corpo, de exercer o direito de planejar sua própria descendência e de vivenciar a maternidade? A vedação de a mulher poder procriar constituiria, igualmente, um atentado contra o direito ao livre desenvolvimento de sua personalidade?

Perante nosso ordenamento jurídico em vigor, a única limitação ao direito de a mulher deixar-se fecundar artificialmente, com sêmen de doador, independentemente de consentimento ou não de marido ou companheiro, encontra-se na hipótese de o filho, que irá nascer desta inseminação, não vir a encontrar um lar harmônico e equilibrado, uma família solidamente constituída. E, quanto à modalidade de família, já nos manifestamos em capítulo anterior, apresenta a mesma, a partir da Constituição de 1988, diversas espécies, que não se alinham junto ao tradicional modelo matrimonializado, de origem

---

[646] Enunciado nº 258 da III Jornada de Direito Civil. "Arts. 1.597 e 1.601: Não cabe a ação prevista no art. 1.601 do Código Civil se a filiação tiver origem em procriação assistida heteróloga, autorizada pelo marido nos termos do inc. V do art. 1.597, cuja paternidade configura presunção absoluta".

[647] Arts. 2º e 3º, da Lei nº 9.236/1996.

canônica e albergado pelo legislador de 1916. Nesta hipótese, qualquer mulher que tenha condições de possuir e manter um lar poderá constituir uma família, mesmo sendo esta monoparental, deixando-se inseminar artificialmente. Não será obrigatoriamente necessária a presença de um marido ou companheiro na vida da mulher. Este pode ser plenamente dispensável.[648]

Não se pode negar, todavia, que a falta de comunicação da mulher ao marido ou ao companheiro, impossibilitado de engravidá-la pela ausência de produção de sêmen, de que ela irá se submeter ao procedimento de reprodução artificial, mediante sêmen de doador, poderá constituir-se como prática de violação aos deveres recíprocos que estão implícitos na relação matrimonial ou de união estável. Esses deveres recíprocos que devem existir entre os cônjuges e companheiros consistem no dever de sinceridade, no dever de tolerância, no dever de manterem a comunicação espiritual e de velar pela própria honra e pela honra do consorte.[649] Esses deveres não resultam, somente, do vínculo familiar existente, segundo as regras do direito de família, sendo, também, abarcados pelo direito geral de personalidade de cada um dos indivíduos, segundo o princípio do respeito à dignidade humana. A comunicação do cônjuge ou companheiro ao outro de que pretende se valer da inseminação artificial com gameta de terceira pessoa doadora, diante da impossibilidade absoluta de procriar do outro, consiste na salvaguarda da dignidade do consorte e do próprio cônjuge ou companheiro, que irá se submeter à prática da reprodução assistida heteróloga.

Por essas razões, optou o legislador brasileiro em exigir o consentimento do marido ou companheiro na reprodução assistida mediante emprego de gametas de terceira pessoa e esta, contrariando a recusa do marido em consentir na inseminação heteróloga e deixar-se fecundar, artificialmente, em atenção ao seu próprio desejo de ser mãe, proporcionará ao marido, segundo inteligência do art. 1.602, combinado com o inciso V, do art. 1.597, ambos do Código Civil, a possibilidade de ele contestar a paternidade da criança que virá a nascer.

Na reprodução assistida heteróloga, conforme conclusão nº 104, da I Jornada de Direito Civil, em 2002, o pressuposto fático da relação sexual é substituído pela vontade expressa, a qual gera presunção absoluta ou relativa de paternidade no que tange ao marido da mãe da criança concebida artificialmente.[650]

A falta de *consentimento* do marido ou companheiro na realização da fertilização artificial com gameta de doador poderá, ainda, possibilitar a ruptura do vínculo matrimonial ou da união estável do casal por injúria grave, fundada na violação do dever recíproco de sinceridade mútua, de confiança, de respeito e de comunicação das intenções de um ao outro.

---

[648] Embora a família ideal exija a presença de um bom pai de família e de uma carinhosa mãe, que convivam em ambiente harmônico e de respeito, a vida não revela sempre esta realidade ideal, encontrando-se inúmeras famílias nas quais o homem constitui-se um verdadeiro peso, constantemente embriagado, vadio e, não raras vezes, seviciando seus próprios familiares. As delegacias de Proteção da Mulher e as Promotorias Especiais da Infância e da Juventude que o digam.

[649] GOMES, Orlando. *Últ. ob. cit.*, p. 138.

[650] Enunciado nº104, da I Jornada de Direito Civil – "Art. 1.597: No âmbito das técnicas de reprodução assistida envolvendo o emprego de material fecundante de terceiros, o pressuposto fático da relação sexual é substituído pela vontade (ou eventualmente pelo risco da situação jurídica matrimonial) juridicamente qualificada, gerando presunção absoluta ou relativa de paternidade no que tange ao marido da mãe da criança concebida, dependendo da manifestação expressa (ou implícita) da vontade no curso do casamento".

O Projeto de Estatuto das Famílias estabelece no inciso I, do §2º, do art. 76, a vedação da impugnação da paternidade ou maternidade de filho, nascido a partir de inseminação artificial heteróloga, salvo alegação de dolo ou fraude. Da mesma maneira, ficará vedada a impugnação da paternidade ou maternidade, no caso em que ficar caracterizada a posse do estado de filho, consoante dispõe o inciso II, do mesmo dispositivo legal.

Nos demais casos, caberá ao marido, ao convivente ou à mulher que se sentirem injuriados o direito de impugnar a paternidade ou a maternidade que lhe for atribuída no registro civil, nos termos do *caput* do art. 76.

Mas como ficará a situação da criança que irá nascer, contestando o marido de sua mãe, a paternidade da mesma?

Segundo os termos do art. 1.597, do Código Civil, não se poderá atribuir a presunção de paternidade ao marido, uma vez que o dispositivo afasta a constituição do vínculo paternidade-filiação social em relação ao filho nascido da mulher, pela ausência de autorização do marido ou convivente da mãe.

O Projeto de Estatuto das Famílias, ao estabelecer o pressuposto do necessário *consentimento prévio, livre e informado do marido ou do convivente por escrito*, no inciso III, do art. 73, desobriga a constituição do vínculo de paternidade socioafetiva entre a criança e o marido ou convivente da mãe, no caso da ausência voluntária do consentimento. Nessa hipótese, estará o marido ou convivente, cuja paternidade lhe for atribuída no registro civil, autorizado a impugnar o referido vínculo, embora a união estável exija sempre a declaração de paternidade da criança pelo convivente, diante da ausência do vínculo de conjuncidade. Segundo nossa opinião, uma vez julgada procedente a impugnação da paternidade do marido ou companheiro da mãe, o qual não emitiu consentimento para a fertilização artificial heteróloga dela deveria, por justiça, a paternidade da criança ser atribuída ao doador dos gametas, uma vez que o filho não pode sofrer as consequências negativas da irresponsabilidade de seus genitores. O Projeto de Lei nº 2.285/2007 é silente em relação ao fato, podendo, no entanto, ser corrigido.

Para afastar esse problema, entre muitos outros, as legislações comparadas vêm desestimulando, se não limitando, a utilização da procriação assistida heteróloga, vedando essa modalidade de reprodução artificial para as pretendentes que sejam mulheres núbeis, divorciadas, viúvas ou homossexuais. O fundamento invocado para justificar tal limitação consiste em preservar o direito da criança que vai nascer diante das eventuais dificuldades materiais e morais que poderão surgir para famílias que não estejam devidamente estruturadas ou pela ausência do trinômio pai, mãe e filhos.

Leonardo Lenti,[651] discorrendo sobre o direito de o doador de sêmen ser considerado o genitor da criança e de ser reconhecido pelo direito como tal, conclui, a partir de uma interpretação lógica, em considerar-se o filho, nascido da inseminação artificial, como "objeto" de uma situação qualquer de aparência, do qual o genitor seria o titular. Isso porque se alguém puder ser considerado titular de um direito de ser genitor, chegar-se-ia à conclusão de ser o próprio filho o objeto de direito deste genitor, o que seria juridicamente impossível.

---

[651] LENTI, Leonardo. Procreazione Artificiale. *Riv. di Diritto Civile*, 1994, nº 4, p. 387.

Heloísa H. Barboza,[652] assim como nós, sustenta que na hipótese de criança nascida a partir de reprodução assistida heteróloga, na qual o marido ou convivente da mãe contesta a paternidade daquela, devido à ausência de seu consentimento, a paternidade da criança deverá ser atribuída ao doador dos gametas. Para a autora, não se pode, simplesmente, atribuir ao *consentimento* do marido ou convivente a força condutora para se estabelecer uma paternidade que ele entenda desconhecer. Nesse caso é o vínculo biológico que deve prevalecer, desde que convenientemente provado.

A ausência do consentimento do marido ou convivente da mãe, na reprodução heteróloga, abre o devido espaço para o surgimento do direito à investigação da paternidade ao filho, diante da impugnação da paternidade pelo marido ou companheiro de sua mãe, a fim de ser atribuída a paternidade e a responsabilidade pelos deveres oriundos da relação de paternidade, ao verdadeiro pai biológico. Nessas circunstâncias, atribuir a paternidade ao doador, o verdadeiro pai biológico da criança, parece-nos ser uma solução correta e justa, uma vez que o filho não pode ficar sem pai, por falta de entendimento entre sua mãe biológica e o marido desta.

A possibilidade de poder-se atribuir a paternidade da criança ao verdadeiro pai biológico, o doador de gametas dos quais resultou seu nascimento, afasta totalmente o direito absoluto ao sigilo da identidade do doador, tal qual querem alguns, outorgando ao filho a titularidade de exercer o direito de *investigar a paternidade,* buscando atribuir a paternidade ao verdadeiro pai biológico.

Aplicando-se, na espécie, o princípio da proporcionalidade, na ponderação dos bens e direitos postos em causa, a balança certamente penderá no sentido de defender e garantir os direitos da criança a qual não participou, nem declarou sua vontade na formação do contrato de reprodução artificial, a cujo procedimento se submeteu sua mãe, nem do contrato de doação de sêmen de seu pai biológico, não podendo, de modo algum, pesar sobre seus ombros qualquer ônus, sanção ou consequência, decorrentes do egoísmo e da irresponsabilidade de seus genitores biológicos. Cumpre ao legislador brasileiro regulamentar legalmente o direito do filho de atribuir a paternidade e responsabilizar seu genitor biológico, a fim de protegê-lo dos rompantes emocionais e impensados de certos genitores.

2.3 O direito de procriar: Um direito relativo e limitado

A primeira ideia que nos vem à mente quando pensamos em reprodução assistida é a de qualquer pessoa, ao exercer seu direito à liberdade e o direito de velar e decidir por sua própria descendência, poder vivenciar a paternidade ou a maternidade a qualquer custo, sendo possível a qualquer mulher optar livremente em relação à sua própria descendência, utilizando, para tanto, os bancos de sêmen e os métodos de reprodução artificial para gerar os filhos desejados.

As diversas técnicas da *reprodução humana assistida*, consoante vimos, possuem por objetivo permitir aos casais que desejam, mas não podem exercer a paternidade ou a maternidade naturalmente, de se tornarem pais de uma criança. Tais técnicas podem,

---

[652] BARBOZA, Heloísa Helena. *Ob. cit.*, p. 59.

contudo, gerar situações anômalas. O fortalecimento das teses opostas à aceitação de toda mulher possuir um *direito à liberdade de dispor sobre seu próprio corpo* e de *decidir sobre sua própria descendência*, mediante emprego das técnicas da reprodução artificial resultaram na imposição de restrições e limites em relação à utilização das técnicas de procriação artificial heteróloga por determinados grupos de candidatas a usuárias. Tal situação tem gerado inúmeros conflitos dignos de reflexão.

Fatos verdadeiramente esdrúxulos poderão surgir, principalmente, na reprodução artificial heteróloga, geralmente decorrentes do emprego incorreto ou antiético da *reprodução humana assistida*. Por essas razões, as legislações procuram impor limitações à atividade reprodutora artificial, principalmente no sentido de proteger as crianças que nascerão do procedimento reprodutor heterólogo.

2.3.1 A reprodução humana assistida e seus limites

Encontramos no âmbito do direito comparado certa resistência em permitir que toda e qualquer pessoa possa utilizar-se das técnicas de reprodução humana assistida.

As legislações norte-americana, francesa e italiana, impõem limites ao uso das referidas técnicas de fertilização artificial pelas pessoas que não preencherem determinados pressupostos legais.[653] A maioria das vedações consiste na proibição da utilização das técnicas de reprodução assistida por mulheres núbeis, viúvas, divorciadas e homossexuais.

Do ponto de vista da Psicologia, verifica-se uma forte corrente se manifestando no sentido de limitar o direito à liberdade de procriar, mediante as técnicas de reprodução humana assistida, em relação às pessoas que não possuam uma família bem estruturada, constituída por um homem e por uma mulher.

Os psicólogos que se filiam a essa linha de pensamento afirmam que todo o indivíduo masculino deseja e necessita, para seu equilíbrio psíquico, ter familiaridade com outra pessoa do mesmo sexo. Essa necessidade surge na infância e deve ser satisfeita inicialmente pelo pai e, mais tarde, por amigos e colegas, estando, nesse tipo de relacionamento, afastadas quaisquer modalidades de aspirações sexuais. Toda pessoa que tiver essa familiaridade perfeitamente satisfeita com a pessoa do mesmo sexo, notadamente com o pai ou com a mãe, em se tratando de menina ou quando a deficiência afetiva for superada, o resultado biopsíquico do indivíduo tenderá para a heterossexualidade. O indivíduo que carecer do amor paterno, que sentir a rejeição do pai, procurará, durante seu desenvolvimento, outros indivíduos para completar sua necessidade afetiva. O *deficit* afetivo em um indivíduo poderá, se não houver compensação ou superação, provocar alterações psíquicas e comportamentais nele. A deficiência afetiva não superada, porém pouco marcante, poderá resultar em um indivíduo portador de *bissexualidade*. A falha de identificação sexual com a figura do pai, sendo marcante, poderá provocar no filho o desenvolvimento de uma orientação sexual direcionada para uma pessoa do mesmo sexo. Se, no entanto, essa falha for extremamente profunda, o resultado poderá ser a *transexualidade* que consiste, de acordo

---

[653] A legislação espanhola, *"Ley de Técnica de Reproduccion Assistida"*, de 31.05.1988, não traz qualquer vedação à mulher que não seja casada ou não esteja vinculada a um homem, de empregar a reprodução artificial para engravidar.

com a *Teoria Psicossexual*, de R. Stoller, na total ausência de identificação da pessoa com próprio sexo biológico, podendo resultar em *disforia de gênero*.[654]

Embora não sejamos particularmente partidários da *Teoria Psicossexual*, preferindo a teoria *Neuroendócrina*, de H. Benjamin, por esta explicar de maneira mais convincente as parafilias e as alterações psíquicas e comportamentais em relação à sexualidade humana, as advertências acima trazidas merecem consideração.[655] Há possibilidade de ocorrer em famílias que não estejam perfeitamente estruturadas ou nas quais esteja ausente a pessoa do pai ou da mãe, alterações psíquicas e comportamentais, em pelo menos um dos filhos.

Para contornar em parte os problemas que a reprodução artificial heteróloga pode constituir, alguns países da Europa continental tomaram medidas legislativas no sentido de limitar os casos de emprego da fertilização artificial heteróloga em relação às mulheres núbeis, viúvas e homossexuais, evitando que procriem.[656] [657] Deverá prevalecer sempre o direito de a criança nascer em um lar bem estruturado, devendo possuir um pai biológico ou psicossocial e uma mãe biológica ou psicossocial.[658]

Os mais interessantes conflitos sobre a reprodução humana heteróloga e gestacional são encontrados no direito norte-americano, em relação ao qual traçaremos, a seguir, algumas considerações.

1. Nos Estados Unidos, tal como ocorre aqui no Brasil, os códigos profissionais, em especial os de deontologia médica, vinculam somente os membros pertencentes à respectiva categoria profissional abarcada pelo código profissional. Tal fato conduz a inúmeras e radicais polêmicas, havendo diversas correntes de pensamento, umas mais liberais, outras extremamente rígidas, todas, porém, influenciadas e representando a doutrina dos diversos grupos religiosos, que trazem regras sobre a vida, sobre a geração, sobre o aborto, sobre a utilização de células-tronco embrionárias, etc. Destacam-se dois grandes grupos, o Cristão e o Judaico, orientações religiosas com o maior número de adeptos nos Estados Unidos da América.

O Cristianismo se subdivide em diversas doutrinas religiosas, cada qual com ideologia própria, a Católica Apostólica Romana, a Protestante e o Espiritismo, representantes das mais importantes correntes do pensamento filosófico cristão.

Há muitos séculos, a doutrina da Igreja Católica vem desenvolvendo o direito de família de origem romano-canônica, mediante posturas decisivas, manifestando-se, na atualidade, sobre questões de bioética, baseadas nos postulados de que a vida vem de Deus e só Ele pode dela dispor, sendo, por isso, a vida humana inviolável e não manipulável, condenando, consequentemente, todas as formas de concepção não natural.[659]

---

[654] Autor anônimo. *Homossexualismo, um testemunho, uma solução*, p. 15, ss. Idem SZANIAWSKI, Elimar. *Limites e Possibilidades ...*, p. 60. STOLLER, Robert. *Ob. cit.*, p. 12, ss.

[655] SZANIAWSKI, Elimar. *Limites e Possibilidades ...*, ps. 59-61.

[656] GORASSINI, *ob. cit.*, p. 964, nota 89 e TRABUCCHI, *ob. cit.*, p. 620, demonstram que na Itália vem se afirmando a tendência de excluir das mulher núbeis, viúvas e homossexuais, a possibilidade do emprego de inseminação artificial para procriar.

[657] TRABUCCHI, *ob. cit.*, p. 620.

[658] GRATALOUP, Sylvain. *Ob. cit*, p. 148-152.

[659] VEACH, Robert W. Bioethics. *Compton`s Interactive Encyclopedia*. 1996.

A Igreja Católica Apostólica Romana opõe-se aos meios anticonceptivos, aos procedimentos de reprodução assistida, às pesquisas com células-tronco retiradas de embriões para a aplicação na embrioterapia e à manipulação genética humana.[660]

O pensamento Protestante, mais liberal, ao contrário do catolicismo, não se opõe ao emprego das técnicas de reprodução assistida nem às pesquisas com as células-tronco embrionárias.[661]

Correntes espiritualistas opõem-se ao emprego das técnicas de reprodução humana artificial por entender que a ausência de filhos pode se constituir no *karma* a ser cumprido pelo casal, com a finalidade de resgatar algum mal praticado em vida passada. A reprodução assistida operaria, nesse caso, o impedimento ao cumprimento do *karma* escolhido por estas pessoas antes de reencarnar. Não veem, por essa razão, com bons olhos a reprodução humana artificial.

O Judaísmo Talmúdico desenvolve regras extremamente rigorosas sobre a *morte* e sobre a preservação da vida, inclusive a vida fetal. Todavia, entendendo o judaísmo que a vida começaria somente a partir do 40º dia, contado da data da concepção, não vislumbra a mencionada religião nenhum impedimento para a realização da reprodução assistida, para a manipulação genética e para as pesquisas com células-tronco embrionárias.[662]

O islamismo, seguindo na mesma direção do judaísmo, considera o início da vida no momento em que Alah sopra a alma da pessoa no corpo fetal, após o 120º dia, contado da data da concepção. A religião islâmica não se manifesta contrariamente à reprodução assistida e aos estudos e pesquisas com as células-tronco embrionárias.

Os grupos religiosos com menor número de seguidores, como o Catolicismo Ortodoxo, o Anglicanismo e o Budismo, entre outros, têm, cada vez mais, contribuído com suas tradições filosóficas e religiosas, na formação da opinião pública americana.

Em virtude das pressões da opinião pública, a jurisprudência dos tribunais americanos têm se colocado no sentido de vedar qualquer intervenção do poder público em questões de planejamento familiar. O casamento e a procriação, na qualidade de valores fundamentais, destinados à perpetuação da espécie humana, devem ser protegidos pelo poder público, não podendo, porém, haver intervenção do Estado na esfera privativa da família americana cabendo somente a esta decidir sobre o planejamento familiar, o divórcio, o aborto e a inseminação artificial humana. Em virtude dessa postura, poderiam os casais, dentro de sua esfera privativa de decisão e atuação, utilizar-se livremente dos procedimentos de procriação humana assistida à sua escolha.[663] As faculdades de casar, de decidir acerca da procriação e de gerar filhos são "considerados pelo povo norte americano como setores eminentemente privados, onde a atuação da legislação é aceitável com considerável dificuldade, fato que gera frequentemente conflito entre a família e o Estado".[664]

---

[660] PEDROSA NETO, Antônio Henrique e FRANCO JÚNIOR, José Gonçalves. Reprodução Assistida. *Iniciação à Bioética*, p. 111- 112.

[661] PEDROSA NETO, Antônio Henrique e FRANCO JÚNIOR, José Gonçalves. *Ob. cit.*, p. 112. O Protestantismo não se confunde com determinadas seitas que se autodenominam evangélicas, principalmente de origem norte-americana, que tendem ao radicalismo religioso e vem se espalhando por todo Brasil.

[662] VEACH, Robert W. Bioethics. *Ob. cit.* 1996.

[663] BARBOZA, Heloísa Helena. *Ob. cit.*, p. 38.

[664] LEITE, Eduardo de Oliveira. *Temas de direito de família*, p. 30.

Não existe no direito americano nenhuma vedação em relação à idade de a mulher ser receptora e de recorrer às técnicas de reprodução humana assistida. Quando determinada mulher, que sofre de infertilidade, já ultrapassou da idade de ser fertilizada por meios normais, pode recorrer às técnicas de fertilização artificial. Recomenda-se, nessas hipóteses, que a futura mãe recorra à gestação substituta a fim de permitir um bom desenvolvimento do feto durante a gestação. Nos casos em que houver disputa, no tocante à maternidade da criança, entre a mãe gestacional e a mulher contratante que pretende a maternidade, a jurisprudência americana vem consolidando suas decisões a favor da mulher contratante, retirando da mãe gestacional eventual direito à maternidade.

Nos Estados Unidos, contudo, existe proibição deontológica no sentido de excluir, da possibilidade de utilizar as técnicas de fecundação artificial, pretendentes que sejam mulheres núbeis, divorciadas ou viúvas. O fundamento invocado pela norma proibitiva pode ser resumido na necessidade de proteção a ser dada à criança que vai nascer diante das eventuais dificuldades materiais e morais que poderão surgir. Essa limitação ao direito de determinadas pessoas de se submeterem à inseminação artificial também se estende aos casais homossexuais, considerando-se sua peculiar situação familiar, procurando, desta maneira, evitar-se que a criança que irá nascer possua "dois pais" ou "duas mães".

Recentemente ocorreu nos Estados Unidos um fenômeno social denominado *"baby bomm gay"*, que consiste na constituição de uniões permanentes homoafetivas as quais vivenciam a paternidade e a maternidade mediante emprego de reprodução artificial. Embora o maior número de crianças que vivem junto a casais homossexuais tenha nascido a partir de relacionamento heterossexual anterior, a estimativa aponta que cerca de 1,5 milhões de crianças americanas tenham sido criadas, desde seu nascimento, por mães ou pais homossexuais.[665] Note-se nos Estados Unidos, até pouco tempo, apenas 18 Estados admitiam o casamento entre pessoas do mesmo sexo, e sendo admitida a adoção de crianças por duas pessoas do mesmo sexo em apenas quatorze Estados. Naqueles em que não era admitida a adoção de crianças por duas pessoas do mesmo sexo, muitos casais homoafetivos passaram a contornar essas proibições legais mediante a utilização das técnicas de reprodução assistida.

Em alguns estados americanos a magistratura tem-se mostrado mais liberal do que em outros, admitindo a adoção de crianças por indivíduos homossexuais sendo, porém, avessa à adoção por casais que convivam uma relação homoafetiva. Os casais homossexuais que pretendem ter filhos utilizam as técnicas de reprodução assistida, tendo o *Raibow Flag* inaugurado há pouco tempo, na cidade de São Francisco, um banco de sêmen e de óvulos para doadores e receptores, exclusivamente homossexuais. [666] [667]

Deve ser ressaltado que grande número dos bancos de sêmen nos Estados Unidos não se obriga a manter o sigilo das identidades do doador e do receptor de gametas, não se submetendo a qualquer regra do segredo profissional. Muitos bancos revelam,

---

[665] NOGUEIRA, Tânia. Gays – família. *Marie Claire*, nº 68. 1996, p. 107. Tânia Nogueira revela que existe nos EUA um grupo denominado "Coalizão Internacional de Pais Gays e Lésbicas", o qual estima que existem cerca de 4 milhões de pais gays e mães lésbicas que criam de oito a dez milhões de crianças naquele país.

[666] Cumpre esclarecer que nos EUA.

[667] NOGUEIRA, Tânia. *Ob. cit.*, p. 107.

quando consultados, a identidade do doador de gametas ao completar o período de 18 anos do nascimento da criança, nascida de fecundação artificial heteróloga. Os bancos de gametas criados pelo *Raibow Flag*, diversamente dos demais bancos de depósito de gametas, propõe-se a revelar a identidade do doador no prazo de três meses após o nascimento da criança, uma vez que os americanos, de um modo geral, entendem constituir-se em um "erro a pessoa não saber quem é seu pai biológico". Essa opinião, contudo, não é unânime, uma vez que a maior parte dos usuários das técnicas de reprodução artificial condena a revelação de sua identidade e a do doador pelos bancos de gametas, por entender que tais revelações acabam facilitando que o doador venha mais tarde procurar seu filho e interferir na família psicossocial da criança.[668]

Em 26.06.2015 a Suprema Corte dos Estados Unidos legalizou o casamento entre pessoas do mesmo sexo em todo o país.

Deve ser esclarecido que nos Estados Unidos, cada estado da confederação possui um direito de família próprio e exclusivo, razão pela qual, até o momento, somente quatorze estados permitem que dois homens ou duas mulheres adotem conjuntamente uma criança e a registrem como filho do casal, constando os dois nomes na certidão de nascimento.[669]

A utilização das técnicas de reprodução assistida por mulher viúva, mesmo que sua fecundação se dê com o sêmen do marido após sua morte, tem sido vedada, tendo em vista que, se autorizado fosse, estar-se-ia dando vida a um órfão, mesmo antes de sua concepção.

As mencionadas vedações deontológicas possuem por fundamento a ideia de que as crianças nascidas de inseminação artificial heteróloga deverão encontrar à sua espera, um lar e uma família harmônica, perfeitamente constituída, sendo aconselhável possuírem um pai social e uma mãe biológica ou social.

2. O direito europeu continental, de um modo geral, se inclina no sentido de excluir o direito de as mulheres núbeis, viúvas e homossexuais, deixarem-se inseminar artificialmente para procriar, bem como não há qualquer entusiasmo por parte da comunidade científica em relação à utilização das técnicas da reprodução assistida heteróloga por pessoas que estejam nestas condições.[670]

A Dinamarca foi o primeiro país europeu que permitiu, em 1999, aos homossexuais unidos mediante união civil de adotar o filho do companheiro ou da companheira. Em 2009, a Dinamarca vem a admitir aos casais homoafetivos o direito de adotar em conjunto uma criança. Logo após, seguiram o exemplo da Dinamarca, a Alemanha, a Holanda, a Suécia, a Inglaterra e a Espanha.[671]

Predomina no direito comparado europeu a ideia de que, para alguém poder submeter-se às técnicas da reprodução humana assistida heteróloga, deva possuir família perfeitamente constituída, seja esta de direito ou de fato.

---

[668] NOGUEIRA, Tânia. *Ob. cit.*, p. 107.

[669] Disponível em: <http://www.senado.gov.br/noticias/Jornal/emdiscussao/adocao/relatos-reais-sobre-adocao/a-adocao-feita-por-homossexuais-batalhas-e-vitorias-legais.aspx>. O primeiro casal homoafetivo constituído por duas mulheres, que adotou legalmente uma criança nos Estados Unidos, ocorreu em 1986, no estado da Califórnia.

[670] TRABUCCHI, Alberto. *Ob. cit.*, p. 620.

[671] Disponível em: <http://www.senado.gov.br/noticias/Jornal/emdiscussao/adocao/relatos-reais-sobre-adocao/a-adocao-feita-por-homossexuais-batalhas-e-vitorias-legais.aspx>. Acesso em: 20 maio 2014.

3. No Brasil, a Constituição assegura no art. 5º, a plena igualdade de todas as pessoas aqui residentes, garantindo, no inciso II, do art. 1º, o exercício da cidadania e no inciso III, a salvaguarda da dignidade humana. No §7, do art. 226, garante a Carta Magna ao casal a liberdade ao *planejamento familiar*. [672]

Das normas constitucionais citadas, decorre o fato de que todo e qualquer indivíduo constitui o ponto nuclear supremo, destinatário primeiro, da ordem jurídica, seu fundamento e seu fim tendo, por garantia, o direito de constituir família e desenvolver livremente sua personalidade. Poderá, assim, louvar-se, quando impossibilitado de fecundar ou de ser fecundada ou, sendo absolutamente infértil, da utilização dos meios oferecidos pelas técnicas da reprodução assistida.[673]

A doutrina brasileira pouco fala no tocante à possibilidade de transexuais, que tenham se submetido à cirurgia transgenital e que tenham adequado seu estado sexual e o prenome perante o registro civil e que tenham constituído união estável ou, mesmo, casamento com pessoa de sexo oposto ao seu sexo de redesignação (o *sexo psíquico*), poderem valer-se da reprodução artificial heteróloga para vivenciarem a paternidade ou a maternidade.

O transexual cirurgicamente redesignado somente poderá alcançar a maternidade ou a paternidade mediante procedimentos da reprodução humana assistida ou pela adoção de uma criança, uma vez que a cirurgia de transgenitalização o impossibilita de procriar.

No entanto, a possibilidade de serem utilizadas pelo transexual as técnicas da reprodução humana assistida depende do preenchimento de alguns requisitos.

Sustentamos que o transexual cirurgicamente redesignado e que tenha redesignado seu prenome e seu estado sexual em seu assento de nascimento não se enquadraria em qualquer das vedações relativas à utilização da inseminação artificial perante o direito de família brasileiro. [674] O transexual casado ou que viva uma união estável poderá valer-se da reprodução artificial heteróloga, para alcançar a paternidade ou a maternidade.

O transexual masculino, assim denominado pela Medicina, que, pela terapia hormonal e cirúrgica, modifica seu sexo morfológico originário para o sexo oposto, alterando, também, seu estado sexual e o prenome no assento de nascimento, deixa de possuir a identidade anterior, adquirindo nova identidade. Nessa hipótese, se o redesignado vier a casar ou mantiver uma união estável com algum homem somente ocorrerá a possibilidade de procriação, por parte do casal, se o marido ou companheiro do redesignado, utilizando-se da procriação artificial heteróloga, fertilizar alguma mulher. O filho, fruto desta fecundação artificial, será considerado filho do casal. Será filho biológico do marido ou companheiro do redesignado e, em relação a este, será estabelecida a filiação socioafetiva.

---

[672] Recentemente foi impetrado perante a 5ª Vara de Família do Estado do Rio de Janeiro pedido de autorização para que conste na certidão de nascimento da criança o nome das duas mães que convivem há vários anos uma relação homoafetiva. O filho gestado e nascido de uma das conviventes tem origem a partir de um óvulo da outra convivente, fecundado pelo sêmen de um doador anônimo.

[673] A Resolução RDC nº 72, de 30.03.2016, da Agência Nacional de Vigilância Sanitária, dispõe sobre o regulamento técnico para o funcionamento dos Bancos de Células e Tecidos Germinativos e dá outras providências.

[674] SZANIAWSKI, Elimar. *Limites e Possiblidades ...*, p. 139-141 e 152-157.

Em outra hipótese, na qual o transexual masculino, antes de ser redesignado cirurgicamente, tenha depositado em banco de gametas seu esperma e que, depois da redesignação sexual, queira fecundar uma mulher com seu próprio sêmen, a fim de alcançar a maternidade, cria, segundo nosso juízo, uma situação um tanto esdrúxula, divorciada da atual realidade bioética e, juridicamente impossível, diante do direito vigente. Nossa afirmação deve, entretanto, ser ponderada, destacando-se três situações específicas.

a) Hipótese de transexual masculino redesignado para mulher que tenha obtido, também, a redesignação de seu prenome e do estado sexual.

Se este vier a casar ou a realizar uma união estável, será obviamente com uma pessoa do sexo masculino que será seu marido ou companheiro. Se o casal quiser ter filhos, que não seja por via da adoção de uma criança, a única possibilidade será a de o homem, mediante o processo da reprodução assistida heteróloga, vir a fecundar o óvulo de uma mulher doadora, vindo o mencionado homem a ser o pai biológico da criança; o transexual redesignado será a mãe socioafetiva e a mulher será a mãe biológica e gestacional da criança. Todavia, segundo o sistema predominante da reprodução humana assistida que determina o sigilo dos receptores e doadores, esta ficará incógnita, sendo a criança filha do casal.

b) Hipótese em que o transexual masculino redesignado para mulher tiver depositado seu sêmen, (eventualmente produzido antes do procedimento de transgenitalização) em um banco de sêmen para depois de sua redesignação utilizar seus gametas para fecundar óvulo de mulher doadora, a qual poderá ser a mãe substituta da criança. Dessa maneira, o redesignado pode alcançar a "maternidade" com o nascimento de um filho biológico.

Considerando ético o presente expediente, estamos diante de um quadro no qual o pai biológico seria o redesignado; todavia, devido à transgenitalização passa a ser legalmente considerada uma pessoa do sexo feminino, podendo figurar, também, como a mãe biológica. A verdadeira mãe biológica, dona do óvulo que foi doado, seria desconhecida, em virtude do sigilo profissional quanto à identidade das pessoas que participam do processo de inseminação. Nessa hipótese a criança teria duas mães e nenhum pai? Quem seria o pai? E a mãe, quem seria? A mãe biológica seria a doadora do ovócito que pode ser tanto da gestante ou, ainda, de outra mulher a doadora do óvulo, já que poderia ocorrer gestação de substituição. Se, no entanto, o transexual for casado ou viver uma união estável, o marido ou companheiro seria o pai.

Tal situação se vier a se concretizar, não nos parece ética dentro do que determina a bioética atual.

Conforme falamos acima, o transexual que deposita seu esperma em um banco de sêmen, o depositará na qualidade de doador. Vimos que as legislações dos diversos países e, entre nós, as alíneas 2 e 4, do item IV, da Resolução nº 2.121/2015, do Conselho Federal de Medicina, determinam o sigilo da identidade de doadores e receptores de material genético, sendo recomendado que estes não venham a se encontrar ou se conhecer. Essa obrigação de sigilo profissional se estende aos médicos e aos profissionais da saúde que tenham contato com o procedimento de reprodução humana assistida. Somente em situações especiais, por motivação médica, as informações sobre doadores poderão ser fornecidas, exclusivamente para os médicos, resguardando-se a identidade civil do doador.

Desse modo, o transexual depositante não conhecerá a identidade daqueles que vierem a receber seus gametas e estes não conhecerão a identidade do doador. Os gametas doados pelo transexual anterior à sua redesignação deverão, pois, ser utilizados para a fecundação de óvulos que servirão de meio procriativo a outros casais, cuja identidade ficará sob sigilo bem como a identidade do doador.

Se, porém, a situação aqui descrita viesse a ocorrer, vindo o redesignado a obter êxito em sua pretensão de maternidade ou paternidade por via da procriação artificial heteróloga já descrita, indagamos: Como poderá o transexual redesignado reivindicar a criança que vier a nascer, para si, para sua guarda, já que ela possuirá outra mãe, a mãe biológica?

Estaríamos diante da hipótese de a criança ter duas mães e nenhum pai. E como ficará a situação da criança, sendo filho de duas mulheres? Uma, a mãe biológica e a outra, também, uma mãe biológica, que é um transexual redesignado? Um eventual exame genético apontará ambas as examinadas como genitoras da criança, uma vez que ela possui genes das duas mulheres.

Se a hipótese viesse a se tornar exequível, neste caso, como deverá ser registrado filho que possui apenas duas mães biológicas?

Tal situação é extremamente delicada e, consoante pensamos, na pesagem dos interesses postos em litígio, a balança da Justiça deverá sempre pender, favoravelmente, para os que deverão nascer, sendo aconselhável vedarem-se tais possibilidades esdrúxulas de reprodução artificial. Embora nossas ressalvas, entendemos que o transexual, como cidadão e sujeito de direitos, possui o direito de buscar a sua adequação física ao seu ser psíquico, garantido pela Constituição e de constituir família, para realizar-se íntima e afetivamente, a fim de poder exercer, dentro de seu grupo familiar, o livre desenvolvimento de sua personalidade, respeitando, todavia, os direitos da criança, de viver e desenvolver-se junto a um pai e uma mãe, em um lar harmônico e equilibrado.[675]

Por todas as razões apresentadas, entendemos que a faculdade de determinadas mulheres de buscar a reprodução humana assistida para satisfazer seus interesses pessoais e egoísticos, deverá sempre ceder a favor da promoção do direito de a criança de ser criada e educada no seio de uma família tradicional, constituída pelo pai, pela mãe e pelos filhos.

2.3.2 O problema dos embriões excedentes e a utilização de suas células-tronco na embrioterapia

Vimos no Capítulo 2.2, do Título II, supra, que as diversas técnicas de reprodução artificial assistida empregam um grande número de embriões para obter sucesso na fertilização de mulheres servindo, preferencialmente, entre dois e quatro destes embriões para a obtenção da gravidez. Desse modo, os demais embriões que se formaram não serão utilizados pelo casal que contratou a fertilização artificial, constituindo-se, os mesmos, em embriões excedentes.

---

[675] SZANIAWSKI, Elimar. Limites e Possibilidades ..., p. 152.

Grande polêmica se estabelece sobre o destino que deve ser dado aos embriões não utilizados pelas receptoras. Diversas opiniões conflitantes, fundadas em conceitos éticos, religiosos, filosóficos, biomédicos e jurídicos, procuram dar solução ao grave problema dos embriões excedentes, surgindo no panorama médico-jurídico três grandes linhas de pensamento.

a) Uma das correntes pugna pela simples destruição dos embriões excedentes. Resolve-se, mediante descarte, o grave problema dos milhares de embriões depositados nas clínicas de fertilização e nos bancos de depósito de embriões e gametas existentes no mundo, muitos dos quais são inviáveis para a reprodução assistida e outros que, embora aptos à reprodução humana, não serão utilizados.

b) A segunda corrente propõe a doação desses embriões excedentes para pesquisas científicas, especialmente na utilização das células-tronco embrionárias nas técnicas da embrioterapia e na fabricação de medicamentos.

c) O terceiro grupo de pensadores propõe a realização de doação dos embriões excedentários para terceiras pessoas, que são portadoras de infertilidade absoluta, permitindo, deste modo, que a mulher que não venha a ser fertilizada por problemas próprios ou do marido ou companheiro, possa gestar o embrião doado. Ou, ainda, ser gestado por uma mãe substituta.

Em trabalho de nossa autoria, denominado *O Embrião Excedente – O Primado do Direito à Vida e de Nascer - Análise do Art. 9º, do Projeto de Lei do Senado nº 90/99,* [676] realizamos um estudo sobre as propostas de destinação dos embriões excedentes, demonstrando que, em muitos países membros da Comunidade Europeia, os embriões remanescentes são simplesmente descartados como "lixo hospitalar não infeccioso".[677] Esse, também, é o posicionamento do Senador Lúcio Alcântara, em seu Projeto de Lei do Senado nº 90/1999, expresso no art. 9º e seus parágrafos.

Passaremos, a seguir, a analisar resumidamente o problema proposto, a partir das conclusões do referido estudo.

A) A corrente de pensamento que propõe o simples descarte de embriões remanescentes filia-se à teoria *natalista* da aquisição da personalidade humana, a qual, em resumo, parte da ideia de não considerar o embrião, concebido mediante fertilização *in vitro,* um ser humano em desenvolvimento, uma vez que a medicina, até o presente momento, ainda não conseguiu realizar uma gestação *in vitro.*[678] De acordo com essa doutrina, não se pode afirmar que a interrupção da vida de um embrião, obtido mediante fertilização *in vitro,* se caracterize como um aborto, considerando a aquisição da personalidade a partir do nascimento da criança com vida.[679]

O descarte de embriões obtidos mediante fertilização *in vitro* tem sido objeto de ferrenha oposição por grande número de cientistas, filósofos e religiosos, de todas as

---

[676] SZANIAWSKI, Elimar. O Embrião Excedente – O Primado Direito à Vida e de Nascer – Análise do Art. 9º, do Projeto de Lei do Senado nº 90/99. *RTDC,* v. 8, p. 83-107. 2001.

[677] BETHGE, Philip. BLECH, Jörg. FLEISCHAUER, Jan. HILDEBRANDT, Tina. LAKOTA, Beate. NEUBACHER, Alexander. SCHÄFER, Ulrich. TRAUFFETER, Gerald. Wir sind besser als Gott. *Der Spiegel,* nº 20. 2001, p. 240. Essa corrente procura solucionar o problema dos embriões remanescentes, que ficaram armazenados em nitrogênio líquido nos bancos de gametas, mediante simples destruição após um determinado lapso de tempo.

[678] LEITE, Eduardo de Oliveira. *Ob. cit.,* p. 387.

[679] LEITE, Eduardo de Oliveira. *Ob. cit.,* p. 387. Seguindo esta teoria, o embrião sendo retirado da proveta antes da fase da *nidação* estaria sendo descartado, não caracterizando uma gravidez.

áreas do conhecimento humano, considerado como um gravíssimo atentado ao direito à vida de um ser humano em desenvolvimento, louvando-se esses pensadores da teoria concepcionista da aquisição da personalidade humana.

Embora amplamente criticado, o simples descarte dos embriões excedentes se constitui na solução mais utilizada em todo o mundo, para resolver o problema dos embriões não utilizados pelos contratantes da reprodução assistida.

B) A ideia de utilizarem-se embriões remanescentes em pesquisas científicas, na fabricação de medicamentos e o emprego de suas células-tronco em modalidade terápica denominada *embrioterapia*, destinada à cura de determinadas doenças graves vem, a cada dia, obtendo mais sucesso, somando, consequentemente, um número cada vez maior de partidários.[680] [681]

Embora seja o objetivo final dessas experiências científicas o desenvolvimento de novas técnicas terapêuticas, buscando a cura das doenças humanas, sendo, portanto, de valor inestimável, essa nova modalidade de terapia possui como fato gerador de polêmica o resultado da extração de células-tronco que implica a morte do embrião. As experiências que conduzem o embrião à morte constituem-se, segundo os partidários da teoria concepcionista da aquisição da personalidade e, em especial, da doutrina da Igreja Católica Apostólica Romana, em um atentado contra a vida humana embrionária.[682]

No entanto, a corrente de pensamento que defende o emprego dos embriões excedentes em experiências científicas, pesquisa e em terapia embrionária, considera esta modalidade de tratamento não atentatória à ética nem ao próprio embrião, vindo, aos poucos, se firmando no meio médico-científico. Substitui a ideia da destruição pura e simples dos embriões pela noção de benefício para a humanidade. Os defensores dessa corrente admitem a manipulação e a pesquisa de embriões humanos somente nas hipóteses de experimentação terapêutica, cujos resultados beneficiem o próprio embrião ou outro ser humano, mediante cura da enfermidade da qual é acometido e para a obtenção de novos conhecimentos científicos sobre a matéria, e desde que a morte do embrião seja inevitável.[683]

No Brasil, o art. 5º, da Lei nº 11.105, de 24.03.2005,[684] autoriza a pesquisa, a terapia e a utilização de células-tronco embrionárias obtidas de embriões humanos produzidos

---

[680] Na Alemanha está em discussão um projeto de pesquisa da *Deutschen Forschungsgemeinschaft* (DFG), uma entidade dedicada a pesquisas em microbiologia molecular, que propõe a utilização de embriões excedentes, bem como pretende produzir embriões em larga escala, para produção a nível industrial de *células-tronco*, que serão empregadas em terapias de diversas moléstias humanas. As células embrionárias, segundo afirmação do biólogo Oliver Brüstle, são ideais para a fabricação de medicamentos extremamente poderosos, capazes extinguir inúmeras moléstias que atacam os rins, o coração, o sistema nervoso, o câncer, as doenças de Alzheimer, de Parkinson e, ainda, evitam o infarto do miocardio

[681] SZANIAWSKI, Elimar. Células-tronco na perspectiva do direito brasileiro. Revista dos Tribunais, v. 916, p. 170 e ss. 2012. BETHGE, Philip. BLECH, Jörg. FLEISCHAUER, Jan. HILDEBRANDT, Tina. LAKOTA, Beate. NEUBACHER, Alexander. SCHÄFER, Ulrich. TRAUFFETER, Gerald. *Ob. cit.*, p. 240.

[682] SZANIAWSKI, Elimar. *Últ. Ob. cit.*, p. 93. Cada vez mais aumenta o número de partidários da ideia de que a vida humana inicia-se com a concepção e o embrião deve ser considerado uma pessoa humana.

[683] ARAÚJO, Fernando. *Ob. cit.*, p. 47, ss.

[684] A Lei nº 11.105 de 24.03.2005, que regulamenta os incisos II, IV e V, do §1º, do art. 225, da Constituição Federal, estabelece normas de segurança e mecanismos de fiscalização sobre a construção, o cultivo, a produção, a manipulação, o transporte, a transferência, a importação, a exportação, o armazenamento, a pesquisa, a comercialização, o consumo, a liberação no meio ambiente e o descarte de organismos geneticamente modificados – OGM e seus derivados.

por fertilização *in vitro* e não utilizados no respectivo procedimento. A mencionada lei determina o cumprimento dos seguintes pressupostos: a) que sejam embriões inviáveis; b) que sejam embriões crioarmazenados há mais de 3 anos da data da publicação da Lei nº 11.105/2005 ou já criopreservados na data da publicação da norma, ou tenham completado três anos a partir da data da criopreservação.[685]

Da análise do texto legal se extrai que somente poderão ser aproveitadas para pesquisas e em embrioterapia células-tronco extraídas de embriões produzidos *in vitro*, que sejam diagnosticados como embriões inviáveis ou que sejam embriões antigos, congelados há mais de três anos.

A terapia embrionária quando estiver totalmente disponível ao público para o tratamento de doenças, poderá trazer muitos benefícios à humanidade. A terapia mediante o emprego de células-tronco embrionárias, no entanto, segundo uma importante corrente de pensamento, seria desaconselhável na prática, por apresentar diversos inconvenientes, principalmente se não forem empregadas células-tronco embrionárias de embriões recentemente congelados, uma vez que embriões de congelamento antigo ou que portam problemas genéticos podem trazer sérios riscos para a saúde do paciente.[686]

A Lei nº 11.105/2005 autoriza o emprego de células-tronco extraídas de embriões congelados há mais de três anos ou inviáveis. Essas células-tronco embrionárias velhas apresentam grande possibilidade de rejeição.[687] Além dos perigos da rejeição, as células-tronco extraídas de embriões congelados com tempo superior a três meses, formam, com muita facilidade, tumores de caráter embrionário, denominados *teratomas*.[688] É, igualmente, frequente a ocorrência de metilações no ADN dos embriões criopreservados, fator que impede a identificação, "aumentando o risco de silenciarem genes," havendo "total descontrole das células embrionárias, surgindo diferenciações em tecidos distintos nas placas de cultura", bem como as "células-tronco humanas em cultura podem apresentar anormalidades cromossômicas, à medida que se diferenciam, com risco de se malignizarem," não se prestando, pois, para qualquer tipo de pesquisa, muito menos para emprego terápico.[689]

---

[685]   Soa o art. 5º da Lei nº 11.105/2005 :
"É permitida, para fins de pesquisa e terapia, a utilização de células-tronco embrionárias obtidas de embriões humanos produzidos por fertilização *in vitro* e não utilizados no respectivo procedimento, atendidas as seguintes condições:
I - sejam embriões inviáveis; ou
II - sejam embriões congelados há 3 (três) anos ou mais, na data da publicação desta Lei, ou que, já congelados na data da publicação desta Lei, depois de completarem 3 (três) anos, contados a partir da data de congelamento.
§1º Em qualquer caso, é necessário o consentimento dos genitores.
§2º Instituições de pesquisa e serviços de saúde que realizem pesquisa ou terapia com células-tronco embrionárias humanas deverão submeter seus projetos à apreciação e aprovação dos respectivos comitês de ética em pesquisa.
§3º É vedada a comercialização do material biológico a que se refere este artigo e sua prática implica o crime tipificado no art. 15 da Lei nº 9.434, de 4 de fevereiro de 1997."

[686]   SZANIAWSKI, Elimar. *O embrião humano: sua personalidade e a embrioterapia*, p. 160. E SZANIAWSKI, Elimar. Células-tronco na perspectiva do direito brasileiro, p. 162-163 e 176 e ss.

[687]   SZANIAWSKI, Elimar. *O embrião humano...*, p. 159.

[688]   MARTINS, Ives Gandra da Silva e EÇA, Lilian Piñero. *Verdade sobre células-tronco embrionárias*, p. A3. C. ALLEGRUCCI, L. LIGUORI, I. MEZZASOMA, A. MINELLI. A1 adenosine receptors in human spermatozoa: its role in the fertilization process. *Mol. Gen. Metab. Review.* 71: 381-386. 2000.

[689]   SZANIAWSKI, Elimar. *Últ. ob. cit.*, p. 159. MARTINS, Ives Gandra da Silva e EÇA, Lilian Piñero, *ob. cit.*, p. A3.

Pelos riscos que a terapia mediante o emprego de células-tronco embrionárias velhas e inviáveis pode trazer aos pacientes, a maioria dos pesquisadores propõe a utilização de células-tronco adultas sãs, retiradas do próprio paciente, modificadas geneticamente ou de células-tronco retiradas do cordão umbilical, as quais deverão ser criopreservadas em bancos próprios, recomendando, os partidários dessa corrente de pensamento, a não utilização de células-tronco embrionárias ou umbilicais cuja criopreservação seja de longa data.[690]

Por essas razões, colocamo-nos ao lado dos críticos ao superficial e apressado entusiasmo do legislador brasileiro o qual, ignorando totalmente os insipientes estudos científicos e os perigos da embrioterapia com células-tronco antigas e inviáveis, extraídas de embriões congelados, datados de três ou mais anos, resultou na promulgação do art. 5º da Lei nº 11.105/2005, preferindo o emprego de células-tronco embrionárias recentes no tratamento embrioterápico.[691]

C) Finalmente, encontramos aqueles que procuram solucionar o problema dos embriões excedentes mediante sua doação ou adoção por terceiros, diante da absoluta impossibilidade de obter a fecundação por meios naturais. Dessa maneira, poderá a mulher tornar-se receptora desse embrião, gestando a criança ou, diante da impossibilidade desta gestar, poder o filho ser gestado mediante uma mãe substituta, vindo o casal satisfazer seus desejos de paternidade e maternidade. Este tema foi examinado no Capítulo 1, do Título III, supra, dedicado à adoção.

No mês de maio de 2005, o então Procurador-Geral da República, Cláudio Fonteles, interpôs perante o Supremo Tribunal Federal, ação direta de inconstitucionalidade do art. 5º, da Lei nº 11.105/2005. Por meio dessa ação arguiu o Procurador-Geral a inconstitucionalidade do citado art. 5º, uma vez que, segundo sua ótica, o presente dispositivo legal conflitaria com a norma contida no *caput* do art. 5º, da Constituição, a qual garantiria o direito à vida amplamente. Sustentou, em seu arrazoado, a ideia de que a partir da fecundação inicia-se a vida, considerando o ser humano concebido, mesmo permanecendo *in vitro*, uma vida humana que não pode ser sacrificada, mesmo sendo inviável seu futuro desenvolvimento. Além de requerer a declaração de inconstitucionalidade do art. 5º, da Lei nº 11.105/2005, pediu o Procurador-Geral da República que, cumpridos os pressupostos contidos nos arts. 6º ao 9º, da Lei nº 9.868, de 10.11.1999, fosse deferida a realização de audiência pública para, ao final, ser o art. 5º e parágrafos, da Lei nº 11.105/2005, declarados inconstitucionais por atentarem contra o direito à vida e à dignidade da pessoa humana.

Protocolada e processada a ação direta de inconstitucionalidade, sob nº 3.510/2005, foi a mesma distribuída ao Ministro Carlos Ayres Britto para relatar o feito, vindo a ocorrer durante o trâmite diversas intervenções e incidentes. Nessas intervenções, destaca-se o ingresso no processo de diversas instituições na qualidade de *amigos curiae*, segundo previsão do §2º, do art. 7º, da Lei nº 9.868/1999.

Realizada a audiência pública com a manifestação dos interessados e expertos sobre o tema, foi a ADI nº 3.510/2005 a julgamento, decidindo o Supremo Tribunal Federal no sentido de ser o art. 5º, e parágrafos, da Lei nº 11.105/2005, constitucional.

---

[690] SZANIAWSKI, Elimar. *Últ. ob. cit.*, p. 159-160.

[691] SZANIAWSKI, Elimar. *Idem*, p. 159-160.

Embora o julgamento da ADI nº 3.510/2005 tenha sido no sentido da constitucionalidade do mencionado art. 5º, não se pode afirmar que a decisão tenha sido exatamente unânime.

O STF, por maioria, entende que o art. 5º, da Lei de Biossegurança, está perfeito, não necessitando de nenhum reparo. Votaram nesse sentido os Ministros Carlos Ayres Britto, Ellen Gracie, Cármen Lúcia Antunes Rocha, Joaquim Barbosa, Marco Aurélio e Celso de Mello. Os Ministros Cezar Peluso e Gilmar Mendes também se manifestaram no sentido de que o art. 5º, da mencionada lei, é constitucional, mas pretendiam que o Tribunal declarasse, em sua decisão, a necessidade de que as pesquisas fossem fiscalizadas do ponto de vista ético, por uma Comissão Nacional de Ética em Pesquisa (CONEP). Essa proposição, porém, não foi acolhida pelo plenário da Corte julgadora.

Para o Ministro Gilmar Mendes, o art. 5º, da Lei nº 11.105/2005, possui uma grave lacuna ao não prever a instituição de um comitê de ética central para análise e autorização das pesquisas. A lei brasileira estabelece apenas que os institutos deverão submeter seus projetos aos respectivos comitês de ética em pesquisa. Para o Ministro, a lei foi omissa ao não instituir um necessário comitê de ética central, devidamente regulamentado.

Os demais Ministros, Carlos Alberto Menezes Direito, Ricardo Lewandowski e Eros Grau afirmaram em seus votos que as pesquisas poderão ser realizadas, mas, somente, se os embriões, ainda viáveis, não forem destruídos para a retirada das células-tronco, entre outras ressalvas.[692]

O Ministro Direito votou no sentido de que a fertilização *in vitro* fosse utilizada, tão somente, para a busca de fertilização por casais inférteis. Para o Ministro, seria necessária a imposição de restrições legais às pesquisas com embriões, mesmo sendo eles inviáveis. Restringindo, inclusive a retirada do número de células de cada embrião nos limites do não comprometimento do seu desenvolvimento. O Ministro Direito propôs, ainda, que o Ministério da Saúde fiscalizasse a realização de cada pesquisa no Brasil, com amplo controle para evitar abusos.

O Ministro Lewandowski seguiu, em grande parte, as proposições do Ministro Direito.

O Ministro Grau propôs a criação de um comitê central no Ministério da Saúde para controlar as pesquisas com embriões humanos. Defendeu a proposta no sentido de que sejam utilizados, para fertilização da mulher, no máximo quatro óvulos por ciclo e que a obtenção de células-tronco embrionárias seja realizada a partir de embriões inviáveis ou sem danificar os viáveis.[693]

Assim, decidiu o Supremo Tribunal Federal que as pesquisas e a terapia com células-tronco embrionárias, extraídas de embriões inviáveis, não violam o direito à vida, nem a dignidade da pessoa humana, estando autorizada para fins de pesquisa e terapia a utilização de células-tronco embrionárias, obtidas de embriões humanos produzidos por fertilização *in vitro* e não utilizados no respectivo procedimento, nos termos e limites do art. 5º, da Lei nº 11.105/2005.[694]

---

[692] Notícias do STF. Quinta Feira, 29.05.2008. Disponível em: <http://www.stf.gov.br/portal/cms/verNoticia>. Último acesso em: 14 out. 2008.

[693] Notícias do STF. Quinta Feira, 29.05.2008. Disponível em: <http://www.stf.gov.br/portal/cms/verNoticiaDetalhe.asp?idConteudo=8991>. Último acesso em: 14 out. 2008.

[694] SZANIAWSKI, Elimar. *Células-tronco na perspectiva do direito brasileiro*, p. 172-175.

Sustentamos em nosso estudo, *O Embrião Excedente – O Primado do Direito à Vida e de Nascer*,[695] constituir-se o embrião em um ser humano em desenvolvimento e possuidor de personalidade a partir da concepção. A lei ao lhe outorgar, desde a concepção, os direitos do nascituro, está reconhecendo que ele é titular de direitos.

Com efeito, o Código Civil brasileiro de 2002 determina no art. 2º que "a personalidade civil da pessoa começa do nascimento com vida; mas a lei põe a salvo, desde a concepção, os direitos do nascituro".

A redação dos arts. 2º e 4º, do Código Civil em vigor e do derrogado, respectivamente, conduziu alguns operadores do direito ao entendimento de que o concebido não seria possuidor de personalidade, vindo a adquiri-la somente após o nascimento com vida. Esse entendimento tem se constituído em um dos principais argumentos favoráveis ao aborto de fetos e ao descarte de embriões excedentes.

A tradicional exegese sobre a situação jurídica do concebido constitui-se em um equívoco. Se a lei civil põe a salvo, desde a concepção, os direitos do nascituro, constitui-se o ser humano, que está sendo gestado, em um sujeito de direitos, possuidor de tutela jurídica ampla. Sendo o concebido um sujeito de direitos será, necessariamente, portador de personalidade natural.

O Código Civil em vigor, seguindo a esteira do Código Civil de 1916,[696] autoriza, no §único do art. 1.609, o reconhecimento de filho antes mesmo de nascer. O art. 1.779, trata da curatela de nascituro e o art. 1.798 legitima como sucessor as pessoas já concebidas no momento da abertura da sucessão. O Código Civil reconhece e denomina "pessoa" o concebido, neste último dispositivo legal.[697]

A doutrina atual tem dado preferência à *teoria concepcionista* da aquisição da personalidade, considerando ser o embrião, desde a fecundação, um ser distinto da mãe, possuidor de *autonomia genético-biológica*,[698] vislumbrando o concebido como *pessoa* e *sujeito de direitos*.[699] Sob o âmbito do Direito Penal, a doutrina quase unânime sustenta

---

[695] SZANIAWSKI, Elimar. *O Embrião excedente*, ..., p. 89-90.

[696] O Código Civil de 1916 embora determinasse no art. 4º que, "a personalidade civil da pessoa começa do nascimento com vida...", outorgava ao nascituro direitos subjetivos, expressos em diversos artigos na Parte Geral e Especial. No art. 353, tratava da possibilidade de legitimação de filho apenas concebido; no §único, do art. 357, cuidava do reconhecimento de filho antes mesmo de nascer; no art. 462, tratava da curatela de nascituro e no art. 1.718, reconhecia a capacidade de o nascituro adquirir bens e direitos por testamento. O mencionado art. 4º, do Código Civil, ao tutelar os direitos do nascituro desde a concepção, deveria ser lido de acordo com o conjunto do sistema, que reconhece o embrião humano, como sujeito de direitos, portador de personalidade. O mesmo tratamento ao tema é dado pelo Código Civil de 2.002.

[697] O operador do direito deve examinar o Código Civil como um sistema legal completo e não um artigo ou alguns artigos, isoladamente. O exame dos artigos mencionados, da Parte Geral e Especial, conduz o intérprete a concluir que o Código Civil reconhece o nascituro como pessoa e sujeito de direitos.

[698] LEITE, Eduardo de Oliveira. *Ob. cit.*, p. 385. A *teoria concepcionista* vislumbra "o embrião, desde a fecundação, algo distinto de sua mãe, com uma autonomia genético-biológica, a qual não permite estabelecer nenhuma mudança essencial em sua natureza até a idade adulta, salvo os óbvios atributos de tamanho e função."

[699] BEVILÁQUA, Clóvis. *Teoria Geral do Direito Civil*, p. 172. AMARAL, Francisco. *DIREITO CIVIL* – Introdução, p. 211. DINIZ, Maria Helena. *O Estado Atual do Biodireito*, p. 113. LEITE, Eduardo de Oliveira. *Ob. cit.*, p. 385. SOUSA, R. V. A. Capelo de. *O Direito Geral de Personalidade*, p. 158; SZANIAWSKI, Elimar. *Direitos de Personalidade* ..., p. 66. Em oposição a essa teoria, entendem alguns que a proteção legal dada ao nascituro é semelhante àquela dada a um objeto inanimado, a exemplo de um monumento o qual, embora protegido por lei, não é titular de direitos subjetivos. Dessa maneira, embora protegido, a lei não outorgaria nenhum direito subjetivo ao nascituro. Cf. DANTAS, San Tiago. *Programa de Direito Civil. Parte Geral*, p. 170. Essa comparação não possui o menor fundamento uma vez que o embrião não é uma coisa inanimada, ao contrário, é um ser humano em desenvolvimento.

que o embrião é sujeito de direitos, sendo sua vida e seu direito de nascer devidamente protegidos, constituindo-se a interrupção da vida, antes do nascimento, no delito de *aborto*.[700] Os códigos penais, de um modo geral, inscrevem o *aborto* como um crime contra a vida, ao lado do infanticídio e do homicídio, ou seja, constitui-se em um delito contra a vida de um ser humano que possui o direito de nascer. O Código Penal brasileiro dispõe sobre o crime de *aborto* nos arts. 124 a 128, incluindo-o como delito contra a vida.[701]

Esse último entendimento, esposado pelo direito penal, constitui-se em um eco das ciências biomédicas. O desenvolvimento da microbiologia e das técnicas de fertilização assistida permite a afirmação de que o concepto possui existência distinta da de sua mãe.[702] A possibilidade de manter um embrião vivo fora do corpo humano indefinidamente, por meio das técnicas da criopreservação, comprova a assertiva acima, não se podendo admitir, na atualidade, a ideia de ser o embrião um ente humano que possui existência intimamente ligada e dependente de sua mãe.

Para nós, a personalidade do ser humano inicia-se a partir da concepção, adquirindo o embrião, nesse momento, a personalidade, a identidade genética, os direitos morais e alguns direitos patrimoniais.[703] Por essas razões, incluímo-nos entre os que procuram solucionar o problema dos embriões excedentes, propondo sua adoção por terceiros, a fim de que estes, desejando vivenciar a paternidade e a maternidade e diante da absoluta impossibilidade de obter a fecundação por meios naturais, poder a mulher ser receptora desses embriões e vir a gestar a criança ou, diante da impossibilidade desta gestar, poder ter um filho mediante gestação por uma mãe substituta e, assim, vir o casal satisfazer seus desejos de paternidade e maternidade.

A Lei nº 11.105/2005 ao autorizar, para fins de pesquisa e terapia, a utilização de células-tronco embrionárias, obtidas de embriões humanos por meio de fertilização *in vitro* e que sejam inviáveis ou congelados há três anos ou mais, na data da publicação da referida Lei, ou que, já congelados na data de sua publicação completarem três anos, gerou polêmica e reabriu novas discussões sobre a relativização do direito à vida no ordenamento jurídico brasileiro.

A Constituição ao promover o *direito à vida* não traz os limites do âmbito dentro do qual esta categoria gravita. O *direito à vida* compreenderia uma relativização mediante normas que limitassem sua extensão e seus efeitos?

A resposta a essas perguntas se encontra na própria Constituição. A alínea *a*, do inciso XLVII, do art. 5º, da Constituição, revela que o próprio constituinte inseriu limitações ao direito absoluto à vida, relativizando-o, ao autorizar a aplicação da pena de morte nos casos em que houver guerra declarada.

---

[700] HUNGRIA, Nelson. *Comentários ao Código Penal*. v. V, p. 248-249. NORONHA, E. Magalhães. *Direito Penal*. Saraiva. v. 2, p. 52-53.

[701] O art. 128, do CP, dispõe sobre as excludentes de punibilidade, não punido o aborto praticado por médico, diante do estado de necessidade da gestante, que estiver correndo iminente risco de vida e na hipótese de a gravidez resultar de estupro, desde que o aborto seja precedido do consentimento da gestante ou do seu representante legal, quando incapaz.

[702] DINIZ, Maria Helena. *Ob. cit.*, p. 113. ALMEIDA COSTA, Antônio M. *Aborto e Direito Penal*. Sep. Rev. O A, 1984, III, p. 76. SZANIAWSKI, Elimar. *Últ. Ob. cit.*, p. 66.

[703] AMARAL, Francisco. *DIREITO CIVIL* – Introdução, p. 211. Os Códigos Civis suíço; francês; argentino; mexicano; venezuelano e peruano outorgam a personalidade ao ser humano desde a concepção, com a condição de que nasça com vida.

A Convenção Americana sobre Direitos Humanos, em relação à qual o Brasil é signatário, declara em seu art. 4º, que toda pessoa tem o direito inalienável de ter respeitada sua vida, não podendo este direito ser suspenso por motivo algum. Os Estados americanos procuram restringir a aplicação da pena de morte, objetivando tutelar a vida humana em sua extensão máxima. Os Estados-Parte da Convenção Americana sobre Direitos Humanos, mediante a Convenção Internacional sobre Direitos Humanos, realizada em 08.06.1990, durante a XX Assembleia-Geral da Organização dos Estados Americanos, em Assunção, Paraguai, consolidaram a prática da *não aplicação* da pena de morte no continente americano, firmando o *Protocolo Adicional à Convenção Americana sobre Direitos Humanos Referentes à Abolição da Pena de Morte.*[704] O referido Protocolo internacional dispõe em seu art. 1º, que "os Estados-Parte neste Protocolo não aplicarão em seu território a pena de morte a nenhuma pessoa submetida à sua jurisdição". Essa regra internacional procura reduzir drasticamente a aplicação da pena de morte nos países americanos, sendo regulamentada no Brasil pelo Decreto nº 2.754, de 27.08.1998.[705] A legislação brasileira veda a prática da pena de morte, estando assegurado o direito à vida e de ela não ser suprimida por meio de execução da pessoa pelo Estado. Permanece, todavia, a possibilidade de aplicar-se a pena de morte, excepcionalmente, nos casos em que houver guerra declarada. Esta exceção constitui-se em uma limitação legislativa ao direito absoluto à vida.[706]

De outro lado, embora o Brasil ainda não tenha aderido oficialmente à prática do aborto, visto como um *direito da mulher* em relação ao seu eventual *direito à procriação*, admite-se, entre nós, a realização de aborto em certas circunstâncias especiais. Não será considerado delito o aborto praticado por médico, diante do estado de necessidade, para salvar a vida da gestante, conforme dispõe o art. 128, combinado com o art. 24, ambos do Código Penal. Também é tolerado o aborto, não sendo tipificado como crime, quando a gravidez for resultante de estupro e indesejada pela mulher.

Verifica-se que a Constituição do Brasil vislumbra o direito à vida de maneira relativa, admitindo a supressão da vida humana em casos excepcionais, seguindo a mesma esteira a legislação infraconstitucional. Diante deste quadro, cabe indagar: Poderia, então, utilizar-se o legislador desta mesma restrição ao direito absoluto à vida, para limitar o direito à vida e de nascer dos embriões *in vitro* que, embora viáveis, não serão aproveitados na fertilização? Cujo futuro será certamente sua lenta degeneração e o simples descarte?

---

[704] O Protocolo Adicional à Convenção Americana sobre Direitos Humanos, referente à Abolição da Pena de Morte, foi adotado em Assunção, em 8.06.1990 e assinado pelo Brasil em 7.06.1994, passando a vigorar a nível internacional em 28.08.1991. Este Protocolo foi submetido e aprovado pelo Congresso Nacional por intermédio do Decreto Legislativo nº 56, de 19.04.1995. O Governo brasileiro depositou o Instrumento de Ratificação do referido Protocolo, em 13.08.1996, com a aposição de reserva, nos termos do Artigo II, no qual é assegurado aos Estados Partes o direito de aplicar a pena de morte em tempo de guerra, de acordo com o Direito Internacional, por delitos sumamente graves de caráter militar, passando o mesmo a vigorar, para o Brasil, em 13.08.1996.

[705] Decreto nº 2.754, de 27.08.1998:
Art. 1º. O Protocolo Adicional à Convenção Americana sobre Direitos Humanos Referente à Abolição da Pena de Morte, adotado em Assunção, em 8 de junho de 1990, e assinado pelo Brasil em 7 de junho de 1994, apenso por cópia ao presente Decreto, deverá ser executado e cumprido tão inteiramente como nele se contém.
Art. 2º. Este Decreto entra em vigor na data de sua publicação.
Brasília, em 27 de agosto de 1998; 177º da Independência e 110º da República.
Fernando Henrique Cardoso - Luiz Felipe Lampreia.

[706] SZANIAWSKI, Elimar. *O embrião humano:* sua personalidade e a embrioterapia, p. 175.

Sob esse aspecto, o legislador infraconstitucional estaria, igualmente, autorizado a impor outros limites ao direito absoluto à vida, estabelecendo a possibilidade de utilizar células-tronco de embriões humanos, que seriam destinadas à embrioterapia e na cura de moléstias.

Qual seria o fundamento jurídico que autorizaria o legislador a impor limites ao direito à vida, permitindo a morte de embriões excedentários para a utilização das células-tronco na embrioterapia?

Em nosso trabalho intitulado *O Embrião humano: sua personalidade e a embrioterapia* procuramos trazer algumas reflexões à indagação, mediante ponderação de dois pontos de vista diversos. O primeiro, mediante a verificação da personalidade do embrião. O segundo, a partir da ponderação de dois direitos fundamentais em colisão, o *direito à vida* e *de nascer do embrião* e o *direito à vida, à qualidade de vida* e à *saúde* do enfermo, cuja cura poderá se dar mediante terapia com células-tronco embrionárias *totipotentes*.[707]

No sistema jurídico brasileiro, a atribuição da personalidade ao embrião constitui-se em uma questão de simples técnica jurídica.[708] Filiadas à Teoria da Realidade Técnica, as codificações civis do Brasil cuidaram da personalidade, tanto da personalidade humana como a das pessoas jurídicas, como sendo um produto da técnica jurídica. Desse modo, outorgando a lei personalidade ao ser humano, será a própria lei que determinará o momento em que a pessoa adquire esta personalidade e quais são os limites impostos ao seu direito geral de personalidade em determinada época.

A Teoria da Realidade Técnica procura explicar o momento da aquisição da personalidade do ser humano, que pode ser o fato do nascimento com vida, bem como o instante da concepção ou, ainda, o momento em que inicia a atividade cerebral do feto. É o legislador quem atribuirá, dentro de um determinado quadro histórico e dos fatos humanos, o momento em que o ser humano adquirirá sua personalidade. Ao mesmo tempo, imporá os limites ao direito absoluto à vida e de nascer do indivíduo.

Sob essa luz, a utilização de células-tronco embrionárias, colhidas de embriões excedentários *in vitro*, isto é, aqueles que não serão empregados na reprodução assistida, mesmo os, ainda, viáveis, serão destinados para pesquisas e emprego de suas células *toti* e *pluripotentes* na embrioterapia. Não se constituirão esses fatos em atentados ao direito à vida e de nascer, devido à relatividade do direito à vida e à limitação a ser imposta pelo legislador.

No tocante aos direitos fundamentais em colisão, o *direito à vida e de nascer* do embrião e o *direito à vida, à qualidade de vida* e à *saúde* do enfermo (cuja cura poderá ocorrer por intermédio de terapia com células-tronco embrionárias *totipotentes* e *pluripotentes*), deve ser verificado qual o direito fundamental que, colidindo com outro, deva prevalecer na espécie. Para tanto, aplica-se o critério da proporcionalidade, ponderando-se os bens e interesses postos em causa. Pesando-se os bens e interesses do embrião excedente que sequer se desenvolveu em útero materno e, certamente, não será aproveitado na reprodução assistida e o direito do enfermo que nasceu e vivenciou parte da vida e podendo obter a cura da moléstia que o acomete, certamente o fiel da

---

[707] SZANIAWSKI, Elimar. *Ob. cit.*, p. 175.

[708] AMARAL, Francisco. *Ob. cit.*, p. 211-212.

balança penderá para o lado que defende a cura de graves patologias, preservando a vida e, principalmente, de vivenciar uma boa qualidade de vida.[709]

A ponderação desses fatos autoriza o sacrifício do embrião excedentário.

De outro lado, a não autorização legal para a utilização das células-tronco dos embriões não empregados na reprodução, em pesquisas ou em terapia embrionária, conduzirá, fatalmente, à necessidade de os embriões excedentários serem simplesmente descartados como lixo genético. Será sempre preferível a utilização destes embriões para a colheita de células-tronco que serão objeto de pesquisa e de aplicação em terapias do que, simplesmente, descartá-los sem que possam trazer algum benefício à humanidade.[710]

A proposta de manter os milhões de embriões excedentários indefinidamente congelados e armazenados em depósitos de embriões pelo mundo, que aos poucos irão degenerar, sob o argumento de que, assim agindo, se estaria protegendo e valorizando o direito à vida e à dignidade da pessoa humana, constitui-se em um argumento equivocado. Não haverá a menor preservação da dignidade humana o fato de manterem-se embriões em "conserva" nos bancos de depósito de material genético, quando não utilizados em reprodução, até sua completa degeneração.

Ao contrário, será humana e digna, a utilização dos embriões excedentários viáveis na cura de pessoas doentes sendo, de acordo com nosso entendimento, desumana a proposta de mantê-los depositados e congelados por anos e anos, esperando o dia do seu descarte.

Faltou coragem e determinação ao legislador da Lei nº 11.105/2005 em inovar em toda a amplitude necessária a regulamentação do emprego das células-tronco embrionárias e da embrioterapia. Manteve-se extremamente conservador ao elaborar a norma que autoriza pesquisas e tratamentos com células-tronco embrionárias colhidas de embriões inviáveis ou criopreservados há mais de três anos, ao invés de autorizar e regulamentar o emprego de células-tronco embrionárias *toti* e *pluripotentes*, colhidas de embriões ainda viáveis, tal qual recomenda a boa técnica médica. A utilização terapêutica de células-tronco de embriões mesmo viáveis constitui-se em um benefício à humanidade, salvaguardando o *direito à vida*, à *saúde* e à *qualidade de vida* do paciente, não atentando contra o direito à vida e à dignidade do embrião.

2.3.3 O problema das crianças "sem pai", "sem mãe", com "dois pais" ou com "duas mães"

O emprego incorreto ou antiético da *reprodução humana assistida* poderá resultar no nascimento de uma "criança sem pai" ou uma "criança sem mãe".

Na realidade, o nascimento será de uma criança cujo pai seja pré-falecido ou sem pai conhecido, o qual poderá ocorrer nas seguintes hipóteses. A primeira, quando o pai biológico, fornecedor do sêmen, vier a falecer antes da concepção. Nesse caso, a concepção ocorre *in vitro*, mediante fertilização do óvulo da mãe pelo sêmen do pai falecido, depositado em um banco de gametas. A segunda hipótese se apresenta quando uma criança nascer de mulher solteira, viúva ou divorciada, inseminada por sêmen de doador anônimo. Nesse caso, ocorrerá a chamada *ausência legal de pai*. E, finalmente,

---

[709] SZANIAWSKI, Elimar. *Ob. cit.*, p. 176.

[710] SZANIAWSKI, Elimar. *Últ. Ob. cit.*, p. 176.

quando duas mulheres homossexuais conviventes contratarem a inseminação de uma delas, com sêmen de doador, que gerará uma criança que será cuidada por ambas, como filho.

Poderá, também, ocorrer a ausência de um pai quando a fecundação se der por meios naturais. Quando, por exemplo, o marido, ou companheiro, vier a morrer prematuramente, deixando sua mulher grávida. Igualmente, "não terá um pai" a criança nascida de mãe solteira, viúva, ou divorciada. E, ainda, as crianças que forem adotadas por conviventes homoafetivos não terão pai ou não terão mãe, consoante vimos em capítulo anterior.

Na sociedade atual, o fato de uma mulher dar à luz a uma criança sem ter um homem ao lado, a quem possa ser atribuída a paternidade vem sendo reconhecido como um direito da mulher, considerado pelas feministas um símbolo de liberdade sexual, de independência e de autonomia feminina. Em virtude dessas razões, não vislumbram nenhum mal se o nascimento da criança decorrer de *reprodução humana assistida,* mesmo se constituindo o fato de ser uma criança sem pai conhecido. As feministas defendem a utilização das técnicas de inseminação artificial como um direito exclusivo da mulher, podendo qualquer pessoa do sexo feminino deixar-se fecundar por meio artificial heterólogo.

Os casos de "criança sem mãe" podem facilmente ocorrer na hipótese de dois indivíduos homossexuais masculinos, que vivam uma união estável, contratarem uma mulher para inseminá-la com sêmen de um deles ou mediante sêmen de doador e gerar uma criança que será registrada em nome de um deles, como seu filho, cuidada por ambos. mesmos. Na atualidade, vem se admitindo a realização do registro da criança como sendo filho de ambos, na qualidade de pais. [711] Em outra hipótese, bastante remota, dois homens, não necessariamente homossexuais, contratam uma mulher para gerar uma criança que será registrada em nome de um deles, como seu filho e cuidada por ambos.

Na reprodução artificial heteróloga poderão surgir casos de "crianças com dois pais" que nascem quando um homem estéril, o futuro pai social, autoriza a inseminação artificial de sua mulher, com sêmen de um doador conhecido, que será o pai biológico da criança, possuindo o filho, nesses casos, dois pais. Todavia, nessa hipótese, os interesses da criança, relativos à filiação, permanecerão preservados, uma vez que terá como pais um homem e uma mulher, formando um casal legalmente constituído e um seio familiar, formando-se o vínculo de paternidade somente com o marido da mulher que deu a luz à criança.

No entanto, vem aumentando o número de casos nos quais há o reconhecimento da existência do vínculo de paternidade ou maternidade e filiação da criança com mais de um homem ou com mais de uma mulher, coexistindo a paternidade ou a maternidade biológica com a socioafetiva, ou, ainda, duas paternidades ou maternidades e filiação socioafetivas.

As legislações, de um modo geral, têm exigido que a identidade do doador de gametas, a serem utilizados na reprodução assistida, seja mantida em segredo, devendo

---

[711] Sentença proferida pelo Juiz Sérgio Luiz Kreuz, nos autos 0038958-54.2012.8.16.0021. Vara da Infância e da Juventude da Comarca de Cascavel – PR em 20.02.2013. Disponível em: <http://www.direitodascriancas.com.br/admin/web_files/arquivos/bfadcbfb589dd714a4bd75e7210ebcec.pdf>.

as pessoas envolvidas com as técnicas de fertilização artificial manter o devido sigilo profissional a fim de afastar a incidência de dupla paternidade para a criança. O registro da criança deverá ser realizado, constando no assento de nascimento como sendo filho do marido ou convivente da mulher que foi inseminada artificialmente.

Nas hipóteses de "crianças com duas mães", não haverá a mesma facilidade para solucionar o problema como no caso do "filho de dois pais". Na gestação de *substituição*, a criança possui uma *mãe biológica*, que é a mulher que doou seu óvulo para a obtenção do embrião *in vitro*. A mulher que recebeu o embrião em seu útero e deu à luz a criança a qual será a *mãe gestacional*.

É nessa hipótese que mais se evidencia a artificialidade das técnicas reprodutivas, pois tal situação nunca virá a ocorrer na fertilização por *meios naturais*.

Para resolver os problemas de filiação oriundos da reprodução heteróloga e da maternidade de substituição, a jurisprudência comparada reconhece a preponderância da paternidade social em relação à paternidade biológica, procurando, dessa maneira, facilitar a solução dos casos concretos. Encontramos, todavia, situações contraditórias no exame da jurisprudência dos tribunais, nos casos em que os casais utilizam na fertilização artificial, sêmen de doador anônimo. Nesta hipótese, a paternidade da criança será atribuída ao marido da mãe, ignorando-se o verdadeiro pai biológico, como se este não existisse. O critério utilizado pelos tribunais é o da *afetividade*, considerando pai, o marido da mãe, mesmo não sendo o verdadeiro pai biológico. Nos casos de maternidade de substituição, em que o óvulo provenha da mulher contratante, diante de eventual conflito, os tribunais têm decidido no sentido de atribuir-se a maternidade da criança à mãe biológica, considerando-se que seus genes determinam a maternidade e não a função meramente gestadora da mulher contratada para gestar.[712]

O direito da França tende ao sentido oposto nos casos de disputa pela maternidade da criança entre a mãe gestacional e a mulher contratante que pretende a maternidade. O direito francês atribui a maternidade à mãe gestacional, seguindo a expressão do velho brocardo: "é mãe a mulher que dá à luz."[713]

O Senador Lúcio Alcântara narra um interessante caso ocorrido nos Estados Unidos da América, decorrente da fertilização heteróloga, que gerou perplexidades. Trata-se de um caso concreto extraído de um artigo de revista, o qual conta a história de uma menina de dois anos de idade, gerada a partir de inseminação heteróloga, que veio a ser declarada por um juiz do Superior Tribunal de Justiça da Califórnia como uma "criança sem pais". O texto informa que a criança foi gerada, aplicando-se o processo de fertilização artificial heteróloga, mediante espermatozoides e óvulos de doadores anônimos, sendo a criança gestada por uma *mãe gestacional*, que houvera sido contratada por um casal impossibilitado de gerar, que queria ter filhos a todo custo. O homem apresentava baixa contagem de espermatozoides e a mulher era portadora de endometriose, não conseguindo liberar os óvulos para a fecundação, nem tinha possibilidade de levar uma gestação a termo. Segundo o referido artigo, o homem, marido da contratante, decidiu divorciar-se da mulher um mês antes do nascimento

---

[712] ALCÂNTARA, Lúcio. *Justificação ao Projeto de Lei n°. 90/1.999*. GORASSINI, *ob. cit.*, p. 964, nota 89. TRABUCCHI, *ob. cit.*, p. 620.

[713] Sobre o tema ver: *Loi n° 94-653 du 29.07.1994 – Relative au respect du corps humain*. Esta lei vem sendo denominada de "lei de *saisine* da bioética."

da criança e, para tentar liberar-se da prestação alimentícia, contestou a paternidade da criança, afirmando, categoricamente, que nunca pretendeu ter um filho mediante o emprego da reprodução assistida, negando qualquer responsabilidade em relação à criança. Levado o caso ao Judiciário, declarou o Superior Tribunal de Justiça, ao final, que a criança nascida nas circunstâncias acima mencionadas configura-se como uma "criança sem pais". Todavia, a Corte sensibilizada com os argumentos apresentados pela mulher contratante, que desejou a criança, lhe autorizou a adotá-la, a fim de poder vivenciar a maternidade.[714] A decisão proferida pelo tribunal conclui que a menina, nascida da inseminação artificial, é um ser humano que "[...] não tem nenhum vínculo genético com o casal, nem com a mãe gestacional e, descendente de pais biológicos anônimos, "não possui pais", declarando que, no caso concreto, "existe numa espécie de vácuo".[715]

Em virtude de casos como o acima descrito, predomina a corrente de pensadores representados por juristas, médicos, psicólogos e eclesiásticos no sentido de repudiar a *reprodução artificial heteróloga*, indagando se seria moralmente correta a criação deliberada dessas situações?[716]

Os congressos e as reuniões internacionais especialmente realizados para debater o tema do *direito à liberdade de toda a mulher de dispor sobre seu corpo* e, segundo este direito, *decidir sobre sua própria descendência*, podendo livremente submeter-se às técnicas da reprodução artificial heteróloga, resultaram em controvérsia e em ferrenha oposição quanto à real existência de um direito exclusivo da mulher de *decidir sobre sua própria descendência*.

Em setembro de 1987, foi realizado na cidade de Perúgia, Itália, o *XXXIV Corso di Studi* com o tema intitulado *Natura ed artificio nella filiazione*, promovido pelo *Centro Internazionale Magistrati LUIGI SEVERINI*, cuja temática consistiu em discussões sobre os problemas decorrentes da fecundação artificial, ante as novas tecnologias biomédicas e de manipulação genética, do qual participaram juristas de diversos países, entre estes, do Brasil. As conclusões do *XXXIV Corso di Studi: Natura ed artificio nella filiazione*, repudiaram o método da reprodução artificial heteróloga.[717]

A principal crítica dirigida à reprodução heteróloga no referido encontro internacional tange, principalmente, à situação de incerteza quanto à real identidade do concebido.

Das diversas *Recomendações* dos congressistas nos casos de inseminação artificial, destaca-se a de nº 5, a qual recomenda um controle rigoroso de tais procedimentos médicos por parte do Estado. Nesse sentido, cabendo à autoridade judiciária a atribuição de autorizar e de fiscalizar a correta execução dos procedimentos de reprodução artificial.

---

[714] A mulher, contudo, ainda insatisfeita com o desfecho da questão, pretende, "obrigar o ex-marido a cumprir o contrato assinado por ocasião da concepção artificial".

[715] ALCÂNTARA, Lúcio. *Justificação ao Projeto de Lei n. 90/1999*. Afirma o Senador que um médico brasileiro, ouvido pela revista, declarou que teria sido preferível que o casal tivesse recorrido a uma adoção, ao invés de se utilizar desse "arranjo 'antinatural'" firmado em contrato, uma vez que nenhum dos contratantes transmitiria seus genes ao bebê, nem a mulher poderia vivenciar a gestação.

[716] ALCÂNTARA, Lúcio. *Justificação ao Projeto de Lei n. 90/1999*. Disponível em: <http// www2.camara.gov.br>.

[717] FIGUEIRA, Álvaro Reis. Natureza e artifício na filiação: Conclusões do 34º Curso de estudos do 'Centro Internazionale Magistrati Luigi Severini' 1988. Separata da 'Colectânea de jurisprudência'-Tomo II. 1988. Direito da família. Cota: DCF. FIG.1 STJ 7647. Portugal.

A Associação Internacional de Magistrados para Assuntos de Menores, sitiada em Torino, Itália, analisando as consequências da reprodução artificial sobre os direitos das crianças, concluiu que "o papel do legislador não é fazer uma lei com base naquilo que alguns considerem estar de acordo com a vontade de Deus", e "nem no que a maioria dos cidadãos considere estar de acordo com seus próprios princípios éticos."[718] Quando as leis são feitas, elas devem refletir o que parece ser útil para toda a humanidade.

A opinião predominante tem-se mostrado favorável somente à inseminação artificial homóloga e entre pessoas que constituam um casal, desde que o procedimento empregado não traga riscos à saúde da mãe e da criança que irá nascer. Opõe, todavia, à prática da reprodução humana assistida mediante emprego de técnicas de fertilização heteróloga.

As conclusões do 34º Curso de Estudos do Centro Internazionale Magistrati Luigi Severini são impugnadas pela corrente oposta, que as considera exageradas em comparação aos benefícios trazidos pela inseminação artificial heteróloga ao casal.

Antônio Pádua L. de Oliveira manifesta-se favoravelmente ao emprego da inseminação artificial heteróloga, entendendo possuir vantagens sobre a adoção de crianças pelos casais inférteis. O autor apresenta um estudo comparado, mostrando as efetivas vantagens que a inseminação artificial heteróloga possui em relação à adoção. Na reprodução assistida heteróloga, existem sempre afinidades genéticas da criança gerada com um dos genitores, que é seu genitor biológico. Tratando-se de inseminação artificial heteróloga, mediante doação de sêmen, ocorrerá uma imensa ligação da mãe com seu filho, resultante da convivência desenvolvida durante a gestação. Durante os nove meses de gestação o casal estará se preparando para melhor recepcionar o filho que irá nascer. O longo prazo gestacional outorga tempo suficiente para as necessárias adaptações dos futuros pais com a ideia da chegada da criança. O desvelo e o acompanhamento das primeiras manifestações da vida intrauterina seria o elemento de vinculação afetiva dos pais com a criança, uma vez que ela será fruto do desejo de ambos e de madura reflexão. A inseminação artificial heteróloga permite, ainda, que a mãe realize amplamente a função da maternidade de um filho biologicamente seu. A convivência do casal durante a gravidez da mulher, a participação do marido ou convivente no momento do parto e a convivência do casal com o filho, desde o primeiro momento de vida traduzem os efetivos laços de paternidade, de maternidade e de filiação. Há, ainda, a possibilidade de a criança ser alimentada no seio de sua própria mãe. Tais fatos representam uma grande vantagem sobre a adoção. Na adoção a criança é trazida de um momento para o outro para o convívio de estranhos sem passar pela fase do desenvolvimento interuterino.

É inegável que existem aspectos positivos da reprodução artificial heteróloga, não devendo ser tomada radical posição contra ela, considerando apenas os aspectos negativos.

Segundo Antônio Pádua de Oliveira, a utilização da inseminação heteróloga, em alguns casos, "supera de muito as críticas apresentadas para a sua condenação, que se baseia muito mais em um preconceito enraizado e cristalizado nas pessoas, decorrente da ênfase do fundamento biológico de toda relação de filiação".[719]

---

[718] OLIVEIRA, A. P. L. de. *Ob. cit.*, p. 586.

[719] OLIVEIRA, A. P. L. de. *Ob. cit.*, p. 586.

Pelos mesmos argumentos apresentados, Revillard,[720] de modo radical, defende a ampla liberdade de todas as pessoas exercerem a paternidade e a maternidade, por meio de qualquer procedimento de fertilização artificial, seja homólogo ou heterólogo. Segundo seu ponto de vista, toda e qualquer mulher, inclusive a casada e a homossexual, pode escolher livremente, decidindo por sua própria descendência, utilizando os métodos da inseminação artificial e os bancos de sêmen para sua fertilização. Nesse procedimento, segundo o autor, o médico deverá, tão somente, ser o *"judge the future parents sustable to educate and keep the child"*.

Deixando ao lado os radicalismos apaixonantes, entendemos que ambas as correntes de pensamento possuem argumentos consideráveis e outros que devem ser totalmente afastados.

Para nós, urge a promulgação de legislação específica, que imponha limites à concepção de embriões, mediante qualquer das técnicas de reprodução humana assistida, prestigiando o direito daquele que vai nascer. Nenhuma argumentação consegue justificar a não limitação da criação artificial de seres humanos, dos quais muitos dificilmente irão se desenvolver e, se sobreviverem nem sempre possuirão um mínimo necessário de qualidade de vida. Razão pela qual temos, pessoalmente, algumas restrições em relação à reprodução humana artificial.

2.4 O panorama da reprodução assistida no Brasil

A doutrina brasileira majoritária se mostra favorável ao emprego da reprodução artificial homóloga, opondo-se à orientação que permite que mulheres solteiras, viúvas, divorciadas e homossexuais se submetam às técnicas de fecundação artificial por meio de sêmen doado, em razão do fato de que a criança que irá nascer não possuir verdadeiramente um pai, em virtude do sigilo que cerca a identidade dos doadores e receptores de gametas na reprodução heteróloga.[721] A falta de um pai acarretará ao filho dificuldades ao seu desenvolvimento e prejuízos à sua formação psíquica. Os doutrinadores brasileiros, de um modo geral, entendem que a reprodução heteróloga deverá ser um recurso último, destinado, somente, ao uso por casais que têm absoluta impossibilidade de procriar por razões de esterilidade irreversível do marido ou convivente ou da mulher, não devendo, no entanto, este procedimento ser estendido a qualquer pessoa.[722]

Vislumbramos a existência de uma crescente indústria da reprodução humana assistida no Brasil, sem a devida regulamentação legal que venha a impor limites a esta atividade, trazendo muita riqueza aos profissionais que se dedicam a esta especialidade médica. Assim, faz-se necessário o exame das normas éticas e dos projetos de lei destinados a regulamentar a reprodução assistida em nosso país, tarefa que será realizada a seguir.

---

[720] REVILLARD. *Apud* GORASSINI, Attilio. *Ob. cit.*, p. 964, nota 89.

[721] AZEVEDO, Álvaro Villaça de. *Ob., cit.*, p. 51. BARBOZA, Heloísa Helena. *Direito à procriação e as técnicas de reprodução assistida*, p. 165. No mesmo sentido, TRABUCCHI, A. *Ob. cit.*, p. 621.

[722] TRABUCCHI, A. *Ob. cit.*, p. 621.

2.4.1 O planejamento familiar e a reprodução assistida na Constituição brasileira

Afirmamos, anteriormente, que não possuímos no Brasil regras legislativas destinadas a regulamentar a reprodução artificial heteróloga e suas consequências jurídicas. O único regramento vigente constitui-se pela Resolução nº 2.121/2015, do Conselho Federal de Medicina. A mencionada norma na alínea 1, do item II, consagra a liberdade de qualquer mulher capaz, que tenha solicitado e cuja indicação não se afaste dos limites da citada Resolução, poder utilizar os bancos de sêmen e ser receptora das técnicas da reprodução assistida. Se casada ou convivendo em união estável, será necessária a aprovação do cônjuge ou companheiro, após submissão a um procedimento semelhante ao do consentimento informado. O mesmo direito é estendido aos casais homoafetivos e as pessoas solteiras, podendo estas valer-se do uso das técnicas de RA, respeitado o direito a objeção de consciência por parte do médico.[723]

A Constituição da República Federativa do Brasil garante no §7º, do art. 226, a todo casal o direito ao *planejamento familiar*, segundo os princípios da dignidade da pessoa humana e da paternidade responsável, vedando qualquer intervenção ou coerção de entidades públicas ou privadas na esfera decisória familiar.

O planejamento familiar é regulamentado pela Lei nº 9.263, de 12.01.1996. A citada lei conceitua o *planejamento familiar*, no art. 2º, "como o conjunto de ações de regulação da fecundidade que garanta direitos iguais de constituição, limitação ou aumento da prole pela mulher, pelo homem ou pelo casal."[724] O planejamento familiar, consoante disposição do art. 3º, constitui-se como "parte integrante do conjunto de ações de atenção à mulher, ao homem ou ao casal, dentro de uma visão de atendimento global e integral à saúde." Segundo dispõe o art. 4º, o planejamento familiar orienta-se por ações preventivas, educativas e pela garantia de acesso igualitário a informações, meios, métodos e técnicas disponíveis para a regulação da fecundidade.

O preceito do art. 9º visa à consecução do exercício do *direito ao planejamento familiar*,[725] determinando, expressamente, que serão oferecidos pelo poder público todos os métodos e técnicas de concepção e contracepção, aprovadas cientificamente e que não apresentem risco à vida e à saúde dos usuários, garantida a liberdade de opção. A Lei nº 9.263/1996 garante às pessoas que pretendam utilizar os métodos de concepção ou contracepção disponíveis, a liberdade de escolher o método que melhor lhes aprouver, garantido o direito à informação sobre os seus riscos, vantagens, desvantagens e eficácia.

Embora a Lei nº 9.263/1996 autorize a realização de experiências com seres humanos no campo da regulação da fecundidade, sob fiscalização e controle pela Direção Nacional do Sistema Único de Saúde, atendido o critério estabelecido pela Organização

---

[723] Resolução nº 2.121/2015, CFM. Alínea 2, do item II. DOU. 24.09.2015.

[724] O parágrafo único, do art. 2º, da Lei nº 9.263/1996, proíbe a utilização das ações a que se refere o *caput* para qualquer tipo de controle demográfico. A alínea 5, do item II, da Resolução nº 2.013/2013-CFM, determina expressamente a proibição da fecundação de oócitos humanos, com qualquer outra finalidade que não seja a procriação humana.

[725] Art. 9º: Para o exercício do direito ao planejamento familiar, serão oferecidos todos os métodos e técnicas de concepção e contracepção cientificamente aceitos e que não coloquem em risco a vida e a saúde das pessoas, garantida a liberdade de opção.

Parágrafo único. A prescrição a que se refere o *caput* só poderá ocorrer mediante avaliação e acompanhamento clínico e com informação sobre os seus riscos, vantagens, desvantagens e eficácia.

Mundial de Saúde, deixou de explicitar sobre os bancos de gametas, sobre a utilização dos procedimentos da reprodução humana assistida e dos limites que devem existir em relação à mesma, preferindo explicitar, com detalhes, tão somente, o aspecto negativo da fecundidade humana, que consiste no direito à esterilização de mulheres e homens e seu respectivo procedimento,[726] deixando o aspecto positivo, que diz respeito ao fato de procriar, propriamente dito, para ser disciplinado por outra norma extravagante. Essa omissão do legislador contribui para, ainda mais, aumentar o rol de leis ordinárias que tratam de temas congêneres, quebrando a harmonia e a visão de conjunto do nosso sistema legislativo.

2.4.2 A grave omissão do Código Civil na questão do planejamento familiar e da reprodução assistida

Deixou o Código Civil mais uma lacuna no vasto rol de espaços vazios e omissões legislativas, a qual contribui para a concretização do inchaço legislativo ordinário brasileiro. Não tratou o Código Civil do "terceiro milênio", tal como foi pomposamente chamado, de tão importante tema como o da reprodução humana assistida e do direito de o filho, nascido de fecundação artificial, de conhecer seu verdadeiro ascendente biológico, não especificando as possibilidades e os limites do exercício desses direitos, abandonando a tarefa da regulamentação da matéria para o legislador extravagante.

Existem, contudo, no Congresso Nacional do Brasil, diversos projetos de lei em tramitação, destinados a regulamentar e trazer limites às experiências técnico-científicas relativas à engenharia genética e à manipulação do genoma humano, à pesquisa e clonagem de seres humanos e sobre a utilização de técnicas de reprodução humana assistida.[727]

No tocante ao tema da reprodução humana assistida, destacam-se dois projetos de lei. O primeiro, datado de 1997, Projeto de Lei nº 2.855, destinado a regulamentar a utilização das técnicas de reprodução humana assistida, de autoria do Deputado Confúcio Moura,[728] e o segundo, anteriormente mencionado, o Projeto de Lei do Senado, de nº 90/1999, de autoria do Senador Lúcio Alcântara.

O Projeto de Lei nº 2.855/1997, de autoria do Deputado Confúcio Moura, embora constitua um grande avanço em relação à regulamentação da utilização de técnicas de reprodução humana assistida, não contempla a regulamentação do *direito ao conhecimento da própria origem genética e familiar* a favor do filho que deverá nascer, mediante utilização das técnicas de reprodução artificial heteróloga. O mencionado projeto determina no §único, do art. 10, o obrigatório sigilo no tocante à identidade dos doadores de material genético. No entanto, autoriza a quebra do sigilo profissional

---

[726] A Lei nº 9.263/1996 dispõe, por meio de 12 artigos, (do 10 ao 22), sobre a esterilização humana.

[727] Destacamos os seguintes Projetos de Lei: Projeto de Lei nº 69/1997, regulamentando as experiências técnico-científicas relativas à engenharia genética e à manipulação do genoma humano, de autoria do Senador José Ignácio Ferreira; Projeto de Lei nº 2.811/1997, vedando a realização de experiências e a clonagem de animais e de seres humanos; Projeto de Lei nº 2.855/1997, destinado a regulamentar a utilização de técnicas de reprodução humana assistida, de autoria do Deputado Confúcio Moura.

[728] Projeto de Lei nº 2.855/1997. Disponível em: <http://www2.camara.gov.br/proposicoes>. Último acesso em: 20 jun. 2006.

no que diz respeito às condições dos doadores, em decorrência de motivação médica, limitando o fornecimento das informações à equipe médica responsável pelo caso, preservando, no mais, o sigilo da identidade do doador. No art. 46, impõe o Projeto de Lei a respectiva sanção penal de 1 (um) a 3 (três) anos de reclusão, acrescida de multa, para aquele que revelar a identidade dos doadores de gametas. No art. 21, veda o Projeto de Lei qualquer questionamento do registro civil sob alegação de o filho ter nascido em decorrência de utilização das técnicas de reprodução assistida. Não haverá, também, a possibilidade de ser estabelecida nova filiação, no caso, a verdadeira filiação biológica, em decorrência da revelação da identidade do doador de gametas, o verdadeiro pai biológico da criança, consoante determinação do art. 22, do referido projeto.

A postura assumida pelo autor do Projeto de Lei de 1997, embora tenha por objeto proteger a criança naquilo que diz respeito à sua origem, concebida por fecundação artificial e a identidade do doador de gametas, acaba por excluir o direito de o filho, nascido por meio das técnicas de reprodução artificial heteróloga de, em determinadas circunstâncias, conhecer sua ascendência biológica e familiar, atentando, dessa maneira, contra o *direito geral de personalidade* da criança, que ampara o direito de ela conhecer sua própria origem genética.

Segundo nossa ótica, constituem-se o §único, do art. 10 e os arts. 21, 22 e 46, do Projeto de Lei nº 2.855/1997, inconstitucionais, uma vez que os limites impostos ao *direito ao conhecimento da própria origem biológica* do filho nascido de reprodução heteróloga atentam contra seu direito geral de personalidade.[729]

A Constituição de 1988 dispõe no §7º, do art. 226, que o planejamento familiar é de livre decisão do casal, respeitados os princípios da dignidade da pessoa humana e da paternidade responsável. No art. 227, a Constituição estabelece que "é dever da família, da sociedade e do Estado assegurar à criança e ao adolescente, com absoluta prioridade, entre outras obrigações, o direito à vida, à saúde [...], à dignidade, ao respeito, à liberdade e a convivência familiar e comunitária [...]". O §6º, do mesmo art. 227, determina que "os filhos, havidos ou não da relação do casamento, ou por adoção, terão os mesmos direitos e qualificações, proibidas quaisquer designações discriminatórias relativas à filiação."

Os citados dispositivos constitucionais contêm os mesmos princípios sufragados nos incisos II e III, do art. 1º, da Constituição, que revelam os pressupostos do *direito geral de personalidade*. Assegurar à criança e ao adolescente, com absoluta prioridade, o *direito à vida, à saúde, à dignidade, ao respeito e à liberdade* se traduz no pleno exercício do direito ao livre desenvolvimento da personalidade. Só se pode falar em exercer o direito *à vida, à saúde e à liberdade* quando é efetivamente assegurado pelo Estado o exercício do livre desenvolvimento da *personalidade*. Sendo o *direito geral de personalidade* o mecanismo jurídico destinado a garantir a todo o indivíduo a proteção de sua personalidade, preservando, entre outras categorias, sua *saúde*; sua *identidade pessoal e familiar*, podendo saber de quem é descendente biológico, quais as doenças comuns na família biológica, quais as doenças geneticamente transmissíveis etc., para poder tratar-se e evitar ou, pelo menos, minorar as consequências nefastas que certas moléstias provocam na pessoa. O efetivo exercício do *direito ao conhecimento da própria origem genética*, da pessoa nascida a partir da reprodução humana assistida, se traduz na possibilidade de diagnosticar

---

[729] SZANIAWSKI, Elimar. *Direitos de Personalidade...*, p. 165 e ss.

preventivamente e tratar adequadamente as moléstias que o indivíduo traz em seus cromossomos e que poderão se manifestar durante sua vida. O conhecimento da origem genética da pessoa, em certas circunstâncias, garantirá, efetivamente, *o direito a saúde, o direito à vida* e o *direito à qualidade de vida* dela. Impedir, em grau absoluto e em nome do sigilo da identidade de doadores de gametas, destinados à reprodução artificial que a pessoa, nascida a partir de procedimentos de reprodução heteróloga, conheça sua verdadeira ascendência biológica, quando as necessidades o exigirem, consiste na subtração de um direito fundamental, constitucionalmente garantido. O pretexto de alguns autores e que é utilizado em projetos de lei, de o sigilo absoluto respeitar o direito ao segredo da identidade do doador de material genético e de garantir uma falsa "legitimidade" ao filho inserido na família psicossocial, não nos convence. A proibição de uma pessoa, seja filho adotivo ou nascido de reprodução artificial heteróloga, de exercer o direito ao conhecimento da sua origem genética e familiar, dentro de certos limites, está rumando em direção oposta aos mandamentos da Constituição.

Passaremos, a seguir, ao estudo do Projeto de Lei de nº 90/1999, de autoria do Senador Lúcio Alcântara, o qual, segundo nosso juízo, apresenta proposições mais completas e mais condizentes com as exigências da sociedade atual.

2.4.3 Considerações ao Projeto de Lei do Senado Federal nº 90/1999

O Projeto de Lei do Senado sob nº 90/1999, de autoria do Senador Lúcio Alcântara, propõe regular em doze artigos a reprodução humana assistida, no Brasil.[730] A proposta principal contida no referido projeto consiste na tentativa legal de desencorajar as pessoas de realizarem a reprodução artificial heteróloga. O proponente procura, mediante a legislação, evitar que as pessoas que procuram a reprodução por meios artificiais utilizem das técnicas da reprodução assistida heteróloga. Tal proposição do Senador Alcântara visa a evitar que surjam certas situações em que possam existir filhos que não tenham pais reconhecidos ou que nasçam crianças "sem pai", "sem mãe", ou que possuam "dois pais" ou "duas mães", consoante vimos no Capítulo 2.3.3, supra. Outras situações podem não atender aos interesses da criança, como, por exemplo, situações "que atentem contra o direito de filiação da criança e seu senso de identidade",[731] embora reconheça o Senador a dificuldade inerente a qualquer tentativa de rastear e encontrar os doadores de sêmen e óvulos.

Segundo propõe o referido Projeto de Lei, destina-se a técnica da reprodução assistida (RA) às mulheres ou aos casais que tenham por objetivo a procriação. Para o Projeto de Lei, a utilização da reprodução assistida somente será exercida mediante autorização do poder público para auxiliar na resolução dos casos de infertilidade e para a prevenção e tratamento de doenças genéticas ou hereditárias, desde que tenha sido devidamente constatada a existência de infertilidade irreversível ou, em se tratando de *infertilidade de causas desconhecidas*, tenha sido obedecido ao prazo mínimo de espera

---

[730] O texto integral do Projeto de Lei do Senado nº 90, de 1999, está disponível em: <http://www.senado.gov.br/atividade/>.

[731] Projeto de Lei do Senado nº 90/1.999. Justificação: "Espera-se, assim, que o projeto tenha o efeito de desencorajar a doação inconsequente e o emprego irresponsável de gametas humanos e, portanto, a proliferação de casos que atentem contra o direito de filiação da criança e seu senso de identidade."

na forma a ser estabelecida em regulamento. Exige o Projeto de Lei, como pressuposto para a utilização da reprodução artificial, a autorização da autoridade competente quando os demais tratamentos possíveis tenham sido comprovadamente ineficazes ou ineficientes para solucionar a situação de infertilidade, não devendo a esterilidade decorrer da ultrapassagem da idade reprodutiva do casal. A receptora da técnica de reprodução artificial deverá ser, obrigatoriamente, mulher civilmente capaz e deverá ter solicitado ou consentido o referido procedimento de maneira livre e consciente, mediante consentimento informado e que exista probabilidade efetiva de sucesso da operação, sem se incorrer em risco grave à saúde dela ou da criança. Nos casos de prevenção e tratamento de doenças genéticas ou hereditárias exige o referido Projeto de Lei a indicação precisa, com suficientes garantias de diagnóstico e terapêutica adequadas.

Conforme foi acima mencionado, o Projeto de Lei prevê a obrigatoriedade do *consentimento informado* nos procedimentos de reprodução assistida, não só da receptora como também, do cônjuge ou companheiro, nos casos de união estável.[732] O *consentimento informado* deverá ser manifestado em documento próprio, constante de formulário especial, ao final assinado pela receptora e por seu marido ou companheiro. No *consentimento informado*, deverá o médico especialista, que realizará o procedimento de reprodução artificial, prestar minudentemente esclarecimentos sobre todos os aspectos técnicos e as implicações médicas, das diferentes fases das técnicas de reprodução humana assistida disponíveis, esclarecendo sobre os custos envolvidos em cada uma dessas técnicas.

Cumpre ao médico responsável pela execução da reprodução humana assistida apresentar os dados estatísticos sobre a efetividade das técnicas de fecundação artificial nas diferentes situações, inclusive os dados específicos do estabelecimento e dos profissionais envolvidos, comparados com os números relativos aos casos em que não se recorreu à reprodução assistida. O consentimento informado deverá, também, conter detalhadamente dados referentes à possibilidade e à probabilidade de incidência de acidentes, efeitos indesejados ou de danos para a mulher e para a criança.[733] Devem ser esclarecidas as implicações jurídicas da utilização das técnicas de fecundação assistida, principalmente quanto ao vínculo e quanto às obrigações decorrentes da paternidade socioafetiva que virá a ocorrer. Compõe o consentimento informado todas as informações concernentes à licença de atuação dos profissionais, dos estabelecimentos hospitalares envolvidos e demais informações a serem definidas em regulamento. As informações devem incluir todas as implicações decorrentes do ato de doar os gametas, possibilitando à criança, eventualmente, identificar e conhecer o doador, quando necessário. Possibilitando, em alguns casos, o doador ou a mãe substituta virem a ser obrigados a reconhecer a filiação dessa criança.[734]

---

[732] Art. 3º, do Projeto de Lei do Senado nº 90/1999.

[733] Sobre a responsabilidade civil do médico por danos sofridos pela mulher e pela criança, na reprodução assistida, consultar do autor, *Considerações sobre a responsabilidade civil dos profissionais da saúde na atividade de reprodução humana assistida, In Grandes Temas da Atualidade, Responsabilidade Civil*. Forense. 2006.

[734] Conforme §2º, do art. 3º e art. 12, do Projeto de Lei do Senado nº 90/1999. Dizem os artigos mencionados: "Art. 3º - O consentimento informado será obrigatório e extensivo aos cônjuges e companheiros em união estável, em documento redigido em formulário especial, no qual os usuários manifestem pela aposição de suas assinaturas, terem dado seu consentimento para a realização das técnicas de RA e terem sido esclarecidos sobre o seguinte: I – [...]".

Essa proposição do Senador Alcântara visa a afastar eventuais sanções penais, em relação às partes envolvidas em processos de fertilização artificial heteróloga, tendo em vista que o autor do Projeto de Lei não acredita na eficácia dos instrumentos existentes para impedir ou desencorajar as pessoas de recorrerem às práticas inseminatórias praticadas irresponsavelmente, passíveis de trazer grandes riscos para a criança, uma vez que nenhum instrumento legislativo poderia impedir totalmente as práticas de fertilização artificial heteróloga.

Outra preocupação do Senador diz respeito à utilização de gametas de pessoas já falecidas. Nesta matéria será necessário distinguirmos duas situações diversas.

a) A primeira, que diz respeito aos casos em que uma mulher queira utilizar o sêmen de um homem, seu marido, para poder gerar um filho mesmo após a morte deste. Trata-se de fecundação artificial homóloga com sêmen de marido já falecido.

Para evitar prejuízos à criança que virá a nascer, na hipótese em que o marido que tenha deixado seus gametas em depósito antes de morrer e sua mulher pretendendo deixar-se inseminar artificialmente, para gerar um filho, após a morte do marido, o Projeto de Lei do Senador Lúcio Alcântara impõe a obrigação ao banco de gametas de entregar o material genético depositado somente à pessoa do depositante. Ficando vedado a qualquer pessoa, que não seja o próprio depositante, de receber ou retirar o referido material genético. Pretende o Projeto de Lei, mediante esta regra, excluir a atribuição de paternidade ao morto. Justifica o autor do Projeto dizendo que "... é verdade que essa regra incrementa ainda mais o dano à criança, uma vez que ela, além de nascer 'sem pai', não poderá reclamar descendência daquele que é seu pai biológico. Porém, somente, uma dissuasão assim tão forte pode ser capaz de evitar o emprego dessa prática prejudicial aos interesses das crianças do futuro".

Por essas razões, veda o propositor do Projeto de Lei nº 90/1999, no §2º, do art. 3º, o reconhecimento da filiação da criança em relação ao genitor falecido, no caso em que tenha sido utilizado gameta proveniente de indivíduo pré-falecido à data da fecundação.

As preocupações do Senador Lúcio Alcântara com a reprodução assistida *post mortem* vêm perdendo sentido na atualidade, diante da nova exegese da categoria, que vem surgindo no Brasil, tendente à sua admissibilidade.

---

§2º No caso do parágrafo anterior, as informações mencionadas devem incluir todas as implicações decorrentes do ato de doar, inclusive a possibilidade de a identificação do doador vir a ser conhecida pela criança e, em alguns casos, de o doador vir a ser obrigado a reconhecer a filiação dessa criança, em virtude do disposto no artigo 12.

§3º [...].

Art. 12º - A criança nascida a partir de gameta ou embrião doado ou por meio de gestação de substituição terá assegurado, se assim o desejar, o direito de conhecer a identidade do doador ou da mãe substituta, no momento em que completar sua maioridade jurídica ou, a qualquer tempo, no caso de falecimento de ambos os pais.

§1º A prerrogativa garantida no caput poderá ser exercida, desde o nascimento, em nome de criança que não possua em seu registro civil o reconhecimento de filiação relativa à pessoa do mesmo sexo do doador ou da mãe substituta, situação em que ficará resguardado à criança, ao doador e à mãe substituta o direito de obter esse reconhecimento na forma da lei.

§2º No caso em que tenha sido utilizado gameta proveniente de indivíduo falecido antes da fecundação, a criança não terá reconhecida a filiação relativa ao falecido.

§3º No caso de disputa judicial sobre a filiação da criança, será atribuída a maternidade à mulher que deu à luz a criança, exceto quando esta tiver recorrido à RA por ter ultrapassado a idade reprodutiva, caso em que a maternidade será outorgada à doadora do óvulo.

[...]".

A Resolução n° 2.121/2015, do Conselho Federal de Medicina, item VIII, permite, expressamente, a reprodução assistida *post mortem*, desde que haja autorização prévia específica do(a) falecido(a) para o uso do material biológico criopreservado.[735]

Vem se tornando ponto referencial na matéria a decisão do juiz da 13ª Vara Cível do Fórum Central da Região Metropolitana de Curitiba, pela qual o magistrado autorizou à interessada, Kátia Lerneneier, que é viúva, de se submeter ao procedimento de reprodução assistida mediante utilização de sêmen crioarmazenado do marido, precocemente falecido, vítima de câncer de melanoma.

No presente caso, destaca-se o fato de que a sentença que autorizou a inseminação *post mortem* do cônjuge supérstite foi proferida independentemente da existência de testamento ou de escritura pública, de autoria do *de cujus*, que declarasse expressamente sua vontade de procriar, mesmo após sua morte. Dessa maneira, louvou-se o julgador de outros elementos, os quais conduziam à conclusão de uma inequívoca vontade do cônjuge falecido de gerar um filho, mesmo após sua morte.[736]

Embora ainda predomine entre os autores brasileiros a ideia de manter a vedação à reprodução assistida *post mortem*, paulatinamente vem crescendo o número de operadores do direito que defendem a possibilidade de ser gerada uma criança legalmente, sendo um dos genitores pré-morto. Diante da existência de declaração de vontade expressa do *de cujus*, mediante testamento, ou em outro documento autêntico, não haveria para esta corrente de pensamento nenhum óbice em a mulher supérstite deixar-se inseminar artificialmente com o sêmen criopreservado do marido ou do convivente, exercendo, desta maneira, seu projeto familiar, cujo fundamento se encontra no direito à liberdade do planejamento familiar, consubstanciado no §7°, do art. 226, da Constituição. Assim, poderão os genitores da criança executar seu projeto parental mesmo após a morte de um deles.

Havendo, na atualidade, a possibilidade material de concepção artificial de filhos, mesmo após a morte do genitor e diante da ausência de legislação destinada a regulamentar o emprego das técnicas de reprodução humana assistida, deverão, a partir da exegese da Constituição, ser garantidos à criança, todos os direitos morais, familiares e materiais que lhe pertencem por direito, tendo por fundamento os princípios do melhor interesse da criança e do adolescente e da igualdade entre os filhos.[737]

b) A segunda hipótese se refere aos doadores anônimos que depositam seu esperma em um banco de sêmen para doação a qualquer receptor e depois morrem.

Para evitar consequências que possam, eventualmente, prejudicar o concebido, cujo pai biológico venha a falecer durante a gestação da mãe ou já tenha morrido antes mesmo de sua concepção, propõe o Projeto de Lei a proibição ao banco de sêmen de utilizar gametas de um doador sabidamente morto. Aplica-se, nesses casos, o disposto

---

[735] Resolução n° 2.121/2015, CFM. Disponível em: <http://www.portalmedico.org.br/resolucoes/ CFM/2015/2121_2015.pdf>. A Resolução n° 2.013/2013, CFM, já derrogada, admitia em seu item VIII, ser possível a fertilização *post mortem*, desde que houvesse autorização prévia específica do(a) falecido(a) para o uso do material biológico criopreservado, de acordo com a legislação vigente.

[736] Disponível em: <http://espaco-vital.jusbrasil.com.br/noticias/2204152/mulher-pode-ter-filho-de-marido-morto>. Último acesso em: 09 jul. 2014.

[737] MONTALBANO, Ana Caroline Oliveira. Inseminação *post mortem* e seus reflexos no direito de família e sucessões. *Revista da ESMESC*, v. 19, n. 25, p. 22.

no §2º, do art. 12, do Projeto de Lei em comento, que cabe tanto para o pai biológico como para terceiro doador, previamente falecidos.

Esse dispositivo, contudo, não possui força suficiente para garantir que o gameta a ser utilizado não seja o de uma pessoa já falecida. Na prática, embora possível, é extremamente difícil ao banco de gametas manter um cadastro atualizado com o registro periódico dos fatos que ocorrem na vida de cada doador, após ter o mesmo realizado a doação de gametas. Diante das dificuldades de natureza prática, estabelece o citado Projeto de Lei uma segunda coerção no sentido de proibir a crioconservação de gametas por tempo superior a dois anos.

Cumpre, todavia, lembrar que a Resolução nº 2.121/2015, do Conselho Federal de Medicina e as que lhe antecederam, admite no seu item VIII ser ética a reprodução assistida *post mortem*, condicionando a reprodução assistida mediante material genético de pessoa já falecida à prévia autorização específica do pré-morto, para o uso de seu material genético criopreservado, de acordo com a legislação vigente.

Admite, pois, o Projeto de Lei em estudo, embora impondo diversas limitações, o emprego da fertilização artificial heteróloga.

Para evitar os problemas trazidos pela inseminação artificial heteróloga, consoante examinamos anteriormente, de a criança poder possuir duas mães ou dois pais ou outras situações esdrúxulas, que comprometam ou prejudiquem os direitos da criança, propõe o Projeto de Lei, em relação à utilização de gameta de um doador anônimo, alguns meios de dissuasão do emprego dessa modalidade de procedimento reprodutivo.

A primeira consequência consiste na adoção da categoria do *direito ao conhecimento da origem genética* do filho, assim concebido, possibilitando-o de conhecer sua ascendência biológica. Esse direito, também, deveria ser estendido ao doador que queira reconhecer e reclamar a paternidade da criança. Objetivando limitar a ocorrência de "dupla maternidade", determina o Projeto de Lei que a utilização da fecundação artificial heteróloga só seja autorizada como terapia nos casos de infertilidade e para prevenção e tratamento de doenças genéticas ou hereditárias. Nessas hipóteses, deverá ser exigida indicação precisa e com suficientes garantias de diagnóstico e de terapêutica pelo médico que assiste a receptora. Esse dispositivo do Projeto de Lei destina-se a evitar a gravidez artificial de mulheres que ultrapassaram a idade reprodutiva ou o recurso à prática do "útero de aluguel" por mulheres que não desejam, por qualquer motivo, vivenciar a experiência da gestação e do parto. O Projeto de Lei nº 90/1999 admite, excepcionalmente, a *gestação de substituição* nas hipóteses em que exista um problema médico que impeça ou contraindique a gestação na doadora genética, exigindo, nesse caso, que haja parentesco até o segundo grau entre ela e a doadora temporária do útero. Na doutrina, de um modo geral, existe quase unanimidade de pensamento no sentido de se proibir a *gestação de substituição* o chamado "útero de aluguel" ou "barriga de aluguel". O Projeto de Lei em consonância com os ditames da Constituição Federal, a qual, no §4º, do art. 199, proíbe expressamente o comércio de órgãos, tecidos e partes do corpo humano,[738] veda a *gestação de substituição* remunerada, bem como o comércio de

---

[738] A Lei nº 9.434, de 04.02.1997, regulamentada pelo Decreto nº 2.268 de 30.06.1997, dispõe sobre a remoção de órgãos, tecidos e partes do corpo humano para fins de transplante e tratamento. No art. 1º, determina que a disposição de órgão, tecidos e partes do corpo humano, para fins de transplante e tratamento, deve ser gratuita. No art. 2º, prevê, expressamente, que para os efeitos da mencionada lei, não estão compreendidos entre os tecidos, o sangue, o esperma e o óvulo. A pesquisa, o tratamento, a coleta e a transfusão de sangue e

gametas e embriões, embora reconheça o autor do Projeto de Lei ser quase impossível, na vida real, impedir totalmente a ocorrência de tais fatos. Admite o Senador Lúcio Alcântara que, especialmente no Brasil, devido à precária situação socioeconômica da maior parcela da população, certamente haverá mulheres dispostas a se oferecer para gerar filhos de outras mulheres em troca de remuneração.

O Projeto de Lei do Senador Lúcio Alcântara procura dirimir preventivamente um conflito que poderá surgir no tocante à maternidade da criança, entre a *mãe gestacional* e a mulher que contratou a gestação substituta, denominada *mãe de destino*. Inspirado na solução preconizada pelo direito francês, o Projeto de Lei nº 90/1999 atribui a maternidade da criança, nos conflitos oriundos da maternidade gestacional, à mãe gestacional. Considera o Projeto de Lei como sendo a mãe verdadeira a mulher que gestou e deu a luz à criança, excetuando o caso de mulheres que ultrapassaram a idade reprodutiva, as quais por não possuírem mais aptidão para conceber e gestar, serão sempre consideradas mães das crianças, embora tenha sido a gestação realizada pela maternidade de substituição. O Projeto de Lei outorga a maternidade à mãe substituta, entendendo seu autor ser mais justo proteger as mulheres que se dispuseram a ceder seu útero, mesmo as que gestaram a criança por interesses meramente econômicos, em detrimento das mulheres que se dispuseram a pagar por ele, independentemente das sanções legais que ambas possam vir a sofrer por desobedecerem à vedação legal.

Entendemos as razões que levaram o autor do mencionado Projeto de Lei a defender a mãe gestacional. Consideramos ser correta a proteção dada à mãe substituta, ante as mulheres que, devido ao fato de já terem alcançado a meia-idade não tenham mais condições orgânicas para procriar, bem como aquelas que, embora não sofram de infertilidade, queiram, por mera vaidade, ter um filho nascido de outra mulher, preservando, desta maneira, seus atributos físicos ou, ainda, em relação às mulheres que desejam um filho, mas não quererem se submeter aos efeitos não desejados de uma gravidez e, por isso, se lançam na busca de um recurso derradeiro, optando pela utilização das técnicas da reprodução assistida e da maternidade substituta. A proteção da mãe substituta, diante de qualquer conflito que possa eventualmente surgir em relação à mãe doadora de gametas, dada pelo autor do Projeto é, para nós, exacerbada. Revelar-se-ia em um mecanismo adequado para desencorajar o emprego das fertilizações artificiais heterólogas, da utilização do recuso da maternidade substituta e da comercialização da maternidade, através dos denominados "úteros de aluguel".

No entanto, tais exageros podem conduzir a situações injustas como, por exemplo, o fato de uma mulher que, embora tenha idade para procriar, não engravide por razões de saúde ou em virtude de conselho médico. Igualmente, na hipótese de o marido da mulher fértil, que por razões de saúde não possa engravidá-la e a mesma, posteriormente, não tenha mais condições orgânicas para procriar por ter alcançado a meia-idade. Contudo permitam os dois exemplos acima ser excepcionados pelo mandamento contido no §3º, do art. 12, do Projeto de Lei sob análise, somente a jurisprudência poderá garantir a verdadeira justiça às mães de destino.

De outro lado, não poderá o legislador atribuir e modificar a identidade genética da criança de acordo com sua vontade. A identidade genética da criança poderá ser

---

seus derivados é regulamentada pela Lei nº 10.205/2001. A Lei nº 10.211/2001 altera os dispositivos da Lei nº 9.434/1997.

constatada facilmente pelo exame do ADN e ser comprovada a verdadeira maternidade biológica da mãe doadora de gametas. A identidade biológica do filho sempre apontará para a mãe biológica e não para a mulher parideira. Neste caso, terá o filho o direito de conhecer sua própria origem genética e familiar, além de estarem presentes os impedimentos matrimoniais em relação aos parentes biológicos.

Embora o Projeto de Lei em comento seja suscetível de algumas críticas, cuida o mesmo de proteger os usuários das técnicas de reprodução assistida que inclui todos os casais e mulheres que adquirem os serviços e produtos dos estabelecimentos e profissionais de reprodução humana assistida.[739] Essa tutela legal se faria necessária, nas palavras serenas do Senador Lúcio Alcântara dignas de reflexão:

> para se equilibrar essa relação comercial que apresenta, em uma ponta, indivíduos dispostos a tudo para realizar seu desejo de procriação, e, na outra, profissionais detentores unilaterais do conhecimento médico e remunerados substancialmente por seus serviços. A desigualdade dessa relação é agravada não só pelo envolvimento emocional dos candidatos a pais, que podem por isso mesmo ser facilmente engendrados em acertos indesejados, mas também pela pressão econômica exercida pela indústria de tecnologia médica-farmacêutica, sempre pronta a patrocinar e incentivar as atividades de seu interesse.[740]

O escopo central da proteção dos usuários das técnicas de reprodução assistida consiste em conscientizar e prevenir os mesmos, de todo o processo de reprodução artificial e das consequências que uma ação precipitada e impensada possa causar, das quais possam vir a se arrepender mais tarde, bem como dos resultados, muitas vezes, indesejados, tanto no plano físico, para as mulheres, como no plano jurídico, que tange questões quanto à paternidade da criança e seus efeitos psicológicos. Se, porventura, as tentativas de fecundação artificial não tiverem sucesso, não ocorrendo, de modo algum, a gravidez e não estando o casal preparado psicologicamente para enfrentar o insucesso, assiste-se a um quadro de profunda depressão e tristeza dos usuários.

O Projeto de Lei nº 90/1999 determina que o número total de embriões pré-implantacionais produzidos em laboratório, durante a fecundação *in vitro*, deverá ser comunicado aos usuários para que estes decidam quantos embriões deverão ser transferidos a fresco. O restante deverá ser preservado, salvo disposição em contrário dos próprios usuários, que poderão optar pelo descarte, pela doação para terceiros ou para doação para a pesquisa e estudos embriológicos e terapêuticos.[741] Os gametas e embriões depositados apenas para armazenamento só poderão ser entregues à pessoa dos depositantes. Tratando-se de depositantes que constituam um casal, a entrega dos gametas e embriões só poderá ser realizada aos dois membros que constituem o casal conjuntamente.

---

[739] Tal aquisição envolve a utilização de qualquer das técnicas de RA, bem como de gametas e embriões.

[740] ALCÂNTARA, Lúcio. *Justificação ao Projeto de Lei n. 90/1999*. Disponível em: <http://www2.camara.gov.br>. Acesso em: jun. 2001.

[741] Sobre o tema do descarte, da adoção por terceiros ou da doação para a pesquisa e estudos embriológicos e terapêuticos dos embriões excedentes e material genético depositado, vide do autor os estudos: O Embrião Excedente – O Primado do Direito à Vida e de Nascer - Análise do Art. 9º, do Projeto de Lei do Senado nº 90/1999. *RTDC*. V. 8, p. 83-107. Rio de Janeiro. 2001 e O embrião humano: sua personalidade e a embrioterapia. *RFD- UFPR*. Nº 46, ps. 151-179. 2007.

Em relação ao destino que deve ser dado aos embriões excedentes, optou o Projeto de Lei pelo descarte dos mesmos por entender seu autor que tal solução constitui-se na opção menos danosa para as crianças do futuro, por implicar menores riscos do que a doação para terceiros ou para pesquisas. O Projeto, no §2º, do art. 9º, propõe um tempo máximo de preservação de gametas e embriões a ser definido em regulamento. No §4º, do mesmo art. 9º, estabelece o descarte obrigatório de gametas e embriões que tenham sido doados há mais de dois anos ou que sua destruição seja solicitada pelos doadores ou que sua destruição esteja determinada no instrumento de consentimento informado, nos casos conhecidos de falecimento de doadores ou depositantes ou, ainda, no caso de falecimento de, pelo menos, uma das pessoas que originaram os embriões preservados.[742]

Sabemos que tanto a Constituição quanto o Código Civil procuram resguardar, desde o momento da concepção, a vida e os direitos inerentes à pessoa humana. Todavia, segundo proposta do Projeto de Lei nº 90/1999, aplicar-se-ia a norma protetora da personalidade e do direito à vida somente ao embrião formado através de concepção natural ou inseminado no ventre materno, através das técnicas de reprodução artificial. Não se aplicaria esta mesma proteção, nem possuiriam direitos os embriões fertilizados *in vitro*, enquanto estivessem vivendo fora do corpo da mulher.

O descarte dos embriões excedentes, segundo o autor do projeto, teria por objetivo maior fortalecer o princípio da paternidade responsável previsto na Constituição e no Estatuto da Criança e do Adolescente.

Não nos entusiasma, pelas razões já expostas no Capítulo 2.3.2 supra, a proposta do simples descarte dos embriões excedentários, uma vez que a adoção por terceiros ou a utilização das células-tronco embrionárias em terapia médica nos parece mais útil à humanidade do que o simples descarte.[743]

A melhor solução, consoante já dissemos anteriormente, consiste na imposição legislativa de limitações à reprodução humana assistida, retirando dela o caráter mercantilista que estimula o crescimento das ditas clínicas de fertilização humana. A lei deverá apenas consentir a utilização da reprodução assistida para os casais que comprovem a absoluta impossibilidade de fecundação e, assim, poderem satisfazer seus desejos de paternidade e maternidade. É a solução mais humana e justa, segundo nosso pensar, e que atende ao *princípio da paternidade responsável*, previsto na Constituição de 1998.

Apesar de não estarmos de acordo com todas as propostas do Senador Lúcio Alcântara, o Projeto de Lei nº 90/1999 representa um inestimável avanço no tratamento jurídico da reprodução artificial no Brasil. São louváveis determinadas inovações que o Projeto de Lei apresenta mormente a introdução da categoria jurídica, *direito ao conhecimento da própria origem genética* ao filho, nascido da reprodução artificial heteróloga, embora esta inovação proposta pelo Projeto de Lei se dê, precipuamente, por razões de desestímulo às pessoas de contribuírem para a criação de situações esdrúxulas, como as das "crianças sem pais" ou das crianças com os "dois pais ou mães do mesmo sexo", fatores que geralmente não atendem integralmente aos interesses da criança.

---

[742] O Projeto propõe um prazo máximo de preservação de gametas e embriões. Na ótica do autor do Projeto de Lei, a melhor alternativa consiste no descarte necessário desses embriões. Para nós, a solução mais adequada é a de ser proibida a criação ilimitada de embriões excedentes, tornando obrigatória a destinação dos eventuais excedentários para a pesquisa e estudos embriológicos ou sua adoção por terceiros.

[743] Vide do autor o estudo: Células-tronco na perspectiva do direito brasileiro. Revista dos Tribunais, v. 916, p. 155-187. 2.012.

O Projeto de Lei nº 90/1999 constituiu-se na melhor Proposição apresentada à comunidade brasileira no séc. XX, tendo, porém, sido objeto de procrastinação e descaso nas mesas das Comissões do Congresso Nacional, não logrando promulgação. No entanto, o conteúdo do presente Projeto retornou ao Legislativo aperfeiçoado, na forma de Projeto de Lei sob nº 1.184/2003, o qual define normas para realização de inseminação artificial e fertilização "in vitro"; proibindo a gestação de substituição (barriga de aluguel) e os experimentos de clonagem radical.

2.4.4 Considerações ao Projeto de Lei nº 4.665/2001

Embora o Projeto de Lei nº 90/1999 apresente algumas falhas e pontos discordantes em relação ao nosso pensar, mas que podem ser supridas, a proposta do Senador Lúcio Alcântara revelou-se na época em um Projeto de Lei que merecia ser promulgado, uma vez que se revela como o mais adequado para aquela época ao nosso país, muito superior aos projetos de lei contemporâneos, apresentados às casas legislativas brasileiras. O mencionado Projeto de Lei revela um grande avanço na regulamentação da reprodução assistida no Brasil.

Não se deve, todavia, esquecer o Projeto de Lei nº 4.665/2001, de autoria do Deputado Lamartine Posella,[744] cuja grande virtude consiste na imposição de limites à fertilização humana *in vitro*, destinando-a, tão somente, aos casais comprovadamente incapazes de gerar filhos pelo método natural de concepção. Além disso, os procedimentos de reprodução assistida deverão ser realizados somente em clínicas específicas, devidamente autorizadas pelo Ministério da Saúde.

Pretende o parlamentar, mediante a imposição de restrições à reprodução assistida, evitar a fertilização desnecessária de embriões que permanecem criopreservados por longo tempo sendo, posteriormente, descartados. As limitações trazidas no projeto, acredita o parlamentar, estimularão a redução da produção de embriões, diminuindo, paulatinamente, o número de embriões excedentes, evitando assim, os problemas de seu descarte.

2.4.5 Considerações ao Projeto de Lei nº 1.184/2003

O Projeto de Lei nº 1.184/2003,[745] de autoria do Senador Lúcio Alcântara, tem por origem o Projeto de Lei do Senado nº 90/1999, que dispõe sobre a reprodução humana assistida. A Proposição, na realidade, consiste em uma versão atualizada do Projeto de Lei originário e define normas para a realização das técnicas de reprodução humana assistida. Aguarda a realização de Audiência Pública para debater o presente Projeto de Lei nos termos em que foi requerida pelo Relator, Deputado João Campos, na Comissão de Constituição e Justiça e de Cidadania para onde foi enviado em 23.05.2011.

---

[744] O Projeto de Lei nº 4.665/2001 foi apensado ao PL 2.855/1997, aprovado pela Comissão de Seguridade Social e Família.

[745] Projeto de Lei nº 1.184/2003, disponível em: <http://www.camara.gov.br/proposicoesWeb/prop_mostrarintegra>. Projetos de lei apensados ao PL 1.184/2003: PL 120/2003 (2); PL 4.686/2004; PL 1.135/2003; PL 2.061/2003; PL 4.889/2005; PL 4.664/2001; PL 6.296/2002; PL 5.624/2005; PL 3.067/2008; PL 7.701/2010; PL 3.977/2012; PL 4.892/2012. Acesso em: 12 ago. 2009.

O presente Projeto de Lei limita o uso das técnicas de Reprodução Assistida (RA) a casais inférteis, regulando a implantação artificial de gametas ou embriões humanos, fertilizados *in vitro*, no organismo de mulheres receptoras, mediante prévio consentimento livre e esclarecido dos beneficiários.

Merecem destaque, no referido Projeto de Lei, o direito ao sigilo a ser preservado pelas entidades hospitalares que realizarem o procedimento reprodutivo e o direito ao acesso às informações por parte daqueles que nasceram a partir das técnicas de reprodução assistida sobre o referido procedimento; a proibição expressa da gestação de substituição[746] e os experimentos de clonagem radical por meio de qualquer técnica de genetecnologia.

Os hospitais e as clínicas de saúde que praticam as técnicas de reprodução assistida deverão guardar sob segredo todos os atos e procedimentos que envolvem a doação de gametas, sendo obrigados a impedir que doadores e beneficiários venham a tomar conhecimento recíproco de suas identidades, bem como deverão manter sob sigilo as informações sobre a pessoa nascida por processo de reprodução assistida. O segredo profissional e o sigilo que envolve os arquivos das clínicas de reprodução assistida poderão ser rompidos nos casos autorizados em lei, obrigando-se o serviço de saúde responsável pelo emprego da reprodução assistida a fornecer as informações solicitadas, mantidos, o quando possível, o segredo profissional e o anonimato do doador e dos beneficiários. Alinhado com a categoria do direito ao conhecimento da própria origem genética e familiar o qual admite que os filhos adotivos, os nascidos de técnicas de reprodução assistida heteróloga e os que vivenciam a posse de estado de filho, possam vir a conhecer sua ascendência biológica e familiar, sem romper com o vínculo paterno/materno sócioafetivo. Assim, autoriza o Projeto de Lei nº 1.184/2003, no seu art. 9º, parágrafo 1º, à pessoa nascida por processo de reprodução assistida vir a ter acesso, a qualquer tempo, diretamente ou por meio de representante legal, desde que manifeste sua vontade, livre, consciente e esclarecida a todas as informações sobre o procedimento que a gerou. O hospital ou a clínica de fertilização responsável pela guarda dos registros e prontuários referentes ao procedimento de fertilização são obrigados a fornecer as informações solicitadas pelo filho, artificialmente gerado, inclusive a identidade civil do doador de material genético, mantidos os segredos profissional e de justiça em relação a terceiros.

O parágrafo 2º, do artigo em comento, procura salvaguardar o direito à vida e à saúde do indivíduo nascido a partir de procedimento de reprodução assistida, permitindo o acesso da pessoa gerada pelo respectivo procedimento médico, de obter todas as informações necessárias para seu bem-estar. Conforme o referido dispositivo, sendo necessária a proteção da vida ou da saúde da pessoa, poderá ela obter informações genéticas relativas ao doador do material genético, utilizado para gerá-la, devendo essas informações ser fornecidas ao médico solicitante, o qual ficará circunscrito às obrigações decorrentes do segredo profissional.

Complementam as normas tuteladoras do direito à vida e à saúde das pessoas envolvidas nos procedimentos reprodutivos artificiais, o disposto no art. 16, do Projeto

---

[746] O Conselho Federal de Medicina permite a realização da maternidade de substituição no Capítulo VII, da Resolução CFM nº 2.013/2013, quando, por razões de saúde, for desaconselhável ou contraindicado que a gestação seja realizada pela mãe biológica. A gestadora substituta deverá pertencer à família da mãe biológica estando vedado qualquer ato que possua caráter lucrativo ou comercial.

de Lei nº 1.184/2003. Determina o parágrafo 2º, do mencionado artigo, que "a pessoa nascida por processo de Reprodução Assistida e o doador terão acesso aos registros do serviço de saúde, a qualquer tempo, para obter informações para transplante de órgãos ou tecidos, garantido o segredo profissional e, sempre que possível, o anonimato". O parágrafo 3º, do art. 16, outorga o acesso ao direito à informação concedido à pessoa nascida por procedimento reprodutivo assistido e ao doador até os parentes de 2º grau.

As Proposições apensadas se preocupam em evitar que possa, eventualmente, haver o encontro entre doador e o filho gerado a partir de seu material genético, ocorrendo o risco de surgir uma relação sexual ou marital incestuosa. Dessa maneira, toda pessoa gerada a partir de procedimento de reprodução assistida heteróloga poderá obter informações genéticas relativas ao doador, para oposição de impedimento matrimonial, as quais deverão ser fornecidas ao oficial do registro civil ou à autoridade que presidir a celebração do casamento, a qual notificará os nubentes e procederá na forma da legislação civil.

O direito ao conhecimento da própria origem biológica por parte do indivíduo gerado a partir de técnicas de reprodução assistida heteróloga, previsto no presente Projeto de Lei, expressamente veda a constituição de qualquer espécie de vínculo ou direito, quanto à paternidade ou à maternidade, em relação ao doador e à pessoa nascida a partir do emprego das técnicas de reprodução assistida. Preservam-se, no entanto, os impedimentos matrimoniais, de acordo com o art. 1.521, do Código Civil.

Destaca-se, ainda, o Projeto de Lei nº 7.701/2010,[747] de autoria da Deputada Dalva Figueiredo, o qual no art. 2º dispõe sobre a utilização *post mortem* de sêmen do marido ou companheiro, pela mulher ou convivente supérstite, crioarmazenado em banco de depósito de gametas. Propõe a Deputada o acréscimo de mais um artigo ao Código Civil, o art. 1.597-A, cujo mandamento determinará:

> Art. 2º. A Lei 10.406, 10 de janeiro de 2002 – Código Civil – passa a vigorar acrescido do seguinte artigo:
> Art. 1.597-A. A utilização de sêmen, depositado em banco de esperma, para a inseminação artificial após a morte do marido ou companheiro falecido, somente poderá ser feita pela viúva ou ex-companheira com a expressa anuência do marido ou companheiro quando em vida, e até trezentos dias após o óbito.

Justifica a parlamentar sua Proposição na preocupação de a viúva ou a ex-companheira poder utilizar material genético criopreservado de seu marido ou companheiro falecido e deixar-se inseminar para lograr a gravidez, na hipótese de ausência de consentimento expresso do depositante em vida. Vislumbra a Deputada Dalva Figueiredo graves consequências para o filho, nascido desta fertilização artificial, ante a disposição do inciso II, do art. 1.597, do Código Civil. Nesse caso, a criança nascida a partir das técnicas de reprodução artificial nos trezentos e dois dias após a morte do marido ou convivente falecido, não o teria como pai, nem mesmo teria um pai.

O problema da utilização das técnicas de reprodução assistida *post mortem* foi objeto de discussão e decisão por ocasião da realização da I Jornada de Direito Civil, realizada em 2002, cujas conclusões resultaram no Enunciado nº 106, que assim dispõe:

---

[747] Projeto de Lei nº 7.701/2010. Disponível em: <http://www.camara.gov.br/proposicoesWeb/prop_mostrarintegra/>. Acesso em: 14 fev. 2012.

Enunciado n° 106 – Art. 1.597, inc. III: Para que seja presumida a paternidade do marido falecido, será obrigatório que a mulher, ao se submeter a uma das técnicas de reprodução assistida com o material genético do falecido, esteja na condição de viúva, sendo obrigatória, ainda, a autorização escrita do marido para que se utilize seu material genético após sua morte.[748]

Estranhamente, deixou o Enunciado n° 106 de incluir a regulamentação da situação da mulher convivente que queira se submeter a uma das técnicas de reprodução assistida com o material genético do companheiro falecido. Neste caso, também, deverá haver autorização escrita do convivente, ainda em vida, para que se utilize seu material genético após sua morte.

Sempre afirmamos que o Código Civil de 2002 lança inúmeras janelas para o séc. XIX, apresentando dispositivos legais obsoletos e anacrônicos, em especial nas normas de direito de família.

Um Código que em pleno séc. XXI constrói seu direito de filiação a partir de presunções, simplesmente transpostas do Código Civil de 1916 e facilmente rebatidas por exames genéticos confiáveis, representa um retrocesso diante das normas do ECA, da legislação extravagante e da jurisprudência consagrada pelo Superior Tribunal de Justiça, no tocante às técnicas científicas de averiguação da paternidade.

Por essas razões, sustentamos a realização de reforma urgente do art. 1.597 e a supressão do art. 1.598, do Código Civil, expurgando de vez a vetusta categoria das presunções de paternidade, diante da recepção da *Teoria do Verdadeiro Pai Biológico* e do desenvolvimento das técnicas da investigação da paternidade por meio do ADN.

Mas se, efetivamente, vier a ocorrer a fertilização artificial de viúva ou de ex-convivente, mediante gameta do marido ou convivente falecidos, em período posterior a trezentos dias do falecimento dos mesmos? Como ficará a situação da criança em relação à paternidade? Ficará a criança realmente sem pai?

É evidente que não. Segundo o ECA, a criança e o adolescente terão sempre prioridade em seus direitos e interesses, devendo-se agir de acordo com as reais vantagens para eles. A criança e o adolescente gozam de todos os direitos fundamentais inerentes à pessoa humana, estando asseguradas por lei ou por outros meios todas as oportunidades e facilidades, a fim de lhes facultar o desenvolvimento físico, mental, moral, espiritual e social, em condições de liberdade e de dignidade, segundo dispõe o art. 3°, do ECA. No art. 4°, o ECA determina ser dever da família, da comunidade, da sociedade e do poder público assegurar, com absoluta prioridade, a efetivação dos direitos referentes à vida, à saúde, à alimentação, à educação, ao esporte, ao lazer, à profissionalização, à cultura, à dignidade, ao respeito, à liberdade e à convivência familiar e comunitária. Assim como o adotado, aquele que nasceu por procedimento de técnicas de reprodução assistida terá acesso, a qualquer tempo, desde que manifeste sua vontade, livre, consciente e esclarecida, a todas as informações sobre o procedimento que o gerou, inclusive à identidade civil do doador, obrigando-se o hospital ou a clínica de fertilização responsável a fornecer as informações solicitadas, mantidos os segredos profissional e de justiça.[749]

---

[748] I Jornada de Direito Civil. Disponível em: <http://www.cjf.jus.br/cjf/CEJ-Coedi/jornadas-cej/enunciados-aprovados-da-i-iii-iv-e-v-jornada-de-direito-civil/jornadas-de-direito-civil-enunciados-aprovados>. Acesso em: 07 jun. 2008.

[749] Projeto de Lei n° 1.184/2003. §1°, art. 9°.

Consoante se pode vislumbrar, o direito brasileiro possui todos os mecanismos legais que possibilitam a atribuição da paternidade ao verdadeiro pai biológico da criança, mesmo tendo esta nascida após o decurso de 300 dias do falecimento do marido ou do companheiro da mãe, valendo-se, inclusive, se necessário, da investigação da paternidade *post mortem*, mediante a técnica da *construção reversa da árvore genealógica*.

Somente deixando para trás a superada categoria das presunções da paternidade e atribuindo a paternidade ao verdadeiro pai biológico,[750] estar-se-á dignificando o filho e garantindo exercício da dignidade da pessoa humana.

2.4.6 Considerações ao Projeto de Lei nº 2.285/2007

O Projeto de Lei nº 2.285/2007, futuro Estatuto das Famílias, não regulamenta nem traz regras específicas sobre a filiação decorrente da reprodução humana heteróloga, omitindo-se sobre os procedimentos e limitações inerentes a esta modalidade de filiação. A proposta normativa, dispondo mediante cláusulas gerais, procura tratar da filiação com isonomia, pouco importando a origem dos filhos, seja ela biológica ou socioafetiva, decorrente de adoção, da posse de estado de filho ou de reprodução assistida heteróloga. Sua preocupação principal consiste na outorga de novos paradigmas paterno e materno-filiais, desvinculados das classificações discriminatórias do passado, previamnte afastadas pela Constituição, conforme justifica o próprio autor do referido Projeto de Lei.

O único dispositivo legal estatutário que menciona o termo "inseminação artificial heteróloga" se encontra no inciso III, do art. 73, o qual foi comentado no Capítulo I, do Título II, supra.[751]

O inciso III, do art. 73, do Projeto de Estatuto das Famílias, não se afastou da previsão contida no inciso V, do art. 1.597, do Código Civil, que estabelece a presunção de serem filhos do casal, as crianças nascidas mediante inseminação artificial heteróloga, desde que haja prévio consentimento do marido ou convivente. O inciso III, do art. 73, do Projeto de Estatuto das Famílias, apenas detalha que o *consentimento* do marido ou companheiro, para a utilização da reprodução heteróloga deve ser *informado*, na forma escrita, trazendo todos os esclarecimentos sobre o procedimento da reprodução heteróloga e suas consequências médicas e jurídicas. Estende a aplicação da norma aos conviventes, suprindo a grave omissão do Código Civil, o qual excluiu da regulamentação legal os conviventes de união estável. Inova o dispositivo legal em comento, a regra anterior, mediante proibição expressa de implantação de embriões no

---

[750] Ao defendermos a aplicação da *teoria do verdadeiro pai biológico*, não estamos, de maneira alguma, afastando a aplicabilidade da paternidade socioafetiva. Ambos os sistemas jurídicos da relação paternidade/maternidade-filiação convivem harmonicamente e, diante de eventuais conflitos entre a paternidade biológica e a socioafetiva, tem predominado, na dicção dos tribunais, o prestígio desta última modalidade.

[751] Estatuto das Famílias:

"Art. 73. Presumem-se filhos:

I – [...];

II – [...];

III – os havidos por inseminação artificial heteróloga, desde que realizada com prévio consentimento livre, e informado do marido ou do convivente, manifestado por escrito, e desde que a implantação tenha ocorrido antes do seu falecimento."

caso de prévio falecimento do marido ou do convivente, impedindo, dessa maneira, o nascimento de filho órfão de pai.

O Conselho Federal de Medicina, consoante vimos supra, entende não constituir a reprodução assistida *post mortem* um ilícito ético, desde que haja autorização prévia específica do(a) falecido(a) para a utilização posterior de seu material genético criopreservado.

A possibilidade de realizar-se a reprodução assistida *post mortem*, desde que haja prévia autorização do(a) morto(a) para sua utilização posterior, vem sendo admitida pelos tribunais brasileiros.

2.4.7 Considerações aos Projetos de Lei nº 4.892/2012 e 115/2015

Os Projetos de Lei nº 4.892/2012 e 115/2015 são os mais recentes projetos de lei apensados ao Projeto de Lei nº 1.184/2003, de autoria dos deputados Eleuses Paiva e Juscelino Rezende Filho, respectivamente. Propõem a instituição no Brasil de um Estatuto da Reprodução Assistida, destinado a regulamentar a aplicação e utilização das técnicas de reprodução humana assistida e seus efeitos no âmbito das relações civis sociais.[752] No entanto, os referidos Projetos de Lei se limitam a regular matéria já prevista nos projetos de lei anteriormente delineados, não trazendo maiores novidades que mereçam destaque especial.

A análise das Proposições revela que ambas buscam regular no âmbito civil, administrativo e penal, as ações de aplicação e utilização das técnicas de reprodução humana. Embora proponham os Projetos de Lei nº 4.892/2012 e 115/2015 a disciplina da aplicação e utilização das técnicas de reprodução humana assistida na forma estatutária, os projetos de lei apresentam estrutura e conteúdo de lei ordinária. Embora apresente o tema da reprodução assistida certa complexidade, não comporta o mesmo ser inserido em um diploma Estatutário, bastando seja regulado em lei ordinária.

Existe um Projeto de Estatuto das Famílias dentro do qual pode e deveria ser inserida a matéria relativa às técnicas da reprodução assistida, não carecendo de mais um estatuto especial para tratar especificamente da reprodução humana assistida.

Ao finalizar o presente capítulo, constatamos que o Projeto de Lei nº 1.184/2003, embora contenha muitos apensos e, consequentemente, suscite grande polêmica devido às diversas opiniões divergentes sobre a matéria, necessitando serem dirimidas, cuida e detalha minuciosamente a reprodução assistida, mostrando-se melhor e superior ao Estatuto das Famílias, Projeto de Lei nº 2.285/2007, ao disciplinar esta matéria.

---

[752] Projetos de Lei nº 4.892/2012 e 115/2015. Disponível em: <http://www.camara.gov.br/proposicoesWeb/prop_mostrarintegra>. Último acesso em: 14 mar. 2015.

TÍTULO IV

AS RELAÇÕES DE PARENTESCO E SEUS EFEITOS JURÍDICOS

1 O Poder-dever familiar

Estabelecida a filiação, seja ela originária da reprodução natural, assistida ou mediante a posse de estado de filho, completa-se o trinômio: paternidade, maternidade e filiação, originando vínculos jurídicos entre os sujeitos e consequentes efeitos. Estes efeitos jurídicos são de natureza moral e patrimonial.

No presente título, será desenvolvido o estudo das principais relações entre pais e filhos, denominadas relações de parentesco.

Parentesco, na clássica definição de Pontes de Miranda,[753] consiste na "relação que vincula entre si pessoas que descendem umas das outras, ou de autor comum (*consanguinidade*), que aproxima cada um dos cônjuges dos parentes do outro (*afinidade*), ou que se estabelece, por *fictio iuris*, entre o adotado e o adotante."

Em sentido amplo, a expressão parentesco compreende não só as relações que vinculam as pessoas que descendem de um mesmo tronco ancestral, mas também, aquelas que são atraídas pelo vínculo de conjuncidade ou da união estável, que constituem a afinidade. Em sentido estrito, o parentesco vinha sendo definido, somente, pelo vínculo consanguíneo. Na atualidade, soma-se a este o parentesco oriundo da expressão legal, como nos casos da paternidade ou da maternidade e filiação socioafetivas.

A noção atual de parentesco se afasta muito da noção clássica, disciplinado pelas codificações oito e novecentistas, a qual perdurou até meados do século passado.

O conceito de parentesco, segundo o Código Civil de 2.002, transcende o conceito clássico, conforme previsão do art. 1.593.

---

[753] MIRANDA, Francisco Cavalcanti Pontes de. *Tratado de Direito Privado*. Tomo IX. §946, p. 3.

"Art. 1.593. O parentesco é natural ou civil, conforme resulte de consanguinidade ou outra origem." [754]

A versão final do Projeto de Código Civil que se converteu no atual Código Civil, desvinculou-se um pouco da linha conservadora trilhada pelo diploma civil anterior, inovando a matéria, ao inserir entre os parentes as pessoas nascidas mediante reprodução assistida heteróloga ou oriundas da adoção plena e da posse de estado de filho, por meio da expressão, "*de outra origem*", tendo em vista que estes não possuem vínculo de consanguinidade com seus pais, nem com os parentes dos mesmos, seja em linha reta ou colateral.

O Código Civil brasileiro repete a regra constitucional trazida no §6.º, do art. 227,[755] estabelecendo no art. 1.596, a igualdade dos filhos, independentemente de sua origem, vedando qualquer designação ou ato discriminatório em relação à filiação.

"Art. 1.596. Os filhos, havidos ou não da relação do casamento, ou por adoção, terão os mesmos direitos e qualificações, proibidas quaisquer designações discriminatórias relativas à filiação."

Repelindo a odiosa classificação dos filhos em categorias, adotada pelo derrogado Código Civil de 1916, o qual lhes atribuía direitos diversos e limitações discriminatórias, considerando sua origem, a Constituição de 1988 iguala todos os filhos de acordo com a noção de dignidade da pessoa humana. Esta norma é, também, encontrada no ECA, em seu art. 20 e no Projeto de Estatuto das Famílias, art. 70. [756]

Os filhos, independentemente de sua origem, seja oriunda da constância do casamento, do nascimento fora do casamento, de adoção ou do nascimento mediante reprodução assistida heteróloga, todos são considerados filhos portadores da mesma igualdade, sem qualquer diferença hierárquica, possuindo os mesmos direitos e as mesmas qualificações, vedadas quaisquer designações e práticas discriminatórias.

O ECA disciplina com muito maior riqueza de detalhes do que o atual Código Civil, os direitos da criança e do adolescente, bem como os deveres dos pais em relação aos filhos. Determina o ECA no art. 19:

"Art. 19. Toda criança ou adolescente tem direito a ser criado e educado no seio da sua família e, excepcionalmente, em família substituta, assegurada a convivência familiar e comunitária, em ambiente livre da presença de pessoas dependentes de substâncias entorpecentes."

---

[754] O projeto do atual Código Civil permanecia vinculado a uma corrente doutrinária conservadora. Excluía de sua disciplina os filhos oriundos de reprodução assistida heteróloga, dispondo que "o parentesco é natural ou civil, conforme resulte de consangüinidade ou adoção."

[755] CF. Art. 227, §6º. "Os filhos, havidos ou não da relação do casamento, ou por adoção, terão os mesmos direitos e qualificações, proibidas quaisquer designações discriminatórias relativas à filiação."
ECA. Art. 20. "Os filhos, havidos ou não da relação do casamento, ou por adoção, terão os mesmos direitos e qualificações, proibidas quaisquer designações discriminatórias relativas à filiação."

[756] ECA. Art. 15. "A criança e o adolescente têm direito à liberdade, ao respeito e à dignidade como pessoas humanas em processo de desenvolvimento e como sujeitos de direitos civis, humanos e sociais garantidos na Constituição e nas leis".
E.F. "Art. 70. Os filhos, independentemente de sua origem, têm os mesmos direitos e qualificações, proibidas quaisquer designações e práticas discriminatórias".

É de fundamental importância que toda criança ou adolescente seja criado e educado no seio de uma família, preferencialmente com sua família biológica e lhe seja assegurada a convivência familiar e social.[757] A constituição de uma família caracteriza-se como um direito de personalidade de cada um dos membros que dela participa, consoante afirmamos no Capítulo 1, do Titulo I, supra. A família, consoante vimos, constitui o núcleo necessário ao livre desenvolvimento da personalidade do ser humano, que se inicia a partir da concepção e se estende por toda a vida da pessoa. É no seio do núcleo familiar que a pessoa encontra a proteção, o amparo e os meios para desenvolver suas aptidões afetivas, espirituais, profissionais e materiais. É o primeiro âmbito em que cada indivíduo poderá desenvolver livremente sua personalidade. Razão pela qual a criança e o adolescente possuem o mais legítimo direito de viver e desenvolver-se junto a uma família harmônica e estruturada, livre da presença de pessoas marginalizadas ou que mantêm vida irregular, dependentes de substâncias tóxicas e entorpecentes ou outros vícios.

A criação, a educação e a orientação dos filhos para a vida impõem a necessidade de um poder-dever inerente aos pais em relação aos filhos menores e dependentes, denominado pelo Código Civil de *poder familiar* e pelo Estatuto das Famílias de *autoridade parental*; expressão esta que melhor traduz o poder-dever protetivo e assistencial dos pais em relação aos filhos.[758] Tendo em vista que ambas as designações são corretas e presentes no direito brasileiro, utilizaremos indiferentemente os termos *poder familiar* e *autoridade parental*, como sinônimos, embora reconheçamos que a última expressão, efetivamente, melhor se presta para designar o poder-dever protetivo e assistencial dos pais em relação aos filhos.

O poder familiar confere autoridade especial aos pais a ser exercida, conjuntamente, sobre a pessoa e bens de seu filho menor, incapaz e não emancipado. Ao lado da autoridade parental, gravitam obrigações que devem ser observadas e cumpridas pelos pais, uma vez que o poder familiar se caracteriza, na realidade, em um poder e em um dever. Embora a autoridade parental pertença ao pai e a mãe, que tem seu filho sob sua guarda, seu exercício poderá se subordinar ao controle do juiz de família. Desviando-se os pais das suas prerrogativas de *bonus pater familias*, submetendo os filhos a maus tratos, abandonando-os moralmente ou materialmente, utilizando-os como meio para a obtenção de vantagens escusas, a lei prevê, no interesse do menor, uma série de sanções que vão desde a assistência educativa até a modificação da guarda, a suspensão e a perda do poder familiar.[759]

---

[757] A Convenção das Nações Unidas sobre os Direitos da Criança, realizada em 20.11.1989, dispõe no art. 7º:

"1. A criança será registrada imediatamente após seu nascimento e terá direito, desde o momento em que nasce, a um nome, a uma nacionalidade e, na medida do possível, a conhecer seus pais e a ser cuidada por eles.

2. Os Estados Partes zelarão pela aplicação desses direitos de acordo com sua legislação nacional e com as obrigações que tenham assumido em virtude dos instrumentos internacionais pertinentes, sobretudo se, de outro modo, a criança se tornaria (sic) apátrida."

[758] SILVA, Marcos Alves da. *Ob. cit.*, ps. 54-55.

[759] STRENGER, Guilherme Gonçalves. *Guarda de Filhos*, p. 35.

1.1 O Poder-dever patrimonial

Vimos acima que aos pais incumbe o dever de sustento, a guarda e a educação dos filhos menores, além do direito de terem os filhos junto de si. A autoridade parental confere aos genitores a guarda da criança ou adolescente, ficando obrigado aquele que a detém, a uma série de obrigações de natureza patrimonial e moral, uma vez que "a guarda confere à criança ou adolescente a condição de dependente para todos os fins e efeitos de direito". [760]

No presente capítulo, abordaremos alguns aspectos das obrigações patrimoniais em relação aos filhos menores e incapazes de gerir sua vida civil e de prover seu próprio sustento.

A obrigação de prestar assistência material impõe aos pais o dever de sustentar os filhos, provendo as necessidades básicas da vida. Esta obrigação não se esgota na simples prestação pecuniária para a sobrevivência, compreende, ainda, a educação e a formação dos menores como pessoas e seu preparo para a vida, cumprindo aos pais promover a formação educacional e profissional à criança ou ao adolescente. Compreende, ainda, a obrigação patrimonial, a administração dos bens particulares dos filhos menores enquanto estiverem sob a autoridade parental.

A noção de *autoridade parental* ou poder familiar compreende, nos casos de separação de fato ou de divórcio, a categoria jurídica da guarda dos filhos. A guarda poderá ser do modelo, *guarda compartilhada* ou *guarda unilateral*, modalidade na qual a guarda é atribuída apenas a um dos pais. A *guarda compartilhada* consiste no exercício das atribuições do poder-dever familiar em conjunto, pelo pai e pela mãe, no que diz respeito aos interesses dos filhos, mesmo cessada a sociedade conjugal ou extinto o vínculo matrimonial.

O instituto da guarda compartilhada é conhecido entre nós, de longa data, e aplicado, na prática, pelos tribunais. Sua regulamentação legal, porém, é recente, instituída pela Lei n.º 11.698 de 13.06.2008, recepcionada com muita euforia pela comunidade jurídica, a qual altera a redação dos arts. 1.583 e 1.584 do Código Civil,[761] que regulam a guarda compartilhada do menor no âmbito da codificação.

---

[760] ECA, Art. 33, §3º.

[761] "Art. 1.583. A guarda será unilateral ou compartilhada.
§1º Compreende-se por guarda unilateral a atribuída a um só dos genitores ou a alguém que o substitua (art. 1.584, §5º) e, por guarda compartilhada a responsabilização conjunta e o exercício de direitos e deveres do pai e da mãe que não vivam sob o mesmo teto, concernentes ao poder familiar dos filhos comuns.
§2º A guarda unilateral será atribuída ao genitor que revele melhores condições para exercê-la e, objetivamente, mais aptidão para propiciar aos filhos os seguintes fatores:
I – afeto nas relações com o genitor e com o grupo familiar;
II – saúde e segurança;
III – educação.
§3º A guarda unilateral obriga o pai ou a mãe que não a detenha a supervisionar os interesses dos filhos.
§4º (VETADO)." (NR).
"Art. 1.584. A guarda, unilateral ou compartilhada, poderá ser:
I – requerida, por consenso, pelo pai e pela mãe, ou por qualquer deles, em ação autônoma de separação, de divórcio, de dissolução de união estável ou em medida cautelar;
II – decretada pelo juiz, em atenção a necessidades específicas do filho, ou em razão da distribuição de tempo necessário ao convívio deste com o pai e com a mãe.
§1º Na audiência de conciliação, o juiz informará ao pai e à mãe o significado da guarda compartilhada, a sua importância, a similitude de deveres e direitos atribuídos aos genitores e as sanções pelo descumprimento de suas cláusulas.
§2º Quando não houver acordo entre a mãe e o pai quanto à guarda do filho, será aplicada, sempre que possível, a guarda compartilhada.

TÍTULO IV
AS RELAÇÕES DE PARENTESCO E SEUS EFEITOS JURÍDICOS | 323

A categoria jurídica da guarda compartilhada, fundada no princípio do melhor interesse da criança e do adolescente, possui por mérito a desconstituição das figuras do genitor guardião e do genitor não guardião como sujeitos opostos. A guarda compartilhada diminui as atribuições do genitor guardião e procura integrar o genitor não guardião a um maior convívio com os filhos, fortalecendo as relações afetivas, deixando este de ser um mero provedor ou visitante das crianças, tal qual ocorre na *guarda unilateral*. Se, no entanto, houver divergência entre os genitores separados ou divorciados, que impeça a guarda compartilhada dos filhos, será estabelecido o regime da guarda para apenas um dos genitores, considerando o magistrado, nesta atribuição, as reais vantagens para a prole.[762]

O vínculo biológico que une pais e filhos é relevante e de extremada importância competindo a estes, em princípio, a guarda dos filhos menores, por serem os titulares da autoridade parental. Verificando-se, porém, que os genitores possuidores do poder familiar, não apresentam as mínimas condições emocionais e o equilíbrio psíquico necessários para conviver com seus filhos, educá-los, orientá-los e desenvolvê-los para a vida, deverão ser destituídos da autoridade parental, devendo a guarda ser transferida para terceiros, que apresentem condições favoráveis para a criação e a educação das crianças ou dos adolescentes. Da mesma maneira, se o pai ou a mãe abusar de sua autoridade no exercício do poder familiar ou se comportar de maneira negligente em relação aos deveres de formação e educação ou faltar aos demais deveres inerentes à autoridade parental ou, ainda, arruinar os bens dos filhos, sofrerão estes as sanções legais, podendo, inclusive, perder a autoridade parental.[763]

---

§3º Para estabelecer as atribuições do pai e da mãe e os períodos de convivência sob guarda compartilhada, o juiz, de ofício ou a requerimento do Ministério Público, poderá basear-se em orientação técnico-profissional ou de equipe interdisciplinar.

§4º A alteração não autorizada ou o descumprimento imotivado de cláusula de guarda, unilateral ou compartilhada, poderá implicar a redução de prerrogativas atribuídas ao seu detentor, inclusive quanto ao número de horas de convivência com o filho.

§5º Se o juiz verificar que o filho não deve permanecer sob a guarda do pai ou da mãe, deferirá a guarda à pessoa que revele compatibilidade com a natureza da medida, considerados, de preferência, o grau de parentesco e as relações de afinidade e afetividade." (NR)

[762] TJ/MG – Ap. Cív. nº 1.0183.03.046194-5/2002 – Com. de Conselheiro Lafaiete – 8ª Câm. Cív. – Ac. unân. – Rel.: Des. Duarte de Paula – j. em 02.06.2005 – Fonte: DJ/MG, 05.10.2005.

"FAMÍLIA - MODIFICAÇÃO DE GUARDA - FILHO MENOR - CRITÉRIOS DE DEFINIÇÃO. - Para decidir a respeito da concessão ou da modificação da guarda de filho, deve o magistrado observar os estudos técnicos e ainda certos requisitos, como a idade, o vínculo com os irmãos, a opinião do menor e a adaptação com o meio social que lhe é oferecido, como o comportamento dos pais, sobrelevando, principalmente, o interesse e o bem-estar do menor."

[763] TJ/MG – Ap. Cív. nº 1.0518.02.020297-5/2.001 – Com. de Poços de Caldas – 4ª Câm. Cív. – Ac. unân. – Rel.: Des. Hyparco Immesi – j. em 10.03.2005 – Fonte: DJ/MG, 21.06.2005.

"PÁTRIO PODER - DESTITUIÇÃO - PRESENÇA DE MOTIVO RELEVANTE - CONSEQÜENTE OPORTUNIDADE DA MEDIDA. É sabido que os laços de família e a prevalência dos pais biológicos são importantes ao menor, desde que sejam capazes de dar- lhe vida digna e saudável. Entretanto, demonstrado que os pais, detentores da titularidade do pátrio poder (hoje denominado poder familiar, pelo vigente Código Civil), não reúnem condições emocionais e discernimento para educar seus filhos, devem ser dele destituídos, transferindo-o a quem esteja apto a assegurar-lhe as garantias fundamentais, previstas no art. 227 da Lex Major, e sintetizadas no quadrinômio guarda, saúde, educação e moralidade. Para que os pais possam ser mantidos na titularidade do poder familiar, cabe-lhes exercer com afinco os deveres impostos pelo ECA."

TJ/MG – Ap. Cív. nº 1.0024.02.790751-8/2001 – Com. de Belo Horizonte – 2ª Câm. Cív. – Ac. unân. – Rel.: Des. Caetano Levi Lopes – j. em 20.09.2005 – Fonte: DJ/MG, 07.10.2005.

"APELAÇÃO CÍVEL. AÇÃO DE GUARDA. FILHOS MENORES. PAIS SEPARADOS. GUARDA DE FATO NÃO EXERCIDA PELOS GENITORES. PEDIDO PATERNO. INTERESSE E BEM-ESTAR DAS CRIANÇAS.

Além do dever de guarda, a autoridade parental impõe diversas obrigações patrimoniais que lhe são inerentes, destacando-se a obrigação de educar, ensinar e preparar os filhos para a vida e cuidar do seu sustento.

A obrigação de educar os filhos compreende, além do dever do ensino e preparo deles para a vida, o dever de correição e disciplina, uma vez que existe um vínculo de subordinação do filho em relação aos pais, destacando-se o poder disciplinar, dentro da hierarquia familiar, cabendo ao filho o dever de obediência. Os limites do poder disciplinar são fixados pela finalidade mesma que o justifica. Os pais estão autorizados a castigar moderadamente seus filhos, constituindo os excessos em *abuso de poder*.[764] O *abuso de poder*, praticado no exercício do poder familiar, não se identifica com a categoria jurídica do *abuso de direito*, o qual gravita na órbita do ato ilícito prevendo, a favor da vítima, o direito à indenização pelo dano sofrido.

No abuso de poder da autoridade parental, a noção de sanção indenizatória pela prática de ato ilícito perde o sentido, dando-se preferência a outras modalidades de sanção, que podem ser aplicadas de acordo com a gravidade do abuso praticado.

Aos 26.06.2014, foi sancionada a Lei nº 13.010, a qual altera o Estatuto da Criança e do Adolescente, Lei nº 8.069/1990, dispondo sobre o direito da criança e do adolescente de serem educados e cuidados sem o uso de castigos físicos ou de tratamento cruel ou degradante, estabelecendo as respectivas sanções para os genitores ou educadores que violarem esta lei. A citada norma traz alterações à Lei nº 9.394/1996, a qual estabelece as diretrizes e bases da educação nacional. [765]

O art. 1º, da Lei nº 13.010/2014, acrescenta três novos artigos à Lei nº 8.069/1990 os quais ficam inseridos da seguinte maneira: arts. 18-A; 18-B e 70-A.

Assim, cumpre aos pais, dentro do seu poder-dever disciplinar, exigir dos filhos obediência e respeito, bem como determinar que lhes prestem serviços, desde que próprios à sua idade e condição, nos limites trazidos em lei, sob pena de, desviando-se destes limites, poderem os pais vir a sofrer as consequentes sanções. [766] De acordo com a gravidade do fato, as sanções poderão se constituir em *inversão da guarda* ou

---

PRETENSÃO NEGADA. RECURSO PROVIDO. 1. A guarda dos filhos menores compete, em princípio, aos pais na condição de titulares do poder familiar. Todavia, se estão separados, a guarda é deferida a quem apresentar melhores condições para satisfação dos interesses dos filhos. 2. Se os pais não exercem a guarda de fato, mas a mãe tem condições para exercer o encargo, não se justifica o atendimento da pretensão paterna no sentido de ter a guarda dos filhos. 3. Revela-se insustentável, pois, a sentença que deferiu a guarda para o genitor. 4. Apelação cível conhecida e provida, fazendo-se determinações."

[764] GRISARD FILHO, Waldyr. *Ob. cit.*, p. 39 e ss.

[765] Lei nº 13.010/2014. Disponível em: <http://www.planalto.gov.br/ccivil_03/Ato2011-2014/2014/Lei/L13010.htm#>. Acesso em: 21 jul. 2014.

[766] Lei nº 13.010/2014: "Art. 18-B. Os pais, os integrantes da família ampliada, os responsáveis, os agentes públicos executores de medidas socioeducativas ou qualquer pessoa encarregada de cuidar de crianças e de adolescentes, tratá-los, educá-los ou protegê-los que utilizarem castigo físico ou tratamento cruel ou degradante como formas de correção, disciplina, educação ou qualquer outro pretexto estarão sujeitos, sem prejuízo de outras sanções cabíveis, às seguintes medidas, que serão aplicadas de acordo com a gravidade do caso:
I – encaminhamento a programa oficial ou comunitário de proteção à família;
II – encaminhamento a tratamento psicológico ou psiquiátrico;
III – encaminhamento a cursos ou programas de orientação;
IV – obrigação de encaminhar a criança a tratamento especializado;
V – advertência.
Parágrafo único. As medidas previstas neste artigo serão aplicadas pelo Conselho Tutelar, sem prejuízo de outras providências legais".

de *suspensão* ou *destituição da autoridade parental.*[767] A suspensão ou a perda do poder familiar serão decretadas judicialmente, em procedimento contraditório, nos casos de descumprimento injustificado das obrigações inerentes à autoridade parental previstas na legislação civil e no Estatuto da Criança e do Adolescente.[768]

As categorias denominadas *ação de suspensão do poder familiar* e *ação de perda do poder familiar* constituem-se em processos de jurisdição contenciosa devendo, cada qual, ser formulada perante o juízo de família, cabendo ao requerido o direito à ampla defesa.[769] Ambas as modalidades de ação obrigam a participação do representante do Ministério Público sob pena de nulidade do feito, o qual atuará na qualidade de fiscal da lei.[770] A categoria veda a deflagração de qualquer procedimento de ofício pelo juiz, sendo partes legítimas os pais, em relação àquele que exerce a autoridade parental sobre a criança ou adolescente ou quando os pais demandarem entre si.[771] Também poderá promover e acompanhar as referidas ações o representante do Ministério Público atuando, neste caso, como parte. [772]

Provada a prática de abuso de poder e julgada procedente a *ação de suspensão do poder familiar* ou a *ação* de *perda do poder familiar,* após ampla defesa do acusado, o juiz decretará, no primeiro caso, a *suspensão temporária do poder familiar,* fixando o prazo em que durará a suspensão da autoridade parental dos pais ou do genitor faltoso. No segundo caso, a *perda do poder familiar* será definitiva. Pelo fato de a *perda do poder familiar* ser uma sanção drástica, aplicável a uma falta grave do genitor ou genitores, dificilmente conseguirá o apenado restaurar o poder familiar perdido.

Os alimentos visam assegurar ao beneficiário todas as necessidades básicas para sua manutenção e sobrevivência. Os alimentos não se limitam à mera noção de contribuição patrimonial para a manutenção da vida e das necessidades básicas do alimentando, mas inserem a ideia de ampla assistência ao regular o desenvolvimento do indivíduo. Segundo Cahali, [773] "esse elemento faz com que, ainda quando a obrigação

---

[767] GRISARD FILHO, Waldyr. *Ob. cit.,* p. 39 e ss. GOMES, Orlando. Introdução ao Direito Civil, p. 134-135.

[768] Projeto de Lei nº 2.285/2007, vide arts. 90 e 94.

[769] TJ/SC - Ap. Cív. Nº 40.461 – Com. de São Miguel do Oeste - Ac. unân. – 2ª Câm. Cív. - Rel: Des. Rubem Córdova - Fonte: DJSC, 14.06.1993, p. 8. *In* Bonijuris verbete 16.370: "Ação de destituição do pátrio poder aforada pelo pai contra a mãe, separados por decisão judicial, objetivando destituí-la do pátrio poder e/ou a perda da guarda da filha do casal que ficara sob a guarda e responsabilidade da mãe, por força do acordo da separação homologado pelo Juiz competente; sob a alegação de não estar cumprindo os deveres inerentes à criação e educação da menor. Citada a ré, contestou negando a imputação contra a pretensão do autor. A final, com a intervenção do Ministério Público, encerrada a instrução, conclusos os autos, julgou-se improcedente o pedido. Recorreu a parte vencida, pretendendo a anulação da sentença, por cerceamento de defesa, em face do julgamento antecipado, ou então a reforma do decisum. A Câmara decidiu manter a decisão recorrida, por se tratar de alteração da guarda estabelecida no acordo da separação judicial do casal e homologado pelo Juiz da causa e não de destituição do pátrio poder, não configurada a causa apontada; levando em consideração que, no caso, não há motivo grave superveniente à alteração da guarda, fato esse não comprovado quantum satis; não olvidando outrossim que a qualquer tempo o interesse prevalecente da menor pode autorizar o Magistrado a dispor no sentido de assegurar-lhe um conforto mínimo, indispensável à sua boa formação moral; e ainda por não ter havido o alegado cerceamento de defesa."

[770] CPC, arts. 82, II e 84 e ECA, arts. 202 e 204.

[771] AZEVEDO, Luiz Carlos de. Comentário ao Art. 155 do Estatuto da Criança e do Adolescente. In: *Estatuto da Criança e do Adolescente Comentado.* Coordenadores: Munir Cury, Antônio Fernando do Amaral e Silva e Emílio Garcia Mandez, p. 459.

[772] CPC, arts. 81; 82 e ECA, arts. 155 e 201, III.

[773] CAHALI, Yussef Said. *Dos alimentos,* p. 39 e 40.

alimentar tiver sido concretizada numa prestação fixa em dinheiro, não basta que a prestação tenha sido satisfeita para que se considere cumprida a obrigação, se o seu fim último não foi alcançado".

Em virtude dessa função específica, muitos autores vislumbram os alimentos como uma das manifestações do direito à vida, incluindo-os na categoria de um direito de personalidade.[774] Embora reconheçamos que os alimentos constituem-se em uma obrigação destinada à manutenção da vida de alguém, entendemos que os alimentos não se caracterizam como direito de personalidade, uma vez que não apresentam todas as características nem natureza inerente aos direitos de personalidade.

O art. 11, do Código Civil, traz, expressamente, algumas das características dos direitos de personalidade, como a intransmissibilidade e a irrenunciabilidade. A estas duas características acrescentamos o fato de os direitos de personalidade serem direitos absolutos, extrapatrimoniais, impenhoráveis, vitalícios, necessários e inatos.

Os alimentos não possuem todas essas características, contudo apresentarem algumas delas. Os alimentos possuem por fundamento a relação de parentesco, um fato jurídico diverso da personalidade propriamente dita. Embora sejam os alimentos imprescritíveis e irrenunciáveis, os alimentos não são direitos absolutos nem produzem efeitos *erga omnes* como o direito de personalidade. [775] O direito a alimentos não é inato. Origina-se diretamente do vínculo de parentesco do prestador de alimentos e do respectivo credor ou decorre de crédito contra o autor de atos ilícitos, que produziram danos ao credor, impedindo-o prover-se por si mesmo, ou por danos produzidos na pessoa que possuía a obrigação de sustentar o credor.[776]

A obrigação alimentar não poderá ser exigida de qualquer pessoa por não possuir caráter absoluto nem se constituir em uma obrigação passiva universal, nem produzir efeitos *erga omnes*. A obrigação alimentar, somente, poderá ser exigida de parentes que possuam vínculo familiar com o necessitado, segundo disposição dos arts. 1.694 a 1698, do Código Civil, [777] incluído, entre estes, o ex-cônjuge, que poderá ser obrigado a

---

[774] FRANÇA, Rubens Limongi. Direitos Privados da Personalidade. *Revista Forense* n. 217, p. 389.

[775] CAHALI, Yussef Said. *Ob. cit.*, p. 51 e 52. Segundo magistério do autor, seguido pela boa doutrina, a simples inércia no recebimento dos alimentos poderá, no máximo, ser admitida como desistência voluntária dos mesmos, mas não como razão legal para a exoneração de encargo, ante a irrenunciabilidade do direito. O filho poderá deixar de exercer o direito aos alimentos, mas não terá guarida a renúncia ao direito.

[776] SZANIAWSKI, Elimar. *Direitos de personalidade* ..., p. 231-233.

[777] O Código Civil prescreve no Subtítulo II, do Titulo II, do Livro IV, as regras que regem o direito a alimentos e determina quais pessoas são obrigadas a prestá-los em razão do vínculo familiar. Soa o Código Civil :
Art. 1.694. Podem os parentes, os cônjuges ou conviventes pedir uns aos outros os alimentos de que necessitem para viver de modo compatível com a sua condição social, inclusive para atender às necessidades de sua educação.
§1º Os alimentos devem ser fixados na proporção das necessidades do reclamante e dos recursos da pessoa obrigada.
§2º Os alimentos serão apenas os indispensáveis à subsistência, quando a situação de necessidade resultar de culpa de quem os pleiteia.
Art. 1.696. O direito à prestação de alimentos é recíproco entre pais e filhos, e extensivo a todos os ascendentes, recaindo a obrigação nos mais próximos em grau, uns em falta de outros.
Art. 1.697. Na falta dos ascendentes cabe a obrigação aos descendentes, guardada a ordem de sucessão e, faltando estes, aos irmãos bilaterais ou unilaterais.
Art. 1.698. Se o parente, que deve alimentos em primeiro lugar, não estiver em condições de suportar total-mente o encargo, serão chamados a concorrer os de grau imediato; sendo várias as pessoas obrigadas a prestar alimentos, todas devem concorrer na proporção dos respectivos recursos, e, intentada ação contra uma delas, poderão as demais ser chamadas a integrar a lide.
Art. 1.699. Se, fixados os alimentos, sobrevier mudança na situação patrimonial de quem os supre, ou na de

TÍTULO IV
AS RELAÇÕES DE PARENTESCO E SEUS EFEITOS JURÍDICOS | 327

prestá-los em determinadas situações e que o prestador de alimentos possua condições econômicas para prestá-los, respeitados os limites de suas possibilidades. Pessoas estranhas, que não possuam vínculo familiar, de conjuncidade ou de convivência, com o alimentando, nem tenham praticado ato ilícito contra ele ou contra quem tinha a obrigação de sustentá-lo, não possuem legitimidade para ser delas exigida a prestação alimentar.[778]

Os alimentos possuem características patrimoniais, assim entendido pelo legislador civil, que os inseriu no Título II, do Livro IV, da Parte Especial, que disciplina os direitos de família patrimoniais. Deve ser verificado que o eventual devedor, somente, prestará alimentos havendo efetiva possibilidade econômica de fornecê-los ao credor, podendo a obrigação ser hereditariamente transmissível.[779] Consoante foi demonstrado, o direito a alimentos possui elementos e características estranhos às do direito de personalidade, qualificando-se melhor como um instituto de direito de família de natureza patrimonial.[780]

Ocorrendo o divórcio ou mesmo a separação de fato, os pais contribuirão na proporção de seus recursos, para a manutenção dos filhos.[781] O dever de prestar alimentos decorre da obrigação de sustendo dos pais em relação aos filhos. A partir da adoção da igualdade plena entre o homem e a mulher no sistema jurídico brasileiro, ambos os genitores são obrigados a contribuir para o sustento, a formação e a educação dos filhos, na proporção dos recursos financeiros de cada um.

No caso de se tratar de filho havido fora do casamento poderá este acionar o genitor que não estiver com sua guarda para obter os alimentos necessários ao seu sustento e manutenção.[782] Os filhos nascidos de uma relação não matrimonial estão equiparados, em direitos, aos filhos hauridos do casamento, consoante dispõe o §6.º, do art. 227, da Constituição. No entanto, consoante já estudamos no Capítulo 2.2, do

---

quem os recebe, poderá o interessado reclamar ao juiz, conforme as circunstâncias, exoneração, redução ou agravação do encargo.

[778] O Código Civil dispõe no Título IX, do Livro I, Parte Especial, que trata da Responsabilidade Civil sobre a prestação de obrigação alimentar no caso de danos praticados contra terceiros, determinando, em casos de morte, o pagamento de alimentos às pessoas a quem a vítima os devia, ou à própria vítima nas hipóteses de lesão, agravamento de mal ou inabilitação para o trabalho. Soa o art. 948, do C C :
Art. 948. No caso de homicídio, a indenização consiste, sem excluir outras reparações:
I - ... ;
II - na prestação de alimentos às pessoas a quem o morto os devia, levando-se em conta a duração provável da vida da vítima.
Art. 950. Se da ofensa resultar defeito pelo qual o ofendido não possa exercer o seu ofício ou profissão, ou se lhe diminua a capacidade de trabalho, a indenização, além das despesas do tratamento e lucros cessantes até ao fim da convalescença, incluirá pensão correspondente à importância do trabalho para que se inabilitou, ou da depreciação que ele sofreu.
Parágrafo único. ... .
Art. 951. O disposto nos arts. 948, 949 e 950 aplica-se, ainda, no caso de indenização devida por aquele que, no exercício de atividade profissional, por negligência, imprudência ou imperícia, causar a morte do paciente, agravar-lhe o mal, causar-lhe lesão, ou inabilitá-lo para o trabalho.

[779] Sobre a transmissão hereditária dos alimentos, determina o art. 1.700, que: "a obrigação de prestar alimentos transmite-se aos herdeiros do devedor, na forma do Art. 1.694."

[780] SZANIAWSKI, Elimar. Últ. ob. cit., p. 233.

[781] CC. art. 1.703. "Para a manutenção dos filhos, os cônjuges separados judicialmente contribuirão na proporção de seus recursos."

[782] CC. Art. 1.705. "Para obter alimentos, o filho havido fora do casamento pode acionar o genitor, sendo facultado ao juiz determinar, a pedido de qualquer das partes, que a ação se processe em segredo de justiça."

Título III, supra, em relação aos filhos havidos fora do casamento, a paternidade não é estabelecida por presunção, sendo necessário o reconhecimento da filiação pelo pai ou declarada por sentença judicial. Na reprodução heteróloga, necessário será o consentimento expresso do marido ou companheiro, mediante escrito, tanto para a realização dos procedimentos da reprodução artificial de sua mulher ou companheira como para constituir o *status de filho* entre a criança, nascida desta modalidade de reprodução, e o marido ou companheiro da mãe.

Uma vez reconhecida espontaneamente a relação paternidade/filiação de filho havido fora do casamento, permanecerá o filho reconhecido, enquanto menor, sob a guarda do genitor que o reconheceu e, se ambos os genitores o reconheceram e não houver acordo, ficará sob a guarda de quem melhor atender aos interesses do menor, sendo que o filho havido fora do casamento, reconhecido por um dos cônjuges e sendo o outro casado, não poderá residir no lar conjugal sem o consentimento do outro cônjuge.

Não havendo contribuição espontânea de um dos genitores para o sustento e educação de filho, especialmente por parte do pai, poderá o filho intentar a competente ação de alimentos com vistas à sua percepção, tendo por base os arts. 1.696 e 1.705, do Código Civil, valendo-se o requerente do procedimento especial previsto na Lei nº 5.478/1968. [783]

Não reconhecendo o genitor voluntariamente a filiação, restará ao filho requerer a ação de investigação da paternidade, cumulando o pedido com o de alimentos, nos termos do art. 1.705, do Código Civil e art. 2º, da Lei nº 8.560/1992, que regula, especificamente, a investigação da paternidade de filhos havidos fora do casamento. Julgando o juiz de 1º grau procedente, o pedido de investigação da paternidade formulada pelo filho, além de declarar a paternidade, fixará na mesma sentença, os alimentos definitivos ao requerente, de acordo com suas necessidades, nos termos do art. 7º, da Lei nº 8.560/1992.

Consoante vislumbramos no início do presente tópico, a obrigação de prestar assistência material aos filhos decorre do poder-dever familiar que impõe aos pais a obrigação de sustentar os filhos, provendo as necessidades básicas da vida.

No entanto, vamos encontrar uma corrente de pensamento que desvincula a obrigação dos genitores de prestar alimentos aos filhos do poder-dever familiar, na sua concepção clássica. Para a referida doutrina, a obrigação de prestar alimentos aos filhos não se condicionaria ao poder familiar, que se extingue com o advento da maioridade ou emancipação. A prestação alimentar ao contrário, fundar-se-ia no "binômio necessidade/possibilidade", que provoca a transposição da referida obrigação para além da maioridade do alimentando, como nas hipóteses de filhos que, embora maiores e capazes, ainda se encontram na fase de sua preparação para a vida, estudando em universidades ou em cursos de formação profissional e que necessitam dos alimentos para sua sobrevivência e formação. Neste caso, o alimentante só se exonerará da obrigação alimentar provando sua absoluta impossibilidade de cumprir a obrigação ou a ausência de necessidade do alimentando aos alimentos.

Podemos vislumbrar que a obrigação alimentar não está diretamente vinculada ao poder-dever familiar. Tendo em vista que a referida obrigação não coincide

---

[783] CC. Art. 1.705. "Para obter alimentos, o filho havido fora do casamento pode acionar o genitor, sendo facultado ao juiz determinar, a pedido de qualquer das partes, que a ação se processe em segredo de justiça."

obrigatoriamente com o limite temporal da existência e do exercício do poder familiar pelo alimentante, uma vez que a exoneração da obrigação alimentar se submete a pressupostos diversos, além da maioridade do alimentando, que consiste na impossibilidade absoluta de adimplir a prestação ou a desnecessidade do alimentando em continuar a receber alimentos.[784]

Embora a obrigação alimentar possa não coincidir, exatamente, com o lapso temporal da existência do poder-dever familiar, transcendendo à extinção da autoridade parental, entendemos estar a obrigação alimentar diretamente vinculada ao poder-dever familiar, uma vez que a obrigação de prestar alimentos tem, justamente, origem e justificação no poder-dever parental, que consiste no dever de guarda, sustento e educação dos filhos enquanto estes necessitarem, devendo os pais cumprir o dever de sustento e educação da prole, enquanto esta necessitar, mesmo o genitor que não estiver com a guarda dos filhos.

1.1.1 O Poder-dever patrimonial no projeto de estatuto das famílias

O Projeto de Estatuto das Famílias estabelece, no art. 10, as relações de parentesco no sistema jurídico brasileiro, abandonando o sistema de cláusula aberta, adotado pelo Código Civil, enumerando, taxativamente, os fatos que originam o parentesco. O art. 10, do Projeto de Lei nº 2.285/2007, dispõe que:

"Art. 10. O parentesco resulta da consanguinidade, da socioafetividade ou da afinidade."

O presente artigo tipifica as modalidades de vínculo de parentesco, cujas origens se encontram na consanguinidade, na socioafetividade e na afinidade. O art. 14 traz detalhamento do parentesco por afinidade, dispondo sobre a constituição, sobre os limites e sobre a extinção do vínculo da afinidade. Segundo o art. 14, os cônjuges ou os conviventes são aliados aos parentes do outro pelo vínculo da afinidade, limitando-se, porém, a afinidade, aos ascendentes, aos descendentes e aos irmãos do cônjuge ou convivente. A afinidade se extingue com a dissolução do casamento ou da união estável, exceto para fins de impedimento à formação de entidade familiar, caso em que perdura o referido vínculo.

1. Embora já tenhamos feito nossas considerações sobre o poder-dever patrimonial dos pais em relação aos filhos que estão sob a autoridade parental, traremos, no presente

---

[784] É interessante registrar o aresto que absorveu a doutrina que desvincula a prestação alimentar do poder-dever familiar.

TJ/MG – Ap. Cív. n. 1.0471.04.036684-4/001(1) – Com. de Pará de Minas – 1a. Câm. Cív. – Ac. unân. – Rel.: Des. Gouvêa Rios – j. 21.06.2005 – Fonte: DJ/MG, 01.07.2005.

"FAMÍLIA - EXONERAÇÃO DE ALIMENTOS - MAIORIDADE - PÁTRIO PODER - OBRIGAÇÃO ALIMENTÍCIA - BINÔMIO POSSIBILIDADE/NECESSIDADE - AUSÊNCIA DE PROVA CONVINCENTE - MANUTENÇÃO. Para a pretendida exoneração da obrigação alimentícia, além da maioridade do beneficiário mister se faz que estejam presentes os requisitos previstos no artigo 1.699 do Código Civil, quais sejam: a ocorrência de mudança superveniente na fortuna de quem a supre ou de quem a recebe. Não demonstrado que o filho maior deixou de necessitar dos alimentos, descabe a exoneração pretendida pelo alimentante, porquanto a obrigação alimentar não se condiciona ao poder familiar, que cessa com a maioridade, mas ao binômio necessidade/possibilidade. Nem sempre a vida obedece aos limites temporais eleitos pelo Direito como base para as condutas humanas. Para fins de exoneração, além da maioridade do Alimentando, incumbe ao Alimentante o ônus de provar a sua completa impossibilidade de pagar a pensão ou a desnecessidade da Alimentanda em recebê-la, nos termos do art. 333, I, do Código de Processo Civil." (Nota: atual art. 373, I, do CPC).

item, algumas breves considerações em relação ao tema, decorrentes das proposições do Projeto de Estatuto das Famílias.

O Projeto de Lei nº 2.285/2007 regulamenta a guarda compartilhada no art. 97, dispondo que:

> "Art. 97. Não havendo acordo entre os pais, deve o juiz decidir, preferencialmente, pela guarda compartilhada, salvo se o melhor interesse do filho recomendar a guarda exclusiva, assegurado o direito à convivência do não guardião.
> Parágrafo único. Antes de decidir pela guarda compartilhada, sempre que possível, deve ser ouvida equipe multidisciplinar e utilizada a mediação familiar."

O futuro Estatuto das Famílias dá preponderância à vontade dos pais, no que tange ao estabelecimento da guarda dos filhos, em casos de separação, divórcio, invalidade do casamento ou dissolução da união estável. Considera-se, igualmente, a preponderância da vontade dos genitores, no caso de os pais não coabitarem ou de dissolução de união estável homoafetiva, no qual venha a existir filiação em relação a um dos conviventes. Não havendo acordo entre os divorciandos ou separandos, caberá ao juiz decidir o litígio, optando, preferencialmente, pela *guarda compartilhada*. Ouvida a equipe multidisciplinar de profissionais ligados à infância e à juventude e o laudo recomendar a guarda exclusiva, no melhor interesse dos filhos, decidirá o juiz pela *guarda unilateral*, atribuindo-a a um dos pais com direito do outro à convivência com seus filhos, de acordo com o que for regulamentado.

O Projeto de Estatuto das Famílias propõe a oitiva de equipe multidisciplinar, diante do surgimento de algum conflito, tanto pelo magistrado, antes de decidir pela *guarda compartilhada*, como no caso da utilização de procedimento de mediação familiar. O exame pelo juiz de parecer de equipe multidisciplinar, constituída por sociólogos, psicólogos, médicos, etc., no âmbito dos processos de família, vem sendo aplicado nas grandes cidades há longa data, não se constituindo em nenhuma novidade no Judiciário brasileiro.

A categoria mais recente no âmbito da jurisdição de família consiste na *mediação familiar*, surgida a partir da relativização das normas do direito de família, com a retirada do poder de império absoluto dado pela lei ao poder público sobre as relações familiares, admitindo a solução consensual dos interesses das partes.

A *mediação* consiste na técnica destinada a conduzir as partes a encontrar a solução consensual para dirimir seus litígios. A mediação se processa mediante a presença de terceiro cuja missão é a de resolver o conflito, ouvindo e interpretando o desejo das partes e propondo a solução do litígio.[785] A atividade do mediador não possui efeito vinculante sobre os mediados, sendo decorrente da evolução própria do processo.[786]

Maria Berenice Dias [787] define a *mediação familiar* "como um acompanhamento das partes na gestão de seus conflitos, para que tomem uma decisão rápida, ponderada, eficaz e satisfatória aos interesses em conflito". As partes litigantes orientadas e estimuladas

---

[785] MARTINS, Sérgio Pinto. *Direito Processual do Trabalho*, p. 79.

[786] TEIXEIRA FILHO, João de Lima. Negociação Coletiva de Trabalho. In: SÜSSEKIND, Arnaldo; MARANHÃO, Délio; VIANNA, Segadas; TEIXEIRA, Lima. *Instituições de Direito do Trabalho*, v. 2, p. 1.195-1.196.

[787] DIAS, Maria Berenice. *Manual de Direito das Famílias*, p. 80.

pelo mediador, encontrarão "a forma de expor os seus desejos e de se defender sem machucar um ao outro, descartando outras saídas, como as instâncias judiciais ou o uso da força". [788] Encontrando as partes o devido consenso, será celebrado o acordo que regerá as relações jurídicas dos litigantes, solucionando o litígio, de acordo com a vontade expressa por elas sem intervenção judicial. Mediante acordo, voluntariamente celebrado entre as partes, obtido pela *mediação familiar*, não haverá necessidade ao litigante de valer-se de instâncias judiciais ou da utilização posterior de execução forçada da decisão judicial, as quais, poucas vezes, trarão satisfação a ambas as partes.

Não encontrando o mediador o consenso, deverá o juiz decidir, atribuindo a guarda unilateral a um dos litigantes, cujo perfil melhor satisfizer os reais interesses dos filhos. Poderá, ainda, ocorrer a hipótese na qual ambas as partes consentem na guarda compartilhada dos filhos, requerendo a homologação judicial, mediante intervenção ou sem intervenção do mediador.[789]

2. O Estatuto das Famílias, ainda sob a forma de Projeto de Lei, trata de matéria alimentar no Título VI, arts. 115 a 121. [790]

O Projeto de Estatuto repete, na sua maior parte, as disposições legais tratadas no Código Civil. Poucas, mas importantes, são as inovações.

O art. 115, do Projeto de Estatuto das Famílias, não se afasta do disposto no art. 1.694, do Código Civil. O dispositivo legal se ocupa em assegurar que a prestação

---

[788] DONI JÚNIOR, Geraldo. O Direito de Família, a Mediação e a Sensibilidade. *Boletim Informativo Bonijuris*, nº 377, p. 4.763. 1999.

[789] Vide inciso II, do art. 1.121 do CPC.

[790] Projeto de Estatuto das Famílias. "Dos Alimentos:
Art. 115. Podem os parentes, cônjuges, conviventes ou parceiros pedir uns aos outros os alimentos de que necessitem para viver com dignidade e de modo compatível com a sua condição social.
§1º São devidos os alimentos quando o alimentando não tem bens suficientes a gerar renda, nem pode prover, pelo seu trabalho, à própria mantença.
§2º Os alimentos devem ser fixados na proporção das necessidades do alimentando e dos recursos do alimentante.
§3º Os alimentos devidos aos parentes são apenas os indispensáveis à subsistência, quando o alimentando der causa à situação de necessidade.
§4º Se houver acordo, o alimentante pode cumprir sua obrigação mediante o fornecimento de moradia, sustento, assistência à saúde e educação.
Art. 116. O direito a alimentos é recíproco entre pais e filhos, e extensivo a todos os parentes em linha reta, recaindo a obrigação nos mais próximos em grau, uns em falta de outros, e aos irmãos.
§único. A maioridade civil faz cessar a presunção de necessidade alimentar, salvo se o alimentando comprovadamente se encontrar em formação educacional, até completar vinte e cinco anos de idade.
Art. 117. Se o parente que deve alimentos em primeiro lugar não estiver em condições de suportar totalmente o encargo, serão chamados a concorrer os de grau imediato.
§1º Sendo várias as pessoas obrigadas a prestar alimentos, todas devem concorrer na proporção dos respectivos recursos.
§2º A responsabilidade alimentar entre parentes tem natureza complementar quando o parente de grau mais próximo não puder atender integralmente a obrigação.
Art. 118. Se, fixados os alimentos, sobrevier mudança da situação financeira do alimentante, ou na do alimentando, pode o interessado requerer a exoneração, a redução ou majoração do encargo.
Art. 119. A obrigação alimentar transmite-se ao espólio, até o limite das forças da herança.
Art. 120. O crédito a alimentos é insuscetível de cessão, compensação ou penhora.
Art. 121. Com o casamento, a união estável ou a união homoafetiva do alimentando, extingue-se o direito a alimentos.
§1º Com relação ao alimentando, cessa, também, o direito a alimentos, se tiver procedimento indigno, ofensivo a direito da personalidade do alimentante.
§2º A nova união do alimentante não extingue a sua obrigação alimentar."

alimentar proporcione aos alimentandos levarem uma vida digna e de modo compatível com sua condição social. [791]

Segundo dispõe o art. 1.694, do Código Civil, os parentes, os cônjuges ou companheiros podem pedir uns aos outros os alimentos de que necessitem para viver de modo compatível com sua condição social, inclusive para atender às necessidades de sua educação. O dispositivo toma a expressão "parentes" no sentido amplo, incluindo, entre estes, as pessoas que, em linha reta, estão umas para com as outras na relação de ascendentes e descendentes. Incluem-se, aqui, os parentes em linha colateral até o quarto grau, não havendo para o Código distinção entre o parentesco natural e o civil, quando se tratar de alimentos. [792] Quando se fala de alimentos e para que estes efetivamente atendam ao disposto na parte final do art. 1.694, do Código Civil e na parte final do art. 115, do Projeto de Estatuto das Famílias, não devem ser esquecidas as obrigações alimentares especiais, não decorrentes diretamente do vínculo de parentesco, mas previstas no parágrafo 1.º-A, do art. 100, da Constituição, que inclui as obrigações decorrentes de salários, vencimentos, proventos, pensões e suas complementações, benefícios previdenciários e indenizações por morte ou invalidez, fundadas na responsabilidade civil, em virtude de sentença transitada em julgado.[793]

Será parte legítima para pleitear e para prestar alimentos, aquele que não possui bens suficientes, nem pode prover, pelo seu trabalho, a própria mantença e aquele, de quem se reclamam, poder fornecê-los, sem desfalque do necessário ao seu sustento. Sendo o direito de pedir alimentos recíproco entre pais e filhos e extensivo a todos os ascendentes, recairá a obrigação nos mais próximos em grau, uns em falta de outros. Não havendo ascendentes se estenderá a obrigação alimentar aos descendentes, guardada a ordem de sucessão. Faltando os descendentes, caberá a obrigação aos irmãos, tanto aos bilaterais como aos unilaterais.

Não estando o parente que deve alimentos em primeiro lugar, na ordem sucessória, em condições de suportar integralmente o encargo alimentar, serão chamados a concorrer os parentes de grau imediato. Quando várias são as pessoas obrigadas a

---

[791] CCb. "Art. 1.694. Podem os parentes, os cônjuges ou companheiros pedir uns aos outros os alimentos de que necessitem para viver de modo compatível com a sua condição social, inclusive para atender às necessidades de sua educação.
§1º Os alimentos devem ser fixados na proporção das necessidades do reclamante e dos recursos da pessoa obrigada.
§2º Os alimentos serão apenas os indispensáveis à subsistência, quando a situação de necessidade resultar de culpa de quem os pleiteia."

[792] Vide Código Civil, arts. 1.591; 1.592; 1.593.

[793] CF, art. 100, redação do *caput* do art. 100 e acrescimo do §1-A, pela Emenda Constitucional nº 30/2000. CC arts. 1591; 1592; 1593.
CF, art. 100, redação do *caput* do art. 100 e acrescimo do §1-A, pela Emenda Constitucional nº 30/2000.
"Art. 100. à exceção dos créditos de natureza alimentícia, os pagamentos devidos pela Fazenda Federal, Estadual ou Municipal, em virtude de sentença judiciária, far-se-ão exclusivamente na ordem cronológica de apresentação dos precatórios e à conta dos créditos respectivos, proibida a designação de casos ou de pessoas nas dotações orçamentárias e nos créditos adicionais abertos para este fim.
§1º É obrigatória a inclusão, no orçamento das entidades de direito público, de verba necessária ao pagamento de seus débitos oriundos de sentenças transitadas em julgado, constantes de precatórios judiciários, apresentados até 1º de julho, fazendo-se o pagamento até o final do exercício seguinte, quando terão seus valores atualizados monetariamente.
§1º-A Os débitos de natureza alimentícia compreendem aqueles decorrentes de salários, vencimentos, proventos, pensões e suas complementações, benefícios previdenciários e indenizações por morte ou invalidez, fundadas na responsabilidade civil, em virtude de sentença transitada em julgado."

prestar alimentos, todas deverão concorrer na proporção dos respectivos recursos e, uma vez intentada ação própria contra uma delas, poderão as demais ser chamadas para integrar a lide.[794]

Deve ser destacada a flexibilização da norma estatutária ante o Código Civil, ao estabelecer no art. 115 e parágrafos, os limites na fixação dos alimentos, os quais deverão ser restritos na proporção das necessidades do alimentando e dos recursos do alimentante. Permite o Estatuto, com a finalidade de facilitar ao devedor de alimentos de cumprir a obrigação, acordar no sentido de executá-la mediante fornecimento direto ao alimentando de moradia, sustento, assistência à saúde e educação.

O art. 1.700, do Código Civil, estabelece que a obrigação de prestar alimentos transmite-se aos herdeiros do devedor, na forma do art. 1.694, do mesmo Código. O Projeto de Estatuto das Famílias no art. 119 inova a matéria e, acertadamente, extingue a transmissão da obrigação do devedor dos alimentos falecido aos herdeiros, os quais, na maioria das vezes, nada têm a haver com a pessoa do credor destes alimentos. O projeto de Estatuto propõe extinguir a injusta e hipócrita extensão de uma obrigação alimentar a quem nada deve e, na maioria das vezes, sequer ter participado dos fatos que originaram a obrigação. Segundo o Projeto de Estatuto das Famílias, a obrigação alimentar apenas se transmite ao espólio, limitando-se nas forças da herança, não se estendendo ao patrimônio particular dos herdeiros. Sendo, porém, um ou alguns dos herdeiros do alimentante parente do alimentando, poderá este (ou estes), ser demandado para contribuir com a prestação alimentar.

O Código Civil no art. 1.696 e o projeto de Estatuto das Famílias, no *caput* do art. 116, seguem a mesma esteira, determinando que o direito à prestação de alimentos seja recíproco entre pais e filhos e extensivo a todos os ascendentes, recaindo a obrigação nos mais próximos em grau, uns em falta de outros. Para a manutenção dos filhos, os cônjuges separados judicialmente contribuirão na proporção de seus recursos, segundo determina o art. 1.703 da codificação civil.

É de longa data o entendimento da jurisprudência brasileira que o fato de o filho completar a maioridade e adquirir capacidade civil plena não importar na extinção da obrigação alimentar.[795] A exegese do inciso III, do art. 1.635, do Código Civil, contudo, conduz à inteligência de que a obrigação de prestar alimentos ao filho cessa automaticamente com o advento da maioridade, dispensando o pai de ingressar com a ação exoneratória para se desonerar da referida obrigação. Tal assertiva está correta,

---

[794] Vide arts. 1.695 a 1.698, do Código Civil. E arts. 115 a 117, do Projeto de Estatuto das Famílias.

[795] TJ/DF - Ap. Cív. nº 20060710154882 – 1ª. T. Cív. - Ac. unân. - Rel.: Des. Flavio Rostirola - j. em 07.05.2008 - Fonte: DJU, 19.05.2008. *In* BONIJURIS Jurisprudência - Cd-Rom – 91.399. Diz a ementa:
"ALIMENTOS - MAIORIDADE civil - Observância do BINÔMIO, NECESSIDADE e POSSIBILIDADE daquele que se obriga. Civil. Alimentos. Exoneração. Maioridade. Alteração do binômio necessidade/possibilidade. 1. Sob a ótica da assistência familiar, a obrigação de prestação de alimentos ao que completou a maioridade civil depende de comprovação da necessidade deste, sem deixar de observar a possibilidade daquele que se obriga. 2. Recurso não-provido. Sentença mantida."
TJ/RS - Ap. Cív. nº 70023744253 - Santiago – 8ª. T. - Rel.: Des. José Ataídes Siqueira Trindade - j. em 08.05.2008 - Fonte: DJ, 16.05.2008. In BONIJURIS Jurisprudência - Cd-Rom – 92423. Diz a ementa:
"APELAÇÃO - Exoneração de ALIMENTOS - FILHO MAIOR que exerce ATIVIDADE LABORATIVA com REMUNERAÇÃO - Improvimento
Apelação cível. Exoneração de alimentos. Filho maior. A maioridade do filho, por si só, não é causa extintiva da obrigação alimentar. Contudo, exercendo ele atividade laboral remunerada, e sendo homem independente que já constituiu família, correta a exoneração dos alimentos devidos pelo pai. Apelação desprovida."

uma vez que se presume que a pessoa, ao atingir a maioridade e a capacidade plena, está apta a se manter por si mesma, dispensando o ingresso da ação exoneratória. Todavia, necessitando o filho, comprovadamente, de alimentos, por não ter condições de arcar com seu próprio sustento, poderá pleiteá-los mediante ação própria.[796] Na prática, a principal causa da não desoneração do pai devedor de alimentos ao filho, maior de idade, reside no fato de o mesmo, ainda estar estudando, frequentando curso superior ou mesmo, pós-graduação, que o impede ou dificulta de prover seu próprio sustento, mantendo presente, na espécie, o binômio necessidade/possibilidade.[797]

O Projeto de Estatuto das Famílias, no parágrafo único, do art. 116, estabelece, mediante presunção, que o advento da maioridade civil do filho faz cessar a necessidade alimentar. Estende, porém, a obrigação alimentar para o filho maior de idade quando ele comprovadamente se encontrar em formação educacional, limitando a obrigação de prestar alimentos até o momento em que o alimentando completar vinte e cinco anos de idade.

A regra geral estabelece que a maioridade civil extingue a obrigação alimentar. A obrigação alimentar, também, poderá ser extinta, quando desaparecer o fato gerador da necessidade dos alimentos. Neste último caso, a obrigação alimentar, também, se extinguirá pela perda do objeto. São, igualmente, causas de extinção da obrigação de prestar alimentos ao credor, seu casamento, o estabelecimento de união estável ou concubinato, nos termos do art. 1.708, do Código Civil. O Projeto de Estatuto das Famílias acrescenta a essas causas o estabelecimento de união homoafetiva por parte do alimentando, nos termos do art. 121. Excepcionalmente, quando sobrevier mudança da situação financeira do alimentante ou na do alimentando, poderá qualquer dos interessados requerer a alteração da obrigação alimentar, pedindo a redução, a majoração ou a exoneração do encargo. Extinguirá, também, o direito a alimentos, o procedimento indigno do alimentando, quando este atentar ao direito geral de personalidade do alimentante.

A nova união do alimentante, porém, não afetará nem extinguirá a obrigação alimentar.

---

[796] TJ/MG - Ap. Cív. nº 1.0024.05.849015-2/2001 - Comarca de Belo Horizonte - 2a. Câm. Cív. - Ac. unân. - Rel.: Des. Nilson Reis - j. em 04.09.2007 - Fonte: DJMG, 19.09.2007. *In* BONIJURIS Jurisprudência - Cd-Rom - 89511
"APELAÇÃO - EXONERAÇÃO de ALIMENTOS - APELAÇÃO PRINCIPAL - FILHO MAIOR - ESTUDANTE e doente - AUSÊNCIA DE PROVA - APELAÇÃO ADESIVA - PRELIMINAR de LEGITIMIDADE da PARTE rejeitada - REDUÇÃO dos ALIMENTOS devidos ao FILHO MENOR - SENTENÇA mantida
Apelações cíveis. Exoneração de alimentos. Apelação principal. Filho maior estudante e doente. Prova ausente. Apelação adesiva. Preliminar de legitimidade de parte. Rejeitada. Redução dos alimentos devidos ao filho menor. Binômio necessidade x capacidade. Sentença mantida. 1 - O alimentante pode pedir exoneração de sua obrigação, quando o alimentando alcança a maioridade. 2 - A obrigação de prestar alimentos deverá ser mantida se o alimentado comprovar que ainda deles necessita, por ser estudante, não ter renda própria ou sofrer de alguma enfermidade. 3 - É parte ilegítima, o filho, que já havia alcançado a maioridade na época em que foram estipulados os alimentos e não havendo qualquer ressalva, no acordo, quanto aos alimentos devidos a este. 4 - Não existindo no acordo especificação de cota dos alimentos para cada filho, deverá ser mantida a sentença, que determinou a continuação da obrigação para o filho ainda menor. 5 - Apelações, principal e adesiva, não providas, rejeitada a preliminar".

[797] TJSP. RT 805/230 - Jurisprudência Civil - Nov-2002. Diz a ementa:
"ALIMENTOS – Pensão alimentícia – Filho maior de idade, mas que não completou curso superior – Admissibilidade – Responsabilidade do pai, que tem condições de suportar tal encargo".

1.2 O Poder-dever moral

Constatamos no presente Título que o *poder familiar* importa no conjunto de obrigações e direitos atinentes aos pais em relação aos filhos menores. Os pais possuem a obrigação de dirigir a criação e a educação dos filhos, proporcionando-lhes todos meios, quer materiais, quer morais, para sua subsistência, educação e formação para a vida, segundo suas condições econômicas e sociais.

O Código Civil no art. 1.630, dispõe que os filhos estão sujeitos ao poder familiar, enquanto menores, e o art. 1.634 determina que compete aos pais ter os filhos menores em sua companhia e guarda, dirigindo-lhes a criação e a educação. O legislador brasileiro não se desvinculou, totalmente, dos excessivos aspectos materiais do poder familiar. O legislador do Código Civil foi negligente na regulamentação da matéria, omitindo importantes detalhes relativos às obrigações morais, que o poder-dever de guarda, de companhia, de criação e de educação de filhos contém, nem fixou as necessárias sanções para o descumprimento destas obrigações.

Embora predomine, tradicionalmente, a visão dos direitos e obrigações decorrentes do poder-dever familiar sob a ótica material, os deveres de guarda, da formação moral e intelectual da criança e, principalmente, da sua personalidade, envolvem aspectos eminentemente morais, daí o fato da existência de um poder-dever moral dos pais em relação aos filhos. Desse modo, não se mostra suficiente o fato de os genitores serem o pai ou a mãe biológicos da criança ou adolescente. O trinômio pai-mãe-filho, que constitui a *família* da atualidade, exige a presença de outros elementos, como a *afetividade*, o *companheirismo* e a *solidariedade*, uma vez que o núcleo familiar destina-se, precipuamente, ao livre desenvolvimento da personalidade dos membros que a integram. Por essas razões, a guarda, a educação e mesmo, a prestação de alimentos, envolvem, além dos direitos e obrigações patrimoniais, os direitos e obrigações morais, como um conjunto de direitos que integram o poder-dever familiar.

Consoante foi acima mencionado, os alimentos transcendem a mera noção de contribuição patrimonial para a manutenção da vida e das necessidades básicas do indivíduo, compreendendo a ideia de ampla assistência ao desenvolvimento da pessoa como ser humano. Por isso, deve-se considerar não satisfeita a obrigação alimentar fixada monetariamente em juízo, mesmo que as prestações pecuniárias tenham sido pagas pelo alimentante, uma vez que, na realidade, seu fim último não foi alcançado devido ao não exercício do afeto, do companheirismo e da educação pelo genitor, que não está com a guarda da criança. Falta o necessário contato afetivo entre pai ou mãe e seu filho.[798]

Nesse passo, enquanto as obrigações de natureza patrimonial, decorrentes do poder-dever familiar, se mostram exequíveis na prática, embora, muitas vezes, com bastante dificuldade, as obrigações morais são dificilmente exequíveis, uma vez que não se podem extrair compulsoriamente da pessoa o amor, o afeto e a solidariedade.

---

[798] TJ/RJ – Ag. de Instr. nº 2006.002.12394 – Com. de Jacarepaguá– 2ª Câm. Cív. – Ac. unân. – Rel.: Des. Elisabete Filizzola – j. em 23.08.2006. Diz a ementa:
"AGRAVO DE INSTRUMENTO. AÇÃO DE REGULAMENTAÇÃO DE VISITAS. FILHOS ADOLESCENTES. Estando os filhos menores com um dos cônjuges implica necessariamente no reconhecimento ao outro do direito de visitá-lo. A visitação dos filhos menores é, indiscutivelmente, direito inerente ao poder familiar estabelecido no art. 1630 do Código Civil, nada obstando, em princípio, que as crianças de dez e treze anos tenham visitação plena com o pai e com ele pernoitando. RECURSO DESPROVIDO".

Essa razão conduziu o direito a admitir a indenização por dano moral decorrente do inadimplemento das obrigações morais inerentes ao poder-dever familiar dos pais.

A jurisprudência brasileira vem, aos poucos, admitindo a indenização por danos morais perpetrados por genitor não guardião ao filho, decorrente do abandono afetivo e do descumprimento dos deveres morais contidos no poder familiar.

Deve ser assinalado o importante aresto proferido no ano de 2004, pelo Tribunal de Alçada do Estado de Minas Gerais, o qual reconheceu o direito à indenização por danos morais, decorrentes de profundo sofrimento de filho, privado do direito à convivência, ao amparo afetivo, moral e psíquico, resultante do abandono do pai. Diz a ementa do aresto:

> "INDENIZAÇÃO DANOS MORAIS – RELAÇÃO PATERNO-FILIAL – PRINCÍPIO DA DIGNIDADE DA PESSOA HUMANA – PRINCÍPIO DA AFETIVIDADE.
> A dor sofrida pelo filho, em virtude do abandono paterno, que o privou do direito à convivência, ao amparo afetivo, moral e psíquico, deve ser indenizável, com fulcro no princípio da dignidade da pessoa humana". [799]

Trata a espécie, de ação de indenização por dano moral ajuizada por ABF, menor púbere, representado por sua mãe, contra seu pai, VPFO, decorrentes de graves prejuízos sofridos em seu desenvolvimento psíquico, havendo, inclusive, desestruturação psíquica com sintomas psicopatológicos, derivados do afastamento e abandono pelo pai, estando o filho submetido a tratamento psicológico há mais de dez anos.

De acordo com os autos, ABF, o autor da ação, manteve contatos regulares com seu pai, VPFO, até a idade de seis anos, quando nasceu sua irmã, resultante de nova união conjugal de seu pai com outra mulher vindo, após este nascimento, VPFO a afastar-se totalmente de seu filho, evitando qualquer contato. Durante aproximadamente quinze anos, ABF tentou aproximação com seu pai, a qual se revelou infrutífera, causando a atitude de total indiferença do pai em uma paulatina desestruturação psíquica no autor, interferindo nos fatores psicológicos que compõem a própria identidade. O pai, totalmente ausente, sequer se manifestava em datas importantes como nos aniversários e na formatura.

Contestado o pedido e tendo o feito cumprido todos os trâmites processuais, foi proferida a sentença de 1.º grau que julgou pela improcedência da pretensão indenizatória por danos morais sofridos pelo autor, entendendo, o magistrado, não existir nexo de causalidade entre o afastamento e a ausência do pai e o desenvolvimento de sintomas psicopatológicos no filho autor.

Inconformado com o julgamento de 1.º grau apelou o requerente, protestando por reforma da sentença, reiterando os argumentos expendidos no pedido inicial, no sentido de que o conjunto probatório, principalmente o estudo psicológico que instrui o processo, demonstra a existência de grave dano moral resultante da ofensa causada por VPFO, em seu filho.

---

[799] TA/MG. Ap. Cív. nº 408.550-5. J. em 01.04.2004. Rel. Juiz Unias Silva. Fonte: Jurisprudência do alimentante. Disponível em: <http://www.jusbrasil.com.br/topicos/2730037/tribunal-de-alcada-do-estado-de-minas-gerais/jurisprudencia>. Acesso em: 22 ago. 2008.

O magistrado relator, Juiz Unias Silva, após digressões sobre direito de personalidade e a necessidade da concretização do direito à saúde e do direito à relação de parentesco, fundado no princípio da afetividade, entendeu estar caracterizado o dano moral sofrido pelo autor apelante, ABF, em relação à sua dignidade, decorrente de ato ilícito perpetrado pelo pai omisso, o qual deixou de cumprir seu dever familiar de convívio e educação, não mantendo o laço paterno-filial e o nexo causal que deveria existir entre ambos. Com esses fundamentos, foi o recurso interposto por ABF provido, sendo VPFO, condenado ao pagamento de indenização por dano moral, na quantia de duzentos salários mínimos, equivalentes na época a R$ 44.000,00, com os devidos acréscimos legais e nas verbas de sucumbência.

Esse importante julgado acolhe a concepção atual de família e de *autoridade parental*, reconhecendo que no âmbito do *poder familiar* está inserido o *dever familiar*, construído sobre o princípio da afetividade. Os pais, além do poder que possuem em relação aos seus filhos menores, estão submetidos a determinados deveres, que consistem em prover a proteção, a educação, o desenvolvimento psicofísico e o bem-estar dos filhos. Todos esses deveres possuem por ponto nuclear, por princípio informador, a afetividade que deve coligar todos os entes familiares.

O Código Civil brasileiro ao disciplinar o *poder familiar* tratou com descaso os aspectos morais da categoria, disciplinando ambos os aspectos, moral e patrimonial da autoridade parental superficialmente, em um só bloco, sem dispensar os necessários cuidados aos poder-dever moral dos genitores em relação aos filhos. Diante desta omissão do legislador civil, os fundamentos legais para a reparação dos danos morais produzidos pelos pais contra seus próprios filhos são encontrados no art. 227, *caput*, no inciso III, do art. 1.º, ambos da Constituição e no art. 12, do Código Civil, que garantem, além de outros direitos inerentes aos direitos da criança, o direito à dignidade e à convivência familiar e social, que são oponíveis, de modo geral, ao Estado e à sociedade e, em especial, em relação a cada membro componente da família.

O projeto de Estatuto das Famílias, no art. 87, traz uma cláusula geral, cujo comando estabelece que a autoridade parental deverá ser exercida no melhor interesse dos filhos, determinando que, além do dever de assistência material em relação à guarda, educação e formação dos filhos menores, também, são responsáveis pelo dever de assistência moral, nos termos do §3.º, do mesmo artigo. As relações entre pais e filhos não são alcançadas pela dissolução da entidade familiar, permanecendo incólumes a autoridade parental, as obrigações e os direitos inerentes à mesma. [800]

A seguir, examinaremos o tratamento dado pelo Código Civil e pelo futuro Estatuto da Criança e do Adolescente ao poder familiar, analisando a disciplina jurídica da categoria.

---

[800] E.F.: "Art. 87. A autoridade parental deve ser exercida no melhor interesse dos filhos.

§1º Compete a autoridade parental aos pais; na falta ou impedimento de um deles, o outro a exerce com exclusividade.

§2º O filho tem o direito de ser ouvido, nos limites de seu discernimento e na medida de seu processo educacional.

§3º Aos pais incumbe o dever de assistência moral e material, guarda, educação e formação dos filhos menores".

"Art. 88. A dissolução da entidade familiar não altera as relações entre pais e filhos".

1.3 A autoridade parental no código civil e no futuro direito estatutário

O Estatuto da Criança e do Adolescente traz regras gerais de proteção integral à criança e ao adolescente, não limitando esta obrigação aos membros da família, mas estendendo-a à comunidade, à sociedade em geral e ao poder público, na efetivação dos direitos fundamentais e de personalidade arrolados na Constituição. Além da proteção integral, a criança e o adolescente gozarão, como todo e qualquer ser humano, de todos os direitos fundamentais inerentes à pessoa humana, tendo assegurados por lei ou por outros meios, todas as oportunidades e facilidades, a fim de lhes facultar o desenvolvimento físico, mental, moral, espiritual e social, em condições de liberdade e de dignidade. [801]

Destaca-se, entre os diversos direitos fundamentais, o direito da criança e do adolescente à convivência familiar. Isso significa que a criança ou adolescente possui o direito de ser criado e educado no seio de sua família originária. Quando tal fato se torna impossível, possui a criança ou adolescente o direito de ser criado e educado no seio de família substituta, assegurada a convivência familiar e comunitária no seio desta, para que possa livremente desenvolver sua personalidade. [802]

No âmbito do núcleo familiar, a autoridade , além de incumbir aos pais o dever de sustento, guarda e educação dos filhos menores, determina a efetivação dos direitos referentes à vida, à saúde, à dignidade, ao respeito, à liberdade, à alimentação, à educação, à cultura, ao esporte e à profissionalização, afastando, da mesma, qualquer forma de negligência, discriminação, exploração, violência, crueldade, opressão, velando pela inviolabilidade da integridade psicofísica e moral da criança e do adolescente, abrangendo a preservação da imagem, da identidade, da autonomia, dos valores, das ideias e crenças, dos espaços e objetos pessoais. [803] Fica, dessa maneira, preservado o direito à formação da memória e do acervo familiar.

O Código Civil brasileiro disciplina o *poder familiar* no Capítulo V, do Subtítulo II, do Título I, do Livro IV, da Parte Especial. A codificação civil explicita o instituto da autoridade parental, cuja leitura deverá ser realizada em consonância com os dispositivos legais do ECA e do art. 227, da Constituição, para assegurar a proteção integral da criança ou adolescente.

Os arts. 1.630 e 1.631, do Código Civil dispõem:

"Art. 1.630. Os filhos estão sujeitos ao poder familiar, enquanto menores."

"Art. 1.631. Durante o casamento e a união estável, compete o poder familiar aos pais; na falta ou impedimento de um deles, o outro o exercerá com exclusividade.
Parágrafo único. Divergindo os pais quanto ao exercício do poder familiar, é assegurado a qualquer deles recorrer ao juiz para solução do desacordo". [804]

---

[801] Vide ECA, arts. 3º e 4º.

[802] Vide ECA, arts. 5º; 15; inciso V, do art. 16 e arts. 17; 18 e 19.

[803] Vide ECA, art. 22.

[804] ECA. "Art. 21. O pátrio poder será exercido, em igualdade de condições, pelo pai e pela mãe, na forma do que dispuser a legislação civil, assegurado a qualquer deles o direito de, em caso de discordância, recorrer à autoridade judiciária competente para a solução da divergência".

Enquanto menores, os filhos estão sujeitos ao poder familiar, conferido ao pai e à mãe deles. O poder familiar em relação aos menores cessará quando forem violados ou ameaçados os direitos inerentes à criança ou ao adolescente, mediante ação, omissão ou prática de atos contra a moral e os bons costumes, pelos próprios pais ou por quem detiver a autoridade parental dos menores ou quando ocorrer qualquer das hipóteses previstas no art. 1.635, do Código Civil. [805] Do mesmo modo, configurada qualquer das hipóteses previstas no art. 1.638, do Código Civil ou do art. 98, da Lei n.º 8.069/1990, as quais trazem medidas de proteção à criança e ao adolescente, lhes serão aplicáveis medidas de proteção preconizadas pelas citadas leis. A destituição do poder familiar, no entanto, é medida extrema, aplicável, tão somente, diante de grave violação dos deveres afetos à paternidade ou à maternidade.

Desse modo, somente, quando os filhos estiverem diante de situação de risco pessoal ou social, ou houver violação ou ameaça de violação dos direitos da criança ou do adolescente, lhes serão aplicáveis as medidas de proteção preconizadas pela legislação civil e estatutária. [806]

É de conhecimento geral que o poder absoluto que o pai patriarcal possuía, não só, sobre os filhos, mas também, sobre a mulher e demais pessoas a ele submetidas, pertence ao passado, não mais existindo hodiernamente. Pelo menos no plano legal.[807]

O poder familiar da atualidade consiste no conjunto de direitos e obrigações inerentes aos pais, em relação aos filhos e aos seus bens, objetivando a proteção, a educação, o desenvolvimento e o bem-estar deles, conforme já foi falado. Trata-se de um *munus* público outorgado pelo poder público aos genitores,[808] no sentido de promover a proteção e o desenvolvimento dos filhos.

Com o advento do regime da igualdade material entre os cônjuges e conviventes, introduzido pela Constituição de 1988,[809] o poder familiar passou a ser desempenhado em igualdade de condições pelo pai e pela mãe da criança, sendo que na falta ou impedimento de um deles, o outro deverá exercer a autoridade parental com exclusividade.

Não havendo unidade de pensamento dos pais na condução da educação do filho, poderá qualquer deles louvar-se do Judiciário para dirimir a divergência. Não havendo acordo, estabelecerá o juiz as diretrizes que deverão ser obedecidas pelo genitor que não estiver desempenhando adequadamente o poder familiar ou aconselhará o genitor a seguir a opinião do outro, mostrando que o ponto de vista preferido e aconselhado trará melhores benefícios para a criança.

---

[805] CCb. "Art. 1.635. Extingue-se o poder familiar:
I - pela morte dos pais ou do filho;
II - pela emancipação, nos termos do art. 5º, parágrafo único;
III - pela maioridade;
IV - pela adoção;
V- por decisão judicial, na forma do artigo 1638".

[806] O ECA regula especificamente a matéria de proteção integral à criança e ao adolescente nos arts. 3º; 4º; 5º; 7º ; 15; 17; 18; 19 e 22.

[807] Podemos encontrar em alguns lugares, principalmente no interior do Brasil, a permanência da estrutura familiar patriarcal, tanto nas famílias étnicas autóctones como entre as famílias descendentes de imigrantes, de eslavos, alemães e japoneses.

[808] RODRIGUES, Silvio. *Direito de Família*, p. 398.

[809] CF Arts. 5º, inciso I e 226, §5º.

O artigo seguinte determina:

"Art. 1.632. A separação judicial, o divórcio e a dissolução da união estável não alteram as relações entre pais e filhos senão quanto ao direito, que aos primeiros cabe, de terem em sua companhia os segundos".

A extinção do vínculo matrimonial, a dissolução da sociedade conjugal ou a dissolução da união estável, não alteram as relações entre pais e filhos, permanecendo a eficácia delas.

Andou mal o legislador civil em não contemplar a guarda compartilhada, consagrada há longa data pelos tribunais brasileiros, outorgando, ao genitor não guardião, o simples direito de visita e de ter o filho em sua companhia. [810] A *guarda compartilhada* foi introduzida no direito positivo pela Lei nº 11.698, de 13.06.2008, a qual alterou os arts. 1.583 e 1.584, do Código Civil.

A guarda unilateral não resultará em perda, suspensão, nem renúncia da autoridade parental por nenhum dos pais, nem por aquele que entrega a guarda dos filhos ao outro.

Estabelecida a guarda de filho em relação a um genitor, surgirão direitos recíprocos entre o genitor que não estiver na com a guarda e o filho, que consistem no direito de visita e de permanecer um em companhia do outro. A visitação recíproca entre o genitor não guardião dos filhos e estes, mesmo sendo menores de idade, constitui-se em um direito inerente ao poder familiar, de acordo com o disposto no art. 1.630, do Código Civil, que não pode, por hipótese alguma, ser descuidado.

O direito de visita é recíproco e irrenunciável, constituindo-se em um direito e em uma obrigação de pais e filhos poderem se visitar mutuamente e estar um em companhia do outro, quando o filho estiver sob a guarda do outro genitor. O não cumprimento, por parte do genitor que não estiver com a guarda, do direito do filho em poder visitar ou de ser visitado pelo pai ou pela mãe ou de estar impedido de tê-los sua companhia, configura abandono moral, um ilícito civil, podendo o genitor faltoso responder mediante indenização por dano moral perante o filho, consoante foi examinado no capítulo anterior.

"Art. 1.633 - O filho, não reconhecido pelo pai, fica sob poder familiar exclusivo da mãe; se a mãe não for conhecida ou capaz de exercê-lo, dar-se-á tutor ao menor."

Os filhos menores e incapazes estão, obrigatoriamente, sob o exercício do poder familiar, competindo o exercício da autoridade parental a ambos os genitores em igualdade de direitos e obrigações.[811]

---

[810] TJ/RJ – Ag. de Instr. nº 2006.002.12394 – Com. de Jacarepaguá– 2a. Câm. Cív. – Ac. unân. – Rel.: Des. Elisabete Filizzola – j. em 23.08.2006.
"AGRAVO DE INSTRUMENTO. AÇÃO DE REGULAMENTAÇÃO DE VISITAS. FILHOS ADOLESCENTES. Estando os filhos menores com um dos cônjuges implica necessariamente no reconhecimento ao outro do direito de visitá-lo. A visitação dos filhos menores é, indiscutivelmente, direito inerente ao poder familiar estabelecido no art. 1.630 do Código Civil, nada obstando, em princípio, que as crianças de dez e treze anos tenham visitação plena com o pai e com ele pernoitando. Recurso desprovido."

[811] Lei nº 8.560/1992, art. 2º: " Em registro de nascimento de menor apenas com a maternidade estabelecida, o oficial remeterá ao juiz certidão integral do registro e o nome e prenome, profissão, identidade e residência do suposto pai, a fim de ser averiguada oficiosamente a procedência da alegação".

O dispositivo legal em comento, determina, na primeira parte, que o filho não reconhecido pelo pai ficará sob poder familiar exclusivo da mãe.

Embora tenha o legislador de 2002 pensado corretamente em relação ao tema, tal dispositivo se mostra inadequado ao omitir referência à investigação oficiosa da paternidade, prevista no art. 2º, da Lei nº 8.560/1992. A *averiguação oficiosa da paternidade* se aplica, justamente, aos casos de não reconhecimento da paternidade pelo pai na filiação havida fora do casamento, figurando, apenas, no registro de nascimento a identificação da maternidade do menor. Neste caso, consoante vimos anteriormente, o oficial do registro civil remeterá ao juiz a certidão integral do registro, informando o nome, o prenome, a profissão, a identidade, a residência e outros dados de identificação do indigitado pai, a fim de ser averiguada oficiosamente a procedência da alegação da mãe. Não havendo sucesso na investigação oficiosa, o representante do Ministério Público deflagrará a competente ação de investigação de paternidade contra o indigitado pai, com o objetivo de caracterizar o indivíduo como pai biológico da criança e de fazê-lo assumir as obrigações inerentes à paternidade.

Desse modo, dificilmente permanecerá a criança sem saber quem é seu genitor e ter assegurado o nome de família paterno, figurando, este, em seu assento de nascimento, uma vez que a *averiguação oficiosa* ou a *investigação de paternidade* encontrarão e determinarão o verdadeiro pai biológico da criança.

O que poderá acontecer na prática é o fato de o pai não assumir a responsabilidade inerente à paternidade, mostrando-se omisso em relação ao filho, passando, neste caso, a mãe a exercer exclusivamente o poder familiar.

Também será motivo do exercício exclusivo da autoridade parental pela mãe o afastamento do pai biológico do convívio da criança, quando o magistrado julgar conveniente para o caso concreto, determinando, com fundamento no art. 1.616, do Código Civil, que o filho seja criado e educado fora da companhia daquele que lhe contestou a paternidade [812] ou se sua presença seja inconveniente ao menor.

Não sendo, porém, encontrado o indigitado pai, por estar em lugar incerto e não sabido, não podendo, por isso, ser investigado, a criança ficará sob o poder familiar exclusivo da mãe.

O reconhecimento posterior da paternidade estabelecerá o vínculo parental e de filiação. O mesmo efeito será produzido no caso de ser julgada procedente a ação de investigação de paternidade, passando, em ambos os casos, a autoridade parental a ser exercida em igualdade de condições por ambos os genitores.

Tratando-se de criança abandonada e não sendo a mãe conhecida, ficará o menor sob a tutela de terceiro. O mesmo ocorrerá na hipótese de incapacidade da mãe para o exercício da autoridade parental.

O art. 1.634, do Código Civil, trata do exercício do poder familiar pelos pais da criança, determinando que:

---

[812] CCb. Art. 1.616. "A sentença que julgar procedente a ação de investigação produzirá os mesmos efeitos do reconhecimento; mas poderá ordenar que o filho se crie e eduque fora da companhia dos pais ou daquele que lhe contestou essa qualidade".

"Art. 1.634. Compete aos pais, quanto à pessoa dos filhos menores:

I - dirigir-lhes a criação e educação;

II - tê-los em sua companhia e guarda;

III - conceder-lhes ou negar-lhes consentimento para casarem;

IV - nomear-lhes tutor por testamento ou documento autêntico, se o outro dos pais não lhe sobreviver, ou o sobrevivo não puder exercer o poder familiar;

V - representá-los, até aos dezesseis anos, nos atos da vida civil, e assisti-los, após essa idade, nos atos em que forem partes, suprindo-lhes o consentimento;

VI - reclamá-los de quem ilegalmente os detenha;

VII - exigir que lhes prestem obediência, respeito e os serviços próprios de sua idade e condição." [813]

Vimos que ambos os pais desempenham os mesmos direitos e as mesmas obrigações em relação à sua prole, destacando-se entre estas, o de ter os filhos em sua companhia e guarda, de sustentá-los e dirigir-lhes a criação e a educação. Cumpre aos pais zelar pelo desenvolvimentos moral, espiritual, educacional e material do filhos, preparando-os para enfrentar dignamente as agruras da vida. O descumprimento dessa obrigação configurará abandono moral, material ou ambos, que se constitui em delito penalmente punível, segundo preceituam os arts. 244 a 246, do Código Penal.

A conduta inadequada de um dos genitores, contrária à ordem e à moral familiar, influencia decisivamente em relação à atribuição da guarda dos filhos menores. As condutas reprováveis, imorais ou ilícitas, de qualquer um dos genitores, restringirão as relações parentais, salvaguardando a boa formação dos filhos. Neste tema, predominará sempre o interesse da criança em relação ao seu desenvolvimento em um ambiente salutar.[814]

Embora a Constituição e a lei determinem que os pais desempenhem os mesmos direitos e as mesmas obrigações em relação aos seus filhos, na prática raramente encontraremos a igualdade plena, preferindo, algumas vezes, o magistrado outorgar a guarda dos filhos menores para a mãe e, outras vezes, para o pai.

A doutrina brasileira de um modo geral, diante de um caso de ruptura da sociedade conjugal, tende a afirmar no sentido de a guarda de filhos dever ser outorgada preferencialmente para a mãe, quer por razões de ordem social, quer psicológica, quer psicanalítica.[815] Filiado a esta corrente, Eduardo de Oliveira Leite afirma que a experiência profissional no cotidiano da advocacia, demonstra que depois da separação, a maioria esmagadora dos homens constitui nova família e se desvincula dos filhos oriundos do primeiro casamento, o que raramente ocorre em relação às mães. Por esse fato, já se justificaria a preferência na outorga da guarda dos filhos à mãe. [816]

Tivemos oportunidade de verificar, mediante nossa atividade de advogado, que na atualidade, nem sempre as mães têm demonstrado a melhor vocação para a guarda

---

[813] ECA. Art. 22. "Aos pais incumbe o dever de sustento, guarda e educação dos filhos menores, cabendo-lhes ainda, no interesse destes a obrigação de cumprir e fazer cumprir as determinações judiciais".

[814] GRISARD FILHO, Waldyr. *Guarda Compartilhada*, p. 69.

[815] LEITE, Eduardo de Oliveira. A Igualdade de Direitos entre o Homem e a Mulher Face à Nova Constituição. *Revista da Associação dos Juízes do Rio Grande do Sul*, nº 61. 1994, p. 33.

[816] LEITE, Eduardo de Oliveira. *Ob. cit.*, p. 33.

de seus filhos menores, tendo, frequentemente, as crianças permanecido sob a guarda do pai. Portanto, não concordamos plenamente com a doutrina predominante, que dá preferência à mãe na guarda dos filhos, uma vez que diversos exemplos práticos nos convenceram de que o juiz deverá analisar cada caso concreto e atribuir a guarda dos filhos menores de acordo com a situação fática, cumprindo aquilo que for melhor para as crianças.[817]

O Código Civil não faz previsão sobre a situação dos filhos diante da separação de fato de seus pais, sendo omisso. Tornou-se comum, na atualidade, os cônjuges se separarem, cada qual tomando seu rumo sem, no entanto, extinguirem o matrimônio. Outros continuam vivendo no mesmo imóvel, mantendo uma aparente sociedade conjugal. Essa hipótese configura separação de fato, uma vez que na documentação dos separandos continuará a figurar o estado civil de casados. Nesse caso, diante do silêncio da lei, como ficaria a permanência dos filhos em poder de cada um dos pais, quando separados apenas de fato? Verificamos anteriormente que o divórcio, a separação judicial, bem como a separação de fato, não produzem efeitos no tocante à autoridade parental, uma vez que o vínculo da filiação permanece existindo tanto em relação ao pai quanto em relação à mãe, possuindo ambos o poder familiar em relação aos filhos. Ambos os genitores conservam os mesmos direitos e as mesmas obrigações em relação aos filhos, bem como compartilham a companhia e a guarda deles como se não houvesse separação.[818]

Integra o poder familiar dos pais e dos tutores o poder de conceder ou negar aos filhos e dos tutelados, o consentimento para casar, enquanto não atingida a capacidade civil plena.[819] Os arts. 1.517 e 1.634, inciso III, do Código Civil, exigem que o consentimento ou a negativa para filho menor de idade casar seja de ambos os pais. Havendo divergência entre ambos, quanto a autorização para o filho casar, é assegurado a qualquer deles recorrer ao juiz para solução da discordância.[820] Tendo ambos os genitores, ou o tutor, consentido ao filho ou filha ou tutelado casar, esta autorização poderá ser revogada até a data da celebração do casamento. A denegação do consentimento, no entanto, quando se apresentar injusta, poderá ser suprida judicialmente.[821] Deferido o suprimento judicial pelo magistrado, será obrigatória a adoção do regime da separação de bens no casamento, sem a comunhão de aquestos.[822]

---

[817] Em nossa vida profissional, conhecemos diversos casos concretos, em que a guarda, a educação e o carinho foram dados aos filhos, somente, pelo pai; como no caso em que determinada senhora, mãe de sete filhos e que era artista, acabou por optar por sua profissão, uma vez que a maternidade "atrapalhava" sua carreira, deixando a guarda dos filhos definitivamente com o pai, que os criou e educou perfeitamente. Em outro caso, depois da separação provocada pelo marido, a mãe levou os dois filhos menores para o pai criar e foi viajar pelo mundo. Em ambos os casos, os filhos tiveram pouquíssimo contado com a mãe, por ato delas. Não se deve, pois, dizer que o pai será melhor do que a mãe ou vice-versa. Cada caso é um caso a ser apreciado e decidido pelo magistrado.

[818] GRISARD FILHO, Waldyr. *Ob. cit.*, p. 82-83.

[819] CC. "Art. 1.517 - O homem e a mulher com 16 (dezesseis) anos podem casar, exigindo-se autorização de ambos os pais, ou de seus representantes legais, enquanto não atingida a maioridade civil.
§único· Se houver divergência entre os pais, aplica-se o disposto no parágrafo único do Art. 1.631".

[820] CC. "Art. 1.631... .
§único· Divergindo os pais quanto ao exercício do poder familiar, é assegurado a qualquer deles recorrer ao juiz para solução do desacordo".

[821] CC. "Art. 1.518. Até à celebração do matrimônio podem os pais, tutores ou curadores revogar a autorização.
Art. 1.519. A denegação do consentimento, quando injusta, pode ser suprida pelo juiz".

[822] CC. "Art. 1.641. É obrigatório o regime da separação de bens no casamento, sem a comunhão de aquestos:
I - das pessoas que o contraírem com inobservância das causas suspensivas da celebração do matrimônio;

Excepcionalmente, será permitido o casamento de quem ainda não alcançou a idade núbil. Tal determinação, consubstanciada no art. 1.520, do Código Civil, destina-se a proteger e salvaguardar os interesses dos menores, objetivando evitar imposição ou cumprimento de pena criminal, [823] ou no caso de gravidez da mulher.[824]

O dispositivo em comento é simples não carecendo maior detalhamento.

O inciso IV, do art. 1.634, do Código Civil, estabelece que compete aos pais nomear tutor aos filhos, por meio de testamento ou documento autêntico, se o outro genitor não lhe sobreviver, ou o sobrevivo não puder exercer o poder familiar.

O presente dispositivo destina-se aos pais, para em conjunto nomearem, antecipadamente, um tutor para seus filhos em caso de falecimento precoce ou na hipótese de o outro genitor não lhe sobreviver, ou se sobreviver, estiver impedido de exercer o poder familiar decorrente de perda de capacidade. [825]

O inciso V, do presente artigo, trata do dever dos pais de representar os filhos até completarem 16 anos de idade nos atos da vida civil e assisti-los, dos 16 aos 18 anos, nos atos em que forem partes, suprindo-lhes o consentimento. O presente dispositivo complementa o disposto nos arts. 3º; 4º; 5º; 166, I e 171, I, do Código Civil.[826] O ato ou negócio jurídico praticado por menor de 16 anos, sem a devida representação por seu representante legal, será nulo. O ato ou negócio jurídico praticado por menor de 18 anos, sem a devida assistência, será anulável. Tais restrições à capacidade civil dos menores de idade e a necessidade da representação ou assistência dos pais ou do tutor possuem

---

II - da pessoa maior de sessenta anos;
III - de todos os que dependerem, para casar, de suprimento judicial".

[823] Vide Código Penal, arts.: 107,VII; 213; 214; 215; 216; 218; 219 e 220.

[824] CC. "Art. 1.520. Excepcionalmente, será permitido o casamento de quem ainda não alcançou a idade núbil, para evitar imposição ou cumprimento de pena criminal ou em caso de gravidez".

[825] CC. "Art. 1.729. O direito de nomear tutor compete aos pais, em conjunto.
§único A nomeação deve constar de testamento ou de qualquer outro documento autêntico".

[826] CC. Art. 3º. São absolutamente incapazes de exercer pessoalmente os atos da vida civil:
I - os menores de 16 (dezesseis) anos;
II - os que, por enfermidade ou deficiência mental, não tiverem o necessário discernimento para a prática desses atos;
III - os que, mesmo por causa transitória, não puderem exprimir sua vontade.
CC. Art. 4º. São incapazes, relativamente a certos atos, ou à maneira de os exercer:
I - os maiores de 16 (dezesseis) e menores de 18 (dezoito) anos;
II - os ébrios habituais, os viciados em tóxicos, e os que, por deficiência mental, tenham o discernimento reduzido;
III - os excepcionais, sem desenvolvimento mental completo;
IV - os pródigos.
§único. A capacidade dos índios será regulada por legislação especial.
CC. "Art. 5º. A menoridade cessa aos 18 (dezoito) anos completos, quando a pessoa fica habilitada à prática de todos os atos da vida civil.
§único. Cessará, para os menores, a incapacidade:
I - pela concessão dos pais, ou de um deles na falta do outro, mediante instrumento público, independentemente de homologação judicial, e por sentença do juiz, ouvido o tutor, se o menor tiver 16 (dezesseis) anos completos;
II - pelo casamento;
III - pelo exercício de emprego público efetivo;
IV - pela colação de grau em curso de ensino superior;
V - pelo estabelecimento civil ou comercial, ou pela existência de relação de emprego, desde que, em função deles, o menor com 16 (dezesseis) anos completos tenha economia própria".
CC. "Art. 166. É nulo o negócio jurídico quando:
I - celebrado por pessoa absolutamente incapaz; [...]".
CC. "Art. 171. Além dos casos expressamente declarados na lei, é anulável o negócio jurídico:
I - por incapacidade relativa do agente; [...]".

natureza protetora, tendo, por objetivo, resguardar seus interesses, impedindo que a pouca idade, a falta de conhecimento prático da vida e a inexperiência lhes tragam prejuízos.

O inciso seguinte outorga aos pais o poder-dever de reclamar os filhos de quem ilegalmente os detenha. Os pais, somente, poderão reclamar seus filhos daquele que não tenha a guarda legal e esteja detendo-os ilegalmente. Aquele que obteve a guarda legal da criança ou adolescente recebe os poderes-deveres inerentes ao poder familiar, sendo legítima a detenção da criança ou do adolescente.

Segundo o art. 33, do ECA, o detentor da guarda do menor possui o direito de opor-se a terceiro, inclusive aos pais, no tocante à guarda da criança ou do adolescente. A guarda transfere ao guardião os atributos da autoridade parental, possuindo, portanto, o direito de ter o menor em sua companhia e de reclamá-lo de quem ilegalmente o detenha.

O ECA garante a oponibilidade desse direito, estendendo-o, também, aos pais do menor, uma vez que a guarda objetiva regularizar a posse de fato da criança ou do adolescente, originando um vínculo jurídico que só será desconstituído por decisão judicial, em benefício do menor. [827]

O último inciso do art. 1.634, do Código Civil, determina que os pais podem exigir que os filhos lhes prestem obediência e respeito. Devendo, os filhos, exercer os serviços próprios inerentes à sua idade e condição.

Compete aos pais, no exercício do poder familiar, consoante já falamos acima, a obrigação de sustentar, dirigir a educação, zelar pela formação moral, espiritual e material dos filhos, buscando o desenvolvimento e o bem-estar deles. Para tanto, existe para os pais um poder hierárquico e para os filhos o dever de obediência, podendo aqueles, com o intuito de educação e correção, adentrarem nos quartos de seus filhos menores e examinar os objetos de propriedade destes e o lugar onde eles se encontram. Esse poder é decorrente do dever de vigilância, criação e educação que os pais têm em relação aos filhos menores, no exercício de seu poder familiar, verificando se seu filho não guarda tóxicos, armas ou material pornográfico, na gaveta em seu quarto, ou outros objetos que atentem contra a formação de sua moral e equilíbrio psíquico. [828]

A extensão do poder familiar no tocante ao direito de exigir obediência dos filhos encontra seus limites na vedação do uso de castigo físico ou de tratamento cruel ou degradante, como formas de correção, disciplina, educação ou qualquer outro pretexto, pelos pais e demais integrantes da família, entre outros, segundo disposição da Lei n.º 13.010 de 26.06.2014.

Finalmente, a possibilidade de os pais poderem exigir dos filhos que lhes prestem serviços próprios, condizentes com sua idade e condição particular, faz parte do exercício do dever de dirigir-lhes a educação e a formação. No entanto, essa exigência encontra limites segundo sua idade, saúde e condição social, não podendo os pais ultrapassar os limites legais e do bom senso, que se configurem em abuso de poder, sancionado com a perda do poder familiar, além de outras sanções.

O Código Civil disciplina no art. 1.635 as causas de extinção da autoridade parental, impondo sanções aos pais cujos atos se configurem em abuso da autoridade parental, que constituem na suspensão e na extinção do poder familiar.

---

[827] CAHALI, Yussef Said. A Importância do Instituto da Guarda. In: *Revista de Jurisprudência do Tribunal de Justiça do Estado de São Paulo*. V. 133, p. 13.

[828] SZANIAWSKI, Elimar. *Direitos de personalidade* ..., p. 315.

Diz o art. 1.635:

"Art. 1.635. Extingue-se o poder familiar:
I - pela morte dos pais ou do filho;
II - pela emancipação, nos termos do art. 5º, parágrafo único;
III - pela maioridade;
IV - pela adoção;
V- por decisão judicial, na forma do artigo 1638".

1. Segundo pode ser inferido da leitura do inciso I, do art. 1.635, verifica-se que o poder familiar se extinguirá, inicialmente, pela morte de ambos os pais. A morte de ambos os genitores, enquanto o filho for menor e incapaz, provocará a necessária nomeação de terceira pessoa, o tutor, o qual deverá representar ou assistir o menor órfão.[829] Também produz a extinção do poder familiar, quando ambos os genitores, em definitivo, decaírem do poder familiar. Nesta hipótese, igualmente, será nomeado tutor, o qual representará ou assistirá o filho menor incapaz.

A morte de apenas um dos pais importará no exercício da autoridade parental exclusiva pelo genitor supérstite. A morte do filho resultará na extinção do poder familiar em relação a ele.

Vimos, anteriormente, que os menores incapazes são representados ou assistidos quando, por razão de pouca idade, inexperiência em relação à vida, ou mesmo enfermidade, receberão proteção e educação especial, objetivando o desenvolvimento e o bem-estar deles. A morte do menor submetido ao poder familiar faz com que desapareça o objeto da principal obrigação dos pais, que se resume nos deveres que conduziriam ao desenvolvimento e bem-estar de seu filho. Dessa maneira, extingue-se automaticamente, o poder familiar.

2. O inciso II dispõe sobre a extinção do poder familiar decorrente da emancipação, segundo os termos do parágrafo único, do art. 5º, do Código Civil. O parágrafo único, do referido dispositivo legal, contempla três modalidades de emancipação. A) A *emancipação voluntária*, outorgada pelos pais conjuntamente, mediante escritura pública. No caso da falta de um dos pais, o genitor sobrevivente outorgará a emancipação ao filho que preencher os pressupostos legais. B) A *emancipação judicial*, que se dá na hipótese de o menor ser submetido à tutela. C) A *emancipação legal*.

A *emancipação voluntária*, regulada no parágrafo único, do art. 5.º, do Código Civil, determina na primeira parte que, em relação aos menores que tenham completado 16 anos de idade, poderão os pais, ou um deles, na falta do outro, outorgar a emancipação mediante instrumento público, independentemente de homologação judicial, vindo o menor a adquirir a capacidade civil plena. Este ato deverá ser registrado em ofício próprio, nos termos dos arts. 89 e 90, da Lei n.º 6.015/1973.

Nos casos em que o menor estiver submetido à tutela, sua emancipação dar-se-á mediante intervenção judicial. A *emancipação judicial* será decretada por sentença, proferida em procedimento de jurisdição voluntária, sendo o tutor obrigatoriamente

---

[829] CC. "Art. 1.728. Os filhos menores são postos em tutela:
I - com o falecimento dos pais, ou sendo estes julgados ausentes;
II - em caso de os pais decaírem do poder familiar".
"Art. 1.729. O direito de nomear tutor compete aos pais em conjunto.
§único. [...]".

ouvido, processando-se o pedido de emancipação, nos termos do inciso I, do art. 1.112, do CPC. O novo Código de Processo Civil reproduz a presente norma no inciso I, do art. 725. Decretada a emancipação, cessará a incapacidade do menor.

Existe, ainda, a modalidade de *emancipação legal*, a qual se opera por força de lei, desde que estejam presentes os pressupostos contidos nos incisos II a V, do art. 5.º, do Código Civil.

O casamento é causa de emancipação dos filhos, independentemente de outro ato jurídico, permanecendo a emancipação mesmo que, posteriormente, advenha separação judicial, divórcio ou viuvez do emancipado. Uma vez operada a emancipação, nenhuma causa posterior poderá desconstituí-la, permanecendo o filho com capacidade civil plena, mesmo que não tenha completado 18 anos de idade.

O exercício de emprego público efetivo, a colação de grau em curso de ensino superior, a constituição de estabelecimento civil ou comercial ou, ainda, a existência de relação de emprego, que permita ao menor, com 16 anos de idade, vir a adquirir economia própria, operará a emancipação por força de lei, obtendo a capacidade civil plena.

Todos esses fatos que conduzem o menor, que conte com mais de 16 anos de idade, à emancipação, constituem-se em causas de extinção do poder familiar dos pais, bem como do tutor, devidamente nomeado, uma vez que com a aquisição da capacidade civil plena, desaparece a autoridade parental.

3. O inciso III, do art. 1.635 da lei civil, dispõe como causa de extinção do poder familiar a maioridade dos filhos. De acordo com o disposto no art. 5.º, do Código Civil, a menoridade cessa aos 18 (dezoito) anos completos, ficando a pessoa habilitada a praticar todos os atos da vida civil. Assim, completando, o filho, 18 (dezoito) anos de idade, automaticamente adquirirá a capacidade civil plena cessando o poder familiar.

4. O inciso IV, do mesmo artigo, impõe entre os efeitos da *adoção*, a extinção do poder familiar. Consoante vimos no Capítulo 1.3.2, do Título III, supra, a adoção possui por principal efeito, atribuir a situação jurídica de filho ao adotado, desligando-se este, de qualquer vínculo com os pais e parentes biológicos, ingressando na família dos adotantes como filho legal deles. Tal vínculo de filiação possui uma única exceção, a de respeitar, obrigatoriamente, os impedimentos matrimoniais, elencados no art. 1.521, do Código Civil.

5. O último inciso do art. 1.635, do Código Civil, dispõe que o poder familiar poderá se extinguir por força de decisão judicial, na forma do art. 1.638, do mesmo Código. Deixaremos nossas considerações para apresentá-las por ocasião dos comentários ao art. 1.638, do Código Civil.

O artigo seguinte, do Código Civil, trata do direito à manutenção do poder familiar do genitor que modifica seu estado civil, decorrente do matrimônio ou do estabelecimento da união estável. Determina o art. 1.636:

> "Art. 1.636. O pai ou a mãe que contrai novas núpcias, ou estabelece união estável, não perde, quanto aos filhos do relacionamento anterior, os direitos ao poder familiar, exercendo-os sem qualquer interferência do novo cônjuge ou companheiro.
> §único. Igual preceito ao estabelecido neste artigo aplica-se ao pai ou à mãe solteiros que casarem ou estabelecerem união estável".

Vimos acima, que o art. 1.632, do Código Civil, determina que a separação judicial, o divórcio e a dissolução da união estável não alteram as relações entre pais e filhos senão quanto ao direito de terem-nos em sua companhia. A desconstituição do vínculo de conjuncidade ou de união estável não altera as relações entre pais e filhos, assim será lógico e coerente que a constituição de novo vínculo matrimonial ou do estabelecimento de nova união estável, também, não altere o direito à autoridade parental do pai ou da mãe em relação aos seus filhos.

Examinaremos, a seguir, a suspensão e a extinção da autoridade parental. Os arts. 1.635 e 1.638, do Código Civil, tratam especificamente da *extinção* do poder familiar, sendo que o art. 1.637, cuida de disciplinar a *suspensão* deste poder-dever. Diz o art. 1.637, do Código Civil:

> "Art. 1.637. Se o pai, ou a mãe, abusar de sua autoridade, faltando aos deveres a eles inerentes ou arruinando os bens dos filhos, cabe ao juiz, requerendo algum parente, ou o Ministério Público, adotar a medida que lhe pareça reclamada pela segurança do menor e seus haveres, até suspendendo o poder familiar, quando convenha.
>
> §único. Suspende-se igualmente o exercício do poder familiar ao pai ou à mãe condenados por sentença irrecorrível, em virtude de crime cuja pena exceda a dois anos de prisão".

O presente dispositivo trata da suspensão do poder familiar em decorrência de falta dos pais em relação ao dever jurídico de promover e zelar pela a criação e educação dos filhos, pelo fato de abandoná-los moralmente ou materialmente ou, ainda, negligenciar na administração dos bens deles, quando estiverem sob sua guarda, arruinando-os. Descumprindo, os pais, este dever jurídico, decorrente do vínculo da paternidade ou da maternidade e a filiação, a sanção imposta pelo legislador constitui-se na suspensão da autoridade parental, entre outras medidas. Como sanção máxima e extrema, poderão os pais faltosos ser apenados com a extinção do poder familiar, regulada no art. 1.638, do Código Civil. Dispões o art. 1.638, do Código Civil:

> "Art. 1.638. Perderá por ato judicial o poder familiar o pai ou a mãe que:
> I - castigar imoderadamente o filho;
> II - deixar o filho em abandono;
> III - praticar atos contrários à moral e aos bons costumes;
> IV - incidir, reiteradamente, nas faltas previstas no artigo antecedente".

Vimos que o poder familiar compreende a guarda, o sustento, a educação, a promoção do bem-estar do menor e a administração dos seus bens.

A expressão *guarda* possui um conceito amplo, compreendendo a obrigação de o detentor dela, criar e prestar assistência moral, material e educacional à criança ou adolescente. A guarda possui, por principal objetivo, regularizar a posse de fato da criança ou adolescente, na ausência dos pais ou no impedimento destes em exercer o poder familiar, podendo ser deferida, liminar ou incidentalmente, nos procedimentos de tutela e adoção, exceto no de adoção por estrangeiros. Poder-se-á, também, deferir a guarda fora dos casos de tutela e adoção, para atender a situações peculiares ou para suprir a falta eventual dos pais ou responsável legal. Uma vez deferida a guarda, a criança ou adolescente adquirirá a condição de dependente para todos os fins e efeitos de direito, inclusive os direitos previdenciários.

Essas obrigações, decorrentes da autoridade parental, constituem-se em obrigações morais, que dizem respeito à pessoa do filho e à sua personalidade, revelando-se estes deveres no tocante à guarda, ao afeto, à educação e ao poder disciplinar e corretivo. As obrigações patrimoniais dizem respeito ao sustento propriamente dito e à administração dos bens do menor. O dever de sustento determina a obrigação ao atendimento às necessidades básicas, tais como: assistência alimentar, incluindo o vestuário, assistência médica, despesas de educação, despesas de lazer e outras decorrentes da vida social.

Quando a guarda for transferida para terceira pessoa, que não os pais, serão transferidos ao guardião os direitos e as obrigações inerentes ao poder familiar, competindo-lhe dirigir a criação e a educação do menor, podendo, inclusive, exigir que o menor lhe preste obediência, respeito e os serviços próprios de sua idade e condição.

Embora a constituição da guarda se caracterize como mera situação de fato, não pressupondo, necessariamente, prévia suspensão ou destituição do poder familiar, a categoria possui por escopo regularizar a posse de fato da criança ou do adolescente.[830] Contudo, a guarda estabelece um vínculo jurídico entre o guardião e a criança, o qual só poderá ser desconstituído por sentença judicial e sempre em benefício do menor.[831]

A obrigação decorrente da autoridade parental e da própria guarda, de prestar assistência moral e material ao menor, pressupõe que ao guardião incumbe a obrigação legal de dar alimentos em favor daquele, sem prejuízo da obrigação de prestá-los o pai e a mãe da criança ou adolescente, titulares do poder familiar. Responderá, também, o guardião, pela reparação civil dos danos causados pelo menor que estiver sob sua guarda e responsabilidade. [832]

O artigo em comento não está adequadamente redigido. Mistura as infrações cometidas pelos pais em relação aos filhos menores, decorrentes do descumprimento das obrigações patrimoniais e morais. Melhor teria sido que o legislador civil tivesse dedicado um ou mais dispositivos que cuidassem das infrações de natureza patrimonial e as respectivas sanções e outros, dispondo sobre as infrações e sanções de natureza moral, a fim de ampliar a proteção que os filhos menores merecem, em face de pais negligentes, indiferentes e relapsos que, lamentavelmente, existem em grande número no Brasil.

Vimos supra que o magistrado, diante da violação das obrigações decorrentes da autoridade parental, poderá impor sanções que variarão entre a inversão do poder-dever de guarda, a suspensão e a destituição do poder familiar.

Cumpre esclarecer que a destituição do poder familiar e a inversão do poder-dever de guarda constituem-se em medidas extremas, aplicáveis, somente, quando violados gravemente os deveres afetos à paternidade ou à maternidade.[833] Quando estiverem ameaçados ou forem violados os direitos da criança ou do adolescente, configura-se situação de risco pessoal ou social, justificando-se, neste caso, a aplicação das medidas de proteção extremas, preconizadas no art. 1.638, do Código Civil e arts. 155 e 157, do Estatuto da Criança e do Adolescente.

Quando não se configurar situação de risco pessoal ou social ou houver possibilidade de recomposição do vínculo afetivo entre pais e filhos, deve-se preferir

---

[830] ECA art. 33, §1º.

[831] CAHALI, Yussef Said. *Últ. ob. cit.*, ps. 13 e ss

[832] CCb. Art. 932, I e II.

[833] TJ/SC - Ap. Cív. n. 35.819 – Com. de Florianópolis - Ac. unân. da 2a. Câm. Cív. - j. em 23.04.1991 - Rel: Des. Rubem Córdova. In Bonijuris verbete n. 9063.

a suspensão ou a aplicação de medidas eficazes destinadas a compor os conflitos, do que a perda total do poder familiar.

A determinação da perda do poder familiar deve ser aplicada segundo critérios objetivos vigentes na sociedade em determinado tempo e espaço. Sendo o genitor condenado como autor ou coautor por crime perpetrado contra o filho ou como copartícipe de delito praticado pelo filho incapaz, configura-se a causa de destituição da autoridade parental.[834] No entanto, a causa mais grave que se apresenta é a pratica de violência ou abuso sexual contra os próprios filhos, meninas ou meninos. [835]

A destituição da paternidade constitui-se em um remédio extremado e necessário, aplicável nas hipóteses nas quais não existem afeto, respeito e consideração entre genitores e filhos. A negligência, os maus tratos e outros atos que atentem contra o livre desenvolvimento da personalidade da criança ou do adolescente e ou má administração de seu patrimônio, constituem, igualmente, causas da destituição do poder familiar.

Os Títulos I, II, III e IV, do presente trabalho, tiveram por escopo principal o exame da constituição do vínculo familiar, da paternidade, da maternidade e da filiação, segundo os conceitos de paternidade biológica e de paternidade socioafetiva.

O Título V, que se segue, pretende desenvolver o estudo de um fenômeno inverso. O da possível desconstituição do vínculo da paternidade, da maternidade e da filiação socioafetivos, buscando restaurar a verdadeira filiação biológica.

---

[834] LOBO, Paulo. *Famílias – Direito Civil*, p. 285.

[835] SOARES, Lucila. Quando a Infância é um Inferno. *Revista Veja* nº 1.852. Pub. 05.05.2004. Destacamos na reportagem a descrição do terror do incesto entre pai e filhos, que se constitui em um fato mais comum e frequente do que imaginamos: "São um testemunho comovente da experiência aterrorizante do incesto. Numa idade em que não tem como compreender o que sentem quando violentadas, elas se desenham mutiladas, isoladas. O medo é comunicado através de seres monstruosos ou, ao contrário, de situações absurdamente realistas, povoadas por enormes órgãos sexuais. Uma menina retratou-se refletida num espelho de teto como os que se veem nos motéis, deitada sob um homem identificado como *papai*".

TÍTULO V

O DIREITO DAS ORIGENS

1 O direito ao *segredo das origens* no antigo Direito europeu

Em grande parte da Europa ocidental predominou por séculos a ideia de circunscrever a origem familiar das pessoas no núcleo de um círculo secreto, mantendo-se, com muita frequência, em sigilo a identidade do genitor, em muitos casos a identidade da genitora e os fatos que cercam o nascimento do indivíduo. O direito europeu ocidental, há longa data, reconhecia o *direito ao segredo* da identidade do homem com quem a mulher se relacionara sexualmente, bem como o sigilo de sua identidade quando do nascimento da criança, nos casos de relação extraconjugal.

Alguns países como a França, a Itália, a Espanha, Luxemburgo e a República Checa admitem em sua legislação a possibilidade de uma mulher dar à luz sem necessitar revelar sua identidade, nem a do pai da criança, mantendo-se anônima. Essa categoria jurídica é conhecida na França pelo nome de *accouchement sous X*, na Itália, por *parto in anonimato*, em Portugal e no Brasil por *parto anônimo, nascimento incógnito* ou *nascimento secreto*.[836]

O termo *parto anônimo* consiste na designação recente da antiga expressão galicista *accouchement sous X* ou *nascimento secreto*, cuja origem remonta à Idade Média, na roda dos enjeitados dos conventos e das santas casas de misericórdia.

O *accouchement sous X* pode ser conceituado, segundo Hauser et Huet-Weiller, como "uma 'técnica' que permite à mãe de dar à luz a uma criança sem se identificar."[837]

Por meio dessa categoria, a mulher tem o direito de dar à luz a uma criança cercada de cuidados médicos e assistenciais e ter garantido, mediante o *direito ao segredo profissional* e *familiar*, o sigilo de sua identidade e de todos dados pessoais, da identidade e dos dados pessoais do genitor da criança, das circunstâncias que cercam

---

[836] DEVICHI, J. Rubelin. Droits de la mère et droits de l'enfant: Réflexion sur les formes de l'abandon. *Rev. Trim. Droit Civil*, p. 697. HAUSER, J. et HUET-WEILLER, D.. *Traité de Droit Civil, La Famille, Fondation et vie de la famille* p. 541. 1991.

[837] HAUSER, J. et HUET-WEILLER, D., *Ob. cit.*, p. 541.

aquele nascimento e de retirar-se da maternidade logo após o parto ou após breve reflexão, deixando seu filho aos cuidados da maternidade.[838]

A História ensina que a criação da "roda dos enjeitados" teria sido em Marselha, no ano de 1188, espalhando-se sua utilização rapidamente por toda a França.[839] A Itália, porém, tem sido considerada precursora da prática do *parto anônimo*, pelo uso da "roda dos enjeitados", destinada ao acolhimento de crianças abandonadas. Os historiadores atribuem a instalação das "rodas dos expostos" nos conventos de religiosas ao Papa Inocêncio III, por volta de 1198. O Papa Inocêncio III, compadecido com o grande número de recém-nascidos encontrados mortos no Rio Tibre, em seus passeios matinais, decidiu evitar o abandono e o infanticídio, mediante o acolhimento dos recém-nascidos, em segredo, nos conventos.[840]

O direito de uma mulher dar à luz a uma criança secretamente é um costume bastante antigo na Itália e na França, vindo este direito a ser encontrado nas disposições da Lei de 28.01.1793, da França.

O segredo da identidade da mãe não casada, do pai da criança, bem como o segredo do *abandono*, da *entrega* ou da *colocação* do filho em outro lar ou em instituição pública de assistência teria sido inicialmente instaurado como um mecanismo jurídico destinado a facilitar para a mãe a entrega da criança a terceiros, evitando, dessa maneira, o infanticídio ou a exposição do infante.[841]

No início do séc. XIX era comum a prática do abandono de filho por seus genitores, devido à extrema pobreza, deixando, porém, junto à criança um sinal distintivo,[842] a fim de que a mãe, mais tarde, se apresentando como babá à família que acolhera a criança, pudesse criar seu próprio filho, mediante pagamento. Outras mães, no entanto, preferiam abandonar seu filho para ser criado pela assistência social na tentativa de recuperá-lo posteriormente, quando ele já estivesse na idade de trabalhar.

A prática do *abandono* ou da *colocação* do filho em outro lar ou em instituição social fortaleceu o instituto do *segredo familiar* em torno do abandono e do local da colocação da criança, da família que a abrigou e da identidade da mãe e do pai biológicos.[843]

A esse tempo, os tribunais passaram a proteger o segredo dos nascimentos e do abandono dos filhos, sendo significativo o aresto da Corte de Cassação da França, proferido em 24.03.1895, mencionando em seus fundamentos, que em Paris e em Rouen

---

[838] HAUSER, J. et HUET-WEILLER, D., *Ob. cit.*, p. 541e seg.

[839] BUCHALLA, Anna Paula. Salvos pela "roda". *Revista VEJA*. 07.03.2007. São Paulo. Ed. Abril SA. Edição 1998.

[840] GILISSEN, John. *Ob. cit.*, p. 612. Segundo o autor, os princípios cristãos desenvolvidos pelos Doutores da Igreja foram, paulatinamente, sendo absorvidos pelo direito costumeiro europeu ocidental, provocando a realização de diversos concílios nos séculos V e VI. Entre estes, destaca-se o Concílio de Vaison, que ocorreu no ano de 442 e o de Agdé, realizado no ano de 506, os quais se preocuparam com as péssimas condições dos filhos abandonados, condenando o infanticídio e o aborto. A partir do Concílio de Vaison, abriram-se as portas dos templos para abrigar, por determinado tempo, meninos abandonados.

[841] VERDIER. *Face au secret des origines*, p. 49.

[842] O sinal normalmente constituía-se de uma fita ou medalha dependurada no pescoço da criança que permitisse à mãe de identificá-la posteriormente, junto à pessoa que houvesse criado a criança. (Cf. Verdier. *Ob. cit.*, p. 49).

[843] Verdier. *Ob. cit.*, p. 50. O *direito ao segredo* que envolvia o parto em segredo, o abandono da criança e a identidade da família que a acolhia, foi construído sobre três razões fundamentais: a) facilitar à mãe, que não tivesse condições de criar seu filho, de realizar a entrega ou a colocação do mesmo em outro lar, ao invés de matar a criança; b) exortar os pais a refletir sobre o ato do abandono e suas consequências, como, por exemplo, a irreversibilidade do ato de abandono ou entrega a terceiros; c) assegurar a proteção da paz familiar.

toda mulher grávida, mesmo que recusasse ser identificada, não poderia deixar de ser recebida em uma maternidade. Neste caso, ela poderia, se desejasse, consignar sua última vontade em uma declaração secreta a ser entregue após sua morte às pessoas previamente designadas, na qual a declarante revelaria, então, as circunstâncias que cercavam o nascimento de seu filho. Assim, a criança nascida de mãe que desejasse preservar o segredo de sua identidade seria registrada como filho de mãe desconhecida.[844]

Embora venha paulatinamente se desenvolvendo na Europa em nível internacional o *direito ao conhecimento da origem genética e familiar* de uma pessoa, os *partos anônimos* continuam a ser praticados na França, na Itália e em outros países europeus.[845]

O aumento do número de recém-nascidos abandonados, principalmente por imigrantes ilegais que imigraram para a Europa ocidental, contribuiu para o reavivamento do parto anônimo e das "rodas dos enjeitados". Recentemente foram instalados em hospitais e entidades assistenciais, da Itália, da Alemanha, da Áustria, da Suíça e da República Checa equipamentos que consistem de um berço no qual se coloca a criança, através de uma espécie de portinhola, a qual impede a identificação da pessoa que a deixou naquele local. Essas portinholas lembram as antigas rodas dos enjeitados. O berço é aquecido e equipado com sensores que alertam médicos e enfermeiros sobre a presença da criança. Dessa maneira, podem os genitores circunscrever o nascimento de seu filho dentro de uma esfera totalmente secreta, mantendo-se, inclusive, incógnitos.[846]

O comitê da ONU destinado a fiscalizar o cumprimento das normas pertinentes aos Direitos da Criança tem-se mostrado contrário ao aumento das *portinholas de bebês* instaladas em hospitais.

Segundo o citado comitê da ONU, o crescente aparecimento das *portinholas de bebês* violaria um dos princípios fundamentais da Convenção sobre os Direitos da Criança de 1989, consubstanciado na segunda parte da alínea 1, do art. 7º, o qual determina que a criança tenha "sempre que possível, o direito de conhecer os seus pais e de ser educada por eles".

A realidade, porém, revela o aumento atual da utilização da *portinhola dos bebês* e da prática dos partos anônimos nos países que compõem a União Europeia.

As incertezas, hesitações e contradições da legislação supranacional e das decisões do Tribunal Europeu dos Direitos do Homem impediram a uniformização da legislação europeia em relação ao tema, não sendo o *direito ao conhecimento da própria origem genética e familiar*, o qual permite ao filho conhecer sua verdadeira origem biológica e familiar, totalmente absorvido pelo direito interno dos países que compõem a União Europeia.

Na França e na Itália são utilizados, com bastante frequência, os partos anônimos, os quais possuem efeitos quase absolutos, predominando, na espécie, o direito ao segredo familiar da parturiente, quando assim o desejar, bem como o anonimato do

---

[844] Verdier. *Ob. cit.*, p. 58 e ss.

[845] O *parto secreto* ou *anônimo* e o *parto discreto* vêm sendo admitidos pelas legislações de vários estados confederados dos Estados Unidos da America e em alguns países europeus, como a da Áustria, da Bélgica, da França, da Holanda, da Itália e de Luxemburgo, tratando as categorias como um remédio legislativo, destinado a diminuir o infanticídio e o abandono de recém-nascidos.

[846] CARVALHO, Paula Torres de. Aumentam na Europa os bebês abandonados em "rodas" modernas. *P. Público*. Jornal Eletrônico. Publ. 11.06.2012. Disponível em: <http://publico.pt/Sociedade/aumentam-na-europa-os-bebes-abandonados-em-modernas-rodas-1549848>. Acesso em: 20 set. 2012.

genitor e das circunstâncias que envolvem o nascimento da criança. O parto anônimo abarca, também, o direito ao sigilo profissional em relação aos profissionais envolvidos no nascimento da criança.

Devido a sua importância, dedicaremos um breve estudo do parto anônimo no direito francês.

1.1 O direito ao *segredo das origens* no Direito francês

Em França desenvolveu-se uma longa tradição de abandono organizado de crianças recém-nascidas. Essa prática tem sido atribuída, por grande parte dos juristas, ao fato da não recepção, pelo antigo direito, da máxima *mater semper certa* est.

Sensível ao abandono das crianças recém-nascidas, São Vicente de Paulo[847] desenvolveu em 1638, sua luta contra o infanticídio, o aborto e a exposição de crianças, que eram extremamente frequentes na época. São Vicente de Paulo introduziu o uso do "turno", que consistia em uma espécie de torniquete colocado no muro do hospital de caridade de Paris, onde desenvolvia seus trabalhos de amparo aos velhos, destinando-o às crianças e às mães solteiras.[848] A mulher solteira, abandonada ou viúva que acabasse de dar à luz, encontrava abrigo para a criança no hospital de caridade de Paris. Ao entrar no hospital com a criança passava pelo "turno" fazendo soar uma campainha. Do outro lado do muro, as irmãs de caridade recolhiam o recém-nascido para criá-lo e educá-lo, enquanto a mãe desaparecia pelas ruelas estreitas de Paris. O nascimento dessas crianças se dava mediante *parto anônimo* sendo que, na maioria das vezes, nenhuma delas viria a conhecer sua mãe biológica algum dia. A possibilidade de a mulher utilizar-se do parto anônimo passou a ser comum na França desde o séc. XVII. Outra modalidade assistencial às mulheres solteiras e viúvas sem família ou abandonadas que estivessem grávidas, se dava pelo *"système du bureau ouvert"* que permanecia aberto dia e noite, possibilitando dar à mulher desamparada a necessária assistência médica e psíquica e a oportunidade de dar a luz à criança secretamente, sem necessidade de identificar-se. Após o parto, devidamente assistido no hospital de caridade, poderia a mãe deixar a criança para a instituição, não sem antes serem assinaladas à mãe as nefastas consequências do abandono de filho. Posteriormente, a instituição de caridade encaminhava a criança para uma família que a recebia para criá-la e educá-la.

Deve-se à obra da Revolução a diminuição dos infanticídios devido à legalização dos *nascimentos secretos* na França. Em 1793 a Convenção Nacional regulou a assistência pública dos *partos anônimos* promulgando-se a norma reguladora da matéria com a seguinte redação: "Vão ser preenchidas pela nação as despesas e dores de parto da mãe e todas as suas necessidades durante o tempo da sua visita, que durará até que esteja totalmente recuperada de seu confinamento. A inviolabilidade do sigilo será mantida em tudo o que lhe diz respeito".[849]

---

[847] Vincent de Paul ou Vincent Depaul, São Vicente de Paulo, fundador da Ordem dos Lazaristas na França.

[848] São Vicente de Paulo. Disponível em: <http://pt.wikipedia.org/wiki/Vicente_de_Paulo>. Acesso em: 14 dez. 2009.

[849] A chamada Convenção Nacional, de 20.09.1792 durou pouco tempo, até 26.10.1795. Sob a dominação dos jacobinos (partido da pequena e média burguesia liderada por Robespierre), criou-se o Comitê de Salvação Pública e o Comitê de Segurança Geral, iniciando-se o período conhecido por "Reino do Terror." A monarquia

Em 1922, mediante promulgação da Lei de 22 de julho, veio a surgir um novo paradigma sobre a matéria no direito francês. A inovação legislativa consistia, principalmente, na proibição da realização do registro de crianças em que fosse omitido o nome da mãe. A nova legislação, porém, não foi bem recebida pelos destinatários que não a cumpriam, uma vez que os nascimentos secretos ou anônimos estavam muito arraigados no costume da população francesa, permanecendo a prática dos nascimentos sigilosos. Em virtude desse fato, foi promulgada a Lei de 02.09.1941, cujo objetivo era o de organizar as condições dos nascimentos secretos que continuavam a ser praticados, dispondo sobre os cuidados gratuitos às gestantes, durante o mês anterior e o mês posterior ao parto, em qualquer hospital público. A Lei de 1941 reintegrou no ordenamento jurídico francês o direito de toda mulher grávida de dar à luz sem ser necessário se identificar e de beneficiar-se, gratuitamente, dos cuidados médicos e da alocação nos abrigos assistenciais.

Nova lei foi promulgada em 29.11.1953, a qual restaurou integralmente a antiga prática do segredo das identidades do pai da criança e da própria parturiente que se socorresse do serviço público.

O advento da Lei nº 93-22, de 8 de janeiro de 1993, alterou as normas relativas ao estado civil, à família e ao direito da criança, contidos no Código Civil, instituindo um juízo específico de família, denominado *juge aux affaires familiales*, com competência para conhecer e decidir sobre partos anônimos. A Lei nº 93-22 trouxe nova dimensão ao abandono secreto de filho, passando os nascimentos secretos a incidir sobre o estabelecimento da filiação.

O art. 341, do CCfr, de acordo com a redação dada pelo art. 27, da Lei nº 93-22/1993,[850] admite a investigação da maternidade desde que seja observada a reserva contida no art. 341, alínea 1, do mesmo Código. Estabelece o art. 341 que o filho que exercer a ação investigatória deverá provar que ele é, efetivamente, aquela criança a qual a indigitada mãe pariu. Todavia não se admite a produção da necessária prova se não forem previamente apresentados presunções ou indícios relevantes.

A alínea 1, do art. 341, do CCfr, expressamente determina que no momento do parto, a mãe poderá pedir que o segredo do fato de sua admissão na entidade assistencial e sua identidade sejam preservados.[851] Além dos arts. 341 e 341.1, do Código Civil, de acordo com a reforma trazida pela Lei nº 93-22/1993, o art. L- 222-6, do Código de Ação Social e das Famílias, admite e disciplina o *parto anônimo* e o *segredo das origens*. As citadas normas permitem à gestante de receber toda a assistência médica e psicológica durante a gestação e realizar o parto sem ser necessário se identificar nem ao genitor da criança. No sistema francês, a parturiente tem o prazo de até dois meses após o nascimento da criança para refletir e, eventualmente, se arrepender do abandono do filho. Persistindo a ideia de não ficar com a criança, esta será encaminhada para adoção sem conhecer a identidade de sua mãe biológica, nem os fatos que dizem respeito ao seu nascimento.

é abolida, muitos nobres abandonam o país, sendo Luís XVI e a família real guilhotinados em Paris, em 1793. Disponível em: <http://pt.wikipedia.org/>. Acesso em :15 dez. 2009.

[850] CCfr art. 341. "La recherche de la maternité est admise sous réserve de l'application de l'article 341-1. L'enfant qui exerce l'action sera tenu de prouver qu'il est celui dont la mère prétendue est accouchée. La preuve ne peut en être rapportée que s'il existe des présomptions ou indices graves."

[851] CCfr art. 341-1. "Lors de l'accouchement, la mère peut demander que le secret de son admission et de son identité soit preserve."

A lei de *ação social e das famílias* da França permite aos genitores apresentar seu filho aos serviços de assistência social para a adoção, desde que a criança conte com menos de 1 (um) ano de idade, solicitando seja mantida sua identidade sob segredo absoluto.

1.2 O *parto discreto* no Direito europeu atual

A categoria do *parto anônimo*, de acordo com o modelo francês, é pouco utilizada pelas legislações internas das nações que constituem a União Europeia.

Somente dois países do continente, Itália e Luxemburgo, não impõem aos genitores biológicos a obrigação legal de registrar o filho recém-nascido e de declarar sua identidade no ato registral. A declaração da identidade de ambos os pais biológicos é obrigatória no assento de nascimento de filho nas legislações da maior parte dos países europeus, a saber, Alemanha, Bélgica, Dinamarca, Eslovênia, Espanha, Holanda, Noruega, Reino Unido e Suíça, uma vez que, segundo os fundamentos dessa regra, a mulher que dá à luz tem seu nome automaticamente ligado à criança, bem como o nome do pai.

No entanto, pode ser constatado de que nos últimos anos houve uma evolução no direito interno de alguns dos citados países, no sentido não propriamente de admitir o *parto anônimo*, mas de promover outra categoria jurídica, denominada *l'accouchement dans la discrétion* ou, no vernáculo, o *parto discreto*, categoria menos rígida e mais flexível do que a do *parto anônimo* (*l'accouchement sous X*), do direito francês.[852]

O *parto discreto* encontra seu principal fundamento no Princípio nº 13, do *Comité Ad Hoc D' experts sur les Progrès des Sciences Biomedicales (CAHBI)*, publicado em 1989.[853] O Princípio nº 13 do *CAHBI* [854] se revela como princípio geral que determina que a

---

[852] FRERE, Colette. *Accouchement dans la discrétion ou accouchement à inscription différée?* Disponível em: <http://abandon-adoption.hautetfort.com/archive/2007/02/15/accouchement-dans-la-discretion>. Acesso em: 30 dez. 2009.

[853] O *CAHBI - COMITÉ AD HOC D'EXPERTS SUR LES PROGRÈS DES SCIENCES BIOMEDICALES*, do Conselho da Europa, elaborou em 1989, um instrumento que procura regulamentar as experiências realizadas pela ciência biomédica, que consiste de 21 princípios destinados a orientar as decisões da Corte Europeia dos Direitos do Homem e a elaboração e harmonização do direito interno dos países membros da União Europeia em relação à matéria. Os 21 Princípios do CAHBI dispõem sobre o exercício das técnicas de reprodução humana assistida, notadamente em relação às técnicas de inseminação artificial; os métodos de coleta antecipada dos óvulos, em especial na fecundação *in vitro*; a doação de espermatozoides, de óvulos ou embriões; os atos e processos aplicáveis à reprodução artificial; a conservação de gametas e embriões; a doação de gametas e embriões; a proibição da transferência de um embrião do útero de uma mulher ao útero de outra; a determinação da paternidade e da maternidade; a maternidade de substituição e sobre os atos e procedimentos aplicáveis aos embriões. *In Anais do CAHBI do Conselho da Europa*, 1989. Também pode ser encontrado em: <http://www.coe.int/> em língua francesa e, em língua inglesa, em <http://www.coe.int/t/dg1/LegalCooperation/>., no presente trabalho foi acessada a versão francesa.

[854] "PRINCIPES ENONCÉS DANS LE RAPPORT DU COMITÉ AD HOC D'EXPERTS SUR LES PROGRÈS DES SCIENCES BIOMEDICALES (CAHBI, publié en 1989):
[...].
Principe 13:
1. Le médecin et le personnel de l'établissement utilisant les techniques de procréation artificielle doivent préserver l'anonymat du donneur et, sous réserve des dispositions de la loi nationale en cas de procédure judiciaire, le secret de l'identité des membres du couple ainsi que le secret sur la procréation artificielle elle-même. Des informations concernant les caractéristiques génétiques du donneur peuvent être fournies en cas de nécessité dans l'intérêt de la santé de l'enfant ou aux fins d'un conseil génétique.
2. Toutefois, le droit national peut prévoir que l'enfant, à un âge approprié, peut avoir accès à l'information relative aux modalités de sa conception ou même à l'identité du donneur.
V. Détermination de la maternité et de la paternité
Principe 14:

identidade do doador de gametas deva ser mantida em segredo pela equipe médica e demais profissionais de saúde envolvidos nos procedimentos de reprodução assistida heteróloga. O CAHBI, no entanto, abre exceção ao mencionado princípio, o qual consagra a obrigação do respeito ao segredo profissional dos médicos e demais profissionais de saúde envolvidos nos procedimentos de reprodução assistida heteróloga. Na segunda parte da alínea 1, do Princípio de nº 13, a pessoa nascida mediante reprodução assistida heteróloga fica autorizada a obter informações e o conhecimento relativo às características genéticas do doador, em caso de necessidade, por razões de saúde ou por solicitação de um conselho médico genético. Nesta hipótese, predomina o *direito à saúde*, qualificado como *necessidade superior* do ser humano, ante o direito ao *segredo profissional*, cujo titular é o doador de gametas ou a eventual mãe substituta, sendo que o direito ao anonimato deverá ceder ao direito à saúde do indivíduo, concebido mediante reprodução artificial.

A alínea 2, do Princípio nº 13, abre outra exceção, ao admitir que o direito nacional dos países membros do Conselho da Europa possa prever que a criança, há um tempo apropriado, poderá ter acesso às informações relativas à modalidade técnica e ao processo de sua concepção ou mesmo o conhecimento da identidade do doador.

O Princípio nº 13, do CAHBI, autoriza o legislador nacional dos países membros do Conselho da Europa a inserir previsão legislativa, no sentido de possibilitar à pessoa que nasceu a partir da reprodução assistida heteróloga de obter informações relativas à modalidade técnica empregada em sua concepção, ou mesmo, de conhecer a identidade do doador de gametas que foram empregados na sua geração, desde que haja necessidade justificada por razões de saúde.

Além das exceções acima mencionadas, que autorizam a deflagração da ação destinada ao conhecimento da origem genética e familiar da pessoa, prevalece o direito ao anonimato do doador de gametas para a utilização em reprodução assistida heteróloga. As normas internacionais cuidam de prover o anonimato da mãe da criança vedando, em determinados casos, a possibilidade de interposição de ação própria para o conhecimento, pelo filho, de sua própria origem genética e familiar.

O Princípio nº 13, do CAHBI, tem se revelado como princípio informador da categoria jurídica do parto discreto.

Destacamos dois sistemas jurídicos diversos, o italiano e o belga, que regulamentam o direito ao segredo da identidade da mãe biológica e das circunstâncias que envolvem o nascimento da criança.

---

1. La femme qui donne naissance à l'enfant est considérée en droit comme la mère.
2. En cas d'utilisation du sperme d'un donneur:
a. son mari est considéré comme le père légitime et, s'il a consenti à la procréation artificielle, celui-ci ne peut pas contester la légitimité de l'enfant sur le fondement de la procréation artificielle;
b. et lorsque le couple n'est pas marié, le compagnon de la mère qui a donné son consentement ne peut s'opposer à l'établissement de responsabilités parentales à l'égard de l'enfant, sauf s'il prouve que l'enfant n'est pas né de la procréation artificielle.
3. Lorsque le don de gamètes a été réalisé par l'intermédiaire d'un établissement agréé, aucun lien de filiation entre les donneurs de gamètes et l'enfant conçu par procréation artificielle ne peut être établi. Aucune action à fin alimentaire ne peut être intentée contre le donneur ou par celui-ci contre l'enfant.
[...]."

1 O parto anônimo no sistema jurídico italiano

No sistema jurídico italiano, não vamos encontrar a categoria do *parto discreto*, predominando as características do *parto anônimo*, ao lado do exercício do direito ao *conhecimento da própria origem genética e familiar* do filho, nascido de *parto secreto*.

A Itália possui um regime jurídico misto, admitindo, de um lado, o direito de a genitora que não reconheceu o filho no momento do parto, ou logo após, de manter permanentemente sua identidade em segredo, não podendo jamais ser ela revelada ao seu filho ou a terceiros, enquadrando-se, esses casos, na categoria do *parto anônimo*, sendo a genitora titular do direito ao *segredo profissional*, ao *segredo familiar* e do *direito à intimidade*.

De outra parte, quando houver o reconhecimento da criança pela genitora, declarando, esta, seu nome no assento de nascimento, haverá para este indivíduo o direito de vir a conhecer sua origem genética e familiar.

Na atualidade, embora o aborto não seja considerado crime, o Decreto Presidencial nº 396/2000, em seu art. 30, §2º, permite o anonimato do parto na Itália, com o direito de acompanhamento médico da gestante desde o momento em que a mesma emite decisão em manter sua identidade e o nascimento de seu filho em segredo.[855]

Para o direito italiano, a maternidade somente ingressa no âmbito jurídico após o parto mediante declaração expressa de reconhecimento do filho pela mãe e fazendo inscrever seu nome no registro de nascimento do recém-nascido. Admite a mencionada norma legal que a genitora possa abdicar da situação jurídica de mãe, após um período de, no máximo, 10 dias, para reflexão, contados do nascimento da criança. Declinando a genitora da maternidade da criança, será esta entregue ao hospital onde nasceu, para encaminhamento à adoção, constando, então, em seu assento de nascimento, *nato da una donna che non consente di essere nominata*.[856]

O hospital ao receber a criança não reconhecida por sua genitora comunicará o fato ao *Tribunale per i Minorenni*,[857] o qual é competente para deflagrar o processo de adoção da criança, mantendo-se a identidade da genitora no anonimato.[858]

O filho nascido de uma mulher que foi atendida por uma instituição assistencial e que tenha sido dado em adoção somente será titular do direito ao conhecimento de sua origem biológica e familiar, desde que tenha sido reconhecido como filho, por sua genitora biológica, no momento do parto ou logo após. Não terá direito de conhecer sua origem genética e familiar, nem possui direito ao acesso às informações sobre o nascimento o indivíduo cuja mãe não o reconheceu como filho no momento do seu

---

[855] STEFANELLI, Stefania. Parto anônimo e diritto a conoscere le proprie origini. In *Diritto privato. Studi in onore di Antonio Palazzo*. Torino, 2.009. Disponível em: <https://diritti-.cedu.unipg.it/index.php?option=com_docman&task=search_result&Itemid=172&lang=it>. Acesso em: 20 set. 2012.

[856] Decreto Presidencial nº 396/2.000. Disponível em: <http://www.aineei.org/leyes>. Acesso em: 23 set. 2012.

[857] O *Tribunale per i Minorenni* próprio do sistema jurídico italiano é um tribunal ordinário, composto por dois juízes, especialistas em psicologia ou pedagogia, nomeados mediante Decreto Presidencial sobre a proposta do Ministro da Justiça e parecer do Conselho Superior da Magistratura. Além dos juízes, possui assento no Tribunal, um representante do ministério público.

[858] *Tribunale per i Minorenni*. Disponível em: <http://província.milano.it/export/sites/default/affari sociali/ Pubblicazioni/MS ospedali e nascite 2b>. Acesso em: 23 set. 2012.

nascimento, consoante dispõe o §24, do art. 7º, da Lei nº 2001.149. O acesso às informações sobre a identidade dos genitores biológicos e sobre as circunstâncias que envolveram o nascimento do filho permanecerá vedado em virtude do fato de preponderem, no direito italiano, o *direito à intimidade* e o *direito ao segredo profissional* a favor da mãe, sobre o eventual direito de o filho vir a conhecer sua origem biológica.[859] Configura-se no direito italiano a categoria própria do parto anônimo em relação aos filhos não reconhecidos pela genitora.

2 O parto discreto no sistema jurídico belga

A Bélgica se insere entre os países que admitem o *direito ao conhecimento da própria origem genética e familiar*, sendo que sua legislação determina a obrigatoriedade de os genitores registrarem o filho recém-nascido e declarar sua identidade no assento de nascimento da criança.

Diante, porém, do crescente número de mulheres belgas que atravessavam a fronteira com a França para dar à luz nesse país sob a modalidade de *parto anônimo*, o Comitê Consultivo de Bioética da Bélgica (*Comité consultatif de bioéthique de Belgique*), conclamou a sociedade ao debate sobre o tema.[860] Logo surgiram duas correntes de pensamento, ambas defensáveis sob o ponto de vista ético.

De um lado, há a corrente que sustenta que não é aceitável que venham a nascer crianças sem filiação. Por essa razão, propõem os defensores desta facção a organização do *parto discreto*, também denominado *parto na* discrição, *(l'accouchement dans la discrétion)*, no lugar do *parto anônimo (accouchement sous X)*, portador de natureza absoluta. A adoção da categoria jurídica do *parto discreto* apresenta como vantagem o não fechamento total das portas ao exercício do *direito ao conhecimento da própria origem genética* ou da *investigação da filiação*, para o filho nascido anonimamente, ao contrário dos efeitos produzidos pela categoria do *parto anônimo*, a qual impede a investigação da origem biológica da pessoa nascida sob anonimato.

A outra corrente visualiza o tema além dos limites das discussões travadas nos tribunais. Para esses pensadores, o dilema ético levantado pelo *parto anônimo* não reside, somente, na oposição de dois direitos em colisão, o *direito da criança a uma filiação* e ao *conhecimento de sua origem biológica* e o *direito de a mãe manter em segredo sua identidade e o fato do parto*. Os casos concretos têm apresentado problemas bem mais extensos e profundos, em que está presente o confronto de dois valores fundamentais, o *direito à vida* e o *direito de nascer* da criança, de um lado, e o *direito de a pessoa conhecer sua mãe biológica*, do outro. A ponderação dos interesses postos em causa apontará como interesse predominante o da salvaguarda da vida da criança e seu desenvolvimento saudável, que deve ser o primeiro valor, entre os demais, a ser respeitado e preservado.

No âmbito dessas ideias, o *parto discreto* que prevê o *direito relativo ao segredo da identidade dos genitores biológicos* e o próprio *fato do parto* vêm sendo aceito como sendo

---

[859] STEFANELLI, Stefania. *Ob. cit.*, Disponível em: <https://diritti-.cedu.unipg.it/index.php?option=com_docman&task=search_result&Itemid=172&lang=it>. Acesso em: 20 set. 2012.

[860] *Comité consultatif de bioéthique de Belgique.* Délibération du 12.01.1998. Disponível em: <http://www.parlament.ch/f/dokumentation/>. Acesso em: 30 dez. 2009.

perfeitamente legítimo, ético e moral.[861] O *parto discreto* vem-se caracterizando como categoria jurídica relativa e harmonizadora, afastando os efeitos absolutos do *parto anônimo*, preservando o *direito ao nascimento secreto* ao manter-se em sigilo relativo à identidade dos genitores da criança e as circunstâncias de seu nascimento e o *direito ao conhecimento da origem genética e familiar*, que poderá ser exercido pelo filho, dentro de certos limites, quando se apresentarem as circunstâncias necessárias e justificáveis para a quebra do segredo que envolve o nascimento e as referidas identidades.

O *parto discreto* possui por principal escopo proteger o *direito à vida* e o *direito de nascer* do filho salvaguardando, além do mais, o vínculo afetivo entre pais e filhos da família socioafetiva e a permanência da união familiar.

O *parto discreto* vem se constituindo na melhor alternativa para harmonizar o *direito ao segredo da identidade da mãe* e do *fato do nascimento secreto* do filho e o *direito ao conhecimento da própria origem genética e familiar* do filho, razão pela qual esta categoria vem sendo consagrada pela jurisprudência e integrada à legislação interna em diversos países europeus.

2 O direito ao conhecimento da própria origem genética e familiar

É muito comum ouvirmos em palestras ou conferências que tratem do tema dos direitos humanos afirmativas sobre 'o direito de *"todo mundo"* poder conhecer sua própria origem biológica', alegando ser um "novo" direito de personalidade que teria sido reconhecido no crepúsculo do séc. XX. No entanto, as referências realizadas ao citado direito são, na maioria das vezes, superficiais, sem haver o necessário aprofundamento na matéria. Inspirados no direito europeu deixam os legisladores brasileiros de considerar os diversos sistemas jurídicos existentes e de reportar-se ao mais adequado para servir de paradigma ao sistema jurídico pátrio.

O direito de o indivíduo poder conhecer sua própria origem biológica e familiar vem se desenvolvendo no direito europeu dentro de duas perspectivas diversas. Na primeira perspectiva, os países cujo sistema jurídico está aberto à recepção e ao desenvolvimento da categoria. Na segunda vertente, países cujo direito interno é mais resistente à recepção do direito ao conhecimento da própria origem biológica pelo indivíduo. Em virtude desses fatos, passaremos a desenvolver o tema a partir de dois sistemas jurídicos opostos, o sistema jurídico alemão receptivo ao *direito ao conhecimento da própria origem genética e familiar* de uma pessoa, cuja tradição vem de muito longe, da Idade Média Clássica, e o sistema jurídico francês, mais resistente à recepção desta categoria jurídica, cuja tradição, também, remonta aos tempos medievais.

O *direito ao conhecimento da própria origem genética e familiar* também denominado *direito ao conhecimento da própria origem biológica e familiar* ou, simplesmente, *direito das origens*, é considerado, pela maioria dos doutrinadores, um "novo direito" inserido no âmbito do direito geral de personalidade.[862]

---

[861] Requête nº 42.326/1998, do TEDH. Disponível em: <https://e-justice.europa.eu/resultManagement.do?stext=+Requ%C3%AAte+n%C2%BA+42.326%2F1998&itext=+Requ%C3%AAte+n%C2%BA+42.326%2F1998&sco=any&slang=any&spage=25&slmo=anytime&soption=c,n,a,&showPage=1&hval=f6e83de5947589ade79f087d74096e67>. Item D. 19. Acesso em: 30 dez. 2009.

[862] FRANK, Reiner e HELMS, Tobias. Anspruch des nichtehelichen Kindes gegen seine Mutter auf Nennung des leiblichen Vaters. *Familien Recht Zeitung*. 1997. Nº 20, p. 1.258.

O direito ao conhecimento da própria origem genética e familiar surge, geralmente, em decorrência do abandono ou da colocação da criança em família alheia, da realização da adoção plena e da reprodução assistida heteróloga.

A modalidade da paternidade socioafetiva decorrente da filiação adotiva e da reprodução assistida heteróloga, consoante vimos nos títulos anteriores, se inscreve no âmago de uma esfera secreta, no que diz respeito à família e à identidade pessoal da criança, ficando do lado de fora dessa esfera todos aqueles que não pertencem ao restrito círculo familiar, sendo que, na maioria dos casos, o próprio filho permanece na linha aquém do círculo de segredos dos pais, não conhecendo os fatos que ocorreram no interior dos limites desta esfera sigilosa. Permanece, o mesmo, sem conhecer sua verdadeira origem biológica e familiar, tendo como seus verdadeiros genitores os pais socioafetivos e sua família, os familiares destes.

Muito se discute, em todos os ramos do conhecimento humano, se seria aconselhável ou não revelar à criança adotada ou concebida mediante reprodução assistida heteróloga bilateral sua origem biológica ou, em outras palavras, se perquire se lhe deve ser revelado o fato que os pais que a criaram não seriam os mesmos que a conceberam.

A corrente de pensadores que se mostra contrária a essa revelação, composta tanto por médicos, psicólogos, educadores e juristas, alegam que a revelação da verdadeira origem biológica da criança poderá fragilizar extremamente o vínculo familiar socioafetivo devido ao surgimento de perturbação psicológica que esta revelação poderia criar nas relações familiares da criança com seus pais adotivos ou sociais.

Outro argumento reside na defesa do *direito à vida privada* dos pais biológicos da criança dada em adoção ou do *direito à intimidade* do doador de gametas, no caso de reprodução assistida heteróloga. Os pais biológicos possuem as mais diversas razões para a colocação de seu filho em outro lar por meio de adoção, seja de ordem psíquica, moral, econômica ou por total abandono da mãe pelo pai da criança. Irrelevante será a motivação da doação de gametas para a reprodução assistida. Ao proceder dessa maneira, seja qual for o motivo, a revelação ao filho sobre o fato da adoção ou a identidade dos pais biológicos ou a identidade do doador de gametas constituiria em um atentado à vida privada dos genitores biológicos, os quais, na maioria das vezes, preferem que esses fatos fiquem sepultados para sempre. Remexer em tais fatos poderá causar muita dor ou problemas aos genitores biológicos, os quais, na maioria das vezes, preferem não enfrentar, a exemplo de eventual responsabilidade do doador de gametas de prestar alimentos ao filho, produto da concepção artificial.

Argumenta-se, ainda, que a revelação das origens da criança poderá atentar contra o *segredo profissional* em relação ao médico, ao psicólogo, ao assistente social, ou em relação a qualquer outro profissional que estiver vinculado ao nascimento e ao processo de adoção e as pessoas às quais foi entregue a criança. Todas essas pessoas poderão ficar expostas e sofrer as consequências da ruptura do segredo profissional que deveria ser mantido a todo custo.[863]

A segunda corrente, ao contrário, defende a ideia de que a criança possui o direito de ter conhecimento da sua origem biológica e familiar a fim de poder conhecer um

---

[863] GRATALOUP, Silvain. *Ob. cit.* p. 169.

passado que lhe teria sido apagado. Segundo este pensar, o direito ao *conhecimento da origem genética e familiar* da criança se caracteriza como direito de personalidade dela, cujo exercício constitui prerrogativa exclusiva do filho, que não pode ser impedido, quer por parte dos pais socioafetivos, quer por qualquer autoridade, quer pela própria lei. Segundo este pensamento, qualquer restrição ao exercício deste direito de personalidade poderá caracterizar a subtração à pessoa da possibilidade de descobrir elementos que comporiam sua personalidade e que poderiam contribuir na construção de sua autodeterminação.[864]

Sabemos, porém, que nem todas as crianças conseguem facilmente aceitar e conviver com a revelação de que os pais que a estão criando não são seus genitores biológicos, trazendo, muitas vezes, confusão, traumas ou revolta e uma imensa curiosidade de buscar sua origem biológica.

Os psicólogos, de um modo geral, afirmam que o melhor procedimento a ser seguido pelos pais adotivos consiste em dizer a verdade desde cedo e ficar sempre ao lado da criança com muito carinho, para que ela perceba o amor dos pais. Os vínculos afetivos estabelecidos com os pais adotivos serão responsáveis pelo bem-estar, pela segurança e autoestima da criança, podendo, a mesma, superar os traumas vividos pelo "abandono", pela adoção ou pela revelação de ser seu pai biológico outro homem que não aquele que a está criando, ao qual chama de pai.

Diante desses dois aspectos antagônicos, delicados e extremamente polêmicos, pondera Grataloup que, para vencer os interesses da sociedade, a exigência seria a de não revelar as verdadeiras origens à criança ou, então, ser assegurada uma completa transparência em torno de todos os fatos que cercaram a adoção.[865]

Nesse último caso, analisa o citado autor, não se deveria aplicar o *direito ao sigilo* no processo de adoção, facultando às pessoas envolvidas a possibilidade de obter o conhecimento da origem biológica e familiar da criança com maior acessibilidade.

A reprodução humana, mediante técnicas de reprodução assistida ou de clonagem, está, igualmente, cercada pelo *direito ao segredo profissional* e pelo *direito à intimidade*, desconhecendo o filho, nascido desta modalidade de reprodução, o doador das células que o geraram e, consequentemente, quem seria seu verdadeiro genitor biológico. Tendo em vista o repúdio quase universal da modalidade de reprodução humana mediante clonagem, havendo, em muitos países, disposições legais que proíbem, expressamente, as modalidades de reprodução assexuada, deixaremos de tratar do tema da reprodução artificial por meio de clonagem no presente título.

Cumpre, ainda, ressaltar que o advento da liberdade sexual e da liberação da mulher, que se firmou a partir dos anos 1960, levou muitas mulheres a optar pela formação de um núcleo familiar constituído por ela e por um ou mais filhos sem se vincular a nenhum homem. Surgem as famílias monoparentais constituídas pela mãe e seus filhos.

No Brasil é muito comum a existência de mães solteiras que com a prole constituem um núcleo familiar, oriundo geralmente do abandono do companheiro, pelo não reconhecimento da filiação pelo namorado, pela prostituição e pela própria

---

[864] GRATALOUP, Silvain. *Ob. cit*. p. 169-170.

[865] GRATALOUP, Silvain. *Ob. cit*. p. 169.

ignorância das pessoas. Esta entidade familiar, constituída por apenas um genitor e sua prole, tornou-se comum não só no Brasil, mas também nos Estados Unidos da América e nos países que compõem a Europa ocidental, sendo que nesses países, ao contrário do Brasil, onde existe um gravíssimo problema social, constitui-se a família monoparental liderada pela mulher no símbolo de "libertação feminina".[866]

Muitas famílias monoparentais são constituídas por homens divorciados ou solteiros e seus filhos ou por mulheres e seus filhos. Tem-se tornado frequente mulheres escolherem, por livre e espontânea vontade, um homem para ser genitor de seu filho, excluindo-o, porém, da possível paternidade. A mulher oculta de seu parceiro sexual a existência do filho e mantém incógnita da criança a identidade de seu pai. A hipótese não é rara, sendo muito empregada pelas mulheres ditas "liberadas", pelas celibatárias e pelas homossexuais.[867]

Diante desse quadro extremamente egoísta por parte da mãe da criança em relação a ela indaga-se: é justa a atitude dessas mulheres em escolher qualquer homem para ser pai de uma criança e omitir o direito de o mesmo conhecer seu próprio filho? Ou, sob outro aspecto: possui a mulher o direito de constituir uma família monoparental e manter propositadamente incógnita a identidade do pai de seu filho? Não possuiria a criança o direito de conhecer sua ascendência paterna? De conhecer e possuir completo seu patrimônio familiar? De poder conviver e se relacionar com seu pai biológico?

Sob outro aspecto, a manutenção dos fatos relativos ao nascimento de uma criança envolvido por uma esfera secreta, bem como o segredo da identidade do pai, da mãe ou de ambos, pode constituir-se em um interesse superior dos genitores e a revelação da origem familiar da criança poderá constituir-se em um atentado à vida privada de seus pais biológicos.

Nessa toada, era comum homens casados ou não, pertencentes à classe social superior se relacionarem sexualmente com uma mulher fora do casamento, geralmente pertencente à classe social inferior. Sua gravidez, bem como a identidade do pai, deveria ser mantida em segredo a fim de não abalar a estrutura da família legal, mantendo, igualmente, imaculada a boa imagem do pai perante a sociedade. Fatos como este conduziram à criação da categoria jurídica denominada *segredo das origens*, (*le secret des origines*), do direito francês ou *o segredo da origem genética* (*die Geheimnisse Genetische Abstammung*), na terminologia alemã ou, ainda, de *segredo da origem biológica*, como preferem alguns estudiosos no Brasil. O segredo da origem genética ou biológica permite que sejam mantidos em segredo todos os fatos que cercam o nascimento de uma criança, a identidade do pai e, muitas vezes, a identidade da própria mãe, sendo, porém, comum essas crianças serem criadas pela própria mãe, sem, no entanto, saberem que a mulher que as está criando é sua própria genitora biológica. Quando repudiadas por ambos

---

[866] No Brasil, a exemplo dos países europeus e dos Estados Unidos, vem sendo comum vermos mulheres tornando-se mães sem se vincularem a algum homem, preferido constituir com seu filho uma família monoparental. Essa categoria vem sendo popularmente denominada "produção independente" de filho. Essa situação ocorre nas classes sociais mais abastadas e instruídas. Entre as mulheres mais pobres, a família monoparental ocorre por abandono pelo pai da criança ou pelo fato de ele recusar-se a assumir qualquer responsabilidade paternal, decorrendo destes fatos graves problemas sociais.

[867] Recentemente as mulheres homossexuais têm preferido o emprego da reprodução assistida, mediante fertilização por sêmen de doador, preferencialmente homossexual, sendo este fenômeno conhecido nos Estados Unidos pelo nome de *baby boom gay*.

os genitores biológicos, as crianças então abandonadas, acabavam sendo criadas nos conventos ou em instituições de assistência social pública ou privadas.

Todas as situações envolvendo a gravidez indesejada, o nascimento da criança, a omissão da identidade dos pais da criança, a adoção plena, a reprodução assistida heteróloga conduziram ao desejo do filho em pesquisar e conhecer a identidade biológica e familiar de seu genitor ou genitores, abrindo caminho ao surgimento da categoria do *direito ao conhecimento da própria origem genética e familiar*, que será objeto de estudo nos próximos capítulos.

2.1 Direito ao conhecimento da própria origem genética e investigação da paternidade: duas categorias jurídicas diversas e inconfundíveis

Todos os fatos e as situações acima narrados conduziram a doutrina do séc. XX a estabelecer confusão entre as categorias jurídicas *direito ao conhecimento da própria origem genética* e *investigação da paternidade*. Ora tratavam ambas as figuras jurídicas como sendo o mesmo instituto, outras vezes, diante da dificuldade ou insucesso na investigação da paternidade, os operadores do direito lançavam mão do *direito ao conhecimento da origem* com o objetivo de investigar a paternidade da criança ou adolescente. Tal confusão estabeleceu-se na própria Alemanha onde a categoria do *direito ao conhecimento da própria origem genética* encontrou seu melhor e maior desenvolvimento doutrinário e jurisprudencial.

A afirmativa de que, em princípio, todo o indivíduo possuiria um direito destinado ao conhecimento da própria origem genética e familiar provocou a doutrina alemã a uma grande indagação. Suscitava-se dúvida sobre o direito de ação que o filho possuiria no sentido de conhecer sua ascendência biológica e de estabelecer eventuais obrigações paterno-filiais, a exemplo da obtenção de prestação alimentar de seu pai biológico, quando necessitasse, diante do desaparecimento dos pais socioafetivos ou do surgimento da impossibilidade de proverem o sustento do filho. O ponto nuclear da discussão residia na indagação se o direito do filho estaria submetido às mesmas disposições legais destinadas a regular o processo de investigação da paternidade, quando a paternidade biológica fosse incerta ou desconhecida pelo investigante.

De início, os tribunais da Alemanha não compreendendo exatamente o significado e o escopo da categoria utilizaram o *direito ao conhecimento da própria origem genética* como fundamento para a interposição da ação de legitimação de filiação e da alteração do assento de nascimento. Por meio desse mecanismo, os operadores do direito encontraram um caminho jurídico destinado a legitimar os filhos nascidos fora do casamento e alterar o respectivo assento de nascimento, inserindo a identidade do pai biológico, fato que seria impossível segundo as regras rígidas do Código Civil, que vigiam anteriormente à promulgação da Lei Fundamental de Bonn, de 1949.

Utilizado como mecanismo destinado a suprir as lacunas do Código Civil alemão em matéria de direito de família e de filiação, o *direito ao conhecimento da própria origem genética* foi-se ampliando, provocando grande polêmica entre os juristas no tocante a sua extensão e aos limites de sua atuação.

Inicialmente, as discussões gravitaram em torno da ideia de que o *direito ao conhecimento da própria origem genética* necessitava de limitações não podendo ser considerado um direito ilimitado. Em outras palavras, o *direito ao conhecimento das origens* não deveria ficar submetido, tão somente, a um juízo subjetivo de valor, emanado pelo magistrado. Por essas razões, procurou a doutrina dar uma solução ao problema, vinculando o *direito ao conhecimento da própria origem genética* ao âmbito da tutela da *dignidade da pessoa humana*, impondo limitações.[868]

A partir dessas colocações, as categorias *investigação de paternidade* e *direito ao conhecimento da própria origem genética e familiar* de uma pessoa foram adquirindo seus próprios contornos, pressupostos e características, constituindo-se em categorias jurídicas distintas, possuindo, cada qual, sua própria natureza, finalidade e efeitos, não se confundindo uma com a outra.

A primeira, a *investigação da paternidade*, consiste em uma categoria típica de direito de família, sujeita aos princípios informadores e às regras do direito de família, enquanto o *direito ao conhecimento da própria origem genética e familiar* não se insere no âmbito do direito de família, qualificando-se como *direito de personalidade*.

A investigação da paternidade consiste, consoante visto em Capítulo supra, na medida judicial destinada a reconhecer e atribuir a filiação do requerente em relação ao suposto pai, cujo fundamento está inserido no §6º, do art. 227, da Constituição brasileira. O objetivo principal é o de estabelecer o vínculo paternidade-filiação entre o filho e seu indigitado pai e constituir as consequentes obrigações oriundas deste vínculo familiar.

O *direito ao conhecimento da própria origem genética e familiar*, ao contrário da investigação da paternidade, não visa a estabelecer vínculos de paternidade e filiação. Não pretende a categoria, em princípio, descobrir quem será o verdadeiro pai ou verdadeira mãe biológico da criança, nem atribuir a filiação e as obrigações decorrentes da paternidade ou maternidade. A ação visa apenas a outorgar ao autor a possibilidade de conhecer sua ascendência biológica, sem restabelecer qualquer vínculo de parentesco civil com sua família genética, nem criar vínculos de natureza obrigacional.[869] O pensamento doutrinário predominante sobre o tema separa nitidamente a *identidade genética* da pessoa e a *identidade da filiação*, uma vez que a relação paternidade-filiação independe do vínculo genético entre pai e filho.Tais ideias, no entanto, não são tão exatas na prática.

Deve-se à jurisprudência do Tribunal Constitucional Federal alemão, constituída a partir de 1989,[870] a construção teórica do *direito ao conhecimento da própria origem genética e familiar* e a fixação de seu campo de atuação. A reiterada jurisprudência do Tribunal Constitucional Federal consagrou o *direito ao conhecimento da própria origem genética e familiar* como *direito geral de personalidade*, como categoria jurídica própria, não se confundindo com categorias do direito de família. Nessa visão, o *direito ao conhecimento da própria origem genética e familiar* outorgaria o direito ao conhecimento da origem biológica e familiar ao filho adotivo, ao filho nascido a partir de reprodução assistida heteróloga e ao filho exposto ao abandono.[871]

---

[868] ENDERS, Christoph. *Ob. cit.*, p. 881-884.

[869] FRANK, Reiner e HELMS, Tobias. *Ob. cit.*, p. 1.260.

[870] *BVerfG. Fam RZ.* 1989. 147.

[871] ENDERS, Christoph. *Ob. cit.*, p. 881-884.

Embora tenha o Tribunal Constitucional Federal alemão construído, com a sua jurisprudência, um embasamento teórico ao *direito ao conhecimento da própria origem genética e familiar* a doutrina desenvolvida a partir da promulgação do aresto de 31.01.1989 não poupou críticas à referida corte constitucional, pelo fato de o Tribunal Constitucional Federal não ter estabelecido, adequadamente, os limites de atuação da categoria, inserindo os pais socioafetivos em um segundo plano. Com efeito, valorizando demasiadamente o direito do filho à tutela de sua personalidade, mediante conhecimento de sua origem biológica e familiar, deixou a Corte Constitucional Federal alemã de se preocupar em salvaguardar a paz, a união e a tranquilidade da família socioafetiva que estava solidamente constituída, contribuindo, dessa maneira, para sua desagregação.[872]

Pela adoção, o adotando passa a ser reconhecido como filho civil dos adotantes, de forma plena, desvinculando-se dos pais e parentes biológicos. Consoante vimos supra, o adotado, ao romper o vínculo com a família de origem, integra-se na família do adotante, passando a assumir todos os direitos e obrigações que possui um filho biológico, persistindo, tão somente, os impedimentos matrimoniais que devem ser respeitados. Na reprodução assistida heteróloga, o consentimento expresso do marido ou companheiro da mãe da criança, oriunda do emprego de técnica de fertilização artificial, integra o consentimento informado da mulher em se submeter à fertilização assistida. Constitui-se, assim, a filiação socioafetiva, estabelecendo-se o vínculo paternidade-filiação entre a criança e o marido ou companheiro da mãe, que foi fertilizada mediante gameta de doador.

O *direito ao conhecimento da própria origem genética e familiar*, como direito de personalidade, permitiria ao indivíduo, cujo vínculo de parentesco já esteja estabelecido pelo do trinômio *paternidade-maternidade-filiação afetiva* de, somente, conhecer sua ascendência biológica em casos excepcionais, quando se apresentarem sintomas da presença de uma doença genética ou outro motivo ponderoso. Enquanto grande parte da doutrina brasileira vem sustentando que o principal escopo da categoria seria tutelar o direito à identidade pessoal e familiar da pessoa e a formação de sua própria personalidade, o direito europeu comparado se inclina a afirmar que a finalidade precípua do conhecimento das origens repousa no exercício do *direito à saúde*, por meio do qual o filho garantirá a própria *vida* e, principalmente, uma melhor *qualidade de vida*, prevenindo, afastando ou mitigando os efeitos de eventuais doenças genéticas ou moléstias que possam acometê-lo, pela transmissão hereditária pelos ascendentes biológicos. Mediante o conhecimento do histórico das doenças que poderão vir a se desenvolver na pessoa pela transmissão genética por seus ascendentes, poder-se-á preservar a vida e garantir ao indivíduo uma melhor qualidade de vida. O *direito à vida* é um direito natural e universal, sendo impossível sua exata definição pelo fato de a compreensão do que seja *vida* estar muito além da nossa percepção. As ciências somente conseguem apontar vagas ideias sobre aspectos ou parcelas daquilo que se pode conceber o que seja *vida*, mas o *todo*, ou melhor, grande parte do *todo*, pertence ao universo da religião e da filosofia.[873]

---

[872] SCHLÜTER, Wilfried. *Ob. cit.*, p. 358.

[873] SZANIAWSKI, Elimar. *Direitos de Personalidade...*, p. 146 e 148.

De outro lado, cumpre recordar que o *direito à vida* não existe por si só, como direito especial de personalidade. O direito à vida vincula-se intimamente a outras especializações de direitos de personalidade que o complementam entre os quais, o *direito à qualidade de vida.*[874]

O *direito à qualidade de vida* consiste no direito que todo o indivíduo possui de levar uma vida digna, uma vez que não se pode admitir um *direito à vida* isento de uma mínima qualidade de vida. A pessoa que não possui uma boa qualidade de vida não está exercendo verdadeiramente seu direito à dignidade humana. O *direito à qualidade de vida* está edificado sobre o princípio da *dignidade* da pessoa humana sendo abarcado, também, pelo *direito à saúde* entre outros, constituindo o sistema de proteção da personalidade humana.[875]

O exercício da vida com dignidade determina que ela deva ser vivida com um mínimo de qualidade e bem-estar. Sem saúde, a qualidade de vida desaparece. Essas razões informam o *direito à saúde* como um direito especial de personalidade, cujas origens são encontradas na evolução da noção de *direito à integridade*, segundo seu aspecto unitário.[876]

O *direito à saúde* constitui um direito-dever no sentido de que toda pessoa possui o direito e o dever de realizar o seu pleno desenvolvimento, de respeitar e de conservar a própria integridade psicofísica.[877]

O aspecto relevante da ligação entre a noção da proteção da saúde e o direito à integridade psicofísica do indivíduo, como tema da proteção da personalidade, se concretiza na defesa da saúde em função da possibilidade do desenvolvimento de sua personalidade, expressa como uma cláusula geral protetora da saúde da população, estando presente a garantia de uma boa qualidade de vida a todas as pessoas.[878]

Nesse sentido o *direito ao conhecimento da própria origem genética e familiar* outorga à pessoa o direito de conhecer seus ascendentes genéticos objetivando, dessa maneira, conhecer as moléstias que poderão acometê-la e constatar seu possível desenvolvimento, preservando sua saúde e bem-estar, a boa qualidade de vida e a própria vida, não cabendo sua inserção em uma relação familiar ou outra qualquer, para receber a devida tutela.

A visão da doutrina alemã no tocante à extensão e à finalidade do *direito ao conhecimento da própria origem genética e familiar* não encontra os ecos da unanimidade. Os países cujas legislações se filiam ao critério da verdade biológica da filiação acabam por expandir a aplicação do *direito ao conhecimento da própria origem genética e familiar* ao filho nascido de reprodução heteróloga, permitindo o restabelecimento da filiação biológica deste com o genitor biológico, o doador de gametas, diante da morte ou extinção da família socioafetiva da criança.

---

[874] SZANIAWSKI, Elimar. *Ob. cit.*, p. 157.

[875] SZANIAWSKI, Elimar. *Ob. cit.*, p. 158.

[876] SZANIAWSKI, Elimar. *Ob. cit.*, p. 170.

[877] PERLINGIERI, Pietro. *La Personalitá Umana ...* , p. 310.

[878] SZANIAWSKI, Elimar. *Últ. ob. cit.*, p. 172. Integram o direito à saúde, o direito à previdência e à assistência social, garantidos no art. 196, da Constituição.

Nesse sentido, cumpre trazer à colação um caso concreto que julgou favoravelmente ao reconhecimento da filiação biológica entre o genitor biológico, o doador de gametas e um menino nascido a partir da utilização do material genético doado, em razão da extinção da família socioafetiva da criança, caso ocorrido há alguns anos na Suécia.[879]

O direito sueco é filiado ao critério da verdade biológica. Em um julgado ocorrido em 2001, a Corte de Örebro, na Suécia, estendeu a aplicação do *direito ao conhecimento da própria origem genética e familiar* ao filho, nascido de reprodução heteróloga, estabelecendo a filiação biológica com o doador de sêmen, em decorrência da ruptura da união estável homoafetiva entre duas mulheres, que durara por dez anos. O referido tribunal decidiu que "um doador de gametas deve ser reconhecido como pai biológico da criança diante do desfazimento da união estável homoafetiva de duas mulheres, [...]." Pelo fato de uma das mulheres ter sido receptora dos gametas do referido doador, reconheceu a Corte de Örebro a existência da paternidade biológica entre a criança e seu genitor biológico, sendo, ele, condenado ao pagamento de uma pensão no valor de US$ 265,00 por mês, ao filho nascido desta fertilização.[880]

A inédita decisão abriu um importante precedente na jurisprudência sueca, uma vez que, de acordo com a legislação vigente na Suécia, um mero doador de gametas para a reprodução heteróloga não poderia ser considerado pai das crianças nascidas de reprodução artificial, devido ao anonimato das identidades do doador e do receptor e do direito segredo ao familiar e profissional que envolve o procedimento de fertilização. Todavia, no presente caso concreto, o doador dos gametas era amigo do casal homoafetivo, havendo certo conhecimento para além dos limites da esfera secreta das partes envolvidas, em relação à identidade do doador e da receptora. Acrescentando, ainda, o fato de o casal ser homoafetivo feminino, não possuindo a criança nenhum pai civil. Não havendo dúvidas em relação às peculiaridades da espécie, de que o indigitado homem era o doador de gametas e pai biológico do menor, atribuiu o julgado a paternidade ao genitor doador do sêmen. O aresto, ao atribuir a paternidade e constituir laços de família entre o doador de gametas e a criança, nascida da reprodução heteróloga, decidiu com profunda justiça, segundo nosso juízo, uma vez que o magistrado deve-se ater sempre à defesa dos interesses do filho, o qual não participou nem consentiu no fracassado "projeto de família" do casal homoafetivo, nem de ser objeto de impulsos emocionais, egoístas e impensados de pessoas adultas, as quais sob a hipócrita alegação de *realização pessoal* mediante um "projeto de família" desejam, a todo o custo, "procriar," sem refletir profundamente sobre as inconsequências de seus atos.

Considerando que em alguns países da Europa consagrou-se a categoria jurídica que admite o *segredo das origens* praticamente em grau absoluto e, em outros, não se admite que o fato do nascimento e a identidade dos genitores de uma criança fiquem envolvidos por uma esfera secreta, havendo a obrigatoriedade de revelar-se a identidade dos genitores dela, o pensamento acima exposto, mais uma vez, não se revela unânime.

---

[879] O critério da verdade biológica da filiação possibilita o reconhecimento da filiação biológica da criança com seu genitor biológico, o doador de sêmen, em casos de reprodução assistida heteróloga. A Corte de Örebro, na Suécia, decidiu em 2001, que "um doador de gametas deve ser reconhecido como pai biológico da criança, diante do desfazimento da união estável homoafetiva dos pais sociais. [...]." Fonte: Jornal "Nerikes Allehanda", edição de 10.12.2001. Suécia. Disponível em: < http://www.about.reuters.com>. Acesso em: 12 dez. 2006.

[880] Jornal "Nerikes Allehanda", edição de 10.12.2001. Disponível em: <http//www.about.reuters.com>. Acesso em: 12 dez. 2001. SERHAL, Paul. *Sperm donors 'to lose anonymity'*, p. 9. Disponível em: <http://news.bbc.co.uk/1/hi>. Acesso em: mar. 2006.

Em razão de o *direito ao conhecimento da origem genética* da criança ter, inicialmente, se desenvolvido na Europa seguindo caminhos diversos, necessário será o estudo da gênese e da evolução do *direito ao segredo das origens* e do *direito ao conhecimento da origem genética e familiar* da criança, que serão desenvolvidos nos próximos capítulos.

2.2 O direito ao conhecimento da própria origem genética: Um direito fundamental à proteção do direito à vida e à saúde

Antes de adentrarmos no exame da evolução do *direito ao conhecimento da origem genética e familiar* da criança nos sistemas jurídicos europeus, convém trazermos algumas considerações sobre o principal pressuposto da proteção do *direito à vida* e à saúde da pessoa mediante o exercício do *direito ao conhecimento da própria origem biológica*.

Consagrada a categoria do *direito ao conhecimento da própria origem genética e familiar* pelo Tribunal Constitucional Federal alemão, em fins de 1989, reconhecendo a existência de um *direito ao conhecimento da própria origem biológica e familiar* inserido no direito geral de personalidade, o fato provocou a doutrina a discutir e elaborar a extensão e os limites de atuação desta "nova" categoria jurídica. De um lado, uma corrente de pensamento passou a interpretar literalmente o aresto da citada Corte Constitucional, defendendo que todo o indivíduo deve possuir um direito ao conhecimento da própria origem genética e familiar sem a imposição de limites ao exercício desta categoria. De outro, uma corrente mais ponderada, que nega que todo o indivíduo tenha um direito ilimitado em conhecer sua origem biológica e familiar. A segunda corrente procura impor limites ao exercício deste direito. Para esta, o principal argumento favorável ao direito ao conhecimento da própria origem genética e familiar reside na proteção do direito à vida e à saúde da criança e do adolescente, nascida a partir da reprodução assistida heteróloga.

Quando um ser humano nasce, muitas prospecções podem ser feitas quanto ao seu futuro. O futuro de um indivíduo será determinado, naturalmente, pela maneira como ele vai gerir suas próprias ações, mas será grandemente influenciado pelo ambiente ao redor. Sabe-se, hoje, que muito do que diz respeito ao "destino" de uma pessoa, já está predisposto, antes mesmo de seu nascimento. O genoma da criança traz codificadas no ADN dos seus 46 cromossomos as instruções que irão afetar, não apenas sua estrutura, seu tamanho, sua cor e outros atributos físicos, como também, sua inteligência, sua suscetibilidade às doenças, seu tempo de vida e, até, aspectos de seu comportamento.[881]

A grande meta do Projeto Genoma Humano é ler e entender essas instruções inseridas nos cromossomos. Em outras palavras, significa a busca do completo entendimento da base genética do *Homo Sapiens* ou, no entender atual, do *Homo Faber*, incluindo a base genética das doenças. De posse desse conhecimento, o objetivo seguinte é aplicar tecnologia para alterar, quando preciso, algumas das instruções, visando a aperfeiçoar o ser humano e livrá-lo *de doenças* e outros fatores limitantes da sua saúde e longevidade.

---

[881] O estudo acima é baseado nas obras de LENTI, Leonardo. *La Procreazione artificiale. Genoma della persona e attribuzione della paternità* e PENA, Sérgio Danilo J. e AZEVEDO, Eliane S. *O Projeto Genoma Humano e a Medicina Preventiva: Avanços Técnicos e Dilemas Éticos.*

O padrão genético do ser humano é algo em torno de 3 bilhões de genes. Em sentido figurado, pode-se dizer que cada gene corresponde a uma "frase" determinando a cada célula como ela deve reunir os aminoácidos disponíveis, transformando-os em proteínas essenciais à estrutura e à vida do ser que os possui. Assim, qualquer alteração contida no gene será causa de doenças, passando as pesquisas da Medicina e da Biologia a buscar as possibilidades de correção das citadas alterações genéticas.

A terapia genética passou a ser empregada a partir da década de 1990, para curar pacientes, mediante a prática de alteração no ADN, buscando corrigir os defeitos apresentados pelos genes.

Na reprodução humana assistida heteróloga ou na reprodução humana por técnica de clonagem, poderá, excepcionalmente, por razões de saúde e prevenção de moléstias, o *direito ao segredo* dos pacientes (doadores e receptores de gametas) ceder lugar ao *direito ao conhecimento da própria origem genética e familiar* do filho, podendo os profissionais da saúde, envolvidos no procedimento reprodutivo, ficar obrigados a revelar, sob certas condições, o segredo que detêm sobre o processo reprodutivo e a identidade dos verdadeiros pais biológicos do filho. O *direito ao conhecimento da própria origem genética* encontraria seus limites, segundo esta corrente, na efetiva necessidade do interessado em quebrar as balizas impostas *pelo sigilo profissional*, na proteção de sua integridade psicofísica e no direito à saúde. Justificar-se-á a quebra do segredo profissional diante de sérios problemas de saúde que exijam transplante de órgãos, utilização de medula óssea, etc., sendo, nesta hipótese, imperioso o conhecimento da identidade do verdadeiro pai ou da mãe biológicos.

Na Alemanha vem predominando uma terceira postura, diante da polêmica sobre os limites a serem impostos na aplicação do *direito ao conhecimento da própria origem genética e familiar*. Segundo a ótica predominante, cabe ao Tribunal Federal de Justiça estabelecer, em cada caso concreto, os limites de atuação da categoria, pesando e ponderando os interesses postos em causa, a fim de atribuir a cada litigante o direito pleiteado.

No Brasil, os fundamentos gerais do *direito ao conhecimento da própria origem genética e familiar* são encontrados na conjugação do inciso III, do art. 1º, da Constituição com o art. 12, do Código Civil. Como cláusulas gerais, os citados dispositivos legais fornecem todos os mecanismos para a aplicação do *direito ao conhecimento das origens*, cabendo ao magistrado, em cada caso concreto, pesar e ponderar os interesses postos em causa, fixando, dessa maneira, os limites da atuação da categoria em estudo, sem se esquecer de considerar, na ponderação dos direitos em oposição, a predominância dos superiores interesses do filho.

No tocante à adoção, além da aplicabilidade das normas gerais destinadas à tutela do *direito ao conhecimento das origens*, o Estatuto da Criança e do Adolescente, consoante vimos no capítulo 1.3.2.1, supra, traz no art. 48 a cláusula geral que outorga ao adotado o livre exercício do *direito ao conhecimento da própria origem genética e familiar*, cujo tema será objeto de exame em capítulo próprio.

2.3 O direito ao conhecimento da própria origem genética e familiar no Direito internacional

Não encontramos norma expressa no âmbito do direito internacional que reconheça a existência de um direito que outorgue ao interessado conhecer sua própria origem biológica e familiar.

No entanto, parte da doutrina europeia vem afirmando que o *direito ao conhecimento da própria origem genética e familiar* estaria implícito nas convenções internacionais sobre os direitos da criança e do adolescente, especialmente na Declaração Europeia dos Direitos do Homem de 1950,[882] na Convenção das Nações Unidas de 1989, na Convenção Europeia de 1989 e na Conferência de Haia de 1993.[883]

Destacamos, entre essas, a Declaração Europeia dos Direitos do Homem de 1950, na qual encontramos diversas disposições que tutelam a família e a criança, principalmente em relação ao *direito ao respeito à vida privada e familiar*, regulado no art. 8º, e a Convenção das Nações Unidas sobre os Direitos das Crianças, de 20.11.1989, que dispõe nos arts. 7º e 8º que "toda a criança, desde o momento em que nasce, possui o direito ao nome, a uma nacionalidade e, na medida do possível, de conhecer seus pais e de ser cuidada pelos mesmos".

A Declaração Europeia dos Direitos do Homem de 1950 dispõe na alínea 1, do seu art. 8º, que:

> qualquer pessoa tem direito ao respeito da sua vida privada e familiar, do seu domicílio e da sua correspondência.

Na alínea 2, complementa, determinando que:

> não pode haver ingerência da autoridade pública no exercício deste direito senão quando esta ingerência estiver prevista na lei e constituir uma providência que, numa sociedade democrática, seja necessária para a segurança nacional, para a segurança pública, para o bem-estar económico do país, a defesa da ordem e a prevenção das infracções penais, a protecção da saúde ou da moral, ou a protecção dos direitos e das liberdades de terceiros.

---

[882] Declaração Europeia dos Direitos do Homem de 1950. Esta Convenção protege os direitos e as liberdades fundamentais e cria o Tribunal Europeu dos Direitos do Homem, (TEDH), para garantir seu respeito.

[883] Diversas são as convenções internacionais específicas sobre os Direitos da Criança, a saber:
1. *Convenção Europeia sobre a adoção de crianças*, de 1967. Procura harmonizar a legislação dos Estados membros da União Europeia, objetivando evitar conflitos de leis nos casos em que a adoção implique a mudança da criança de um Estado para outro. Abrange as condições e as consequências jurídicas da adoção. Ratificada pela Alemanha, Dinamarca, Grécia, Irlanda, Itália, Portugal, Reino Unido e Suécia. 2. *Convenção Europeia sobre o estatuto jurídico das crianças nascidas fora do casamento*, de 1975. Essa Convenção objetiva aproximar o estatuto das crianças nascidas fora do casamento com o das nascidas na constância do matrimônio. 3. *Convenção do Conselho da Europa sobre os Direitos da Criança*, de 1989. Declara que todas as crianças são iguais e têm a prerrogativa de usufruir o direito à vida, ao desenvolvimento das suas capacidades, à participação e à proteção. 4. *Conferência de Haia sobre a proteção das crianças e a cooperação em matéria de adoção internacional*, de 1993. A Convenção possui por principal escopo proteger as crianças suscetíveis de adoção nos seus países, tentando, o quando possível, colocá-las um lar. Prevê medidas de cooperação entre as autoridades dos diferentes Estados. 5. *Conferência de Haia sobre a competência, à lei aplicável, ao reconhecimento, à execução e à cooperação em matéria de poder paternal e de medidas de proteção de menores*, de 1996. A Convenção define as regras de competência, a lei aplicável, o reconhecimento e a execução das medidas em matéria de poder paternal e das medidas de proteção de menores. Em princípio, a competência cabe ao Estado contratante onde a criança reside habitualmente. É criado um mecanismo de cooperação entre as autoridades centrais. A Convenção passou a vigorar em 01.01.2002. Disponível em: <http://www.hcch.net.upload/text.33s>. Acesso em: abr. 2007.

Os artigos 7º e 8º da Convenção das Nações Unidas sobre os Direitos das Crianças, de 1989, determinam que:

Artigo 7º:

1 A criança será registrada imediatamente após seu nascimento e terá direito desde o momento em que nasce, a um nome, a uma nacionalidade e, na medida do possível, a conhecer seus pais e a ser cuidada por eles.

2 Os Estados-Partes zelarão pela aplicação desses direitos de acordo com sua legislação nacional e com as obrigações que tenham assumido em virtude dos instrumentos internacionais pertinentes, sobretudo se, de outro modo, a criança se tornaria (sic) apátrida.

Artigo 8º:

1 Os Estados-Partes se comprometem a respeitar o direito da criança de preservar sua identidade, inclusive a nacionalidade, o nome e as relações familiares, de acordo com a lei, sem interferências ilícitas.

2 Quando uma criança se vir privada ilegalmente de algum ou de todos os elementos que configuram sua identidade, os Estados-Partes deverão prestar assistência e proteção adequadas com vistas a restabelecer rapidamente sua identidade".

As mencionadas normas convencionais e, principalmente, a exegese do art. 8º, da Convenção Europeia dos Direitos do Homem de 1950, conduziram o Tribunal Europeu dos Direitos do Homem (TEDH) a extrair da tutela da *vida privada e familiar* os fundamentos do *direito à identidade pessoal* e do *direito ao livre desenvolvimento pessoal* do indivíduo.[884] Por este caminho o TEDH passou a entender que, em certos casos, a tutela da vida privada contida no art. 8º outorga ao filho, nascido fora do casamento, nas hipóteses em que a mãe procura manter incógnito o parto, o direito de conhecer sua origem biológica e familiar.[885]

Nesse contexto, procede a observação crítica de Vale e Reis, em relação à jurisprudência do TEDH, cuja formulação do *direito ao conhecimento da origem genética* se deu de forma oblíqua.[886] O TEDH, por meio de sua jurisprudência, dá interpretação ampla ao *direito à vida privada e familiar*, disciplinado no art. 8º, da Declaração Europeia dos Direitos do Homem de 1950, tendo em vista não ter a referida corte internacional desenvolvido, em sua jurisprudência, as categorias do *direito à identidade pessoal* e do *direito ao desenvolvimento da personalidade*. Essa lacuna deixada na jurisprudência do TEDH obrigou o próprio tribunal a buscar no conteúdo do *direito à vida privada e familiar* a fundamentação do *direito ao conhecimento da origem genética e familiar* em nível internacional, seguindo, por conseguinte, a via menos aconselhável na consecução deste direito.[887]

O direito internacional tende a aceitar que "a criança terá direito de conhecer seus pais". Nesse passo, admitindo-se que uma criança conheça sua própria origem genética e familiar estará permitido a ela utilizar-se de todos os meios jurídicos e legais para exercer este seu direito. O direito internacional vem considerando que a Convenção das

---

[884] REIS, Rafael Luís Vale e. *O direito ao conhecimento das origens genéticas*, p. 24-25.

[885] São dignos de menção os arestos do TEDH, *Affaire Gaskin X Royaume-Uni*, de 07.07.1989. Disponível em: <http://www.echr.coe.int/echr>; e *Affaire Odièvre X France*, de 13.02.2003. Disponível em: <http://www.echr.coe.int/echr>. Acesso em: 22 fev. 2008.

[886] REIS, Rafael Luís Vale e. *Ob. cit.*, p. 26.

[887] REIS, Rafael Luís Vale e. *Idem*.

Nações Unidas de 1989 determina que o estado de filiação se assenta no direito natural, tendo-o como seu princípio informador.[888]

O Parlamento europeu aditou uma regra mediante o Princípio 8.10, determinando que "toda a criança possui o direito à proteção de sua identidade" e a possibilidade de, em caso de necessidade, poder conhecer determinados elementos constitutivos de sua origem biológica, respeitando, porém, eventuais direitos de terceiros. Assim, exortou o Parlamento europeu os países signatários da Convenção da Europa, de inserir em suas legislações nacionais, as condições e os limites dentro dos quais as informações relativas às origens biológicas sejam transmitidas ao investigando, principalmente, visando à proteção dele contra terceiros, da divulgação das informações obtidas.[889]

A Convenção Europeia dos Direitos do Homem de 1950 tem por objetivo principal harmonizar as legislações e a jurisprudência interna dos países membros do Conselho da Europa, destacando-se, na última década do séc. XX, a preocupação em harmonizar as normas internas dos diversos estados-membros, sobre direito de família e de filiação, deflagrando grande reforma legislativa nos países que participam da União Europeia.

Nos estados não vinculados à União Europeia, o *direito ao conhecimento da própria origem genética e familiar*, em nível internacional, encontraria seus fundamentos nos arts. 7º e 8º, da Convenção das Nações Unidas de 1989, que dispõe sobre os Direitos das Crianças, e nas normas constitucionais dos países-membros e signatários da referida Convenção internacional.

Segundo a norma supranacional, o *passado familiar* e as *origens* integram os elementos constitutivos da *vida privada* da criança, expressa no seu art. 8º, a qual garante o *direito ao respeito à vida privada e familiar* de toda a pessoa, mormente o da criança.[890]

Em contrapartida, todo o indivíduo é titular do direito de emitir e de receber informações que se inserem no conteúdo do *direito à liberdade de expressão*.[891] O *direito à liberdade de expressão*, como conteúdo do *direito à liberdade* em sentido amplo, compreende o *querer*, o *determinar-se*, o *agir*, o *movimentar-se*, a *casa*, a *correspondência*, o *segredo* de certas formas de *atividade individual* e a *essência* civil do homem livre.[892]

Para nós, no entanto, o fundamento do *direito ao conhecimento da própria origem genética e familiar*, em nível internacional, não estaria propriamente assentado sobre o *direito à liberdade de expressão*, como sustenta grande parte da doutrina, mas sobre o *direito à verdade*, o qual, segundo o magistério de Pontes de Miranda, "somente concerne à verdade demonstrável e mostrável".[893] O *direito ao conhecimento da própria origem genética e familiar*, assentado sobre o *direito à verdade*, possui por substrato a *teoria do verdadeiro pai biológico*,[894] consagrada pelo direito comparado da atualidade e adotada pelo direito

---

[888] Cf. arts. 7º e 8º, da Convenção das Nações Unidas de 1989.

[889] Princípio 8.10, da Resolução do Parlamento europeu, a partir da Carta Europeia dos Direitos da Infância. GRATALOUP, Silvain. *Ob. cit.* p. 102.

[890] SZANIAWSKI, Elimar. *Direitos de Personalidade...*, p. 49.

[891] GRATALOUP, Silvain. *Ob. cit.*, p. 102.

[892] NORONHA, E. Magalhães. *Direito Penal.* V. 2, p. 146.

[893] MIRANDA, Francisco C. Pontes de. *Ob. cit.*, tomo VII, §736, p. 37.

[894] A *teoria do verdadeiro pai biológico*, da qual já tratamos anteriormente, visa, por meio da investigação da paternidade, encontrar o verdadeiro pai biológico do interessado, mediante o emprego das provas genéticas. A *teoria do verdadeiro pai biológico* tem por escopo a permanente busca do verdadeiro pai biológico do investigando, atribuindo àquele os efeitos da paternidade, ficando, por essa razão, o investigando autorizado a utilizar no processo investigatório de todos os meios de prova disponíveis, na busca do *verdadeiro* genitor biológico.

brasileiro. No entanto, cumpre ressaltar que a teoria da busca do verdadeiro pai biológico melhor se adéqua à investigação da paternidade, na qual se busca estabelecer o vínculo paterno da pessoa com seu genitor biológico, quando este não existir espontaneamente. Ao contrário, a referida teoria não se destina, exatamente, àquele que possui vínculo de paternidade e filiação já estabelecido, mesmo se tratando de vínculo socioafetivo.

O art. 10, da Convenção Europeia dos Direitos do Homem de 1950, combinado com o art. 19, da Declaração Universal dos Direitos do Homem de 1948, outorga a toda a pessoa o direito à liberdade de opinião e de expressão, que se revelam como os fundamentos informadores do *direito ao conhecimento da própria origem genética e familiar* da pessoa. O *direito ao conhecimento da própria origem genética e familiar* consiste no direito da pessoa que tenha sido adotada, nascida de parto anônimo, de parto discreto, de reprodução assistida heteróloga ou que esteja no exercício da posse de estado de filho, de poder realizar a investigação de suas origens familiares, inserindo-se, segundo Coppart-Ollerich,[895] no âmbito do conceito de *necessidades superiores* do ser humano.

Nesse quadro, sustenta Grataloup,[896] que o art. 10, da Convenção Europeia dos Direitos do Homem, constitui o fundamento jurídico na investigação das origens familiares de qualquer pessoa. Conclui o autor, a partir do exame da jurisprudência do Tribunal Europeu dos Direitos do Homem, (TEDH) que a referida Corte tem proferido suas decisões com bastante cautela, a fim de não se comprometer no sentido de declarar, expressamente, a existência de um *direito geral* de o indivíduo receber informações de origem familiar e de caráter pessoal. Isso porque, o *direito ao conhecimento da própria origem genética*, interpretado em grau absoluto, poderá originar conflitos entre o direito do interessado em conhecer suas próprias origens familiares e o direito de terceiros de protegerem determinados fatos do passado que tenham sido propositadamente sepultados. O exercício ilimitado do *direito ao conhecimento da própria origem genética e familiar* poderá conduzir as investigações em uma grave violação de determinados direitos e liberdades de terceiras pessoas, atentando, consequentemente, o seu *direito geral de personalidade*. Por essas razões, a doutrina[897] e o Tribunal Europeu dos Direitos do Homem (TEDH), embora reconheçam e tutelem o direito de a pessoa conhecer sua origem genética e familiar, procuram salvaguardar o anonimato de terceiros, que possuam algum vínculo com o interessado. A preocupação do TEDH em proteger o anonimato de terceiras pessoas nas demandas em que o autor pretende realizar uma profunda investigação nas suas origens familiares e biológicas ocorre, geralmente, nas causas em que o interessado tenha sido adotado ou que tenha nascido de procedimentos de reprodução humana assistida heteróloga, procurando, a mencionada Corte europeia, salvaguardar o anonimato do doador de gametas ou a identidade da mãe.

De acordo com Grataloup, o fato de o TEDH proteger o anonimato de terceiras pessoas nas demandas em que o interessado pretenda realizar uma significativa investigação na obtenção do conhecimento de suas origens familiares e biológicas, conduziu alguns doutrinadores a afirmar que a referida Corte não interpretava o art. 7º, da Convenção das Nações Unidas sobre os Direitos das Crianças, como sendo

---

[895]   COPPART-OLLERICH, I. Le secret des origines. *RTD*. Sanit. Soc. 1994. nº 1, p. 1.

[896]   GRATALOUP, Silvain. *Ob. cit.*, p. 103.

[897]   FRANK, Reiner e HELMS, Tobias. *Ob. cit.*, p. 1258. GRATALOUP, Silvain. *Ob. cit.*, p. 107. COPPART-OLLERICH, I. *Ob. cit.*, p. 1-2.

um instrumento legal destinado a autorizar a criança a buscar sua origem genética e familiar.[898] Alerta o autor que o TEDH, embora se oriente no sentido de aceitar a possibilidade de um indivíduo buscar suas origens, fez apenas referência ao art. 7º da Convenção Internacional dos Direitos da Criança uma vez, no caso relativo à adoção de uma criança, que ocorreu contra a vontade e sem o consentimento do pai biológico dela. No referido julgado, o citado art. 7º não foi utilizado pelos julgadores na perspectiva de possibilitar à criança conhecer sua origem biológica, nem como fundamento para justificar os esclarecimentos sobre a adoção.

Grataloup, expressa ferrenha crítica em relação à interpretação do conteúdo do art. 7º, da referida Convenção, alegando que "há uma inevitável inadequação entre o liame jurídico e a filiação biológica na adoção. Dando-se a possibilidade à criança, no limite à adoção, de buscar suas origens, portanto seus pais biológicos, será necessário concluir que os adotantes não seriam seus pais. Ora, operando uma ruptura completa entre a filiação biológica e a filiação adotiva, chega-se a uma solução totalmente inversa à desejada pelo direito de filiação adotiva, obtendo a substituição dos pais legais por outros pais legais."[899]

Em decorrência dessa hesitação da jurisprudência, parte da doutrina europeia interpreta as decisões do TEDH como favoráveis à permanência dos nascimentos anônimos (*accouchement sous X*), no direito europeu, especialmente em relação aos países que acolheram a categoria em seu direito interno.[900]

No tocante à reprodução humana assistida, a matéria tem sido decidida pela Corte Europeia dos Direitos do Homem, apoiada no Princípio nº 13, do *Comité Ad Hoc D' experts sur les Progrès des Sciences Biomedicales (CAHBI)*, publicado em 1989, na qualidade de regra geral que determina que a identidade do doador de gametas deva ser mantida em sigilo pela equipe médica e demais profissionais de saúde envolvidos nos procedimentos de reprodução assistida heteróloga. Conforme falamos anteriormente, próprio CAHBI excepciona o mencionado Princípio em relação à identidade do doador de material genético, permitindo, na segunda parte da alínea 1, que a pessoa nascida mediante reprodução assistida heteróloga possa obter informações e o conhecimento relativo às características genéticas do doador, em caso de necessidade por razões de saúde ou por solicitação de um conselho médico genético, predominando, diante de eventual colisão de direitos, o *direito à saúde* e às *necessidades superiores* do ser humano ante o direito ao *segredo profissional*, cujo titular é o doador de gametas ou a eventual mãe substituta.

Nesse caso, o direito ao anonimato deverá ceder ao direito à saúde do indivíduo, concebido mediante reprodução artificial.

Convém recordar que a alínea 2, do Princípio nº 13, do *CAHBI*, abre outra exceção, ao admitir que o direito nacional dos países membros do Conselho da Europa possa prever que a criança, há um tempo apropriado, poderá ter acesso às informações relativas à modalidade técnica e ao processo de sua concepção ou mesmo o conhecimento da identidade do doador.

---

[898] GRATALOUP, Silvain. *Ob. cit.*, p. 112.

[899] GRATALOUP, Silvain. *Ob. cit.*, ps. 113.

[900] Nesse sentido, é importante a análise do *affaire Odièvre*, infra.

Além das exceções acima mencionadas, que autorizam a deflagração da ação destinada ao conhecimento da origem genética e familiar da pessoa, prevalece o direito ao anonimato do doador de gametas para a utilização em reprodução assistida heteróloga. As normas internacionais cuidam de prover o anonimato da mãe da criança vedando, em determinados casos, a possibilidade de interposição de ação própria para o conhecimento, pelo filho, de sua própria origem genética e familiar.

Embora a Alemanha, a Bélgica e os países nórdicos, em decorrência de sua longa tradição consuetudinária, tenham recepcionado de imediato o *direito ao conhecimento da própria origem genética e familiar*, como categoria jurídica no seu direito interno, o citado direito vem sendo aplicado, na prática forense, com cuidadosa discrição.

A adoção do princípio do *verdadeiro pai biológico* e a ideia de o filho, nascido a partir da reprodução assistida heteróloga ou adotado pelo procedimento da adoção plena, ser titular de um *direito ao conhecimento de sua própria origem genética e familiar* reacenderam os debates em torno das noções de *verdade biológica* e de *verdade sociológica*.[901] Assim, em princípio, pode-se afirmar que os países que outorgam ao indivíduo, nascido mediante reprodução assistida heteróloga, o direito de conhecer seu verdadeiro ascendente biológico, conjugam os princípios da *verdade biológica* e da *verdade sociológica*, uma vez que o doador de gametas, o genitor biológico, é revelador da *verdade biológica* e o genitor legal, ou social, expressa a *verdade sociológica*. Ao contrário, em países em que se encontram restrições à aplicação do *direito ao conhecimento da própria origem genética e familiar*, prepondera o princípio da *verdade sociológica*. A atuação harmonizante da Convenção Europeia, no tocante à matéria, sobre o direito interno dos países membros, provocou uma mudança considerável na jurisprudência de alguns países em relação ao sistema de atribuição da paternidade em casos de filiação oriunda de reprodução humana assistida heteróloga e de adoção plena, originando um critério misto, que vem sendo denominado pela doutrina de princípio ou critério *da verdade semissociológica*.[902]

Grataloup[903] em seu precioso estudo sobre os direitos da criança nas normas europeias denuncia a grave divergência entre as normas da Convenção Europeia, destinada à proteção dos direitos do homem, e o relatório da Conferência de Haia sobre a proteção das crianças e a cooperação internacional, que estabelece que "o direito da criança em obter informações sobre sua origem é indiscutível [...]," germinando, assim, um conflito de normas internacionais cuja solução está longe de ser encontrada.

Por fim, verificamos que a jurisprudência europeia sobre o *direito ao conhecimento da própria origem genética e familiar* de uma pessoa é conflitante e frequentemente contraditória. Da mesma maneira, encontram-se incertezas nas decisões judiciais europeias, não havendo nenhum esforço no sentido de ser consagrado um direito absoluto da criança em relação à verdade biológica da filiação.

A prudência nas decisões emanadas pela Corte Europeia, segundo Grataloup, reside no fato de haver uma dupla diversidade. A primeira, em razão de as legislações europeias serem heterogêneas, oscilando ora pela preeminência da verdade biológica, ora pela primazia da verdade social, consagrando o parentesco afetivo em detrimento

---

[901] A Alemanha, a Áustria e a Suécia se filiam ao critério da verdade biológica enquanto que a França, a Espanha e a Dinamarca se filiam à corrente oposta, dando preferência à atribuição da paternidade segundo o critério da verdade sociológica.

[902] GRATALOUP, Sylvain. *Ob. cit.*, p. 73.

[903] GRATALOUP, Silvain. *Ob. cit.*, p. 171-172.

do parentesco biológico. A segunda, pelo fato de permanecer uma inadequação entre as disposições nacionais e as normas europeias, resultantes de sólidas reservas e da diversidade cultural.

Tais cuidados não foram devidamente tomados pelo legislador brasileiro, ao trazer para o direito positivo, mediante a reforma do art. 48, do Estatuto da Criança e do Adolescente, o direito ao conhecimento da própria origem biológica do adotado. Utilizando o critério do "copio tudo, mas não sei do que se trata", o legislador brasileiro irrefletidamente inseriu, mediante a promulgação da Lei nº 12.010/2009, uma cláusula geral ilimitada, outorgando ao adotado o direito de conhecer sua origem biológica, bem como de obter acesso irrestrito ao processo no qual a medida foi aplicada e seus eventuais incidentes, sem ter, necessariamente, fixado o âmbito e os limites de atuação deste novo direito, consoante será examinado em capítulo próprio.

Embora o direito da criança à sua família de origem se constitua em um princípio maior no direito europeu, este direito, ainda, precisa ser construído, dispensando-se as necessárias preocupações à família socioafetiva, a qual clama pelos mesmos cuidados que merece a família biológica.[904]

2.4 O direito ao conhecimento da própria origem genética e familiar no Direito francês

O *direito ao conhecimento da própria origem genética e familiar* não recebeu boa guarida na França devido à prevalência da categoria dos *partos anônimos* e do segredo que cercam esses nascimentos, bem como em torno da identidade das pessoas envolvidas, oriundo do costume praticado desde a Idade Média.[905]

Há franca predominância da categoria dos *partos anônimos* ou *nascimentos secretos* sobre o *direito ao conhecimento da origem biológica* na França. Aquela instituição constitui-se em um sistema jurídico completo, organizado e bem regulamentado, com efeitos opostos ao sistema jurídico do *direito ao conhecimento da origem genética*, desenvolvido na Alemanha.

Por influência das convenções europeias e resoluções do Parlamento europeu para a infância e adolescência, o *direito ao conhecimento da origem genética* vem sendo reconhecido, também, na França em algumas circunstâncias específicas.

A admissibilidade de tutela do *direito ao conhecimento da origem biológica* vem sendo reconhecida, algumas vezes, pelo direito interno francês no tema da adoção. Por essa razão, vamos nos ater, principalmente, ao exame do direito das origens no direito francês, em matéria de adoção.

A legislação francesa ao tratar da adoção optou pelo critério dicotômico. O Código Civil francês dispõe nos arts. 343 a 359 sobre a *adoção plena* e nos arts. 360 a 370-2 regulamenta a *adoção simples*. Analisaremos, a seguir, as duas categorias iniciando o estudo da adoção simples.

---

[904] GRATALOUP, Silvain. *Ob. cit.*, p. 115.

[905] A França, na qualidade de membro da União Europeia e das Nações Unidas, encontra os fundamentos do *direito ao conhecimento da própria origem genética e familiar*, assim como os demais países da União Europeia, nas disposições da Convenção Europeia dos Direitos do Homem de 1950 e na Convenção das Nações Unidas sobre os Direitos das Crianças, de 1989.

1) O regime da adoção simples no sistema jurídico francês destina-se à adoção de pessoas de qualquer idade, maiores ou menores, constituindo um vínculo de parentesco entre o adotante e o adotado de natureza meramente civil. O adotado não rompe os vínculos familiares com sua família biológica permanecendo, inclusive, os direitos hereditários. Como principal efeito da adoção simples, surgem os impedimentos matrimoniais que se estabelecem entre o adotado e sua família de origem, estando estes impedidos de casar entre si.[906] Contando o adotando com mais de 13 anos de idade deverá emitir, necessariamente, o consentimento pessoal em ser adotado.

O regime da adoção simples na França difere, todavia, do antigo sistema da adoção simples do Código Civil brasileiro de 1916. Enquanto no direito francês qualquer modalidade de adoção exige intervenção judicial, a antiga adoção simples, praticada no Brasil, constituía-se em um negócio jurídico de direito de família, realizado mediante escritura pública, contendo as declarações do adotante, do adotado, quando capaz e dos pais biológicos do adotado, sem intervenção judicial.

No regime da adoção simples, pelo fato de, a mesma, não desconstituir o vínculo familiar do adotado com sua família biológica, nem haver envolvimento com o *direito ao segredo* em relação à adoção, não há que se falar em *direito ao conhecimento da própria origem genética e familiar.*

2) A adoção plena na França exige o cumprimento de alguns pressupostos que consistem na exigência de o casal adotante possuir idade igual ou superior a 21 anos ou, pelo menos, que um dos adotantes conte com idade superior a 21 anos; que sejam casados há mais de dois anos e não tenha ocorrido a separação de corpos. A adoção, também, poderá ser realizada por qualquer pessoa que possua idade superior a 21 anos. A adoção plena na França, tal qual a do Brasil, tem por principal efeito conferir à criança uma nova filiação, que substitui a filiação de origem, desligando-se quase por completo de sua família biológica perdurando, tão somente, os impedimentos matrimoniais. O adotado passará a pertencer à família dos adotantes, adquirindo o nome familiar e os mesmos direitos e as obrigações que teria um filho biológico.

Na adoção plena, principalmente quando se tratar de adoção de criança ou adolescente oriunda de um abrigo ou entidade assistencial pública, poderá surgir o interesse de os adotantes ou do próprio adotado de conhecer as circunstâncias do nascimento e a identidade dos pais biológicos. A vontade firme do adotado ou dos adotantes de conhecer a identidade dos genitores e as circunstâncias do nascimento da criança adotada, provocou o ajuizamento de diversas Reclamações perante o TEDH, por meio das quais, pretenderam os adotados romper com o segredo absoluto assegurado pelos *accouchement sous X*, sendo o *affaire Odièvre x République Française*, um dos mais significativos arestos sobre o tema em estudo.

2.4.1 O aresto do Tribunal europeu dos direitos do homem de 13.02.2003 - *affaire odièvre x république française*

No Capítulo 2.3 supra, dedicado ao estudo do tema no âmbito do direito internacional, afirmamos que parte da doutrina europeia interpreta as decisões do Tribunal Europeu dos Direitos do Homem (TEDH) como sendo favoráveis à

---

[906] CCFr. Arts. 360 a 365.

permanência da categoria dos *nascimentos incógnitos* (*accouchement sous X*), no direito interno dos países da União Europeia que a acolheu.

Sobre esse fato não restam dúvidas, segundo nosso entendimento, devidamente respaldado no citado caso Odièvre contra Republica da França, decidido pelo TEDH no ano de 2003.

No *affaire Odièvre x République Française* decidiu a Corte Europeia, por maioria, que o direito interno francês, que tutela os partos anônimos, é compatível com as disposições da Convenção Europeia dos Direitos do Homem, sendo, consequentemente, os *nascimentos anônimos* (*accouchement sous X*) perfeitamente legítimos. Na espécie, efetivamente, o direito nacional aplicado para a composição do conflito de interesses atendeu a um equilíbrio e a uma proporcionalidade necessários aos interesses postos em causa, não criando nenhum conflito de preceitos entre o instituto do *parto anônimo* e as normas convencionais. Ouça-se a dicção do destaque do aresto:

> [...] la Cour européenne des droits de l'homme le 12 mars 1998, alléguant la violation de l'article 8, ainsi que de l'article 14 combiné avec l'article 8 de la Convention européenne des droits de l'homme qui consacrent le droit au respect de la vie privée et familiale ainsi que l'absence de discrimination en raison de la naissance. [...] *la Cour estime que la législation française relative à l'accouchement sous X ne viole pas ces articles de la Convention européenne des droits de l'homme* car elle tend à atteindre un équilibre et une proportionnalité suffisante entre les intérêts en cause.[907]

O *affaire Odièvre* diz respeito ao caso de uma cidadã francesa, Pascale Odièvre, nascida em 23.03.1965, em Paris, sob a modalidade de parto anônimo, tendo sua mãe biológica subscrito o ato de entregar sua filha aos serviços de assistência da infância, após o nascimento. Recebida e assinada a informação declaratória de abandono da criança, foi esta ao Serviço de Assistência Social da Infância do DASS.[908] Formalizado o abandono, a requerente foi registrada em 01.07.1965, sob nº 280.326, como pupilo do Estado, na Secretaria de Estado do Sena. Aos 10.01.1969, Pascale foi adotada mediante adoção plena, pelo casal Odièvre, donde se originaram seu nome e sua identidade pessoal.

Anos depois, Pascale Odièvre tomou conhecimento da existência do registro como ex-aluna do Serviço de Assistência Social da Infância do Departamento do Sena. Em virtude desse fato, procurou a interessada, em dezembro de 1990, obter informações sobre sua família originária e as circunstâncias de seu nascimento. Em resposta ao pedido requerido, o DASS enviou um Boletim de informações relativas a uma determinada criança internada no hospital St. Vincent Hospice Paul de Paris, constando no lugar das informações sobre a vida da requerente a expressão "SECRET". A recusa do DASS em fornecer informações sobre a identidade dos genitores biológicos e das circunstâncias que envolveram o nascimento da interessada estava fundamentada no fato de que a divulgação desses segredos familiares violaria o direito ao segredo dos genitores em relação aos fatos que envolviam o nascimento da requerente.

---

[907] TEDH. *Affaire Odièvre x France/Accouchement sous X*. Requête nº 42.326/98. Julg.13.02.2003. Disponível em: <http://www.coe.int/T/F/affaires_juridiques/>. Último acesso em: 13 dez. 2009.

[908] DASS - Direction Departamentale de l'Action Sanitaire et Sociale de France.

Em 27.01.1998 a interessada requereu junto do Tribunal de Grande Instância de Paris uma *requête* com o objetivo de lhe serem revelados os fatos secretos que envolviam seu nascimento, mediante a pretensão de realizar o exame de todos os documentos públicos, escrituras e extratos integrais dos atos civis de seu nascimento, uma vez que o DASS havia negado o fornecimento das informações sobre seus genitores e seu nascimento.

Processado o feito e decorrido o trâmite normal, o Vice-Presidente da Primeira Câmara do Tribunal de Grande Instância se manifestou no sentido de que a requerente deveria, primeiramente, exaurir os procedimentos da esfera administrativa antes de valer-se da esfera judicial. Mediante a interposição de procedimento administrativo próprio, poderia a interessada obter a desclassificação do elemento *segredo* que envolve o caso, pretensão que seria, de qualquer maneira, de acordo com seu juízo, contrária aos ditames da Lei de 08.01.1993. Assim sendo, indeferiu o Tribunal de Grande Instância de Paris a Reclamação que lhe havia sido dirigida por Pascale Odièvre.

Inconformada com o insucesso de sua pretensão perante o Judiciário francês, Pascale Odièvre ingressou aos 12.03.1998 perante a Corte Europeia dos Direitos do Homem, com uma *Reclamação* contra a República da França, sendo a *requête* autuada sob nº 42.326/1998. Nos fundamentos do pedido, afirmou a interessada que o alegado direito ao segredo que envolve seu nascimento e a impossibilidade jurídica de conhecer sua origem biológica constituem uma violação ao *direito ao respeito à sua vida privada e familiar,* previsto no art. 8º, da Convenção Europeia dos Direitos do Homem, estando, portanto, vedada qualquer ingerência da autoridade pública no exercício deste direito. Alegou, também, que a negativa da autoridade administrativa de fornecer as informações requeridas caracterizava-se em uma modalidade de discriminação em relação ao seu estado pessoal, contrariando, dessa forma, o mandamento contido no art. 14, da Convenção Europeia dos Direitos do Homem.

Após longo trâmite, a *Grande Chambre* do Tribunal Europeu dos Direitos do Homem decidiu, por maioria,[909] que a legislação francesa que tutela o *parto anônimo* é perfeitamente compatível com as disposições da Convenção Europeia dos Direitos do Homem, sendo, consequentemente, os *nascimentos anônimos (accouchement sous X)* perfeitamente legítimos. Segundo esse entendimento, rejeitou a Corte Europeia dos Direitos do Homem por maioria a pretensão da reclamante.

Verifica-se do exame da decisão de 2003, do Tribunal Europeu dos Direitos do Homem, parcialmente transcrita acima, que o Tribunal Europeu declarou que a legislação francesa que permite os partos anônimos está em harmonia com as disposições, pertinentes à espécie, contidas na Convenção Europeia dos Direitos do Homem sem, no entanto, aprofundar o mérito da questão. Segundo a decisão em comento, cumpre à Corte internacional, tão somente, verificar se o Judiciário do país membro da União Europeia observa, no caso concreto, os requisitos trazidos nos arts. 8º e 14, da Convenção Europeia dos Direitos do Homem,[910] dispositivos legais arguidos

---

[909] A minoria vencida, que julgou favoravelmente ao provimento da pretensão de Pascale Odièvre, considerou que a legislação francesa, de acordo com as circunstâncias postas em causa, não conseguiu encontrar um justo equilíbrio entre os interesses opostos dos demandantes, tendo ocorrido violação ao art. 8º da Convenção Europeia dos Direitos do Homem pela República da França.

[910] CEDH, art. 8º - Droit au respect de la vie privée et familiale. 1. Toute personne a droit au respect de sa vie privée et familiale, de son domicile et de sa correspondance. 2. Il ne peut y avoir ingérence d'une autorité

na Reclamação nº 42.326/1998. O Tribunal examina, também, se, efetivamente, a medida originária protege a vida e os reais interesses da criança e se o Estado-membro não ultrapassou os limites de sua discricionariedade. Confere, do mesmo modo, se foi realizada a ponderação proporcional dos interesses da pessoa diante dos bens jurídicos tutelados no inciso II, do art. 8º, da Convenção Europeia dos Direitos do Homem.[911]

Assim, tendo o Tribunal de Grande Instância de Paris, no presente caso concreto, respeitado os ditames dos arts. 8º e 14, da Convenção Europeia dos Direitos do Homem, ponderando, adequadamente, os interesses da pessoa diante dos bens jurídicos tutelados no inciso II, do art. 8º, e protegido, adequadamente, a vida privada e os reais interesses da reclamante, entendeu a referida corte supranacional pela inexistência de violação às normas internacionais, quer pela legislação, quer pelo Judiciário da França.

Não obstante albergue o direito francês a prática e o direito ao exercício dos *accouchements sous X*, salvaguardando o direito da mãe de manter o anonimato de sua identidade pessoal, da identidade do pai e das circunstâncias que cercam o nascimento de seu filho, pouco a pouco, por influência das Convenções internacionais, vem-se admitindo sejam conhecidos fatos relativos ao nascimento da criança e a identidade de seus pais, quando ela for entregue a uma entidade assistencial pública para ali ser criada, relativizando e harmonizando, dessa maneira, o instituto do parto anônimo.[912]

Este tema possui especial interesse quando, por ocasião da adoção, terceiros adotantes pretendam obter informações e conhecer as circunstâncias do nascimento da criança e a identidade dos pais biológicos. O mesmo interesse investigativo em averiguar a ascendência biológica pertence ao filho, cuja identidade dos pais e os fatos que cercaram seu nascimento foram mantidos sob o manto do segredo.

2.4.2 O direito ao conhecimento de informações extraídas de dossiês, documentos administrativos e de dados genéticos de pessoas adotadas

A possibilidade de terceiros virem a obter informações e conhecer as circunstâncias do nascimento da criança e a identidade de seus pais surgiu a partir da admissibilidade do direito de todo cidadão pedir informações à administração pública e de conhecer o conteúdo de seus dossiês relativos aos fatos que lhe concernem.[913] Em

---

publique dans l'exercice de ce droit que pour autant que cette ingérence est prévue par la loi et qu'elle constitue une mesure qui, dans une société démocratique, est nécessaire à la sécurité nationale, à la sûreté publique, au bien-être économique du pays, à la défense de l'ordre et à la prévention des infractions pénales, à la protection de la santé ou de la morale, ou à la protection des droits et libertés d'autrui.
CEDH· art. 14 - Interdiction de discrimination. La jouissance des droits et libertés reconnus dans la présente Convention doit être assurée, sans distinction aucune, fondée notamment sur le sexe, la race, la couleur, la langue, la religion, les opinions politiques ou toutes autres opinions, l'origine nationale ou sociale, l'appartenance à une minorité nationale, la fortune, la naissance ou toute autre situation.

[911] BONNET, Vincent . *Ob. cit.*, p. 406.

[912] O art. 7º da Convenção Internacional dos Direitos das Crianças assim determina: "L'enfant est enregistré aussitôt sa naissance et a dès celle-ci le droit à un nom, le droit d'acquérir une nationalité et, dans la mesure du possible, le droit de connaître ses parents et être élevé par eux".

[913] VERDIER. *Ob. cit.*, p. 72. Ensina Verdier que o direito de qualquer pessoa consultar os documentos pertencentes aos dossiês da administração pública consiste, tão somente, no direito de o consulente tomar conhecimento dos dados e das informações que a administração pública possui em seus registros, não se constituindo, de modo algum, aquelas informações em um *direito à verdade*.

relação ao exercício do direito à informação, os órgãos da administração pública, quando consultados, exibem apenas os dados que possuem em seus arquivos, nada mais. É vedado à administração pública opor ao requerente as regras que cuidam do segredo profissional, do direito à privacidade e do segredo médico, uma vez que, em princípio, todas as pessoas possuem direito de acesso aos dossiês pessoais, desde que o assunto a ser pesquisado tenha algum vínculo com elas. Todavia, tratando-se de consulta sobre informações relativas aos documentos administrativos ou de dados genéticos, cujas informações atingiriam os segredos tutelados por lei,[914] poderá a administração pública vedar o acesso do consulente aos arquivos ou negar-se a prestar as informações solicitadas.[915] Perdura, nessa hipótese, o *direito ao segredo dos dados genéticos*, destinado a tutelar o *direito à confidencialidade dos dados pessoais relativos à saúde* da pessoa.[916]

A obtenção de informações e do conhecimento dos fatos sobre o nascimento de criança a ser adotada poderá ser exercida pelos adotantes, mediante exame dos dossiês que se encontram arquivados nas repartições públicas. É facultado aos adotantes requerer consulta dos dossiês da criança enquanto esta for menor de idade. Alerta Verdier[917] que os pais adotivos podem consultar o dossiê do filho adotivo não em nome próprio, mas na qualidade de representantes legais do filho. Tornando-se o adotado maior de idade, perdem os pais adotivos a prerrogativa de consultar o dossiê de seu filho adotivo, uma vez que eles perdem a representação legal do filho pela aquisição da capacidade plena pelo mesmo. Demonstra Verdier que o direito à consulta dos dossiês pelos adotantes não consiste em um direito pessoal destes, mas sim, um direito do filho o qual, enquanto menor, é exercido por seus representantes legais.

Em contrapartida, os pais biológicos da criança que perderam os laços de parentesco civil e o poder familiar em relação ao filho devido à adoção, não poderão, em princípio, consultar o dossiê, nem obter maiores informações sobre os aspectos que envolvem a vida do filho dado em adoção. Entretanto, parte dos documentos que compõem o dossiê da criança colocada em adoção pode dizer respeito a eles. Desse modo, tratando-se de terceiros que possuem envolvimento com os fatos, poderão estes tomar conhecimento dos documentos e registros, cujo conteúdo lhes concerne, uma vez que na França toda pessoa possui o direito à informação sobre o conteúdo dos documentos de caráter nominativo que lhe é concernente, podendo requerer à autoridade o fornecimento das informações.[918]

A Lei de 17.07.1978, ao regulamentar o direito de a pessoa possuir acesso a documentos nominativos, arquivados ou retidos por qualquer órgão da administração, seja pública ou particular, estendeu o direito dos pais biológicos ao acesso de documentos nominativos que estejam na posse de entidades privadas que cuidam de adoções.

Obedecendo a esses limites, poderão os pais biológicos consultar e conhecer todos os fatos que dizem respeito a eles e ao seu filho, até o momento da colocação dele para a adoção, pois a partir da colocação da criança para a adoção, cessa o direito

---

[914] A matéria é regulamentada na França pela Lei nº 78-753, de 17.07.1978.

[915] LOBATO DE FARIA. *Donnés Génétiques Informatisés – Un Nouveau Défi a la Protection du Droit à la Confidentialité des Données Personnelles de Santé*, p. 237 e ss. VERDIER . *Ob. cit.*, p. 80.

[916] LOBATO DE FARIA. *Ob. cit.* p. 286 – 297.

[917] VERDIER . *Ob. cit.*, p. 103.

[918] Art. 7º, da Lei nº 78-753, de 17.07.1978.

de os genitores biológicos tomarem conhecimento dos fatos que cercam a pessoa de seu filho. Isso porque os pais biológicos, ao colocarem seu filho para a adoção, perdem a autoridade parental em relação a este filho. Assim, não sendo os pais biológicos os representantes legais do filho, nem possuindo o poder familiar, seu direito ao acesso ao dossiê se limita aos fatos que dizem respeito a eles, exercendo seu direito como terceiros, a quem o caso diga respeito. [919]

Parte da doutrina francesa propõe a vedação aos pais biológicos, que tenham colocado seu filho para adoção, do exercício do direito ao acesso às informações sobre ele. Sustentam que, na realidade, o dossiê é do filho e não dos pais biológicos, podendo, consequentemente, o poder público e as entidades assistenciais recusarem o acesso destes às informações. [920]

A jurisprudência, de longa data, tem-se manifestado no mesmo sentido, consoante se verifica do exame de um antigo aresto do Tribunal de Riom, [921] cuja ementa, assim soa:

> *Accouchement sous X: Em accouchant de façon anonyme, la mère a voulu que son enfant ne puisse jamais être rettaché juridiquement à sa personne; ainsi, cet enfant, n'a aucune filiation juridique connue et il est donc impossible de faire coïncider son acte de naissance avec la reconnaissance faite par le père avant la naissance.[922]*

Segundo o aresto, enquadram-se os genitores biológicos juridicamente como terceiros. Razão pela qual possuem estes somente o direito ao acesso às informações que lhes digam respeito e não ao filho. Consequentemente, não possuem os genitores biológicos nenhum direito ao acesso às informações que digam respeito à família adotiva e aos atos que envolvam a adoção.

Verifica-se que na França existe a possibilidade de o filho, ou mesmo terceiros que possuam algum vínculo jurídico social com o fato do nascimento de uma pessoa vir a obter informações e conhecer as circunstâncias do nascimento da criança e a identidade dos genitores junto aos órgãos da administração pública, nos limites da Lei nº 78-753, de 17.07.1978, destinada a regulamentar o direito à liberdade de acesso aos documentos administrativos e da reutilização das informações públicas.

Embora esteja o cidadão francês ou estrangeiro autorizado a exercer o direito de acesso aos dossiês pessoais nas repartições públicas francesas, em relação ao direito de filiação, continua predominando o direito ao segredo da identidade da parturiente e do pai biológico da criança, podendo ambos manter-se incógnitos, entre outros fatos que envolvam o nascimento do filho.

---

[919] VERDIER . *Ob. cit.*, p. 109

[920] VERDIER . *Ob. cit.*, p. 107-109.

[921] Tribunal de Riom, j. de 10.03.1998. JCP. 98, II. V. nº 10.147. 1998.

[922] Leia-se o seguinte aresto:
Tribunal de Riom, j. de 16.12.1997. JCP, 98, II, v. nº 10.147. 1998.
"Reconhecimento pré-natal e nascimento incógnito.
O reconhecimento pré-natal de uma criança identificada por sua mãe, não possui nenhum valor jurídico, uma vez que esta criança nasceu de mãe desconhecida antes de ser colocada para adoção. A única possibilidade ao pai de reclamar a restituição da criança se encontra no art. 351, do CCfr., cabendo-lhe provar, dentro do prazo de dois meses a partir do recolhimento, a coincidência entre o reconhecimento e o nascimento.

2.5 O direito ao conhecimento da própria origem genética e familiar no Direito alemão

A categoria jurídica do direito *ao conhecimento da própria origem genética* deve sua teorização e o pioneirismo em sua prática ao direito alemão.

O *direito ao conhecimento da própria origem genética (Recht auf kenntnis der eigenen Genetische Abstammung)* se consagrou e se firmou como um "novo direito", protegido em nível constitucional, a partir da promulgação do aresto de janeiro de 1989, proferido pelo Tribunal Constitucional Federal da Alemanha, o *Bundesferfassungsgericht, (BVerfG).*[923]

O Tribunal Constitucional Federal havia reconhecido anteriormente a existência desse mencionado direito, mediante a decisão de 18.01.1988. No entanto, a Corte Constitucional Federal pronunciou-se, nesse julgado, de maneira pouco precisa, não fixando o âmbito de atuação, nem as limitações dessa "nova" categoria jurídica, deixando muitas indagações sem resposta.

No aresto proferido em 31.01.1989, declarou o Tribunal Constitucional Federal o *BVerfG* que "o d*ireito ao conhecimento da própria origem genética e familiar* de uma pessoa é abrangido por seu *direito geral de personalidade,* o qual permite não só a alteração do estado familiar do indivíduo, autorizando, também, ao interessado, pedir judicialmente esclarecimentos sobre sua verdadeira ascendência biológica e sobre as circunstâncias que envolveram seu nascimento".[924]

A jurisprudência alemã, por meio de sua Corte Constitucional Federal, tomando posição inovadora sobre a matéria, decidiu no sentido de que todo filho, nascido de técnicas de inseminação artificial heteróloga, ao atingir a maioridade, possui o direito de conhecer seu verdadeiro pai biológico, com vistas a alterar seu estado familiar e pedir esclarecimentos sobre sua verdadeira origem e ascendência biológica.

Embora o aresto do Tribunal Constitucional Federal alemão de 31.01.1989 tivesse provocado repercussão estrondosa na comunidade jurídica, com a afirmação de ter-se constituído um "novo direito", o *direito ao conhecimento da própria origem genética e familiar* de um indivíduo não é considerado, por muitos doutrinadores, um direito tão novo assim.

O direito alemão vigente no período da Baixa Idade Média admitia a prática do segredo das identidades da parturiente, do pai da criança e das circunstâncias que envolviam o nascimento do filho.[925]

Mais tarde, o direito alemão que vigeu entre os sécs. XIV e XIX ampliou a prática do juramento nos processos judiciais, empregando-o, inclusive, nas causas cíveis. Assim, passou-se a exortar a mulher parida, que pretendesse tornar anônimo seu parto, de revelar-se e denunciar a identidade do genitor da criança à autoridade pública.

No âmbito do direito de família, os magistrados alemães utilizavam o sistema probatório mediante *juramento* e, assim, muitas vezes, era a mulher não casada e que fosse mãe obrigada a revelar publicamente, sob juramento, o nome do genitor de seu filho quando ele se mantivesse incógnito.

---

[923] BVerfG, aresto de 18.01.1988. *NJW.* 1988, 3.010. Aresto de 31.01.1989, *Juristen Zeitung,* 1989.

[924] BVerfG, aresto de 18.01.1988. *NJW.* 1988, Verbete: 3.010.

[925] A história tem considerado que origem da Alemanha remonta ao séc. X, A.C, quando tribos teutônicas se instalaram no atual território da Alemanha. Outros atribuem a origem da Alemanha a partir do advento do Sacro Império Romano Germânico, que remonta ao séc. VIII A.D até 1806, considerado o primeiro *Reich* alemão.

Dos mais conhecidos casos de uma mulher não casada ser obrigada, sob juramento, de revelar publicamente o nome do pai de seu filho, tratado pela literatura, é o da mãe do famoso mago Merlin, conselheiro do Rei Arthur, que possuía a alcunha de "o nascido sem pai".[926] Segundo conta a lenda, a mãe de Merlin, a Princesa Niniane de Dyfed, que era donzela, foi obrigada a revelar mediante imprecação aos juízes (os *druidas-brithem*),[927] a identidade de quem a houvera seduzido e engravidado. A Princesa Niniane ao engravidar ocultou de todos os habitantes a identidade do pai de Merlin para protegê-lo, afirmando que Merlin seria filho de um íncubo, o qual tomando a forma humana a houvera seduzido. Por essa razão, Merlin desconheceu a identidade de seu verdadeiro pai por muitos anos.

Frank e Helms[928] sustentam que o *direito ao conhecimento da própria origem genética e familiar* é uma categoria conhecida há muito tempo na Europa, sendo encontrada na Alemanha em estado embrionário no período da Alta Idade Média e reconhecida como instituição jurídica desde o séc. XIV. Tal pensamento, porém, não encontra o mesmo eco entre os autores franceses, uma vez que a França manteve em seu sistema jurídico os *accouchements sous X*, como categoria jurídica absoluta, até o arrebol do séc. XX.

A revelação forçada do nome do genitor da criança, quando ele se mantivesse incógnito, permitia ao filho, nascido fora do casamento, conhecer a identidade de seu pai biológico e, eventualmente, estabelecer o vínculo de paternidade/filiação. Essa modalidade de conhecimento da identidade biológica do genitor prevaleceu, perante o direito alemão, do séc. XIV até 31.12.1899, quando passou a viger o direito de família regulado pelo Código Civil, (o BGB).[929]

A promulgação do Código Civil alemão de 1896 trouxe uma grande divisão na doutrina em relação ao tema, que gravitava em torno da admissibilidade ou não de possuir o filho o direito de ação no sentido de estabelecer sua ascendência biológica perante o novo ordenamento jurídico codificado.

A corrente predominante que se constituiu a esse tempo, fundada na ideologia burguesa, que considerava apenas a família legítima oriunda do matrimônio, negava a possibilidade de o filho ser titular de algum direito de ação para estabelecer sua ascendência biológica e a obtenção da respectiva prestação alimentar de seu verdadeiro genitor. A paternidade de uma criança, nascida fora do casamento somente poderia ser declarada incidentalmente, no âmbito de uma ação de alimentos. Essa posição petrificou-se tornando-se extremamente arraigada no pensamento jurídico alemão.

---

[926] BORON, Robert de. *Merlin*, p. 9 e seg.. Conta a lenda que Myrddin Emrys, mais conhecido por Merlin Ambrosius, era filho da Princesa Niniane com um incubo, fato que justificaria seus profundos conhecimentos de teurgia. Merlin era, na realidade, filho biológico do Conde Ambrosius que acabou, mais tarde, se tornando rei da Bretanha. Anos após seu nascimento, Merlin veio a conhecer sua origem biológica ao encontrar seu verdadeiro pai, ajudando-o a invadir a Bretanha e retomar o posse do trono que por direito era seu. Merlin foi grão-druida da classe *filid*, a mais elevada dos druidas, sendo os primeiros registros de sua aparição datados do séc. X. Merlin foi mago, profeta e conselheiro do rei Arthur.

[927] Os druidas da classe *brithem* exerciam função de pretores. Os celtas não possuíam um conjunto normativo escrito. Os druídas *brithem* eram conhecedores profundos das normas costumeiras, dirimindo os conflitos e resolvendo os problemas que surgiam entre o povo. Os druidas da classe *filid* eram considerados descendentes diretos das divindades. Constituíam a mais alta classe dos druidas e sua função era sacerdotal, sendo responsáveis pelos rituais religiosos e mágicos. Merlin era um druida da classe *filid*.

[928] FRANK, Reiner e HELMS, Tobias. *Ob. cit.*, p. 1258.

[929] FRANK, Reiner e HELMS, Tobias. *Ob. cit.*, p. 1258.

O advento do regime político-ideológico do Nacional Socialismo, na Alemanha, modificou radicalmente a jurisprudência firmada a partir da exegese do Código Civil que passou a viger a partir de janeiro de 1900. A classe política dominante para fundamentar e sustentar sua abominável doutrina da "raça ariana pura" passou a investir maciçamente na realização de pesquisas sobre as origens raciais e genéticas das pessoas, que se estenderam para muito além do domínio do direito da infância e da adolescência.[930]

A doutrina nacional-socialista desenvolveu e aplicou exageradamente a busca da ascendência biológica das crianças alemãs com a finalidade de verificar e tentar manter a "pureza da raça ariana", separando estas dos indivíduos miscigenados ou que tivessem algum resquício de origem judaica ou cigana. Aplicando a *teoria do verdadeiro pai biológico* (*Theorie der Wirkliche Biologischer Vater*), que teve seu maior desenvolvimento na Alemanha nazista, o Supremo Tribunal do Reich, louvando-se dos ditames do §640 e seguintes, do Código de Processo Civil (ZPO), utilizou a ação de investigação da paternidade (die *Abstammungsfeststellungsklage*), para investigar as origens biológicas e familiares das pessoas residentes na Alemanha, a fim de verificar e separar as pessoas que seriam consideradas de "origem ariana" das pessoas denominadas de "origem obscura" ou de "sangue espúrio," (*Blutsfremde*).[931] [932]

A queda do regime praticado pelo III Reich afastou a aplicação da investigação da paternidade para a descoberta das origens biológicas e familiares das pessoas, mesmo em casos de mera pretensão do conhecimento da ascendência biológica do indivíduo. Embora a busca da verdadeira origem biológica das pessoas tivesse substrato originário no preconceito e no ódio racial, as pesquisas, inegavelmente, contribuíram para o desenvolvimento da genética, trazendo um grande progresso e aperfeiçoamento das técnicas da investigação da paternidade.[933]

A jurisprudência do Supremo Tribunal do Reich constituída durante o período do regime nacional socialista, porém, não alterou a jurisprudência alemã tradicional nesta matéria, orientando-se, a mesma, no sentido de negar ao filho qualquer possibilidade de ser titular de uma pretensão judicial ao conhecimento da própria origem genética, mediante a interposição da *Auskunftanspruch*, medida destinada à obtenção de informações sobre dossiês de pessoas ou situações jurídicas, contidas em repartições e órgãos públicos.[934] A nova jurisprudência que se constituía não conseguiu abalar a forte oposição da doutrina alemã do início do séc. XX contra a ideia de uma pessoa possuir o direito de ação destinado ao conhecimento da verdadeira ascendência biológica.[935]

---

[930] FRANK, Reiner e HELMS, Tobias. *Ob. cit.*, p. 1258. A ideia da busca do verdadeiro pai biológico provocou, em 1943, a extensão da norma processual civil aos procedimentos administrativos de apuração de pertinência a uma raça ou a um clã.

[931] FRANK, Reiner e HELMS, Tobias. *Ob. cit.*, p. 1257 e ss..

[932] SZANIAWSKI, Elimar. Direitos de personalidade..., p. 511.

[933] SZANIAWSKI, Elimar. *Últ. ob. cit.*, p. 511e ss.

[934] *Auskunftanspruch.* Na tradução literal significa, pretensão de informação. Trata-se, na realidade, de uma medida judicial destinada a obterem-se informações sobre pessoas ou situações jurídicas, junto às repartições públicas.

[935] A busca do verdadeiro pai biológico, propalada pela *Theorie der wirkliche Biologischer Vater*, segundo a concepção nazista, destinava-se a procurar conhecer e proteger os filhos nascidos de pessoas oriundas de famílias alemãs, separando-os dos filhos nascidos de pessoas de outras origens, que não a alemã.

O fundamento utilizado pelos negadores do *direito de uma pessoa ao conhecimento de sua ascendência genética* repousava sobre duas premissas.

De um lado, sustentava a corrente negadora ocorrer impossibilidade jurídica de o filho demandar sua mãe no sentido de obter o conhecimento de sua ascendência biológica paterna, diante da ausência de dispositivos legais específicos no Código Civil. De outro, argumentava-se que o direito ao conhecimento da origem genética e familiar da criança iria, fatalmente, colidir com o *direito à intimidade* da mãe da mesma, que poderia querer manter em segredo seus relacionamentos amorosos. O conhecimento da origem genética paterna pelo filho revelaria o número de pessoas e suas identidades, com as quais a mãe ter-se-ia envolvido sexualmente, mesmo correndo o processo em segredo de justiça. Tal fato, segundo entendimento quase absoluto dos operadores do direito, constituiria uma violação ao *direito à intimidade* da mãe do interessado.[936] Por essas razões, preferiram a doutrina e a jurisprudência alemã, durante muito tempo, negar ao filho um direito de ação destinado ao conhecimento da identidade de seu genitor biológico.

O *direito ao conhecimento da própria origem genética e familiar* somente surgiu na Alemanha mediante paulatina construção jurisprudencial no período do segundo pós-guerra, a partir da promulgação da Lei Fundamental de Bonn a qual, na alínea 1, do art. 1º, combinado com a alínea 1, do art. 2º, tutela a dignidade e o direito ao livre desenvolvimento da personalidade da pessoa humana.

No direito alemão vamos encontrar os fundamentos do *direito ao conhecimento da própria origem genética e familiar* na alínea 1, do art. 1º, combinado com a alínea 1, do art. 2º, da Lei Fundamental de Bonn, que tutelam a dignidade e o direito ao livre desenvolvimento da personalidade da pessoa humana e que informa o direito geral de personalidade.[937] O *direito ao conhecimento da própria origem genética e familiar* de um indivíduo consiste em um *direito geral de personalidade*, reconhecido pela Constituição. Esse mencionado direito, destinado a salvaguardar a dignidade humana e em tudo aquilo que diz respeito à essência do homem, permite ao operador do direito, de antemão, variadas interpretações, consoante veremos a seguir.

O *direito ao conhecimento da própria origem genética e familiar* destinou-se, inicialmente, à interposição da ação de legitimação de filiação através dos caminhos constitucionais. Todavia, esse "novo direito" foi-se logo ampliando, provocando grande polêmica entre os juristas no tocante à sua extensão e aos limites de sua atuação. De imediato, predominou a ideia de que o direito ao conhecimento da própria origem genética não poderia ser considerado um direito ilimitado, consoante já falamos acima. Por essa razão, a Corte Constitucional Federal da Alemanha passou a entender que o *direito ao conhecimento da própria origem genética e familiar* somente pode ter guarida quando a matéria posta ao seu conhecimento diz respeito a casos concretos individuais, cujos interesses próprios se identificam com *interesses humanos gerais*.[938]

Apesar de o Tribunal Constitucional Federal alemão ter procurado, em seus arestos, estabelecer os limites da atuação do *direito ao conhecimento da própria origem*

---

[936] FRANK, Reiner e HELMS, Tobias. *Ob. cit.*, p. 1.258.

[937] A alínea 1, do art. 1º, da Lei Fundamental determina que: "A dignidade da pessoa humana é sagrada. Todos os agentes da autoridade pública têm o dever absoluto de a respeitar e proteger." E a alínea 1, do art. 2º, da mesma Constituição, reza que: "Todos têm direito ao livre desenvolvimento da sua personalidade, nos limites dos direitos de outrem, da ordem constitucional e da ordem moral".

[938] ENDERS. Christoph. *Das Recht auf Kenntnis der eigenen Abstammung*. NJW. 1989, p. 881-884.

genética, fixando como pressuposto fundamental que os interesses próprios da parte, objeto da lide, se identifiquem com *interesses humanos gerais*, Frank e Helms[939] concluem lucidamente, a partir do exame do aresto de 06.05.1997,[940] que, embora decorridos quase dez anos do memorável julgamento de 31.01.1989, o referido Tribunal, em sua permanente atuação, contribuiu com muito mais indagações do que forneceu respostas para a consolidação do *direito ao conhecimento da própria origem genética e familiar*, deixando para a doutrina a construção teórica final desta importante categoria jurídica.

2.5.1 A evolução da jurisprudência alemã pela admissibilidade do direito da pessoa ao conhecimento de sua própria origem genética e familiar

O *direito ao conhecimento da própria origem genética e familiar* de uma pessoa foi reconhecido no direito alemão contemporâneo por meio de uma eficaz construção jurisprudencial, iniciada pelos juízos regionais e garantido pelos tribunais das províncias.

A partir da interpretação das normas hauridas da constituição (a Lei Fundamental de Bonn), que garantem a toda pessoa o livre desenvolvimento de sua personalidade e a proteção de sua dignidade como ser humano, estabeleceu-se a polêmica no tocante à interpretação das normas contidas na Lei Fundamental e a extensão de sua aplicação.

Assim, cumpre neste momento examinarmos três dos mais significativos arestos da jurisprudência alemã sobre o *direito ao conhecimento da própria origem genética*, os quais contribuíram decisivamente para a formulação teórica e prática desta importante categoria jurídica.

2.5.1.1 O aresto do *Amtsgericht* de Passau de 15 de julho de 1987

A decisão do *AmtsGericht* de Passau, de 15.07.1987,[941] amparou, pela primeira vez no direito alemão contemporâneo, a pretensão judicial de uma pessoa maior e capaz, cujo nascimento ocorrera fora do casamento, de obter informações sobre sua ascendência biológica, mediante interposição da *Auskunftanspruch*,[942] perante o referido juízo. O pedido do autor fundamentou-se nos termos da cláusula geral contida no §1618, *a*, do Código Civil, o qual trata da reciprocidade de direitos, obrigações e respeito que deve haver entre pais e filhos.[943] Processado o feito, o *AmtsGericht* de Passau julgou no sentido da procedência da pretensão do autor, reconhecendo ao requerente o direito de conhecer sua ascendência biológica.

A inusitada decisão de primeiro grau provocou a interposição de recurso constitucional (*Verfassungsbeschwerde*), pelo representante do Ministério Público,

---

[939] FRANK, Reiner e HELMS, Tobias. *Ob. cit.*, p. 1.263.

[940] Aresto do *B.Verf.G.*, de 06.05.1997 – 1 BvR 409/90. *FamRZ*. 1997. 869.

[941] O *AmtsGericht* é um Juízado distrital de primeiro grau que julga causas civis e penais cujo valor da causa não ultrapassa a R$5.000,00.

[942] A *Auskunftanspruch* consiste em uma ação destinada à obtenção de informações sobre pessoas ou situações pessoais existentes em arquivos públicos ou privados.

[943] A Lei de reforma de 1980 introduziu no Código Civil o §1.618, a, após o §1.618.

(*Amtsanwaltschaft*), perante o Tribunal Constitucional Federal, (*BVerfG*), objetivando a manifestação da Corte Suprema alemã no sentido de declarar se a pretensão intentada pelo autor seria ou não merecedora de guarida judicial, segundo o ordenamento constitucional vigente.

A Corte Constitucional Federal buscando fundamento no inciso V, do art. 6º, da Lei Fundamental, que determina a obrigatoriedade de todos darem aos filhos nascidos fora do casamento condições de desenvolvimento físico, espiritual e uma situação na sociedade idêntica à dos filhos nascidos na constância do matrimônio, pronunciou-se favorável ao provimento do recurso constitucional declarando que a pretensão do autor não teria condições de receber a tutela judicial pretendida. Nos fundamentos do acórdão, afirma o Tribunal Constitucional Federal que todo filho havido fora do casamento só mereceria tutela jurisdicional em igualdade de condições a que teria um filho nascido na constância do casamento, se aquele filho realmente conhecesse a identidade de seu pai. Tendo em vista que o autor da ação desconhecia a identidade de seu genitor, foi sua pretensão repelida pela Corte Constitucional. Acrescenta, ainda, a decisão do Tribunal Constitucional Federal que, se a pretensão do autor merecesse provimento, a proteção da intimidade e da vida privada de sua mãe teria forçosamente que ceder diante do suposto direito de seu filho indigitar seu genitor. Todavia, segundo jurisprudência reiterada do Tribunal Constitucional (*BVerfG*), o direito à intimidade da mãe deve sempre preponderar e ser amparado pelos juízos inferiores. Ao concluir o julgado, afirmou o aresto que, se assim quiser, poderá a mãe do autor manter em sigilo a identidade do pai biológico de seu filho. Por essas razões, reformou a Corte Constitucional Federal o aresto do *AmtsGericht* de Passau, cassando o direito do autor de conhecer sua própria origem genética, concedido pelo juízo inferior.[944]

Embora a inovadora decisão do Juizado Cantonal de Passau, de 15.07.1987, tenha sido cassada pelo Tribunal Constitucional Federal, essa decisão tornou-se histórica e de fundamental importância pelo fato de, pela primeira vez, ter sido reconhecida pelo Judiciário alemão a possibilidade de uma pessoa vir a conhecer sua própria origem biológica e familiar.

2.5.1.2 O aresto do Tribunal Constitucional federal de 31 de janeiro de 1989

As decisões dos tribunais cantonais em relação aos pedidos do reconhecimento da existência do *direito ao conhecimento da própria origem genética e familiar* dos requerentes foram, paulatinamente, deferindo aos demandantes o reconhecimento do pretendido direito. No entanto, as sentenças que outorgavam aos demandantes o *direito ao conhecimento da própria origem genética* eram levadas ao conhecimento do Tribunal Constitucional Federal, mediante interposição de recurso constitucional, o qual cassava as decisões emanadas pelos juízos inferiores.

Ao findar o ano de 1988, ao julgar em grau recursal o aresto do *Amtsgericht* de Passau de 1987, acabou o Tribunal Constitucional Federal por reconhecer a existência de um direito que a pessoa possui de conhecer sua própria origem genética e familiar, como um efetivo exercício de seu *direito geral de personalidade*, garantido na Lei Fundamental.

---

[944] *BVerfG. FamRZ.* 1989. 147.

O aresto do Tribunal Constitucional Federal, de 31.01.1989, consagrou, na Alemanha, o *direito ao conhecimento da própria origem genética e familiar* de uma pessoa, reconhecendo que toda pessoa nascida na constância do casamento possui um legítimo direito de conhecer sua ascendência genética e contestar a paternidade atribuída ao marido de sua mãe, permitindo, consequentemente, a alteração do estado familiar do indivíduo e o direito de pedir judicialmente esclarecimentos sobre sua verdadeira ascendência biológica. Diz a ementa do citado aresto:

GG Art. 2, Abs. 1; 1, Abs. 1; BGB, §§1593, 1598, 1596.

1. Das allgemeine Persönlichkeitsrecht (Art. 2 Abs. 1 in Verbindung mit Art. 1 Abs. 1 GG) umfaßt auch das Recht auf Kenntnis der eigenen Abstammung.

2. *§§1593, 1598 in Verbindung mit §1596, Abs. 1 BGB sind mit dem Grundgesetz unvereibar, soweit sie dem volljährigen Kind, von den gesetzlichen Anfechtungstatbeständen abgesehen, nicht nur die Änderung seines familienrechtlichen Status, sondern auch die gerichtliche Klärung seiner Abstammung ausnahslos verwehren.*[945]

A espécie trata do caso de uma jovem que, ao atingir a maioridade, intentou ação de investigação de paternidade objetivando impugnar a paternidade civil que lhe fora atribuída pelo marido de sua mãe. O pedido foi fundamentado nos §§1593; 1596, alínea 1 e 1598, do Código Civil, que regulam o processo de legitimação de filho ilegítimo e da contestação da paternidade.[946] Segundo previsão da alínea 2, do §1566, do Código Civil, na sua redação originária somente poderia ser reconhecido ao filho a possibilidade jurídica do pedido de contestação de filiação legítima contra o marido de sua mãe, desde que o requerente fosse maior de idade, que sua mãe fosse divorciada ou quando os cônjuges estivessem separados de fato há mais de três anos, com manifesta impossibilidade da reconstrução do matrimônio ou, ainda, nas hipóteses de nulidade ou anulação do casamento. No caso concreto, a jovem autora não preenchia os pressupostos legais exigíveis pela legislação civil vigente na época.

Nos depoimentos pessoais perante a instância inferior, tanto o réu como sua mulher, a mãe da autora, alegaram que "não eram divorciados, que não queriam se divorciar, nem tinham por objetivo o divórcio." Essas assertivas foram suficientes para provocar o esvaziamento da pretensão da autora, diante da ausência dos pressupostos legais necessários ao desenvolvimento da demanda exigidos pela legislação, conduzindo a demandante ao pedido de desistência do processo.[947]

---

[945] *BVerfG*, aresto de 31.01. 1989, *Juristen Zeitung*, 1989, p. 335. Soa o aresto em tradução livre:
"Lei Fundamental, art. 2º, alínea 1; art. 1º, alínea 1; Código Civil, §§1593, 1598, 1596.
1. O direito geral de personalidade (art. 2º, alínea 1, combinado com art. 1º, alínea 1, da Lei Fundamental), abrange, também, o direito de uma pessoa ao conhecimento de sua própria ascendência.
2. Os §§1593, 1598, combinados com o §1596, alínea 1, do Código Civil, são incompatíveis com as disposições da Lei Fundamental, na medida em que estes "vedam, sem exceção, ao filho maior de idade, abstraindo as disposições legais de impugnação, não somente a mudança de seu estado familiar bem como o esclarecimento judicial de sua própria origem."

[946] Cumpre esclarecer que a presente decisão proferida pelo Tribunal Constitucional Federal é anterior à reforma da legislação pertinente à regulamentação do direito parental. O Código Civil alemão teve seu Livro Quatro, destinado a regulamentar o direito de filiação, totalmente alterado pela *Kindschaftsrechtreform*, de 1997, denominada de "Lei de Reforma do Direito de Filiação".

[947] NJW. Nº 14. 1989.

A autora, porém, havia requerido incidentalmente o pedido de assistência gratuita para o custeio das despesas processuais,[948] cujo desfecho lhe foi favorável. O citado incidente processual lhe permitiu renovar o pedido de contestação da paternidade contra o pai, pretendendo a declaração judicial de que ela não seria filha biológica do marido de sua mãe.

O ponto central da discussão, perante o juízo de 1º grau, localizou-se sobre a efetiva constitucionalidade da alínea 2, do §1.596 e do §1.598, do Código Civil, permitindo, assim, o conhecimento da matéria posta em causa pelo Tribunal Constitucional Federal (*BVerfG*).

O mencionado tribunal alicerçou a fundamentação do aresto na tutela do direito ao livre desenvolvimento da personalidade da autora e na salvaguarda de sua dignidade. No mérito, analisou a efetiva constitucionalidade dos §§1.593; 1.596 e 1.598, do Código Civil. Entendeu, a Corte Constitucional, que o §1.593; a alínea 1, do §1.596 e o §1.598, do Código Civil, são incompatíveis com as disposições contidas nos arts. 1º e 2º, da Lei Fundamental (GG), na medida em que a norma codificada impedia ao filho maior e capaz de alterar seu estado familiar, bem como de pedir judicialmente esclarecimentos sobre sua origem biológica e familiar. A norma civil infraconstitucional, inegavelmente, limitava a possibilidade de uma pessoa impugnar a paternidade legal, estabelecida no caso concreto em face do marido da mãe, impedindo-a diante de hipóteses excepcionais de conhecer sua verdadeira ascendência paterna. Segundo essa exegese, a legislação civil feria a norma constitucional e atentava contra o direito geral de personalidade da autora.

Julgando inconstitucionais os §§1.593; 1.596 e 1.598, do Código Civil, reconheceu o Tribunal Constitucional Federal a existência do *direito ao conhecimento da origem genética e familiar* da pessoa, inserindo-o no âmbito do *direito geral de personalidade*.

A histórica decisão do Tribunal Constitucional Federal alemão, de 31.01.1989, a qual consagrou o *direito ao conhecimento da própria origem genética* como um *direito geral de personalidade*, provocou a doutrina a realizar grandes debates em torno da categoria, buscando o sentido de sua aplicação e extensão e os necessários limites de sua atuação. De antemão foi levantada a primeira premissa, o *direito ao conhecimento da própria origem genética* não poderia ser considerado um direito ilimitado, uma vez que o âmbito da tutela da dignidade da pessoa humana não poderia permanecer como uma categoria jurídica em aberto, cabendo, consequentemente, ao próprio Tribunal estabelecer os pressupostos e os limites da nova categoria jurídica.

O aresto de 31.01.1989 provocou a Corte Constitucional Federal a reformar sua própria jurisprudência, que até aquela data reconhecia ser preponderante o interesse da mulher em manter sua esfera íntima intacta, bem como de manter secreta a identidade de seu parceiro sexual. A jurisprudência do Tribunal Constitucional passava, doravante, a reconhecer ao filho a preponderância do seu *direito ao conhecimento de sua própria origem genética e familiar* ante os interesses de sua genitora.

2.5.1.3 O aresto do Tribunal Regional de Münster de 21 de fevereiro de 1990

O *direito ao conhecimento da própria origem genética e familiar*, consoante vimos, foi expressamente reconhecido na jurisprudência alemã a partir da histórica decisão

---

[948] Equivale entre nós ao pedido de assistência judiciária gratuita.

do Tribunal Constitucional Federal, de 31.01.1989. Todavia, merece registro a grande contribuição trazida pelo *Landes Gericht* de Münster, o Tribunal Regional de Münster, para a construção e o aprimoramento do *direito ao conhecimento da própria origem genética e familiar*, por meio do aresto de 21.02.1990.

Embora pudesse o filho, nascido fora do casamento, conhecer a identidade de seu pai biológico, segundo o direito alemão anterior à codificação, a partir do advento do Código Civil de 1896, passaram os tribunais a dar ênfase e proteção especial aos filhos ditos legítimos, nascidos na constância do casamento, enfraquecendo, consideravelmente, a tutela dos filhos não legítimos.

Entendia a jurisprudência predominante, constituída a partir da promulgação do Código Civil alemão, que um filho havido fora do casamento não possuía, pelo fato de sua ilegitimidade, nenhuma consideração em relação a esta situação, residindo o conhecimento de sua ascendência paterna, via de regra, no exclusivo âmbito da vontade e da responsabilidade da mãe.[949] Esse entendimento, praticamente inabalável, perdurou no direito alemão até o último ano da década de 1980.

A Corte de Münster, em seu julgamento de 21.02.1990,[950] julgou, em grau recursal, o caso de uma moça que intentara contra sua genitora, uma ação judicial visando que ela lhe prestasse informações sobre a identidade de seu pai. Conhecendo o recurso, o mencionado Tribunal condenou a mãe da autora a prestar informações solicitadas à filha, em relação à identidade de todos os homens que recepcionara e com quem mantivera convívio sexual ao tempo da concepção da requerente.

O caso concreto diz respeito à pretensão de conhecimento das circunstâncias do nascimento da autora, em 1959, a qual, logo após o parto, foi deixada por sua mãe em uma creche sendo, posteriormente, criada por família substituta. Embora conhecesse a mãe, a autora desejou, por razões pessoais, alimentares e de herança, descobrir a identidade de seu pai biológico. Ao tempo em que a filha pretendia conhecer a identidade de seu pai biológico, sua mãe recusava-se em revelar-lhe a identidade do mesmo, por pretender manter em sigilo as informações sobre a paternidade/filiação da moça, em virtude do fato de a mãe ter mantido relacionamentos amorosos com diversos homens. Pretendia a mãe valer-se do direito à própria intimidade, mantendo em segredo sua vida amorosa e a identidade do pai da filha. Pesando ambos os direitos postos em causa, de a filha conhecer a identidade de seu pai biológico e de a mãe proteger sua própria intimidade, mantendo em sigilo a identidade de seu amante, pai da autora, pendeu a balança da mencionada Corte a favor do direito da filha, dando preponderância ao direito ao conhecimento da identidade do pai biológico.

Cumpre destacar que, embora a questão posta em causa envolvesse matéria constitucional, que poderia servir de embasamento para a decisão definitiva a partir de dispositivos hauridos da Lei Fundamental, o Tribunal de Münster fundamentou o aresto no direito vigente infraconstitucional, o Código Civil. Os fundamentos do aresto tiveram por base a aplicação da cláusula geral, contida no §1618 *a*, do Código Civil. Essa norma determina que os pais e os filhos devem, entre si, obrigações de assistência e de

---

[949] FRANK, Reiner e HELMS, Tobias. *Ob. cit.*, p. 1.259.

[950] Jurisprudência do *LG Münster*. *FamRZ*. 1990, p. 1031.

respeito e consideração.[951] O Tribunal de Münster extraiu, a partir dessa cláusula geral, a exegese de que "havendo obrigações de mútua assistência e consideração entre pais e filhos", deve a mãe, em consideração e respeito à sua filha, interessada em conhecer a identidade de seu genitor, prestar-lhe as necessárias informações sobre a identidade de seu pai biológico, ou sobre a identidade dos diversos homens com os quais a mãe se relacionara sexualmente ao tempo da concepção da filha. Ponderando os interesses conflitantes postos em causa, vislumbrou a Corte de Münster existir, no caso concreto, o interesse da filha como merecedor de uma maior proteção do que o interesse da mãe, declarando possuir aquela o direito de demandar sua mãe para a obtenção de informações sobre sua ascendência paterna. Assim julgando, reconheceu o *Landes Gericht* de Münster, com fundamento no §1618 *a*, do Código Civil, possuir todo o filho um direito de ação contra a própria mãe, destinado a obter de sua genitora, informações relativas à identidade de seus namorados e companheiros, à época de sua concepção, necessárias ao conhecimento de sua ascendência biológica paterna.[952]

Inconformada com a decisão inovadora do *Landes Gericht* de Münster, que impôs à ré a obrigação de prestar à autora informações sobre a identidade de seus namorados à época da concepção, intentou a mãe da autora *Reclamação Constitucional*, (*Verfassungsbeschwerde*), ao Tribunal Constitucional Federal, uma vez que, consoante foi acima falado, a controvérsia posta em causa abarcava, também, matéria constitucional.[953]

O Tribunal Constitucional Federal, conhecendo o recurso, (ab-rogou) a decisão atacada, reenviando o processo ao *Landes Gericht* de Münster, alegando que este, ao fundamentar sua decisão no §1618 <u>a</u>, valeu-se de fundamentação não compreendida na Lei Fundamental, a qual não poderia ter sido excluída da decisão, alcançando, dessa maneira, o juízo recorrido um resultado diverso do que era de se esperar, atribuindo em seu aresto um peso maior ao interesse da filha na determinação da paternidade, do que teria o interesse da mãe, na preservação de sua intimidade.[954]

Cumpre lembrar que, a esse tempo, a Corte Constitucional Federal, ainda, construía sua jurisprudência em relação ao direito ao conhecimento da origem genética e os limites de sua atuação, colocando, assim, o direito geral de personalidade do filho ao conhecimento de sua própria ascendência em um segundo plano, em oposição ao direito geral de personalidade da mãe, em manter em segredo o nome e a identidade das pessoas com quem se relacionara intimamente. A tutela do Tribunal Constitucional Federal pendeu a favor da proteção da esfera íntima da mãe, procurando coerência com sua jurisprudência tradicional, a qual reconhecia a existência de um direito preponderante da mãe em manter em segredo a identidade de seu parceiro sexual, justificado pela existência de motivos relevantes, uma vez que um filho, havido fora do casamento, pelo fato de sua ilegitimidade, não traria nenhuma influência sobre o direito ao segredo da mãe, residindo essa situação no âmbito em que se circunscreve a responsabilidade exclusiva da mulher.[955]

---

[951] BGB. §1.618 *a*: "[*Gegenseitige Pflicht zu Beistand und Rücksichtsnahme*]. *Eltern und Kinder sind einander Beistand und Rücksichts schuldig.*"

[952] Jurisprudência do *LG Münster. FamRZ.* 1990, ps. 1.031-1.033.

[953] Aresto do *BVerfG*, de 06.05.1997 – 1 BvR 409/90. *FamRZ.* 1997. 869.

[954] FRANK, Reiner e HELMS, Tobias. *Ob. cit.*, p. 1.261.

[955] FRANK, Reiner e HELMS, Tobias. *Ob. cit.*, p. 1.259

No presente recurso constitucional (*Verfassungsbeschwerde*), interposto pela mãe da autora, inclinou-se a Suprema Corte alemã em manter sua postura tradicional ante a matéria posta em causa, censurando, inclusive, a inovadora decisão do *Landes Gericht* de Münster, avaliando por uma perspectiva tradicional os valores que estavam em jogo. Alega a Corte Constitucional alemã, nos fundamentos do aresto, que "nem a alínea 1, do art. 2º, combinada com a alínea 1, do art. 1º, nem a alínea 5, do art. 6º, todos da Lei Fundamental, oferecem resposta adequada ao caso em que o filho, nascido fora do casamento, que intenta uma ação contra sua mãe, com o objetivo de, a mesma, ser obrigada a revelar a identidade de seu pai". Afirma, ainda, o aresto em comento que, embora o sistema das *cláusulas gerais* do ordenamento civil alemão outorgue aos tribunais uma larga margem de liberdade na interpretação e aplicação das normas, o Tribunal Regional, no presente caso, abriu espaço excessivo para uma ponderação incompreensível de interesses. Adentrou, literalmente, no âmbito do interesse da filha de tal maneira que a ponderação de seus interesses com os arguidos pela mãe encontraria, somente, limites extremamente estreitos.

Ao final, reformou o Tribunal Constitucional Federal o aresto proferido pelo Tribunal Regional de Münster, que havia julgado favoravelmente à pretensão da autora.

Frank e Helms[956] criticam a postura conservadora assumida pelo Tribunal Constitucional Federal, afirmando, em seus comentários, que a esta Corte só interessa conhecer e julgar causas em que as bases constitucionais tenham sido previamente arguidas e analisadas nas decisões dos juízos inferiores. Se a Corte Constitucional tivesse, na presente espécie, vislumbrado uma situação jurídica diversa, cujos fundamentos estivessem previamente embasados em normas da Lei Fundamental, certamente não teria reenviado o feito ao juízo inferior para novo julgamento, porque os fatos postos em causa já teriam sido apreciados e decididos.

Segundo os autores, na decisão do *Landes Gericht* de Münster estão presentes os valores constitucionalmente protegidos, compreendidos pelo direito geral de personalidade da filha em conhecer sua própria origem genética e pelo direito geral de personalidade da mãe, em tutelar sua intimidade afetiva e sexual, não havendo razão para o Tribunal Constitucional Federal deixar de apreciar os valores postos em causa, renunciando-os e deixando o julgamento para o juízo inferior. Afirmam os autores em tom crítico, "ser surpreendente o fato de ter o Tribunal Constitucional Federal, no presente caso, renunciado a ponderar os interesses opostos, no sentido de se auto-pesarem, [...], destinando, porém, a tarefa, exclusivamente, a um juízo especializado". (*Fachgericht*).

A importância do aresto da lavra da Corte de Münster reside no fato de que a jurisprudência alemã, desenvolvida no início de 1990 pelo Tribunal Constitucional Federal, reconhecia a todo o filho, maior de idade, o *direito ao conhecimento de sua própria ascendência*, como um *direito geral de personalidade*, cujo fundamento reside no art. 2º, alínea 1, da Lei Fundamental. O aresto em questão, tão somente, ampliou os fundamentos do direito do filho ao conhecimento da identidade de seu genitor biológico, a partir de uma norma infraconstitucional preexistente, o Código Civil (§1.618 *a*), tendo em vista que os

---

[956] FRANK, Reiner e HELMS, Tobias. *Ob. cit.*, p. 1.259

dipositivos do Código Civil que regulamentavam a matéria, §§1.593, alínea 1, §1.596, e §1.598, sendo incompatíveis com as disposições da Lei Fundamental, não são mais aplicáveis. O aresto embasado no §1.618 *a*, do Código Civil, amplia os fundamentos do direito ao conhecimento da própria origem genética e familiar, colocando o interesse da mãe em manter suas relações amorosas em sigilo, em um segundo plano, valorizando, dessa maneira, o direito do filho à tutela de sua personalidade.[957]

No capítulo que se segue, analisaremos o aresto do Tribunal Constitucional Federal de 06.05.1997, o qual reformou o aresto de 21.02.1990, proferido pelo Tribunal Regional de Münster.

2.5.1.4 O aresto do Tribunal Constitucional Federal de 06 maio de 1997

Mencionamos no capítulo anterior que o Tribunal Regional de Münster, com fundamento na cláusula geral contida no §1.618 *a*, do Código Civil, julgou favoravelmente a pretensão da autora no sentido de que deve a mãe, em consideração e respeito à sua filha, interessada em conhecer a identidade de seu genitor, revelar a identidade do suposto pai biológico ou das pessoas com as quais a genitora se relacionara sexualmente, ao tempo da concepção da recorrente.

Aplicando para o julgamento da causa o *critério da proporcionalidade*, ponderando os interesses conflitantes postos em causa, entendeu o Tribunal Regional de Münster que, no caso concreto, o interesse da filha tinha maior peso do que o interesse da mãe, merecendo, portanto, a pretensão da filha guarida, por possuir seu interesse uma maior proteção do que o interesse da mãe. Por essas razões, declarou a Corte possuir a filha o direito de demandar sua mãe para a obtenção de informações sobre sua ascendência paterna. Desse modo, reconheceu o *Landes Gericht* de Münster, com fundamento no §1.618 *a*, do Código Civil, possuir todo o filho um direito de ação contra a própria mãe, destinado a obter de sua genitora, informações relativas à identidade de seus namorados e companheiros, valendo-se, o Tribunal, em sua exegese, somente, da lei civil, deixando de analisar ou aplicar as normas contidas na Lei Fundamental.

Essa inovadora decisão do Tribunal Regional de Münster, conforme visto no capítulo anterior, foi objeto de recurso constitucional, sendo objeto de reexame pelo Tribunal Constitucional Federal.

O Tribunal Constitucional Federal em sua decisão de 1989 havia julgado no sentido de que "os §§1.593 e 1.598, combinados com o §1.596, do Código Civil, que se destinam a regular o direito de anulação do assento de nascimento pelo filho, são incompatíveis com as disposições da Lei Fundamental, na medida em que estes 'vedam, sem exceção, ao filho maior de idade (abstraindo as disposições legais de impugnação), não somente a mudança de seu estado familiar, bem como o pedido de esclarecimento judicial de sua própria origem'", direitos estes que não são vedados pela Lei Fundamental, segundo dispõe o art. 2º, alínea 1, combinado com o art. 1º, alínea 1, da referida Lei maior.[958]

---

[957] SCHLÜTER, Wilfried. *Ob. cit.*, p. 358.

[958] Jurisprudência do *BVerfG*, aresto de 31.01.1989, *Juristen Zeitung*, 1989, p.335.

A Suprema Corte Federal alemã manteve na decisão de 06.05.1997 sua visão e postura tradicionais, censurando a decisão recorrida proferida pelo *Landes Gericht* de Münster. Ao invés de avaliar os valores superiores postos em causa, preferiu o Tribunal Constitucional Federal criticar a fundamentação do aresto do Tribunal Regional, ao afirmar que "nem a alínea 1, do art. 2º, combinada com a alínea 1, do art. 1º, nem a alínea 5, do art. 6º, todos da Lei Fundamental, oferecem resposta adequada ao caso em que o filho, nascido fora do casamento, que intenta uma ação contra sua mãe, com o objetivo de a mesma ser obrigada a revelar a identidade de seu pai." O aresto do Tribunal Constitucional Federal, conforme afirmamos anteriormente, censurou o Tribunal Regional de Münster pelo fato de ter este aberto um espaço demasiadamente grande para uma ponderação de interesses incompreensíveis a favor dos interesses da filha. Recomendando a Corte Constitucional que a modalidade de interpretação feita pelo Tribunal Regional deva ser evitada.

O aresto de 06.05.1997, do Tribunal Constitucional Federal, interpretando e ponderando dois direitos fundamentais em conflito, o *direito geral de personalidade* da filha em conhecer a identidade de seu genitor biológico e o *direito ao segredo familiar da mãe*, resultou na reforma da decisão da instância inferior, negando à autora o direito ao conhecimento da identidade de seu pai, não porque o Tribunal Constitucional Federal se opusesse às questões de natureza material do aresto cassado, mas pela simples razão de ter vislumbrado que a decisão da matéria posta em causa, dar-se-ia de imediato em nível constitucional, deixando de considerar o espaço que o direito infraconstitucional deve ter "na concretização dos imperativos de tutela que decorrem dos direitos fundamentais".[959]

Segundo crítica de Vale Reis, a importância do presente aresto do Tribunal Constitucional Federal (*BVerfG*) reside diretamente na questão da fixação da eficácia dos direitos fundamentais no âmbito do direito civil e na verificação do nível em que tais conflitos deverão ser apreciados e julgados. Os conflitos entre direitos fundamentais na ótica do Tribunal Constitucional Federal serão compostos não somente em nível constitucional, mas também deverá ser considerada a margem de apreciação que deve ser reconhecida ao legislador ordinário.[960]

Essa corrente de opinião, no entanto, não vem sendo bem recepcionada pela doutrina alemã, surgindo inúmeras controvérsias em relação ao tema.

O aresto de 06.05.1997, do Tribunal Constitucional Federal,[961] demonstra, segundo respeitável corrente de juristas, que durante o longo período em que vem se desenvolvendo o *direito ao conhecimento da própria origem genética e familiar* no direito alemão, iniciado mesmo antes do histórico julgamento de 31.01.1989, a citada Corte Constitucional tem contribuído muito mais com hesitações, dúvidas e indagações, do que fornecido respostas concretas para a consolidação e o estabelecimento dos limites de atuação do *direito ao conhecimento da própria origem genética e familiar*, havendo, ainda, um longo caminho a ser trilhado para a consolidação dessa importante categoria jurídica. Na prática, nem o legislador, autor da Lei de Filiação de 1997,[962] nem a Corte

---

[959] REIS, Rafael Luís Vale e. *Ob. cit.*, p. 44-ss. SCHWAB, Dieter. *Ob. cit.*, p.240, ss.

[960] REIS, Rafael Luís Vale e. *Ob. cit.*, p. 44.

[961] Aresto do *BVerfG*, de 06.05.1997. *FamRZ*. 1997. 869.

[962] Reforma do direito de filiação alemão deu-se mediante promulgação da *Kindschaftsrechtreform*, (Lei de Reforma do Direito de Filiação), em 1997.

Constitucional Federal conseguiram estabelecer os exatos limites e a segurança jurídica necessária à atuação do direito ao conhecimento da própria origem genética e familiar, frustrando os anseios da doutrina e dos operadores do direito.

Anotam Frank e Helms que o *direito ao conhecimento da própria origem genética e familiar* não está acabado, constituindo-se em uma categoria jurídica em construção.[963]

2.5.2 A reforma do Livro IV do Código Civil alemão pela Lei de Filiação, a *Kindschaftsrechtreform* de 1997

Em 1997 realizou-se na Alemanha uma profunda reforma do direito de filiação, mediante a promulgação da "Lei de Reforma do Direito de Filiação," a *Kindschaftsrechtreform,* inovando a matéria de filiação e, em certos pontos, de maneira bastante radical.

O *direito ao conhecimento da própria origem genética*, sufragado pelo Tribunal Constitucional Federal com base nos textos legais existentes, restringia excessivamente a ação do filho na busca da filiação biológica, resultando que muitas das ações interpostas eram julgadas improcedentes. A partir da ratificação da *Convenção Internacional sobre os Direitos da Criança* pela Alemanha, em 1992, a ruptura com o anterior direito vigente foi se aprofundando de maneira mais acentuada, desembocando na necessária reforma geral do direito de filiação, que se procedeu mediante a *Kindschaftsrechtreform* de 1997.[964]

Convém esclarecer que o §1.598, do Código Civil alemão, na sua redação anterior à reforma de 1997, regulava a contestação da legitimidade de filho pelo próprio filho, a partir do momento em que ele viesse a atingir sua maioridade. Tal regra se aplicava aos casos em que o pai ou o representante legal da criança não tivesse contestado a legitimidade dela no prazo legal, nos termos do §1.596, alínea 1, números 1 a 3, do Código Civil. Neste caso, teria o filho, ao atingir a maioridade e no prazo de dois anos, o direito de interpor a ação contestatória da legitimidade contra o homem cujo nome figurasse no seu assento de nascimento como sendo seu pai. O §1.596, do Código Civil, constituído por cinco alíneas, arrolava os pressupostos que autorizavam o filho demandar o marido de sua mãe, contestando a legitimidade da paternidade que lhe fora atribuída.[965] O §1.598 do referido Código foi objeto de reforma posterior, modificando-se totalmente o direito de filiação anterior.

---

[963] FRANK, Reiner e HELMS, Tobias. *Ob. cit.*, p. 1259.

[964] ENDERS, Christoph. *Ob. cit.*, p. 881-884.

[965] O §1.596 do BGB, na redação derrogada, permitia ao filho, maior de idade, o direito de contestar a paternidade do marido de sua mãe. Este direito poderia ser exercido quando o marido de sua mãe já tivesse falecido ou assim fosse judicialmente declarado, sem ter este decaído do seu direito de contestar a paternidade em relação ao seu filho, nos termos do §1.594. Quando o matrimônio da mãe com o homem que figurasse como pai do interessado, em seu assento de nascimento, fosse dissolvido, anulado, declarado nulo ou quando os cônjuges fossem separados de fato, há mais de três anos consecutivos, sem que houvesse a probabilidade de sua reconstituição. No caso em que a mãe do interessado tenha casado com o homem que gerou a criança. Quando a contestação da paternidade do marido da mãe tenha por fundamento a condição de vida desregrada ou imoral levada pelo marido da mãe, ou quando este praticasse falta grave contra o infante e que se constituísse moralmente em justa causa. Ou se a contestação se fundamentasse em séria enfermidade do marido da mãe, havida por herança, que constituísse moralmente uma justa causa. Os presentes dispositivos legais foram totalmente alterados pela nova legislação que se seguiu.

O legislador procedeu a diversas reformas legislativas em matéria de filiação, de curatela e de direito sucessório, em relação aos filhos naturais. A mais importante reforma constituiu-se, sem dúvida, na promulgação da *Kindschaftsrechtreform, Lei de Reforma do Direito de Filiação*, de 16.12.1997, que se constitui em um verdadeiro estatuto da criança e do adolescente, que passou a vigorar em 01.07.1998. O novo diploma legal que trata dos direitos da criança e do adolescente dá ênfase especial ao tratamento igualitário dos filhos, independentemente de sua origem. O legislador alemão teve por principal objetivo apagar todo e qualquer vestígio no direito então vigente, que contivesse alguma discriminação em relação às diversas categorias de filhos, cuja situação jurídica passou a ser tratada de maneira igualitária, regulada em um mesmo Título.

A mais polêmica das inovações trazidas pelo legislador alemão, no tocante ao direito de filiação, diz respeito ao direito de o filho, por si mesmo, impugnar a paternidade do homem cujo nome consta no seu registro de nascimento, como sendo seu legítimo pai, na hipótese do surgimento de considerável suspeita de este não ser seu verdadeiro pai biológico.[966]

No direito anterior à *Kindschaftsrechtreform*, o filho não tinha possibilidade de contestar sua filiação legítima, a não ser em casos excepcionais, como no caso em que estivesse ausente a comunhão conjugal entre a mãe e o suposto pai. A nova redação dada aos §§1.600 e seguintes, do Código Civil, pela Lei de Filiação de 1997, admite o direito do filho de interpor ação de contestação de paternidade, dentro do prazo de dois anos, contados da data em que tomar conhecimento das circunstâncias que lhe permitiram suspeitar de que seu pai legal não seria seu verdadeiro genitor biológico. O principal objetivo da nova lei, a *Kindschaftsrechtreform*, consiste na adequação dos textos legais já existentes às normas constitucionais, uma vez que muitos dos dispositivos do Código Civil de 1896 eram contrários às disposições da Lei Fundamental de 1949, uma vez que na Alemanha, tal qual ainda ocorre no Brasil, muitos operadores do direito não realizam leitura da norma civil à luz da Constituição, que seria o correto. Realizam, estes, leitura inversa, pretendendo interpretar a Constituição à luz da norma infraconstitucional, exegese que, além de ser inconstitucional, é incongruente.

Um dos principais pontos geradores de controvérsias residia no prazo prescricional de dois anos previsto no §1.600, alínea "i",[967] para o filho interpor ação visando impugnar a paternidade do homem cujo nome consta no seu registro de nascimento. Tal prazo era contado da data em que o filho tomava conhecimento dos fatos que o levavam a duvidar da veracidade de sua filiação legal. O dispositivo contido na alínea i, do §1.600, do Código Civil, já havia sido objeto de ponderações, havendo uma expressiva corrente de pensadores que propunha a reforma ou a exclusão deste dispositivo da norma civil. Finalmente, em 1994, a Corte Constitucional Federal pronunciou-se sobre a contenda, declarando em seu aresto de 26.04.1994,[968] que o legislador do Código Civil

---

[966] FURKEL, Françoise. Le noveau droit de l'enfance en République Fédárale d'Allemagne. *RTDC*, nº 3, 1998, p. 808.

[967] A reforma do Código Civil alemão, no que toca a legitimidade da filiação, por meio da *Nichtehelichen Gesetz*, de 1970, alterou o §1.600. Para não mudar a sistemática da articulação, introduziu o legislador 15 alíneas ao §1.600. Assim, a numeração desse dispositivo veio a ser designado por §1600/a até §1600/o. A Lei de 1997, novamente reformou o §1.600, do BGB, derrogando os §§1.600/f ao §1.600/o.

[968] Corte Constitucional Federal, (*BVerfG*). Decisão de 26.04.1994. *In BVerfG entscheidung* nº 90.263. 1994. Disponível em: <http://www.bverfg.de/entscheidungen/rs 1994>. Acesso em: 20 abr. 2004.

havia violado o *direito ao conhecimento da própria origem genética e familiar* da pessoa, ao restringir o prazo prescricional para a interposição da respectiva ação contestatória pelo filho. Entendeu o mencionado Tribunal que existem hipóteses em que um filho maior de idade somente poderia vir a tomar conhecimento do fato de não ser filho biológico de seu pai legal após ter decorrido a prescrição da ação. Tal situação trazia um grave prejuízo ao filho que, sem culpa alguma, ficava impedido de utilizar-se da competente ação judicial para conhecer seu verdadeiro genitor biológico pelo decurso de prazo legal. No julgamento de 1994 decidiu o Tribunal Constitucional Federal que o prazo prescricional deveria começar a correr somente a partir da data em que o filho, maior de idade, viesse, efetivamente, a conhecer de fatos suscetíveis de lhe permitir duvidar da sua filiação legal.

Considerando a jurisprudência do Tribunal Constitucional Federal, o legislador aumentou os prazos prescricionais e as hipóteses em que o filho poderá contestar sua filiação legal e exercer o direito ao *conhecimento da própria origem genética e familiar*.

Com base nessa mesma jurisprudência da Corte Constitucional Federal,[969] parte da doutrina alemã propôs a criação de uma nova *ação judicial autônoma* destinada ao *estabelecimento da filiação* de uma pessoa, a qual passou a ser denominada *isolirte Abstammungsfeststellungsklage*. As vantagens da admissibilidade dessa nova ação preconizada por alguns autores[970] seria a de possibilitar serem aproveitados os mesmos textos legais já existentes, sendo, em tal caso, desnecessária a reforma da legislação vigente.[971]

De outro lado, não faltaram críticas formuladas contra a admissibilidade de uma ação judicial autônoma destinada ao estabelecimento da filiação biológica, a *isolirte Abstammungsfeststellungsklage,* a qual denominamos *ação declaratória isolada de atribuição da origem* ou de *ação autônoma para afirmação da origem*. Os opositores à admissibilidade da *isolirte Abstammungsfeststellungsklage (ação autônoma para afirmação da origem)* tinham por principal fundamento o fato de, ao admitir-se a referida medida judicial, vir a existir uma dualidade de ações para o estabelecimento da filiação biológica, o que traria muita confusão e muitas dificuldades para se saber qual a ação mais apropriada para ser utilizada em um determinado caso concreto.[972]

O legislador civil alemão precavera-se no §1.600, alínea c, do Código Civil, de acordo com a redação anterior, contra a possibilidade de ocorrerem reconhecimentos falsos pela dualidade de ações, exigindo sempre, para maior segurança jurídica, o consentimento expresso do filho interessado na medida judicial contestatória. Tratando-se, porém, de filho menor de 14 anos de idade, o consentimento seria manifestado por seu representante legal, o juizado de menores *(der Jugendamt)*. Embora ainda não possuidor de capacidade plena para o exercício de seus direitos civis, o maior de 14 anos poderia consentir com a interposição de ação contestatória em seu próprio nome, porém representado pelo *Jugendamt*.

---

[969] Decisão do *BVerfG* de 31.01.1989, in *FamRZ.*1989. Decisão de 26.04.1994, in *BVerfG entscheidung* nº 90.263. 1994.

[970] FURKEL, Françoise. *Ob. cit.* p. 809, ss..

[971] ENDERS, Christoph. *Ob. cit.,* 881.

[972] FURKEL, Françoise. *Ob. cit.* p. 849.

A nova redação dada à alínea 1, do §1.595, do Código Civil, pela Lei de Filiação de 1997, inovou a matéria, admitindo, nas causas de estabelecimento da filiação do menor de idade, o consentimento da própria mãe, o qual deverá ser manifestado a título pessoal e não na qualidade de representante legal do filho, que continua sendo o *Jugendamt* e não a mãe. Alguns autores, no entanto, a exemplo de Schlüter, defendem a ideia de que a partir da promulgação da Lei de Filiação de 1997, o consentimento manifestado pelo pai, pela mãe ou pelo tutor, é outorgado em nível de representação legal e não a título pessoal.[973]

A ação de impugnação da paternidade cumulada com a anulação do assento de nascimento pelo filho, não mais repousa nos fundamentos do §1.596, do Código Civil, uma vez que o Tribunal Constitucional Federal julgou o mandamento contido no referido dispositivo legal incompatível com o disposto na alínea 1, do art. 2º, combinado com a alínea 1, do art. 1º, da Lei Fundamental. Ambos os dispositivos constitucionais, que declaram a toda pessoa o *direito fundamental à personalidade*, trazem implicitamente o reconhecimento do *direito da pessoa ao conhecimento de sua própria ascendência*.

Schlüter,[974] com razão, critica o legislador alemão, afirmando que o direito de o filho requerer a anulação ou a alteração de seu assento de nascimento, decorrente da impugnação da paternidade legal, deveria ser objeto de rigorosa ponderação dos valores postos em causa, entre o exercício do *direito de personalidade do filho* e o *direito à paz, à paternidade socioafetiva* e à *união familiar* entre o pai legal ou socioafetivo e o filho, preservando a união familiar nos termos da alínea 1, do art. 6º, da Lei Fundamental.[975] No entanto, o próprio legislador deixou de interpretar corretamente o art. 6º, da Lei Fundamental, não tutelando com os cuidados necessários o vínculo afetivo e o *direito à união e à paz familiar*, dando preponderância exacerbada ao direito do filho à sua personalidade, ao promulgar uma norma contendo um direito ilimitado em relação à ação de anulação do assento de nascimento do filho, decorrente da impugnação da paternidade.

O Tribunal Constitucional Federal chamado para dirimir ambos os direitos de personalidade em colisão, surgidos a partir de casos concretos levados ao seu conhecimento, principalmente, para fixar os necessários limites de atuação do direito do filho de exercer o *direito ao conhecimento da origem genética e familiar*, pronunciou-se de maneira *sibilina*, não obtendo o devido êxito na tentativa de fixar, adequadamente, os limites de atuação da categoria, deixando de salvaguardar a paz e a tranquilidade da família socioafetiva já constituída.

Dentro deste quadro, tem a comunidade jurídica se manifestado de maneira crítica em relação à sua Corte máxima, demonstrando que o Tribunal Constitucional Federal tem contribuído para a sociedade alemã muito mais com dúvidas e incertezas do que fornecido respostas sólidas para a concretização e o estabelecimento dos limites de atuação do *direito ao conhecimento da própria origem genética e familiar*, havendo, ainda, um longo caminho a ser trilhado para a consolidação desta importante categoria jurídica

---

[973] SCHLÜTER, Wilfried. *Ob. cit.*, p. 358.

[974] SCHLÜTER, Wilfried. *Ob. cit.*, p. 358.

[975] Diz a alínea 1, do art. 6º, da Lei Fundamental: "1.O casamento e a família estão sob a especial protecção do Estado."

na Alemanha.[976] Na prática, nem o legislador da "Lei de Reforma do Direito de Filiação," nem a Corte Constitucional Federal conseguiram estabelecer os limites e a segurança jurídica necessários da atuação do *direito ao conhecimento da própria origem genética e familiar*, frustrando os anseios da doutrina e dos operadores do direito na Alemanha.

2.5.3 O aresto do Tribunal Europeu dos Direitos do Homem de 13 de fevereiro de 2003 e sua repercussão no Direito Interno Alemão

Consoante vimos no capítulo supra, nem a reforma legislativa do Código Civil, por meio da Lei de Filiação, nem a hesitante atuação do Tribunal Constitucional Federal, obtiveram êxito em disciplinar e estabelecer os limites ao exercício do *direito ao conhecimento da própria origem genética e familiar*, restando seriamente prejudicada a segurança jurídica da sociedade e da família alemã.

Tais fatos contribuíram decisivamente para o direito de filiação alemão recepcionar influências do direito comparado, em especial do caso *Odièvre X França*, julgado pelo Tribunal Europeu dos Direitos do Homem.

A repercussão que teve o caso *Odièvre X França* na União Europeia causou alvoroço, encontrando fortes ecos na comunidade jurídica da Alemanha.

O caso Odiévre, consoante já informamos supra, pode ser resumido no fato de Pascale Odièvre, nascida em Paris, sob a modalidade de parto anônimo, descobrir que possuía irmãos biológicos e desejando manter contato com eles requereu à instituição onde ocorreu o parto, lhe fossem fornecidas informações sobre sua ascendência biológica. O pedido de acesso às informações sobre a identidade de sua família biológica lhe foi negado, sob a alegação de que a revelação sobre sua verdadeira origem biológica violaria o direito ao segredo de sua genitora no tocante ao seu nascimento, em relação ao qual a mãe pretendia manter sigilo.

Diante da negativa por parte da instituição de lhe prestar as informações solicitadas e, posteriormente, ver frustrado seu pedido judicial de lhe serem revelados os fatos secretos que envolviam seu nascimento, pelo Tribunal de Grande Instância de Paris, requereu a interessada, no mês de março de 1998, Reclamação perante a Corte Europeia dos Direitos do Homem contra a República da França. Nas razões de seu pedido, perante a Corte Europeia, afirmou que a negativa de acesso às informações sobre sua verdadeira origem genética e familiar constitui violação aos arts. 8º e 14, da Convenção Europeia dos Direitos do Homem que disciplinam o *direito ao respeito à vida privada e familiar* e a *vedação de discriminação de pessoas por razões de nascimento*.[977]

O Tribunal Europeu dos Direitos do Homem julgou o caso definitivamente em 2003, declarando que no caso concreto apresentado, a legislação interna da França, que dispõe sobre o *accouchement sous X, (parto anônimo)*, não viola os arts. 8º e 14 da Convenção Europeia dos Direitos do Homem, entendendo os membros da Corte supranacional que a legislação nacional, na espécie, alcançou um equilíbrio suficiente

---

[976] FRANK, Reiner e HELMS, Tobias. *Ob. cit.*, p. 1259. FURKEL, Françoise. *Ob. cit.* p. 810, ss.

[977] BONNET, Vincent. L'accouchement sous X et la cour européenne des droits de l'homme. *Rev. trim. Dr. h.* nº 58, p. 404-408.

e uma proporcionalidade necessária aos interesses concorrentes.[978] Julgando, por tais fundamentos, improcedente a pretensão de Pascale Odièvre de conhecer sua origem genética e familiar.

O entendimento do Tribunal Europeu dos Direitos do Homem em relação à matéria posta em causa no *affaire Odièvre* e as incertezas do Tribunal Constitucional Federal alemão, na tentativa de fixar os limites de atuação do *direito ao conhecimento da própria origem genética e familiar* do adotado, em relação ao conhecimento da família biológica, conduziram um grande número de juristas alemães a voltar os olhos para a categoria jurídica francesa, o *accouchement sous X*, pelas vantagens que o anonimato de nascimentos traria, reduzindo o número de abortos, de infanticídios e de abandono de recém-nascidos, por permitir à mãe deixar seu filho aos cuidados de terceiros que o levariam à adoção. Dessa maneira, a polêmica passou a gravitar em torno da constatação da compatibilidade do direito interno alemão com as normas contidas na Convenção Europeia dos Direitos do Homem e ante os projetos de lei que cuidam dos *partos anônimos* e das *portinholas de bebês* no direito alemão.[979]

Na Alemanha, como é sabido, não existe a categoria jurídica do *parto anônimo* regulamentada, embora se encontrem, com frequência, casos de nascimentos secretos. As igrejas, os conventos e instituições assistenciais, que possuem vínculo com hospitais ou centros de assistência médica garantida, possuem as *Babyklappen*, as *portinholas de bebês*, local onde as mães podem deixar seus filhos recém-nascidos, para serem cuidados por terceiros e encaminhados para a adoção.

No mês de maio de 2002, um projeto de lei referente à regulamentação dos *partos anônimos* foi apresentado ao parlamento federal (o *Bundestag*), sendo o citado projeto de lei rejeitado. Em 21.06.2002, a província de Baden-Würtenberg submeteu ao Conselho Federal (o *Bundesrat*)[980] outro projeto de lei sobre a regulamentação dos *partos anônimos*. O projeto de lei foi enviado às comissões para análise e posterior apresentação ao *Bundestag*, sem obtenção de êxito na sua aprovação, até o presente momento.

A França e a Alemanha possuem, em relação ao tema, dois sistemas jurídicos opostos e incompatíveis entre si.

O *parto anônimo* e a *portinhola de bebês* são categorias jurídicas que tutelam o *direito geral de personalidade* dos genitores biológicos, inserem-se no direito ao segredo familiar e ao segredo profissional, mantendo em sigilo a identidade dos genitores da pessoa e as circunstâncias do nascimento dela, não podendo ser divulgado a ninguém, nem ao próprio filho. Do outro lado, em oposição, encontra-se o *direito ao conhecimento da própria origem genética e familiar*, que integra o *direito geral de personalidade* do filho, tutelando a possibilidade da obtenção de informações acerca da identidade genética e familiar, bem como a identidade dos genitores biológicos, desde que se trate de pessoa adotada,

---

[978] Disponível em: <http://www.coe.int/T/F/affaires_juridiques>. Acesso em: 15 dez. 2009.

[979] PRATA, Henrique Moraes. Rechtliche Aspekte der Babyklappe und der anonymen Geburt in Deutschland unter besonderer Berücksichtigung der französischen Tradition des accouchement sous X und des Urteils des Europäischen Gerichtshofs für Menschenrechte im Fall Odièvre. *Magisterarbeit* (Magister iuris comparative, M. iur. comp.). Rechts-und Staatswissenschaftliche Fakultät der Rheinischen Friedrich-Wilhelms-Universität Bonn, Institut für Deutsches, Europäisches und Internationales Familienrecht.

[980] O *Bundesrat*, o Conselho federal, é constituído por membros do governo das províncias federadas, (*Landesregierungen*), tem competência para propor projetos de lei e de apresentar objeções às leis aprovadas pelo *Bundestag*. (Cf. MACHADO, Luiz. Pequeno Dicionário Jurídico Alemão Português. Verbete: Bundesrat.

nascida a partir de técnicas de reprodução artificial heteróloga ou, ainda, oriunda de nascimento secreto, ocasionando, fatalmente, uma colisão de direitos de personalidade e fundamentais consagrados na Lei Fundamental.

A promulgação de uma lei que instituísse o *parto anônimo* na Alemanha, diante do direito vigente, seria, fatalmente, inconstitucional. Somente uma profunda reforma do direito de filiação poderia absorver a categoria dos *nascimentos secretos* ou *partos anônimos* neste país.

O *direito ao conhecimento da própria origem genética e familiar* consiste em uma categoria jurídica secular e tradicional, profundamente arraigada no espírito do povo alemão, consagrado na Lei Fundamental como *direito geral de personalidade* e reconhecido como direito vigente pelo Tribunal Constitucional Federal (*BVerfG*).[981]

2.6 O direito ao conhecimento da própria origem genética e familiar no direito brasileiro

O presente capítulo é dedicado ao estudo do *direito ao conhecimento da própria origem genética e familiar* no direito brasileiro, categoria recentemente incorporada pelo direito positivo mediante reforma do Estatuto da Criança e do Adolescente pela Lei Nacional de Adoção, de 2009.

Antes, porém, de adentrarmos propriamente no tema proposto, será conveniente verificarmos qual a situação jurídica do recém-nascido, diante da obrigatoriedade do seu registro civil pelos genitores e o problema do abandono de crianças, em especial, as recém-nascidas.

2.6.1 A obrigatoriedade do registro civil das pessoas naturais

Inicialmente, cumpre destacar que assim como em Portugal,[982] que não tutelou nenhuma figura jurídica semelhante a dos *nascimentos anônimos* existente na França (os *accouchements sous X*), não possuímos no Brasil nenhuma categoria jurídica destinada a proteger um eventual *direito ao segredo* em relação aos fatos que envolvam o nascimento de crianças, bem como o segredo da identidade de seus pais e do seu patronímico.

Reportando-nos às Ordenações do Reino, constata-se que em Portugal e, consequentemente, no Brasil, não existiam referências quanto ao registro civil de pessoas

---

[981] PRATA, Henrique Moraes. *Ob. cit.*, idem. Não deve ser esquecido que *direito ao conhecimento da própria origem genética e familiar* está previsto nas convenções internacionais que tratam dos direitos fundamentais do homem e são ratificados pela República Federal da Alemanha.

[982] Diz o art. 26º da Constituição da República Portuguesa, conforme a redação realizada pela Revisão Constitucional de 1997:
"Artigo 26º (Outros direitos pessoais):
1. A todos são reconhecidos os direitos à identidade pessoal, ao desenvolvimento da personalidade, à capacidade civil, à cidadania, ao bom nome e reputação, à imagem, à palavra, à reserva da intimidade da vida privada e familiar e à protecção legal contra quaisquer formas de discriminação.
2. A lei estabelecerá garantias efectivas contra a obtenção e utilização abusivas, ou contrárias à dignidade humana, de informações relativas às pessoas e famílias.
3. A lei garantirá a dignidade pessoal e a identidade genética do ser humano, nomeadamente na criação, desenvolvimento e utilização das tecnologias e na experimentação científica.
4. A privação da cidadania e as restrições à capacidade civil só podem efectuar-se nos casos e termos previstos na lei, não podendo ter como fundamento motivos políticos."

naturais, cumprindo aos registros paroquiais o dever de realizar o assento de batismo, que tinha por principal escopo trazer a pessoa ao universo religioso e civil.[983]

Os nobres, por sua vez, além do registro de batismo paroquial, registravam os títulos nobiliárquicos, os escudos, as insígnias, os nomes e apelidos familiares nos assentamentos reais, merecendo, estes, toda a proteção contra a usurpação dos títulos. Para a população em geral, não havia norma reguladora específica, nem proteção aos nomes.[984] As Ordenações dispensavam tratamento jurídico diverso em relação ao nome e à identificação das pessoas, de acordo com a classe social a qual pertenciam. Em relação às famílias aristocráticas, era vedado o reconhecimento dos filhos naturais, não possuindo, estes, direito sucessório nem vínculos em relação aos ascendentes biológicos. O contrário ocorria em relação aos filhos naturais plebeus, os quais poderiam suceder dos seus ascendentes naturais.

No Brasil a regulamentação do registro das pessoas naturais surgiu apenas em 1851, com a promulgação do Decreto nº 798, de 18.06.1851, destinado a regular os assentos de nascimentos e dos óbitos. O Decreto nº 798/1851 teve, no entanto, vigência curta, sendo sua execução suspensa em 29.01.1852.

A primeira norma efetiva a criar um modelo de registro civil de pessoas naturais, entre nós, deu-se mediante a promulgação da Lei nº 1.144, de 11.09.1861. Esta lei, porém, limitava-se a regulamentar o registro civil dos não católicos, uma vez que competia às paróquias manterem os registros de batismo e de falecimento de seus paroquianos. Sendo a religião oficial do império a religião católica, foi necessária a criação do registro civil para que os imigrantes suíços e alemães e seus descendentes, que na sua maioria eram protestantes, não ficassem sem registro pessoal.

Posteriormente, foi instituído o registro civil das pessoas naturais, também aos católicos, mediante a promulgação da Lei nº 1.828, de 09.09.1870, regulamentada pelo Decreto nº 5.604, de 25.04.1874. Tornou-se, então, obrigatório o registro civil dos filhos assim que nascidos, a ser realizado pelos pais ou pelo responsável legal, sob pena de pagamento de multa.

Cumpre esclarecer que a legislação primitiva sobre o registro civil brasileiro admitia a mutabilidade do nome de qualquer pessoa, permitindo, inclusive, o suprimento e a restauração do assento de nascimento, exigindo-se, apenas, justificação para tais atos.[985]

O advento do Decreto nº 18.542, de 24.12.1928, destinado a aprovar o regulamento para execução dos serviços concernentes nos registros públicos estabelecidos pelo Código Civil, instaurou no Brasil o *princípio da imutabilidade dos assentos de nascimento*, permitindo, apenas, a alteração do prenome dentro do primeiro ano, após ter o indivíduo completado a maioridade ou, posteriormente, em caráter excepcional, mediante justificativa.

---

[983] CUNHA, Sérgio S. da. "Retificação de Nome". *RT.* 519/59. Esclarece o autor que os costumes, o direito romano e o direito canônico, constituíam, juntamente com as Ordenações, até a expedição do Alvará de 18.08.1769, fontes subsidiárias do Direito, (as Ordenações) e serviam para regular matéria de prenomes e patronímicos das pessoas.

[984] SZANIAWSKI, Elimar. *Limites e Possibilidades...*, p. 161.

[985] SZANIAWSKI, Elimar. *Ob. cit.*, p. 161.

A legislação que seguiu o Decreto nº 18.542/1928 manteve em seu bojo o *princípio da imutabilidade dos assentos de nascimento* somente admitindo qualquer alteração no referido assento, excepcionalmente, devidamente motivada e em obediência a um processo judicial.[986] [987]

O Código Civil de 1916 instituiu os registros públicos determinando, no seu art. 12, que os nascimentos serão inscritos em registro público.[988]

A Lei dos Registros Públicos atual, Lei nº 6.015 de 31.12.1973, dispõe no mesmo sentido do diploma civil derrogado, determinando, no art. 29, a obrigatoriedade do registro de nascimento da pessoa natural, no competente ofício de registro civil das pessoas naturais. Deve ser observado que nenhuma das citadas normas trouxe exceção à obrigação de os pais efetuarem o registro civil de seu filho, assim que nascer, no cartório do registro civil competente. A Lei nº 6.015/1973 na sua redação originária filiou-se ao *princípio da imutabilidade dos assentos de nascimento*, impossibilitando a realização de alteração no assento do registro civil da pessoa natural. A Lei dos Registros Públicos de 1973 admitia apenas alteração no referido assento, a título excepcional, devidamente motivada, mediante processo judicial específico, com a obrigatória intervenção do representante do ministério público.

Leis posteriores relativizaram a proibição da imutabilidade absoluta do nome e do prenome da pessoa natural, contida nos arts. 57 e 58, da Lei nº 6.015/1973, passando a jurisprudência a entender que os §§2º; 3º e 4º, do art. 57, da citada Lei, se tornaram obsoletos e suas exigências e requisitos descabidos, diante do advento do divórcio no Brasil, em 1977, que produziu alterações substanciais no tocante ao direito à identidade dos registrados.[989]

O Código Civil de 2002 no inciso I, do art. 9º, seguindo a mesma esteira do Código Civil de 1916, determina que os nascimentos sejam registrados no registro público deixando a disciplina da matéria para lei especial, a Lei dos Registros Públicos. Diz o art. 9º do Código Civil:

Art. 9º Serão registrados em registro público:
I - os nascimentos, casamentos e óbitos;
[...]."
Complementa a norma acima, o disposto no art. 1.604, determinando que:
"Art. 1.604. Ninguém pode vindicar estado contrário ao que resulta do registro de nascimento, salvo provando-se erro ou falsidade do registro.

As principais ações judiciais destinadas a infirmar o assento de nascimento são a ação declaratória de inexistência de filiação e a ação anulatória do registro de nascimento.

---

[986] Decreto nº 18.542/1928, arts. 70 a 72.

[987] Outras normas sobre o registro civil das pessoas naturais foram promulgadas, como a Lei nº 765, 14.07.1949, que tornava obrigatório o registro civil, dispensado o pagamento da respectiva multa, por não ter sido efetuado o registro da pessoa, por ocasião do seu nascimento, e a Lei nº 3.764, de 25.04.1960, que estabeleceu o rito sumaríssimo para as retificações no registro civil. Todas as normas aqui mencionadas foram derrogadas por força do artigo 299, da Lei nº 6.015, de 31.12.1973.

[988] O Decreto nº 4.827/1924 reorganizou e disciplinou os registros públicos instituídos pelo Código Civil de 1916. O Decreto nº 18.542/1928 foi revogado pelo Decreto nº 11/1991(Anexo IV).

[989] SZANIAWSKI, Elimar. *Ob. cit.*, p. 163. Vide TJRJ - Ap. Civ. nº 18.228, RJ. RT, 570/176.

Em relação à matéria, o Superior Tribunal de Justiça tem decidido no sentido de que a ação declaratória de inexistência de filiação por falsidade ideológica, poderá ser ajuizada pelo suposto filho, o principal interessado, bem como por terceiros legitimamente interessados, sendo o direito de ação ao reconhecimento do *estado de filho* imprescritível, mormente se tratando de falsidade do registro.[990] Em idêntico sentido, reconheceu o mesmo tribunal, haver direito de ação para anular assento de nascimento aos terceiros que demonstrem legítimo interesse moral ou material na anulação.[991] Os terceiros interessados são os irmãos daquele que prestou declarações falsas ao oficial do registro; os filhos do declarante que impugnam a qualidade de irmãos do registrado como filho; o avô do falsamente registrado, pai do declarante, que poderão mover a ação de anulação após a morte do declarante, qualificado como pai no registro civil.

Por questões de metodologia, o tema da mutabilidade do assento de nascimento e do *direito à identidade pessoal* será abordado em capítulo próximo, infra. A seguir, passaremos, a examinar o tormentoso tema do abandono de crianças no Brasil.

2.6.2 Do abandono à adoção de criança

Desde o início do Brasil colonial, era muito frequente a prática do *abandono* de filhos recém-nascidos não queridos pelos genitores, que eram deitados na "roda" dos conventos e das casas de misericórdia, denominada "roda dos enjeitados". Esse costume, instituído pelo colonizador português, foi praticado entre nós até meados do séc. XX.

Nos séculos XVIII e XIX era comum abandonar as crianças na soleira da porta das residências das famílias abastadas, para serem criadas por elas. Contudo, essas crianças abandonadas acabavam, comumente, confiadas às aias que delas cuidavam.[992]

Existem muitas lendas, principalmente no Sul do Brasil, que falam de espíritos de crianças que guardam lugares misteriosos onde foram enterrados tesouros. Esses espíritos impediriam que outras pessoas encontrassem ou se apossassem do tesouro escondido. Para tanto, ao ser enterrado o tesouro, era enterrada viva, junto com ele, uma criança ou, então, esta era assassinada no próprio local, para que seu espírito se tornasse guardião do tesouro. Mas, na realidade, as crianças assassinadas eram geralmente filhos bastardos do estancieiro, rejeitados pelo pai, ou "filhos das ervas" ou, mais raramente, se tratava do último filho de uma vasta prole, que era morto para não causar a diminuição do patrimônio familiar a ser dividido, quando fosse tratado da herança.

Embora não exista no Brasil, até o presente momento, nenhuma categoria jurídica destinada a proteger um eventual *direito ao segredo* em relação aos fatos que envolvam o nascimento de crianças e a identidade de seus genitores, podemos encontrar, com muita frequência, nascimentos que envolvem uma parcela de segredo, principalmente no que tange ao sigilo da identidade do pai da criança a qual, mesmo diante da investigação oficiosa da paternidade, regulada pela Lei nº 8.560/1992, permanece, muitas vezes,

---

[990] STJ. RecEsp. nº 139.118. 4ª T. Rel. Min. Sálvio de Figueiredo. DJU de 25.08.2003.

[991] STJ. RecEsp. nº 257.119. 4ª T. Rel. Min. Cesar Rocha. DJU de 02.04.2001.

[992] LORENZI, M. *Crianças mal-amadas*. Nova minoria, p. 17-20.

em segredo.[993] A mulher para a salvaguarda da sua vida privada, da intimidade ou da honra, assegurada no inciso X, do art. 5º, da Constituição, bem como para proteger os interesses do pai da criança, não poderá ser obrigada a informar a identidade do genitor, por ocasião do registro do nascimento de seu filho ao oficial do registro civil. Nesse sentido, o conflito entre o direito de a mãe de ver protegida sua vida privada e o direito do filho em ver estabelecida sua verdadeira paternidade e de conhecer sua ascendência familiar biológica, penderia em um primeiro momento a favor da mãe, que realiza o registro da criança em nome próprio. Em um segundo momento, poderá o próprio pai biológico, bem como o filho, mesmo que representado ou assistido por curador da infância e da juventude, ingressar com a competente ação investigatória com o objetivo de ver declarada a paternidade.[994] Quando tais fatos ocorrem, a medida processual adequada consiste no emprego da ação de *investigação da paternidade* que possui por objetivo averiguar a existência do vínculo paternidade e filiação, de estabelecer este vínculo e de atribuir as devidas responsabilidades resultantes da paternidade ao genitor.

A realidade brasileira, porém, revela a existência de milhões de crianças entre cinco e quinze anos de idade em estado de abandono, esquecidas nas instituições de caridade ou vagando pelas ruas onde sobrevivem de esmolas e pequenos furtos e, na adolescência, de grandes furtos, roubos e latrocínio. Outras, embora possuam pais conhecidos e residam com eles em barracos, são submetidas ao trabalho escravo, à prostituição, ao tráfico de drogas etc., evidenciando o esquecimento e a omissão dos políticos, dos administradores e da própria sociedade, diante das questões da infância e da juventude.[995]

Essas razões conduziram o legislador brasileiro a elevar a categoria da adoção a um remédio social, procurando, mediante incentivo às famílias em adotar esses menores, minimizar o grande problema das crianças e menores expostos, no Brasil.

Ao lado deste remédio social, importou o legislador brasileiro do direito europeu a categoria do direito ao *conhecimento da própria origem biológica*, outorgando a essas crianças e adolescentes o direito de serem titulares do direito de ação de conhecer sua ascendência biológica, além de possuírem, a seu favor, a ação de *investigação oficiosa da paternidade*.

Assim, em 2009, o legislador reformou significativamente o Estatuto da Criança e do Adolescente, por meio da Lei nº 12.010/2009, inserindo no seu art. 48, o *direito ao conhecimento da origem biológica* do adotado, autorizando-o a conhecer sua origem biológica e obter acesso irrestrito ao processo no qual a medida foi aplicada e seus eventuais incidentes, após completar 18 (dezoito) anos de idade.

Ao lado do problema do abandono e da adoção de crianças e adolescentes desvalidos, ocorreu um súbito desenvolvimento das técnicas de reprodução assistida no Brasil. Tornou-se comum casais inférteis procurarem as clínicas reprodutivas não só aqui, mas também no exterior com finalidade reprodutiva, vindo a nascer crianças cujos

---

[993] Tramitavam no Congresso Nacional três Projetos de lei, todos destinados a regulamentar o *parto anônimo* no Brasil. São eles: Projeto de Lei nº 2.747/2008; Projeto de Lei nº 2.834/2008 e Projeto de Lei nº 3.220/2008. Estranhamente, foram os três projetos arquivados sob a equivocada alegação de inconstitucionalidade, apontando o legislador inconstitucionalidades que, na realidade, não existem, consoante veremos em capítulo próprio.

[994] MARTINS, Guilherme Magalhães. *Tutela da Filiação*, p. 26.

[995] Segundo o Censo 2010, existem cerca de oito milhões de crianças brasileiras em total estado de abandono.

genitores biológicos, os doadores de células germinativas, são terceiros estranhos aos pais socioafetivos da criança, vindo todo este fenômeno a provocar discussões em torno do tema, bem como sobre normas que venham a disciplinar o direito ao *conhecimento da origem genética e familiar* dessas crianças e adolescentes.

A seguir, iremos realizar uma breve análise, no âmbito da legislação e da jurisprudência brasileira, do direito ao *conhecimento da origem genética e familiar* dos filhos adotados e dos nascidos de reprodução assistida heteróloga.

2.6.3 O direito ao conhecimento da própria origem genética na legislação brasileira

O operador jurídico brasileiro vem nos últimos anos se dedicando à compreensão do conceito e do conteúdo do *direito ao conhecimento da própria origem genética e familiar*, embora muitos ainda confundam a presente categoria com a *investigação da paternidade*. Grande parte dos estudos é superficial, limitando-se a noticiar a categoria. Muito do que se encontra publicado por aí, principalmente na Internet, constitui-se de trabalhos de estudantes, sem qualquer comprometimento com a correção científica, caracterizando a superficialidade com que é tratada a matéria.

Consoante nos manifestamos acima, o *direito ao conhecimento da própria origem genética e familiar* ingressou no direito positivo brasileiro mediante promulgação da Lei nº 12.010/2009, a qual alterou totalmente o art. 48, do Estatuto da Criança e do Adolescente. A citada lei inaugura novo paradigma em relação à adoção, rompendo com o modelo anterior, o qual obrigava às partes e aos que participaram do processo de adoção ao sigilo familiar e profissional, no que dizia respeito às relações de paternidade, maternidade e filiação socioafetivas, bem como em relação aos profissionais da saúde e do Judiciário que intervieram no processo de adoção. O legislador brasileiro, ao contrário da maior parte dos legisladores europeus, deixou de cuidar da regulamentação da matéria em relação ao vínculo paterno-filial decorrente da reprodução assistida heteróloga, voltando-se, somente, aos adotados.

Os juristas dos países da Europa continental ocidental, na sua maioria, consoante se observa nas conclusões hauridas dos congressos e encontros jurídicos, manifestam resistência em relação ao exercício pelo adotado, do *direito ao conhecimento da origem biológica* decorrente da adoção, justamente pelo fato de que, na grande maioria das vezes, a revelação do segredo familiar traz transtornos, alterações no relacionamento familiar e, muitas vezes, um abalo profundo na relação afetiva do vínculo adotivo. São, porém, mais liberais em relação ao *direito ao conhecimento da origem biológica* aos nascidos a partir de reprodução heteróloga, facilitando a possibilidade de conhecer seu vínculo biológico.

Antes de estudarmos o *direito ao conhecimento da própria origem genética e familiar* regulado no Estatuto da Criança e do Adolescente, será conveniente examinarmos outras normas, principalmente os projetos de lei que propõem a regulamentação da categoria.

Nosso estudo partirá do exame do Código Civil brasileiro de 1916, da Constituição, e do Código Civil atual, passando pelos projetos de lei que propõem a regulamentação da categoria e finalizando com a análise da matéria inaugurada pelo ECA.

2.6.3.1 A ausência de tutela do direito ao conhecimento da própria origem genética e familiar no Código Civil de 1916

O direito civil brasileiro codificado no início do século passado encontrou ampla resistência na aceitação de um direito que outorgasse a alguém a possibilidade de realizar a investigação das suas origens biológica e familiar no seio da família legítima.

O Código Civil brasileiro de 1916, em sua redação originária, pretendeu salvaguardar ao máximo a pureza da imagem da família matrimonializada, patriarcal e burguesa, para a qual foi construído, determinando no art. 348, que "ninguém pode vindicar estado contrário ao que resulta do registro de nascimento".

O mencionado mandamento legal possuía força suficiente para impedir a realização de eventuais alterações do estado pessoal do indivíduo que seu assento de nascimento contivesse. A justificativa dessa imutabilidade do assento de nascimento teria sua razão na busca pelo legislador da segurança que a sociedade deveria ter em relação à identidade das pessoas e de sua filiação, estando o assento de nascimento vinculado a preceito de ordem pública. A certidão de nascimento consistia na prova máxima de que a pessoa existia e, com o registro, o indivíduo de fato passaria a atuar no universo jurídico.[996]

A exagerada preocupação do legislador de 1916 com a salvaguarda da pureza da imagem da família brasileira e das pessoas que a constituem foi, aos poucos, cedendo pela sua falta de praticidade e por não representar a realidade social do povo brasileiro. O direito civil codificado em 1916 excluiu de sua tutela inúmeras pessoas. Os indivíduos que não se enquadravam perfeitamente no esboço delineado pelo legislador, fiel ao pensamento burguês europeu predominante, ficaram à margem do direito. O direito civil codificado em 1916 não tinha espaço para a tutela de interesses dos que não se enquadravam no conceitualismo patrimonialista burguês e da família legítima e matrimonializada, daqueles tempos.[997]

A percepção dessa grave situação em relação à exacerbada exação e absoluta imutabilidade outorgada ao registro civil provocou a promulgação do Decreto-lei nº 5.860, de 30.09.1943, que alterou a redação do art. 348, do Código Civil derrogado. A reforma do citado dispositivo rompeu com o mandamento legal fechado, em tom absoluto, que impedia ao indivíduo obter a identidade pessoal oposta à que constava no registro de nascimento. A nova redação imposta ao art. 348, do Código Civil, pelo Decreto-lei nº 5.860/1943, abrandava o rigor da norma derrogada, permitindo que, diante de erro ou falsidade do registro, houvesse a possibilidade de retificação do assento de nascimento, mesmo vindo a ocorrer mudança do estado familiar do requerente. O Decreto-lei nº 5.860/1943 introduziu no direito brasileiro o princípio da *imutabilidade relativa* do assento de nascimento das pessoas.

Outro avanço significativo, no tocante ao direito à identidade pessoal do indivíduo, ocorreu a partir da promulgação da Lei dos Registros Públicos, Lei nº 6.015/1973, a qual passou a admitir, no art. 57,[998] que qualquer alteração posterior de nome, se dê,

---

[996] FRANÇA, Rubens Limongi. *Do Nome Civil das Pessoas Naturais*, p. 252.

[997] SZANIAWSKI, *Limites e Possibilidades...*, p. 23. CARVALHO, Orlando de. *Para uma teoria da relação jurídica civil*, p. 34, ss.

[998] O §2º, do art. 57, da Lei nº 6.015/1973, dispõe:

"A mulher solteira, desquitada ou viúva, que viva com homem solteiro, desquitado ou viúvo, excepcionalmente e havendo motivo ponderável poderá requerer ao juiz competente que, no registro de nascimento, seja

somente, por exceção e motivadamente, mediante sentença do juiz a que estiver sujeito o registro, após audiência do Ministério Público, arquivando-se o mandado judicial e publicando-se a alteração pela imprensa. Entre as exceções, com objetivo de proteção das uniões estáveis, a mulher solteira, separada judicialmente ou viúva, que vivesse com homem solteiro, separado judicialmente ou viúvo, excepcionalmente e havendo motivo ponderável, poderia requerer ao juiz competente que, no registro de nascimento, fosse averbado o patronímico de seu companheiro, sem prejuízo dos apelidos de família próprios, desde que estivesse presente impedimento legal para o casamento, decorrente do estado civil de qualquer das partes ou de ambas.[999]

Cumpre, novamente, assinalar que os §§2º; 3º e 4º, do art. 57, da Lei nº 6.015/1973, se tornaram obsoletos a partir do advento do divórcio no Brasil.

Embora relativizado o princípio da imutabilidade do assento de nascimento e da atribuição da identidade pessoal do indivíduo ao tempo da vigência do Código Civil de 1916, não se cogitava alguém pretender conhecer sua origem biológica.

2.6.3.2 A tutela do *direito ao conhecimento da própria origem genética e familiar* na Constituição de 1988

O grande passo do direito brasileiro em direção à tutela do *direito ao conhecimento da própria origem genética e familiar* foi dado a partir da promulgação da Constituição de 1988. Nossa Constituição em vigor fundamenta no inciso III, do art. 1º, o *direito geral de personalidade*, inserindo-se neste o *direito ao conhecimento da própria origem genética e familiar* do indivíduo.[1000] A Constituição brasileira, em seu art. 227,[1001] tutela os interesses da criança e do adolescente, estando em perfeita consonância com a noção do *direito ao conhecimento da própria origem genética e familiar* podendo-se afirmar que a Carta Magna prevê a categoria, apresentando os mecanismos necessários à tutela do *direito ao conhecimento da própria origem genética e familiar*.

A Constituição ao declarar que a *família* é a base da sociedade, reconhecendo a existência de diversas modalidades de *família* e prestando-lhes a devida tutela, mesmo às famílias não fundadas no matrimônio, concebe implicitamente que a categoria *família* constitui-se no núcleo fundamental de solidariedade entre seus membros, no qual toda a pessoa desenvolve sua personalidade. Corrobora essa afirmação a tutela outorgada à criança e ao adolescente de conhecer seu pai e sua mãe, mediante os mecanismos de reconhecimento involuntário da filiação, que garantem ao infante e ao adolescente estabelecer seus laços familiares.

---

averbado o patronímico de seu companheiro, sem prejuízo dos apelidos próprios, de família, desde que haja impedimento legal para o casamento, decorrente do estado civil de qualquer das partes ou de ambas".

[999] Há, na legislação brasileira, possibilidade de alteração da identidade pessoal quando forem constatadas inexatidões materiais, consoante se depreende da leitura do §único, do art. 58, da Lei dos Registros Públicos. Além deste motivo, a realização de casamento; a separação judicial; o divórcio; o reconhecimento de filho; a mudança de nome de ascendente; a mudança de nome do marido; a omissão de nome de família por ocasião da realização do registro; a condição de filho de criação, a condição de tutelado; a adoção autoriza a alteração do patronímico de uma pessoa, inclusive a mudança de nome estrangeiro para nacional.

[1000] SZANIAWSKI, Elimar. *Direitos de Personalidade...*, p. 137.

[1001] Vide o ECA, arts. 19 e seguintes.

A *família* reconhecida como núcleo fundamental dentro do qual as pessoas desenvolvem sua personalidade desconstitui as fronteiras estabelecidas pelo círculo concêntrico em que se desenvolve o segredo e a intimidade dos membros da família em relação à criança ou ao adolescente, que possua algum vínculo com a mesma. Assim, o filho que se encontrava do lado externo deste círculo ou esfera secreta da família socioafetiva poderá ingressar no âmbito dessa esfera mediante o exercício do *direito ao conhecimento da própria origem genética e familiar*, passando a conhecer sua verdadeira origem biológica e familiar. Para a presente categoria, a filiação socioafetiva não deverá permanecer perpetuamente do lado de fora da esfera secreta familiar.

A categoria constitucional da dignidade da pessoa humana fornece o embasamento principal no sentido de a pessoa, nascida a partir de reprodução assistida heteróloga ou adotada, poder ter, sob determinadas conjunturas, acesso às informações que cercam as circunstâncias de seu nascimento, permitindo entender os pormenores que constituem sua personalidade e determinadas características pessoais.

A Constituição garante no inciso XIV, do art. 5º, o *direito de acesso à informação*, resguardando o sigilo da fonte, quando necessário ao exercício profissional. Ao lado desse direito fundamental, a Constituição trouxe o mecanismo adequado ao exercício do *direito à informação* quando lhe for dificultada ou negada a informação desejada.

Quando a autoridade ou qualquer pessoa responsável pelo *dossiê* de alguém, que se encontre em um banco de dados, negar acesso ao interessado às informações sobre sua própria pessoa ou sua situação jurídica, poderá, o mesmo valer-se dos denominados "remédios constitucionais", para exercer e fazer valer seu direito. A Constituição de 1988 inaugurou a garantia constitucional do *habeas data*, destinado a assegurar o conhecimento e (ou) a retificação de dados relativos à vida do impetrante e suas atividades constantes em bancos de dados ou registros de entidades governamentais ou de caráter público. Em princípio, todos os registros e bancos de dados de entidades governamentais estão sujeitos à regra, ressalvadas as informações consideradas sigilosas por razões de segurança da sociedade e do Estado, restringidas pelo inciso XXXIII do art. 5º, da Constituição, regulamentado pela Lei nº 8.159/1991. Submetem-se às mesmas regras os registros ou bancos de dados particulares, os quais poderão ser acessados pelos interessados desde que sejam caracterizados como portadores de "caráter público".[1002]

A jurisprudência do Superior Tribunal de Justiça firmou-se no sentido de considerar como pressuposto para o ajuizamento do *habeas data* a prova da negativa do agente público em fornecer ao interessado as informações pretendidas. Segundo entendimento da referida Corte, somente a prova de ter o impetrante requerido na via administrativa as informações desejadas e não obtendo êxito em sua pretensão,

---

[1002] BANDEIRA DE MELLO, Celso Antônio. *Curso de Direito Administrativo*, ps. 118 - 119.

STJ - Mand. de Segurança nº. 8.196 - Dist. Federal - Ac. 0016816-7/2002 – maioria – 3ª Seção - Rel: Min. Felix Fischer - j. em 26.03.2003 - Fonte: DJU I, 28.04.2003, p. 170. *In* BONIJURIS - Verbete: 60.291.

"MANDADO DE SEGURANÇA - Impossibilidade - DIREITO À INFORMAÇÃO - REGISTRO ou BANCO de dados - HABEAS DATA - Cabimento - ART. 5/CF, LXIX - Observância - EXTINÇÃO DO PROCESSO sem JULGAMENTO DO MÉRITO – Ocorrência. Constitucional e administrativo. Mandado de segurança. Direito à informação. Via processual imprópria. Se a proteção pedida pelo impetrante se refere à busca de informações relativas à sua pessoa constantes de registro ou banco de dados de entidade governamental, o instrumento processual adequado é o habeas data, não cabendo o uso do mandado de segurança como seu sucedâneo (art. 5º, LXIX, da CF). Processo extinto sem julgamento do mérito".

diante da resistência injustificada da entidade pública de fornecê-las, nasceria para ele o interesse de agir por meio dessa ação constitucional.[1003]

Alexandre de Moraes,[1004] em sua atenta observação, afirma que em momento algum o constituinte restringiu a utilização dessa ação constitucional, nem impôs pressupostos específicos para o ajuizamento do *habeas data*, não podendo, por essa razão, o intérprete restringi-la, mediante exigência de pressupostos que não existem. Infelizmente um grande número de autores, mantendo o equívoco, defende a postura limitadora do Superior Tribunal de Justiça.

Nosso pensamento se identifica com as lições de Alexandre de Moraes, uma vez que o *habeas data* possui natureza jurídica de ação constitucional, submetendo-se às regras comuns que regem as condições da ação, não figurando na Constituição nenhum dispositivo que atrele o interesse de agir do interessado à prova da negativa do fornecimento de informações na esfera administrativa. Tal exigência imposta pelo Superior Tribunal de Justiça revela a presença de resquícios do período ditatorial, período em que o governo militar, por meio da Emenda Constitucional nº 7, de 13.04.1977, alterou a redação do §4º, do art. 153, da Constituição de 1969, condicionando a apreciação pelo Poder Judiciário a qualquer lesão de direito individual ao prévio ingresso e exaurimento das vias administrativas. Tal exigência atual do Superior Tribunal de Justiça destoa do verdadeiro espírito do estado democrático de direito reinstituído pela Constituição de 1988, revestindo o *habeas data* com as sombras do período ditatorial.

Por tais razões, entendemos com o mencionado autor,[1005] pelas razões trazidas acima, que o acesso ao Poder Judiciário via *habeas data*, deve prescindir a exigência do prévio esgotamento da via administrativa pelo interessado, por ser contrário à norma trazida na Constituição.

Assim, o acesso aos dados armazenados e o direito à eventual retificação de registros ou bancos de dados de entidades governamentais ou de entidades não governamentais de caráter público, é tutelado em nível constitucional na alínea *a*, do inciso LXXII, do art. 5º, sendo o presente dispositivo regulamentado pela Lei nº 9.507/1997, destinado a informar ao interessado o conteúdo de seus dossiês, conforme sua solicitação.

[1003] STJ - Habeas Data nº 02/DF - Ac. da 1a. Seç. - Pub. Em 04.09.89 - Rel: Min. Pedro Acioli. In BONIJURIS Verbete – 4241. "HABEAS DATA - Ausência de postulação administrativa.
Ante a ausência de pleito administrativo suficiente a configurar a relutância da administração a atender o pedido, sofre o "Habeas Data" de "ausência de interesse de agir". Pedido não conhecido".
Em 08.05.1990, o STJ promulgou a Súmula nº 2, sobre o cabimento da ação de *habeas data*, publicada no DJ de 18.05.1990. Diz a ementa da referida Súmula:
"SÚMULA 2/STJ - Não cabe o habeas data (CF, art. 5º, LXXII, letra "a") se não houve recusa de informações por parte da autoridade administrativa".

[1004] MORAES, Alexandre de. *Direito Constitucional*, p. 125-126.

[1005] MORAES, Alexandre de. *Ob. cit.*, p. 137-138. Segundo o autor, "o parágrafo único, do art. 8º, da Lei 9507/97 deve ser interpretado conforme a Constituição Federal, no sentido de não se exigir em todas as hipóteses a prova de recusa do órgão competente ao acesso às informações ou da recusa em fazer-se a retificação, ou ainda, da recusa em fazer-se a anotação, mas tão só nas hipóteses em que o impetrante, primeiramente, optou pelo acesso às instâncias administrativas. Nessas hipóteses, bastaria ao impetrante essa prova, sem que houvesse necessidade de esgotamento de toda via administrativa. Se, porém, o impetrante optasse diretamente pelo Poder Judiciário, a prova exigida pelo citado parágrafo único não se lhe aplicaria, por impossibilidade de restringir-se a utilização de uma ação constitucional, sem expressa previsão no texto maior".

No entanto, o direito à informação relativa a dossiês, a correspondência confidencial e de outros documentos particulares encontra seus limites no tocante à possibilidade de a divulgação de seu conteúdo, mesmo em um círculo extremamente restrito de pessoas, na produção de danos a terceiros. Havendo risco que a divulgação do segredo provoque danos a terceiros, não será recomendável sua exibição ou informação.[1006]

Luiz Regis Prado[1007] arrola três importantes requisitos que impõem limites ao direito à informação. Primeiramente, é de se exigir que a informação a ser outorgada contenha alguma relevância, pois informações de conteúdo inócuo não trazem limites ao direito à informação. Em segundo lugar, para a imposição de limites ao direito à informação, a informação a ser prestada deverá, efetivamente, provocar um dano injusto a terceiros. Finalmente, a negativa do depositário de dossiês de prestar as informações solicitadas deverá encerrar justa causa. A ausência de justa causa para negar o fornecimento de informações ao interessado torna a conduta do agente ilegal. A negativa de o agente prestar as informações requeridas somente encontra justificativa perante justa causa.[1008]

O dever de informar encontra limites no denominado *direito ao segredo profissional*. Assim, não abrange a prestação de informações quanto a fatos sobre os quais o informante esteja legalmente obrigado a guardar segredo em razão de cargo, ofício, função, magistério, atividade ou profissão. O *direito ao segredo profissional*, além de constituir-se em *direito especial de personalidade*,[1009] é garantia de ordem pública, decorrente

---

[1006] MOREIRA, José Carlos Barbosa. O Habeas Data Brasileiro e sua Lei Regulamentadora. *Rev. do Direito Comparado*, nº 2, v. 1998, p. 135-136. 135/6

[1007] PRADO, Luiz Regis. *Curso de Direito Penal Brasileiro*. V. 2: Parte Especial: Art. 121 a 183, p. 344.

[1008] No tocante ao direito à informação, pode-se observar uma certa confusão por parte dos operadores do direito, que utilizam o *mandado de segurança* contra a autoridade que injustamente e sem razão, deixa de prestar as informações solicitadas ao requerente, quando a ação constitucional correta e adequada é o *habeas data*. Tal equívoco pode ser observado no aresto do STJ, mencionado na Nota 955, supra e nos dois arestos abaixo: TJ/PR - Ap. Cível n. 0128417-5 – Com. de Astoga – Ac. 10.693 - unân. - 6a. Câm. Cív. - Relator: Des. Antonio Lopes de Noronha - j. em 18.06.2003 - Fonte: DJPR, 04.08.2003. BONIJURIS – Verbete: 63.544. "APELAÇÃO - REEXAME NECESSÁRIO - OFÍCIO - MANDADO DE SEGURANÇA - DIREITO À INFORMAÇÃO - ART. 5/CF, XXXIII - PRINCÍPIO DA PUBLICIDADE - ATO - ADMINISTRAÇÃO PÚBLICA - ILEGITIMIDADE recursal - AUTORIDADE COATORA.
Apelação cível e reexame necessário - Mandado de segurança - Direito à informação - Artigo 5º, XXXIII, da Constituição Federal - Publicidade dos atos administrativos - Dever da administração pública - Recurso não conhecido - ilegitimidade recursal da autoridade apontada como coatora - Sentença confirmada em reexame necessário, conhecido de ofício - Decisão unânime. - O direito de receber dos órgãos públicos informações de interesse particular, geral ou coletivo, ressalvadas aquelas cujo sigilo seja imprescindível à segurança da sociedade e do Estado, está assegurado pelo artigo 5º, inciso XXXIII, da Constituição Federal, caracterizando-se abuso de poder a violação de tal dispositivo. - Em mandado de segurança, a legitimidade para recorrer é da pessoa jurídica interessada e não da autoridade apontada como coatora."
-TJ/MG. Proc.1.0216.05.030463-5/001(1). 5ª Câm. Cív. Rel. Nepomuceno Silva. J. em 09.02.2006. Publ. em 10.03.2006. In BONIJURIS. Verbete; 76.518.
"MANDADO DE SEGURANÇA - REEXAME NECESSÁRIO - SOLICITAÇÃO - DOCUMENTAÇÃO insuficiente - DIREITO À INFORMAÇÃO - DIREITO LÍQUIDO E CERTO - PRELIMINAR rejeitada - SENTENÇA reformada - ART. 5/CF, XXXIII e XXXIV, b - LEI 9051/95.
Ementa: Direito Constitucional e Administrativo. Direito à informação. Pedido de certidão. Direito líquido e certo. Constituição Federal, art. 5º, incisos XXXIII e XXXIV, 'b'. Lei nº 9.051/95. Ilegalidade da retenção da informação. Sentença reformada em parte. Não sendo caso de segredo, necessário à segurança da sociedade, o fornecimento de certidão incompleta fere direito líquido e certo".

[1009] SZANIAWSKI, Elimar. *Direitos de Personalidade...*, p. 317.

de disposição expressa de lei. Sua violação está, inclusive, tipificada como delito, no art. 154, do Código Penal.[1010]

A categoria da adoção, em especial, encontra limites no *segredo de justiça*. O CPC dispõe sobre o *segredo de justiça* em seu art. 155. O novo Código de Processo Civil reproduz o citado dispositivo no art. 189, ampliando a previsão legal de 1973, trazendo algumas novas hipóteses em que o princípio da publicidade dos atos processuais sofre restrições, a saber, os casos de separação de corpos, divórcio, união estável, nos casos em que constem dados protegidos pelo direito à intimidade e que versem sobre arbitragem, inclusive sobre cumprimento de carta arbitral, desde que a confidencialidade estipulada na arbitragem seja comprovada perante o juízo.[1011]

Determinados casos, como o interesse público, o casamento, a filiação, o divórcio, a dissolução de união estável, os alimentos, a guarda de menores e outras causas que envolvam situações de constrangimento para as partes podem, igualmente, ensejar o *segredo de justiça*, não devendo, porém, o operador do direito, mormente o magistrado, ampliar excessivamente a aplicação do *segredo de justiça*, sob pena de trazer nulidade aos atos processuais sujeitos ao princípio da publicidade. A Constituição em vigor reconhece no §2º, do inciso LXXVIII, do art. 5º, outros direitos fundamentais do homem que não estão expressamente arrolados no referido artigo, decorrentes do regime e dos princípios por ela adotados ou dos tratados internacionais em que o Brasil seja parte. O Brasil como membro das Nações Unidas se submete às regras internacionais em relação às quais é signatário. A partir desta constatação, podemos afirmar que a Constituição brasileira, em consonância com a norma internacional expressa na Convenção das Nações Unidas sobre os Direitos das Crianças, de 1989, recepciona e tutela o *direito ao conhecimento da própria origem genética e familiar* do indivíduo, inserido no âmbito do direito geral de personalidade. Assim, possuímos como fontes do *direito ao conhecimento da própria origem genética* no plano internacional os arts. 7º e 8º, da Convenção das Nações Unidas sobre os Direitos das Crianças, de 1989 e no plano interno, o inciso III, do art. 1º, da Constituição, que regula, mediante a cláusula geral da proteção à dignidade da pessoa humana, o direito geral de personalidade, onde se encontra o *direito ao conhecimento da própria origem genética e familiar* da pessoa.

Temos, portanto, no direito brasileiro, a nível constitucional, os mecanismos necessários ao reconhecimento e à tutela do *direito ao conhecimento da própria origem genética e familiar*, através dos quais poderá o indivíduo, dentro de certos limites, investigar sua própria origem biológica com o objetivo de conhecer sua ascendência familiar.

[1010] SZANIAWSKI, Elimar. *Ob. cit.*, p. 317.

[1011] Lei nº 13.105/2015, NCPC:

"Art. 189. Os atos processuais são públicos, todavia tramitam em segredo de justiça os processos:

I – em que o exija o interesse público ou social;

II – que versem sobre casamento, separação de corpos, divórcio, separação, união estável, filiação, alimentos e guarda de crianças e adolescentes;

III – em que constem dados protegidos pelo direito constitucional à intimidade;

IV – que versem sobre arbitragem, inclusive sobre cumprimento de carta arbitral, desde que a confidencialidade estipulada na arbitragem seja comprovada perante o juízo.

§1º O direito de consultar os autos de processo que tramite em segredo de justiça e de pedir certidões de seus atos é restrito às partes e aos seus procuradores.

§2º O terceiro que demonstrar interesse jurídico pode requerer ao juiz certidão do dispositivo da sentença, bem como de inventário e de partilha resultantes de divórcio ou separação.

2.6.3.3 A ausência de tutela do *direito ao conhecimento da própria origem genética e familiar* no Código Civil de 2002

O Código Civil não possui nenhuma previsão em relação a esta categoria jurídica, arrolada entre os direitos especiais de personalidade, nada contemplando no Capítulo II, do Título I, que especializa e disciplina alguns direitos de personalidade, nem nos Capítulos II e III, do Subtítulo II, do Título I, do Livro IV, da Parte Especial, que trata da filiação e do reconhecimento dos filhos. O Código Civil de 2002 ao deixar de regulamentar o *direito ao conhecimento da própria origem genética e familiar* no Livro dedicado ao Direito de Família provocou considerável atraso no desenvolvimento teórico e prático da categoria, carecendo a comunidade jurídica de estudos sistematizados sobre o tema.

O codificador de 2002, seguindo a mesma orientação dos projetos de lei que o antecederam, Projeto de Lei nº 635-B/1975 e Projeto de Lei nº 118/1984,[1012] manteve inalterado o dispositivo que regula a matéria, dispondo no art. 1604:

> Art. 1.604. Ninguém pode vindicar estado contrário ao que resulta do registro de nascimento, salvo provando-se erro ou falsidade do registro.

O denominado "novo" Código Civil brasileiro, que de "novo" possui pouca coisa, visualiza as declarações que o registro de nascimento contém como "verdadeiras", decorrentes da fé-pública que possuem as declarações dos oficiais dos registros públicos. Verificando, porém, que a verdade que está declarada no registro não corresponde exatamente à realidade, porque surgiu algum fato novo ou tendo a verdade sido alterada, pode-se requerer a anulação judicial ou a alteração do registro civil da pessoa, adequando-a a realidade.[1013] A possibilidade de se discutir a filiação para efeitos de alteração ou anulação do assento de nascimento, encontra-se disciplinada no art. 113, da Lei nº 6.015/1973.

O presente dispositivo legal, no entanto, mesmo lido à luz dos incisos II e III, do art. 1º, da Constituição, para poder atender à evolução do Biodireito e das novas situações fáticas que se apresentam a cada dia, carece de interpretação construtiva.

O Código Civil, em consonância com o art. 227, da Constituição, traz nos arts. 1.593, 1.596 e 1.597,[1014] as modalidades de estados de filiação reconhecidos pelo direito brasileiro. Assim, temos as seguintes situações que dão substrato ao estado de filiação:

[1012] O Projeto de Lei nº 635-B/1975, bem como o Projeto de Lei nº 118/1984 dispunham sobre a matéria mediante um dispositivo legal com redação quase idêntica a do art. 348, do Código Civil de 1916, na redação outorgada pelo Dec.-lei n.º 5.860/1943, vedando a possibilidade de a pessoa poder vindicar estado contrário ao que resulta do registro de nascimento. Como única exceção, admitia retificação do assento de nascimento diante de evidente erro ou prova da falsidade do registro.

[1013] SZANIAWSKI, Elimar. *Limites e possibilidades...*, vide ps. 116-117 e 193, ss.

[1014] "Art. 1.593. O parentesco é natural ou civil, conforme resulte de consangüinidade ou outra origem.
Art. 1.596. Os filhos, havidos ou não da relação de casamento, ou por adoção, terão os mesmos direitos e qualificações, proibidas quaisquer designações discriminatórias relativas à filiação.
Art. 1.597. Presumem-se concebidos na constância do casamento os filhos:
I - nascidos cento e oitenta dias, pelo menos, depois de estabelecida a convivência conjugal;
II - nascidos nos trezentos dias subsequentes à dissolução da sociedade conjugal, por morte, separação judicial, nulidade e anulação do casamento;
III - havidos por fecundação artificial homóloga, mesmo que falecido o marido;
IV - havidos, a qualquer tempo, quando se tratar de embriões excedentários, decorrentes de concepção artificial homóloga;
IV - havidos por inseminação artificial heteróloga, desde que tenha prévia autorização do marido."

1) filiação biológica ou natural, decorrente do vínculo matrimonial ou de união estável, sendo ambos os cônjuges ou companheiros genitores do filho;

2) filiação biológica ou natural, decorrente apenas da linha paterna ou da materna, havendo apenas pai ou mãe biológico;

3) filiação biológica ou natural na relação paterno-filial monoparental;

4) filiação não biológica ou social, decorrente de adoção plena por um casal;

5) filiação não biológica ou social, decorrente de adoção por, somente, um dos cônjuges ou companheiros;

6) filiação não biológica, social ou artificial, decorrente de reprodução assistida heteróloga com existência de consentimento expresso do marido ou convivente da mãe.

Tanto na filiação biológica ou natural, como na filiação não biológica ou socioafetiva, a convivência e o afeto entre pais e filhos determinam o estado de filiação.[1015] Este estado, na filiação não biológica, se solidifica a tal ponto que não se tem admitido qualquer modalidade de contestação mediante ações próprias, como a investigação da paternidade ou da maternidade. Este tratamento legal acaba por consolidar, em nosso direito, uma predominância socioafetiva da relação paternidade/filiação sobre a verdadeira origem biológica, mormente quando se trata de reprodução heteróloga, expressamente consentida pelo marido ou convivente da mãe da criança, frente a doador anônimo.[1016]

Em virtude desses fatos não se tem admitido, na maioria das legislações, a interposição de ações típicas de direito de família, salvaguardando-se, desta maneira, o vínculo socioafetivo da paternidade/filiação de eventuais investigações e impugnações, entendendo, a boa doutrina e a jurisprudência, que a categoria admite, tão somente, a tutela de direito de personalidade.

Não possuindo o Código Civil de 2002 dispositivos específicos que tratem do *direito ao conhecimento da própria origem genética e familiar* melhor se apresenta para fundamentar e se aplicar na prática o mencionado direito será inseri-lo na categoria do *direito geral de personalidade*, previsto no inciso III, do art. 1º, da Constituição, combinado com o art. 12, do Código Civil, que são cláusulas gerais protetoras da personalidade do ser humano a nível constitucional e infraconstitucional.[1017] O art. 12, do Código Civil e o inciso III, do art. 1º, da Constituição, constituem o mecanismo de tutela da personalidade da pessoa humana e, consequentemente, do *direito ao conhecimento da própria origem genética e familiar*, não havendo necessidade de se criar um dispositivo legal especial no Código Civil para disciplinar a matéria.

A omissão do codificador de 2002, no tocante ao tema, poderá ser suprida pelo próprio sistema jurídico civil-constitucional que disciplina o *direito geral de personalidade* brasileiro e que traz os mecanismos jurídicos necessários à tutela do *direito ao conhecimento da própria origem genética e familiar*.

[1015] CARBONERA, Silvana Maria. *Ob. cit.*, p. 297 e seg.

[1016] Cumpre recordar que um juizado sueco, filiado ao critério da verdade biológica, estendeu a aplicação do *direito ao conhecimento da própria origem genética e familiar* ao filho, nascido de reprodução heteróloga, restabelecendo a filiação biológica com o doador de sêmen, ao decidir que um doador de gametas deve ser reconhecido como pai biológico da criança, diante do desfazimento da união estável homoafetiva de duas mulheres. Cf. Jornal "Nerikes Allehanda", edição de 10.12.2001. Disponível em: <http//www.about.reuters.com>. Acesso em: 12 dez. 2001.

[1017] SZANIAWSKI, Elimar. *Direitos de personalidade...*, p. 178-180.

2.6.3.4 A tutela do *direito ao conhecimento da própria origem genética e familiar* no Projeto de Lei nº 90/1999

O Projeto de Lei do Senado nº 90, de 09.03.1999, de autoria do Senador Lúcio Alcântara, dispõe sobre a *reprodução humana assistida* prevendo, expressamente, a possibilidade de a pessoa, nascida mediante o emprego das técnicas de reprodução assistida a partir de gameta ou embrião doado ou por meio de gestação de substituição de, se o desejar, exercer o *direito ao conhecimento de sua própria origem genética e familiar* com a finalidade de vir a conhecer a identidade do doador dos gametas, seu genitor biológico ou da mãe substituta, no momento em que completar sua maioridade civil ou, a qualquer tempo, no caso de falecimento de ambos os pais. O referido direito vem expresso no art. 12, do mencionado Projeto de Lei, que assim soa:

> Art. 12. A criança nascida a partir de gameta ou embrião doado ou por meio de gestação de substituição terá assegurado, se assim o desejar, o direito de conhecer a identidade do doador ou da mãe substituta, no momento em que completar sua maioridade jurídica ou, a qualquer tempo, no caso de falecimento de ambos os pais.
>
> §1º A prerrogativa garantida no caput poderá ser exercida, desde o nascimento, em nome de criança que não possua em seu registro civil o reconhecimento de filiação relativa à pessoa do mesmo sexo do doador ou da mãe substituta, situação em que ficará resguardado à criança, ao doador e à mãe substituta o direito de obter esse reconhecimento na forma da lei.
>
> §2º No caso em que tenha sido utilizado gameta proveniente de indivíduo falecido antes da fecundação, a criança não terá reconhecida a filiação relativa ao falecido.
>
> §3º No caso de disputa judicial sobre a filiação da criança, será atribuída a maternidade à mulher que deu à luz a criança, exceto quando esta tiver recorrido à RA por ter ultrapassado a idade reprodutiva, caso em que a maternidade será outorgada à doadora do óvulo.
>
> §4º Ressalvado o disposto nos §§1º e 3º, não se aplica ao doador qualquer direito assegurado aos pais na forma da lei."

O Projeto de Lei do Senador Lúcio Alcântara limita-se em reconhecer o direito ao *conhecimento da origem genética e familiar* nos casos de reprodução assistida heteróloga, outorgando ao filho o direito de conhecer sua própria origem biológica. Embora o objetivo principal do autor do Projeto de Lei nº 90/1999 seja o de desestimular o emprego da reprodução humana assistida heteróloga, consoante se infere em sua Justificação, trata-se de um grande e importante passo em direção à remoção da estagnação do Direito Civil brasileiro, empedrado pelo espírito conservador dos civilistas. Pretende o Senador Lúcio Alcântara, fundado no princípio da *paternidade responsável* albergado pela Constituição e presente no Estatuto da Criança e do Adolescente, que determinam que "os filhos, havidos ou não da relação do casamento, ou por adoção, terão os mesmos direitos e qualificações, proibidas quaisquer designações discriminatórias relativas à filiação," desencorajar a doação inconsequente, o emprego irresponsável de gametas humanos e a "proliferação de casos que atentem contra o direito de filiação da criança e seu senso de identidade".[1018]

[1018] ALCÂNTARA, Lúcio. *Justificação ao Projeto de Lei n. 90/1999*. Disponível em: <http://www.câmara.gov. br>. Acesso em: 21 out. 2001.

Concordamos com o pensamento do Senador Lúcio Alcântara o qual se manifesta em sua Justificação ao dizer que "quando se cuida de direitos da personalidade, como o estado da pessoa, mormente o de filiação, a indispensabilidade dos princípios de Direito Natural o direito à filiação, que inclui o conhecimento da filiação genética e biológica e se confunde com o direito à identidade, deveria ser respeitado independentemente de estar disposto em lei, a qual não deveria nunca torná-lo dispensável ou obstruir seu exercício."[1019]

Através do Projeto de Lei do Senado Federal, nº 90/1999, propõe o Senador, entre outras proposições, que o direito de filiação deve sempre salvaguardar os interesses pessoais da criança gerada, mediante o emprego das técnicas de inseminação heteróloga, a qual possui o direito à uma filiação definida. Desse modo, a criança nascida em decorrência do emprego das técnicas de inseminação por gameta doado por terceiro deverá ter assegurados todos os direitos inerentes a qualquer espécie de filiação, seja natural ou artificial. O exercício dos direitos inerentes ao estado de filiação do nascido de gameta doado só poderá ser resguardado mediante o direito de a criança, dentro de determinados limites, poder conhecer sua verdadeira ascendência genética e familiar. Por essa razão, estabelece o referido Projeto de Lei o direito de o indivíduo conhecer a identidade de seus pais genéticos no momento em que completar a maioridade civil ou, a qualquer tempo, quando forem falecidos seus pais socioafetivos. A prerrogativa garantida no *caput* do art. 12 do referido Projeto poderá ser exercida, desde o nascimento, em nome da criança que não possua em seu registro civil o reconhecimento de filiação relativa à pessoa do mesmo sexo do doador ou da mãe substituta, situação em que ficará resguardado à criança, ao doador e à mãe substituta o direito de obter esse reconhecimento na forma da lei, consoante se infere do exame do §1º, do art. 12, do Projeto de Lei em estudo.

No caso de a criança estar legalmente sem pai ou em hipótese mais rara, sem mãe, ou na hipótese de genitor desconhecido, o Projeto de Lei outorga a esse filho, o direito de conhecer a identidade do doador dos gametas e de exercer o direito de exigir do doador o reconhecimento da paternidade. Esse mesmo direito é estendido ao doador que queira, por sua própria vontade, ser reconhecido como pai da criança. Segundo justifica Lúcio Alcântara, esse dispositivo se coaduna com o princípio da "paternidade responsável" erigido pela Constituição e adotado pelo Estatuto da Criança e do Adolescente. Tal fato autoriza tanto a criança, na qualidade de filho biológico, quanto o doador, como *verdadeiro pai biológico*, o direito de "pedir alimentos", nos termos da legislação Civil vigente, em virtude de serem parentes consanguíneos. Este direito já vem sendo reconhecido no âmbito do direito comparado, consoante foi examinado no Capítulo 2, supra. Desde que o interessado conheça ou suspeite de ser determinada pessoa seu verdadeiro pai biológico, provável doador dos gametas que resultaram na sua concepção e nascimento, possui o filho o direito de conhecer seu ascendente biológico e exigir do mesmo o reconhecimento da paternidade.

O Projeto de Lei em comento também prevê a extensão do direito ao conhecimento da origem genética ao doador que queira reclamar a paternidade da criança gerada através de seu material genético, doado para fertilizações.

[1019] ALCÂNTARA, Lúcio. *Justificação ao Projeto de Lei n. 90/1999*. Disponível em: <http://www.câmara.gov.br>.

O surgimento dessa hipótese, na prática, nos parece um tanto rara, uma vez que, dificilmente, um doador de gametas deverá saber quem seriam as crianças geradas com seu material genético, devido ao segredo profissional que gravita em torno das identidades do doador e do receptor de gametas na reprodução assistida heteróloga. Será pouco provável que um doador de gametas queira, posteriormente à doação realizada, assumir a responsabilidade pela criação e educação dos filhos gerados através da reprodução artificial, com alguma receptora. A hipótese mais comum é a de o doador possuir alguma estreita ligação afetiva ou de amizade com o casal receptor de seus gametas, tendo o doador, por esta razão, conhecimento prévio da identidade da pessoa que vier a ser receptora de seus gametas em fertilização artificial. As demais hipóteses surgem a partir de descobertas ou de suspeitas casuais, no sentido de a pessoa poder não ser filho biológico de seus pais ou de um deles, surgindo, então, a curiosidade e a vontade da investigação da origem biológica.

Consoante já mencionamos em Capítulo supra, a Constituição brasileira garante no inciso XIV, do art. 5º, o direito de acesso à informação e o mecanismo adequado ao exercício deste direito, mediante interposição de *habeas data*, quando lhe for dificultada ou negada a informação desejada.[1020]

Segundo o entendimento predominante no Brasil, o filho nascido a partir de reprodução assistida heteróloga se qualifica como o principal sujeito do procedimento reprodutivo, possuindo, ele, o direito de efetuar pesquisas e conhecer os fatos que envolvem sua vida desde a concepção e seu nascimento. Segundo a proposição legislativa de Lúcio Alcântara, não deverá o magistrado, mesmo perante a alegação de existência de segredo profissional ou de segredo familiar, restringir em grau absoluto, ao filho nascido de reprodução heteróloga, o direito de conhecer os fatos e o procedimento de reprodução que o gerou, sob pena de atentar ao seu *direito ao conhecimento da própria origem genética e familiar*. O magistrado, diante de cada caso concreto, aplicará o critério da proporcionalidade, observando a real relevância da pretensão do autor e se esta está despojada de intenções egoístas e de conteúdo inócuo, ponderando os *direitos ao segredo familiar* e ao *segredo profissional* dos pais socioafetivos e do genitor doador, com o *direito ao conhecimento da própria origem genética e familiar* cujo titular é o filho, decidindo, de acordo com o peso preponderante de cada direito de personalidade colidente, qual dos direitos colidentes deverá ceder.

Sempre defendemos a aprovação do Projeto de Lei nº 90/1999, uma vez que sendo convertido em lei, encontrariam os filhos, nascidos de reprodução heteróloga, a necessária proteção e o amparo familiar junto ao doador, diante de eventual morte prematura dos pais socioafetivos.

Tivemos a oportunidade de acompanhar o caso concreto, no qual um casal de alemães sem filhos, que viviam no Brasil, ter-se valido das técnicas de reprodução assistida heteróloga. O casal tentou inutilmente conceber um filho por meios naturais, uma vez que o marido era comprovadamente portador de impotência *generandi*. Quando das primeiras notícias sobre o sucesso das fertilizações assistidas, o casal decidiu louvar-se dessas técnicas, viajando, então, para a Alemanha, onde a mulher se

---

[1020] Vide alínea "a", do inciso LXXII, do art. 5º, CF/1988, sendo o presente dispositivo regulamentado pela Lei nº 9.507/1997, destinado a informar ao interessado o conteúdo de seus dossiês.

submeteu à inseminação heteróloga mediante sêmen doado, retornando, logo após, ao Brasil. Passados aproximadamente 10 anos da época da fertilização artificial da mulher, vieram ambos os cônjuges a falecer, ficando a filha completamente só, sem nenhum parente no Brasil e desconhecendo a existência de parentes na Alemanha. A menina acabou sendo criada e educada por seus padrinhos, vizinhos do casal.

Verifica-se que se fosse conhecido o verdadeiro pai biológico da criança poderia esta vir a ser criada e educada por seu verdadeiro pai biológico, restabelecendo-se o vínculo de paternidade e filiação entre a menina e seu pai biológico que deveria, devido ao parentesco biológico, ser o responsável pela criação e educação dela.

Por essa razão, concordamos com o disposto no art. 12, do Projeto de Lei nº 90/1999, uma vez que uma criança, nascida a partir de gameta ou de embrião doado, deverá ter assegurado o direito de conhecer a identidade do doador dos gametas no momento em que completar sua maioridade ou, a qualquer tempo, no caso de falecimento dos pais afetivos e, nesse caso, poder restabelecer o vínculo paternidade-filiação com seu verdadeiro genitor biológico, evitando-se o surgimento de situações idênticas a esta, na qual crianças e adolescentes, frutos de reprodução assistida, venham a ser inseridos em uma família estranha com costumes e tradições completamente diferentes.

O restabelecimento dos laços de filiação biológica entre determinado indivíduo e seu pai biológico, doador de gametas que proporcionou sua geração, vem sendo reconhecido paulatinamente em países pertencentes à União Europeia, consoante já foi mencionado no capítulo 2, supra.

O §2º, do dispositivo em comento, determina que tendo sido utilizado gameta proveniente de pessoa falecida antes da fecundação, a criança não terá reconhecida a filiação relativa ao pai biológico falecido. Visa o presente dispositivo a preservar a pessoa falecida que não pode emitir consentimento, nem impugnar a eventual utilização de seus gametas após sua morte, gerando um filho órfão mesmo antes de sua concepção e de ser-lhe atribuída a paternidade após sua morte. Pondera Lúcio Alcântara, afirmando que mesmo se fosse outorgado, exclusivamente, à criança e a partir de uma determinada idade mínima, o direito ao reconhecimento de sua origem biológica, teriam de ser excluídos da criança determinados direitos patrimoniais, como, por exemplo, a herança. Segundo o autor do Projeto de Lei, os de laços de parentesco com os demais parentes do "doador" falecido deverão ser restringidos, não se estabelecendo com eles nenhum vínculo familiar. Em idêntico sentido, manifesta-se Álvaro Villaça Azevedo, afirmando ficar o filho, oriundo das técnicas de fertilização heteróloga, excluído da herança, tanto por não poder competir com os herdeiros de seu pai pré-morto, à data de sua concepção, quanto por não ser possível falar-se em retroação de efeitos, uma vez que eles não podem existir antes da concepção.[1021]

O presente entendimento está em consonância com o art. 1.798, do Código Civil, que legitima para suceder as pessoas já nascidas ou concebidas no momento da abertura da sucessão. Será necessário que o herdeiro realmente exista, isto é, tenha, pelo menos, sido concebido para ser legitimado a suceder. Somente na sucessão testamentária é que poderia ocorrer a sucessão de pessoa ainda não existente, na hipótese em que o testador indica no testamento, a sucessão dos filhos ainda não concebidos de determinada pessoa

---

[1021] AZEVEDO, Álvaro Villaça de. Ética, Direito e Reprodução Humana Assistida. *RT* 729, p. 48-49.

designada pelo testador. Todavia, esta situação exige que, ao abrir-se a sucessão, os filhos da pessoa indicada pelo testador no testamento já tenham nascido e estejam vivos.[1022]

Embora a posição assumida pelo médico parlamentar, Lúcio Alcântara, e pelo professor, Álvaro Villaça de Azevedo, tenha validade para tentar-se coibir a reprodução humana assistida com gameta de pessoa já falecida, procurando estabelecer coerência com o mandamento disposto no art. 1.798, do Código Civil, não podemos concordar com eles, uma vez que a prática não se mostra tão lógica e benigna quanto a teoria. Os bancos de depósito de sêmen e óvulos não monitoram permanentemente a vida dos doadores de gametas verificando se eles permanecem ou não, vivos. De outro lado, a exclusão de direitos de personalidade, de família e patrimoniais, de filhos nascidos a partir de reprodução humana assistida, mediante o emprego de gameta de "doador" falecido, nem sempre realizada de maneira responsável, se mostra injusta e incoerente com a ideologia da Constituição e do ECA, que defendem e estendem a igualdade de direitos a todo e qualquer filho, independentemente de sua origem. Cumpre recordarmos o Enunciado nº 267, do Centro de Estudos Judiciários do Conselho da Justiça Federal, cuja ementa determina que "A regra do art. 1.798, do Código Civil, deve ser estendida aos embriões formados mediante o uso de técnicas de reprodução assistida, abrangendo, assim, a vocação hereditária da pessoa humana a nascer cujos efeitos patrimoniais se submetem às regras previstas para a petição de herança".[1023]

Vislumbramos inconstitucionalidade na proposta do Projeto de Lei sob exame. Ao filho nascido a partir de reprodução assistida homóloga com utilização de gameta de pessoa já falecida deverá ser aplicada, igualmente, a regra do art. 1.798, do Código Civil, desde que haja autorização prévia específica do falecido ou da falecida, para o uso do seu material biológico criopreservado, segundo disposição do item VIII, da Resolução nº 2.121/2015, do Conselho Federal de Medicina. Existe, no entanto, um posicionamento contrário, que defende a incidência da regra do art. 1.798, do Código Civil, nos casos de sucessão hereditária, bem como o direito à percepção de benefícios previdenciários aos filhos nascidos mediante reprodução assistida homóloga *post mortem*, independentemente de autorização expressa do cônjuge ou convivente falecido, para a utilização póstuma de seus gametas criopreservados.[1024]

Infelizmente o Projeto de Lei do Senador Lúcio Alcântara, merecedor dos maiores elogios pela iniciativa de regulamentar a reprodução assistida no Brasil, ateve-se, tão somente, na proposta de utilizar o *direito ao conhecimento da própria origem genética e familiar* sob o aspecto negativo, ou seja, como um mero mecanismo destinado a coibir o emprego da reprodução heteróloga. Deixou o proponente do Projeto de Lei de considerar o aspecto positivo da categoria, como um efetivo *direito de personalidade* do

---

[1022] CC. Art. 1.798. "Legitimam-se a suceder as pessoas nascidas ou já concebidas no momento da abertura da sucessão."
Art. 1.799. Na sucessão testamentária podem ainda ser chamados a suceder:
I - os filhos, ainda não concebidos, de pessoas indicadas pelo testador, desde que vivas estas ao abrir-se a sucessão;
II - as pessoas jurídicas;
III - as pessoas jurídicas, cuja organização for determinada pelo testador sob a forma de fundação.

[1023] Enunciado nº 267 do CEJ. *III Jornada de Direito Civil*. Organização: Ruy Rosado. Brasília: CJF, 2004. 507 p. ISBN 85-85572-80-9.

[1024] LORENSI, Fábio Alberto de. *Fertilização "in vitro" póstuma e seus efeitos no direito previdenciário brasileiro*. Tese de Doutorado. PPGD/UFPR 2016, p. 138 e seguintes.

filho gerado por concepção artificial. O *direito ao conhecimento da própria origem genética e familiar* consiste em um direito que transcende o ponto de vista trazido pelo Projeto de Lei nº 90/1999, encontrando-se sua maior importância na possibilidade de o indivíduo nascido de reprodução humana assistida heteróloga, conhecer, sem discriminações, sua origem biológica e familiar, a fim de restabelecer o vínculo de paternidade e filiação entre o filho e seu genitor biológico, na hipótese de eventual morte prematura de seus pais socioafetivos, que não possuam parentes em linha reta, vivos ou conhecidos. Além do mais, o *direito ao conhecimento da própria origem genética e familiar* da pessoa se revela de fundamental importância na necessidade de prevenir o acometimento de enfermidades e outros problemas diretamente ligados aos seus genes. A microbiologia molecular, o conhecimento do genoma humano e o diagnóstico genético da pré-implantação uterina permitirão que, brevemente, muitas doenças e muitos defeitos congênitos transmissíveis hereditariamente, possam ser previamente localizados, podendo-se realizar diagnósticos extremamente precoces antes que a doença se instale ou se manifeste no indivíduo, curando-o da moléstia ou mitigando seus efeitos.

O *direito ao conhecimento da própria origem genética* encontra sua principal razão de existir e seus próprios limites na efetiva necessidade de, em determinados casos, o interessado romper os limites impostos pelo segredo familiar e pelo sigilo profissional. Justifica-se a quebra de ambos os segredos, familiar e profissional, por questões de saúde, diante de sérias enfermidades que exijam transplante de órgãos, utilização de medula óssea, entre outras terapias, sendo, nestas hipóteses, imperioso e vital o conhecimento da identidade dos genitores biológicos.[1025] Da mesma maneira, poderá ocorrer a quebra do segredo familiar e profissional quando houver efetiva necessidade de o filho restabelecer o vínculo de paternidade e filiação com seu genitor biológico, na hipótese de eventual morte prematura de seus pais socioafetivos, não possuindo estes parentes ou familiares na linha reta ou colateral até o 4º grau, vivos ou conhecidos.

2.6.3.5 A tutela do *direito ao conhecimento da própria origem genética e familiar* no Projeto de Lei nº 2.285/2007

O Projeto de Lei nº 2.285/2007, Projeto de Estatuto das Famílias, de autoria do Deputado Sérgio Barradas Carneiro, traz uma tutela muito mais ampla à pessoa cuja filiação seja socioafetiva e que queira conhecer a identidade do seu verdadeiro genitor biológico, comparado à norma trazida no Projeto de Lei nº 90/1999. O Projeto de Estatuto das Famílias prevê, expressamente, a possibilidade de o indivíduo cuja filiação seja proveniente de adoção, de filiação socioafetiva, da posse de estado de filho ou de reprodução artificial heteróloga, o conhecimento de seu vínculo genético em relação aos seus genitores biológicos. O *direito ao conhecimento da origem biológica* vem expresso no art. 77, do Projeto de Lei nº 2.285/2007, que assim dispõe:

> Art. 77. É admissível a qualquer pessoa, cuja filiação seja proveniente de adoção, filiação socioafetiva, posse de estado ou de inseminação artificial heteróloga, o conhecimento de seu vínculo genético sem gerar relação de parentesco.

[1025] SZANIAWSKI, Elimar. *Considerações Sobre a Responsabilidade...*, p. 197.

Parágrafo único. O ascendente genético pode responder por subsídios necessários à manutenção do descendente, salvo em caso de inseminação artificial heteróloga.

O Projeto de Estatuto das Famílias andou bem ao ampliar as hipóteses de cabimento do exercício do direito ao conhecimento da própria origem genética e familiar em relação às demais normas e aos projetos de lei existentes no Brasil.

O propositor do Projeto de Lei teve o cuidado de salvaguardar no *caput* do art. 77 os vínculos socioafetivos estabelecidos entre adotantes e adotado nos casos de adoção, entre os pais e filhos socioafetivos nos casos de reprodução artificial heteróloga, na hipótese de estado de posse de filho ou qualquer outro caso de filiação e paternidade socioafetivo, vedando, expressamente, a possibilidade de geração de relação de parentesco entre o filho socioafetivo de terceiro e seu genitor biológico.

Embora não tenha o propositor, do citado Projeto de Lei, estabelecido nenhum prazo temporal específico para o exercício do *direito ao conhecimento da própria origem genética e familiar* pelo filho, nos casos de filiação socioafetiva decorrente de adoção, se aplicam, na espécie, as regras contidas no Estatuto da Criança e do Adolescente. Em relação às demais hipóteses, a regra geral estabelece o momento em que o interessado completar sua maioridade civil ou, a qualquer tempo, no caso de falecimento de ambos os pais socioafetivos.

A regra do art. 77, do Projeto de Lei nº 2.285/2007, que mais desperta interesse está contida no §único, que determina que "o ascendente genético pode responder por subsídios necessários à manutenção do descendente, [...]."

A presente proposição legislativa mantém reconhecida a categoria denominada *vínculo de sangue*, que une os descendentes aos ascendentes biológicos, mesmo estando extinto qualquer vínculo familiar ou civil. Além de reavivar a figura jurídica do *vínculo de sangue*, o grande mérito da norma consiste na permissão legal de o genitor ou o ascendente genético ser constituído devedor de obrigação de prestar alimentos necessários à manutenção do descendente biológico evitando, dessa maneira, graves prejuízos à criança e ao adolescente, diante dos fatos morte ou extinção de sua família socioafetiva, consoante examinamos no capítulo 2, supra.

Todavia, andou muito mal o propositor do Projeto de Estatuto das Famílias ao estabelecer uma exceção à obrigação de o genitor ou o ascendente genético poder ser obrigado a prestar alimentos necessários à manutenção do descendente biológico. A exceção é estabelecida na hipótese de filiação socioafetiva decorrente de reprodução artificial heteróloga. O autor do Projeto de Lei, ao procurar excluir o genitor biológico, doador de gametas, da responsabilidade por eventual manutenção de descendente biológico nascido de reprodução heteróloga, viola o princípio da igualdade dos filhos e a garantia da dignidade da pessoa humana, atentando, assim, contra o *direito geral de personalidade* de seu filho biológico.

Causa surpresa a proposição do autor do Projeto de Lei ao excluir o genitor biológico, doador de gametas, da responsabilidade por eventual manutenção de descendente biológico nascido de reprodução heteróloga, diante do nosso sistema jurídico de família. A proposta trazida no §único, do art. 77, do Projeto de Lei nº 2.285/2007, está em descompasso com a ideologia perfilhada pela Constituição, a qual estabelece a igualdade dos filhos, havidos ou não da relação do casamento, ou por adoção, outorgando-lhes os mesmos direitos e qualificações.[1026] Embora o direito de filiação no Brasil se filie preponderantemente ao critério da verdade sociológica da filiação, o sistema mantém, em parte, o critério da verdade biológica, como, por exemplo, ao outorgar ao filho o *direito à investigação oficiosa da paternidade* e a atribuição compulsória da paternidade ao genitor biológico cuja filiação não reconhece. O sistema jurídico misto da atribuição da paternidade e da responsabilização pelas obrigações decorrentes da relação paterno filial, adotado pelo sistema jurídico brasileiro, amplia a possibilidade de aplicação do *direito ao conhecimento da própria origem genética e familiar* ao filho nascido de reprodução heteróloga, devendo permitir o restabelecimento da filiação civil deste com o genitor biológico, o doador de gametas, diante da morte ou da extinção prematura da família socioafetiva da criança e do adolescente.

O fato de a proposição restringir o estabelecimento de vínculo de filiação do filho em relação ao seu genitor biológico, nos casos de reprodução heteróloga, diante da morte ou extinção da família socioafetiva, nos parece incongruente com o sistema jurídico de filiação do Brasil, atentando contra o princípio da dignidade da pessoa humana e das reais vantagens para a criança e para o adolescente.

Convém recordarmos que o Brasil é signatário da Convenção Internacional dos Direitos das Crianças cujo art. 7º assegura a toda criança o direito de ser civilmente registrada o direito a um nome, o direito de adquirir uma nacionalidade e, principalmente, o direito de conhecer seus pais e de ser criada por eles.[1027]

A Constituição brasileira assegura, no art. 227, à criança e ao adolescente, com absoluta prioridade, o direito à vida, [...], à dignidade, [...] e à convivência familiar, [...]. Portanto, a vedação contida no §único, do art. 77, do Projeto de Lei sob análise, que impõe exceção à responsabilização do ascendente genético por subsídios necessários à manutenção do descendente, em caso de reprodução artificial heteróloga, nos afigura inconstitucional, diante da prevalência do estado de necessidade, da dignidade da pessoa humana e do direito aos alimentos que todos os descendentes possuem em relação aos seus ascendentes, sejam estes socioafetivos ou biológicos, quer pelo vínculo civil, familiar, quer por vínculo de sangue.

Uma vez trazidas as principais considerações sobre a abordagem do *direito ao conhecimento da própria origem genética e familiar* nas proposições dos principais projetos de lei, passaremos, a seguir, a comentar a presente categoria tratada pelo Estatuto da Criança e do Adolescente.

2.6.3.6 A tutela do *direito ao conhecimento da própria origem genética e familiar* na Lei nº 8.069/1990. Estatuto da Criança e do Adolescente

O art. 48, do Estatuto da Criança e do Adolescente, na redação dada pela Lei nº 12.010/2009, autoriza o adotado conhecer sua origem biológica e obter acesso irrestrito ao processo de adoção e seus eventuais incidentes, após completar 18 (dezoito) anos de

---

[1026] CF, art. 227, §6º.

[1027] O art. 7º, da Convenção Internacional dos Direitos das Crianças determina que: "L'enfant est enregistré aussitôt sa naissance et a dès celle-ci le droit à un nom, le droit d'acquérir une nationalité et, dans la mesure du possible, le droit de connaître ses parents et être élevé par eux".

idade, consagrando, dessa maneira, o *direito ao conhecimento da própria origem genética e familiar* no direito positivo brasileiro. O art. 48, do ECA, assim determina:

> Art. 48. O adotado tem direito de conhecer sua origem biológica, bem como de obter acesso irrestrito ao processo no qual a medida foi aplicada e seus eventuais incidentes, após completar 18 (dezoito) anos.
>
> Parágrafo único. O acesso ao processo de adoção poderá ser também deferido ao adotado menor de 18 (dezoito) anos, a seu pedido, assegurada orientação e assistência jurídica e psicológica."

A presente inovação conflita com o disposto no §4º, do art. 47, do ECA, que dispõe que " nenhuma observação sobre a origem do ato poderá constar nas certidões do registro". Esse dispositivo impõe o dever de sigilo e envolve a adoção e seu processo pelo manto do segredo familiar e profissional.

O legislador brasileiro inseriu no ECA, apressada e irrefletidamente, mediante um único dispositivo legal, autorização ao filho adotivo de exercer o direito de conhecer sua origem biológica, bem como de obter *acesso irrestrito* ao processo de adoção e anexos, sem se ter preocupado em trazer qualquer regulamentação à categoria. O *direito ao conhecimento da própria origem genética e familiar* foi introduzido pelo legislador no ECA mediante cláusula geral, não apresentando, porém, os necessários limites de atuação nem a finalidade específica da categoria, podendo o adotado ter acesso irrestrito ao processo de adoção, além de conhecer sua origem biológica.

Neste passo, atente-se aos ensinamentos de *Maria Josefina Becker* [1028] ao afirmar que embora "em que pese à igualdade incontestável de direitos e qualificações em relação aos filhos havidos biologicamente, isto não deve significar que a construção dos vínculos familiares deva-se dar sobre a negação da verdade. [...]". É universalmente reconhecido que as adoções bem-sucedidas são aquelas em que os filhos adotivos conhecem suas origens desde o início, nas quais os pais são capazes de falar livremente sobre o fato.

Dessa maneira, o art. 48 do Estatuto somente deverá alcançar as adoções nas quais perdura o segredo familiar e profissional sobre o fato da adoção.

A amplitude ilimitada do art. 48, do ECA, provoca a derrogação tácita do *segredo familiar* dos pais socioafetivos e do próprio *segredo profissional* que deve envolver o processo de adoção, cujos dispositivos se tornam severamente comprometidos.

A derrogação da permanência do direito ao segredo familiar e profissional que envolve as informações e as certidões pertinentes aos arquivos e dados que dizem respeito à adoção não se confunde com a ideia de liberação de discriminação entre filhos biológicos e adotivos. Os operadores do direito costumam justificar a negligência do legislador, no tocante à ausência de regulamentação da matéria, afirmando que, neste caso, o *direito ao segredo* estaria sendo, somente, substituído pelo *direito à verdade*. Nesse sentido, se a verdade sobre o fato da adoção não foi revelada pelo adotante ao adotado espontaneamente, durante sua criação, poderá a *verdade* ser obtida compulsoriamente, mediante interposição de petição inicial fundamentada no art. 48, do ECA, ao juiz competente, o qual, após processamento, determinará a expedição de mandado judicial

---

[1028] BECKER, Maria Josefina. Comentários ao Art. 47. *Estatuto da Criança e do Adolescente Comentado...* Coordenação: Munir Cury.

para que o adotado tenha livre acesso aos arquivos judiciais e extrajudiciais referentes à sua adoção e à identidade de seus genitores biológicos.

Por meio desse dispositivo legal precipitado, que não traz limites e restrições no tocante à sua aplicabilidade necessários à preservação do vínculo socioafetivo, conclui-se que no Brasil, na realidade, os adotantes não são mais considerados pela lei como se fossem os verdadeiros pais do adotado. O art. 48, do ECA, acaba por provocar uma ruptura completa entre a filiação adotiva e a filiação biológica, em total descompasso com os superiores interesses e objetivos da categoria da adoção, desejados pelo direito de filiação, "operando a substituição dos pais legais por outros pais..." (naturais), no dizer de Grataloup.[1029]

A presente matéria será objeto de análise em capítulo próximo em que será realizada sua confrontação com o Projeto de Lei que propõe a adoção no Brasil da categoria do *parto anônimo* e os conflitos que a "pobreza" legislativa brasileira provocará entre duas categorias jurídicas opostas, mas que não se repelem.

2.6.4 O direito ao conhecimento da própria origem genética e familiar na jurisprudência brasileira

Os tribunais brasileiros, contudo, reconhecessem a existência do *direito ao conhecimento da própria origem genética e familiar*, nem sempre trouxeram a correta noção da categoria, a exemplo dos tribunais europeus, criando certa confusão com a investigação da paternidade.

Os tribunais brasileiros se cingiam na mera verificação da possibilidade de alguém, que tivesse a paternidade reconhecida por pessoa diversa do investigado, poder requerer a retificação de seu assento de nascimento. Somente com a reforma do art. 48, do ECA, pela Lei nº 12.010/2009, é que os tribunais realmente avançaram nesta matéria, trazendo substanciais contribuições para a consolidação do *direito ao conhecimento da própria origem genética e familiar* no Brasil.

No direito anterior, os pretórios nacionais entendiam que enquanto subsistisse a validez do assento de nascimento originário, não estando o mesmo anulado ou reformado, a filiação dita legítima, nele declarada, impossibilitava a pretensão de estado contrário ao que revelava o registro, não se admitindo a propositura de ação investigatória de paternidade. Muito menos se falava sobre a existência de um direito ao conhecimento da origem biológica de filho adotivo. Tal postura prendia-se à exegese exacerbada do art. 348, do Código Civil de 1916, que vedava a possibilidade de alguém alterar seu estado pessoal quando essa modificação contrariasse o conteúdo do assento civil. Essa interpretação da norma civil conduziu os tribunais brasileiros a construir a jurisprudência sob perspectiva positivista rígida, admitindo, tão somente, a retificação do assento de nascimento na presença de erro ou falsidade do registro originário. A jurisprudência inviabilizava a possibilidade de ação investigatória enquanto perdurasse o assento de nascimento originário. O filho adulterino, por conseguinte, somente, podia ser reconhecido por seu genitor após a dissolução da sociedade conjugal, ou mediante testamento cerrado que contivesse disposição especial de reconhecimento voluntário.

[1029] GRATALOUP, Silvain. *Ob. cit.*, p. 113.

Nesse sentido, soa um aresto proferido pelo Tribunal de Justiça de Minas Gerais, em 1983:

> Investigação de paternidade. Pessoa que figura no registro civil como filho de outro pai. Inviabilidade da ação. Enquanto subsistir o registro civil de nascimento, não anulado ou reformado, e processo contencioso, a filiação legítima, nele declarada, impossibilita vindicação de estado contrário, de filiação ilegítima".[1030]

Consoante se verifica, segundo a ótica dos tribunais, cabia ao demandante requerer, primeiramente, a anulação do registro civil originário provando ter sido o referido assento resultante de erro ou falsidade, para depois requerer a investigação da paternidade ou, então, cumular, no mesmo feito, os pedidos de anulação do registro civil originário com a investigatória, provando ter sido o mesmo lavrado contendo erro ou falsidade.

Em idêntico sentido, proferiu o Tribunal de Justiça do Estado de Santa Catarina em 1995 um aresto mantendo o tradicional entendimento ao considerar o assento de nascimento como instrumento intocável e quase absoluta a regra do art. 348 do Código Civil derrogado, não admitindo ser pleiteada filiação contrariamente ao que resulta do registro de nascimento, excetuadas as hipóteses de erro material manifesto ou equívoco na lavratura do ato. Mediante ação específica, somente era reconhecida a possibilidade de impugnação da paternidade dos filhos nascidos na constância do casamento quando a legitimidade fosse elidida pelo próprio pai. Ouça-se a ementa do aresto do Tribunal de Justiça do Estado de Santa Catarina:

> INVESTIGAÇÃO DE PATERNIDADE - CUMULAÇÃO com ALIMENTOS - REGISTRO DE NASCIMENTO em nome de outro homem - Ausência de ERRO ou equívoco - PRESUNÇÃO DE PATERNIDADE dos filhos nascidos na constância do CASAMENTO - CARÊNCIA DE AÇÃO - ART. 267/CPC.
>
> Ação de investigação de paternidade cumulada com alimentos proposta por filha regularmente registrada em nome de outro homem que não o indigitado pai, tendo sido o primeiro casado com a mãe da investigante durante 28 anos, constando de sua certidão de óbito ser a investigante sua filha, a qual ainda nasceu aproximadamente 180 dias após o casamento civil de sua mãe com aquele cuja paternidade refuta - Alegativa de reconhecimento da filiação por questões humanitárias. Impossibilidade jurídica do pedido - Inteligência do art. 348 do CCB c/c art. 267, VI do CPC - Extinção do processo - Apelação desprovida. Ainda que não se admita como absoluta a regra do art. 348 do CCB não pode ser pleiteada a filiação contrariamente ao que resulta do registro de nascimento, excetuadas as hipóteses de erro material manifesto ou equívoco na lavratura do ato público e através de ação específica.
>
> A presunção de paternidade dos filhos nascidos na constância do casamento, apenas cede quando elidida pelo próprio pai, nas hipóteses previstas em lei.[1031]

Em 1994 o Superior Tribunal de Justiça ainda julgava a matéria no sentido de ser lícito às partes interessadas promover ação respectiva, visando ao reconhecimento

---

[1030] TJMG. AC n. 61.078, Rel. Des. Humberto Theodoro JR., julgada em 05.05.1983.

[1031] TJ/SC - Ap. Cível nº 48.624 - Comarca de Bom Retiro - Ac. unân. – 2ª Câm. Cív. - Rel: Des. Anselmo Cerello - Fonte: DJSC, 30.08.95, p. 08. BONIJURIS 25438.

de outra paternidade (anteriormente considerada ilegítima), desde que a ação investigatória fosse cumulada com a ação declaratória incidental de nulidade do registro de nascimento, em razão de dizer respeito ao *status familiae* das pessoas. No tema, destaca-se o seguinte aresto:

> Filiação ilegítima. Investigação de paternidade. I – Embora registradas como filhas legítimas do marido de sua mãe, era lícito às autoras promoverem ação visando ao reconhecimento de outra paternidade (ilegítima), desde que cumulada a investigatória com a ação declaratória incidental de nulidade dos registros de nascimento. II – As duas ações, outorgadas pelos arts. 348 e 363 do CC, são imprescritíveis, porque dizem com o *status familiae* das pessoas. III – Contrariedade aos arts. 178, §9º, inc. IV, e 348 do CC. Dissídio interpretativo comprovado. IV – Recurso conhecido e provido". [1032]

A partir de meados dos anos noventa do século passado, os tribunais pátrios evoluíram sua exegese, passando a dispensar a cumulação de pedidos de anulação do assento de nascimento já existente com a investigação da paternidade, nas quais o requerente objetivava conhecer seu pai biológico. Passou a jurisprudência a entender ser desnecessária a prévia anulação do assento de nascimento, como requisito para ser julgada procedente a ação investigatória. Segundo o denominado "novo entendimento", a própria sentença, por seus efeitos, implicava a consequente anulação do registro anterior, seja pela natureza da sentença, seja pela presunção relativa imanente dos registros públicos. Além do mais, exigir-se, primeiramente, a desconstituição do assento de nascimento para então viabilizar a investigatória de paternidade, estando o autor registrado como filho de outrem, seria contraproducente à celeridade processual, indo ao desencontro do princípio da economia processual. Leia-se, a título de exemplo, o seguinte aresto proferido pelo Tribunal de Justiça do Estado de Minas Gerais:

> INVESTIGAÇÃO DE PATERNIDADE – Reconhecimento de filho através de retificação de registro civil – Viabilidade.
> Paternidade. Reconhecimento. Retificação de registro civil. O reconhecimento da paternidade pode perfeitamente ser viabilizado por meio da retificação do registro civil formulado pelo pai, não sendo razoável se impeça tal reconhecimento sob o fundamento de que, com base no art. 357 do CC, só por escritura pública ou por testamento pode-se fazê-lo, pois isto importa, em última análise, afirmar que tais atos notariais são válidos para efeito do reconhecimento de que se cogita, não o sendo atos praticados perante uma autoridade judiciária para o mesmo fim.
> Voto vencido: O filho adulterino somente pode ser reconhecido após a dissolução da sociedade conjugal ou por testamento cerrado. [1033]
>
> INVESTIGAÇÃO DE PATERNIDADE – Cumulação expressa com falsidade de registro de nascimento – Dispensabilidade – Cancelamento do registro será conseqüência de eventual procedência do pedido de investigação.
> Nada obsta que se prove a falsidade do registro no âmbito da ação investigatória de paternidade, a teor da parte final do art. 348 do CC. O cancelamento do registro, em tais

---

[1032] STJ. Rec. Esp. nº 2.353-0, 4ª Turma, julgado em 21.11.94. Rel. Min. Antônio Torreão Braz. Lex, 68/72.

[1033] TJMG. Ap. civ. 60.174. j. 22/02/1983. Rel. Des. Paulo Tinoco. Voto Vencido: Des. Valle da Fonseca. RT 574/208. 1983.

circunstâncias, será consectário lógico e jurídico da eventual procedência do pedido de investigação, não se fazendo mister, pois, cumulação expressa. [1034] [1035]

Esses breves exemplos demonstram nossa assertiva inicial de que, inicialmente, confundiu-se a investigação da paternidade com outras categorias jurídicas destinadas a atribuir a paternidade ou a maternidade ou a retificar a paternidade ou a maternidade já atribuídas.

No tocante à matéria de adoção, o Código Civil de 1916 previa e regulava a adoção simples, cuja natureza era a de um mero negócio jurídico de direito de família, realizado por meio de escritura pública.[1036] Nessa modalidade de adoção, consoante vimos anteriormente, o adotado não se integrava à família do adotante, nem perdia o vínculo com a família biológica. Sendo a adoção um negócio jurídico de natureza especial, podendo ser resilido pela vontade das partes, não havia interesse em se descobrir a verdadeira origem biológica pelo adotado.[1037]

2.6.4.1 Os tribunais brasileiros: a jurisprudência em construção

Embora tenha sido lento e tímido o reconhecimento do *direito ao conhecimento da própria origem genética e familiar* como uma categoria jurídica própria, integrante do *direito geral de personalidade,* os tribunais brasileiros vem construindo sua jurisprudência procurando harmonizar os conflitos e as perspectivas que surgem a partir de colisões de interesses oriundos das famílias biológica e sociológica. Nossas cortes têm admitido a possibilidade de determinado filho poder alterar seu assento de nascimento, no qual consta registrado como filho do homem com quem a mãe esteja casada, ou conviva *more uxório,* a fim de fazer constar ser filho do seu verdadeiro genitor biológico.

A mais recente exegese dos tribunais brasileiros em relação ao tema reconhece que a paternidade consiste em um laço de parentesco que une a pessoa a um ascendente, constituindo, por esta razão, a paternidade, o elemento fundamental que origina direitos que se agregam ao patrimônio individual e familiar do filho. Esses direitos podem se constituir em direitos de personalidade e em direitos de natureza patrimonial. Como elemento fundamental constitutivo de direito de personalidade do filho, a paternidade não poderá deixar de ser conhecida da forma mais ampla possível, respeitados os princípios fundamentais da bioética. Nesse sentido, examine-se a dicção do importante

---

[1034] STJ. REsp. nº 40.690-0-SP. 3ª T. J. 21.02.1995. Rel. Min. Costa Leite. RT 724/263.1996.

[1035] "Investigação de paternidade. Desnecessidade de anterior anulação do registro de nascimento. É contraproducente e vai de encontro à economia processual exigir-se primeiramente a desconstituição do registro de nascimento, para possibilitar a investigatória, se o autor está registrado em nome de outrem. A procedência desta última ação implica, logicamente, anulação do registro anterior, seja pela natureza da sentença, seja pela presunção relativa imanente dos registros públicos, conforme ensina o mestre Galeno Lacerda. Não há a necessidade de cumulação das ações tampouco de pedido expresso de anulação de registro. Agravo desprovido unanime". (TJRGS. Al n. 596013516, 8ª Câm. Civ, julgado em 13.06.1996. Rel. Des. Eliseu Gomes Torres. RJTJRGS, 180/396).
"Investigação de paternidade. Filha registrada em nome de outrem. A tese de que a investigatória de paternidade cumulada com petição de herança deve ser precedida de ação anulatória de registro civil, quando o investigante for registrado por outro que não o investigado, está superada. Nem mesmo a cumulação da investigatória com pedido de anulação de registro se faz necessária. Precedentes jurisprudências...". (TJRGS. AC. n.º 595097361, 8.ª Câm. Civ, julgado em 14.09.1995. Rel. Des. Eliseu Gomes Torres. RJTJRGS, 175/800).

[1036] Vide Capítulo 1.3.1, supra.

[1037] Vide MIRANDA, Francisco Cavalcanti Pontes de. *Tratado de Direito Privado.* Tomo VII, §741.

aresto do Tribunal de Justiça do Estado de Santa Catarina, datado de 1995, que se constitui em um marco de considerável expressão, no ponto de partida à consagração do *direito ao conhecimento da própria origem genética e familiar* no direito brasileiro:

> INVESTIGAÇÃO DE PATERNIDADE - Necessidade do exame de DNA - Direito da personalidade - Investigação mais ampla possível - EXCEPTIO PLURIUM CONCUBENTIUM - Irrelevância
>
> Ação de investigação de paternidade. Teste de impressões digitais de DNA indeferido. Decisão de saneamento reformada nesta parte. Agravo de instrumento provido. A paternidade, como laço de parentesco que une imediatamente a pessoa a um ascendente, constitui, sem sombra de dúvida, núcleo fundamental da origem de direitos a se agregarem ao patrimônio do filho, sejam eles direitos da personalidade ou até mesmo direitos de natureza real ou obrigacional. Como direito da personalidade, a paternidade não pode deixar de ser investigada da forma mais ampla possível, respeitados os princípios fundamentais da bioética. A defesa dos direitos da personalidade, se é objetivo da permanente preocupação do Estado, através de seus órgãos próprios, visualizados em suas três funções, não pode ser concebida como princípio absoluto. Deve ser flexibilizado o individualismo extremado se o exercício da prática científica segura e confiável não atentar contra a saúde, a vida ou a debilidade de órgão, sentido ou função da pessoa natural, para dar lugar, excepcionalmente, aos avanços da ciência, quando estes, sem qualquer degradação moral ou física, puderem ser úteis ao homem também na área da Justiça. Não se pode mais, em certos casos, mormente na investigação de paternidade, quando existe o choque de dois interesses, ambos situados na esfera dos direitos da personalidade - direito à inviolabilidade do próprio corpo e direito à identificação paterna - propender-se no sentido da corrente que erige como dogma a não obrigatoriedade da submissão do investigado a teste de Impressões Digitais de DNA. A tendência internacional na esfera da jurisdição é o recurso a essa perícia, para a indicação correta da verdade biológica, desatendendo-se, inclusive, a solução preconizada largamente na doutrina e na jurisprudência da improcedência da ação em caso da exceptio plurium concumbentium, porque os avanços da ciência permitem até nessa hipótese indicar a relação paterna. [1038]

O aresto acima transcrito, que já foi objeto de referência no Capítulo II, do Título I, nota nº 182, supra, alarga o conceito tradicional de paternidade como fenômeno biológico que dá origem a meras relações de parentesco no sentido patrimonial, concebido pelo derrogado Código Civil de 1916. A decisão em comento defende a necessidade do conhecimento da filiação biológica, pelo fato de ser o pai e a mãe aqueles que dão origem à vida, à personalidade e aos demais atributos da personalidade de uma pessoa, decorrentes da concepção e do nascimento do indivíduo.[1039] Cumpre esclarecer que a paternidade em si não é um direito de personalidade. Embora se constitua em um fenômeno biológico, o fato da paternidade acaba por constituir o patrimônio genético e familiar da pessoa, inserido no direito geral de personalidade, entre um grande número de atributos da personalidade herdados do pai e da mãe biológicos.

[1038] TJ/SC - Ag. de Instrumento nº 8.137 - Comarca de Chapecó - Ac. maioria – 2ª Câm. Cív. - Rel: Des. Napoleão Amarante - Fonte: DJSC, 30.08.1995, p. 05. BONIJURIS 25635. Idem RT 720/220.

[1039] Cumpre lembrar que o art. 2º, do Código Civil em vigor, consiste em literal repetição do disposto no art. 4º, do Código Civil de 1916, sendo totalmente obsoleto ao afirmar que a personalidade civil do ser humano tem início a partir do nascimento com vida. Na realidade, a personalidade do ser humano se inicia a partir de sua concepção, consoante reconhecem os arts. 1.798 a 1.800, do mesmo Código, sendo o indivíduo apenas concebido uma pessoa portadora de personalidade.

TÍTULO V
O DIREITO DAS ORIGENS
431

Embora o aresto em comento se consista em grande e inestimável avanço na afirmação do *direito ao conhecimento da própria origem genética e familiar* da pessoa, o referido acórdão não vai além do reconhecimento de se constituir a paternidade no núcleo fundamental da origem de direitos a se agregarem ao patrimônio do filho, deixando de ingressar em ponderações mais aprofundadas sobre o *direito ao conhecimento da própria origem genética e familiar* da pessoa.

Um dos primeiros arestos oriundo de tribunais brasileiros, em que é discutido o *direito ao conhecimento da própria origem genética,* e que traz, em seus fundamentos, doutrina atualizada, embora, tímido, não expressa ser a categoria jurídica um direito de personalidade, foi proferido pelo Supremo Tribunal Federal, em recurso ordinário em *habeas corpus,* relatado pelo Ministro Sepúlveda Pertence, em 1998. Diz a ementa do acórdão:

> INVESTIGAÇÃO DE PATERNIDADE - Pretensão de terceiro ver-se declarado como pai biológico da criança - Submissão do pai presumido ao exame de DNA - Inadmissibilidade se possível a comprovação da alegada paternidade por outros meios de prova - Observância do princípio da preservação da dignidade pessoal.
>
> Ementa da Redação: Em sede de investigação de paternidade que tem por objeto a pretensão de terceiro ver-se declarado pai biológico da criança, torna-se prescindível submeter ao exame de DNA o pai presumido, se possível a comprovação da alegada paternidade por outros meios de prova, sob pena de afrontar-se o princípio da preservação da dignidade pessoal". [1040]

Trata o feito de ação ordinária de reconhecimento de filiação, cumulada com retificação de registro de nascimento, requerida por terceiro, contra o pai civil de menor, nascido na constância de seu casamento com a mãe dele, pretendendo o autor ver-se reconhecido como pai biológico do infante. Transcorrido o pleito perante juízo inferior, foi determinada a submissão do réu ao exame ADN, sendo impetrado a seu favor *habeas corpus,* com pedido liminar, objetivando desconstituir o constrangimento.

Louvando-se de decisão anterior sobre o mesmo tema,[1041] decidido por maioria, pelo plenário do Tribunal, deferiu o Relator a liminar pleiteada, para que, até a decisão do *habeas corpus,* não fosse o paciente constrangido a submeter-se ao exame ADN, diante da plausibilidade da resistência do paciente, em situação aparentemente mais favorável que a do interessado no caso.[1042] O parecer emitido pelo representante do Ministério Público Federal foi no sentido do deferimento da ordem, não podendo o paciente ser compelido a submeter-se ao exame de ADN, sob fundamento da necessária preservação da intimidade e da intangibilidade do corpo humano, devendo a recusa ser interpretada e avaliada no contexto dos demais elementos da prova.

[1040] STF. HC 76.060-4-SC - Segredo de Justiça - 1ª T. - j. 31.03.1998 - rel. Min. Sepúlveda Pertence - DJU 15.05.1998. RT 755/165. 1998.

[1041] STF. HC nº 71.373, de 10.11.1994. Rel. Min. Marco Aurélio.

[1042] A decisão do STJ aqui invocada se baseou na decisão proferida pelo STF, no RE n. 80.805, RTJ 78/534. Do feito originário: O acórdão do TJSC julgou pelo não provimento do agravo contra a decisão saneadora, que repeliu as preliminares de carência da ação arguidas em primeiro grau, invocando, em seus fundamentos, decisão do Superior Tribunal de Justiça, que manteve o deferimento de ordem de submeter-se o paciente, então agravante, ao exame de ADN, cassando a liminar que suspendera a obrigatoriedade de o paciente se submeter ao exame ADN.

Em sua decisão, o Relator, Ministro Sepúlveda Pertence, após digressões sobre doutrina comparada, manifesta-se, mantendo-se, todavia, fiel ao entendimento pretérito trazido no *Habeas Corpus* nº 71.313, no qual, em seu voto vencido, afirma que "quem não se pode opor o mínimo ou – para usar da expressão do eminente Ministro-relator – o risível sacrifício à inviolabilidade corporal (decorrente da 'simples espetadela', a que alude o voto condutor do eminente Min. Marco Aurélio) à iminência dos interesses constitucionalmente tutelados à investigação da própria paternidade'". Reconhece, porém, o magistrado relator que a presente espécie trata de hipótese atípica, em que o processo tem por objeto a pretensão de um terceiro de ver-se declarado pai de criança, gerada na constância do casamento do réu e paciente, que assim tem a seu favor a presunção legal da paternidade.

Outro significativo aresto foi proferido pelo Tribunal de Justiça do Distrito Federal, no mês de março de 2008, da lavra do Desembargador Lecir Manoel da Luz, cuja decisão revela que diante da colisão de direitos, de um lado os do pai biológico, o qual visa à regulamentação de visitas e oferta de alimentos, e os direitos do pai registral, de outro, que demonstra claramente sua condição de pai e a intenção de permanecer ao lado do filho, tanto que intentou ação de busca e apreensão para assegurar seu direito de visita à criança, expressamente garantido na ação de separação consensual. No presente caso concreto, "não pode o julgador ignorar a situação fática que se descortina por detrás dos aspectos da lei, uma vez que acima de tudo está o bem maior que precisa ser tutelado: a criança". Estando em conflito o direito de ambos os pais, o biológico e o registral, "não há como afirmar que o direito do primeiro prevalece sobre o segundo, apenas porque os alelos obrigatórios paternos estão presentes no material genético do menor".

Considerando que as mudanças bruscas para a criança, no tocante às relações familiares, não são recomendáveis à sua formação psíquica, entenderam os julgadores no sentido de dar provimento parcial ao recurso, deferindo o direito de visita ao pai registral, salvaguardando, dessa maneira, o bem-estar do menor. Diz a ementa do aresto:

> DIREITO DE VISITA - Necessidade de resguardar o bem-estar do MENOR - ALIMENTOS - PATERNIDADE questionada - PAI registral - DIREITO concorrente com o pai biológico. Agravo de instrumento - Direito de visita - Pai registral - Criança inserida nesse contexto familiar - Mudanças bruscas - Não recomendação - Necessidade de se resguardar o bem-estar do menor - Direito concorrente com o do pai biológico que visa regulamentação de visita e oferta de alimentos - Recurso parcialmente provido. I - Ainda que questionada a sua paternidade, o Agravante nunca desistiu de lutar por sua condição paterna, demonstrando, claramente, a intenção de permanecer ao lado do infante, tanto no momento em que manejou a Ação de Busca e Apreensão para valer o seu direito de visita à criança, garantido na Ação de Separação Consensual, como agora, em que a paternidade do primeiro Agravado revela-se como estreme de dúvida. II - Não pode o julgador ignorar essa situação fática que se descortina por detrás dos aspectos da lei, uma vez que acima de tudo está o bem maior que precisa ser tutelado: a criança. III - Contrapondo-se o direito de ambos os pais - biológico e registral, não há como afirmar que o direito do primeiro prevalece sobre o segundo, apenas porque os alelos obrigatórios paternos estão presentes no material genético do menor. [1043]

[1043] TJ/DF - Ag. de Instr. nº 20070020143329 – 5ª T. Cív. - Ac. unân. - Rel.: Des. Lecir Manoel da Luz - j. em 05.03.2008 Fonte: DJU, 17.03.2008. BONIJURIS Jurisprudência - Cd-Rom – 90999.

Das mais significativas decisões judiciais que apreenderam o real conteúdo do direito ao conhecimento da própria origem genética e familiar no direito brasileiro, reconhecendo a existência do "vínculo de sangue" e da possibilidade de uma pessoa vir a conhecer seus ascendentes biológicos é o aresto do Superior Tribunal de Justiça da lavra do Ministro Eduardo Ribeiro, publicado em 2000, cuja ementa segue abaixo:

> ADOÇÃO. INVESTIGAÇÃO DE PATERNIDADE. POSSIBILIDADE.
> Admitir-se o reconhecimento do vínculo biológico de paternidade não envolve qualquer desconsideração ao disposto no artigo 48 da Lei 8.069/90. A adoção subsiste inalterada. A lei determina o desaparecimento dos vínculos jurídicos com pais e parentes, mas, evidentemente, persistem os naturais, daí a ressalva quanto aos impedimentos matrimoniais. Possibilidade de existir, ainda, respeitável necessidade psicológica de se conhecer os verdadeiros pais. Inexistência, em nosso direito, de norma proibitiva, prevalecendo o disposto no artigo 27 do ECA.[1044]

O presente aresto, proferido nove anos antes da reforma do art. 48, do ECA, pela Lei nº 12.010/2009, inova no direito brasileiro o entendimento de que, embora o vínculo civil entre o adotado e os pais socioafetivos tenha supremacia, perdura o vínculo biológico entre ascendente e descendente. Esse entendimento abre caminho para, na hipótese de o adotante perder a capacidade de sustentar o filho adotivo ou no caso de seu falecimento precoce, diante da inexistência de parentes em linha reta, a possibilidade de os genitores biológicos virem a suportar a obrigação alimentar em relação ao filho. Atribuir a obrigação alimentar aos parentes colaterais nem sempre será justa, principalmente quando não haja vínculo de amizade ou afeto entre os parentes da adotante e o adotado. Assim, diante da existência do vínculo genético entre genitores biológicos e o filho, embora tenha o filho sido dado em adoção, caberá a estes suportar o dever de sustento dele. Embora a primeira exegese do art. 1.694, do Código Civil aponte a responsabilidade dos parentes socioafetivos pelo fornecimento de alimentos ao adotado, o aresto mostra que o rompimento do vínculo jurídico entre o filho e seus genitores biológicos não é absoluto, permanecendo o vínculo *iure sanguinis* que une os ascendentes biológicos ao seu filho dado em adoção.

O mesmo Tribunal, no julgamento do Recurso Especial sob nº 813.604, da 3ª Turma, julgado por unanimidade em 16.08.2007, no sentido de conhecer o recurso e dar-lhe provimento, nos termos do voto da Ministra Relatora, Nancy Andrighi, reconhecendo o direito de o filho adotado pedir alimentos ao genitor biológico. A exegese dada à matéria posta em causa no presente recurso ampliou o entendimento dado ao art. 41, do ECA, mesmo antes da reforma do dispositivo pela Lei nº12.010/2009. Soa, a seguir, a ementa:

> DIREITO CIVIL. FAMÍLIA. INVESTIGAÇÃO DE PATERNIDADE. PEDIDO DE ALIMENTOS. ASSENTO DE NASCIMENTO APENAS COM O NOME DA MÃE BIOLÓGICA. ADOÇÃO EFETIVADA UNICAMENTE POR UMA MULHER.
> O art. 27 do ECA qualifica o reconhecimento do estado de filiação como direito personalíssimo, indisponível e imprescritível, o qual pode ser exercido por qualquer pessoa, em face dos pais ou seus herdeiros, sem restrição. - Nesses termos, não se deve

---

[1044] STJ. Rec. Esp nº 127.541/RS. Rel. Ministro Eduardo Ribeiro. 3ª turma. Jul. em 10.04.2000, DJ 28.08.2000, p. 72.

impedir uma pessoa, qualquer que seja sua história de vida, tenha sido adotada ou não, de ter reconhecido o seu estado de filiação, porque subjaz a necessidade psicológica do conhecimento da verdade biológica, que deve ser respeitada. - Ao estabelecer o art. 41 do ECA que a adoção desliga o adotado de qualquer vínculo com pais ou parentes, por certo que não tem a pretensão de extinguir os laços naturais, de sangue, que perduram por expressa previsão legal no que concerne aos impedimentos matrimoniais, demonstrando, assim, que algum interesse jurídico subjaz. - O art. 27 do ECA não deve alcançar apenas aqueles que não foram adotados, porque jamais a interpretação da lei pode dar ensanchas a decisões discriminatórias, excludentes de direitos, de cunho marcadamente indisponível e de caráter personalíssimo, sobre cujo exercício não pode recair nenhuma restrição, como ocorre com o Direito ao reconhecimento do estado de filiação. - Sob tal perspectiva, tampouco poder-se-á tolher ou eliminar o direito do filho de pleitear alimentos do pai assim reconhecido na investigatória, não obstante a letra do art. 41 do ECA. - Na hipótese, ressalte-se que não há vínculo anterior, com o pai biológico, para ser rompido, simplesmente porque jamais existiu tal ligação, notadamente, em momento anterior à adoção, porquanto a investigante teve anotado no assento de nascimento apenas o nome da mãe biológica e foi, posteriormente, adotada unicamente por uma mulher, razão pela qual não constou do seu registro de nascimento o nome do pai. - Recurso especial conhecido pela alínea "a" e provido".[1045]

O presente acórdão julgado em 18.12.2012, pelo Superior Tribunal de Justiça, decidiu pela não ocorrência do rompimento dos vínculos da filiação biológica, na hipótese de "adoção à brasileira", ficando reconhecida a existência do vínculo de filiação biológica, o qual, no caso específico, se sobrepõe à filiação registral, segundo decisão por maioria.

Trata o pleito originário de ação de investigação de paternidade na qual a requerente na qualidade de "filha adotiva", decorrente da modalidade, "adoção à brasileira," pretende o reconhecimento da paternidade biológica e o consequente desfazimento do registro de nascimento realizado pelos pais registrais.

Segundo entende o Ministro Relator, Luis Felipe Salomão, em suas razões de voto, em princípio, deverá prevalecer a paternidade socioafetiva sobre a paternidade biológica garantindo-se, dessa maneira, os direitos consagrados aos filhos, segundo determina o princípio do melhor interesse dos filhos. No entanto, quando se apresenta o caso em que o filho é a parte interessada na busca da sua paternidade biológica, em detrimento da socioafetiva, mormente tratando-se da modalidade "adoção à brasileira", a situação se mostra diversa daquela que se apresenta nas hipóteses de ação negatória de paternidade ajuizada pelo pai registral.

Argumenta o Ministro Relator que "a paternidade biológica gera, necessariamente, uma responsabilidade não evanescente e que não se desfaz com a prática ilícita da chamada 'adoção à brasileira', independentemente da nobreza dos desígnios que a motivaram. E, do mesmo modo, a filiação socioafetiva desenvolvida com os pais registrais não afasta os direitos da filha resultantes da filiação biológica, não podendo, no caso, haver equiparação entre a adoção regular e a chamada 'adoção à brasileira'".[1046]

[1045] STJ. RecEsp nº 813.604 3ª T. Rel. Min. Nancy Andrighi. J. em 16.08.2007. In DJU de 19.09.2007. Disponível em: <https://ww2.stj.jus.br/revistaeletronica/Abre_Documento.asp?sLink=ATC>.

[1046] SALOMÃO, Luis Felipe. Razões de Voto, Rec. Esp. n.º 2009/0220972-2/ 4ª T. STJ. DJe de 15.03.2013.

Por esses fundamentos decidiu o Ministro Luis Felipe Salomão no sentido do provimento do Recurso Especial nº 2009/0220972-2, determinando o reconhecimento da paternidade e maternidade biológica, com todos os consectários legais, determinando, também, a consequente anulação do registro de nascimento realizado pelos pais socioafetivos, figurando os genitores biológicos, como pais da requerente.

No tocante às discussões em torno do deferimento do pedido de anulação do registro de nascimento, realizado pelos pais registrais, merecem ser transcritas as razões de voto de vistas da Ministra Maria Isabel Gallotti.[1047]

Entende a Ministra Maria Isabel que no caso de ocorrência da chamada "adoção à brasileira," é possível a anulação do registro civil realizado pelos pais registrais, para a constituição de outro registro, no qual constem como pais os genitores biológicos. A paternidade constitui-se num dado objetivo, a qual, via de regra, é determinada pelo *critério sanguíneo*, sendo um direito derivado da filiação. O reconhecimento da paternidade biológica, quando buscado pelo filho, não depende de considerações de ordem moral e subjetiva, podendo-se dar, segundo o artigo 1.606, do Código Civil, quando provado pelo filho, enquanto ele viver.[1048]

Diz a menta do acórdão:

DIREITO DE FAMÍLIA. RECURSO ESPECIAL. AÇÃO INVESTIGATÓRIA DE PATERNIDADE E MATERNIDADE AJUIZADA PELA FILHA. OCORRÊNCIA DA CHAMADA 'ADOÇÃO À BRASILEIRA'. ROMPIMENTO DOS VÍNCULOS CIVIS DECORRENTES DA FILIAÇÃO BIOLÓGICA. NÃO OCORRÊNCIA. PATERNIDADE E MATERNIDADE RECONHECIDOS.

1. A tese segundo a qual a paternidade socioafetiva sempre prevalece sobre a biológica deve ser analisada com bastante ponderação, e depende sempre do exame do caso concreto. É que, em diversos precedentes desta Corte, a prevalência da paternidade socioafetiva sobre a biológica foi proclamada em um contexto de ação negatória de paternidade ajuizada pelo pai registral (ou por terceiros), situação bem diversa da que ocorre quando o filho registral é quem busca sua paternidade biológica, sobretudo no cenário da chamada "adoção à brasileira".

2. De fato, é de prevalecer a paternidade socioafetiva sobre a biológica para garantir direitos aos filhos, na esteira do princípio do melhor interesse da prole, sem que, necessariamente, a assertiva seja verdadeira quando é o filho que busca a paternidade biológica em detrimento da socioafetiva. No caso de ser o filho - o maior interessado na manutenção do vínculo civil resultante do liame socioafetivo - quem vindica estado contrário ao que consta no registro

---

[1047] GALLOTTI, Maria Isabel. Razões de voto. STJ. Rec. Esp. nº 2009/0220972-2/ 4ª T. DJe de 15.03.2013.

[1048] Nas questões incidentais, discutiu-se sobre a possibilidade ou não de ser ajuizada, a qualquer tempo, a impugnação do registro de nascimento em face de eventual ocorrência de prescrição.
Em suas razões de voto, pondera o Ministro Relator, Luis Felipe Salomão, no sentido da possibilidade da impugnação do registro de nascimento a qualquer tempo, efetuado por pais casados, quando na pretensão se busca o reconhecimento da paternidade biológica, em sede de ação de investigação de paternidade.
Buscando a interessada o reconhecimento da paternidade biológica em ação de investigação de paternidade, não há que se falar em incidência do prazo inserto contido no art. 1.614, do Código Civil, vez que tal dispositivo se aplica, apenas, na hipótese de o filho natural pretender afastar a paternidade por mero ato de vontade, com único objetivo de desconstituir o reconhecimento da filiação, sem, contudo, buscar procurar constituir nova relação, segundo vem entendendo o STJ.
Pretendendo a requerente buscar a prova de filiação, pelo fato de os genitores não haverem procedido ao registro civil, fica autorizada a aplicação da norma contida no art. 1.606, do Código Civil, a qual assegura ao filho o direito de propor a ação de prova de filiação enquanto viver, sendo, consequentemente, imprescritível o direito de ação.

civil, socorre-lhe a existência de "erro ou falsidade" (art. 1.604 do CC/02) para os quais não contribuiu. Afastar a possibilidade de o filho pleitear o reconhecimento da paternidade biológica, no caso de "adoção à brasileira", significa impor-lhe que se conforme com essa situação criada à sua revelia e à margem da lei.

3. A paternidade biológica gera, necessariamente, uma responsabilidade não evanescente e que não se desfaz com a prática ilícita da chamada 'adoção à brasileira', independentemente da nobreza dos desígnios que a motivaram. E, do mesmo modo, a filiação socioafetiva desenvolvida com os pais registrais não afasta os direitos da filha resultantes da filiação biológica, não podendo, no caso, haver equiparação entre a adoção regular e a chamada "adoção à brasileira".

4. Recurso especial provido para julgar procedente o pedido deduzido pela autora relativamente ao reconhecimento da paternidade e maternidade, com todos os consectários legais, determinando-se também a anulação do registro de nascimento para que figurem os réus como pais da requerente".[1049]

Consoante vimos afirmando, o tema em discussão está em construção, razão pela qual não se encontram julgamentos unânimes em nosso direito pretoriano.

Em sentido oposto, o Ministro Marco Buzzi, em voto vencido, sustenta não ser possível a anulação de registro civil para constituição de novo registro de nascimento no qual constem os nomes dos pais biológicos na modalidade "adoção à brasileira," pelo fato de que, no presente caso concreto, a autora somente ajuizou a ação para desconstituir o registro civil mais de 40 anos depois de tomar conhecimento de que os pais registrais não eram seus verdadeiros pais biológicos. Segundo percepção lúcida do Ministro, o reconhecimento do vínculo biológico não tem o condão de alterar a verdade familiar consolidada pelos laços afetivos, estando caracterizada, na espécie, a ciência duradoura da requerente, do vínculo exclusivo da paternidade socioafetiva em relação aos seus pais registrais.

A lucidez e o censo de responsabilidade que o Judiciário deve ter e manter em relação às causas de família e de filiação, não devendo o julgador deixar-se levar por rompantes e frivolidades postas em causa pelos requentes, revelam a sabedoria do Ministro Marco Buzzi, cujas lições expressas em seu voto, merecem ser aqui transcritas:

> Não é possível a anulação de registro civil para a constituição de outro em que figurem os pais biológicos, no caso de a autora, adotada à brasileira, saber, desde os 14 anos de idade, que os pais registrais não eram os de sangue, tendo somente movido a ação aludida após mais de quarenta anos de convivência, depois da morte deles, visto que cancelar o registro significaria apagar todo o histórico de vida e a condição social da postulante, resultando em insegurança social e jurídica, já que o vínculo afetivo formado entre a requerente e os pais registrais espelha o real estado de filiação da impugnante, devendo-se, assim, privilegiar a verdade sócioafetiva frente à biológica.
>
> Não há direito à impugnação registral na hipótese de restar configurada a paternidade sócio-afetiva pela adoção à brasileira, visto que ausente previsão legislativa a amparar o pleito, em face da segurança jurídica, sendo possível, entretanto, à autora exercer, por meio de ação própria, o direito ao conhecimento de sua origem genética, faculdade imprescritível e inalienável de todo ser humano, decorrente do direito da personalidade,

---

[1049] STJ. Rec. Esp. nº 2009/0220972-2/ 4ª T. Rel. Min. Luis Felipe Salomão. J. em 18.12.2012.

que colabora para a manutenção e preservação da vida do interessado, pois possibilita a ele a adoção de medidas profiláticas adequadas para a manutenção de sua saúde". [1050]

Nosso pensamento encontra afinidade com as lições do Ministro Marco Buzzi, para quem não há cabimento a anulação do registro civil de uma pessoa em caso de "adoção à brasileira" e a confecção de novo registro, em que figurem os genitores biológicos, mormente quando decorreram 40 anos da data do conhecimento de que a requerente não era filha biológica dos pais registrais, estando consolidado e verdadeiramente calcificado o vínculo socioafetivo, após tantos anos de convivência, sendo a história pessoal e familiar da recorrente a mesma história de sua família social.

Cumpre ressaltar que entre os pais socioafetivos e a filha constituiu-se um vínculo afetivo de paternidade-maternidade e de filiação, sendo os genitores biológicos pessoas estranhas para a requerente.

Durante todos esses anos em que a "adotada à brasileira" e seus pais socioafetivos conviveram, vivenciou a requerente a *posse de estado de filho*, a qual *posse* se caracteriza pela convivência de pessoas na qualidade de pais com outra, cuja qualidade é a de filho, estando presentes três elementos caracterizadores: o nome (*nomem*), o trato (*tractatus*) e a fama (*fama*) ou, ainda, fatos outros, os quais poderão, eventualmente, complementar os elementos básicos. A *posse de estado de filho*, categoria que ressurgiu no direito atual com novo vigor, outorgado pela figura da paternidade socioafetiva, não pode ser desprezada, possuindo força de elemento informador de constituição de vínculo jurídico, produzindo efeitos, mesmo diante da "adoção à brasileira" a qual, segundo a ótica de alguns, não produziria efeitos jurídicos. Equivocam-se, pois estes, uma vez que na "adoção à brasileira" constitui-se normalmente a afetividade, a qual informa e consolida o vínculo sociológico da paternidade.[1051]

Deve ser destacado que, embora seja legitimamente possível o ajuizamento de ação destinada ao conhecimento da própria origem genética e familiar da requerente, os efeitos da sentença que julga sua procedência limitam-se a declarar a identidade de seus genitores biológicos e as circunstâncias que envolvem seu nascimento e a adoção. O direito ao conhecimento da origem genética, consoante estamos afirmando, tem por escopo dar conhecimento da identidade dos genitores biológicos aos filhos adotivos

---

[1050] STJ. Rec. Esp. nº 2009/0220972-2/ 4ª T. Voto vencido do Min. Marco Buzzi. J. em 18.12.2012. Publ. DJe 15.03.2013.

[1051] TJRS. Ap. Cív. nº 70016585754, 7ª Câm. Cív. Rel.: Des. Maria Berenice Dias, Jul. em 29.11.2006, (por maioria). Disponível em: <https://www.tj.rs.gov.br>. Acesso em 22.05.2010. Diz a ementa do aresto:
"AÇÃO DECLARATÓRIA. ADOÇÃO INFORMAL. PRETENSÃO AO RECONHECIMENTO. PATERNIDADE AFETIVA. POSSE DO ESTADO DE FILHO. PRINCÍPIO DA APARÊNCIA. ESTADO DE FILHO AFETIVO. INVESTIGAÇÃO DE PATERNIDADE SOCIOAFETIVA. PRINCÍPIOS DA SOLIDARIEDADE HUMANA E DIGNIDADE DA PESSOA HUMANA. ATIVISMO JUDICIAL. JUIZ DE FAMÍLIA. DECLARAÇÃO DA PATERNIDADE. REGISTRO.
A paternidade sociológica é um ato de opção, fundando-se na liberdade de escolha de quem ama e tem afeto, o que não acontece, às vezes, com quem apenas é a fonte geratriz. Embora o ideal seja a concentração entre as paternidades jurídica, biológica e socioafetiva, o reconhecimento da última não significa o desapreço à biologização, mas atenção aos novos paradigmas oriundos da instituição das entidades familiares. Uma de suas formas é a "posse do estado de filho", que é a exteriorização da condição filial, seja por levar o nome, seja por ser aceito como tal pela sociedade, com visibilidade notória e pública. Liga-se ao princípio da aparência, que corresponde a uma situação que se associa a um direito ou estado, e que dá segurança jurídica, imprimindo um caráter de seriedade à relação aparente. Isso ainda ocorre com o "estado de filho afetivo", que, além do nome, que não é decisivo, ressalta o tratamento e a reputação, eis que a pessoa é amparada, cuidada e atendida pelo indigitado pai, como se filho fosse. O ativismo judicial e a peculiar atuação do juiz de família impõem, em afago à solidariedade humana e veneração respeitosa ao princípio da dignidade da pessoa, que se supere a formalidade processual, determinando o registro da filiação do autor, com veredicto declaratório nesta investigação de paternidade socioafetiva, e todos os seus consectários".

e aos oriundos de reprodução assistida heteróloga, não possuindo, em princípio, o condão de restaurar os vínculos de paternidade, de maternidade e de filiação. Mesmo em se tratando de "adoção à brasileira" na qual, segundo considerável número de juristas, não haveria a constituição de qualquer vínculo familiar, eivando-a de nulidade, evidencia-se a presença de todos os elementos caracterizadores da "posse de estado de filho", categoria constitutiva de vínculo familiar sociológico. A caracterização da *posse de estado de filho* na "adoção à brasileira" constitui e legitima a paternidade e a maternidade sociológica em relação à criança, tornando-se, dessa maneira, inviável a pretensão de anulação de registro civil, pelo filho, para a constituição de outro registro no qual figurariam os pais biológicos, mesmo nos casos de "adoção à brasileira".

Afirmamos supra que o legislador brasileiro por meio da Lei nº 12.010/2009 reformou o art. 48, do ECA, estabelecendo uma cláusula geral, ilimitada, pela qual o adotado possui o direito de conhecer sua ascendência biológica e obter acesso irrestrito às informações, documentos e conteúdo do processo de adoção, após completar 18 anos de idade ou, em certas circunstâncias, exercerá os mesmos direitos, mesmo que conte com menos de 18 anos.

Ainda que tenha o legislador criado uma cláusula geral ilimitada para tentar regulamentar a categoria, o Superior Tribunal de Justiça vem estabelecendo alguns dos necessários limites à atuação deste direito, a fim de harmonizar direitos e pretensões de idêntico grau, que estejam em colisão.

Nesse sentido, como vimos, a jurisprudência brasileira reconhece ao adotado a qualidade de principal sujeito do processo de adoção, seu destinatário final, uma vez que o processo será sempre desenvolvido atendendo às reais vantagens e aos benefícios ao adotando. Por essa razão, é ele o titular do direito de pesquisar os autos do processo de adoção e de conhecer os fatos que envolvem seu nascimento e a identidade de seus genitores biológicos.

Um dos principais fundamentos utilizados pelo Superior Tribunal de Justiça, ao deferir a pretensão de filho adotivo em conhecer sua verdadeira origem genética, repousa no critério da existência de *necessidade psicológica* do filho em conhecer a verdade biológica no tocante ao seu estado de filiação. Por *necessidade psicológica*, pode ser entendida a existência de um estado interno de insatisfação no indivíduo, causado pela falta de algum bem necessário ao *bem-estar* da pessoa; é "qualquer condição que seja essencial à vida de forma que a satisfação dessa necessidade produza bem-estar, e a não realização causa danos. Portanto, satisfazer suas necessidades psicológicas é obrigatório para manter a saúde mental".[1052]

[1052] MORAIS, Mariza Graziela M. *Carência afetiva*. Disponível em: <http://www.marisapsicologa.com.br/carencia-afetiva.html>. Acesso em: 14 ago. 2012.

STJ. Rec. Esp. 127.541/RS. Rel. Min. Eduardo Ribeiro. T3 - Terceira Turma. Jul. 10.04.2000. Disponível em: <http://www.mpsp.mp.br/portal/page/.../127541.doc>. Acesso em: 22 maio 2010. Diz a ementa:

"ADOÇÃO. INVESTIGAÇÃO DE PATERNIDADE. POSSIBILIDADE.

Admitir-se o reconhecimento do vínculo biológico de paternidade não envolve qualquer desconsideração ao disposto no artigo *48* da Lei *8.069/90*. A adoção subsiste inalterada.

A lei determina o desaparecimento dos vínculos jurídicos com pais e parentes, mas, evidentemente, persistem os naturais, daí a ressalva quanto aos impedimentos matrimoniais. Possibilidade de existir, ainda, respeitável necessidade psicológica de se conhecer os verdadeiros pais.

Inexistência, em nosso direito, de norma proibitiva, prevalecendo o disposto no artigo 27 do ECA".

O critério da satisfação da *necessidade psicológica* do adotado, em conhecer a verdade biológica em relação ao seu estado de filiação, deverá estar vinculado aos preceitos do ECA, devendo o juiz verificar se o deferimento das pretensões do adotado realmente atenderão às reais vantagens para ele. Caso contrário, o apressado deferimento desse direito, sem que sejam tomadas as devidas cautelas, poderá resultar em desastres psíquicos ao adotado, conforme exemplos concretos trazidos no capítulo 6, supra.

Enquanto no Brasil os poucos casos concretos julgados pelos tribunais, nos quais os interessados buscam conhecer sua origem biológica, têm pautado a fundamentação de suas decisões no critério da *necessidade psicológica* da parte em conhecer a verdade biológica no tocante ao seu estado de filiação, no direito europeu, mormente no direito alemão, o fundamento mais comum que autoriza o interessado a conhecer sua própria origem biológica e familiar tem sido com objetivos para a formação do acervo de sua *memória histórica pessoal e familiar*.

O *direito à memória pessoal* e o *direito à memória familiar* integram o direito geral de personalidade do indivíduo, sendo o primeiro um direito integrante à identidade pessoal do indivíduo e o segundo, complementando o primeiro, traduz-se na identidade familiar da pessoa.

Segundo essa ótica, o conhecimento da origem genética e familiar pelo adotado permite-lhe construir sua memória histórica pessoal e familiar em relação à sua ascendência biológica, embora, devido à adoção plena, tenha o indivíduo se integrado à família socioafetiva. Nesse caso, a história familiar da família dos adotantes deverá ser a própria história familiar do adotado. Por essa razão, os países europeus que adotaram o critério da verdade sociológica, na atribuição da paternidade-filiação, resistem à ideia de deferir a ação para o conhecimento da origem genética e familiar do interessado, defendendo que sua história pessoal e familiar encontra-se na história da família sociológica, mantendo-se, assim, os *accouchements sous X* em um grau quase absoluto.

A jurisprudência brasileira reconhece, ainda que excepcionalmente, a possibilidade de o adotado restaurar o estado de filiação contrário ao que resulta do registro de nascimento. Dessa maneira, encontra guarida a pretensão de terceiro de ver-se declarado pai biológico de uma criança gerada na constância do casamento do marido da mãe, o qual possui, a seu favor, a presunção legal relativa da paternidade do filho de sua mulher. Reconhece, também, a categoria *vínculo de sangue* ou *vínculo biológico*, possibilitando o direito de o filho adotado e o filho oriundo de reprodução assistida heteróloga[1053] pedirem alimentos ao genitor biológico, diante da impossibilidade de os pais socioafetivos sustentarem o filho adotivo ou no caso de morte prematura destes. Trata-se de um novo caminho que os operadores do direito deverão trilhar.

Vimos que os tribunais brasileiros se inclinam a decidir que, dentro de certas circunstâncias, a pretensão de filho ao conhecimento de sua origem biológica, bem como a de investigar a paternidade, compreende o direito de impugnar e anular o registro de nascimento feito pelos pais socioafetivos e a constituição de novo registro no qual figuram os genitores biológicos, sendo imprescritível este direito.

[1053] Conforme falamos anteriormente, o Projeto de Estatuto das Famílias procura excluir do filho nascido a partir das técnicas de fertilização heteróloga, o direito de pedir alimentos ao genitor doador do material genético, diante da impossibilidade de os pais socioafetivos sustentarem o filho adotivo ou no caso de morte prematura destes.

No entanto, esse compreender não tem se mostrado unânime, consoante afirmamos acima. O Estatuto da Criança e do Adolescente é perfeitamente coerente com as normas de direito internacional expressas no art. 7º, da Convenção sobre os Direitos da Criança, da Assembleia Geral das Nações Unidas, de 1989,[1054] as quais possuem por escopo garantir à criança, desde o nascimento, o direito a um nome, a uma nacionalidade e, sempre que possível, conhecer seus pais e de ser educada por eles. Em outras palavras, toda criança tem o direito de ser inserida, criada e educada no seio de uma família regularmente constituída, cujo escopo principal é assegurar à criança e ao adolescente um lar adequado onde encontre amor, segurança e paz para poder desenvolver livremente sua personalidade. A adoção atribui a condição de filho ao adotado, com os mesmos direitos e deveres, inclusive sucessórios, que tocariam os filhos biológicos, desligando-se de qualquer vínculo com pais e parentes, salvo os impedimentos matrimoniais, nos termos do art. 41, do ECA.

A partir desse entendimento, nega a corrente oposta a possibilidade da anulação do registro civil realizado pela família social, para constituir um novo assento de nascimento no qual figure um vínculo familiar com os genitores biológicos, uma vez que, segundo este entendimento, o reconhecimento do vínculo biológico não teria o condão de alterar a verdade em relação à família social consolidada pelos laços do afeto e da convivência. O vínculo da adoção, constituído mediante sentença judicial, se mantém em relação aos adotantes, não podendo ser desconstituído pela simples vontade do adotado, mesmo diante da morte dos pais socioafetivos. Somente razões relevantes e excepcionais poderão autorizar a desconstituição do vínculo da adoção e a reconstituição da paternidade ou maternidade biológica.

A precipitada anulação ou cancelamento do registro civil que atesta a filiação socioafetiva e a possível constituição de novo registro, no qual constem como pais os genitores biológicos, sem maiores ponderações, representaria o aniquilamento de todo o histórico de vida, do acervo familiar e pessoal e da própria identidade pessoal do adotado, fato que se traduz em um grave atentado ao direito geral de personalidade do adotado e na negação da verdade socioafetiva, ou verdade sociológica, segundo terminologia empregada por Grataloup. O mesmo pode se dizer em relação ao vínculo afetivo, mesmo diante da ausência de sentença judicial constitutiva de adoção, na hipótese de "adoção à brasileira", cujo vínculo não pode ser negado, informado pela *afetividade* e pela *posse do estado de filho*.

O fato de se privilegiar a verdade sociológica em face à verdade biológica não significa negar a existência do *direito ao conhecimento da própria origem genética*, como expressão do direito geral de personalidade, o qual possibilita o conhecimento da ascendência biológica do interessado e de fatos que circunscrevem seu nascimento, sem dever macular o vínculo familiar socioafetivo, devidamente constituído.

O *direito ao conhecimento da origem biológica*, segundo a Lei nº 12.010/2009, destina-se aos maiores de 18 anos. A citada Lei dificulta, em parte, às crianças e aos adolescentes buscar sua origem genética e familiar, uma vez que a autorização legal aos menores de 18 anos de ajuizar ação de conhecimento da própria origem biológica poderia provocar desordens de natureza psíquica àqueles que não estivessem devidamente preparados

---

[1054] Convenção sobre os Direitos da Criança. Assembleia Geral das Nações Unidas, de 1989. Disponível em: <http://www.unric.org/html/portuguese/humanrights/Crianca.pdf>. Acesso em: 25 set. 2013.

para absorver a ideia de que os pais que os criaram não são exatamente os pais que os conceberam, resultando em sérios prejuízos para sua formação e seu desenvolvimento. Em razão desses fatos, o direito de acesso aos dados e ao processo de adoção, pelos menores de 18 anos, somente poderá ser exercido mediante autorização judicial, devendo o juiz aferir a capacidade do interessado para compreender a *verdade* e se o mesmo possui condições psíquicas para lidar com esta.[1055]

O legislador brasileiro, consoante afirmamos anteriormente, regula tão importante e complexa matéria em um único dispositivo legal, mediante uma cláusula geral ilimitada. Dessa maneira, restou aos tribunais a tarefa de construir a categoria jurídica do direito ao conhecimento da origem genética entre nós, declarando qual o âmbito de sua atuação e os limites de seu exercício.

Tal tarefa vem sendo desempenhada, principalmente, pelo Superior Tribunal de Justiça, que vislumbra o *direito ao conhecimento da própria origem genética* no exercício da pretensão de o adotado poder conhecer sua ascendência biológica e a origem familiar, no intuito de satisfazer o impulso psicológico da necessidade de conhecer suas origens.

3 O direito ao segredo das origens no Brasil

Da mesma maneira como o legislador, até pouco tempo, não contemplava no direito brasileiro a categoria do *direito ao conhecimento da própria origem genética e familiar*, de modo idêntico não tratou de categorias como as do *parto anônimo* e do *parto discreto*.

Conceitua-se o *parto anônimo* como sendo a categoria jurídica que possibilita a mãe, durante a gravidez ou até o dia em que deixar a unidade de saúde após o parto, a não assumir a maternidade da criança que gerou. O *parto anônimo* permite à mulher gestante ser contemplada com assistência médica, social e psicológica antes, durante e após o parto e deixar seu filho recém-nascido para ser adotado.[1056]

Mediante o *parto anônimo*, o recém-nascido será entregue em segurança em hospitais ou unidades de saúde, que deverão cuidar de sua saúde e, posteriormente, após alta, ser encaminhado à adoção. Haverá, por meio desse procedimento, a substituição do abandono de criança pela sua entrega à família substituta, ficando assegurada a esta a potencial chance de convivência familiar. A genitora terá assegurada a liberdade de declinar da maternidade sem ser condenada em qualquer processo, tanto civil como penal, por seu ato de disposição de menor incapaz.[1057]

A categoria do *parto anônimo* tem por substrato no direito brasileiro o mandamento contido na Constituição, no inciso III, do art. 1º, assegurando a *dignidade humana* da criança e da parturiente, o direito à vida, previsto no art. 5º, e a proteção integral à criança, disposta no art. 227. O art. 7º, do ECA, assegura o nascimento e o desenvolvimento sadio, em condições dignas de existência, e o desenvolvimento da personalidade da criança e da própria genitora.

A sociedade patriarcal ruralista brasileira dos tempos coloniais e do período do Reino Unido a Portugal e Algarves, cuja estrutura perdurou até meados do séc. XX,

---

[1055] AULER, Juliana de Alencar. *Adoção e direito à verdade sobre a própria origem*, p. 8. Disponível em: <http://www.ejef.tjmg.jus.br/home/files/publicacoes/artigos/332011.pdf>.

[1056] Definição trazida no Projeto de Lei nº 3.220/2008.

[1057] CARNEIRO, Sérgio Barradas. *Proposição do Projeto de Lei nº 3220/2008.*

conforme foi anteriormente mencionado, era fechada e hierarquizada na figura do marido e *pater-familias*, fundada, exclusivamente, no matrimônio e na filiação deste decorrente, que constituía a única modalidade de família reconhecida como legítima ou legal. Nesse longo período, a sociedade impunha um rígido preceito de conduta à mulher, que carecia de capacidade civil, submissa inicialmente ao pai e após o matrimônio ao marido. A inobservância das regras de conduta social e dos costumes gerava reprovação absoluta e enorme repressão social, uma vez que uma mulher não casada que viesse a ser mãe tornava-se indigna da convivência familiar, alvo de discriminação e de vergonha para toda família.[1058] Se sua origem social fosse de família abastada e esclarecida, o remédio era a internação em convento para se tornar monja. Se a origem social fosse de família pobre ou pouco esclarecida, a moça era simplesmente expulsa da casa paterna para as ruas e seu destino era a prostituição.

A vergonha, o desprezo e a discriminação não se circunscreviam somente em relação à mulher solteira, viúva ou abandonada que tivesse engravidado. A criança também era conspurcada, classificada como filho espúrio, recaindo sobre ela, a pecha de "bastardo", de "fruto do pecado", responsável pela mácula ao nome da família da qual originava.[1059] Essas crianças eram, frequentemente, mortas mediante esganadura ou atiradas nos rios para morrerem afogadas.

Em virtude desses fatos brutais, decorrentes dos rígidos e petrificados costumes familiares e sociais, foram instaladas nos conventos de freiras e nas santas casas de misericórdia as "rodas dos enjeitados", cujo principal escopo era evitar o infanticídio e o abandono das crianças recém-nascidas nos becos e nas sarjetas.

O colonizador português, preocupado com a necessária assistência aos carentes e enfermos da colônia, principalmente em relação aos doentes que desembarcavam nos portos, instalou a primeira Irmandade da Santa Casa de Misericórdia em Olinda, em 1539. A seguir, foram instaladas em 1543, a Irmandade de Santos, em 1545, a de Vitória, que foram as primeiras instituições hospitalares do Brasil. Em 1560, foi fundada a Santa Casa de Misericórdia de São Paulo. A Santa Casa de Misericórdia do Rio de Janeiro foi instalada pelo Padre José de Anchieta, em 1582. Esta última, além de prestar serviços de assistência médica, dedicava-se a outras atividades filantrópicas, inclusive à administração dos cemitérios.[1060]

Alguns historiadores informam que a "roda dos enjeitados" teria principiado no Brasil sob a regência do Príncipe D. João VI, no ano de 1726, funcionando, inicialmente, nas santas casas de misericórdia, em razão da inexistência de locais aptos para receber crianças abandonadas por suas genitoras.[1061] No entanto, a atividade assistencial e caritativa das santas casas de misericórdia é anterior a esse período, sendo que no

---

[1058] QUEIROZ, Olivia Pinto da Oliveira Bayas; HOLANDA, Caroline Satiro de. Parto anônimo e colisão de direitos fundamentais. In: *Encontro Nacional do CONPEDI*, 18. 2009, Maringá. Anais... Belo Horizonte: Fundação Boiteux, 2009. p. 3922-3940.

[1059] QUEIROZ, Olivia Pinto da Oliveira Bayas; HOLANDA, Caroline Satiro de. *Ob. cit.*, ps. 3.922-3.940.

[1060] RONSINI, Mário José. *Santas Casas de Misericórdia... Você precisa saber mais sobre elas.* Disponível em: <http://www.cmb.org.br/>. Segundo esclarece o autor, a primeira Santa Casa de Misericórdia foi fundada em Lisboa, por Frei Miguel de Contreiras em 1498, com o apoio da Rainha Dona Leonor. Sua criação repousa na missão de prestar assistência médica às pessoas necessitadas, idosas, enfermas e abandonadas e "daí a propriedade da palavra Misericórdia, que é 'piedade, compaixão e sentimento despertados pela infelicidade de outrem'," cujo princípio e objetivos permanecem até a atualidade.

[1061] QUEIROZ, Olivia Pinto da Oliveira Bayas; HOLANDA, Caroline Satiro de. *Ob. cit.*, ps. 3.922-3.940.

transcorrer dos séculos XVII e XVIII, muito antes da regência do Príncipe Dom João VI, encontram-se registros do acolhimento de recém-nascidos nas Santas Casas de Misericórdia do Recife, de Salvador e do Rio de Janeiro.

Ainda que fosse praticada a recepção de crianças recém-nascidas, abandonadas por seus genitores, nas "rodas dos enjeitados" existentes nos conventos e nas instituições filantrópicas ao tempo da Colônia, do Reino Unido, do Império e da República e perdurando as "rodas dos enjeitados" em funcionamento até meados do sec. XX,[1062] nem as Ordenações, nem o Código Civil trouxeram previsão legislativa no sentido de absorver e regulamentar a categoria do *parto anônimo* no Brasil.

O parto, o abandono da criança e a identidade dos genitores ficavam na obscuridade, considerado um tabu, um espaço oculto, o qual a lei não conseguia atingir.

3.1 Os projetos de lei sobre o parto anônimo no Brasil

As alarmantes notícias trazidas diariamente nos periódicos brasileiros sobre o número cada vez maior de crianças que são abandonadas pelas genitoras, logo após o nascimento, atiradas em valas de esgoto, rios e lagoas ou descartadas em latas de lixo, em banheiros públicos das estações rodoviárias, nas portas de residências, atitudes geralmente vinculadas às questões socioeconômicas, provocaram a apresentação ao Legislativo brasileiro de três projetos de lei com proposições para a instituição do *parto anônimo* no Brasil, como nova categoria jurídica, cujo principal objetivo seria o de preservar o direito à vida e de nascer dos nascituros e embriões.

Os três projetos de lei, aqui mencionados, todos apresentados em 2008, serão, a seguir, objeto de breves considerações.

O primeiro projeto, o Projeto de Lei nº 2.747/2008, de autoria do Deputado Eduardo Valverde, consiste em um projeto comprometido com os elevados interesses na preservação da vida e do bem-estar das crianças, as quais poderiam ser vítimas de abandono ou de infanticídio.[1063]

Constituído por 12 artigos, propõe o Projeto de Lei nº 2.747/2008 a criação de mecanismos destinados a coibir e prevenir o abandono de crianças recém-nascidas por suas mães, mediante instituição da categoria do *parto anônimo* no Brasil. Segundo o Projeto de Lei, o atendimento às gestantes deverá ser realizado pelo Estado, por meio das unidades gestoras do Sistema Único de Saúde, estando obrigadas a criar um programa específico, destinado a garantir, em toda sua rede de serviços, o acompanhamento e a realização do parto anônimo. Igualmente, as instâncias competentes do sistema educacional promoverão condições e recursos informativos e educacionais, para a orientação das mulheres gestantes. O Sistema Único de Saúde, também, garantirá às mães que comparecerem aos hospitais para realizar o exame pré-natal e o posterior parto, a oportunidade de poder manifestar a vontade livre de não desejar permanecer com a criança, exercendo o direito ao atendimento médico e de parir seu filho sem a necessidade de serem identificadas. Os hospitais deverão criar e manter estruturas físicas adequadas, destinadas ao acesso sigiloso da parturiente ao hospital e o acolhimento da criança

---

[1062] Segundo noticiam os historiadores, a última "roda dos enjeitados" a ser desativada no Brasil teria sido a da Santa Casa de Misericórdia de São Paulo ocorrida, segundo alguns, no ano de 1948, segundo outros, em 1950.

[1063] Disponível em: <http://www.camara.gov.br/>. Último acesso em: 06 dez. 2010.

pelos profissionais de saúde. A mulher que, antes ou no momento do parto, solicitar que sua identidade seja mantida em sigilo deverá, obrigatoriamente, ser informada das consequências jurídicas deste pedido e do direito de o filho vir, posteriormente, a conhecer sua origem genética e familiar. A parturiente, também, deverá ser informada da possibilidade de vir a fornecer informações sobre sua saúde ou a do genitor, sobre as origens da criança e sobre as circunstâncias do nascimento, bem como sua identidade, a qual estará sendo mantida em sigilo. A identidade da parturiente somente poderá ser revelada a terceiros pelo hospital, onde ocorrer o parto, por força de ordem judicial ou em caso de doença genética do filho. Ficará, assim, sob sigilo, a identidade da parturiente, do genitor e as circunstâncias do nascimento da criança, a qual será levada à adoção, após o decurso do *prazo de reflexão*, outorgado à genitora, fixado pelo propositor do Projeto de Lei em oito semanas, contados do nascimento da criança. A lei garantirá à parturiente, em casos de *parto anônimo*, a isenção de qualquer responsabilidade civil ou criminal em relação ao filho entregue ao hospital.

Três pontos do Projeto de Lei nº 2.747/2008 merecem destaque.

O primeiro, diz respeito ao tratamento dado pelo autor do projeto ao *anonimato do parto*, diante da admissibilidade do exercício do *direito ao conhecimento da origem genética e familiar* pelo filho, consagrado nos arts. 6º, 7º e 8º, do Projeto e pelo art. 48, do ECA. A análise cuidadosa do Projeto de Lei nº 2.747/2008 revela que o Deputado Eduardo Valverde equivoca-se em sua Proposição, ao pretender instituir o parto anônimo no Brasil. O Projeto de Lei nº 2.747/2008 está muito distante da categoria jurídica do *parto anônimo*, consoante vimos no estudo da categoria, no direito francês. Ao procurar harmonizar a aplicação da categoria *nascimento incógnito* com o direito *ao conhecimento da origem* genética, o parlamentar aproxima sua Proposição à figura do *parto discreto*; categoria esta que melhor se harmonizaria com a legislação brasileira já vigente. A Proposição do parlamentar é merecedora de elogios embora, equivocadamente, denomine a categoria a ser regulada em sua Proposição de *parto anônimo*, quando na realidade não o é.

No tocante às primeiras considerações, verifica-se que os mencionados arts 6º, 7º e 8º determinam, expressamente, que:

> Art. 6º A mulher que, antes ou no momento do parto, demandar o sigilo de sua identidade será informada das consequências jurídicas desse pedido e da importância para as pessoas em conhecer sua origem genética e sua história.
>
> Parágrafo Único – A instituição de saúde garantira a toda mulher que demandar ao Hospital o parto anônimo acompanhamento psicológico.
>
> Art. 7º A mulher que, antes ou no momento do parto, demandar o sigilo de sua identidade será informada das consequências jurídicas desse pedido e da importância para as pessoas em conhecer sua origem genética e sua história.
>
> Art. 8º A mulher que se submeter ao parto anônimo será informada da possibilidade de fornecer informações sobre sua saúde ou a do pai, as origens da criança e as circunstâncias do nascimento, bem como sua identidade que será mantida em sigilo, e só revelada nas hipóteses do art. 11, desta lei". [1064]

[1064] Art. 11, do Projeto de Lei nº 2.747/2008. "A identidade dos pais biológicos será revelada pelo Hospital, caso possua, somente por ordem judicial ou em caso de doença genética do filho".

O grande mérito do Projeto de Lei nº 2.747/2008, em relação ao primeiro ponto a ser analisado, consiste na imposição de limites ao exercício do *direito ao conhecimento da origem genética e familiar* do filho adotivo, nascido mediante *parto anônimo* ou *parto discreto*, estabelecendo no art. 11 que a identidade dos genitores biológicos somente poderá ser revelada pelo hospital, diante de ordem judicial, em cujo processo o juiz terá dado a devida atenção às reais vantagens ao adotado e estando presentes os motivos legítimos para esta revelação ou em caso de doença genética do filho.

Andou muito bem o autor do Projeto de Lei na imposição desses saudáveis limites, que são legítimos, exemplo não seguido pelo legislador da Lei nº 12.010, de 03.08.2009, a qual instituiu o *direito ao conhecimento da origem genética*, alterando o art. 48, do ECA. Ao inserir no ECA uma norma geral, aberta e ilimitada, criou o legislador um mecanismo gerador de conflitos e de colisão de direitos fundamentais, trazendo transtornos à boa e célere aplicação da justiça, afogando, ainda mais, o Judiciário brasileiro.

O segundo ponto diz respeito ao art. 9º, do Projeto de Lei, que outorga à mãe o prazo de oito semanas para, a mesma, refletir sobre ficar com a criança, ou entregá-la ao hospital, para a colocação em adoção. O presente dispositivo alonga, excessivamente, o prazo para a reflexão da mulher, em deixar seu filho no hospital para adoção. O dispositivo não atende às reais vantagens para o maior interessado que é o filho, merecendo, portanto, reparos mediante estreitamento do prazo de reflexão.

Para o autor, esse longo período de reflexão possibilitaria à mãe ter um maior prazo para se arrepender do abandono do filho ou de possibilitar aos parentes biológicos de requerer com precedência a adoção da criança. Todavia, cumpre ponderar que, durante esse longo período em que o recém-nascido ficar internado no hospital, ficará exposto ao perigo, correndo grave risco de contrair infecção hospitalar ou outras moléstias greves. Em relação à mãe, ficou esta gestando durante longos nove meses tendo tempo suficiente para refletir e ponderar sobre as consequências de sua decisão, não havendo nenhuma razão para ser procrastinado por mais oito semanas o prazo para reflexão. O Projeto de Lei acaba por albergar o arrependimento de última hora. Essas oito semanas de reflexão, outorgadas à mãe, desatenderão às reais vantagens e benefícios da criança, uma vez que quanto menor o bebê, mais fácil será sua adoção e o interesse dos eventuais adotantes em adotar.

No mais, o Projeto de Lei se mostra adequado a regulamentar o *parto discreto* no Brasil.

O segundo projeto, Projeto de Lei nº 2.834/2008, de autoria do Deputado Carlos Gomes Bezerra, propõe a instituição do *parto anônimo* no Brasil sob os mesmos fundamentos e razões utilizados no Projeto de Lei do Deputado Eduardo Valverde.

No entanto, ao invés de propor a criação de uma lei destinada não só a instituir o parto anônimo, mas também regulá-lo e estabelecer os limites ao seu exercício, o propositor, tão somente, propõe a alteração do art. 1.638, do Código Civil, com a inserção de mais um inciso, o inciso V, e um parágrafo, possibilitando à gestante optar pela realização de parto anônimo. Passaria, então, o art. 1.638, do Código Civil, a ter a seguinte redação:

Art. 1.638. Perderá por ato judicial o poder familiar o pai ou a mãe que:
I - castigar imoderadamente o filho;
II - deixar o filho em abandono;

III - praticar atos contrários à moral e aos bons costumes;

IV - incidir, reiteradamente, nas faltas previstas no artigo antecedente.

V - optar pela realização de parto anônimo.

Parágrafo único. Considera-se parto anônimo aquele em que a mãe, assinando termo de responsabilidade, deixará a criança na maternidade, logo após o parto, a qual será encaminhada à Vara da Infância e da Adolescência para adoção.

A presente proposição é extremamente simplista e deixa muito a desejar.

Inicialmente, determina o Projeto de Lei, tão somente, a perda do poder familiar dos genitores biológicos da criança nascida de parto anônimo.

O Projeto de Lei nada disciplina sobre assistência médica e psicológica à gestante e à criança, durante a gestação e após o parto. Não traz nenhuma norma sobre a organização hospitalar e assistência ao recém-nascido ou do prazo para a entrega da criança à Vara da Infância e da Juventude para adoção. É evidente que um recém-nascido necessita de cuidados especiais não sendo possível sua colocação em adoção logo após o parto.

Outro ponto a causar perplexidade em relação ao Projeto de Lei em apreço consiste no fato que o vínculo familiar entre a genitora biológica e a criança, nascida mediante parto anônimo, continuaria existindo, uma vez que, segundo se depreende do *caput* do art. 1.638, a opção por *parto anônimo* produzirá, como único efeito, a perda do poder familiar dos genitores biológicos e não do vínculo familiar, que seria o correto. Somente após a adoção a genitora se desvincularia legalmente do filho, mesmo tendo perdido o poder familiar sobre ele. Durante o lapso de tempo em que a mãe deixa o hospital e a ocorrência efetiva da adoção, a criança manteria um vínculo familiar com uma mulher anônima, que geralmente se encontra em lugar incerto e não sabido.[1065]

A Proposição do Deputado Carlos Gomes Bezerra é superficial, incoerente e contraditória, em nada contribui para a regulamentação da categoria, uma vez que a destituição do poder familiar é consequência direta e imediata do *parto anônimo*. A mãe que não se identifica como tal, que declina do direito e do dever de criar e educar seu filho, não estará exercendo voluntariamente o poder-dever familiar, cuja consequência será a perda da autoridade parental. O Projeto de Lei em comento traz insegurança jurídica e social.

No parágrafo único do Projeto, lê-se que "a mãe, assinando termo de responsabilidade, deixará a criança na maternidade, [...]." Cumpre indagar que espécie de responsabilidade seria esta, trazida pelo parlamentar em seu Projeto?

[1065] Em sentido contrário, vide acórdão: STJ REcEsp. 3ª T. Rel. Min. Castro Filho. J. 08.03.2007. DJU 26.03.2007. Disponível em: <http://www.jus.br/SCON/jurisprudencia/>. Acesso em: 04 fev. 2010.

"DIREITO CIVIL. ADOÇÃO PLENA. DESTITUIÇÃO PRÉVIA DO PÁTRIO-PODER. NECESSIDADE DE PROCEDIMENTO PRÓPRIO COM ESSE FIM. OBSERVÂNCIA DO ESTATUTO DA CRIANÇA E DO ADOLESCENTE.

O deferimento da adoção plena não implica, automaticamente, na destituição do pátrio-poder, que deve ser decretada em procedimento próprio autônomo, com a observância da legalidade estrita e da interpretação normativa restritiva. A cautela é imposta, não só pela gravidade da medida a ser tomada, uma vez que importa na perda do vínculo da criança com sua família natural, como também por forçadas relevantes repercussões em sua vida sócio-afetiva. Sem isso, serão desrespeitados, entre outros, os princípios do contraditório e do devido processo legal (artigos 24, 32, 39 a 52, destacando-se o artigo 45, e ainda, os artigos 155 a 163 do Estatuto da Criança e do Adolescente). Recurso especial provido para julgar os autores carecedores do direito à ação, por impossibilidade jurídica processual do pedido, com a ressalva de que a situação da criança não será alterada, permanecendo ela na guarda dos ora recorridos".

Seria a de cuidar da criança até o momento de sua adoção? Seria a responsabilidade pelo abandono organizado da criança? Seria a responsabilidade pelo aleitamento e prestação de alimentos? Seria a responsabilidade de reaparecer se a adoção não vier a se efetivar?

A Proposição não esclarece absolutamente nada trazendo apenas confusão e desacertos.

A proposição trazida no Projeto de Lei nº 2.834/2008 se funda no modelo francês do *accouchement sous X*, que é absoluto e não comporta o *conhecimento da origem biológica e familiar* pelo filho, consoante visto acima. O presente Projeto de Lei não procura, em momento algum, harmonizar os direitos conflitantes que fatalmente afloram nesta espécie, o *direito ao anonimato da identidade dos genitores biológicos* e os fatos sigilosos que circunscrevem o nascimento do filho e o *direito ao conhecimento da origem genética e familiar* dele, em relação aos genitores biológicos.

A Proposição do Deputado Carlos Gomes Bezerra se viesse a ser aprovada e convertida em lei provocaria conflitos e dificuldades na sua aplicação por constituir uma norma incompatível com a norma contida no art. 48, do ECA.

O terceiro projeto que propõe a instituição do *parto anônimo* é o Projeto de Lei nº 3.220/2008, proposto pelo Deputado Sérgio Barradas Carneiro, e que tem merecido preferência pela comunidade jurídica brasileira.

Pretende o autor do Projeto de Lei, com a instituição do *parto anônimo*, de um lado, garantir o direito à liberdade da mulher em exercer ou declinar da maternidade da criança que gerou, não lhe sendo, pela vontade de não vivenciar a maternidade, subtraído o direito ao amplo acesso à rede pública de saúde para o acompanhamento médico da gestação. De outro, preocupa-se o Projeto com as crianças que terão, a partir desta lei, garantia do seu direito à vida, à saúde e à integridade psicofísica, preservando-se o direito à convivência familiar.[1066]

O Projeto de Lei nº 3.220/2008, contendo dezesseis artigos, cuida de outorgar direitos e garantias à gestante e à criança que irá nascer sob anonimato. Segundo determina o Projeto, a gestante terá direito de realizar o pré-natal gratuitamente em todos os postos de saúde e hospitais da rede pública e em todos os demais serviços que tenham convênio com o Sistema Único de Saúde (SUS) e mantenham serviços de atendimento neonatal, sem ser necessário se identificar ao hospital que a acolheu. A gestante que solicitar, durante a fase pré-natal ou por ocasião do parto, a preservação do segredo de sua admissão e de sua identidade pelo estabelecimento de saúde será informada das consequências jurídicas de seu pedido e da importância que o conhecimento da própria origem genética e história pessoal têm para todos os indivíduos. Persistindo a vontade de não vivenciar a maternidade e manter sua identidade incógnita, a mulher, além de receber atendimento médico e acompanhamento no pré e pós-parto, deverá auferir, também, atendimento psicossocial. Estabelecer-se-á a favor da gestante o direito ao segredo familiar e profissional em relação à sua identidade e das circunstâncias que envolvem o nascimento da criança. O filho, igualmente, receberá ampla assistência médica durante e após o parto. A genitora da criança deverá prestar todas as informações possíveis sobre sua saúde, sobre a saúde do genitor, informando as origens da criança

---

[1066] Justificação da Proposição do Projeto de Lei nº 3.220/2008. Disponível em: <http://www.camara.gov.br/>. Último acesso em: 06 dez. 2010.

e as circunstâncias do nascimento, as quais permanecerão arquivadas, sob sigilo, na unidade de saúde em que ocorreu o parto.

Os dados relativos à identidade dos genitores da criança e as circunstâncias do seu nascimento só poderão ser revelados a pedido da própria pessoa nascida de *parto anônimo* e mediante ordem judicial.[1067]

A unidade de saúde onde ocorreu o *nascimento secreto* deverá, no prazo máximo de 24 horas, informar o fato ao Juizado da Infância e Juventude por meio de formulário próprio.

Assim que o recém-nascido receber alta do pediatra deverá, ele, ser encaminhado ao local indicado pelo Juizado da Infância e Juventude. O encaminhamento da criança à adoção deverá, somente, ocorrer após o decurso de 10 dias da data de seu nascimento. Não se apresentando nenhum candidato para a adoção da criança no prazo de 30 dias, será esta incluída no Cadastro Nacional de Adoção. A criança será registrada provisoriamente pelo Juizado da Infância e da Juventude recebendo um prenome, deixando, porém, a autoridade registral em branco os campos reservados à filiação. A genitora que optou pelo segredo de sua identidade poderá escolher o prenome que ela gostaria que fosse dado à criança.

A mulher que optar pelo *parto secreto* e vindicar o direito ao segredo de sua identidade ficará isenta de qualquer responsabilidade criminal, em relação ao filho, naquilo que diga respeito ao delito de abandono de menor.[1068] Também será isento de responsabilidade criminal aquele que abandonar o filho em hospitais, postos de saúde ou unidades médicas, de modo que a criança possa ser imediatamente encontrada e atendida.

Deve ser esclarecido que a mulher que se valer do *parto anônimo* não poderá ser autora ou ré em qualquer ação judicial de investigação e de estabelecimento de maternidade.

O Projeto de Lei nº 3.220/2008, com muito louvor, propõe a regulamentação da hipótese em que terceiro encontra recém-nascido abandonado e desassistido. Assim, todo aquele que encontrar uma criança recém-nascida em condições de abandono, está obrigado a encaminhá-la ao hospital ou posto de saúde, para ser devidamente assistida por profissionais da saúde. A unidade de saúde onde for entregue a criança deverá,

---

[1067] Projeto de Lei nº 3.220/2008. Idem:

"Art. 2º. É assegurada à mulher, durante o período da gravidez ou até o dia em que deixar a unidade de saúde após o parto, a possibilidade de não assumir a maternidade da criança que gerou.

Art. 3º. A mulher que desejar manter seu anonimato terá direito à realização de pré-natal e de parto, gratuitamente, em todos os postos de saúde e hospitais da rede pública e em todos os demais serviços que tenham convênio com o Sistema Único de Saúde (SUS) e mantenham serviços de atendimento neonatal.

Art. 4º. A mulher que solicitar, durante o pré-natal ou o parto, a preservação do segredo de sua admissão e de sua identidade pelo estabelecimento de saúde, será informada das conseqüências jurídicas de seu pedido e da importância que o conhecimento das próprias origens e história pessoal tem para todos os indivíduos.

§único. A partir do momento em que a mulher optar pelo parto anônimo, será oferecido à ela acompanhamento psicossocial.

Art. 5º. É assegurada à mulher todas as garantias de sigilo que lhes são conferidas pela presente lei.

Art. 6º. A mulher deverá fornecer e prestar informações sobre a sua saúde e a do genitor, as origens da criança e as circunstâncias do nascimento, que permanecerão em sigilo na unidade de saúde em que ocorreu o parto.

§único. Os dados somente serão revelados a pedido do nascido de parto anônimo e mediante ordem judicial".

[1068] Código Penal. "Art. 123 - Matar, sob a influência do estado puerperal, o próprio filho, durante o parto ou logo após:

Pena - detenção, de 2 (dois) a 6 (seis) anos".

no prazo máximo de 24 horas, informar o fato ao Juizado da Infância e Juventude, por meio de formulário próprio.

A pessoa que encontrou a criança deverá, a seguir, apresentar-se ao Juizado da Infância e da Juventude da Comarca onde a tiver encontrado. O Juiz inquirirá a pessoa detalhadamente sobre as condições em que se deu o encontro da criança devendo o depoente precisar o lugar e as circunstâncias da descoberta, a idade aparente, o sexo da criança e as particularidades que possam contribuir para sua identificação e, também, a autoridade ou pessoa à qual ela foi confiada.

O Projeto em comento outorga à pessoa que encontrou a criança o direito de ficar com ela sob seus cuidados, se esta for sua vontade e desde que preencha os pressupostos legais necessários à adoção, tendo preferência para tal. No caso de a pessoa entregar a criança abandonada à unidade de saúde e não quiser ou não puder cuidar dela, caberá aos profissionais da saúde, bem como à diretoria do hospital ou unidade de saúde, onde a criança foi deixada, a responsabilidade de cuidar e cumprir as formalidades legais e o encaminhamento da criança ao Juizado da Infância e Juventude.

O Projeto de Lei outorga o prazo de 6 meses, contados da data da publicação da presente lei, para os hospitais e postos de saúde conveniados ao Sistema Único de Saúde (SUS), que mantêm serviços de atendimento neonatal, adequarem um espaço destinado ao recebimento e atendimento de gestantes e crianças em anonimato. Poderão as unidades de saúde manter, nas entradas de acesso, *portinholas de bebês*, adequadas para receber as crianças ali deixadas, de modo a preservar em segredo a identidade de quem ali as deixa.

Consoante ponderamos no início do presente capítulo, o Projeto de Lei nº 3.220/2008, de autoria do Deputado Sérgio Barradas Carneiro, se mostra como o mais completo e adequado para regulamentar o *parto discreto* no Brasil, merecendo, o referido projeto, algumas alterações para sua conversão em lei.

Passaremos, a seguir, a apresentar a devida crítica aos projetos de lei sobre o *parto anônimo*, que se faz necessária, com o objetivo de contribuir para o seu aperfeiçoamento.

3.2 Crítica aos projetos de lei sobre o *parto anônimo* no Brasil

Consoante nossa manifestação anterior, em relação à categoria regulamentada no Projeto de Lei nº 2.747/2008, as mesmas considerações são cabíveis em relação ao Projeto de Lei nº 3.220/2008.

O ponto comum dos mencionados projetos de lei consiste em procurar harmonizar duas categorias jurídicas opostas às quais, consideradas em grau absoluto, mostram-se incompatíveis entre si. Trata-se do direito ao *parto anônimo*, cuja titularidade pertence à mãe da criança, e o *direito ao conhecimento da própria origem genética e familiar*, cuja titularidade é do filho, oriundo de nascimento secreto.

Embora as iniciativas trazidas nos Projetos de lei nº 3.220/2008 e 2.747/2008 sejam merecedoras de louvor, por criarem a categoria do *parto secreto* segundo os preceitos de um eficaz mecanismo destinado a estimular a preservação do *direito à vida* dos recém-nascidos, coibindo o aborto, o infanticídio e o abandono desorganizado de crianças, os projetos de lei, acima apresentados, não são imunes às mais variadas críticas.

O que se percebe de início, mediante cuidadosa leitura, que os citados projetos de lei se constituem de proposições apressadas, não estando devidamente fundamentadas em pesquisas quantitativas, nem acadêmicas, sobre o tema da gravidez indesejada e das causas gerais do abandono de recém-nascidos e do infanticídio. Segundo a predominante opinião de juristas, o ponto de partida da iniciativa se baseia em notícias de abandono de crianças veiculadas aos principais periódicos brasileiros, sendo que meras notícias jornalísticas não se constituem em paradigma social destinado a embasar um processo legislativo. Os referidos projetos de lei são de base muito frágil para uma iniciativa legislativa, carente de prévio amadurecimento e reflexão sobre bases científicas sólidas.[1069]

Outro ponto negativo do Projeto de Lei nº 3.220/2008 é o fato de criar uma dicotomia no tocante ao processo de adoção no Brasil. Se aprovado o referido projeto e convertido em lei, teremos no Brasil um processo de adoção comum, disciplinado pelo Estatuto da Criança e do Adolescente, e um processo de adoção especial decorrente do *parto anônimo*, regulado no art. 8º, do referido Projeto.[1070] A dicotonomia que Projeto acabará por criar é injustificável e traz uma situação privilegiada à criança nascida de parto incógnito, que foi deixada na unidade de saúde pela genitora. O processo de adoção decorrente de criança nascida de *parto anônimo* dar-se-á, tão logo que ela apresente condições de alta médica, devendo ser encaminhada ao local indicado pelo Juizado da Infância e Juventude e colocada em adoção no período de 10 (dez) dias da data de seu nascimento, constituindo-se em um processo muito mais simples e rápido do que o longo, fastidioso e complicado processo de adoção regulado pelo ECA. Somente não logrando êxito a adoção da criança no prazo de 30 dias é que esta será submetida ao processo de adoção comum, mediante inclusão do seu nome no Cadastro Nacional de Adoção.

Acrescentam alguns[1071] que a modalidade de adoção rápida e privilegiada, outorgada aos filhos nascidos de *parto anônimo*, poderia trazer outras desvantagens como o fato de dar azo à prática de delitos, como no caso de omissão da filiação ao outro genitor, a ocultação de crime ou, até, a hipótese de uma vingança em que o filho do desafeto é subtraído, abandonado na portinhola de bebês e rapidamente adotado pelo próprio agente ativo ou por outra pessoa interessada.

As críticas aos Projetos de lei que pretendem a instituição do *parto anônimo* entre nós são de extremada fragilidade, uma vez que não é necessária a categoria do *parto anônimo* para propiciar alguém à prática de delitos como a ocultação de crimes que ocorrem, a todo o momento, independentemente da existência do *nascimento secreto*. O fato da omissão da filiação ao outro genitor independe do *parto anônimo*, tendo em vista que as feministas defendem a figura que denominam de "produção independente", ou seja, a constituição da família monoparental composta pela mãe e seus filhos, sem a

---

[1069] FACHIN, Luiz Edson; CARBONARA, Silvana Maria; SILVA, Marcos Alves da. Parto sem mãe – uma questão em debate. *Direito e Justiça*. *Jornal O Estado do Paraná*. Publicado em 16.03.2008. Atualizado em 19.07.2008. Disponível em: <http://www.parana-online.com.br/canal/direito-e-justica/news/286664/>. Acesso em: 11 set. 2010. No mesmo sentido, BOCHNIA. Simone Franzoni. *Ob. cit.*, ps. 228-229.

[1070] Projeto de Lei nº 3.220/2008:
"Art. 8º. Tão logo tenha condições de alta médica, a criança deverá ser encaminhada ao local indicado pelo Juizado da Infância e Juventude.
§1º A criança será encaminhada à adoção somente 10 (dez) dias após a data de seu nascimento.
§2º Não ocorrendo o processo de adoção no prazo de 30 (trinta) dias, a criança será incluída no Cadastro Nacional de Adoção".

[1071] QUEIROZ, Olivia Pinto da Oliveira Bayas; HOLANDA, Caroline Satiro de. *Ob. cit.*, p. 3922-3940.

presença do homem, o qual, muitas vezes, sequer vem a tomar conhecimento do fato de ser pai. Essa omissão de revelar ao parceiro sexual a gravidez e o nascimento de criança vem sendo defendida pelos movimentos feministas sob a bandeira do *direito da mulher sobre seu próprio corpo* ou do *direito independente da mulher de procriar e de ser mãe* ou, ainda, como o *direito de a mulher dispor sobre seu próprio corpo, sua sexualidade e o planejamento familiar*. Igualmente, a ausência da figura do *parto anônimo* do ordenamento jurídico brasileiro não vai contribuir para a diminuição da criminalidade, do instinto de vingança das pessoas por intermédio de crianças. Esses delitos sempre existiram, foram praticados e continuarão a sê-lo, independentemente da rejeição ou da aprovação legislativa da categoria. Basta lembrarmos-nos da famosa obra de John Wilmot Rochester e Wera Krijanowski, "A Vingança do Judeu", que retrata o crime doloso de troca de crianças, satisfazendo o instinto de vingança da personagem Samuel Maier, ocorrida no séc. XVII, na Inglaterra.

A presença do *parto anônimo* não contribui com o aumento da criminalidade, ao contrário, poderá diminuir a incidência do aborto, do infanticídio e do abandono desorganizado de recém-nascidos e crianças.

Finalmente, afirmam os críticos ao Projeto de Lei do *parto anônimo* que a categoria poderia incentivar a irresponsabilidade dos genitores pela geração e nascimento de uma criança ao permitir que o recém-nascido seja entregue para adoção sem que exista, ao menos, uma parte de assunção de responsabilidade pela criança. Assim, propõe os críticos seja discutida qual seria a extensão da responsabilidade que deve ser mantida para os genitores pretendentes ao *parto anônimo*, garantidoras de um atendimento mínimo aos direitos do recém-nascido como sujeito de direitos.[1072]

Tal crítica se apresenta, para nós, destituída de fundamento. Ora, é de amplo saber que a cada ano que passa, mais cedo se namora, mais cedo se pratica o sexo, mais cedo as meninas engravidam. Embora a mídia, as igrejas e escolas procurem orientar os jovens no tocante à prática de relações sexuais, o que se vislumbra é a grande falta de responsabilidade dos jovens escolados e esclarecidos, que se "esquecem" de preservar a saúde durante o ato sexual e, também, de se preservar da concepção e da gravidez indesejadas.[1073]

Não havendo qualquer responsabilidade por grande parte dos adolescentes, em relação à preservação da própria saúde sexual, ante as doenças sexualmente transmissíveis e em relação à utilização de métodos contraceptivos e anticoncepcionais para evitar a gravidez, não deverá se exigir que o legislador estabeleça, compulsoriamente, à mulher ou ao homem, que não querem exercer a maternidade nem a paternidade, uma parte da assunção de responsabilidade pelo recém-nascido, quando terceiros, que irão adotar a criança, estão aptos de recebê-la em seu seio familiar, de lhe dar amor, carinho, abrigo e educação a ela, sendo que os genitores biológicos, nas circunstâncias apresentadas, muito pouco conseguirão dar de bom para o filho.

Como está a situação dos adolescentes e jovens não esclarecidos? Como pretender atribuir uma parte de assunção de responsabilidade à genitora pelo recém-nascido, filho

---

[1072] FACHIN, Luiz Edson; CARBONARA, Silvana Maria; SILVA, Marcos Alves da. Parto sem mãe – uma questão em debate. *Ob. cit. Jornal O Estado do Paraná*. 2008.

[1073] Vide o caso trazido nas ps. 209-210 da obra de nossa autoria, *Direitos de personalidade e sua tutela*, no qual se vislumbra o descuido dos jovens com sua própria vida sexual.

de muitas meninas e meninos que constituem um segmento considerável da população brasileira que se encontra abandonada, desestruturada socialmente, marginalizada, vivendo abaixo da linha da pobreza, que sobrevive da prostituição ou da prática de delitos, que nunca teve família nem acesso à saúde, à educação e, mesmo, às políticas públicas?

A propensão do legislador de atribuir, compulsoriamente, a responsabilidade por uma criança à genitora sem condições para tal, parece-nos nociva e incongruente com a realidade psicossocial ou socioeconômica de muitas pessoas. Por essa razão, entendemos que o melhor a fazer para preservar os superiores interesses do filho, embora seja uma solução drástica e de última instância, será admitirmos a ruptura definitiva dos vínculos da criança com a "família" biológica, a qual, na realidade, não se caracteriza como um autêntico núcleo familiar, e lhe dar a oportunidade de ser criada em uma família socioafetiva.

Consoante vimos anteriormente, a categoria do *parto anônimo* ou *accouchements sous X*, de inspiração francesa, revela-se uma categoria de caráter absoluto, não comportando o direito de o filho vir, posteriormente, pretender conhecer sua *origem biológica* e os fatos que dizem respeito ao seu nascimento.

O Projeto de Lei nº 2.834/2008, de autoria do Deputado Carlos Gomes Bezerra, acima analisado, propõe a instituição do *parto anônimo* no Brasil, mediante mera alteração do art. 1.638, do Código Civil, inserindo o inciso V, que autoriza a gestante optar pela realização de *parto anônimo*. A proposição trazida no Projeto de Lei nº 2.834/2008 se funda no modelo francês do *accouchement sous X*, que não se harmoniza com o *direito ao conhecimento da origem biológica e familiar* pelo filho, previsto no art. 48, do ECA. O *direito ao conhecimento da origem biológica* trazido no ECA foi, equivocadamente, introduzido pelo legislador brasileiro como um preceito geral e de alcance ilimitado.

Assim, ambas as categorias, o *parto anônimo* proposto pelo Deputado Carlos Gomes Bezerra, como o *direito ao conhecimento da origem biológica* gravitam em esferas opostas, como direitos conflitantes e em colisão.

O Projeto de Lei ora examinado não procura, em momento algum, harmonizar direitos conflitantes ou colidentes, ou seja, o *direito ao anonimato da identidade dos genitores biológicos* e os fatos sigilosos que circunscrevem o nascimento do filho e o *direito ao conhecimento da origem genética e familiar* dele, em relação aos genitores biológicos.

Essa é a principal razão pela qual não comungamos com a proposição apresentada pelo Deputado Carlos Gomes Bezerra mediante o Projeto de Lei nº 2.834/2008, por não se compatibilizar com o direito vigente no Brasil, que autoriza ampla e ilimitadamente o exercício do *direito ao conhecimento da origem biológica* pelo filho adotivo, pelo filho oriundo de fertilização artificial heteróloga, daquele que exerce a posse de estado de filho e do nascido de parto anônimo.

O Projeto de Lei nº 2.747/2008, de autoria do Deputado Eduardo Valverde, e o Projeto de Lei nº 3.220/2008, proposto pelo Deputado Sérgio Barradas Carneiro, diferentemente do Projeto de Lei nº 2.834/2008, estabelecem critérios mínimos destinados a compatibilizar e harmonizar as categorias jurídicas opostas e conflitantes.

O Projeto de Lei nº 2.747/2008 estabelece no art. 7º que a mulher que, antes ou no momento do parto, demandar o sigilo de sua identidade será informada das consequências jurídicas desse pedido e da importância para as pessoas em conhecer sua origem genética e sua própria história. O Projeto de Lei nº 3.220/2008 determina, no art.

4º, que a mulher poderá solicitar à unidade de saúde, onde for atendida, a preservação do segredo de sua admissão e de sua identidade. Por outro lado, deverá ser informada das consequências jurídicas que seu pedido poderá gerar para a criança, bem como da importância que o conhecimento das próprias origens poderá representar para o filho. No §único, do art. 6º,[1074] estabelece, o referido Projeto de Lei, que as informações e os dados arquivados nas unidades de saúde somente serão revelados a pedido do filho, nascido de *parto anônimo* e mediante ordem judicial. Esse dispositivo relativiza e harmoniza a categoria do *parto secreto* com o *direito ao conhecimento da própria origem genética e familiar*, estabelecendo consonância com o mandamento contido no art. 48, do ECA.

No entanto, a harmonização e a convivência no mesmo sistema jurídico de dois direitos de personalidade opostos e antagônicos, o *direito ao segredo familiar e profissional*, cujo titular é a mãe, e o *direito ao conhecimento da própria origem genética e familiar*, cuja titularidade é do filho, só será verdadeiramente possível se for recepcionada, pelo direito brasileiro, a categoria do *parto discreto*, que consiste em uma categoria jurídica relativa e que pode facilmente se harmonizar com o *direito ao conhecimento da origem biológica*. A harmonização de direitos conflitantes, porém, não será possível perante a categoria do *parto anônimo*, pelo fato de consistir em uma categoria jurídica fechada e absoluta, apresentando imensas dificuldades em se harmonizar com o *direito ao conhecimento da própria origem genética e familiar*.

Equivocam-se, pois, os ilustres parlamentares ao utilizar, em seus projetos de lei a categoria do *parto anônimo* quando, na realidade, a figura jurídica mais adequada ao sistema jurídico brasileiro e às proposições apresentadas seria a do *parto discreto*, de inspiração no direito belga.

O *parto discreto* proporcionará a garantia de liberdade à mulher em optar pelo exercício da maternidade ou não, em relação do filho que gerou. Proporcionará amplo acesso à rede pública de saúde para o acompanhamento da gestação, auferindo a ela e à criança que irá nascer atendimento adequado para a preservação da saúde e do bem-estar de ambos. A criança terá garantido o direito à vida e de nascer, o direito à saúde, à integridade e o direito à convivência familiar. Podendo o filho, posteriormente, se a necessidade se apresentar e, excepcionalmente, vir a conhecer sua origem biológica.

Assim, podemos afirmar que o *parto discreto* constitui-se em uma categoria relativa e harmonizadora com outros institutos jurídicos, destinada a prestigiar a política de proteção ao melhor interesse da criança e da dignidade da pessoa humana.

[1074] Determinam os arts. 4º 5º e 6º, do Projeto de Lei nº 3.220/2008:

"Art. 4º. A mulher que solicitar, durante o pré-natal ou o parto, a preservação do segredo de sua admissão e de sua identidade pelo estabelecimento de saúde, será informada das consequências jurídicas de seu pedido e da importância que o conhecimento das próprias origens e história pessoal tem para todos os indivíduos.

§Único. A partir do momento em que a mulher optar pelo parto anônimo, será oferecido a ela acompanhamento psicossocial.

Art. 5º. É assegurada à mulher todas as garantias de sigilo que lhes são conferidas pela presente lei.

Art. 6º A mulher deverá fornecer e prestar informações sobre a sua saúde e a do genitor, as origens da criança e as circunstâncias do nascimento, que permanecerão em sigilo na unidade de saúde em que ocorreu o parto.

§Único. Os dados somente serão revelados a pedido do nascido de parto anônimo e mediante ordem judicial".

3.3 O parto anônimo; o parto discreto e o direito ao conhecimento da própria origem genética e familiar

A proposta do Legislativo de introduzir e regulamentar a categoria do *parto anônimo* e as *portinholas de bebês* no Brasil não vem sendo recepcionada pela comunidade jurídica com o mesmo entusiasmo que está sendo recebida a categoria do *direito conhecimento da origem biológica e familiar.*

Os críticos à categoria em relação ao fato de a identidade dos genitores somente poder ser revelada pela unidade de saúde, onde ocorreu o parto, por ordem judicial ou em caso de doença genética do filho, afirmam, categoricamente, que o *parto anônimo* se constitui em um mecanismo legal violador do direito de a criança conhecer sua identidade biológica e familiar e de se constituir em uma figura jurídica destinada, tão somente, a desvalorizar e a negar a maternidade.[1075] De se constituir a instituição em ato atentatório ao direito de personalidade, em uma regressão diante de novas conquistas jurídicas e legais no País.

Tais assertivas, segundo nossa percepção, revelam-se superficiais, repousando no chavão popular que diz ser normal que uma pessoa queira saber de onde veio. Segundo estes, mesmo se tratando de indivíduos que tenham sido adotados ou nascidos de reprodução assistida heteróloga, que estejam perfeitamente integrados como filhos em um núcleo familiar socioafetivo, teriam direito ilimitado de conhecer sua origem biológica e familiar, embora sejam portadores de um patronímico familiar, de identidade pessoal e familiar, possuidores de costumes e tradições familiares de sua família socioafetiva. Logo, estes não sofreram nenhuma *capitis diminutio*, nem atentado ao seu direito geral de personalidade.

O parto anônimo, muito menos o *parto discreto*, segundo vimos sustentando, não são violadores de direito de personalidade, tal qual afirmam os pensadores menos avisados, nem atentam contra a dignidade da pessoa humana, simplesmente por se classificar, também, como direito de personalidade e categoria promotora da salvaguarda da dignidade da pessoa humana dos genitores e da própria criança.

A admissibilidade de categorias jurídicas como o *parto anônimo* e as *portinholas de bebês*, destinadas a recepcionar recém-nascidos e crianças deixadas em santas casas, maternidades, unidades de saúde, etc., geram dois direitos especiais de personalidade, o *direito ao segredo familiar* e o *direito ao segredo profissional*, destinados a manter sob sigilo e a não divulgar a ninguém a identidade dos genitores da pessoa e as circunstâncias do nascimento da mesma, em oposição à possibilidade de o indivíduo, nascido sob anonimato, pedir informações e conhecer acerca de sua identidade genética e familiar. Ambas as categorias jurídicas são opostas e poderão ocasionar uma colisão de direitos de personalidade e fundamentais.

Por essa razão, entendemos ser mais adequada, perante o ordenamento jurídico brasileiro, a adoção da categoria do *parto discreto* no lugar do *parto anônimo*, uma vez que aquela categoria harmoniza e limita ambos os direitos de personalidade colidentes, permitindo a convivência pacífica de ambas as categorias jurídicas.

[1075] *Parto Anônimo - Projeto de Lei nº 2.747/2008*. Comissão Pastoral Episcopal para a Vida e Família Assembleia Geral da CNBB – Itaici\SP2 – 11.04.2008. Disponível em: <http://www.infosbc.org.br/>. Acesso em: 18 fev. 2010.

A restrição ao exercício pleno e ilimitado do *direito ao conhecimento da origem biológica e familiar*, ao contrário do que sustentam alguns, não se constitui em uma negação ao indivíduo de ter acesso às informações sobre a identidade de sua genitora ou genitores biológicos e sobre fatos que cercam seu nascimento. Constitui-se, na realidade, na salvaguarda da categoria da adoção, da constituição e da permanência da unidade da família socioafetiva que se formou.

Jamais deveremos nos esquecer de que a Constituição de 1988 e o Estatuto da Criança e do Adolescente instituíram a categoria da adoção plena a partir de um novo paradigma, o socioafetivo, com o principal escopo de constituir o trinômio paternidade, maternidade e filiação, a partir da inserção da criança ou do adolescente desamparado, material e afetivamente, em uma família, possibilitando-lhe a uma convivência familiar e comunitária em que predominem o respeito e o afeto, proporcionando-lhe condições legais para o exercício dos demais direitos e obrigações inerentes à cidadania, segundo determinação do art. 227, da Constituição. A adoção visa a resolver um problema social para, mediante o afeto, construir uma família para aqueles que não tiveram família ou tiveram sua família originária "destroçada".

A adoção, segundo vimos em capítulo anterior, constitui-se em medida excepcional e irrevogável, atribuindo a condição de filho ao adotado, com os mesmos direitos e deveres, desligando o adotando dos vínculos familiares com os genitores e parentes biológicos. A adoção estabelece a igualdade entre os filhos, possuindo todos os mesmos direitos e obrigações, não se admitindo qualquer forma de discriminação entre o filho adotado e o consanguíneo. O princípio da igualdade produz efeitos no que diz respeito ao uso do nome, do exercício do poder familiar, na obrigação de prestação de alimentos, no direito sucessório, etc. São, pois, todos qualificados como filhos, com idênticas qualificações, direitos e obrigações.

Os mesmos efeitos ocorrem na reprodução assistida heteróloga, havendo, porém, distinção fundamental em relação à adoção. Na reprodução heteróloga não ocorreu a formação de vínculo familiar do concebido com o doador de material genético e seus parentes. Por essa razão, na reprodução heteróloga não há que se falar em *parto discreto*, nem de *parto anônimo*. O único vínculo que se forma entre o indivíduo nascido de reprodução assistida heteróloga e o doador de material genético é o vínculo *ex iure sangüinis*, ou seja, o vínculo genético, o qual poderá, excepcionalmente, produzir efeitos jurídicos, como, por exemplo, constituir a obrigação de o doador prestar alimentos ao filho genético, quando a necessidade se apresentar.

Uma vez revista e fixada a noção transmoderna de adoção, suas características e efeitos, podemos afirmar que a adoção visa a consistir em um instrumento social destinado a dar amparo, um lar, uma família, um nome e sua integração no acervo familiar da família do adotante, como se fosse verdadeiramente seu filho biológico. Será neste universo que a criança irá viver, crescer, se desenvolver e se tornar cidadã.

Abalizadas pesquisas científicas sobre o perfil da população infantil internada em abrigos é unânime em apontar como causas principais: o desamparo pelos genitores, pelo simples abandono dos filhos nas ruas; pela violência doméstica; por maus-tratos, por mendicância e, principalmente, por abuso sexual do próprio genitor contra filhos e filhas.[1076] Verifica-se que em um número predominante de casos, a busca da origem biológica se mostra nada interessante para o adotado.

Reportar-nos-emos, a seguir, à pesquisa realizada pelas professoras e psicólogas, Ivana Orionte e Sônia Margarida Gomes Sousa, cuja conclusão revela que a maior parte das crianças e adolescentes internadas em abrigos possui pais biológicos vivos os quais, todavia, não possuem condições de manter convivência saudável e respeitosa com os próprios filhos, devido ao alcoolismo, ao uso permanente de drogas, a violência física e sexual, pela ausência de um dos pais ou de ambos, decorrente do cumprimento de pena em estabelecimentos penais, quase sempre oriundos do envolvimento com o tráfico de drogas, com o homicídio e com o latrocínio.[1077] Esses motivos acabam por desintegrar de vez a família já desestruturada, resultando em sua total extinção, no sentido próprio da palavra. A partir desses fatos, não haverá mais condições de convívio dos genitores com os filhos, cujo destino inicial é o abandono, o desamparo e o perambular pelas ruas, para ao final ingressarem no universo dos vícios e do crime.

Aqueles que são resgatados das ruas e dos vícios e têm a feliz oportunidade de ser integrados no âmago de uma família regularmente constituída e pertencer a ela são privilegiados pela vida, pois terão um pai, uma mãe, uma família na qual crescerão e desenvolverão livremente sua personalidade. Os que não tiverem essa sorte vagarão anonimamente pelas cidades, perecendo lentamente nos becos dos drogados, até morrerem ou serem mortos prematuramente por qualquer razão.

O *parto discreto* possui a grande vantagem de queimar uma etapa no sofrimento da criança, além de diminuir o risco dos abortos clandestinos, dos infanticídios e do abandono desorganizado de filhos. A categoria do *parto discreto* possibilita a uma criança ser entregue para adoção, ainda que recém-nascida. A criança deixará de sofrer, junto aos genitores biológicos, as consequências do alcoolismo, do uso de drogas, da violência doméstica, da miséria e da doença até o momento de ser abandonada por eles ou entregue a uma instituição de menores, em decorrência da perda do poder familiar. Alerte-se que o grande receio das mulheres parturientes, em relação aos filhos não desejados, consiste no risco de serem penalmente responsabilizadas aumentando, ainda mais, seu sofrimento. A *portinhola de bebês* e o *parto anônimo* surgem como categorias jurídicas destinadas a possibilitar a mãe de abdicar, conscientemente, da maternidade não desejada e, muitas vezes, sequer assumida, salvando crianças do abandono, do infanticídio e da morte prematura. O *parto discreto* e o *parto anônimo* se caracterizam como remédios sociais eficazes, embora não definitivos, podendo salvar vidas e dar conforto, segurança, amor, educação à criança, contribuindo fundamentalmente para o livre desenvolvimento de sua personalidade.

[1076] ORIONTE, Ivana; SOUSA, Sônia Margarida Gomes. O significado do abandono para crianças institucionalizadas. *Psicologia em Revista*. V. 11, n. 17, p. 32. Estas autoras incluem além das causas acima, a internação por motivo de proteção à testemunha. WEBER, Lidia Natalia Dobrianskyj e KOSSOBUDZKI, H. Filhos da solidão: institucionalização, abandono e adoção. Curitiba: Ed. Secretaria da Cultura do Estado do Paraná. 1996.

[1077] ORIONTE, Ivana; SOUSA, Sônia Margarida Gomes. *Ob. cit.*, p. 31-32. As autoras apontam como principal fator do abandono de filho e da perda do poder familiar, o alcoolismo, seguido do uso de drogas, da violência doméstica, da miséria e doença, pelo cumprimento de pena pela prática de delitos graves, fatos que acabam por impedir a permanência das crianças nas famílias originárias. Por estas razões, muitas crianças e adolescentes que possuem irmãos internados no mesmo abrigo, acabam fortalecendo o vínculo afetivo entre si, diminuindo, assim, a solidão e o sofrimento, vislumbrando, cada criança seu drama vivido no drama do irmão.

A virtude das categorias jurídicas acima mencionadas nos conduz a discordar daqueles que criticam a instituição do *parto anônimo*, do *parto discreto* e das *portinholas de bebês* sob a equivocada alegação de que tais institutos estariam negando a maternidade e impedindo o livre desenvolvimento da personalidade da criança, pelo simples fato de que a tutela do segredo das informações impediria o acesso ao conhecimento de elementos que supostamente comporiam a personalidade do indivíduo e sua autodeterminação.

Essas últimas assertivas dos críticos à instituição do *parto discreto* não correspondem à crucial realidade social.

Para dar base ao nosso pensamento, traremos em breve relatório, a história de três casos concretos nos quais a busca do conhecimento da origem biológica e familiar por três filhos adotivos teve um final desastroso, tanto para os pais adotantes como para os próprios adotados. Deixaremos de identificar o nome e o local exato onde ocorreram tais fatos, dos quais tomamos conhecimento em função de nossa atividade profissional como advogado, por estarem os casos protegidos pelo sigilo profissional e, principalmente, para a identificação dos envolvidos não causar sofrimento ainda maior para os personagens destes dramas.

a) O primeiro caso trata de uma menina adotada por um casal sem filhos, em virtude do fato de a mãe socioafetiva querer, a todo custo, vivenciar a maternidade, sendo seu marido portador de impotência *generandi* irreversível. Após muitos anos, durante um veraneio em determinada praia, tomaram os adotantes conhecimento de que um casal de pescadores, que já tinha oito filhos e uma filha recém-nascida, não desejavam a menina, pois, na sua pobreza, não tinham as mínimas condições econômicas para criar mais uma criança. Assim, foi tratada entre os casais a adoção e depois de preparados os documentos necessários à adoção, submeteram-se ao respectivo processo judicial que foi deferido, constituindo-se a adoção em meados 1995. Os adotantes, no entanto, não revelaram à adotada o fato de ela ser filha adotiva.

Ao atingir a adolescência, a adotada passou a indagar sobre seu nascimento e sobre a família dos adotantes, pois estranhava o fato de ser morena e todos os demais familiares serem claros e loiros. Por fim, acabou sabendo, por intermédio de terceiros, que era filha adotiva dos seus pais. A curiosidade em conhecer os pais biológicos surgiu tornando-se, aos poucos, irresistível ao ponto de no ano de 2009, durante as férias do mês de julho, a adotada viajar para a localidade onde supunha estarem vivendo seus genitores biológicos. Descobrindo onde se localizavam os familiares biológicos, a moça acabou por encontrar seus genitores que viviam em uma praia no litoral norte do Estado da Bahia.

O impacto que causou o primeiro contato foi muito grande e doloroso. A extrema pobreza em que viviam os genitores, a ignorância, o vício em bebida do pai e, principalmente, a indiferença deles em relação a ela, foi traumatizante. Seus genitores biológicos haviam se esquecido de que tiveram esta filha e de que participaram de uma adoção. O mais triste para ela, além da indiferença do genitor, foi descobrir que ele, que não queria mais filhos, esteve disposto a jogar a criança recém-nascida no rio, para que morresse afogada.

O conhecimento da origem genética e familiar tão almejado pela moça acabou por lhe trazer decepções e traumas. Deixou de ser a pessoa alegre e comunicativa que era, deixou de ser carinhosa com seus familiares socioafetivos, tornando-se uma pessoa triste, introspectiva e solitária. Faz mais de ano que a moça se submete a um tratamento psicológico, para tentar superar os traumas que a curiosidade em conhecer sua origem genética e familiar lhe causou.

b) O segundo caso concreto trata, também, da adoção de uma menina, por um casal sem filhos que queria vivenciar a maternidade e a paternidade. A criança criada como filha única por seus pais socioafetivos teve de tudo e, principalmente, uma educação esmerada. Neste caso, ao contrário do primeiro, acima narrado, os pais tiveram o cuidado de, desde cedo e acompanhados por profissional psicólogo, revelar à filha que esta não era filha biológica deles. A filha sempre apresentou um comportamento normal, perfeitamente integrada à sua família socioafetiva, muito amiga das primas e demais parentes. Excelente aluna frequentou os melhores colégios e estudou direito em conceituada universidade. Ao realizar o estágio em um escritório de advocacia, acabou, a mesma, por descobrir, ao visitar a penitenciária, seu pai biológico que ali cumpria pena, sendo este um conhecido e temido traficante. A partir de então passou ela a frequentar a penitenciária com certa frequência para visitar seu pai, fazendo amizade com outros bandidos, dos quais se tornou advogada de defesa. Na medida em que criava vínculo de afeto com o pai biológico se afastava da família socioafetiva vindo, finalmente, a cortar os laços de afeto com estes e a sair de casa para morar com seu pai biológico por ocasião em que este saiu da prisão e com outro homem, de quem se tornou amante, passando a advogar, exclusivamente, para acusados de crimes relacionados ao tráfico de drogas.

c) O terceiro caso, o mais lamentável de todos, trata da adoção de duas irmãs, por um casal sem filhos. O pai socioafetivo, empresário de grande sucesso, deu uma educação esmerada às filhas, que frequentavam bons colégios e clubes, tendo intensa atividade social. Durante a infância e a juventude, as meninas eram muito meigas com os pais adotivos, com os demais parentes e com os vizinhos, razão pela qual eram muito queridas e estimadas por todos. Posteriormente, ao se tornarem moças, apresentaram vontade de conhecer seus genitores genéticos e tudo fizeram para alcançar seu intento, uma vez que a curiosidade era muito grande. Localizaram os genitores biológicos e passaram a visitá-los de vez em quando. Todavia, as meninas tinham dois irmãos biológicos que eram viciados em cocaína e assaltantes por profissão, passando estes a exercer influência sobre as moças.

Assim, as filhas adotivas que antes eram meigas e carinhosas com os pais e familiares mudaram seu comportamento. Tornaram-se insensíveis e agressivas, abandonaram os estudos, passando dia e noite com a "turma" dos irmãos biológicos, não tendo hora nem dia para regressarem a casa. Depois de algum tempo, um dos irmãos biológicos precisando de dinheiro para o sustento do vício, convenceu as irmãs de assaltarem sua própria casa, já que a família socioafetiva era abastada. Em um domingo, quando os pais adotivos estavam ausentes, as moças introduziram o irmão biológico na casa para realizar o furto, quando foram surpreendidos pela avó das moças que acordara com o barulho dos jovens. Para calar a senhora octogenária uma das irmãs estrangulou a própria avó, com uma meia de nylon, levando, a seguir, todo o dinheiro, joias, objetos de arte, enfim, tudo que podiam carregar e fugiram, permanecendo com a "família biológica" até serem presas pela prática do delito.

Essas três histórias nos levam a refletir e a indagar: qual a contribuição que o exercício ilimitado e imotivado do *direito ao conhecimento da própria origem genética e familiar* trouxe para a formação da personalidade desses filhos socioafetivos? Quais os novos elementos que o conhecimento da origem biológica acrescentaria positivamente para a composição da personalidade do indivíduo e sua autodeterminação?

Muito pouco contribui o conhecimento da origem biológica ao indivíduo que foi criado e se desenvolveu no seio de uma família socioafetiva bem estruturada. Os repertórios da jurisprudência dos tribunais superiores da Alemanha, onde predomina uma longa tradição na tutela da verificação da origem biológica das pessoas, são unânimes em concluir que a categoria não pode ser ampla, devendo ser limitada pela atuação dos tribunais nos casos concretos, respeitando-se, principalmente, o vínculo socioafetivo e os sentimentos de afeto dos pais sociais. Isso porque, todos os fatos que envolvem a abdicação da maternidade ou da paternidade, da adoção de uma criança, ou a posse do estado de filho, trazem no seu âmago segredos familiares, sofrimentos, angústias, vergonha e constrangimento, que foram sopesados e sepultados. Assim, para a salvaguarda do afeto e do vínculo familiar socioafetivo, muitas vezes, será melhor a "verdade" permanecer sepultada para sempre, do que vir a tona e causar decepção, sofrimento e amargura.

Discordamos do legislador da Lei nº 12.010/2009, o qual, ao reformar o art. 48, do Estatuto da Criança e do Adolescente, instituiu ao filho adotivo o exercício do *direito ao conhecimento da origem biológica*, dando tratamento à categoria em um único dispositivo legal, como um direito geral, amplo e ilimitado. Cuidar de uma categoria jurídica como o *direito ao conhecimento da própria origem genética e familiar*, o qual possui um espectro tão amplo e diverso, produzindo efeitos tão complexos, em um único artigo, sem cuidar de regulamentar as possibilidades e os limites de atuação deste direito de personalidade, revela em um modo de legislar totalmente desaconselhável, se constituindo em verdadeira fuga ao bom senso. O art. 48, do ECA, aplicado ampla e ilimitadamente coloca em risco a natureza social e afetiva da adoção, tumultuando, ainda mais, os abarrotados tribunais.

Acertadamente, embora com timidez, os deputados Eduardo Valverde e Sergio Barradas Carneiro inserem no art. 11 e no §único, do art. 6º, de seus respectivos Projetos de lei sobre o *parto anônimo*, alguns necessários e salutares limites ao exercício do *direito ao conhecimento da própria origem genética e familiar*. Os referidos dispositivos legais determinam que os dados sobre a identidade e sobre a saúde da genitora e do genitor biológicos, as origens da criança e as circunstâncias do nascimento somente poderão ser revelados por quem detém as informações, a pedido do nascido de parto anônimo e mediante ordem judicial e em caso de doença genética do filho.

Não se conclua, precipitadamente, que sejamos contrários ao exercício do *direito ao conhecimento da própria origem genética e familiar* pelo adotado, pelo nascido de parto discreto ou pelo nascido mediante reprodução heteróloga. Vislumbramos, sim, o *direito ao conhecimento da própria origem genética e familiar* como direito de personalidade a ser exercido pelos filhos que, efetivamente, necessitem tomar conhecimento de sua origem biológica. Não concordamos com a autorização e o deferimento do exercício do *direito ao conhecimento da própria origem genética e familiar* para satisfazer mera curiosidade ou a leviandade do adotado, do nascido de parto anônimo ou de parto discreto e do nascido mediante reprodução heteróloga, em descobrir a identidade e o paradeiro dos genitores biológicos sem o menor motivo ou razão.

O fundamento principal que autoriza o exercício do *direito ao conhecimento da própria origem genética e familiar* se constitui no exercício do *direito à saúde*, podendo ser revelada, pela unidade de saúde, a identidade dos pais biológicos, em caso de doença genética do filho, consoante explicita o art. 11, do Projeto de Lei nº 2.747/2008, de autoria do deputado Eduardo Valverde.

Em virtude dos necessários limites impostos ao exercício do *direito ao conhecimento da origem biológica*, defendemos a categoria do *parto discreto* como a melhor e mais adequada categoria jurídica para salvaguardar o vínculo afetivo, o respeito aos sentimentos dos pais socioafetivos e a manutenção dos vínculos constituídos nas famílias socioafetivas. O *parto discreto* relativiza e harmoniza as categorias jurídicas opostas e conflituosas do *parto anônimo* e do *direito ao conhecimento da própria origem genética e familiar*, permitindo o exercício harmônico de ambas as categorias em nosso ordenamento jurídico.

3.4 O surpreendente destino dos projetos de lei sobre o parto anônimo no Brasil

Consoante pudemos observar, embora equivocadamente denominados de projetos de lei sobre o *parto anônimo*, os Projetos de lei nº 2.747/2008 e nº 3.220/2008 procuram introduzir e regulamentar o *parto discreto* no Brasil, uma vez que ambos os projetos de lei procuram relativizar e harmonizar ambas as categorias jurídicas opostas e conflituosas, do nascimento secreto e do direito ao conhecimento da própria origem biológica.

Os três projetos de lei que tratam da regulamentação do parto discreto no Brasil[1078] foram todos apresentados no ano de 2008, perante a Câmara Federal.

Em data de 30.04.2008, foi determinado pela presidência o apensamento do Projeto nº 3.220/2008 ao Projeto nº 2.747/2008, reunindo-se os três projetos de lei em um apenso, encabeçado pelo Projeto nº 2.747/2008, remetidos, em seguida à Comissão de Constituição e Justiça e de Cidadania para manifestação, inclusive quanto ao mérito.[1079]

Aos 05.05.2008, foram os apensos remetidos à Comissão de Seguridade Social e Família, para elaboração de parecer sobre a matéria. A Comissão de Seguridade Social e Família, acatando o relatório da Deputada Federal Rita Camata, do PSDB do Espírito Santo, decidiu pela rejeição e arquivamento dos projetos de lei, entendendo serem, tais projetos, inconstitucionais.[1080]

Segundo a relatora, a categoria do parto anônimo contraria todo o trabalho desenvolvido e as conquistas auferidas pelos movimentos sociais, os quais, por longo tempo, vêm atuando na defesa dos direitos das crianças e adolescentes no Brasil. Para a deputada relatora, os projetos de lei em apreço desprezam as conquistas obtidas nos últimos anos em face do reconhecimento da criança como sujeito de direitos e

---

[1078] Projeto de Lei nº 2.747/2008, de autoria do Deputado Eduardo Valverde; Projeto de Lei nº 2.834/2008, de autoria do Deputado Carlos Gomes Bezerra, e Projeto de Lei nº 3.220/2008, de autoria do Deputado Sergio Barradas Carneiro.

[1079] Diário da Câmara dos Deputados. Terça-feira, 6.05.2008, p. 18.919.

[1080] Disponível em: <http://www.camara.gov.br/proposicoesWeb/fichadetramitacao?idProposicao=389933>. Último acesso em: 11 fev. 2012.

como sujeito nuclear no âmbito da família, da sociedade e do Estado. Os projetos de lei violariam as disposições hauridas na Convenção sobre os Direitos da Criança, de 1990, a qual, em seus arts. 7º e 8º, garantem aos filhos o direito de conhecer os pais, de serem educados por eles, bem como o direito de preservar sua identidade e suas relações familiares. Afirma, ainda, a deputada Rita Camata, ser ilegal que a norma pretenda autorizar a genitora de entregar seu filho para adoção, logo após o parto. Critica a relatora a fixação, pela futura lei, da responsabilidade pelo destino da criança aos hospitais e aos profissionais da saúde, isentando a genitora de responsabilidade pelo fato do "abandono" do filho.

Ao concluir seu relatório, ressalta a deputada que as proposições apresentadas atentam contra os direitos humanos das crianças e das mulheres; prejudicam a maternidade e a paternidade responsáveis; não guardam embasamento científico das consequências da origem anônima sobre as dinâmicas familiares e o desenvolvimento dos indivíduos e sobre a evolução de crianças nascidas sem filiação, além de eventuais problemas psicológicos e sociais resultantes dessas normas.[1081]

Partindo dos mesmos equívocos contidos no Parecer da Comissão de Seguridade Social e Família da Câmara dos Deputados, a Comissão de Constituição e Justiça e de Cidadania, da mesma casa legislativa, para onde haviam sido encaminhados os projetos de lei, rejeitou em 16.04.2009, os projetos sobre o *parto anônimo*.

Ao final, foram os três projetos de lei sobre o *parto anônimo* arquivados definitivamente, nos termos do §4º, do art. 58, do Regimento Interno da Câmara dos Deputados.[1082]

O parecer negativo do relator, Deputado Luiz Couto, do Partido dos Trabalhadores da Paraíba, afirma que o anonimato da genitora de uma criança lesaria o direito à *proteção integral da criança*, garantido pelo ECA, uma vez que sonega do filho o direito de ver em seu assento de nascimento sua origem biológica e familiar, negando-lhe, assim, o "direito à dignidade e à convivência familiar", nos termos do art. 227, da Constituição. O fato de o filho não poder conhecer a identidade de sua genitora, segundo a equivocada ótica do relator, iria ao desencontro do preceito consubstanciado no inciso XIV, do art. 5º, da Constituição, que assegura a todo cidadão o direito ao *acesso à informação*. Na acanhada ótica do relator, a genitora que se mantém incógnita, não assumindo a maternidade e deixando o filho em casa hospitalar para a adoção, deveria ser responsabilizada civil e criminalmente. Constituiria, portanto, a isenção de responsabilidade da parturiente, outorgada nos projetos de lei dos Deputados Sérgio Barradas Carneiro e Eduardo Valverde, em lesão a direito individual. Por essas e outras razões de menor destaque, classifica o relator os três projetos de lei sobre o parto anônimo de projetos inconstitucionais e injurídicos, alegando que toda mãe tem liberdade de dar seu filho em adoção, não sendo necessário "esconder-se sob o manto do anonimato para eximir-se de um crime".

O atento exame do relatório apresentado pela Comissão de Constituição e Justiça e de Cidadania nos faz pensar que o relator sequer se deu ao trabalho de ler atentamente as proposições apresentadas pelos Deputados Sérgio Barradas Carneiro e Eduardo

---

[1081] *Idem.*

[1082] Diário da Câmara dos Deputados de 28.06.2011, p. 32.660, COL 02. (Inconstitucionalidade e/ou injuridicidade).

Valverde sobre o *parto anônimo*. Muito menos se deteve o Deputado relator em refletir profundamente a categoria do *parto discreto*, objeto central de ambos os Projetos de lei.

O *parto discreto*, categoria realmente apresentada nas proposições dos Deputados Sérgio Barradas Carneiro e Eduardo Valverde, embora erroneamente denominada por seus autores, visa a coibir o abandono de recém-nascidos por suas genitoras, que vivam condições indignas e subumanas, uma vez que a mera criminalização do fato não se mostra eficaz para evitar os gravíssimos problemas sociais em relação aos menores abandonados que assolam nosso país.[1083]

A criminalização da conduta conduz à prática do abandono dos recém-nascidos à própria sorte ou, o que é mais comum, à prática do aborto e, principalmente, do infanticídio. Dessa maneira, assiste razão aos Deputados Barradas Carneiro e Valverde, ao afirmarem que a clandestinidade do abandono confere maior crueldade e indignidade aos recém-nascidos do que a entrega deles em segurança, a uma instituição hospitalar.

O Parecer do relator da Comissão de Constituição e Justiça e de Cidadania, no qual afirma que os Projetos de lei sobre o *parto anônimo*, de autoria dos Deputados Sérgio Barradas Carneiro e Eduardo Valverde, sonegam do filho o direito de ver em registro sua origem biológica e familiar, negando-lhe, assim, o "direito à dignidade e à convivência familiar", causam perplexidade e preocupação, uma vez que as categorias do *parto discreto* e da *adoção plena* estabelecem um paradigma exatamente oposto à visualização equivocada do Deputado Luiz Couto.

A genitora que não tem condições econômicas ou psicológicas para criar e educar seu filho age com muito amor e interesse pela felicidade da criança ao deixá-la legalmente na entidade hospitalar para a adoção.

A adoção regulada pelo ECA permite ao filho de genitora biológica que não possa criá-lo e mantê-lo dignamente, ser inserido no seio de uma família socioafetiva que lhe dará amor, carinho, educação, saúde e uma identidade pessoal e familiar, dentro da qual desenvolverá livremente sua personalidade.

Mediante a aplicação da categoria do *parto discreto* e da *adoção*, esta criança poderá se desenvolver no seio de uma família perfeitamente constituída e equilibrada, exercendo, plenamente, o "direito à dignidade e à convivência familiar".

Igualmente, causa espécie a assertiva do Deputado relator de que os projetos de lei em apreço retirariam do filho, nascido de parto secreto, o exercício de seu direito à informação.Tal afirmativa, contida no relatório do Deputado Luiz Couto, não se mostra verdadeira, uma vez que o *parto discreto*, por suas próprias características, como vimos anteriormente, possui natureza e eficácia relativas, permitindo ao nascido, mediante *parto discreto*, vir a conhecer, em determinadas circunstâncias, a identidade de seus genitores biológicos e as circunstâncias que envolveram seu nascimento. No mesmo sentido, os Projetos de lei dos Deputados Sérgio Barradas Carneiro e Eduardo Valverde sobre o *parto anônimo* permitem àqueles que nasceram segundo o modelo do parto secreto, vir a conhecer, em determinadas circunstâncias, a identidade de seus genitores biológicos e as circunstâncias que envolveram seu nascimento, segundo de depreende do exame do art. 6º e seu parágrafo único, do Projeto de Lei nº 3.220/2008 e arts. 8º e 11, do Projeto de Lei nº 2.747/2008, salvaguardando a integridade e os vínculos afetivos

---

[1083] CARNEIRO, Sérgio Barradas. Justificação ao Projeto de Lei nº 3.220/2008. Disponível em: <http://www.camara.gov.br/proposicoesWeb/prop_mostrarintegra;jsessionid=47A5F2CBCDDE739A922BEDF29>.

com a família socioafetiva.

Os projetos de lei sobre a instituição do *parto anônimo* no Brasil não tiveram boa aceitação pela comunidade jurídica, sofrendo duras críticas pelo Parlamento, cujo resultado final foi no sentido da rejeição dos mesmos, acatando o Plenário o plangente e equivocado parecer da Comissão de Constituição e Justiça e de Cidadania.

O rápido desenlace dos projetos de lei sobre o parto anônimo e sua total rejeição por parte da Câmara Federal revela a fragilidade e a porosidade das colunas que sustentam o processo legislativo no Brasil.

O processo legislativo brasileiro revela o despreparo dos políticos, sua parca cultura jurídica e a falta de interesse na reflexão e no autêntico debate sobre as mais relevantes questões acerca das instituições jurídicas. A simples observação do que ocorre nas sessões comprovam que a maioria dos políticos sequer sabe, exatamente, o que está sendo votado, seguindo, normalmente, o voto do relator ou das lideranças dos partidos, sem que tenha havido maiores discussões sobre o tema a ser votado.

As assessorias jurídicas dos parlamentares deixam muito a desejar, estando ausente o conhecimento jurídico necessário para orientar os políticos nas questões mais complexas e controvertidas. Devido a esses problemas basilares, as leis brasileiras, de um modo geral, apresentam uma estrutura primária e conteúdo incompleto e insuficiente, para regular as diversas categorias jurídicas.

É o caso dos projetos de lei destinados a regulamentar o *parto secreto* no Brasil.

De início, a crítica se dirige aos proponentes dos referidos projetos de lei. Denominam os deputados, autores das proposições, a categoria que procuram instituir e regulamentar de "parto anônimo", quando, ao contrário, o exame das Proposições revela que a categoria a ser regulamentada nos projetos de lei não se trata do *parto anônimo*, segundo o modelo francês e sim, do *parto discreto*, de eficácia relativa, segundo o modelo da legislação belga, perfeitamente compatível com o exercício do *direito ao conhecimento da própria origem genética e familiar*. Não há, portanto, nenhum conflito de categorias ou de normas, nem colisão de direitos de personalidade ou fundamentais, consoante pudemos constatar, no estudo da categoria do *parto discreto*, acima realizado.

Os próprios autores dos projetos de lei confundiram as categorias jurídicas sobre o parto secreto, seus modelos legislativos e a terminologia de ambas as categorias.

Mais grave obrou a Câmara dos Deputados e suas Comissões, as quais, ao invés de perceber os equívocos dos propositores dos projetos e corrigi-los, simplesmente se deram ao trabalho de lançar críticas superficiais e infundadas, estigmatizando as boas e corretas intenções trazidas nos projetos de lei, se distanciando dos debates amplos, os quais, por necessidade, deveriam ter sido realizados.

Os fundamentos apresentados, tanto no parecer da Comissão de Seguridade Social e Família como no parecer da Comissão de Constituição e Justiça e de Cidadania, afiguram-se, por demais simplistas, atrelados ao preconceito, à superficialidade de ideias pré-concebidas e do parco conhecimento pelo legislador da matéria posta em causa. Os projetos de lei sobre o tema, principalmente o Projeto de Lei do Deputado Sérgio Barradas Carneiro e do Deputado Eduardo Valverde, mereciam uma reflexão profunda por parte dos Membros de ambas as Comissões da Câmara dos Deputados e submetidos a uma discussão democrática e construtiva dentro dos parâmetros da harmonia e da proporcionalidade.

O *parto discreto*, tal qual pretendiam os Deputados Sérgio Barradas Carneiro e

Eduardo Valverde, harmoniza e limita os direitos opostos, exercidos pela mãe e pelo filho, permitindo à convivência pacífica de ambas as categorias jurídicas.

A restrição ao exercício pleno e ilimitado do *direito ao conhecimento da origem biológica e familiar*, ao contrário do que sustentam alguns, não se constitui em uma negação ao indivíduo de ter acesso às informações sobre a identidade de sua genitora ou genitores biológicos e sobre os fatos que cercam seu nascimento. Constitui-se, na realidade, na salvaguarda da categoria da adoção, da constituição e da permanência da unidade da família socioafetiva que se formou, consoante estudamos acima.

O parto discreto não veda ao filho, cujo nascimento tenha ocorrido em segredo, de, posteriormente, conhecer sua origem biológica, uma vez que a mãe que solicitar o sigilo de sua identidade por ocasião do parto será atendida, mantendo-se em segredo sua identidade e as circunstâncias do nascimento da criança, sendo, porém, informada das consequências jurídicas desse pedido e da importância para as pessoas em conhecer sua origem genética e sua história pessoal. O hospital, porém, revelará a identidade dos genitores biológicos da pessoa por meio de ordem judicial ou em caso de doença genética do filho.

Para nossa perplexidade, foram os dois projetos de lei arquivados definitivamente, sob fundamento contido nas disposições do §4º, do art. 58, do Regimento Interno da Câmara dos Deputados, e sob a equivocada visão de que a categoria jurídica, objeto de exame, se tratava do *accouchement sous X*, praticado na França, cuja natureza e eficácia são absolutas. Na realidade, os Projetos de lei dos Deputados Sérgio Barradas Carneiro e Eduardo Valverde procuram regulamentar o *parto discreto*, de natureza e eficácia relativas, categoria perfeitamente jurídica e compatível com os preceitos constitucionais.[1084]

Assim, devido à ignorância e ao preconceito sobre o tema a ser votado e à superficialidade dos Parlamentares em suas atuações legislativas, a família socioafetiva teve sonegado o instituto do *parto discreto*, figura legítima, garantidora da constituição, da unidade e da preservação da família socioafetiva que se constituiu, principalmente, mediante a adoção e a reprodução assistida heteróloga, evitando sua desconstituição legal. De outro lado, o *parto discreto*, ao admitir o exercício limitado do direito ao conhecimento da origem genética e familiar de uma pessoa, nascida sob segredo, preserva a garantia ao exercício ao direito à saúde e ao conhecimento da origem biológica e familiar do indivíduo.

Ao término do último capítulo do presente trabalho, verificamos que as categorias jurídicas do *direito ao conhecimento da própria origem genética e familiar* e do *parto discreto* não se constituem em categorias prontas e acabadas. Todo o *direito de filiação* constitui um direito em construção o qual, ainda, está longe de atingir a cumeeira.

A paternidade e a maternidade revelam várias nuanças, sendo que a noção da paternidade socioafetiva decorrente da adoção e da reprodução assistida vai ao desencontro da clássica noção de paternidade biológica. A paternidade afetiva relativiza o tradicional conceito de que o pai da criança é o marido da mãe, derrogando

---

[1084] Publicado no Supl. do Diário da Câmara dos Deputados de 01.02.2011, p. 92. Segundo o relatório final, a categoria do *parto anônimo* afrontaria o ordenamento jurídico brasileiro sobre crianças e adolescentes e contraria o preceito disposto no Art. 7º, da Convenção Internacional sobre os Direitos das Crianças em todo seu conteúdo. Assim, em razão da equivocada exegese da categoria, foram os referidos projetos de lei considerados eivados de grave injuridicidade.

o petrificado princípio *pater is est* e rompe, de vez, com a noção de sacralidade das afirmações contidas no assento de nascimento, o qual poderá, diante de determinado caso concreto, ser alterado.

Compete a cada um de nós, tribunais, juristas e operadores do Direito em geral, contribuir para a reconstrução e o aperfeiçoamento do *direito de filiação*, sem deixar de considerar seu liame com o direito geral de personalidade.

REFERÊNCIAS

AGUIAR JR., Ruy Rosado de. *Jornada de Direito Civil*. (Org. Ministro Ruy Rosado de Aguiar Jr.). Conselho da Justiça Federal. Brasília. 2007.

AGUILAR, Jurandir Coronado. *Conquista espiritual*: a história da evangelização na Província Guairá na obra de Antônio Ruiz de Montoya, S.I. (1585-1652), Roma: Editrice Pontificia Università Gregoriana, 2002.

AITH, Marcio. *Sob protesto, EUA deportam brasileiro*. Jornal Folha de São Paulo – Cotidiano. Edição de 15.09.2000.

ALBUQUERQUE FILHO, Carlos Cavalcanti de. *Famílias simultâneas e concubinato adulterino*. Jus Navegandi, n. 56. 2002. Disponível em: <http://jus2.uol.com.br/>. Acesso em: 20 ago. 2006.

ALCÂNTARA Lúcio. *Justificação ao Projeto de Lei nº 90/1999*. Disponível em: <http:www.camara2.gov. br>. Acesso em: ago. 2001.

_____. *Projeto de Lei nº 1.184/2003*. Disponível em: <http://www.camara2.gov.br/>. Acesso em: 12 ago. 2009.

ALLEGRUCCI, Cinzia; LIGUORI, Lavinia; MEZZASOMA, Isabella; MINELLI. Alba. A1 adenosine receptors in human spermatozoa: its role in the fertilization process. *Molecular Genetics and Metabolism Review*. v. 71, p. 381-386. Setembro. 2000.

ALMEIDA, Maria Christina de. *Investigação de Paternidade e DNA*. Porto Alegre. Livraria do Advogado. 2001.

ALMEIDA, Maria de Lourdes Vaz de. *O DNA e a prova na ação de investigação de paternidade*. – Direito de Família, aspectos constitucionais, civis e processuais. WAMBIER, Teresa Arruda Alvim, e LAZZARINI, Alexandre Alves. (Coords.). São Paulo. Revista dos Tribunais. 1996.

AMAR. Ayush Morad. *Investigação de Paternidade e Maternidade do ABO ao DNA*. Cone Editora. 1990.

AMAR, Ayush Morad; AMAR, Marcelo J. Ayush. *Investigação de Paternidade e Maternidade*: Aplicações Médico-Legais do DNA. 2. ed. São Paulo. Ícone, 1991.

AMARAL. Francisco. Direito Civil – Introdução. Rio de Janeiro. Renovar. 1998.

AMARANTE, Napoleão. *Fundamento de voto proferido na Ap. Civ. nº 33.643 e Ag. de Instrumento n.º 8.137. 2ª Câm. Cív. TJSC. DJSC, 30.08.95, p. 05. RT 720/223. 1995.*

Anais do CAHBI do Conselho da Europa. 1989. Disponível em: <http://www.coe.int/>.

ARAÚJO, Fernando. *A Procriação Assistida e o Problema da Santidade da Vida*. Coimbra. Almedina. 1999.

ARNAUD, A. J. *Pour une pensée juridique européenne*. Les voies du droit. Paris. PUF. 1991.

ASCENÇÃO. José de Oliveira. Problemas jurídicos da procriação assistida. *Revista Forense*, Rio de Janeiro, n. 328. 1994.

_____. Os direitos de personalidade no Codigo Civil Brasileiro. *Revista Forense*, Rio de Janeiro, v. 94, n. 342, ps. 121-129. abr./jun. 1998.

ATISANO, Roberta Alves. A não obrigatoriedade da consulta ao cadastro de adotantes. Artigos. Ferreira E Melo Adv. Associados. Disponível em: <http://www.ferreiraemelo.com.br>. Acesso em: 28 jun. 2012.

AUTOR anônimo. *Homossexualismo, um testemunho, uma solução*. Fortaleza. Editora Shalom. 1992.

AZEVEDO, Álvaro Villaça de. Ética, Direito e Reprodução Humana Assistida. *Revista dos Tribunais*. v. 729/43-51. 1996.

AZEVEDO, Álvaro Villaça de. Investigação de paternidade è alimentos. *Revista dos Tribunais*. v. 584/45-61. 1984.

AZEVEDO, Luiz Carlos de. Comentário ao Art. 155 do Estatuto da Criança e do Adolescente. In: *Estatuto da Criança e do Adolescente Comentado*. Munir Cury, Antônio Fernando do Amaral e Silva e Emílio Garcia Mandez. (Coords.). São Paulo. Malheiros, 1992.

BANDEIRA DE MELLO, Celso Antônio. *Curso de Direito Administrativo*, 5. ed., revista e atualizada, São Paulo: Malheiros. 1994.

BARACHO, José Alfredo de Oliveira. Teoria geral da bioética e do biodireito. In TEIXEIRA, Sálvio de Figueiredo. (Coord.). *Biomédica: Direito e Medicina*. Belo Horizonte. Del Rey. 2000.

BARBOSA, Bia. Justiça: "Quem é o pai?" *Revista Veja*. S. Paulo. Ed. Abril. 19.07. 2000.

BARBOZA, Heloísa Helena. *A filiação em face da inseminação artificial e da fertilização "in vitro"*. Rio de Janeiro. Renovar. 1993.

_____. Direito à procriação e as técnicas de reprodução assistida. Grandes Temas da Atualidade. *Bioética e Biodireito*. Eduardo de Oliveira Leite. (Coord.). Rio de Janeiro. Forense. 2004.

BASTIDE, Roger. *O Candomblé da Bahia (rito Nagô)*. Tradução: Maria Isaura Pereira de Queiroz. São Paulo. Companhia das Letras. 2001.

BASTOS, José Cândido. Homossexualidade Masculina, *Jornal Brasileiro de Psiquiatria*. v. 28, n. 1-4, p. 7-12. 1979.

BECKER, Maria Josefina. *Estatuto da Criança e do Adolescente Comentado* – comentários jurídicos e sociais. Munir Cury. (Coord.). 6. ed. São Paulo: Malheiros. 2003.

BÉNABENT, Alain. DROIT CIVIL – La Famille. Paris. Librairies Techniques. 1995.

BENCIOLINI, Paolo. La svolta della cassazione nell'ammissione delle prove biolgiche per la ricerca della paternità. Rilievi medico legali. *Rivista di Diritto Civile*. II. 1981.

BENICIO, Marcelo José Magalhães. O Litisconsórcio na Lei de Ação Civil Pública. *Revista da Procuradoria-Geral do Estado de São Paulo*. São Paulo, n. 51/52, jan./dez. 1999.

BEVILÁQUA, Clóvis. *Introdução do Direito Civil*. Rio de Janeiro. Editora Rio. 1975.

BEVILÁQUA, Clóvis. *Direito de Família*. Rio de Janeiro. Editora Rio. 1976.

BETHGE, Philip. BLECH, Jörg. FLEISCHAUER, Jan. HILDEBRANDT, Tina. LAKOTA, Beate. NEUBACHER, Alexander. SCHÄFER, Ulrich. TRAUFFETER, Gerald. *Wir sind besser als Gott*. Der Spiegel, n. 20/240-252. 2001.

BLYTH, Eric and FRITH, Lucy. Donor-conceived people's access to genetic and biographical history: an analysis of provisions in different jurisdictions of donor identity. *International Journal of Law, Policy and the Family*. Oxford University Press, n. 23, p.174-191, 2009.

BOCHNIA, Simone Franzoni. *Da Adoção*: Categorias, paradigmas e práticas do direito de família. Curitiba. Juruá. 2010.

BOEIRA, Alfredo Gilberto. O Perfil do DNA como prova Judicial – uma revisão crítica. *Revista dos Tribunais*. v. 714/290-297. 1995.

BONNET, Vincent . L'Accouchement sous X et la cour européenne des droits de l'homme. *Revue trimestrielle des droits de l'homme*. v. 58/405-421. Editions Nemesis a.s.b.l. – Bruxelles. 2004.

BORON, Robert de. *Merlin*. Tradução de Heitor Megale. Rio de Janeiro. Imago. 1993.

BRITO, Fernanda de Almeida. *União afetiva entre homossexuais e seus aspectos jurídicos*. São Paulo: LTr Editora. 2000.

BUCHABQUI, Margarete. DNA colocado em dúvida. *Revista ABC Domingo*. Exemplar de 30 /julho/2000. Uniban. SP.

BUCHALLA, Anna Paula. Salvos pela "roda". *Revista VEJA*. 07.03.2007. São Paulo. Ed. Abril SA. Edição 1998.

BUZZI, Marco. *Razões de voto*. Rec. Esp. n.º 2009/0220972-2/ 4ª T. STJ. In DJe 15.03.2013.

CAHALI, Yussef S. *Divórcio e Separação*. S. Paulo. Revista dos Tribunais. 1987.

_____. A Importância do Instituto da Guarda. *Revista de Jurisprudência do Tribunal de Justiça do Estado de São Paulo*. v. 133. Nov/dez. São Paulo. Lex, 1991.

_____. *Dos alimentos*. 4. ed. São Paulo. Revista dos Tribunais. 2002.

CARBONERA, Silvana Maria. O Papel jurídico do afeto nas relações de família. *Repensando Fundamentos do Direito Civil Brasileiro Contemporâneo*. FACHIN, Luiz Edson. (Coord.). Rio de Janeiro. Renovar. 1998.

REFERÊNCIAS | 469

CARBONIER, Jean. *Droit Civil*. Tomo I. Paris. Themis. 1982.

CARNEIRO, Sérgio Barradas. *Estatuto das Famílias*: Justificativa. Belo Horizonte. Ed. Magister. IBDFAM. 2007.

_____. *Projeto de lei nº 3.220/2008*. Disponível em: <http://www.camara.gov.br/>. Acesso em: 06 dez. 2010.

CAROSSI. Eliane Goulart Martins. *O Direito do Filho à Visita dos Pais*. Dissertação de Mestrado. Programa de Pós-graduação em Direito. Mestrado/Doutorado. UFPR. 2000.

CARVALHO, Orlando. *Para uma Teoria da Relação Jurídica Civil*. Coimbra. Centelha. 1981.

CARVALHO, Paula Torres de. Aumentam na Europa os bebés abandonados em "rodas" modernas. *P. Público Jornal Eletrônico*. Publicação de 11.06.2012. Disponível em: <http://publico.pt/Sociedade/aumentam-na-europa-os-bebes-abandonados-em modernas-rodas-1549848>.

CARVALHO, Selma Drummond. Casais homossexuais: questões polêmicas em matérias civis, previdenciárias e constitucionais. *Revista Jurídica Consulex*, n. 47. 30.11.2000.

CHAMOUN, Ebert. *Instituições de Direito Romano*. 5. ed. Rio de Janeiro. Forense.

CHAVES, Antonio. *Adoção*. Belo Horizonte. Del Rey. 1995.

_____. *Direito à Vida e ao Próprio Corpo, (intersexualidade, transexualidade, transplantes)*. 2. ed. S. Paulo. Revista dos Tribunais. 1994.

_____. *Estatuto da Criança e do Adolescente Comentado*. São Paulo: Malheiros. 1992.

CHILDE, Gordon. *A Evolução Cultural do Homem*. Rio de Janeiro: Zahar. 1971.

CHURCHWARD, James. *O Continente Perdido de Mu*. S. Paulo: Hemus. 1972.

CLÈVE, Clémerson Merlin. *Temas de Direito Constitucional*. São Paulo: Acadêmica. 1993.

COELHO, Luiz Fernando. Clonagem Reprodutiva e Clonagem Terapêutica: Questões Jurídicas. *Revista Bonijuris*, n. 459. Curitiba. 2002.

COHEN-JONATHAN, Gérard. La Convention européenne des droits de l' homme. Paris. *Presses Universitaires d'Aix Marseille – Economica*. 1989.

COPPART-OLLERICH, I. Le secret des origines. *RTD Sanit. Soc.*, n. 1. 1994.

COSTA, Antônio Manuel de Almeida. Aborto e Direito Penal. Coimbra. *Sep. da Revista da Ordem dos Advogados*, III.1984.

COSTA, Tarcísio José Martins. *A adoção transnacional*: um estudo sócio-jurídico e comparativo da legislação atual. Belo Horizonte: Del Rey. 1998.

COSTA JR., Paulo José da. *O Direito de Estar Só*: Tutela Penal da Intimidade. S. Paulo: Revista dos Tribunais. 1970.

COULANGES, Numa Denis Fustel de. *Cidade Antiga*. I. Lisboa: Livraria Clássica Editora. 1950.

CRUZ, J. Machado. Possibilidades atuais da investigação biológica da filiação e a sua efectivação em Portugal. *Boletim do Ministério da Justiça*, n. 333. 1984.

DANTAS. San Tiago. *Programa de Direito Civil*. Parte Geral. Ed. Rio. 1979.

DE PAGE, Henri. *Traité de Droit Civil*. v.1. Bruxelas. E. Émile Bruylant. 1957.

DEVICHI, J. Rubelin. *Droits de la mère et droits de l'enfant*: Réflexion sur les formes de l'abandon. Rev. Trim. Droit Civil, p. 697. Paris: Dalloz. 1991.

DIAS, Maria Berenice. *União homossexual*. Porto Alegre. Livraria do Advogado. 2001.

_____. *Manual de Direito das Famílias*. 2. ed. Porto Alegre: Livraria do Advogado, 2005.

DIREITO, Carlos Alberto Menezes. Fundamento de voto proferido no Rec. Esp. n. 97.148 - MG - Ac. 3a. T. STJ. Julgamento em 20.05.1997. DJU I, 08.09.1997, p. 42492 - BONIJURIS Cd-Rom – 32978.

DONI JÚNIOR, Geraldo. O Direito de Família, a Mediação e a Sensibilidade. *Boletim Informativo Bonijuris*. Curitiba: Bonijuris, n. 377. 20.06.1991.

EL-HAYEK, Samir. *Corão*. Transliteração do Sagrado Alcorão. Centro Cultural Beneficente Islâmico de Foz do Iguaçu. Disponível em: <http://www.islam.com.br/>. Acesso em: 20 mar. 2009.

ELIAS, Roberto João. *Comentários ao Estatuto da Criança e do Adolescente*. São Paulo: Saraiva. 1994.

ENDERS. Christoph. *Das Recht auf Kenntnis der eigenen Abstammung*. N.J.W. 1989. p. 881-884.

ENDLICH, Kassiane Menchon Moura. *Direito à proteção do patrimônio genético humano e à investigação científica*: aspectos conceituais e situações de conflito. Dissertação (Mestrado) - Universidade Estadual de Maringá. Maringá, 2005.

ENNECCERUS, Ludwig. *Tratado de Derecho de Familia*, v. II. Barcelona: Bosch Casa Editorial, 1947.

FACHIN, Luiz Edson. Limites e Possibilidades da Nova Teoria Geral do Direito Civil. *Jurisprudência Brasileira*. Curitiba: Juruá. 172/45-50. 1994.

_____. *Elementos Críticos de Direito de Família*. Rio de Janeiro. Renovar. 1999.

_____. *Estabelecimento da filiação e paternidade presumida*. Porto Alegre. Fabris. 1992.

FACHIN, Luiz Edson. RUZYK, Carlos Eduardo Pianovski. Um projeto de Código Civil na contramão da Constituição. *RTDC*. v. 4. 2000.

FACHIN, Luiz Edson; CARBONARA, Silvana Maria; SILVA, Marcos Alves da. Parto sem mãe – uma questão em debate. Direito e Justiça. *Jornal O Estado do Paraná*. Publicado em 16.03.2008. atualizado em 19.07.2008. Disponível em: <http://www.parana-online.com.br/canal/direito-e-justica/news/286664/. Acesso em: 11 set. 2010.

FARIA, Maria Paula Lobato de. Donnés Génétiques Informatisés – Un Nouveau Défi a la Protection du Droit à la Confidentialité des Données Personnelles de Santé. *Villeneuve d'Ascq Cédex*. France. Septentrion – Presses Universitaires. 1997.

FARINA, Roberto. *Transexualismo*. Do homem à mulher normal através dos estados de intersexualidade e das parafilias. São Paulo: Novalunar, 1982.

FERNANDES, Fernanda. Brasileiro é adotado e abandonado nos EUA. *Jornal Folha de São Paulo*. Edição 01.08.2004.

FERREIRA, Aurelio Buarque de Holanda. *Pequeno Dicionário da Língua Portuguesa*. Rio de Janeiro: Civilização Brasileira. 10. edição.

FIGANIÈRE MOURÃO. Submundo, Mundo e Supramundo. S. Paulo. Editora Três. 1973.

FIGUEIRA, Álvaro Reis. Natureza e artifício na filiação: Conclusões do 34º Curso de estudos do Centro Internazionale Magistrati Luigi Severini 1988. *Separata da Colectânea de jurisprudência - Tomo II*. 1988. Direito da família. Cota: DCF. FIG.1 STJ 7647. Portugal. 1988.

FIGUEIRÊDO, Luiz Carlos de Barros. *Adoção para Homossexuais*. Curitiba: Juruá, 2001.

FIGUEIREDO, Dalva. *Projeto de Lei nº 7.701/2010*. Disponível em: <http://www.camara.gov.br/proposicoesWeb/prop_mostrarintegra/>. Acesso em: 14 fev. 2012.

FOLHA–CIÊNCIA, de 21.01.2001. Disponível em:<http//:www.uol.com.br/folha/ciencia/. Acesso em: 21 dez. 2004.

FONTELES, Cláudio. Petição Inicial. ADI 3.510/2005. Informativo do STF. Disponível em: <htpp//www.stf. br>. Acesso em: 14 out. 2008.

FORTUNA, Evandro Luiz. O Valor da Prova Pericial Biológica de DNA nas Ações de Investigação de Paternidade. In: *Justiça do Direito*. N.º 3. V. 13. Universidade de Passo Fundo. RS. 1999.

FRANÇA, Rubens Limongi. Direitos Privados da Personalidade. *Revista Forense* n. 217. 1967.

FRANÇA, Rubens Limongi. *Do nome civil das pessoas naturais*. São Paulo: Revista dos Tribunais. 1964.

FRANCESCHINELLI, Edmilson V. Direito de Paternidade. São Paulo: Ed. LTr, 1997.

FRANCO. Alberto Silva. Genética Humana e Direito. Disponível em: <http//:www.cfm.org.br/revista biogenética. v. 4>. Acesso em: 14 out. 2008.

FRANK, Reiner e HELMS, Tobias. *Anspruch des nichtehelichen Kindes gegen seine Mutter auf Nennung des leiblichen Vaters*. Familien Recht Zeitun. N. 20, p. 1258 - 1263. 1997.

REFERÊNCIAS | 471

FREEMAN, John. *Introdução. O homem e seus símbolos* – CARL G. JUNG. Rio de Janeiro. Nova Fronteira. 1977.

FURKEL, Francoise. Chronique de Droit Civil Allemand: Le nouveau droit de l'enfance en République Fédérale d'Allemagne. - *Rev. Trim. de Droit Civil*. N. 3, p. 804 – 820. Paris. Dalloz. 1998.

GALVEZ, Martha Ramirez. Reprodução assistida, consumo de tecnologia, deslocamentos e exclusões. *Revista Ciência e Cultura*, v. 60, n. 1, p. 39-41, 2008.

GHERSI, Carlos Alberto. *Manual de la Posmodernidad y Tercera Via* – Los Derechos Individuales de La Posmodernidad. Buenos Aires: Ediciones Gowa. 2001.

GILISSEN, John. *Introdução Histórica do Direito*. Tradução de A. M. Hespanha e L. M. M. Malheiros. Lisboa: F. C. Gulbenkian. 1988.

GOMES, Orlando. *Direito de Família*. Rio de Janeiro. Forense. 1998.

_____. *Introdução ao Direito Civil*. 13. ed. Atualização e notas de Humberto Theodoro Júnior. Rio de Janeiro: Forense,1998.

GORASSINI, Attilio. Procreazione. *Enciclopedia del Diritto*. Giuffré. Vol. XXXVI, p. 944-969. 1987.

GLOBO-Rede Globo de Televisão. Fantástico. Programa de 11.12.2005. Reportagem intitulada: Doação de Sêmen. Disponível em: <http:// www.globo.com/fantástico. Acesso em 24 nov. 2007.

GRATALOUP, Sylvain. *L' Enfant et sa Famille dans les Normes Européennes*. Paris: LGDJ. 1998.

GRISARD FILHO, Waldyr. *Guarda Compartilhada*. São Paulo: Revista dos Tribunais. 2000.

GROTE, Reiner. Aspects juridiques de la bioéthique dans la législation allemande. *Rev. Internationale de Droit Comparé*, nº 1, p. 85 - 106. Paris: SLC. 1999.

GUIMARÃES, Lázaro. Adoção – Interesse da criança prevalece sempre. *Revista Jurídica*. V. 160. Porto Alegre: Síntese Ltda. 1991.

HAUSER, J. et HUET-WEILLER, D. *Traité de Droit Civil* – La famille, fondation et vie de la famille. Paris: LGDJ. 1993.

HENDERSON, Joseph L. Os mitos antigos e o homem moderno. In: *O Homem e seus Símbolos* – CARL G. JUNG. Rio de Janeiro: Nova Fronteira. 1977.

HIRONAKA, Giselda Maria Fernandes. Responsabilidade Civil na Relação Paterno-filial. *III Congresso Brasileiro de Direito de Família*. 2001. IBDFAM. Disponível em:<http://www.ibdfam.org.br/. Acesso em: 30 out. 2005.

HOLLANDUS, J.J. Chymische Schriften, Wien. 1773. In: ROOB, Alexander. *Alquimia & Misticismo*. Köln: Taschen.1997.

HUBMANN, Heinrich. *Das Persönlichkeitsrecht*. Köhln: Böhlau. 1967.

HUNGRIA, Nelson. *Comentários ao Código Penal*. Vol. V. Rio de Janeiro: Forense. 1977.

HUSSEIN, Zara; NALIN, Paulo; RAMOS, Liana Taborda. *Teoria e Prática do Direito de Família*. Curitiba: Juruá, 1995.

JOBIM, Luiz Fernando. *Dna & Sexo*. Disponível em: <http://www.dnareference.com.br>. Acesso em: 30 jul.2009.

Jornal A Folha. *Veja os países que permitem a adoção de crianças por casais gay*. Disponível em: <http://www1. folha.uol.com.br/folha/mundo/ult94u650215.shtml>. Publicado em 10.11.2009.

KAYSER, Pierre. *La Protection de la Vie Privée*. Aix- Marseille: Economica. 1984.

KELLER. Werner. *E a Bíblia Tinha Razão*. Tradução de João Távora. 1. ed. S. Paulo: Melhoramentos.

KREUZ, Sérgio Luiz. Sentença proferida nos autos 0038958-54.2012.8.16.0021. Vara da Infância e da Juventude da Comarca de Cascavel – PR, em 20.02.2013. Disponível em: < http://www.direitodascriancas.com.br/admin/ web_files/arquivos/bfadcbfb589dd714a4bd75e7210ebcec.pdf. Acesso em: 07.08.2013>.

LABRUSSE-RIOU, Catherine. *Droit de la famille 1*. Les personnes. Paris: Masson. 1984.

LATORRACA, Cláudio Zalona. *A Dimensão da Prova no Direito Processual Civil*. São Paulo: Hemus. 1990.

LEITE. Eduardo de Oliveira. *Temas de direito de família*. São Paulo: Revista dos Tribunais. 1994.

_____. *Procriações Artificiais e o Direito*. São Paulo: Revista dos Tribunais. 1995.

_____. *Famílias Monoparentais*. São Paulo: Revista dos Tribunais. 2003.

_____. A Igualdade de Direitos entre o Homem e a Mulher Face à Nova Constituição. *Revista da Associação dos Juízes do Rio Grande do Sul*. N. 61, julho de 1994. Porto Alegre. AJURIS.

Lendas Brasileiras – *O Mito de Aru*. Edições Melhoramentos. 1953.

LENTI, Leonardo. *La Procreazione artificiale*. Genoma della persona e attribuzione della paternità. Padova: Cedam. 1993.

_____. Procreazione Artificiale. *Riv. di Diritto Civile*, nº 4, 1994.

LINDON, Raymond. Les droits de la personnalité. *Dictionnaire juridique*. Paris: Daloz. 1983.

LITTRÉ, E. *Dictionnaire de Médicine*. 21ème édition. Paris.

LOBO, Paulo. *Famílias* – Direito Civil. São Paulo: Saraiva. 2. ed. 2009.

LOBO, P. L. Netto. A Repersonalização das Relações de Família. In: BITTAR, Carlos Alberto. *O Direito de Família e a Constituição de 1988*. São Paulo: Saraiva, p. 53-82. 1989.

_____. As relações de direito civil nos processos de integração. *Temas de Integração*. N. 4, 2. v., p. 113-123.1997.

_____. Direito ao Estado de Filiação e Direito à Origem Genética: Uma distinção necessária. *RBDF*, n.º 19, p. 133 a 156. 2003.

LOYOLA, José. Fundamento de voto Ap. Cível n. 10.025/5. Ac. unân. - 5a. Câm. Cív. TJ/MG. Fonte: *DJMG* II, 10.03.1995, p. 01- Bonijuris nº 23.969.

LORENSI, Fábio Alberto de. *Fertilização in vitro póstuma e seus efeitos no direito previdenciário brasileiro*. Tese de Doutorado. PPGD/UFPR. 2016.

LORENZI, M. *Crianças mal-amadas*. Nova minoria. São Paulo: Global, 1985.

LUNA, Roso de. *O Livro que Mata a Morte*. São Paulo. Editora Três. 1973.

MACHADO, Luiz. *Pequeno Dicionário Jurídico Alemão Português*. Rio de Janeiro. CLC. 1981.

MADALENO, Rolf. A Sacralização da Presunção na Investigação de Paternidade. *Revista dos Tribunais*. V. 766/ 69-87. 1999.

MARINHO, Josaphat. *Parecer Preliminar Sobre o Projeto de Código Civil. Projeto de Lei da Câmara dos Deputados* nº 118, de 1984 - Redação Final. DSF. Brasília. 1997.

MARLET, José Maria. Valorização das provas de investigação da paternidade. *Revista dos Tribunais*. V. 569/248-251.1983.

MARMITT, Arnaldo. *Adoção*. Rio de Janeiro: Aide, 1993.

MARTINS, Sérgio Pinto. *Direito Processual do Trabalho*. 24. ed. São Paulo: Atlas, 2005.

MAZEAUD et MAZEAUD. *Leçons de Droit Civil*. Tome I, Paris: Montchrestien, 1955.

MAZZILLI, Hugo Nigro. Notas sobre a adoção. *Revista dos Tribunais*. V. 662/31-40. 1990.

MIGUEL, Carlos Ruiz. *El derecho a la protección de la vida privada en la jurisprudencia del Tribunal Europeo de Derechos Humanos*. Madrid: Editorial Civitas. 1994.

MIMIN, Pierre. La preuve par magnetophone. *JCP*, nº I, 1370, 1957.

MIRANDA. Fancisco Cavalcanti Pontes de. *Tratado de Direito Privado*. Rio de Janeiro: Borsoi. Tomo. VII. 1971.

_____. *Tratado de Direito Privado*. Rio de Janeiro: RT. Tomo. IX. 1974.

MARTINS, Guilherme Magalhães. Tutela da Filiação. *Revista da Faculdade de Direito Cândido Mendes*. Ano 4, n. 4. Rio de Janeiro. 1999.

MARTINS, Ives Gandra da Silva; EÇA, Lilian Piñero. Verdade sobre células-tronco embrionárias. *Jornal Folha de S. Paulo*. Opinião. Edição de 08.07.2005. Seção A3.

REFERÊNCIAS | 473

MATTOS FILHO, João Lélio Peake de. Considerações sobre a aplicação da metodologia HLA. *Revista dos Tribunais*. V. 697/252- 259.1986.

_____. *Tribuna da Magistratura*, ano 5, n. 40, out./nov. de 1992.

_____. Investigação de paternidade com suposto pai falecido – Atualização médico pericial – Descrição dos primeiros casos brasileiros empregando o exame do DNA – Possibilidades e limitações. *Revista dos Tribunais*, V. 722/359-364.1995.

MÔNACO DA SILVA, José Luiz. Adoção por Estrangeiros. *Boletim Informativo Bonijuris*, n. 114, de 28.02.92, p. 1248. Curitiba: Bonijuris, 1992.

MONTALBANO, Ana Caroline Oliveira. Inseminação *post mortem* e seus reflexos no direito de família e sucessões. *Revista da ESMESC*, v. 19, n. 25, 2012.

MONTEIRO, Washington de Barros. *Curso de Direito Civil* – Direito de Família. V. 2. São Paulo. Saraiva. 1982.

MONTES, José Maria. Banco de Sêmen Humano en el Uruguay. *Rev. Uruguaya de Derecho de Familia*. Nº 9, p. 149-156. 1994.

MORAES, Alexandre de. *Direito Constitucional*. 1. ed., 2ª tiragem. São Paulo: Atlas, 1997.

MORAES, Walter. *Programa de direito do menor*. São Paulo: Ed. Cultural Paulista. 1984.

MOREIRA, José Carlos Barbosa. O *Habeas Data* Brasileiro e sua Lei Regulamentadora. *Revista do Direito Comparado*, nº 2, v. 2. Belo Horizonte: UFMG. 1998.

MUGGIATI SOBRINHO, Ruy. Adoção Internacional - Uma reflexão Crítica. *Revista de Associação dos Magistrados do Paraná*, nº 49 Jan/Dez. 1990, p. 34. Curitiba. Co-edição Instituto de Pesquisas Jurídicas Bonijuris. Bonijuris, 1991.

NAZO, Georgette Nacarato. *Adoção Internacional* - Valor e Importância das Convenções Internacionais Vigentes no Brasil. São Paulo: Oliveira Mendes. 1997.

NERSON, Roger. L' influence de la biologie et de la médecine modernes sur le droit civil. *Rev. Trim. de Droit Civil*, nº4, 1970.

NERY JR., Nelson; NERY, Rosa Maria de Andrade. *Código Civil Comentado*. São Paulo: Revista dos Tribunais. 6. ed. 2008.

NOGUEIRA, Tânia. *Gays – família*. Marie Claire. Rio de Janeiro: Globo, nº 68, p. 107-112, 1996.

NORONHA, E. Magalhães. *Direito Penal*. São Paulo: Saraiva. V. 2. 1971.

OLIVEIRA, Antônio de Pádua Leopoldo de. Aspectos Jurídicos da Inseminação Artificial. In: *Estudos Jurídicos em Homenagem ao Professor Caio Mário da Silva Pereira*. Rio de Janeiro: Forense, p. 577-591. 1984.

OLIVEIRA, José Lamartine Corrêa de; MUNIZ, Francisco José Ferreira. *Direito de Família*. Porto Alegre: Sergio Antonio Fabris, 1990.

ORIONTE, Ivana; SOUSA, Sônia Margarida Gomes. O significado do abandono para crianças institucionalizadas. *Psicologia em Revista*. Belo Horizonte, v. 11, n. 17, p. 29-46, 2005.

PAIVA, João Pedro Lamana. *Adoção* – efeitos das alterações introduzidas pela lei nº 12.010, de 3 de agosto de 2009. Disponível em: <http://www.mp.rs.gov.br/areas/infancia/arquivos/adoção>. Acesso em: set. 2010.

PAIVA, Eleuses. *Projeto de lei nº 4.892/2.012*. Disponível em: <http://www.camara.gov.br/proposicoesWeb/ prop_mostrarintegra. Acesso em 14 mar. 2013.

PALMA, Rúbia. *Famílias Monoparentais*. Rio de Janeiro: Forense. 2001.

JOÃO PAULO II, (Papa). *A Família Brasileira*. PAPA JOÃO PAULO II – VIAGEM PASTORAL AO BRASIL – Discursos e Homilias. São Paulo: LTr. Editora. 1980.

PASSOS. J. J. Calmon de. *Comentários ao Código de Processo Civil*. V. III. 1. ed. Rio de Janeiro. Forense.

PEDROSA NETO, Antônio Henrique; FRANCO JÚNIOR, José Gonçalves. *Reprodução Assistida*. Iniciação à Bioética. (Coord.), COSTA, Sérgio Ibiapina Ferreira. Gabriel Oselka e GARRAFA, Volnei. Brasília: CFM. 1998.

PEREIRA. Caio Mário da Silva. *Instituições de Direito Civil*. Rio de Janeiro: Forense. V. V. 1998.

_____. *Reconhecimento de Paternidade e Seus Efeitos*. Rio de Janeiro: Forense. 1993.

PEREIRA, Lafayette Rodrigues. *Direitos de Família*. 1869. Ed. fac-sim. Brasília: Conselho Editorial do Senado Federal/ Superior Tribunal de Justiça – STJ. 2004.

PEREIRA, Sérgio Gischkow. Algumas considerações sobre a nova adoção. *Revista dos Tribunais*, V. 682/65. 1992.

PERLINGIERI, Pietro. Perfis do Direito Civil – *Introdução ao Direito Civil Constitucional*. Rio de Janeiro: Renovar. 1999.

_____. *La Personalitá Umana nell' Ordinamento Giuridico*. Milano: Camerino, Jovene. 1972.

PERNETY, Dom. *Dictionaire Mytho-Hermetique*. Bordeaux. France. 1972.

PERREAU, M. E. H. *Des droits de la personnalité*. RTDC, ps. 501-536, 1909.

PRADO, Luiz Regis. *Curso de Direito Penal Brasileiro*. V. 2. Parte Especial: Art. 121 a 183. São Paulo: Revista dos Tribunais. 2000.

PRATA, Henrique Moraes. Rechtliche Aspekte der Babyklappe und der anonymen Geburt in Deutschland unter besonderer Berücksichtigung der französischen Tradition des accouchement sous X und des Urteils des Europäischen Gerichtshofs für Menschenrechte im Fall Odièvre. Magisterarbeit (Magister iuris comparative, M. iur. comp.). Rechts- und Staatswissenschaftliche Fakultät der Rheinischen Friedrich-Wilhelms-Universität Bonn, Institut für Deutsches, Europäisches und Internationales Familienrecht. Bonn. Tese. 2005.

QUEIROZ, Olivia Pinto da Oliveira Bayas; HOLANDA, Caroline Satiro de. Parto anônimo e colisão de direitos fundamentais. In: *Encontro Nacional do CONPEDI*, 18-2009. Maringá. Anais... Belo Horizonte: Fundação Boiteux, p. 3922-3940. 2009.

RADBRUCH, Gustav. *Filosofia do Direito*. Coimbra: Armenio Amado – Editor. 1979.

RAINER, Frank. L'examen biologique sous contrainte dans le cadre de l'établissement en droit allemand. *Révue International de Droit Comparé*, 4/905-908, 1995.

REIS, Rafael Luís Vale e. *O direito ao conhecimento das origens genéticas*. Coimbra: Coimbra Editora. 2008.

Repertório de Jurisprudência. *RT* nº 720. São Paulo: Ed. Revista dos Tribunais. 1995.

Resolução nº 1.957/2010- CFM. Conselho Federal de Medicina. Disponível em: <http://www.portalmedico.org.br/resolucoes/CFM/2010/1957_2010>. Acesso em: 16 abr. 2011.

Revista Veja. On line. Adotado, preso e deportado. Levado criança por família americana, brasileiro que nem fala português é expulso dos Estados Unidos. Edição 1676, de 22.11.2000. Disponível em: <http:// www.veja.com.br. Acesso em: 02 mar.2008.

RIVAS NETO, F. *Umbanda* – A Proto-Síntese Cósmica. Rio de Janeiro: Freitas Bastos. 1989.

RODRIGUES, Sílvio. *Temas de Direito de Família*. O Direito na Década de 1990: Novos Aspectos. Coordenação: GUSMÃO, Paulo Dourado de e GLANZ, Semy. São Paulo: Editora Revista dos Tribunais. 1992.

_____. *Direito de Família*. São Paulo: Saraiva. v. 6. 2002.

RONSINI, Mário José. *Santas Casas de Misericórdia...* Você precisa saber mais sobre elas. Disponível em: <http://www.cmb.org.br/. 2007>. Acesso em: 04 jan. 2010.

ROOB, Alexander. *Alquimia & Misticismo*. Köln: Taschen.1997.

ROSA, Eliézer. *Pequeno Vocabulário de Processo Civil*, V. II. Ed. Rio.

ROSADO, Ruy. *III Jornada de Direito Civil*. Organização: Ruy Rosado. Brasília: CJF. ISBN 85-85572-80-9. 2004.

ROSSI, Nilce Maria Martinez, (Coord.); ESPREAFICO, Enilza Maria; LARSON, Maria Luisa Paçó; MONESI Nadia; RODRIGUES, Vanderlei; NASCIMENTO, Alessandra A C; GRAMINHA, Marcia A S. *Tecnologia do DNA Recombinante*. Faculdade de Medicina de Ribeirão Preto. USP. 2000/2001.

RUZYK, Carlos Eduardo Pianovski. *Famílias simultâneas: da unidade codificada à pluralidade constitucional*. Rio de Janeiro: Renovar. 2005.

SÁ, Hilda Vieira de. *Os Filhos Perante a Lei*. São Paulo: Leud. 1986.

SALOMÃO, Luis Felipe. Ministro Relator do Rec. Esp. n.º 2009/0220972-2/ 4ª T. STJ. Disponível em DJe 15.03.2013.

REFERÊNCIAS | 475

SAMPAIO, Danilo Fontenelle. *A Intervenção do Estado na economia e o princípio da dignidade da pessoa humana ante a nova lei ambiental*. CEJ, nº 10. Disponível em: <http://www.dhnet.org.br/direitos/textos/estado/intervencao_estado.html>. Acesso em: 10 mar. 2010.

SANTOS, Moacyr Amaral. *Comentários ao CPC*. V. IV. Rio de Janeiro. Forense. 1976.

SCHWAB, Dieter. *Familienrechts*. München: C. H. Beck. 2005.

SCHLÜTER, Wilfried. *Código Civil Alemão* - Direito de Família. Tradução da 9ª edição por ANTONIUK, Elisete. Porto Alegre: Sérgio Antonio Fabris Editor. 2002.

SÉGUIN, Elida. *Biodireito*. Rio de Janeiro: Lumen Juris. 2001.

SERHAL, Paul. Sperm donors 'to lose anonymity'. GMT. Sunday, 18 January, 2004. Disponível em: <http://news.bbc.co.uk/1/hi>. Acesso em: mar. 2006.

SILVA, Reinaldo Pereira e. O Exame de DNA e a sua influência na investigação da paternidade biológica. *Revista dos Tribunais*, 783/65-84. 2001.

SILVA, Marcos Alves da. *Do pátrio poder à autoridade parental*. Rio de Janeiro: Renovar. 2002.

Sistema de HLAs. (Human Leukocyte Antigens). Publicação do Laboratório de Genética Humana da Universidade da Madeira. Funchal. Portugal. Disponível em: <http://www3.uma.pt/lgh/investigacao_hlas.html>. Acesso em: 29 ago. 2010.

SOARES, Lucila. Quando a Infância é um Inferno. *Revista Veja* nº 1852. Pub. 05.05.2004. Ed. Abril. Rio de Janeiro. 2004.

SOUSA, Carmen Veronica Aguiar de. *A Tutela Internacional do Menor*. Aspectos Jurídicos da Criança. Rio de Janeiro: Lumen Juris. 2001.

SOUSA, Rabindranath V. A. Capelo de. *O Direito Geral de Personalidade*. Coimbra: Coimbra Editora. 1995.

STARCK, Christian. Anmerkung des BVerfG Urtails von 31/01/1989. *Juristen Zeitung*, nº 7. 1989.

STEFANELLI, Stefania. Parto anônimo e diritto a conoscere le proprie origini. In *Diritto privato*. Studi in onore di Antonio Palazzo, Torino, 2009. Disponível em: <https://diritti-cedu.unipg.it/index.php?option=com_docman&task=search_result&Itemid=172&lang=it>. Acesso em: 01 out. 2012.

STOLLER, Robert. *Masculinidade e Feminilidade* – Apresentações do gênero. Tradução VERONESE, Maria Adriana Veríssimo. Porto Alegre: Artmed. 1993.

STRENGER, Guilherme Gonçalves. *Guarda de Filhos*. São Paulo: Revista dos Tribunais. 1991.

SZANIAWSKI, Elimar. *Direitos de Personalidade e sua Tutela*. 2. ed. São Paulo: Revista dos Tribunais. 2005.

_____. *Limites e possibilidades de direito de redesignação do estado sexual*. São Paulo: Revista dos Tribunais. 1999.

_____. *O Embrião Excedente* – O Primado Direito à Vida e de Nascer - Análise do Art. 9º, do Projeto de Lei do Senado nº 90/1999. RTDC. V. 8, p. 83-107. Rio de Janeiro. 2001.

_____. Considerações sobre a responsabilidade civil dos profissionais da saúde na atividade de reprodução humana assistida. In: *Grandes Temas da Atualidade, Responsabilidade Civil*. (Coord.) Eduardo de Oliveira Leite. V. 6. Rio de Janeiro: Forense. 2006.

_____. O embrião humano: sua personalidade e a embrioterapia. *Revista da Faculdade de Direito da UFPR*. Nº 46, p. 151-179. 2007.

_____. Células-tronco na perspectiva do direito brasileiro. *Revista dos Tribunais*, 916/155-187. 2012.

TEIXEIRA FILHO, João de Lima. Negociação Coletiva de Trabalho. In: SÜSSEKIND, Arnaldo; MARANHÃO; Délio; VIANNA, Segadas; TEIXEIRA, Lima. *Instituições de Direito do Trabalho*, 18. ed., Atualizada por Arnaldo Süssekind e João de Lima Teixeira Filho, v. 2. São Paulo: LTr. 1999.

·TEIXEIRA. Sálvio de Figueiredo. *Código de Processo Civil Anotado*. São Paulo: Saraiva. 1996.

TEPEDINO, Gustavo. *A Tutela Jurídica da Filiação*. Aspectos Constitucionais e Estatutários - Estatuto da Criança e do Adolescente - Estudos Sócio-Jurídicos. (Coord), PEREIRA ,Tânia da Silva, Rio de Janeiro, Renovar. ps. 265-282, 1992.

THEODORO JR., Humberto. *Notas de atualização da obra de Orlando Gomes, Direito de Família*. Rio de Janeiro: Forense. 1998.

_____. Alguns Impactos da Nova Ordem Constitucional sobre o Direito Civil. *Revista dos Tribunais*. São Paulo, v. 662. 1990.

TOBEÑAS, José Gastan. *Los Derechos de la Personalidad*. Madrid: Instituto Editorial Reus. 1952.

TOTH, Max. *As Profecias da Pirâmide*. 3. ed. Rio de Janeiro: Record.

TRABUCHI, Giuseppe. Cassazione, Bundesgerichsthof e il problema delle prove biologiche della paternità. *Rivista de diritto civile*. II. 1981.

_____. La Procreazione e il Concetto Giuridico di Paternità e Maternità. *Rivista di Diritto Civile*, nº 6, I. 1982.

TRACHTENBERG. Anete. O Poder e as Limitações dos Testes Sanguíneos na Determinação da Paternidade. *AJURIS*, n.º 63, p. 324-333. 1995.

Universidade da Madeira. Sistema de HLAs. (Human Leukocyte Antigens). Publicação do Laboratório de Genética Humana. Funchal. Portugal. Disponível em: <http://www3.uma.pt/lgh/investigacao_hlas.html. 2007-2009>. Acesso em: 29 ago.2010>.

VALVERDE, Eduardo. *Projeto de Lei nº. 2.747/2008*. Disponível em: <http://www.camara.gov.br/>. Acesso em: 21 nov. 2009.

VECCHIO, Giorgio Del. *Lições de Filosofia do Direito*. 5. ed. Coimbra: Arménio Amado.

WALD, Arnoldo. Curso de Direito Civil Brasileiro – Direito de Família. S. Paulo. 4ª ed. *Revista dos Tribunais*, v. 5. 2000.

_____. *O Novo Direito de Família*. S. Paulo: Saraiva. 2000.

WEBER Lidia Natalia Dobrianskyj; KOSSOBUDZKI, H. *Filhos da solidão*: institucionalização, abandono e adoção. Curitiba: Secretaria da Cultura do Estado do Paraná. 1996.

WEISS, Edwar; ENGLISH, O. Spurgeon. *Medicina Psicossomática*. Rio de Janeiro: Editora Guanabara, 1946.

WELTER, Belmiro Pedro. Investigação de Paternidade – Obrigatoriedade do Exame Genético DNA. *Juris Síntese* nº 13. Set.-Out./98, p. 1-8. 2008.

WIEACKER, Franz. *História do Direito Privado Moderno*. Lisboa: Fundação Calouste Gulbenkian. 1980.

WILMUT. Avanços na clonagem de células humanas. *Highlights do Congresso Europeu de Reprodução Humana*, Realizado em Bologna – Junho de 2000. Profert. Disponível em: <http://www.profert.com.br/>. Acesso em: 24 mar. 2001.

VEACH, Robert W. Verbete: *Bioethics. Compton's Interactive Encyclopedia*. CD. 1996.

XIMÉNEZ, Francisco. Popol Vuh. *Atualização do manuscrito de frai Francisco Ximénez, de 1701*, por MONROY, Agustin Estrada. México: Costa-Amic Editores SA. 6. ed. 001.

YAGÜE, Lledó. Exposição de Motivos da Lei nº 35, de 22.05.1988, da Espanha. *Apud.* Jussara Maria de Meirelles. *Gestação por outrem e determinação da maternidade*. Curitiba: Genesis, 1998.

Esta obra foi composta em fonte Palatino Linotype, corpo 10
e impressa em papel Offset 75g (miolo) e Supremo 250g (capa)
pela Gráfica Laser Plus.